특급호텔 및 외식경영 레스토랑 총주방장을 위한 새로운 지침서

호텔주방경영관리

박 정 준

창지사

머리말

현대사회는 인간의 다양성 추구와 더불어 독자적인 개인 가치관을 추구하는 현상을 보이고 있는 실정이다. 21세기 정보화 사회는 단순한 지식을 전달하는 관점에서 벗어나 모든 사람들이 보편적으로 가치인식이 가능하고 공유할 수 있는 실용적인 지식이 필요로 하는 사회를 접하고 있다. 작지만 강한 호텔레스토랑과 외식기업은 다양한 인재채용에 달려 있다고 한다. 그리고 호텔레스토랑의 신비한 음식트렌드가 있는 곳이 있으면 누구나 벤치마킹 하기를 원하고 있다. 레스토랑 활동의 증인은 그곳의 매출 숫자를 보면 음식경영이 보인다고 한다.

당신의 레스토랑 비즈니스를 최고의 레벨로 끌어올리는 전략이 필요하다. 그리고 끊임없는 변화와 극심한 글로벌시대 경쟁, 피할 수 없는 혁신의 경쟁 세계에서 성장의 느림보들이 앞서가는 레스토랑 비즈니스에 뒤처지지 않거나 그들을 따라잡을 수 있는 방법은 무엇일까 누구나 생각해 보게 된다. 이 책은 성장 추진 프로세스의 구체적인 단계와 혁신 역량 개발 방법을 안내하면서 레스토랑의 성장 잠재력을 최대한 발휘할 수 있도록 비즈니스 노하우를 도와주는 책으로 엮고 싶다.

이 책은 레스토랑 오너나 호텔레스토랑 총주방장, 주방장으로서 최고경영자를 위한 경영정보의 지식충전소 역할을 한다. 총주방장은 최고경영자로서 다양한 경영지식과 이노베이션을 만나게 된다. 따라서 공부하는 직장인이 창의적인 성장을 이끈다고 한다. 세계경영연구원에서 CEO가 꼭 알아야 할 경영의 7가지 핵심 포인트로 창조 경영방법, 가치 경영방법, 소통 능력, 인재개발력, 마케팅 능력, 위기관리 능력, 재무·회계 관리 능력 등을 최고경영자과정에서 제시하고 있는 것을 우리는 참고해야 한다.

레스토랑 비즈니스는 자기가 수용할 수 있는 핵심역량을 찾아내고, 확장하고, 진화시켜야 한다. 그리고 요즘은 소비자 권력이 시장을 지배하고 주도하는 시대에 진입했다고 할 수 있다. 우리는 이 소비자 권력에 능동적으로 대비하는 고객 서비스 품질을 업그레이드 해야 한다. 레스토랑 최고관리자는 지속가능한 경영전략을 짜서 고객권력 위험에의 노출을 최소화로 만들어야 한다.

이 책은 저자가 현장에서 경험과 이론을 알기 쉽고 체계적으로 꾸미기 위해 사례를 많이 싣도록 노력했다. 선진국의 외식 현장 사례도 우리가 알아야 할 상황들에 대처하는 지혜를 갖추어야 한다고 본다.

호텔과 레스토랑 경영은 사회구조의 현상의 변화에 따라 항상 사업구조혁신, 조직구조혁신, 수익구조혁신, 기업문화혁신 등 혁신과제를 제시하면서 운영하는 방법론이 필요로 하는 시점이라고 본다. 총주방장, 주방장, 부문별 책임자, 오너 경영자들은 업무수행이 힘들수록 더 배워야 한다는 기치 아래 내 가치를 높여 재도약의 밑천으로 삼는다.

시대의 패러다임 변화를 통찰하고 조직 리더의 필요성과 중요성을 인지시켜야 한다. 또한 자신의 재능과 잠재력을 알아가는 것에서 시작하여 미래설계를 위한 보다 명확한 학습 로드맵을 완성하는 지침서가 될 것이다.

이 모든 이야기들이 여러분의 디딤돌 역할이 되어야 한다는 철학과 신념을 가지게 된다. 이 교재가 출판되기까지 애써주신 김기섭 창지사 사장님과 이윤미 편집장님, 나영주 과장님, 모든 임직원에게 감사의 말씀을 드립니다.

2017년 12월 겨울 끝자락에

연구실에서 구담(拘譚) 박 정 준

목 차

제 1 부

호텔주방경영관리

제1장 요리의 창의성 개발

연구 차례

1. 레스토랑 운영
2. 외식 트렌드
3. 전국 요리 저널 매거진
4. 요리 서적
5. 음식여행 형태
6. 환상적인 니스식 샐러드
7. 요리교육 및 학습
8. 요리업무 경험
9. 요점정리 및 토론

연구 개요

어떤 식재료로 메뉴를 계획하고 세심하게 제작해내는 신중한 행위로서 창의성을 생각하는 것은 어려운 일이다. 최상의 순간에 요리의 창의성은 순수하며, 절충적이며, 자발적인 예술의 경지에 이른다. 일부 요리 천재들에게 독창성, 창의성이란 재능에 기인한 하나의 미스터리이다. 그러나 대다수는 수년간 교육, 훈련과 조리기술 연마의 과정을 통해 예술의 경지에 이르게 된다. 셰프 또한 마찬가지이다. 즉 기본적인 요리재능으로 시작하여 요리에 대한 다채로운 독창적 재능을 섭렵할 때까지 지속적으로 메뉴 레퍼토리를 쌓아가는 것이다. 식욕을 돋우는 요리의 외양과 경탄할 만한 맛을 창안해내는 것은 주방장 성공의 선제조건이다. 그리고 평범한 조리사들도 할 수 있는 일이다. 헤드 셰프의 마지막 손길을 거친 후 대중에게 판매할 음식으로 상품화 할 수 있어야 한다. 한마디로 표현하자면 고객으로 하여금 음식이 먹고 싶어지게 만드는 것이다. 특정음식에 대한 스토리텔링 형식의 설명을 듣는 것만으로도 허기진 고객의 마음과 미각이 완전히 빠져들 때 특히 훌륭한 요리의 창의적 성과를 달성하게 되는 것이다.

1. 레스토랑 운영

오늘날 고객들은 싱글, 친구, 연인 또는 가족과 함께 외식을 자주하는 추세이며, 이들을 단골 고객화 하기 위한 무한 경쟁이 치열하다. 예를 들어 한국요리 식당에서 서양음식도 주문할 수 있고 피자도 시킬 수가 있다면 그 영업장은 특별한 영업 시스템을 형성한다고 할 수 있다.

그러나 정장 차림의 드레스 코드를 적용하는 정통 프렌치 레스토랑이나 고급 한식 레스토랑의 경우에는 이와 같은 레스토랑 운영 정책 방안이 다소 어색할 것이다. 따라서 레스토랑 운영 및 영업 방식이 세계인의 식습관과 기호에 많은 영향을 미쳐야 한다고 할 수 있다. 음식 외양이 세련된 레스토랑은 요리를 모양에 겉치레한 것처럼 보이지만, 그 이면에는 수익성 모티브가 되기에 아우성치고 있다. 이와 같은 레스토랑 운영 방안을 결코 평가절하해서는 절대 안 된다.

레스토랑은 창의적인 음식 마케팅 및 서비스 품질 기법을 활용해야 하며, 유능하고 능력 있는 주방장 또는 수석조리사의 독창적인 요리개발로 영업장 운영감각을 결합한 요리의 신기술을 추구 수행해야 한다.

우선 주방장은 음식의 독창적이며, 창조적인 아이디어 영역을 개발한 후 그 핵심을 영업장 수익증대로 연결한다. 레스토랑 핵심역량업무로는 마케팅(Marketing), 인적자원관리(Human Resource), 경영전략(Management Strategy), 비전(Vision), 리더십(Leadership), 회계관리(Accounting Financing), 비즈니스 코칭(Business Couching), 변화관리(Change Management) 등 8가지 레스토랑 운영관리의 필요성이 대두된다.

2. 외식 트렌드

셰프가 타 경쟁 레스토랑을 비밀리에 방문하는 것은 경쟁자의 영역에 침투하는 스파이와 같다고 한다. 특히 상대가 모를 경우에는 성공한 경쟁업체로부터 많은 정보를 알아낼 수도 있다. 우선 겉으로 드러나는 분위기, 요리 가니쉬, 가격, 고객 성향, 서비스 방법, 마케팅, 메뉴 포커스에 대한 운영기법들을 알아낼 수 있으며, 고객에게 제공되는 음식의 품질적인 수준이나 영업 수익성과 같이 보다 중요한 부문들까지 미루어 파악할 수 있다.

고객이 특정 레스토랑을 선택하는 것은 분명한 몇 가지 이유들 때문이다. 즉 가깝거나, 저렴하거나, 새롭거나, 멋지거나, 요리가 신선하거나, 특별한 서비스가 있거나, 아주 친절하거나, 특별한 실내외 인테리어가 있거나, 그리고 친구 추천 등 레스토랑이 외식 트렌드에 맞도록 독특함이 많을수록 고객의 음식 선택은 충동적이기 쉽다. 요즘 일반 대중이 음식 성향과 레스토랑 트렌드에 대해 이야기할 때 잘 들어보고 관찰할 필요가 있다. 요즘 고객의 음식에 관한 관심사는 무엇일까? 그리고 셰프의 관심사와 같은가? 천만이지만, 분명히 그렇지 않을 수도 있을 것이다. 이들 고객의 관심사는 매우 개인적이며 비전문적인 것들일 수 있다. 레스토랑의 인기란 종종 고객 구전에 의한 것이기도 하지만 결코 그 구전이 변덕스럽지 않다. 예를 들어, 특정 레스토랑은 최상의 음식 가치와 품질과 같은 특별한 가격으로 매일 테이블에 고객을 채운다.

이와 같이 레스토랑 운영의 중요한 부문을 발견하기 위해 레스토랑에 관한 고객의 어떠한 평판에도 세심한 주의를 기울여야 한다. 이것은 셰프로 하여금 최신 외식 트렌드나 고객성향, 평판을 분석하여 인지하고 고객이 작은 것을 중요시하는 것에 대해 철저히 반영할 수 있게 한다.

레스토랑 단골고객들은 다른 레스토랑에 관해서도 많은 비교 이야기를 할 것이므로 이런 정보들을 이용하여 경쟁업체의 흐름을 파악할 수 있을 것이다. 위치, 가격, 요리 스타일, 드레스 코드, 서비스 품질, 명성, 특별 이벤트 등과 같은 몇 가지 특징에 있어 유사한 경쟁업소들이 있다. 따라서 이용 고객 수를 최대한 늘리기 위해 셰프는 해야 할 일과 피해야 할 일을 파악해야 한다. 그리고 고객들은 가장 성공한 레스토랑들만을 방문해서 식사하는 속성이 있다. 고객사례를 중심으로 수차례 외식 경험을 통한 고객에게 정확한 마케팅 조사활동과 고객 분석을 통해 창조적인 수익성 발견을 얻게 되는 좋은 예가 될 것이다.

특급호텔에서 셰프는 메뉴 계획 및 식재료 구매업무를 전담하여 주방을 운영하고 있다. 셰프에 의해 레스토랑은 합리적인 가격으로 지역적 토속음식, 전통음식, 누벨 음식, 이탈리아 음식, 프랑스 음식, 중국 음식, 한국 음식 등을 포함한 각종 요리들을 생산하여 제공하고 있다.

셰프는 인기 있는 특별메뉴를 개발하여 제공함으로써 매출증대를 원하고 있다. 예를 들면 대체로 테이블 회전율은 식사 시간별로 보편적으로 $1\frac{1}{2}$회전이며, 그 전체 중 12~15% 고객은 셰프의 특별메뉴를 주문하고 있는 실정이다. 그리고 그 레스토랑 주위 인근에 3~4개의 유력한 경쟁업소가 있으며, 가장 가까이에는 신규 식당인 한식집, 양식집, 일식집, 파스타, 베트남 식당 등 점심시간과 저녁시간에 서로의 고객 시장을 잠식하고 있다.

셰프는 레스토랑에 관한 기본적인 문제해결 사항들이나 영업사항에 근거한 기초조사 항목들을 분석하기 위해 다음과 같은 요인들을 열거하고 있다. 셰프가 수익증대에 미치는 영향을 체크하고 생각해야 하는 요인은 다음과 같다.

1) 레스토랑 외관에 대한 이미지 및 인상 분석
   - 일반 메뉴판 또는 특별 메뉴판
   - 실내외 청결 및 전형적인 외관
2) 레스토랑 실내에 대한 개념 및 인상 분석
   - 홀 매니저는 완벽근무 준비 중인가?, 음악?, 청결?, 직원 스텐바이?, 고객 응대 준비?
   - 고객 예측이 적정히 많은가?, 시끄러운지?, 조용한지?, 전체적으로 안정적인 분위기인가?
   - 고객은 일반고객, 회사원, 가족단위 또는 개별, 연인, 모임인지?
   - 전형적인 레스토랑의 차분한 분위기, 종업원의 외모와 친절도는 적정한가?
   - 식음료 바 분위기는 준비완료인가?
3) 종업원의 서비스는 즉각적으로 반응하며 친근하고, 친절한가?
4) 메뉴 레이아웃은 적당한가?, 점심, 브런치 메뉴, 저녁 메뉴 등

5) 음식가격 경쟁력은 어떠한가?

6) 종업원이 고객에게 설명을 잘하여 추천하는 메뉴가 있는가?

7) 이용하는 고객들은 행복한 느낌을 받고 있는가?

8) 음식의 스타일, 요리 가니쉬, 맛, 접시 모양, 음식 컬러, 온도 등은 적정한가?

9) 근무 중 번쩍 떠오르는 아이디어와 생각을 꼼꼼히 적어라. 그리고 몇 가지 요리는 유행에 따르는가?

10) 메뉴카피를 유심히 관찰하고 그것을 재정립하도록 준비하고 요청하라.

11) 음식 품질, 서비스 품질, 음식 가격, 실내 분위기, 종업원 친절도 등 고객이 식사 때 실증적 경험에 대해 10점 만점으로 점수화 하여 객관적으로 평가하라.

셰프는 외식 트렌드를 위해서 고객 상대방과 대화하는 모습을 보이면서 발견한 사항들을 사실적 묘사로 스마트폰에 녹음을 할 수도 있다. 예를 들어 "오후 7시쯤 청담동거리를 따라 걸어 내려가다 창문이 멋진 레스토랑이 보인다면, 그 레스토랑은 밖에서는 특별요리 메뉴 목록이나 실내 분위기는 보이지 않지만, 레스토랑 입구 광고판에 메뉴 내용과 영업시간이 적혀 있다. 이런 것들을 차분히 관찰한다.

'영업 중' 사인 간판이 매우 크다. 레스토랑 실내는 흰색이다. 실내는 매우 분주해 보인다. 셰프는 발견한 그 레스토랑 안으로 들어간다. 레스토랑은 좌석 마련을 위해 기다려줄 것을 요청하는 사인이 있다. 잠시 기다리면 매니저는 친절하고 활달하며, 우리를 테이블로 안내한다. 은은한 음악이 흘러나오며 음악소리가 크고 빠르다. 실내 레스토랑 주 고객은 대체로 젊은 커플들과 아이들 가족 손님이다. 매니저가 메뉴를 들고 다시 나타났다.

Pasta, Pasta..... Pasta!

SOUPS

Minestrone	0.00
Soup du Jour	0.00

STRATERS HOUSE SALADS

Mellon & Procuitto	0.00
Stuffed Mushrooms Florentine	0.00
Smoked Mozzarella, Basil & Tomato	0.00

Combined SALADS

Tricolor Fuscilli Primavera	0.00
Curry Chicken & Penne	0.00
Two-color Tortellini Antipasto	0.00
Shrimp, Broccoli & Conchigle	0.00
Salad Sampler	0.00

Spaghetti Marinara 0.00

Spaghetti in Meat Sauce or Meat Balls 0.00

Fettucini & Vegetables Alfredo 0.00

Tortellini Carbonara(Meat or Cheese) 0.00

Linguini in Beefeater's Tomato Sauce 0.00

Spaghetti in Pink Clam Sauce 0.00

Penne, Procuitto, Broccoli, Wine & Garlic 0.00

Linguini or Fettuccine Al Pesto 0.00

Pasta Primavera 0.00

Green Fettucini, Chicken & Vegetables 0.00

3 Nuts, Chicken & Linguini in Olive & Garlic 0.00

Chicken & Tricolor Fuscilli in Basil Cream 0.00

2 color Fettucini with Seafood 0.00

Bay Scallops & Conchigle in Procuitto Carbonara 0.00

Tenderloin Tips, Mushrooms & Spaghetti 0.00

Smoked Salmon, Conchigle, Tomatoes & Cream 0.00

*샘플, Pasta Menu.

경험사례

방문 고객이 좌석에 앉자 즉시 물이 제공되고, 프렌치 브레드 1/3 분량과 버터 2덩어리가 담긴 빵바구니가 연이어 제공된다. 빵은 따뜻하지 않았다. 이 레스토랑 천장은 낮지만, 안락하고 밝고 깨끗한 느낌이다. 웨이트리스가 다가와서 좌석을 안내한다. 매우 친근하며 검정 바지에 흰 셔츠, 그리고 검정 타이 등 유니폼을 완벽히 갖춰 입고 있었다.

2~3분 후 메뉴를 고르는 중 서비스맨이 돌아와 주문할 것인지 다시 물어온다. 친근한 어투지만 결코 빈둥거리지 않는다. 매우 친절하고 매너가 있다. 우리는 특별요리에 대해 물었다. 오늘 밤엔 없다고 한다. 애피타이저로 훈제와 모짜렐라를 주문하고, 다른 분은 마데라 소스의 미트볼 스파게티를 주문한다. 점심과 저녁, 브런치 메뉴는 모두 같다. 서비스맨에게 추천메뉴를 다시 물어본다. 서비스맨 자신이 좋아하는 것(해산물과 2색 페투치니)과 고객들이 일반적으로 좋아하는 것(버섯을 곁들인 안심과 스파게티)과, 그리고 가장 많이 팔리는 인기 있는 것(프로슈토 햄, 브로콜리 수프, 와인, 마늘을 곁들인 펜네)에 대해 말한다. 나는 치킨과 야채를 곁들인 그린 페투치니를 주문한다.

식당 안은 매우 분위기가 좋고 분주하다. 고객들은 행복해 보인다. 애피타이저가 도착했다. 가니쉬가 별로 없이 매우 평범한 연출이다. 접시에 신선한 상치를 한 장 깔고 둥글게 소량으로 제공된다. 올리브 오일과 토마토 요리는 스페셜이 아니다. 훈제와 모짜렐라는 훌륭하며, 기대 이상의 맛이다. 특별한 노력이 요리에 드러나지 않지만 기본구성은 완벽하다.

앙트레가 도착했다. 음식은 적정속도로 제공된다. 파스타는 뜨겁다. 방금 갈아낸 후추와 와인이 리필된다. 가니쉬로 다진 파슬리를 뿌렸으며, 음식 양은 넉넉하다. 그린 페투치니는 담백한 편이다. 치킨과 야채의 조리방식은 소테가 아니라 포우칭이다. 이 요리는 소량의 다진 마늘과 말린 타임이나 바질로 향을 낸 크림소스가 제공된다.
테이블마다 제공되는 파마산 치즈를 듬뿍 넣고 먹기 시작한다. 다른 분은 요리는 마음에 들어하지만 특별한 건 없다고 말한다. 절반가량 먹은 후 미트볼이 너무 많다고 말한다. 내가 먹어보니 보통 스파게티와 미트볼일 뿐 특이한 점은 없다. 그리고 식사가 끝나자마자 서비스맨이 즉시 테이블을 말끔히 정리한다.
웨이트리스는 치즈 케이크, 타르트, 아이스크림, 보코치니 치즈 또는 체리 아몬드 부추타르테 중에서 디저트를 선택하라고 한다. 모든 디저트 메뉴가 15,000원이다. 우리는 디저트를 거절하고 계산서를 요청했다. 케셔에게 27,000원을 지불하고, 거스름돈은 팁으로 남겼다. 좌석을 기다리는 고객 4커플이 보인다.
방문 경험을 사실적으로 묘사하여 분석하면, 10점 만점으로 평가할 경우 음식 품질은 6점, 서비스 품질은 8점, 식사경험은 6점, 그리고 방문성과는 8점이다.

셰프가 체험한 후 Pasta, Pasta..... Pasta!에서 배운 것은 그 식당의 파스타 인기와 테이블 회전방식 간의 결합이다. 아마도 가장 창의적인 부문은 일부 요리들을 절충하는 특성에 있다. 즉 최고 인기메뉴인 프로슈토 햄, 브로콜리 요리, 와인, 마늘을 곁들인 펜네처럼 가장 새로운 방식의 이태리식 파스타 요리를 제공하고 있다. 파스타 유행은 최고점이며 한계는 없다. 이와 같은 상황을 통해 셰프는 새로운 파스타 요리세계에 대해 눈을 뜨게 된다. 이것은 고객의 불평을 거울삼아 새로운 마케팅 전략으로 삼는다.

경쟁차원에서 셰프는 파스타 레스토랑에 직접 도전할 만한 여러 가지 방법들과 강점과 약점을 모색해야 한다. 이 레스토랑의 강점은 10,000원 이하 단가에 있다. 약점은 하우스 샐러드가 제공되지 않으며, 오로지 파스타만 제공된다는 것이다. 이와 같이 제한된 메뉴는 파스타 유행이 쇠퇴할 때쯤 위험요소가 될 것이다.

따라서 셰프는 매일 다른 스타일의 메뉴 파스타 스페셜을 점심과 저녁메뉴로 제공함으로써 유리한 경쟁우위에 서게 된다. 담백한 맛보다는 고객들이 선호할 만한 맛을 창조한 프레쉬 파스타라야 한다. 하우스 샐러드를 곁들여 제공하되 10,000원 이하라야 한다. 접시당 5,000원 미만에 만들어 낼 수 있는 수천 가지 파스타 요리들이 있다. 이것이 바로 셰프의 창의적인 도전인 것이다. 셰프가 외부에서 체험식사할 때 그와 같은 경험의 일부는 스페셜 가니쉬, 특이하고 창조적인 맛, 연출된 모양 및 느낌, 분위기 그리고 레스토랑에 성공을 가져다 줄 다소간의 영업방식 고충들에 관한 직관적이고 체험적인 요리정보 수집의 시간이 되어야 한다.

3. 전국 요리저널 매거진

요리나 트렌드에 관한 아이디어를 제공받는 가장 쉬운 방법은 아마도 레스토랑 관련 잡지를 섭렵하는 것이다. 정기 간행물들은 공식적인 메뉴를 사용하는 레스토랑의 셰프뿐만 아니라, 일부 프랜차이즈 업체와 같이 특별요리를 제공하지 않는 경우에도 필수적이다. 출판업체 출간물의 내용은 레스토랑 경영 또는 요리 중심으로 발행된다. 적극적이고 창조적인 주방장은 요리매거진을 읽고 창의적인 아이디어를 얻어 경쟁수익을 얻게 된다. 즉, 매출액을 증대시키기 위해 창의력을 강화하며, 수익마진을 높이기 위해 뛰어난 사업재능을 길러야 한다. 영리하고 뛰어난 전문직업인도 각자 부문들에 대한 최신 정보를 얻기 위해 요리업계 저널을 읽고 있다. 다음은 이 부문 최상의 요리매거진들이다. 각각은 형식과 요리스타일에 있어 특성을 지닌 훌륭한 매거진이다.

BON APPETIT, COOKS, FOOD & WINE, GOURMET, WINE & DINE, MASTER CHEF, RESTAURANT BUSINESS 등.

색상이 화려하고 세련되면서 다양한 정보를 수록한 요리 매거진은 전문 셰프나 가정요리사에게 매달 상당량의 새로운 레시피를 제공한다. 요리사진은 스타일과 감각을 잘 살려준다. 기사들은 전문가적 관점에서는 다소 미흡하지만, 요리에 관심 있는 전공 학생이나 일반인에게는 적당하다. 요리 매거진은 시즌별 레시피, 트렌드 레시피, 기타 일반 요리 정보들을 쉽게 얻을 수 있는 최상의 매거진이다.

어떤 매거진은 이름에서 의미하듯이 매우 전문가용 요리매거진이다. 실제로 셰프가 필요로 하는 모든 종류의 요리 정보들이 이곳에 수록되어 있다. 즉 주방설비, 기기, 주방기물, 지역 특산물, 해산물, 레스토랑 레시피, 요리 정보 서비스, 안내광고, 서평, 전문 셰프 인터뷰, 쇼핑가이드, 쿠킹 레슨, 특집 기사 등. 사진은 각 요리의 독특함이나 준비 기법을 보여주기 위한 보조교재로 이용된다. 전문 요리매거진은 다채롭고, 역동적이며, 정보가 풍부하며, 읽기 쉬운 매거진이어야 한다.

어떤 매거진은 주로 음식에 관한 내용을 싣지만 술에 관한 기사나 내용들도 포함된다. 특히 어떤 음식을 누가, 언제, 어떻게 먹을 것인가에 글의 초점을 맞춘 스타일리쉬하며 사교 지향적 매거진이기도 하다. 레시피의 어필을 강조한다. 이 매거진을 대충 훑어보면 모두 군침 도는 시각적 요리작품이다. 셰프보다는 레스토랑 고객이 만든 것처럼 보이는 트렌드 레시피에는 제철 식재료들이 이용된다. 이 요리매거진은 훌륭한 메뉴와 레시피에 영감을 준다.

어떤 매거진은 미국, 유럽, 아시아의 레스토랑 성공스토리를 수록한 최고급 레스토랑 비평지이다. 스스로 '웰빙을 위한 매거진' 이라 부르며 셰프, 여행가, 미식가, 기타 모든 고객 계층 부류의 사람들을 그려낸다. 정보서비스, 시즌 및 트렌드 레시피, 마스터 셰프의 쿠킹레슨, 요리 팁, 조리스쿨 기사, 세련된 메뉴 등 거의 요리 모든 전문분야를 다룰 수 있는 사이즈이다. 독자추천, 정통방식, 주요 호텔 및 마스터 셰프의 우수성, 시즌별 또는 창작물을 포함하여 매달 100개 이상의 레시피를 담고 있다. 이 매거진은 자기 주장이 강한 셰프에게 강력히 추천하고 싶은 요리매거진이다.

어떤 매거진은 보다 전문적인 소프트 저널로서 주방에서 자신만의 걸작을 준비 중인 미국 및 유럽 지역, 아시아 지역 셰프들에게 독특한 시각과 영감을 제공한다. 주방에서 업무 중이거나 고객과 대화 중인 셰프의 모습을 생생히 보여준다. 레시피와 기법들은 사진을 통해 명확히 보여준다. 특히 최고의 셰프들과의 인터뷰와 일대기를 포함하여 미국 및 유럽 일부 지역, 아시아 지역, 한국에 대한 외식 가이드로도 제공한다. 아마도 이 매거진은 유일하게 셰프만을 위한 전문 요리저널일 것이다.

어떤 매거진은 다른 매거진에서 다루지 않는 부문인 레스토랑 비즈니스 트렌드 및 세부 사항들에 관한 정보를 담고 있다. 즉 식당기업 성장률, 시가총액이 표현되는 총 가치, 시장분석, 이미지 구축, 산업 전반의 관심사항 등에 중점을 둔다. 푸드 트렌드가 국가브랜드 개발의 차원에서 거론된다. 기사들은 실제로 성장 중이거나 성공한 레스토랑에 관한 것이다. 이 자료들은 수치와 퍼센티지로 제시되지만 쉽게 이해할 수 있다. 또한 주방기구, 서비스, 이용 가능한 상품 등에 관한 다양한 내용들을 실은 카탈로그를 포함하고 있다. 유명한 셰프들의 레시피와 메뉴도 포함된다. 따라서 사업적 수완을 키우려는 전문 셰프에게 필요한 매거진이다.

4. 요리 서적

조리 전문스쿨보다 레스토랑에서 조리 기본을 습득한 셰프와 서적을 통해 훈련받은 셰프는 조리서적의 유용성에 대해 다른 의견을 가질 수 있다. 그러나 이 분야에서 성공하기 위한 핵심 선행요건으로서 성장세에 있는 젊은 셰프 경영자라면 추가적인 지식의 필요성을 인정해야 한다. 조리서적은 유능한 셰프들에게 튼튼한 요리 기초와 스타일 구축에 다양한 역할을 한다. 보다 탁월하고 능숙한 셰프가 되기 위해 요구되는 준비절차와 조리교육을 제공할 수 있다. 월등하고 창의적인 셰프라면 업무수행 중 발생하는 문제의 난관들에 개의치 않는다. 셰프의 요리기술이 다양하고 유능할수록 창의성, 독창성을 보다 잘 발휘할 수 있다.

세계에는 대략 3만 권~5만 권의 조리서적들이 있는데 이 서적들을 잘 활용할 수 있어야 한다. 이들 서적 중 가장 필요하며 도움이 될 만한 것을 어떻게 찾아낼 것인가? 완벽한 셰프용 도서 목록에는 특히 다음과 같은 기초 조리원리를 다루는 교재들이 포함된다.

'ESCOUFFIER LE GUIDE CULINARE' 라는 요리책은 요리준비 기법들과 5천 가지 레시피를 수록한 그랜드 마스터의 정통 유럽식 접근방법의 전문 요리책이다.

'LA TECHNIQUE' 라는 요리책은 채소류, 육류, 어류, 가금류, 디저트, 페스트리 준비에 관한 완벽한 요리 참고도서이며, 2천5백여 장의 사진을 수록한 활용성 높은 요리도서이다.

'THE PROFESSIONAL CHEF' 라는 요리책은 미국 조리스쿨과 매거진 편집자들로부터 가장 우수한 조리준비 과정 참고 서적으로 평가된다. 장비, 직무, 위생, 푸드 코스트, 기타 직업 정보 등의 내용을 포함하고 있다.

포켓용 요리사전은 분량이 많은 조리 서적 없이도 식재료 및 스펠링에 관해 즉시 참고할 수 있다. 특히 시간은 부족한데 스페셜 요리 몇 가지를 만들어내야 하는 경우에 주방에서 바로 사용할 수 있다. 사전에는 매거진에서 볼 수 있는 신개념들과 완벽한 균형을 이루는 정통 기법들이 포함되어 있다. 다음은 급박한 상황에서 셰프에게 영감을 줄 수 있는 서적들이다.

'MARLING MENU MASTER' 라는 2개 국어로 출간된 이 소형 사전은 유럽 여행자들을 위해 고안되었다. 이탈리아, 프랑스, 독일, 스페인 각 나라별 1권씩 총 4권이며, 메뉴는 애피타이저, 수프, 생선요리 등으로 분류 구성하고 있다. 식재료에 관해 해당 국가 언어로 간단한 설명이 제공된다. 아메리칸, 유럽, 아시아 셰프들에게 유용하다.

'HERINGS DICTIONARY OF CLASSICAL & MODERN COOKERY' 라는 요리사전은 정통 조리원리에 대해 잘 알고 있는 전문 편집자들에게 유명한 요리 원천 목록이다. 식재료와 조리방법에 대한 설명이 포함된다. 정통 유럽식 레스토랑 셰프들에게 유용하다.

'LA REPERTOIRE DE LA CUISINE' 라는 요리사전은 각종 소스, 요리, 기타 주방관련 전문용어들이 포함된다. Herings 사전에 비해 보다 현대적 성향을 갖추고 있으므로 아메리칸 셰프들을 위해 가장 유용한 풀 서비스 요리사전일 것이다.

일반적으로 조리서적은 주방장들의 관심을 끌긴 하지만 전문주방에서 필요로 하는 부분들을 즉각적으로 유용하게 해결해 줄 수 있어야만 그 조리서적을 구매할 것이다. 어떤 셰프들은 자신의 경력과 레스토랑의 메뉴 수요에 의존하는 것이 당연하다고 믿고 있으며, 조리서적은 대단히 중요하다고 생각한다. 그리고 어류, 육류, 가금류, 파스타, 샐러드, 샌드위치, 계란요리, 애피타이저, 수프, 야채, 디저트 각각에 관한 조리서적 구매비용은 아깝지 않다고 생각한다. 그러나 이런 기본 요리서적들은 창의적인 스페셜로 활용할 만한 한 두 가지 요리를 제공할 수 있을지 모르지만 그 이상의 가치는 없다. 이 요리서적들은 셰프들의 경력을 완성하고 창의적 도약으로부터 가용범위를 채우기 위한 목적으로 사용된다.

셰프들에게 필요할 만한 조리서적들 가운데 특이한 서적은 독특한 트렌드를 다루는 것이다. 예를 들어, 어떤 주방장은 캘리포니아 롤이 유행할 때 자기 레스토랑에서는 그 당시 트렌디한 음식이라며 변화를 주지 않으려고 하며, 서양음식 또는 한국요리, 일본음식을 제공하는 것에 자부심을 지니고 있었다. 어떤 스타일 요리가 대유행할 때 어느 주방장은 이에 미래에 대비한 준비가 미비한 상태였다. 따라서 주방장은 몇 가지 기본 요구사항들을 충족시켜 줄 전문 조리서적이 필요했다. 해당 전문요리책은 외양을 컬러풀하고 시각적으로 보여줄 수 있어야 한다. 요리에 사용되는 장비와 외국산 식재료들에 대한 설명을 포함하여 레시피는 명확하고 꼼꼼하면서 전문성이라야 한다. 사실 현대적인 트렌드 요리는 식재료들의 기본에 있다. 따라서 모든 식재료들에 대한 컬러풀한 모형들과 사진들이 필수적이다. 해당 요리의 역사는 요리가 생겨난 지역에서 제공되는 조리방식 및 먹는 방식에 대한 감각을 전달하는 데 도움이 된다. 즉 요리 표현방식에 중요한 정보를 제공하고 있다. 구입하기 어려운 식재료인 경우 우편주문 방식도 매우 유용하다. 주방장들에게는 창의성에 기반을 둔 요리 레퍼토리를 제공할 수 있는 레시피들이 다양해야 한다.

조리전문 서적은 즉시 이용할 수 있는 요리정보를 제공하고 있으며 셰프 개인의 경험을 증가시킬 수 있다. 한국요리, 일본요리, 중국요리, 태국요리, 인도요리, 베트남요리, 프랑스요리, 파스타요리 등의 요리책들이 다양하게 출판되고 있다. 그러나 이 서적들만을 참고로 하여 요리를 만들어 낸다면 지루하고 재능이 결여된 셰프일 뿐이다.

5. 음식여행

근래 식사습관 및 레스토랑 트렌드는 큰 패러다임으로 변해왔다. 외국 음식의 맛과 표현방식을 똑같이 재연하는 것은 불가능하다. 그 음식은 자연환경이나 사회가 다르므로 모든 것이 다를 수밖에 없다. 그리고 식재료의 경우도 재배방식 및 이용방식이 가장 많은 영향을 미친다. 또 다른 이유는 조리사들이 음식 만들 때 참여하는 준비 구성원에 있다. 그 전문 조리사가 그 음식의 풍토, 기후, 토양, 전통, 역사 등을 모른다면 담아내는 접시 모양, 언어, 서비스, 분위기 등 오리지널의 멋이나 요리스타일이 결여된 속 빈 강정이 될 수 있다. 즉 한국에서 가장 일상적인 음식메뉴가 미국, 프랑스에서 대히트를 칠 수도 있다.

글로벌 또는 지역 내 레스토랑에 근무하는 셰프는 매우 도전적인 일을 해야 한다. 셰프는 특정 음식의 맛과 표현방식을 재생해 내는 것뿐만 아니라, 실제 현지에서 경험하는 것과 같은 아프리카 또는 유럽 분위기를 창출해야 한다. 미국 속 한국 레스토랑의 특별요리라면 고객의 상상력과 미각을 자극할 수 있어야 한다. 이런 수준의 능숙함을 얻기 위해 셰프는 항상 여행을 경험해야 한다. 타 도시와 그 나라에서 얻게 되는 음식 경험을 대체할 만한 것은 없다고 본다. 주방장의 경험으로부터 나온 다음의 메뉴 실례는 여행을 통해 얻게 되는 또 다른 강점을 제시한다.

6. 환상적인 니스식 샐러드

프랑스판 애틀란타 시티 산책로를 따라 거닐고 주방장은 탐색을 위해 호텔 밖으로 나왔다. 7월 14일 프랑스 혁명 기념일 시즌이 아직 시작되지 않았다. 주방장의 계획은 프랑스 니스에서 태양을 맘껏 즐기며 먹고 살만큼만 일하면서 여름을 보내는 일상이다. 주방장은 한국, 호주, 뉴욕에서 셰프로, 파리에서 조리사로 일했지만 레스토랑 경영이 지루해지기 시작했다. 주방장은 선창가에서 일하거나 요트 승무원이라도 되는 것처럼 흥미로운 무언가를 갈망했다. 바닷가의 타 레스토랑 영업장들을 탐색하기 위해 일주일 동안 여행을 했다.

선탠하기 좋은 날씨였다. 주방장은 셔츠를 벗은 채 산책로를 따라 걸으며 공항을 지나 강을 건너 니스 서쪽 몇 마일 거리에 위치한 세인트로렌스 마을에 들어섰다. 그때는 정오 무렵이었으며, 아침식사 이후 아무것도 먹지 못했다. 해변에서 발길을 돌려 수천 명이 거주하는 작은 마을로 난 철길을 가로질러 언덕을 올랐다.

하나의 번화한 거리를 따라 마을 광장에 이르렀으며, 카페 레스토랑을 포함한 몇 개의 수매상점들이 위치하고 있었다. 식당 간판이 부실해 다소 후진 곳으로 보였지만, 매우 배고픈 상태였으므로 일단 테라스에 앉아 간단하고 괜찮은 메뉴를 찾았다. 주방장은 프랑스어로 된 메뉴 니스식 샐러드와 주스를 주문했다. 그리고 난 후 의사소통은 잘되지 않지만 어떤 해에 생산된 와인이 최상인지에 대해 웨이터와 대화했다. 너무 배가 고픈 상황에서 이국적인 마을광장에 앉아 로맨틱한 여름을 꿈꾸는 것은 참작할 만한 이유가 될 수 있을는지 모르지만, 난생 처음 니스방식 샐러드를 맛보는 것만으로도 기력이 회복되는 과정을 설명할 수 없을만큼 가슴이 벅찼다. 지금껏 미국이나 유럽, 파리에서 만들어 왔던 수백 가지와는 다른 스타일이었다. 토마토, 그린페퍼, 양파와 같은 다소 평범한 야채들이 프랑스식이 아닌 니스 방식으로 다루어지고 있었다. 처음엔 믿을 수 없었지만 입안 가득 맛을 음미했고 접시 위의 생생한 컬러들이 생생한 입맛으로 전해오는 놀라운 경험을 했다. 샐러드를 다 먹어치우기 전에 결심했다. 조리예술에 있어 지금껏 꿈꿔 보지 못한 흥미로운 길이 있음을 깨닫고 알게 되었다.

흥미로운 음식을 창조하기 위해 셰프는 음식으로 인해 흥분이 가득해야 한다. 여행은 건강회복 과정, 즉 새로운 요리 아이디어의 개발과 기쁨의 원천이다. 영감 이상으로 여행은 근본적으로 다른 지역 시장에서 성공한 음식전문가들이 근무하고 있는 체인 레스토랑과 셰프들의 업무를 면밀히 살필 수 있는 기회도 제공한다.

주방장의 음식 아이디어 가이드라인은 직접 관찰을 통해서만 경험할 수 있는 특징이 있으며, 예측 불가능한 방법들로 특이하게 변해간다. 예를 들어, 프랑스에도 중간 가격대에 캐주얼 분위기로 운영되는 식당, 카페, 바와 같은 이탈리안 레스토랑이 있다. 미국이나 한국에 있는 차이니즈 레스토랑처럼 이탈리안 레스토랑도 실용적으로 음식을 맛볼 수 있는 매우 유사한 메뉴들이 많이 있다.

메뉴의 어떤 아이템도 세계 전역에서는 특별요리이며, 정통메뉴가 될 수도 있다. 그러나 메뉴 아이템명의 진정성과 식재료는 세계적 요리 조리서적으로도 활용할 만하다.

여행할 때 외식으로부터 얻게 되는 기쁨의 일부는 다른 누군가가 조리한 음식을 먹는 데 있다. 여행할 때 그 레스토랑 주방 직원들을 잊어버리면 안 된다. 주방에 들어가 인사하고 당신이 어느 나라 도시에서 온 셰프인지 이야기하고 이곳 주방과 음식에 대한 관심을 표명해야 한다. 그리고 특별메뉴에 대해 항상 물어보고 관심을 가지는 것이 좋다. 주방업무 영역, 주방시설 및 장비, 음식준비 상태, 음식생산 시스템 등을 살펴봄으로써 보다 실질적이며 흥미로운 셰프의 주방업무들을 들을 수 있고 경험할 수 있다.

주방장 삶의 열정 일부로서 또는 지역이나 세계조리에 관한 탐색을 목적으로 여행하고 식사를 경험하는 것이 좋다. 그러나 음식여행은 요리 배움의 과정에 있어서 중요한 부분임을 명심해야 한다.

7. 요리교육 및 학습

쿠킹 스쿨과 세미나, 요리포럼은 주방 경험과정의 능률화를 촉진시킬 수 있다. 요리 실력이 상당수준인 전문프로 셰프가 아닌 견습 조리사에게 코스 워크는 일반적인 절차에 대한 이해의 폭을 넓혀주며 깊이를 더해준다. 따라서 견습 조리사는 자신의 요리창의성 저장고인 메모리 뱅크에 보다 긴요한 요리정보를 제공하게 된다. 해당 분야에서 오랜 조리업무 경험이 부족한 셰프라면 이 분야 지식을 획득하기 위해 쿠킹 클래스를 학습하는 것을 고려해야 한다.

전문요리 클래스들은 여행과도 같은 경험 역할을 하며 주방장의 아이디어 개발에 좋은 대안이 될 수 있다. 마스터 셰프가 진행하는 집중 조리코스에서는 음식의 맛과 요리연출 감각을 포함하여 특별한 요리 스타일을 배울 수 있다. 요리 업무 경험이 많은 전문 셰프라면 즉시 이해할 수 있는 수준이다. 궁중요리, 이탈리아 파스타, 프렌치 누벨과 같은 고급요리의 특별한 스타일의 요리를 터득하기 원한다면 요리전문 강사와 함께하는 소규모 요리클래스 참여의 중요성을 깨달아야 한다.

국가가 공인하고 지정하는 쿠킹 스쿨로부터 수여받은 디플로마는 셰프의 경력과 스펙을 입증할 수 있는 몇 안 되는 신임장의 역할을 한다. 세계적으로 대다수 레스토랑에서 전문적인 요리훈련 경험은 고용의 전제조건이다. 훌륭한 경력과 신임장을 제공하는 특급호텔에 버금가는 일부 쿠킹 스쿨과 클래스들에 관한 대학과 전문학교도 있다. 최근에 세계적으로 조리전공 프로그램을 제공하는 2년 및 4년 과정 대학들도 많이 개설되고 있다.

8. 조리업무 경험

주방장이나 조리사가 일하는 것이 주방현장실습, 교육 또는 그 이상의 지겨운 일과가 될 수도 있다. 하지만 주방, 요리 업무경험을 높이는 요인은 대부분 주방운영에 대한 셰프 자신과 선택 태도에 달려 있다. 그러나 요리 업무의 관심 수준을 결정하는 주요 요인은 창의적, 독창적 메뉴와 특별한 요리에 있다. 만약 어떤 레스토랑이 매일 밤 같은 음식을 제공하고 오리지널 콘셉트에 변함없다면 요리 및 주방업무가 기계적이며 지루할 것이다. 메뉴가 다양하고 특이할수록 조리사는 배울 것도 많은 법이다.

현명한 조리사는 업장에 함께 근무했던 셰프들로부터 배운 훌륭한 레시피 파일을 잘 보관해야 한다. 각 메뉴 아이템에 대한 레시피를 받아 적은 후 저장하는 것이 포인트이다. 후일 이와 같은 메뉴컬렉션이 자신의 메뉴 레퍼토리가 되면 편리한 참고 자료로도 활용될 것이다. 각 영업장에서 일을 처음 하게 되면 셰프들로부터 배울 것이 많다. 반대로, 경험 많은 셰프 또한 신참 조리사로부터 생각과 아이디어를 공유하면 적어도 한 가지는 배울 수 있다. 서로 간에 아이디어를 공유하고 마음을 열어 변화와 새로운 정보 또는 조리기법들을 수용한다. 주방업무에 있어 적극적이고 지혜로운 조리사들은 요리이든 경영방법이든 겪게 되는 모든 경험들을 흡수한다. 일반 조리사에게는 가장 해 볼 만한 가치가 있는 주방업무 경험이 가장 매력적이라는 사실을 기억해야 한다. 예를 들면, 성미가 까다로운 셰프와 무뚝뚝한 동료들, 업무량은 많으면서 월급은 쥐꼬리만 한 레스토랑 등 관심을 끄는 레스토랑들이 바로 이런 장소들이다.

어떤 의미에서 셰프는 음식을 창조하고 재창조하는 개척자이다. 즉 습득해야 할 주방 장비와 도구들이 있으며, 요리에 필요한 수많은 식재료, 원가를 기초로 한 주방경영관리 등과 요리 완성품에 대한 청사진을 그려본다. 경영자로서 셰프는 칼, 도마, 팬, 오븐, 브로일러, 설비 등에 관한 모든 특별 조치사항들을 잘 알고 관리에 능숙해야 한다. 마스터 셰프는 장비 총 관리 및 음식과 온도 적합의 물리적 및 화학적 한계도 파악해야 한다. 이와 같은 셰프의 능력들은 일의 속도와 섬세함에 따라 생사가 달린 호텔영업장에서의 유능함도 필요하지만 평상시에 가정이나 학교에서 하나의 본능적, 잠재적 재능으로 대개 시작된다.

창의적 자유의 궁극적 요리원리는 이용 가능한 식재료가 무엇이든 간에 상관없이 새롭고 흥미로운 아이디어 요리를 만들어 내기 위해 요구되는 요리 경험과 레퍼토리를 갖는 것이다.

9. 요점정리 및 토론

- 독창적인 요리사들은 창의적 요리와 비즈니스 감각을 결합하는 능력을 지녀야 한다.
- 직접적 경쟁 레스토랑이란 위치, 가격, 요리 스타일, 드레스 코드, 서비스, 명성과 같은 중요한 요소들 중 일부 특징들이 동일한 경우이다.
- 셰프가 외식을 경험하는 경우, 그 경험의 일부는 직관적인 요리정보수집이 되어야 한다.
- 요리 및 트렌드에 관한 아이디어를 얻는 가장 쉬운 방법은 요리매거진에 실린 레스토랑에 관한 정보를 가져오는 것이다.
- 능동적인 셰프는 창의적 강점을 개발하고 경쟁우위를 차지하기 위해 어떤 요리서적이든 읽을 것이다.
- 포켓용 요리사전은 대형 조리서적 대신 식재료 및 메뉴구성 및 메뉴스펠링에 관한 즉각적인 참고자료를 제공한다.
- 어패류, 육류, 가금류, 파스타, 샐러드, 샌드위치, 계란요리, 애피타이저, 수프, 야채, 디저트 등 각 부문에 관한 단편적인 참고도서들은 그다지 유용하지 않다.
- 전문조리서적은 즉시 적용할 수 있는 자료를 제공하며 개별경험을 증가시킬 수 있다.
- 타 지역 음식의 맛과 연출을 재연하는 것은 불가능하다. 서로 다른 자연 및 사회적 환경으로 인해 모든 음식의 프레젠테이션이 다르기 때문이다.

- 여행은 매우 다른 시장 환경에서 성공한 셰프들과 그 레스토랑 체인에 대한 정보와 친밀한 브랜드를 제공한다.
- 쿠킹 스쿨과 세미나는 요리기초 단계 및 요리전문 훈련과정의 속도를 높일 수 있다.
- 실력이 상당수준인 프로가 아닌 견습 조리사에게 코스 워크(과정)는 일반적인 절차에 대한 이해의 폭을 넓혀주며 깊이를 더해준다.
- 마스터 셰프가 진행하는 집중 요리전문코스에서는 음식의 맛과 연출 감각을 포함하여 어떤 특별한 요리스타일을 배울 수 있다.
- 국내외에서 공인된 쿠킹 스쿨로부터 수여받은 디플로마는 셰프의 경력과 스펙을 입증할 수 있는 몇 안 되는 신임장의 역할을 한다.
- 가장 해 볼 만한 가치가 있는 업무경험이 가장 매력적이라는 사실을 기억하라.
- 총 관리자로서 셰프는 칼, 도마, 팬, 오븐, 브로일러, 시설물 등에 관한 모든 특별 조치 사항들을 잘 알고 관리에 능숙해야 한다.
- 창의적 자유의 궁극적 요리원리는 이용 가능한 식재료가 무엇이든 간에 새롭고 흥미로운 요리를 만들어내기 위해 요구되는 경험된 요리레퍼토리를 갖는 것이다.

제2장 레스토랑 마케팅 포지션과 경쟁

연구 차례

연구 개요

훌륭한 예술가는 작품뿐만 아니라 열성적 팬까지도 창조한다는 옛말이 있다. 마스터 셰프는 음식에 투영되는 레스토랑 분위기를 창조해야 한다. 고객이 다른 무언가를 찾아내기 전에 마스터 셰프는 미식가들조차 애타게 만드는 최신 요리트렌드를 설정해야 한다. 셰프는 탐험가이며, 모험가이며, 창조자이며, 이 모험에 대한 보상은 엄청나다. 그러나 성공하지 못한 다른 나머지 99%의 셰프들은 어떠한가? 어떤 영업장이나 경쟁업체에 대한 단순 데이터를 근거로 이 모험에 도전할 수도 없고, 그 성공 가능성은 거의 없다. 대부분의 레스토랑에서는 예술적, 문화적 가치성보다 레스토랑 수익성 비즈니스가 우선이다. 성공적인 레스토랑의 진보적 요리스타일에 앞서 나가기보다는 틈새시장을 발견하고 그 영업장에 적합한 음식상품을 개발하려고 노력해야 한다. 레스토랑 마켓 포지셔닝을 파악하는 것은 식당 매출증대를 위해 가장 중요한 단계들 중 하나이다. 그러나 닥치는 대로 아무렇게나 하는 것이 아니라 정확한 마케팅 조사를 통해서만 전방위적으로 접근해야 한다.

1. 레스토랑 시장 정의

레스토랑 시장은 잠재 고객을 찾아내야 하며, 시장을 확장시켜야 하며, 시장을 계속 진화·발전시켜야 한다.

식당의 마켓을 정의하기 위해 먼저 지리적 여건 또는 위치, 요리 타입, 가격, 분위기 또는 물리적 환경, 음식의 질, 독창성, 표적 고객 타입에 따라 경쟁업소들을 파악한다. 각 레스토랑은 조금씩이라도 색다른 특징을 지니고 있거나 지녀야 한다. 셰프들은 어떤 누구와 경쟁하고 있는지 그리고 성공할 가능성은 얼마나 있는지에 대해 알기 위해 이러한 특징들을 면밀히 파악해야 한다. 각 요인별 레스토랑 마켓의 특징을 파악함으로써 셰프는 틈새시장에 관한 한 장의 합성사진처럼 창조적으로 만들어 낼 수 있어야 한다.

2. 지리적 여건 또는 위치

레스토랑 운영에 있어서 지리적 여건은 고객의 식당 선호도 또는 비호감에 매우 강한 영향을 미친다. 지역은 그 지역 고객들의 본성과 연관된다. 예를 들어, 미국 서남부 지역에서는 텍스맥스(텍사스와 멕시코 절충요리: 미국화 된 멕시코요리) 요리가 장기간 유행하고 있다. 하나의 문화적 예술장르라 할 수 있다. 그렇지만 한국 및 다른 나라에서는 여전히 멕시칸 푸드로 불리고 있으며, 타 지역에도 있는 가장 흔한 요리이다.

지리적 위치에 따라 민족적 특징의 영향을 받게 된다. 그 지역의 토착민들은 그 지역의 식습관에 있어 특징을 지닌다. 우리나라도 다민족 국가 시대에 접어들어서 경기도 안산지역 경우처럼 대량 다민족 지역 특성은 음식의 특성을 상당 부분 변하게 만든다. 한국에는 프렌치 누벨 레스토랑이 몇 개 없지만, 미국 맨해튼에는 수백 곳이 영업 중이다. 그 이유는 각 지역별 고객의 음식문화 배경에 근거한다. 셰프는 지역 요리 트렌드의 역방향으로 나아갈수록 더 큰 위험에 빠지게 될 것이다. 그 지역 주민의 니즈 트렌드에 반한 경우 성공한 식당의 사례는 극소수이며, 대다수는 개점 폐업하게 된다.

고객의 식습관에 영향을 미치는 또 다른 지역적 요인은 시내, 시외, 교외 또는 시골과 같은 지역사회의 식습관 문화유형이다. 각 유형별 라이프 스타일이 외식 횟수, 비용, 교통수단, 복장 규정, 선호하는 분위기, 음식 맛, 편리성 등에 영향을 미친다. 물론 훌륭한 음식은 어디서 판매되든 항상 훌륭한 법이다. 그러나 그 지역 고객을 길들이려고 한다면 주방장 또는 경영인은 저항에 부딪히고 고객의 마음을 얻을 수 없을 것이다. 셰프는 레스토랑 영업장이 소재한 지역적 특징을 면밀히 연구해야 한다. 결코 셰프는 고객보다 더 많이 안다거나 더 잘 안다고 생각하지 말아야 한다.

식당위치란 교통수단, 경쟁업소, 접근성, 편리성, 인구통계학적 근거로 한 매우 구체적인 장소로서 역내 특정 건축물에 위치한다. 임대료를 고려한 레스토랑 위치는 가장 중요한 영업 성공요인이다. 레스토랑의 모든 요인이 긍정적이라 하더라도 위치가 나쁘다면 영업은 실패할 것이다. 이상적인 위치는 레스토랑 업소까지 걷거나 차로 접근이 편리한 곳이라야 한다. 예를 들어, 레스토랑 영업이 잘 되었던 곳이거나 레스토랑들이 많이 모여 있는 곳이라면, 특히 코너 위치는 가시성이 높아 광고 효과를 얻게 되며 주차공간과 같은 기타 서비스 요인들도 제공해야 한다. 또한 대도시의 코너 빌딩이라면 많은 창문들, 내부 조명, 카페용 마케팅, 보도 공간 확장 등과 같은 광고 이점도 있다. 이상적인 위치는 유명 레스토랑들이 즐비한 거리에 수십 년간 매우 성공적으로 운영되어 왔으나 최근에 새로운 오너가 경영을 하면서 실패한 레스토랑들이 입점한 빌딩으로서 코너 공간이 많아지는 곳이다. 이와 같은 이상적인 위치의 레스토랑에 지불할 적정 임대료에 관한 내용을 냉철하게 따져 봐야 한다.

위치에 관한 또 다른 주요 요소는 업장 인근 경쟁업소의 숫자나 레스토랑 타입이다. 당연히 상식적인 분석요소이다. 만약 셰프나 오너가 이탈리안 파스타 음식을 판매하려 하지만 이미 인근에 3개의 이탈리안 파스타 레스토랑이 있는 경우 이 지역은 피해야 한다. 셰프가 탁월한 요리재능이 있다 하더라도 위험천만할 뿐이다.

3. 요리 스타일

그렇다면 최상의 위치와 훌륭한 음식메뉴 중 무엇이 우선일까? 일반적으로 위치가 우선 고려되며, 그 다음으로 고객에게 적합한 음식메뉴를 고안하여 제공하는 것이다. 창의적인 메뉴구성은 주방시스템에 의해 다소 제한될 수도 있다. 레스토랑 위치가 정해지기 전에 메뉴를 먼저 계획한다면 음식스타일에 대한 경쟁이 그다지 강하지 않은 장소를 발견하는 것이 주요 관심 사항이다. 레스토랑 콘셉트의 독창성이 강력한 마케팅 자산이다. 그리고 임대계약을 하기 전에 요리스타일을 결정하는 것은 시간낭비일 뿐이다. 경쟁업소의 요리스타일이 얼마나 잘되고 있는가를 평가한 후에 따라 결정될 문제이다.

요리스타일은 공통된 요리재료, 레시피, 프레젠테이션 스타일, 요리 업종, 요리 맛 등 따르는 몇 가지 기본 요소들이 있다. 프렌치 클래식 누벨, 이탈리안 파스타, 한국요리, 중국요리, 일본요리, 캐리비언, 해산물, 인도요리, 아메리칸 요리, 멕시칸요리, 텍스맥스, 캘리포니아 누벨, 컨티넨탈, 스테이크 하우스, 패스트푸드 등. 그 외에도 셰프의 개성만큼 다양한 요리종류들이 있다.

셰프라면 코메리칸음식, 또는 한국식 중국요리처럼 타이틀이 다소 애매한 메뉴에 대해서도 잘 알고 있어야 한다. 말 그대로 이 음식들은 절충 융합요리이다. 요리를 분류함에 따라 셰프는 고객이 원하는 것을 정확히 파악할 수 있다. 예를 들어, 특정 지역 내 한국계 미국인 고객들이 얼마나 있을까? 서울 시내 한남동 빌리지에는 코메리칸 고객들이 밀집해 있더라도 청담동 같은 다른 지역은 어떠한가? 음식에 각각의 이름을 만들어 부르며 고객, 장식, 가격, 위치, 성장능력 원천 등의 요소에 적용해야 한다. 그리고 유연하게 대처하라. 레스토랑 메뉴를 분석하는 전문 셰프라도 일반적 디너메뉴를 계획하는 아마추어 셰프가 고민하고 그러하듯 계속 질문하라. 고객은 무엇을 원하는가? 그 비교우위의 유일한 차이점은 고객이 만족하는 고객의 숫자이다. 전문 셰프는 이 수치를 결코 그냥 보아 넘기지 않아야 한다. 예를 들어, 미국 내 가장 많은 고객을 끌어들이는 레스토랑은 프랑스요리, 이탈리아요리, 중국요리, 한국요리 그리고 멕시칸요리이다. 성공하기 위해 셰프는 다른 사람들과 같은 흐름 종류의 음식을 제공하되 새롭고 흥미로운 방식이라야 한다. 설사 고객이 만족하더라도 셰프는 고집·자만하거나 식재료 비용을 낭비하지 않고 부단히 노력해야 요리 스타일에 있어 독창적 선구자가 될 수 있다. 그 레스토랑의 메뉴선정 결과는 주위의 경쟁업체가 말해준다. 음식판매에 경험이 많은 주방장은 탁월한 의사결정을 내려야 하며 또 다른 매개 변수들을 파악해야 한다. 레스토랑의 요리스타일은 고객에게 흥미와 만족을 줄 수 있는 명확하고 세련된 수준이 되어야 하며, 동시에 고객을 끌어당기는 역량을 지닌 수 있어야 성공할 수 있다.

요리 경험, 트렌드, 경쟁업소, 기본 요리 방식, 고객, 위치, 주방설비, 가격구조 등은 레스토랑의 요리 스타일에 영향을 미친다. 만약 자신이 맡고 있는 주방이 성공할 가능성이 거의 없다고 느껴진다면 음식의 품질이 아무리 훌륭하더라도 대개 메뉴 구성 자체가 잘못된 경우이다. 즉 원래 콘셉트를 기준으로 모든 관련 요소들을 고려하지 않았기 때문에 가능한 오류들을 평가하기 위해 재분석(Feed Back)을 꼭 해야 한다. 오랫동안 평범하게 운영된 레스토랑의 경우라면 요리 스타일이 유행에 뒤처진 경우라 볼 수 있다. 이와 같은 진부한 메뉴들을 발견하고 수정하는 방법에 대한 몇 가지 예시들을 제시해야 한다.

4. 음식가격 수준

각 레스토랑은 개별고객이 애피타이저, 메인코스, 디저트, 비알코올 음료 등에 지불한 총액이 평균 객단가로 파악하고 있다. 놀랍게도 평균 객단가는 매일 5,000원 이내의 차이가 있을 뿐이다. 점심식사 고객들은 거의 동일한 액수의 비용을 지불한다. 저녁식사 고객들도 또한 마찬가지이다. 예를 들어, 팍 레스토랑은 성수기에 260명의 저녁식사를 제공했으며, 그 총매출은 2백6십만 4천3이었다. 고객당 매출은 평균 10,000원이다. 비수기의 경우, 팍 레스토랑은 120명의 저녁식사를 제공했으며, 총매출 1,295,000이었다. 평균 객단가는 10,080원이다.

여기에는 어떤 눈속임이나 마술 따위는 없으며, 있는 사실 그대로이다. 평균 객단가의 높고 낮음은 메뉴의 가격구조 때문이다. 이 객단가 평균은 기분전환 또는 비즈니스와 편리함을 이유로 주중에 몇 번씩 레스토랑에서 외식을 하는 잠재 고객 수를 근거로 셰프나 매니저가 산출해야 한다. 일반고객은 외식비 예산에 신중한 편이다. 고객들은 팍 레스토랑을 이용하려면 적어도 팁과 세금을 포함해 1인당 15,000원의 비용이 필요하다는 것을 알고 있다. 만약 똑같은 예산 이내라면 음식의 수준과 함께 다른 서비스 측면들도 고려해 볼 수 있다. 다음은 저녁식사 평균 지출액의 수준을 보여준다.

분 류	비 용
A그룹	50,000원 이상
B그룹	20,000~50,000원
C그룹	15,000~20,000원
D그룹	10,000~15,000원
E그룹	5,000~10,000원
F그룹	5,000원 이하

물론 이상의 분류는 전국 평균을 근거로 작성한 것이며, 인구규모 및 경제수준에 따라 지역별 삶의 기준이 다르기 때문이다.

고객의 평균 식사비용에 따른 시장 규모를 본다면,

분류 A그룹은 최상위 그룹 고객이다. 그러나 외식경험에 있어서 A그룹에 속하지 못하는 대다수 일반 고객들은 그만큼 충분한 금전적 여유가 없으며 그렇게 하고 싶은 마음뿐이다. 그렇다고 외식비용을 지불할 여유가 있는 고객들도 특별한 경우를 제외하고는 오히려 외식비용을 사용하지 않을 것이다. 이와 같은 고객들이 분산되어 있는 외식 마켓은 그 지역 인구 수만큼 크다. 그리고 때때로 고객들은 특별한 셰프의 특별요리를 맛보기 위해 아주 먼 장거리 여행을 마다하지 않을 것이다.

분류 B그룹은 중산층 고객의 특별한 경우라면 한 사람의 객단가보다 더 높은 외식비용 계산서에 개의치 않고 진정 외식하고자 하는 그룹에 가깝다. 평균 외식 횟수는 고객의 경제 수준 또는 비즈니스 관계 및 개인적 필요성 여부에 달려 있다.

분류 C그룹과 D그룹은 요리수준 및 외식경험에 있어 같은 그룹 분류에 속하나

지불비용에 차이가 있다. 외식비용이 10,000원~20,000원 수준인 고객시장은 대체로 흔들림 없이 이 비용수준에서 외식을 하며 이들은 가치요소가 대단히 중요하다. 이 고객들은 외식비용에 대해 기대만큼 만족을 제공해 줄 레스토랑이 있다면 그곳을 찾아갈 것이다.

분류 E그룹은 하위그룹인 것처럼 보이지만, 가정에서 요리하는 대신 외식하는 것을 훨씬 편하게 생각하고 부담 없이 즐기는 대다수 재방문 고객들이 해당된다. 이들에게 10,000원이란, 음식가격의 심리적 마지노선이다. 이 거대한 외식 전국시장은 단골고객 또는 맛있는 곳을 찾아다니는 고객 모두를 포함하고 있다. 처음 사업을 시작하는 오너들은 비슷한 그룹에 속하는 요소가 가장 많은 레스토랑 시장이므로 지나치게 경쟁적이다. 따라서 분류 E그룹의 고객에게는 비용 대비 가치요소는 가성비가 매우 중요하다.

분류 F그룹은 주로 패스트푸드 및 제한된 서비스를 제공하는 레스토랑에 해당된다. 물론 가치요소는 보장되지만, 음식 수준이나 분위기는 일반적 최하위 등급이다. 의심의 여지없이 이 시장 규모 또한 거대하며 경쟁이 치열하다.

5. 레스토랑 분위기

레스토랑의 유형적 시설물의 디자인 컨셉트 영역이다. 그러나 분위기란 것은 판매되는 음식 타입과 밀접히 연관된다. 따라서 셰프는 전체 외식시장에서 그 레스토랑의 포지션을 확실히 파악하기 위해 분위기 요소를 평가해야 한다.

서비스 분위기 스타일에는 흰색의 테이블 크로스, 값비싼 은 식기류와 도자기류 그리고 지배인, 캡틴, 웨이터 및 버스보이들로 구성되는 홀 직원들의 유니폼 색상, 태도, 외모, 인사성, 친절성, 첫인상까지 포함해야 한다. 예를 들어 어떤 레스토랑은 카우보이 복장을 한 서비스 직원들이 저녁식사를 특별한 대나무 바구니에 담아 제공한다면, 분위기가 고급이든 캐주얼이든 레스토랑이 적용할 수 있는 특별한 스타일은 다양하다.

레스토랑 내부 및 외부 장식 및 디자인, 음식의 질, 메뉴구성 및 디자인, 가격, 영업시간 등은 오너의 계획된 레스토랑 분위기 스타일을 따라야 한다. 그것이 실용적이든 그렇지 않든, 최소한 의도된 그 레스토랑 분위기 스타일이 있어야 한다. 셰프가 다양한 주방에서 근무한 경험이 있거나 다양한 스타일의 레스토랑에서 음식을 먹어본 셰프라면, 요리 스타일과 프레젠테이션이 자신의 레스토랑 이미지와 분위기에 잘 어울리도록 조정할 필요성을 느끼게 된다.

6. 음식의 품질

음식 비평가들에 의해 호의적 또는 비호의적인 평가를 받아 온 레스토랑은 그 명성 때문에 훨씬 더 큰 책임감을 가지게 된다. 그 어느 날 레스토랑의 특정 음식이 중요한 정치적 이슈가 되기도 한다. 경영진은 특정 음식이 다른 식당의 별 3개 등급의 레스토랑만큼 괜찮은지 또는 음식을 혹평했던 레스토랑보다 나은지를 고객에게 종종 물어봐야 하는 것이다. 고객의 평가는 음식의 질이 긍정적 또는 부정적인 언론매체 보도를 통한 평판에 대해 일정 부분 수용하고 있다. 이것은 중요한 음식평가를 받는 방법이지만 모든 레스토랑을 대상으로 하는 것이 아니고 몇몇 레스토랑의 경우에만 해당된다.

대다수 레스토랑들의 음식의 품질은 자체 광고나 구전효과에 의존한다. 이런 홍보는 고객에게 쉽게 다가가는 대단히 중요한 사항이다. 그리고 대개 레스토랑들은 평범한 음식을 판매하려고 한다. 예를 들면, 냉동실에서 꺼낸 식재료 반제품을 튀긴 후 고객에게 제공하는 방식이다. 많이 섭취하면 인체에 유해한 첨가물질로 가득 찬 음식은 또 다른 문제점이다. 튀긴 음식을 좋아하고 메인코스에 포함된 첨가물질에 대해 전혀 개의치 않는 수백만 고객들도 있다. 셰프라면 음식의 품질에 대해 어느 정도 관심을 가져야 한다. 음식의 품질이 고객의 건강에 얼마나 중요한가? 그리고 주방장은 냉정한 시각에서 언제까지 고객을 위해 신선한 식재료를 이용해야 하는가에 타협해야 할 것인지에 대해 심사숙고해야 한다.

음식의 품질이 낮다는 것은 몇 가지 분석과 해석이 요구되는 상황이다. 즉 변질된 음식이나 오래된 소스를 판매하는 것, 정통의 맛을 살리지 못한 일반적 정통요리라고 판매하는 것, 그리고 첨가물질이 포함되지 않으면서 잘 조리된 저가의 음식을 판매하는 것 등으로 해석상 차이는 있을 수 있다. 음식의 품질이란 먹고, 보고, 느끼는 개별적 고객의 주관적 관점과 시각에서 결정된다.

7. 요리 콘셉트의 독창성

체인 및 프랜차이즈 레스토랑과 같은 거대한 외식마켓의 경우 다양한 콘셉트를 연출하고 있다. 광대, 카우보이, 선장, 배우, 스포츠 스타, 오락, 음악 등을 음식판매 마케팅에 활용한다. 테마 레스토랑들의 콘셉트는 모든 조건이 일반 레스토랑에 비교해 동일한 조건일 때 고객들이 흥미나 오락거리에 유혹된다는 원칙이 적용된다. 이것은 논리적으로도 입증되는 상황 분석이다. 즉, 메인코스로서 음식 이외의 무언가를 제공하는 레스토랑은 일시적 유행이라는 것을 고객이 알게 되면 그 이후의 위험요소 또한 감당해야 한다. 가장 확실한 콘셉트는 고객의 입맛에 근거한 독창적 요리이다. 이런 레스토랑에서 셰프의 요리 업무는 매력적이며 도전해 볼 만한 가치 있는 경험을 발견할 것이다.

요리에 있어 독창적인 콘셉트란 현재 스타일을 조합한 새로운 접근방식이나 지역별 정통스타일을 도입하는 것이다. 한국음식의 세계화, 인천의 차이나타운 음식, 텍스맥스 푸드, 캘리포니아 스시롤 등은 이런 경우에 해당된다. 그리고 캐리비안 푸드의 경우 최근 미국 중부지역에 잘 알려진 유행요리이다. 이와 같은 요리트렌드의 성공요인은 인구 이동 및 새로운 음식을 맛보려는 세계인의 미식가 기질 때문이며, 이것은 정통메뉴에 독창적인 감각을 더하려는 새로운 레스토랑들에게 중요한 요소이다.

외식마켓에서 요리스타일 또는 프레젠테이션의 독창성 발견은 한국식 요리, 일본식 요리, 컨티넨탈 요리, 프렌치 요리, 이탈리안 요리, 중국식 요리, 인도요리,

베트남 요리 등과 같은 기본 분류 내에서 레스토랑들을 구분하는 유일한 요인이 될 수 있다.

독창성이란 반드시 절충하고 혼합하는 것만을 의미하는 것은 아니다. 스모가스보드, 비스트로, 벽돌오븐 피자, 한국식 궁중요리 등과 같이 옛것들로부터 전 세계 대중음식에 새로운 개념을 도입하는 한 가지 방법이 되기도 한다. 독창성 요소 개발은 레스토랑을 포함하여 어떤 사업에서도 필수적이다. 그러나 대다수 셰프들은 레스토랑에서 전혀 새로울 것이 없는 메뉴만 제공하고 있다는 사실을 발견하기도 한다.

대개 이런 식당들은 낮은 음식가격을 강조하며, 매출이 저조하며, 주류 판매에 더 신경 쓰고 있다. 현재 상황이 어떠하든 독창성을 부여할 유행창조의 요리 방법들이 있다. 레스토랑 마케팅 전략과 목적을 위해 웰빙 음식, 가격전략, 요리의 독창성에 대해 예리한 눈길로 주시해야 한다. 바로 이것 독창성들이 고객을 불러들이는 주요 핵심요인들이다.

8. 고객 유형

외식 시장 프로파일의 모든 과정들을 고려해 봄으로써 셰프는 자신의 레스토랑을 접근성과 위치, 요리 유형, 가격수준, 분위기, 음식의 질, 콘셉트의 독창성과 같은 특징들로 개발된 하나의 사진으로 볼 수 있게 된다. 이 레스토랑은 체크무늬 테이블 크로스와 바를 갖춘 하나의 식당 룸의 분위기가 아니라 가장 자주 방문할 것으로 예상되는 완벽한 고객 유형에 맞게 세팅해야 된다.

프로파일 완성 후 이 레스토랑이 고객에게 미칠 영향에 대한 유효성을 판단하는 것이 좋다. 레스토랑 운영의 프로파일 범위가 얼마나 넓은지 또는 좁은지, 일시적 메뉴, 또는 영구적 메뉴, 주방장 스페셜 메뉴를 추가함으로써 고객의 유형에 맞게 레스토랑의 구매력을 확장시킬 필요가 있는지도 모른다.

9. 핵심 잠재시장 구축

레스토랑 운영은 정확히 고객이 기대하는 것을 제공함으로써 핵심 단골고객을 구축하기 위해 외식시장 프로파일을 이용해야 한다. 어떤 파스타, 이탈리안 레스토랑에서 남자고객만 받기 위해 샐러드 메뉴를 제공하지 않는 식당이 있다면, 역사상 파스타, 이탈리안 레스토랑, 한국식당들은 샐러드를 제공해 왔으며 성별에 상관없이 영업장을 방문하는 모든 고객을 대상으로 영업해야 한다는 사실을 깨달아야 한다. 유인된 고객의 유형에 대해 레스토랑과 메뉴를 통해 분명한 핵심 초점을 맞추되 레스토랑이 고객을 유인할 수 있는 모든 유형과 비교 개발한다. 앞서 본 경우처럼 샐러드를 제공하는 것과 같은 기본적인 영역부문을 확장함으로써 레스토랑의 구매력을 넓힐 방법들을 찾아야 한다. 그리고 현재 외식시장의 트렌드들을 고려하면서 핵심을 찾는다. 만약 외식시장 트렌드 분위기가 육류에서 해산물 및 닭고기 또는 육류에서 야채, 건강식으로 옮겨가는 추세라면, 당연히 그 트렌드는 메뉴에도 적용되어야 한다.

외식마케팅 조사의 목적은 망해가는 영업장을 회생시키고 새로운 것을 만들어 내려는 진보적 성향의 셰프에게 실질적 도움과 그 데이터에 근거한 레스토랑 운영의 방향 설정을 지원하기 위함이다. 하나의 점검목록으로서 외식마케팅 조사를 활용하라. 우선 그 식당의 지리적 및 위치부문에서 시작하여 타깃 레스토랑에 대해 가장 명확히 설명하기 위해 각 영역별 간단한 평가를 실시하라. 레스토랑 핵심 시장 구축을 위해 모든 문제 사항들을 발견하기 위해 리포트를 작성한 것을 검토한다. 레스토랑 운영 작업을 진행하기 위해 미리 생각해 두었던 것들로 바로 시작하지 말고 외식시장 내 레스토랑의 모든 측면에 대해 재검토할 때까지 결론 내리지 말고 고민하고 고심한다. 외식마케팅 조사를 통한 핵심 시장 구축을 명확히 하기 위해 보통 2~3일 정도 시간을 가진다. 주요 난제들을 결정하기 전에 잠시 동안 서로의 생각을 자유롭게 의견을 교환한다. 만약 핵심 시장 구축의 해결방안이 간단한 것이라면 셰프의 권한으로 즉시 실행에 옮긴다. 그리고 만약 문제들이 심각하지만 좋은 방향으로 전환될 가능성이 있다면 다시 고려해 본다. 레스토랑 운영의 변화를 원하는 셰프는 자기의 지휘 감독권이 동요되기 전에 핵심시장 구축에 대한 성공적 실적의 확신 및 구체적인 마케팅 보고서를 근거로 제시할 확실한 지지물들을 준비해야 한다. 셰프에게 유리한 모든 조건에도 불구하고 불안정한 어떤 환경적 내부요소로 인해 업무진행이 어려울 수도 있다. 소규모 영업장의 경우 주방장 생각을 폄하하는 인신공격 같은 것이 하나의 방해요소가 될 수 있다. 모든 환경적 내부요인을 이길 수 없는 능력 상황에 놓인 셰프라면 보다 안정된 레스토랑 포지션으로 이동을 고려해야 한다. 그래야 자기 역할과 연봉이 삭감되더라도 장기적 관점에서는 훨씬 이익이다.

고객들이 음식에 대한 그 레스토랑의 기대는 하지만 주문하지 않는 요리에 대해 셰프는 어떻게 평가할 것인가? 그 평가의 바탕은 저조한 매출에서 알 수 있고 또한 거기서 찾아야 한다. 그리고 고객은 재방문하지 않음으로써 음식에 대한 불만족 의사를 표현하다. 음식의 맛과 품질이 기대보다 못하다고 고객이 직접 불평을 하리라 기대하지 마라. 셰프는 어떤 고객이 쇼핑이나 영화관람 후 한 레스토랑에서 식사할 때 각자가 취향에 맞고 선택할 다양한 메뉴들이 제공되어야 한다. 그렇지 않고 고객은 억지로 메뉴를 선택한 후 음식 만족은 있을 수가 없다. 따라서 그 레스토랑이 지향하는 핵심시장 마켓을 구축하여야 한다. 그러나 대다수 레스토랑들은 '남성 취향 푸드' 또는 반대로 여성취향 음식들만 제공하고 있다. 만약 백여 개의 좌석을 갖춘 레스토랑이 고객 눈에 띄지 않고 메뉴가 제한되거나 겉만 번지르르한 메뉴를 제공한다면 영업장 매출과 수익에 도움될 고객을 발견하기는 어려울 수밖에 없다.

셰프 자신이 역지사지로 역할 분담으로서 고객의 좌석에 앉아 비즈니스맨이 되어 런치를 주문하거나, 젊은 여인이 되어 디너를 주문하거나, 4인 가족의 일원이 되어 브런치 메뉴를 주문해 봐야 고객의 입장의 느낌을 알 수 있다. 셰프는 항상 각 시간대별로 식사하는 사람들의 음식취향과 고객유형은 어떻게 다른지를 계속적으로 탐색해야 한다. 그래야 그 레스토랑 메뉴에서 무언가를 발견할 수 있을 것이다? 이런 역할 탐색은 레스토랑 운영의 성공과 실패만큼 분명하게 보이는 기본적인 방법임에도 불구하고 놀랍게도 오너와 셰프들은 이 역할 부분을 간과하고 있다. 레스토랑 외식마케팅 정보를 활용하는 일련의 방법과 절차들은 핵심 시장구축을 위함이다.

10. 핵심 잠재시장 확장

레스토랑의 경영은 때로는 역발상 전략도 잠재고객 시장을 확보하는 원동력이 될 수도 있다. 따라서 이런 방법의 3가지 요소는 첫째, 고객시장의 시계를 다각도로 확장시켜라 – 장기적인 비전과 목표를 세워야 하며, 중기적 사업전략을 재정립하고 연례사업을 집중적으로 검토를 해야 한다. 둘째, 고객시장에서 사고의 폭을 확장해야 한다 – 보편적 고객이 생각하는 발상을 뒤집어야 하며, 레스토랑의 경영 사업을 집중분석해 보아야 하며, 고객이 기대하는 외부적 시각을 적극 반영해야 한다. 셋째, 고객 참여 모델을 확장해야 한다 – 고객과 전략적인 대화를 줄기차게 해야 하며, 고객 참여 및 체험프로그램의 횟수를 늘리되 집중적으로 짧게 해야 하며 고객과의 소통의 장을 확대해야 한다.

외식마케팅 조사의 결과로서 첫 번째 단계는 고객이 기대하는 것을 담은 메뉴를 제공함으로써 핵심 단골고객을 구축하는 것이다. 두 번째 단계는 레스토랑의 구매력을 넓히는 메뉴 아이템들을 제공함으로써 고객의 계층과 범위를 확장시켜야 잠재고객을 확보하는 것이다. 그러나 기존 고객들을 잃어버리지 않는 범위 내에서 다양화해야 한다. 이를 위한 가장 쉬운 방법은 세련된 광고판과 혼합매체를 이용하거나 레스토랑 입구에 화려한 보드판을 이용하여 스페셜 요리를 홍보 판매하는 것이다. 실제로 모든 레스토랑에서 한두 가지 방법들을 동원해 스페셜 메뉴를 판매하고 있다. 어떤 레스토랑만의 스페셜 메뉴를 선택하는 고객은 거의 없다 하더라도 세련된 광고 홍보만이라도 고객에게 제안된다면 메뉴확장자로서 중요한 역할을 한다.

셰프는 어떤 형태로 메뉴를 확장해야 옳은가? 달리 표현하자면, 매 식사 때마다 몇 가지 스페셜을 제공해야 하는가는, 각 레스토랑이 공격지향적인 포지셔닝을 갖추기에 필요한만큼만 제공하면 된다. 각종 퓨전요리가 아니라 각 음식부문별 스페셜 요리를 생각하는 것이 핵심시장을 확보하는 방법이다. 주방장의 스페셜 메뉴 판매 목적은 식당의 강점은 강조하되, 약점을 가지고 공격적으로 경쟁하기 위한 방법이다. 따라서 스페셜 요리목록에는 이미 인기리에 판매되고 있는 메뉴와 유사한 요리, 벤치마킹 요리, 메뉴에 없는 것을 제공하는 요리, 음식 품질이나 스타일 모두 조화로운 요리, 최신 유행요리, 가격 경쟁력 있는 요리, 수익성이 높은 요리, 가격 가성비도 역할을 하는 요리 등이 포함되어야 한다.

적정한 광고 예산으로 레스토랑의 잠재시장 규모를 고려하여 스페셜 요리를 고객에게 제공할 방법은 무엇인가? 고객들은 걷는 것과 자동차를 이용하는 것 중 어느 것을 더 좋아하는가? 매체 광고홍보가 필요한가? 고객이 느끼는 부분은 런치와 디너 간에 약간의 가격, 서비스, 메뉴 다양성 차이는 있더라도 그 해답은 분명해야 한다. 레스토랑까지 걸어서 오는 사람은 입구에 있는 스페셜 메뉴 보드에 마음이 끌려 온 것으로 본다. 자동차를 타고 오는 사람은 건물 홍보 간판에 주목할 것이다. 여행 중인 사람들은 그 레스토랑의 신문, 잡지, TV, 광고, SNS 등에 매력을 느끼게 될 것이다. 많은 레스토랑들은 영화나 잡지, 지역신문, 영화, 연극공연에 광고하고 있다. 각 지역마다 브로슈어 광고 접근방식도 필요하다. 결국 한 가지 매체에 광고 예산을 집중 투자하거나 레스토랑 입구의 스페셜 보드가 모든 역할을 할 것이라 기대하기보다는 다양한 매체들에 분산 광고하는 전략이 보다 효과적이다. 따라서 다양한 광고 접근방식이 고객시장 확대에 도움이 될 것이다.

고객시장 평가의 주요 요소는 성공한 외식업체를 포함한 모든 경쟁 레스토랑들을 적절히 분류하여 분석하는 것이다. 셰프는 메뉴구성이나 스페셜 요리들을 성공적으로 시장에 내어놓기 전에 경쟁업체들이 메뉴다양성, 메뉴디자인 관리, 서비스 문제에 접근하는 방식에 대해 정확한 데이터가 필요하다. 대다수 레스토랑들은 고객시장 평가부분에 있어 꽤 부지런한 분석을 하고 있으며, 그렇지 않은 외식업체들은 실패할 확률이 매우 높다고 할 수 있다. 세심한 고객시장 분석을 통해 각 외식업체의 실패 원인 분석을 일부 파악할 수 있을 것이다.

다음의 예는 외식마케팅 조사를 통해 메뉴변화의 필요성을 인지함으로써 하락세인 어떤 레스토랑을 반전시키는 방법을 설명코자 한다.

어느 레스토랑의 경우 오너 셰프로서 10년 이상 요리 업무를 해 왔다. 햄버거를 함께 판매하는 친근한 분위기의 캐주얼 레스토랑에서부터 고급 안심스테이크, 찹 스테이크, 햄버거류들을 판매하는 분주한 바까지 운영하고 있다. 수년간 이 레스토랑의 회전율은 하루 저녁 3~4회에 이를 정도로 영업이 왕성하였다. 그런데 어느 날부터 영업매출이 점차 감소하기 시작했다. 주방장은 레시피들을 검토하고 또 검토했다. 레시피들은 과거 호황일 때와 마찬가지로 높은 마진 수준을 유지하고 있었다. 조리사들은 음식들을 준비하고 담아내는 모든 업무 과정을 실행할 뿐만 아니라 홀 직원들에게 음식에 대한 평가를 부탁할 정도였다. 운영의 모든 것이 순조로웠다. 지금까지 매출 하락세를 걱정할 필요가 없을 정도로 아무런 문제도 없는 것 같았다. 주방장은 수년간 일을 해오고 있지만 매출이 급감하리란 생각은 없었다.

그럼에도 불구하고 주방장은 난생 처음으로 경쟁 레스토랑들을 세심히 관찰하기 시작했다. 대외적인 경영환경이 너무나 많이 변해 있었기 때문이다. 유명한 레스토랑과 쌍벽을 이뤘던 경쟁업소들 중 일부는 이미 사라졌다. 오너가 하나둘씩 그만두거나 팔아넘기거나 퇴출되었다. 요즘은 완전히 새로운 콘셉트 스타일의 레스토랑이 대세였다. 경쟁에 맞서기 위해 최고급 서비스를 제공했던 인근 스테이크하우스나 찹 스테이크하우스들은 모두 사라지고 이제는 한 레스토랑만 유일한 스테이크 하우스로 남아 있다. 그리고 주변에는 커피숍과 식당 6~7곳, 중간수준의 아메리칸 컨티넨탈 레스토랑, 파스타요리, 해산물 전문점과 중국식, 일본식 그리고 넓은 공간에 퓨전 스타일의 바를 갖춘 롤 스시, 그리고 최신 텍스맥스 레스토랑 등 경쟁업소들이었다. 이 레스토랑들은 외부 테라스식 카페를 운영하고 있다. 이 레스토랑은 밖에서 보면 어두침침한 분위기 때문에 진부한 영국식 호프 펍 레스토랑처럼 보였다. 주위환경들도 역시 변했다. 주위는 고급아파트와 유동인구 집중현상과 관광객이 두드러졌다.

주방장은 이 식당이 시대에 뒤처진 구식 레스토랑처럼 보인다는 사실을 그때는 인정해야 했다. 부담 없는 영국식 호프 펍 레스토랑처럼 보이는 것도 매력의 일부였다. 주방장은 그간 경력으로 볼 때 스스로 이들 문제를 해결해야 했다. 영업장 운영에 대해 며칠간 고민하면서 요리 전문서적 및 레스토랑 비즈니스 관련 잡지들을 읽으면서 많은 정보를 획득해야 했다. 근무 와중에도 경쟁업소들의 대세인 퓨전, 아시아식, 중국식, 한국식, 카페, 텍스맥스 레스토랑의 메뉴들에 관한 연구와 분석에 열중해야 했다. 최종분석 결과, 이 레스토랑은 최근 음식 트렌드와 유행에 뒤처져 있으며, 인근에 유일한 펍 레스토랑으로서 예전엔 유리한 포지셔닝이었지만 지금은 다른 유형의 고객들 욕구에 어필할 수 있어야 한다는 사실을 깨닫게 되었다. 그리고 우선적으로 간단한 신 메뉴 몇 가지를 제공하기 시작했다. 이 요리들은 매일 판매해 본 적이 없는 기존 스페셜 메뉴인 생선요리와 건강식 웰빙 요리를 추가하게 되었다. 반응은 즉각 나타났으며, 셰프는 새 메뉴아이템을 정식 스페셜 메뉴로 고정시키고, 새로운 요리에 대해 감동된 고객들에게 어필할 수 있었으며 또 다른 메뉴의 대안들에 대해 생각하기 시작했다.

식당마케팅 조사는 셰프의 의도에 따라 공식적 또는 비공식적으로 이뤄질 수 있다. 그리고 문서화하여 작성되는 공식적 방법을 완벽하게 조사하여 레스토랑 운영에 참고자료로 활용함으로써 장기적으로 적정한 이익을 가져오게 된다. 그러나 대다수 셰프들은 전문 서적이나 전문 데이터를 통해 자료를 수집하는 비즈니스 관점이 아니라 주위에서 일상적으로 보듯 비전문적이고 비체계적인 방법으로 지금까지 업무를 수행해 왔다. 체계적이지 못한 레스토랑 운영 방식은 셰프의 비전문적인 운영방식이며, 레스토랑의 지속가능한 수익성을 위험에 빠뜨리게 한다.

어느 셰프는 매출이 감소하는 레스토랑 운영 시스템을 현명하게 대처했다. 몇 달 만에 레스토랑의 모든 영역을 분석하고 문제점들을 세심히 검토했다. 이 문제점들을 어느 누구도 책임 있게 해결하려고 시도하거나 지적하지 않는 레스토랑의 오너 셰프가 있는 것은 비일비재하다. 자신이 레스토랑의 매출을 떨어뜨리는 셰프라는 사실을 깨닫게 되면, 주방장의 업무내용과 결정이 대단히 중요하다는 것을 추측할 수 있다. 주방장의 권한으로 영업장 운영 시스템을 바꾸기 위해서는 마케팅 조사 자료와 정보, 대외적인 환경 자료들을 토대로 신속한 대안을 마련해야 한다. 필요하다면 빨리 진행하되 기존 메뉴 제거 시 기존 고객을 잃을 수도 있지만 최종 목표는 영업 정상화라는 사실을 기억해야 한다. 식당의 시장조사 분석의 목적은 대외환경 변화를 위한 과학적 사실 근거 구축에 기여하는 것이다.

11. 레스토랑의 장기 계획

레스토랑의 장기적 지속 가능한 경영전략은 5단계로 접근할 수 있다. 매출성과 진단→경영핵심 파악→경영목표 설정→경영전략 수립→실행으로 이어질 수 있도록 한다. 그리고 레스토랑 경영전략 수립을 도와주는 4가지 방안을 제시할 수 있다. 첫째, 위험노출 최소화 – 식재료 불량 생산지, 유해성, 기대서비스와 현장감의 차이, 고객의 입맛 차이와 가치성 등의 변화에 대응 비용을 최소화해야 한다. 둘째, 메뉴 상품의 포트폴리오 확대 – 고객이 요구하는 식품안전과 건강을 중시하는 소비자들의 성향 변화에 맞춰 유기농 및 야채샐러드 메뉴 대폭 늘림. 셋째, 비용절감 – 음식을 만드는 조리사의 조리방식과 조리기능에 따라서 식재료의 효율성이 달라진다는 점에 착안하여 표준 레시피나 요리아이디어 개발을 정착해야 한다. 넷째, 신규매출 수입원 발굴 – 레스토랑을 운영하다 보면 고객과 관련된 원두커피, 테이크아웃 상품, 마카롱, 예쁜 인기 기념품, 또 다른 상품 등의 매출 수입원을 발굴하여 매출 시너지 효과를 기대할 수도 있다.

레스토랑이 새롭고 향상된 메뉴를 구체화 하려면 현재 메뉴를 바탕으로 원하는 새 메뉴를 만들어내기 위한 방법을 고안하는 것이 좋은 아이디어라고 할 수 있다. 여러 가지 이유들로 비추어 볼 때 계획 기간은 대략 6개월 이상 소요된다. 장기 계획은 명확한 시각에서 정확하게 궁극적 목적을 유지해야 한다. 장기 계획의 기간에 진행 단계별로 평가하고, 현재 진행과정에 관한 의견을 셰프에게 제공하므로 장기계획의 구상에 있어서 재훈련과 재조직이 매우 필요한 시점이다. 그러나 이 계획의 진행과정은 시작부터 마지막까지 명확하게 피라미드형처럼 단계별 목표들을 하나하나 알려주는 가이드 역할을 하게 된다.

장기 계획을 세우는 또 다른 이유는 목표들을 진행해 가는 과정에서 레스토랑의 한계점들이 명백히 드러난다는 데 있다. 따라서 과학적이고 명확한 계획은 식당의 위기가 닥치기 전에 적합한 대안을 제공함으로써 많은 실수들을 제거할 수 있는데 그 목적이 있다.

오늘날 외식마켓은 요리상품에 대한 세계인들의 해박한 지식과 더불어 훌륭한 식사경험에 대한 욕구로 인해 급속히 변하고 확장되고 있다. 기존 레스토랑들은 그 지역 내 시장에 대한 변화뿐만 아니라 전국적인 트렌드와 미래 지향적인 분위기를 인지해야 한다. 현재보다 미래에는 지금껏 들어보지 못한 새로운 레스토랑의 새로운 콘셉트들이 도래하여 외식마켓을 유혹할 것이 틀림없다.

12. 요점정리 및 토론

- 대다수 레스토랑 비즈니스는 예술적 경영 감각에서 출발해야 한다.
- 레스토랑은 유행 요리로 앞서 나가기보다는 틈새시장을 발견하고 적응하려고 노력해야 한다.
- 특정 잠재고객시장을 발견하기 위해 레스토랑의 경쟁력을 검토하라. 요리와 고객은 그 지역의 지역민의 풍토에 영향받는다.
- 셰프나 오너가 그 지역 및 전국 요리트렌드에 역행하면 더 큰 위험에 봉착하게 된다.
- 고객의 외식관습에 영향을 미치는 요소와 또 다른 지역적 요소는 고객특성과 유형이다.
- 고객을 받들어야지 고객을 가르치려는 레스토랑은 고객의 외면이나 저항에 부딪히게 될 것이다.
- 레스토랑의 위치와 접근성은 레스토랑 비즈니스 성공을 위한 첫 번째 요소이다.
- 셰프는 훌륭한 위치에 있는 곳에서 수십 년간 매우 성공한 레스토랑이었지만, 몇 년 전에 오너가 바뀌면서 운영에 실패한 레스토랑이 입주해 있는 빌딩의 좋은 코너 공간이다.
- 지역의 같은 위치에 또 다른 고려요소는 근처 영업 중인 레스토랑의 유형과 개수이다.
- 레스토랑 위치를 최우선적으로 고려한 후, 잠재고객을 위한 메뉴를 고안해야 한다.

- 성공하기 위해 셰프는 다른 업소와 비슷한 음식을 판매하되 새롭고 흥미로운 조리방식이라야 한다.
- 경쟁력이란 특정 레스토랑이 판매해야 할 핵심인 메뉴를 의미한다.
- 레스토랑의 요리스타일은 고객에게 흥미와 더불어 만족을 줄 수 있는 분명하고 맛있는 수준이라야 하며, 고객을 끌어들이는 유인능력도 갖추어야 한다.
- 아무리 음식 수준이 훌륭하더라도 성공하지 못한 레스토랑은 대개 메뉴상의 결점을 지니고 있다.
- 레스토랑 분위기는 판매되는 음식 타입과 매우 밀접한 연관성이 있다.
- 셰프는 전체시장에서 레스토랑의 현재 포지셔닝을 보다 잘 이해하기 위해 분위기 요소를 평가해야 한다.
- 셰프는 레스토랑이 음식 품질에 대해 어느 정도 관심을 집중하고 있는지, 음식 품질은 고객에게 얼마나 중요한지, 그리고 냉철한 시각에서 음식 품질 절충이 요구되는 시점에 대해 파악해야 한다.
- 확실한 레스토랑 콘셉트는 고객의 입맛에 근거한 독창적 요리여야 한다.
- 요리에 있어 독창적 콘셉트란 현재 스타일들을 혼합하여 새로운 스타일로 만들거나 지역별 정통 스타일을 도입하는 것이다.
- 현재 상황이 어떠하든 간에 독창성을 부여할 방법들을 개발한다.
- 마케팅 조사의 목적은 영업장의 하락세를 미리 막고 성장세를 구축하려는 셰프의 노력에 도움될 실질적 지원 및 빅 데이터에 근거한 방향 설정을 지원하는 것이다.
- 스페셜 메뉴 판매의 목적은 강점은 강조하고, 약점은 가리고, 공격적으로 경쟁하는 데 있다.
- 광고 예산은 한 가지 매체에 집중하기보다 다양한 매체에 분산 투자하라.
- 시장평가의 주요 요소는 모든 경쟁 대상 레스토랑들을 적절히 분류하는 것이다.
- 시장분석의 목적은 레스토랑 변화를 위한 실질적 근거 구축에 도움 주는 것이다.

- 새롭고 향상된 메뉴가 상품화 되면, 장기계획의 메뉴 하나로서 구성되지만, 현재 이 메뉴로부터 이상적인 메뉴를 만들어내는 방법을 토대로 고안하는 것은 좋은 생각이다.
- 기존 레스토랑들은 지역 내 고객시장의 변화뿐만 아니라 전국적인 요리트렌드와 분위기에 대해서도 알고 있어야 한다.

제3장 독창적인 스페셜 메뉴의 역할

연구 차례

연구 개요

주방장의 문제해결 방안으로서 스페셜 메뉴를 어떻게 운영할 것인가? 만약 당신이 원래 계획했던 총매출액을 달성하고 스페셜 메뉴 없이도 수익성이 높은 어떤 완벽한 레스토랑의 오너이거나 주방장이라면 아마도 현재 상황에 안주하고 변화시키려고 노력하지 않을 것이다. 오픈 당시의 메뉴만으로 고객의 관심을 지속적으로 유지할 수 있는 영업장은 극소수이며, 이와 같은 경영방식은 현명하지도 않다. 실질적으로 모든 레스토랑은 개선할 여지가 많이 있다. 스페셜 메뉴는 단순히 저렴한 가격을 제공하기보다는 메뉴를 다양화할 수 있는 방법 중 하나이다. 독창적 창의력을 지닌 주방장은 세련된 스페셜 메뉴 프로그램 개발에 보다 뛰어난 능력을 발휘할 수 있어야 한다.

* 주방장의 문제 해결 방안으로서의 스페셜 메뉴 : 모든 스페셜 메뉴는 그 자체로서는 문제점을 가지고 있다. 이 문제점들은 메뉴 개발 방식 및 고객의 다양한 욕구에 따른 시즌별 변화에 따른 것이다. 이와 같은 문제점에 대한 스페셜 메뉴의 해결 방안을 다음과 같이 제시하고 있다.
  1) 고객의 관심을 다시 불러 모을 새로운 메뉴로 매출을 증대시킨다.
  2) 요리스타일 및 요리아이템 및 요리트렌드를 다양화시킨다.
  3) 일반 메뉴는 시즌에 따른 적자액을 줄일 수는 있다.
  4) 요리연구 및 개발부문에 지속적으로 투자해야 한다.
  5) 효과적인 광고 방법과 고객 관계마케팅을 제공한다.
  6) 비수익성 메뉴품목을 다량 판매함으로써 전체적으로 레스토랑 수익을 증대시킨다.

일부 연구들에 의하면 식당 이용고객들은 스페셜 메뉴에 대해 서비스 직원이나 주방장으로부터 직접 설명 듣는 것을 선호한다고 하지만, 그럼에도 불구하고 스페셜 메뉴를 고객에게 직접 소개하는 방법에 있어서는 그다지 중요하지 않다. 고객들이 인쇄물의 목록을 이용하거나, 광고판 또는 전광판을 보거나, 서비스 직원의 설명을 듣든 간에 최종적인 음식상품의 결과는 같아야 한다. 이와 같은 방식들은 다시 말해서 영업장 운영스타일에 관한 문제이다. 그러나 스페셜 메뉴의 유형은 매우 중요하다. 각 메뉴 유형별 스페셜 메뉴는 레스토랑의 문제를 해결하는 가장 적합한 방안이다. 즉 휴일, 주간, 런치, 디너, 특별한 날짜와 월력같이 다양한 유형별 스페셜 메뉴들을 효과적으로 이용하는 방안들을 고려해 보자.

1. 휴일 스페셜 메뉴

특정 레스토랑의 메뉴가 매우 성공적이거나 일정한 스타일을 갖추게 되었다 하더라도 그 메뉴는 특정 휴일이나 특정한 시간대에 스페셜 메뉴로 판매함으로써 수익을 더 얻을 수 있다.

대략 3년 전에 창업한 이래로 점심과 저녁식사 시간대에 많은 사람들이 찾는 테마 레스토랑이다. 메뉴는 한 페이지 분량의 얇은 판으로 된 빌보드지이지만 다이닝 메뉴품목 전체가 실려 있어 사이즈가 큰 편이다. 예를 들면, 매니저들 중 한 두 명은 이번 특정 휴일, 크리스마스, 명절, 추수감사절 등 추수감사절에 영업하는 것이 좋은 기회가 될 수 있다고 믿고 있다. 지금까지 이 레스토랑이 공휴일 또는 추수감사절에 영업을 하지 않았던 사실은 영업을 했던 지역 내 타 경쟁업소들에게 유리했었다는 것은 자명한 사실이다. 그래서 사정에 따라서 한시적으로 판매하는 휴일 스페셜 메뉴가 필요하다. 스페셜 메뉴는 일반적인 고객 구성에 따라 1인, 2인 또는 가족 고객 모두에게 적합한 디너메뉴라야 한다. 이런 디너메뉴는 객단가를 타 경쟁업소보다 단 1,000원이라도 낮추는 가격전략 등을 이용함으로써 평상시, 명절시 이용하던 기존 업소로부터 고객들을 유인해낼 수 있는 몇 가지 방안들을 준비해야 한다.

일반적인 메뉴들 중에서 훌륭한 스타일에 품질이 우수한 오리지널 디너 메뉴 한 가지를 고객들이 선택하도록 제안하라. 이 디너 메뉴들은 모든 고객에게 적합해야 하며 주방장, 경영자 취향에 근거해서는 절대 안 된다. 이 스페셜 메뉴들은 최소한 추수감사절, 크리스마스 3주 전부터 광고해야 효과적이다. 특히 스페셜 메뉴를 운영하는 타 경쟁업소들을 여러 해 동안 이용해 왔던 사람들 중 단골고객이 될 가능성이 높은 사람들에게 전달될 수 있는 방법을 이용해야 한다. 대도시, 지역 및 소도시에서 이와 같은 스페셜 메뉴 광고는 신문광고가 가장 효과적이다. 지역 내 어디에서든 이 레스토랑까지 도보로 찾아갈 수 있는 장소에 위치한 경우에는 벽보판의 광고효과가 가장 우수하다. 성격이 꼼꼼한 주방장이라면 가능한 자주 최소한 한 달에 한 번 정도는 휴일 특별메뉴를 운영함으로써 매출액을 새로운 수준으로 끌어올릴 수 있어야 한다. 매출이 저조한 시기에는 평소 해당 월매출 비율에 영향을 미칠 수 있을 정도로 광고는 일시적인 매출로 증가될 수 있다. 특정 시간대에만 판매하는 특별한 메뉴는 레스토랑 자체, 즉 고객들이 인지하는 높은 음식 품질 수준, 합리적인 가격, 그리고 훌륭한 서비스에 대한 약속에 매료되는 것과 같은 원칙이 적용된다. 만약 고객들의 인식이 적용되지 않는다면 그것은 다른 식당, 스타일 등의 단순한 모방에 불과한 것이다.

예를 들어 단순히 커피 파는 커피숍에서 오믈렛, 연어, 콩과 라이스, 수프와 메인요리를 저녁식사 메뉴로 판매하여 매출을 증대하려 한다면 소기의 성과를 거두지 못할 것이다. 오히려 이런 방법은 혼란스럽기도 하고 현재 메뉴 스타일에 전혀 도움을 주지 못할 것이다. 특정시간대 특별메뉴를 잘못 실행하는 가장 일반적인 경우는 모든 사람이 먹을 수 있는 생선프라이 같은 평범한 메뉴 방법이라 할 수 있다. 일부 레스토랑들은 아무때나 이 메뉴를 이용하려고 한다. 결과적으로 무용지물이 된 이 메뉴 광고판에는 몇 가지 전통적인 실패요인들만 남아 있다.

메뉴의 문제점을 살펴볼 때 실질적으로 스페셜 메뉴 내용의 진실성을 부정할 수 있는 첫 번째 전략적인 실수는 '누구나 먹을 수 있다' 는 메뉴 어구를 사용하는 데 있다. 허기가 진 사람이나, 돈이 아주 없는 사람이나 몇몇의 경우를 제외한 어느 누구도 누구나 먹을 수 있는 메뉴를 먹고 싶어 하지는 않는다. 사실 대부분의 사람들은 먹은 만큼 체중이 늘지 않도록 시간과 비용을 지불하고 있는 것이다. 고객들은 감자, 빵, 소시지, 버터 등을 포함한 건강에 도움을 주지 못하는 디너는 더더욱 원치 않는다. 따라서 만약 소고기 립이나 프라임 립의 가격이 평균 먹는 음식 품질에 비해 가격이 싸지 않다면 이 스페셜 메뉴는 아무런 가치성이 없는 것이다.

또 다른 중요한 실수는 대중에게 인기가 없는 콘셉트라는 것이다. 즉 어떤 스페셜 메뉴의 가격은 고객이 모든 것을 인지하고 먹을 경우에는 적당하지만, 평균 객단가에 비해 매우 고가 메뉴라는 것이다. 이와 같은 방법은 디너 전문 운영팀의 방식이 부적절함을 입증하는 것으로 지역 내 타 레스토랑의 경우 프라임 립의 가격을 상대적으로 다운 시켜서 판매함으로써 특정 주말 금요일 밤 매출액을 확고히 증가시킬 수가 있다. 실제로 음식의 양은 다소 적고 무료 음료도 제공되지 않지만 고객들은 매 주말에 고객이 평상시 즐기던 메뉴를 주문하고 있다는 것이다. 이에 반해 스페셜 디너 메뉴에도 불구하고 좌석은 텅 비어 있고, 서비스 종업원들은 고객들이 이 스페셜 메뉴를 좋아하지 않는 이유에 대해 어리둥절해 할 뿐이다.

2. 주중 스페셜 메뉴

주중 스페셜 메뉴는 레스토랑 매출액을 높일 수 있는 좋은 기회이다. 사실 지금은 전통적인 식사관습이 된 브런치의 경우 일요일 아침 늦게 일어나서 외식하려는 고객을 잡기 위한 일종의 아침식사에서 비롯한 것이다. 브런치 메뉴는 대개 레스토랑의 정규 메뉴들 중 아침과 점심메뉴들을 줄인 것이다. 따라서 무언가 특별한 것을 제공하기보다 다양한 메뉴를 원하게 된다. 어떤 레스토랑의 브런치 고객들과는 매주 그리고 매년 관계를 지속하는 동안 고객의 선호도, 태도를 기억하는 것은 필수적이다. 골드 미스나 젊은 직장인 고객들은 아침잠에서 깨어나긴 했지만, 모닝커피뿐만 아니라 아직 아무것도 먹지 않는 상태이다. 아침운동을 하거나 걷거나 차를 운전하거나 할 때에는 이들의 몸 상태나 컨디션 기분상태는 최악이다. 따라서 어느 일요일 아침 커피를 마시기 전에 이들을 기다리게 할 만한 무언가 흥미로운 스페셜 메뉴를 준비하는 것이 좋다. 어쨌든 이런 고객들 중 50%는 특정 메뉴를 선택(죽, 계란요리, 샐러드, 과일류 등) 주문할 것이다. 그러나 만약 단체 고객인 경우 모두 똑같은 메뉴를 주문하고 싶어 하지 않는다. 단체 리더는 머핀, 바나나 팬케이크, 달걀 요리, 또는 과일류를 함께 주문을 할 것이다.

스페셜 메뉴는 원래 흥미를 불러일으키기 때문에 강한 고객 유인력을 지닌다. 이 스페셜 메뉴의 내용은 매주 바뀌어야 한다. 음식의 판매가격이 적합하여 손님이 꽤 많은 지역 내 타 레스토랑에 비해 가격부문은 매우 경쟁력이 있다고 본다. 가격에 관한 한 이 식당은 타 식당보다 탁월한 가성비 인식이 있어야 한다.

메뉴배열은 적절하며, 어떠한가 체크해야 한다. 아침식사 메뉴 품목들이 먼저 제시되어 있으며, 계란 핵심요리 베네딕트 요리는 메뉴판 정중앙에 매우 잘 배열되어 있다. 두 잔의 음료와 하우스 샐러드의 조화를 상상하긴 다소 어렵다 하더라도, 샐러드의 경우 본 레스토랑이 이탈리안 요리 전문임을 잘 보여주는 것이 좋다고 본다. 아마도 가격에 비해 고심하여 만들어 낸 가치성 있는 음식일 것이다. 메뉴 후반부에는 맛있을 것 같으면서도 가격은 저렴한 파스타류들이 제시되어 있다. 이상은 완벽한 런치 품목들이며 많은 사람들이 주말 런치메뉴로 먹고 싶어 하는 것들이므로 이탈리안 메뉴 브런치로는 매우 적합한 것으로 보인다. 그러나 파스타가 런치나 브런치 메뉴 상에 너무 많은 부분을 차지하는 것은 이 식당이 파스타 전문 레스토랑이 아닌 이상 잘못된 부분일 수도 있다. 즉 La Dolce의 브런치 메뉴들이 주제와 종류가 너무 제한된 것이 단점일 수 있다. 거기다 메뉴 상에 주간 스페셜 메뉴가 단 한 가지만 제공되고 있음을 정확히 제시하고 있다.

이탈리안 레스토랑 스타일을 유지하려는 La Dolce의 노력으로 인해 오히려 아침 겸 점심메뉴를 제공해야 하는 브런치 메뉴의 주 목적을 잊어버린 듯하다. 이 식당은 예를 들어 외국인에게 널리 알려져 있는 유명한 이탈리안 계란요리인 프리타타(야채 포함)를 제공하는 것은 어떠한가? 그렇지 않으면 계란요리들 중 적어도 하나는 유명한 이탈리아산 식재료를 이용한 오믈렛이나 보다 독창적인 조리 방식이 가미된 에그 베네딕트라야 한다. 그러나 메뉴구성에 있어 가장 큰 실수는 외국인이 런치, 브런치, 디너 메뉴에 어느 때든 즐겨먹는 샌드위치 류가 전혀 없다는 것이다.

브런치를 먹기 위해 La Dolce를 생각 중인 사람들은 원래 햄버거를 먹으려고 하였으나 맛과 양이 많은 색다른 샌드위치로 결정하게 될 것이다. 토요일의 경우 샌드위치와 샐러드 매출액이 계란 요리 매출액에 비해 훨씬 높다. 이와 같은 사실은 La Dolce를 이용한 고객의 욕구는 충족되지 못한 채 남게 된다. 따라서 현재의 브런치 메뉴에 프리타타 요리와 몇 가지 이외는 스페셜 메뉴상의 품목은 여전히 제한되어 있다. 따라서 오늘의 메뉴는 프리타타, 샌드위치 3종, 계란요리, 그리고 샐러드 6종 내지 7개 품목을 제시하여 메뉴선택의 기회를 확대함으로써 구매력을 증가시킬 수 있어야 한다. 이와 같은 스페셜 메뉴는 고객이 레스토랑 이용 의사결정에 영향을 미칠 수 있는 방법으로 제시되고 있다. 실제로 La Dolce는 스페셜 메뉴를 광고하는 다소 큰 사이즈의 샌드위치 모양의 광고판을 보도에 설치해 두었다. 고객들은 대개 도보로 식당을 출입한다. 그러나 이 광고판에는 다양한 종류의 스페셜 메뉴가 아니면 한 가지 품목의 스페셜 메뉴에 대해서만 적어 놓을 것이 아니라, '샴페인 무제한 제공' 이라는 문구가 아무렇게나 쓰여 있다. La Dolce는 "우리 식당의 최고 장점은 샴페인을 마음껏 마실 수 있다는 것입니다." 라며 샴페인을 강조하는 것이 가장 효과적인 광고 방안이라 말한다. 그러나 비음주가들의 관심을 끌지 못할 뿐더러 오히려 기분을 상하게 할 수도 있다. 또한 이 지역 음주가들 대부분은 거품이 있는 술을 마시기보다는 알코올 도수가 높은 술을 마시려 한다. La Dolce의 브런치 광고 방식은 바로 이것을 무시하는 것이다.

다음은 La Dolce뿐만 아니라 대부분의 레스토랑의 브런치 스페셜 메뉴에 필요한 부분들을 채워줄 수 있는 브런치 품목들의 경우이다.

- 오늘의 수프(계절에 따른 뜨겁거나 찬 수프)
- 해산물 계란요리
- 앙트레 샐러드(육류, 가금류, 또는 생선요리용)
- 가을, 겨울에 크레페나 파스타 요리대체용
- 샌드위치
- 치즈나 야채 또는 허브 계란요리
- 계절별 계란요리
- 오늘의 디저트

3. 런치 스페셜 메뉴

서울시내 많은 지역에서 일일 스페셜 메뉴에 대한 경쟁이 치열하다. 많은 레스토랑들이 집중적으로 몰려 있는 번화가나 쇼핑센터의 경우 메뉴 비교우위 음식쇼핑의 형태가 가능하다. 따라서 주방장의 창의력과 가격구조가 가장 중요한 경쟁요인이 될 것이다. 모든 업소들이 수백 명의 런치고객들을 유치하기 위해 음식가격과의 전쟁 중이다. 보통 수준의 한국 및 전문 레스토랑의 경우 스페셜 메뉴 구성에 따라 매출액의 차이가 많다. 예를 들어 그다지 변동 없이 일정수준의 디너메뉴로 매출을 올리고 있는데 중간 가격대의 특정 구이전문 레스토랑인 런치메뉴를 살펴보면, 저녁식사 매출액은 일정한 데 비해 런치메뉴 매출액은 기대에 미치지 못하고 있다.

비록 각 품목의 개별요리들이 무언가 독특한 감각은 결여되었다 하더라도 전반적으로 매우 훌륭한 메뉴들이다. 선택 범위 또는 런치에 있어 꼭 중요한 몇 가지 범위들 내에서 선택 가능하다. 디너 매출수준으로 판단하건대 아마도 그 품질은 우수할 것이므로 런치도 역시 이와 같아야 할 것이다. 그러나 스페셜 메뉴 리스트를 살펴본 결과 3가지 문제점들이 있다, 즉 해산물 요리의 부재, 샌드위치 선택의 기회, 그리고 평범한 스타일의 메뉴품목들이 지닌 일반적인 문제점들이 발견되었다.

이 스페셜 메뉴 리스트에는 프랑스와 이탈리아인, 한국인들이 미국요리를 정통요리로 인정하지 않는 이유를 잘 보여주고 있다. 즉 특정 식당의 주간 담당 주방장은 평범하여 독창적이지 않을뿐더러 그다지 맛있을 것 같지도 않은 메뉴를 선택의 여지가 없게 4가지 요리들만을 스페셜 메뉴로 내세워 고객에게 실속 없는 서비스를 한 것이다. 스페셜 메뉴 리스트가 이렇게 형편없이 되기까지는 매니저, 주간 담당 주방장, 수석 주방장, 그리고 오너 모두에게 잘못이 있다. 그러나 놀랍게도 많은 스페셜 메뉴 리스트들이 대개 이런 방식으로 따분하고 일상적인 메뉴들로 채워져 있다. 그렇다면 한국식이나 유럽식 메뉴를 운영하는 일반 레스토랑은 어떻게 해야 하는가? 정성이 많이 들어간 요리나 양은 많지만 런치용으로 먹을 수 있는 매우 독창적인 요리를 고객에게 제시함으로써 따분한 메뉴로 인해 발생되는 문제를 제거할 수도 있다. 오픈 당시 제공하던 음식과 같은 스타일을 지속적으로 유지해 온 일반 레스토랑은 독특한 메뉴가 없다면 아주 위험한 상황에 놓이게 된다. 따라서 세련된 실내감각으로 빠르고 깔끔한 식사를 제공하는 새롭게 생긴 인기 있는 레스토랑에 의해 점령당하게 된다. 그리하여 단골 고객은 그대로 유지하면서도 새로운 잠재고객을 유인하는 것이 최상의 방법이다.

런치 스페셜 메뉴 리스트는 고객의 허기진 음식욕구와 그 식당 메뉴상의 부족한 부분들을 동시에 만족시켜야 한다. 지역마다 고객의 입맛에는 차이가 있으나 대부분의 일반인 고객들을 만족시켜야 한다. 대부분의 일반인 고객들이 점심식사 때 먹고 싶어 하는 특정 요리는 있기 마련이다. 그리고 어떤 레스토랑의 경우 런치메뉴가 다소 불완전함에도 불구하고 완전히 다 팔려 매진되는 경우의 요리들도 있다. 바로 이와 같은 사례는 스페셜 메뉴 리스트가 아래에 열거된 범주들 대부분을 포함하고 있거나 실제 동일할 것이다. 다음의 범주들을 기준으로 런치 메뉴 상 부족한 부분들을 고려하거나 지역별 입맛에 적합하도록 수정해야 한다.

- 오늘의 뜨거운 수프 1종
- 오늘의 찬 수프 1종
- 연중 상시 제공되는 앙트레와 스페셜 샐러드 1종
- 여름철에 추가 제공되는 앙트레와 샐러드
- 소량의 살코기 치킨 앙트레
- 해산물 앙트레
- 파스타 앙트레
- 감자튀김이 제공되지 않는 스페셜 샌드위치 1~2종
- 오늘의 디저트 1~2종

런치 스페셜은 가벼우면서 계절적인 특성이 가미된 것으로, 그러면서도 사회 트렌드에 맞추거나 독창적인 요리라야만 한다. 고객들은 분량이 많은 완벽한 식사를 원하지 않는다. 식당 간 경쟁이 치열한 지역이라면 우선 특가품목 메뉴(손님을 끌기 위해 밑지고 파는 상품)를 스페셜리스트에 올리도록 한다. 일단 스페셜 메뉴 리스트 초안이 완성되면 매일 동일한 범주 내에서 고객에게 음식을 제공토록 한다. 예를 들면 고객들이 특가메뉴 스페셜 샌드위치나 파스타요리 구매에 익숙해지도록 하는 것이다. 그러면 완성된 스페셜 메뉴 리스트는 그 식당의 인기메뉴로 자리 잡을 것이다.

4. 디너 스페셜 메뉴

디너 메뉴를 선택하는 고객들은 런치 메뉴 고객보다 훨씬 더 식욕이 왕성하므로 한 끼 식사로 고려하게 되는 요리의 범주 또한 확대된다. 이런 이유로 저녁식사의 스페셜 메뉴 리스트에는 보다 많은 융통성이 허용된다. 즉 고객의 욕구에 대해 다소 덜 적극적으로 응대하거나 또는 그 욕구들이 모든 것을 포함하고 있기 때문에 적어도 그렇게 보일 수도 있다. 디너 메뉴 리스트의 경우 레스토랑 메뉴상의 단점과 식당오너가 판매 촉진하고자 하는 바를 보다 잘 반영하고 있다. 예를 들어 스테이크나 해산물 전문요리 식당인 경우 스페셜 리스트와 일반메뉴와 함께 잘 조화된 메뉴를 운영하는 식당은 전무하거나 매우 드물다. 그 대신에 경우에 따라 다르지만 스테이크나 해산물을 다른 어떤 독특한 방식으로 요리하여 고객에게 제공함으로써 흔들림 없는 그 식당의 포지션을 강화할 수 있다. 스테이크 하우스, 해산물 전문레스토랑, 그리고 테마 레스토랑의 성공적인 스페셜 메뉴 리스트라면 이윤창출을 가져다 주는 특가품 메뉴이거나 성공한 메뉴들 중 특별 서비스 메뉴품목을 제공하되 계절적인 특성이 가미되거나 트렌디한 요리를 포함해야 한다는 것은 상식이다.

숙련된 주방장은 오리지널 메뉴로부터 시행착오의 과정을 거쳐 조화로운 메뉴로 바꿀 수 있어야 한다. 이와 같은 수년간의 메뉴수정 및 개발과정을 거친 후에 주방장은 고객의 입맛을 사로잡는 군침이 도는 스페셜 요리에 집중할 수 있을 것이다. 고객에게 애타게 먹고 싶어 하게 만드는 요리에 대해 자세히 설명해 주는 효과적인 핵심자료는 그날의 메뉴 광고 방법밖에 없다. 객단가 5만 원에 이르는 꽤 성공적인 다이닝 레스토랑인 특정 메뉴의 경우를 살펴보면 좋다. 이 식당의 고객은 대개 정규적으로 방문하는 안정적 단골고객이 많다.

이 메뉴에는 몇 가지 미국식 요리 외에 정통요리에서부터 누벨 프렌치 스타일에 이르는 여러 가지 레시피들을 포함하고 있다. 메뉴의 프레젠테이션은 누벨방식이다. 애피타이저와 앙트레 품목들은 고객의 다양한 입맛을 포용할 수 있을만큼 특이하며 창조적이다. 파스타의 경우 프렌치스타일 메뉴이며 앙트레, 샐러드와 마찬가지로 시세에 따른 가격제 도입을 시행하고 있다. 그러나 생선요리의 경우에는 선택의 폭이 약간 좁다고 볼 수 있다. 오늘날 고객들은 치킨요리와 생선요리 모두를 중요하게 생각한다. 최근에 특정 식당의 주방장은 이와 같은 사실을 깨닫고 이브닝 스페셜 메뉴리스트의 50%를 해산물 요리로 구성하여 본 메뉴와 완벽한 조화를 이루었다. 아주 성공한 레스토랑들에서 조차도 선택품목과 요리스타일 때문에 메뉴에는 한계가 있다. 이와 같은 단점은 계절적인 변동이나 유행 요리로 인해 일시적이긴 하지만 실제로 존재하고 있다.

만약 메뉴상의 결점이 분명히 드러나지 않을 경우에는 어떻게 할 것인가? 매일 특정 요리를 제공하는 일반적인 스페셜 메뉴 리스트는 고객을 유인할 수 있을 뿐만 아니라 고객이 가장 많이 주문하는 것에 정확히 제공할 수 있어야 한다. 다음에 열거된 메뉴 리스트는 디너 스페셜 메뉴 리스트에 포함되는 것들이다.

- 오늘의 수프(계절에 따른 뜨겁거나 찬 수프)
- 앙트레 샐러드(봄, 여름철)
- 파스타 앙트레
- 치킨요리
- 해산물, 생선요리 1~2종
- 육류요리
- 오늘의 디저트 (케이크, 초콜릿, 과일)

◎ 특급호텔 메뉴의 실례 ◎

THE FLAVOUR OF NORTH ITALY

Octopus, Potato, Beetroot and Black Olive Salad
마린네 문어, 감자와 사탕무 샐러드

*

Spicy Vegetable and Clam Soup
Accompanied by Garlic bread
스파이시 조갯살 야채 수프

*

Ravioli filled with Eggplant and Tomato Ragout
가지와 토마토를 넣은 이태리 만두

*

Peach and Muscat Wine Sherbet
복숭아와 백포도주 셔벗

*

Pan fried Beef Tenderloin with Basil Crust
Roasted Potatoes and Zucchini
바실향의 쇠고기 안심 스테이크에
로스트 감자와 애호박
or 또는
Seabass filled with Salt Candied Lemon
Served with Parsley Sauce and Boiled Vegetables
농어 레몬 버터구이와 파세리 소스, 삶은 야채

*

Tomato, Oregano and Mozzarella Cheese Salad
토마토와 모짜렐라 치즈 샐러드

*

Spiced Marsala Wine Parfait
Hot Raspberry Sauce
말사라 와인 아이스 파르페와 산딸기 소스

*

Coffee, Tea
Assorted Italian Biscuits
커피 또는 홍차
이태리 비스켓 모듬

₩ 52,000

TERRINE DE FOIE GRAS
Gooseliver Terrine with Sunflowerseed Crisps
프랑스산 거위간 테린

BISQUE DE FRUITS DE MER SOUP FEUILLANTINE
Coverbaked Seafood Bisque
해물 비스큐 크림 수프

ESCARGOTS AU BEURRE "CAFE DE PARIS"
Baked Snails in "Cafe de Paris" Butter
프랑스산 달팽이 카페 드 파리 버터소스 구이

SALADE D'EPINARDS
SAUCE TIEDE AUX CHAMPIGNONS ET LARD FUME
Spinach Salad with Warm Mushroom and Bacon Dressing
시금치, 양송이 샐러드와 베이컨 드레싱

SORBET AUX FRUITS DE SEASON
Seasonal Fruit Sherbet
계절 과일 샤벳

DUO OF FILET DE BOEUF ET LANGOUSTE,
SAUCE AUX MORILLES
US Beef Tenderloin and Pacific Lobster
on Morel Cream Sauce Garden Vegetables and Potato
쇠고기 안심, 바다가재구이와 버섯 크림 소스 더운 야채와 감자
or 또는
FILET DE FLETAN ET LANGOUSTE
SAUCE AU SAFRAN ET PERNOD
Halibut Fillet and Lobster, Saffron-Pernod Sauce
광어살, 바닷가재와 사후랑 소스

LES CERISES JUBILEE
ACCOMPAGNEES DE LEUR GLACE VANILLE
Cherries flambed with Kirsch Served with Vanilla Ice Cream
체리 후람베와 바닐라 아이스크림

CAFE OU THE Coffee or Tea
커피 또는 홍차

PRALINES Pralines
쵸콜릿

₩ 79,000

LES HORS D'OEUVRES FROIDS

Cold Appetizers

LES GRAINS DE CAVIAR DE LA MER CASPIENNE
Caspian Sea Caviar on Ice accompanied by Blinis
이란산 철갑상어알과 메밀 팬 케이크
₩59,000

TERRINE DE FOIE GRAS EN GELEE DE CHAMPAGNE
Gooseliver Terrine on Champagne Jelly with Sunflowerseed Crisps
프랑스산 거위간과 샴페인 젤리
₩21,000

TRIO DE L'OCEAN
SAUMON FUME MEDAILLONS DE LANGOUSTE
CAVIAR D'ESTURGEON
"Three Ocean Plate"
Baltic Smoked Salmon, Australian Lobster, Sturgeon Caviar
Served with Lemon dressing and condiments
발틱해 훈제연어, 호주산 바닷가재, 카스피해 철갑상어알 모듬
₩29,000

SAUMON FUME "NORVEGIENNE"
Smoked Norwegian Salmon with Onion, Capers, Lemon and Melba Toast
노르웨이산 훈제연어와 멜바 토스트
₩14,000

TARTARE DE BOEUF "CLASSIQUE"
Classic Tartare from U.S. Beef Tenderloin
Prepared at your table side
서양식 쇠고기 육회
₩15,000

LES HORS D'OEUVRES FROIDS

Hot Appetizer

ESCARGOTS AU BERRE "CAFE DE PARIS"
Baked Snails in "Cafe de Paris"Butter
프랑스산 달팽이 구이
₩12,000

BEIGNETS AU FOIE GRAS
SAUCE AIRELLES ROUGES PARFUME AU VIEUX PORT
Gooseliver Beignets on old Portwine-Cranberry Sauce
프랑스산 거위간 튀김과 크린베리 소스
₩19,000

RAGOUT D'HOMARD A LA THERMIDOR
Lobster Ragout Thermidor style
With Wasabi Mustard and Shiitake Mushroom
바닷가재와 와사비 겨자크림 소스
₩19,000

CEPES E SUPREME DE CANARD ALA CREME EN BRIOCHE
Brioche with creamed Cepe Mushrooms, Duckbreast and Walnuts
프랑스산 버섯, 오리가슴살과 호두 크림 소스
₩12,000

COQUILLES SAINT JACQUES ETUVEES, SAUCE A L'ESTRAGON
Pan creamed Sea Scallops
On a bed of Artichokes, Cucumbers, Garlic and Sun fried Tomatoes
Served with Tarragon Sauce
관자 백포도주 찜과 야채 타라곤 소스
₩12,000

LES HORS D'OEUVRES FROIDS

The Potage Recommends

BISQUE DE FRUITS DE MER SOUS FEUILLANTINE
Coverbaked Seafood Bisque
해물 비스큐 크림 수프
₩9,000

SOUPE AUX TROIS OIGNONS GRATINEE
Three Onion Soup Gratinated with Swiss Cheese
프랜치 양파 수프
₩9,000

CONSOMME DE QUEUE DE BOEUF AUX MORILLES
Clear Oxtail Soup with Morel Mushroom and Aged Sherry
쇠꼬리 맑은 수프
₩9,000

PUREE DE CAROTTES A LA MENTHE
AVEC COQUILLED SAINT JACQUES GRILLEES
Mint flavoured Cream of Carrots with Grilled Scallops
당근 크림 소스와 관자
₩7,000

BOUILLABAISSE MEDITERRANEE
Mediterranean Seafood Soup
지중해식 해물 수프
₩9,000

LE POTAGE DU JOUR
Chef's Recommendation Soup
주방장 특선 수프
₩7,000

LES POISSONS EI CRUSTACES

From the Pacific and Atlantic Ocean

FILET DE LOUPDE MER EN CROUTE DE POMMES DE TERRE
BEURRE A L'OREGANO
Seabass Fillet baked in Potato Crust
On Oregano flavoured Butter Sauce
농어구이와 오레가노향의 버터소오스
₩26,000

TRANCHE DE SAUMON GRILEE
SUR NID DE "SPAGHETTI"-BETTERAVE, SAUCE A L'ANETH
Grilled Salmon Steak on Beetroot "Spaghetti"
Served with Dill Cream Sauce
연어 스테이크와 딜 크림 소오스
₩22,000

FILET DE ROUGET BRAISE EN VIN ROUGE
Red Snapper Fillet braised in Red wine
With Tomatoes, Peppers and Olive
적도미 구이와 케비어 소스
₩24,000

SOLE MEUNIERE SAUCE AU CONCOMBRE E CAVIAR
Panfried Korean Sole with Cucumber-Caviar Sauce
혀 가자미와 케비어 소스
₩27,000

FRUITS DE MER ET PETITS LEGUMES GRATINEES
SAUCE VELOUTE AU PERNOD
Combination of Seafood and Baby Vegetables
Flash baked in pernod flavoured Cream Sauce
해물 백포도주 찜과 페르노 크림 소스
₩24,000

LANGOUSTE DE NOS VIVIERS A VOTRE FACON
Live Lobster any Style-Poached, Grilled, Thermidor or Sashimi
호주산 바닷가재를 고객이 원하시는 대로 조리해 드립니다.
(찜, 구이, 테미도르, 사시미 등)
Current Price
싯 가

LES CREATIONS DU CHEF

Chef's Creations

DUO DE FILET DE BOEUF ET LANGOUSTE
SAUCE AUX MORILLES
Grilled U.S. Beef Tenderloin and Lobster On Morel Cream Sauce
쇠고기 안심, 바다가재구이와 모렐 크림 소스
₩36,000

MAGRET DE CANARD GRILLE,
FRISETTES AU SESAME, SAUCE CASSIS
Grilled Duckbreast with Sesame Spatzle and Black Currant Sauce
오리 가슴살구이와 블랙 산딸기 소스
₩22,000

CARRE D'AGNEAU ROTI AU FOUR
SUR LIT D'ORGE SAFRANE, RAGOUT DE TOMATE
Oven roasted Australian Lamb Rack
On Saffron Barley with Tomato Ragout
뉴질랜드산 양 갈비살 구이와 토마토 라구
₩23,000

FILET DE BOEUF GLACE A LA SAUCE SOLA
Soy glazed Fillet of Beef with Eggplant Marmalade
쇠고기 안심구이와 가지 마마레이드
₩25,000

RAGOUT DE VEAU E CREVETTES "A LA MINUTE"
SAUCE AUX CEPES ET MOUTARDE DE GRAIN
"Minute" Ragout of Veal and Prawns
With Cepe Mushroom and Grain Mustard Sauce
송아지고기와 왕새우 겨자크림 소스
₩24,000

LES GRILLADES TRADITIONELLES

Traditional Celadon Grillades

COEUR DE FILET DE BOEUF GRILLE
Center Cut U.S. Beef Tenderloin
쇠고기 안심 스테이크
₩25,000

ENTRECOTE DE BOUEUF U.S. Sirloin Steak
등심 스테이크
₩23,000

CONTRE FILET DE BOEUF U.S. Rib Eye Steak
갈비살 스테이크
₩29,000

COTE DE VEAU Veal Steak
송아지 등심 스테이크
₩29,000

CARRE D'AGNEAU Rack of Lamb
양 갈비살 구이
₩23,000

CHATEAUBRIAND
Center Cut of U.S. Beef Tenderloin (for 2 persons)
안심 스테이크 (2인분)
₩49,000

ENTRECOTE DE BOEUF DOUBLE
Double U.S. Sirloin Baked in Salt Crust (for 2 persons)
쇠고기 등심 스테이크 (2인분)
₩48,000

Our Grilled Specialties are served with Your Choice of Red Wine Sauce, Morel Cream Sauce or "Cafe de Paris" Butter, Seasonal Vegetables and Baked Potato or Spatzle.

LES FLAMBES

Flambed At Your Table

FILET MIGNON DE BEOUF FLAMBE AU COGNAC
U.S. Beef Tenderloin Steak with Forest Mushroom, Flambed with Brandy
즉석 쇠고기 안심 스테이크와 버섯 크림 소스
₩26,000

FILET DE FLETAN FLAMBE AU PERNOD, SAUCE A L'OSEILLE
Fillet of Halibut Flambed with Pernod, Sorrel Sauce
즉석 광어살 구이와 소렐 소스
₩26,000

LES SALADES

Salads

SELECTION DE FROMAGES ET BOUQUETIERE DES SALADES
Variety of Salad Greens and International Cheese
치즈 모듬과 샐러드
₩11,000

SALADE D'EPINARDS
SAUCE TIDE AUX CHAMPIGNONS ET LARD FUME
Spinach Salad with warm Mushroom and Bacon Dressing
시금치, 양송이, 샐러드와 베이컨 드레싱
Spinach in Season
₩9,000

SALADE CAESAR
Caesar Salad
시져 샐러드
₩9,000

SALADE DU JARDIN
Seasonal Field GREENS
계절 샐러드
₩7,000

SALADE D'ENDIVE BRUXELLES E LAITUE
AU FROMAGE CHEVRE, POIRE ET NOIX
Belgian Endive and Iceberg Lettuce

THE FLAVOUR OF NORTH ITALY

(Lunch Special)

Spaghetti with fresh Tomato, Mozzarella Cheese and Basil
바실향 스파게티와 토마토, 모짜렐라 치즈
or 또는
Beans Soup with Orzo
학맥을 곁들인 소이 빈스 수프
or 또는
Spicy Vegetable and Clam Soup Accompanied by Garlic bread
스파이시 조갯살 야채 수프
*
Peach and Muscat Wine Sherbet
복숭아와 백포도주 셔벗
*
Beef Tenderloin with "Chianti" Redwine Sauce and Raisins
Served with Shallots and Grain Potatoes
쇠고기 안심 스테이크와 이태리 적포도주 소스, 감자 그라땅
or 또는
Seabass fillet with Salt Candied Lemon
Served with Parsley Sauce and Boiled Vegetabled
농어 버터구이와 파세리 소스, 삶은 야채
or 또는
Ragout of Lamb Shoulder
Served with Fennel, Onions, Tomatoes and Potatoes
양고기 라구와 휀넬, 양파, 토마토와 감자
*
Sardinian style Salad
Seasonal Salad leaves with Tomato concassees, Avocado,
Black Olive, Tuna, Hazelnut and Vegetables
살디니안 샐러드
*
Pink Grapefruit Jelly with Almond Cream and dried Fruits
자몽 젤리와 아몬드 크림
or 또는
Stracciatella Ice Cream with Blackberry Sauce
견과를 넣은 뽕나무열매 아이스크림과 검정머루 소스
or 또는
"Tiramisu" with whipped Mascapone Cheese
이태리 스폰지 마스카폰 치즈케이크
*
Coffee, Tea Assorted Italiac Biscuits
커피 또는 홍차 이태리 비스킷 모듬

₩ 29,000

스페셜 메뉴는 가금류 요리, 애피타이저, 야채요리, 앙트레, 디저트 등은 기존 메뉴품목들을 대체하는 요리메뉴가 아니라 추가적인 선택요리들로 고려되어져야 한다. 그리고 메뉴품목 변경은 가능한 한 줄이도록 한다. 예를 들어 고객의 해산물 메뉴 선택품목이 몇 안 되는 메뉴를 구성하는 레스토랑의 경우에는 간단하면서도 최상의 해결책은 생선요리 스페셜을 운영하는 것이다. 그럼에도 불구하고 이와 같은 스페셜 리스트 메뉴만 구성하는 식당은 차후에 문제를 유발할 가능성이 있다. 디너 매출액의 50% 이상이 스페셜 리스트에 의존하여 달성되는 레스토랑의 경우가 그러하다.

주방장 자신의 식당 운영 및 경영 능력을 증명하는 한 방법으로서 이와 같은 판매유형을 분석하여 주방 운영에 잠재되어 있는 심각한 문제점들의 파악에도 눈을 돌려야 한다. 이 식당의 메뉴는 단골 고객을 유인해 확보하기에는 미약하다. 스페셜 메뉴 리스트 상의 품목들 중 특정하나의 메뉴 매출이 떨어지면 이는 곧 전체 총매출에 엄청난 타격을 미치게 된다. 주방장이 일시적으로나마 요리감각을 잃게 되기라도 하면 위험한 상황이 발생하게 된다. 단골고객에게 특정식당을 장기간 이용하도록 유도하는 진부한 메뉴는 존재할 수 없다. 그리고 일시적 스페셜 요리는 결코 그 식당의 주요 핵심메뉴가 될 수는 없으며, 주 메인 메뉴를 대신해서도 안 된다. 스페셜 요리는 고급 자동차의 제어장치와 같다. 즉 자동차 제어장치는 정상적 자동차 시동의 전원이 들어온 상태라야 자동차의 모든 기능이 제대로 작동 가능한 것과 같은 의미이다.

5. 요점정리 및 토론

스페셜 요리는 일시적으로 단순히 낮은 가격의 메뉴들로 고객에게 제공되는 요리라기보다는 고객에게 다양한 이용 가치성을 높이는 식당 경영방식의 하나이다.

스페셜 요리는 다음과 같은 문제점의 해결방안을 제시한다.

1) 고객에게 새로운 음식과 흥미유발이 바로 식당 매출액 증대로 이어짐
2) 주방장의 다양한 요리스타일 및 종류 확대 필요성
3) 계절에 따른 메뉴 운영상의 단점에 대한 대안 제공
4) 주방장에게 발전적인 요리 연구 및 개발의 가능성 제공
5) 레스토랑 경영 및 메뉴의 효과적인 핵심 광고 방안 제공
6) 비수익성 메뉴품목의 판매증가에 따른 스페셜 메뉴로 대체하여 식당 이윤 증대

따라서 현명하고 능력 있는 주방장은 적어도 한 달에 한 번은 특정 날짜의 주방장 스페셜 요리를 운영함으로써 레스토랑 전체 매출액을 새로운 수준으로 끌어올릴 수 있다고 본다.

제4장 메뉴 품질관리와 메뉴 분석

연구 차례

연구 개요

요리 품질관리의 궁극적인 목적은 고객에게 훌륭한 메뉴 선호도를 쌓게 만드는 것이다. 그렇지 않으면 판매와 수익 면에서 뒤떨어지게 마련이다. 만약 매우 인기가 없는 레스토랑의 한 주방장이 새로운 책임자로 부임이 되는 경우가 있다면, 비협조적인 직원들을 포함한 주방의 모든 사항의 주요한 여러 가지 문제들점과 부딪히게 될 것이다. 음식 품질이 나쁘다면 그것은 최악의 문제점일 것이고, 잘못된 음식 가격설정과 빈약한 메뉴 디자인과 같은 또 다른 여러 어려움들이 있을 수가 있다. 이러한 주방업무 문제점의 경우, 아이러니한 측면은 레스토랑의 이익을 위해 오랫동안 평범한 음식을 자주 메뉴에 올린다는 것이다. 이런 경우 요리 판매는 당연히 저조해 질 수밖에 없다.
레스토랑은 주방장이 평범한 메뉴와 저조한 메뉴를 분리하면서 그 어떤 시점에서 본다면 평범한 메뉴 쪽으로 사고가 돌아가는 것은 이익을 향상시키기에는 매우 불충분한 것이 될 것이다. 그러므로 이러한 관점에 대한 완전한 정밀 조사와 분석이 필요하다. 오너와 직원들 중에 오랫동안 함께 일해 온 사람들과 단골고객들 마저도 아마도 평범한 메뉴 쪽을 선택하기를 원할 것이다. 그 평안했던 날들을 생각하면서 안주하게 될 것이다. 그래서 만일 새 주방장이 주방경영전략을 바꾸기 위해서 고용된다면, 장기간의 전략을 면밀하게 계획해서 실행하여야 한다.

1. 주방장의 임무

주방장의 업무 중 하나는 요리 품질관리는 물론이고 가끔씩 주방조직 간의 문제가 발생되므로 처음에는 은밀히, 조심스레 접근을 해야 한다. 주방장들은 문제를 해결하기 위해서는 모든 상황을 이해해야 하며, 이를 위해 주방을 잘 관리하고 살피는 일을 해야 한다. 새로 부임한 주방장은 지시하고, 감독하고, 조리 생산하고, 그리고 관리하기에 너무 바빠서 요리 품질에 관해 깊이 분석하기에 충분한 시간이 없다. 여기에 첫 번째 단계로서 고려되어져야 할 것들을 간단히 적어 보았다.

요리품질에 관한 의문들을 종이 서류 없어도 자신의 머리에서 순서적으로 그림형태를 접근해 보는 것이 좋다. 요리 품질이 떨어질 수 있는 4가지 측면의 주요한 범위 영역이 있다. 즉 식재료의 구입과 취급, 레스토랑 음식 레시피, 조리과정과 생산라인의 영역들이다. 일상의 기본적인 일에 집중하면서, 각 영역에서 문제점을 정확히 지적해야 한다. 모든 요리 품질관리에 문제점들의 정도나 강도가 일반적으로 같지는 않다. 만약 주방장의 생각에 변화가 생긴다면, 매출이 좋은 레스토랑에서 성공적으로 부임한 주방장은 어떤 어려움도 경험하지 않을 것으로 보나, 반면에 음식판매가 부진한 레스토랑에 부임한 주방장은 많은 고민과 스트레스를 경험하게 될 것이다. 아무튼 주방장은 식재료 구입에서부터 최종적인 식재료 생산까지 모든 과정에서 요리 품질에 대한 막중한 책임을 져야 한다. 주방 내 모든 영역 측면에서 전쟁터 같은 투쟁심이 있을 것으로 예상한다. 경험이 풍부한 주방장은 오너와 채용 계약을 할 때에 이미 기본 근무 규칙을 미리 정할 것이다. 따라서 주방장의 임무는 요리의 고품질을 지속적으로 유지하는 역할을 하는 것이 가장 중요한 권한과 책무를 지니고 있다.

2. 식재료 구매와 관리

대부분의 전문 레스토랑에서는 주방장이 모든 식재료를 구매 관리 한다. 그리고 주방장은 또한 주문한 것이 제대로 배달이 되었는지를 살펴야 한다. 시각적으로 검수 체크해야 하는 것은 상표명, 단위, 사이즈, 규격, 품질 그리고 특히 고기, 생선, 야채의 경우에는 신선도를 살펴보아야 한다. 모든 식재료들을 사용하기 전에 어떻게 신선하게 보관하는지에 관한 업무는 중요한 논의점이 되며, 요리 품질관리를 위해서는 부패한 식재료는 어떤 것이라도 제거해야 한다는 것을 명심하여야 한다. 비용을 아끼려고 요리 품질에 의심이 가는 식재료는 절대로 구매 또는 사용하지 않아야 한다. 주방장은 주방의 조리작업 과정과 모든 측면에서 적극적으로 관여하고 있어야 한다. 음식을 체크하고 취급 또는 저장 과정을 살피고 필요한 곳의 변화를 주는 것에 매일 매일 일상의 스케줄로 만들어야 한다. 식재료 공급자와의 관계는 아주 엄격해야 하며, 대체로 엄격하고 까다로울수록 좋다. 그래서 식재료 공급자와 식재료를 계약하고 해지하는 권한을 가진 주방장에게 그래야 그 업무가 맡겨진다. 저장기간이 짧은 식재료는 구매에 신중을 기해야하기 때문에 식재료 공급자들에게 다른 저장관리 방법이나 저장기술이 있는지도 알아본다. 두 가지 식재료 품목의 예를 들어보자.

갈은 고기는 유관으로 보기엔 등급과 품질에서 다양하며 이에 따라 가격의 차이도 있다. 다른 모든 신선한 식재료와 같이 1차 식재료 품질은 메뉴 효용성에 따라 선택해야 한다. 아주 품질이 높은 소고기 부위를 구매하여 고급 레스토랑이 아닌 곳에서 사용하기는 너무 가격이 높을 수도 있으나, 일반 레스토랑에서 맛의 차이를 크게 느끼지 못하는 경우에는 낮은 가격의 고기 식재료를 사용해도 된다. 오히려 고급부위가 아니라도 일반 부위로 햄버거 맛을 내는 것이 더 적절하며 더 낮은 가격으로 판매가 가능하다.

레스토랑의 필요성에 따라, 다진 고기의 경우 특정 음식의 요리를 만들기 위해서는 식재료 등급 조절은 전문요리사와 공급자간의 구두 계약으로 이루어질 수도 있다. 그 고기의 색깔과 질감은 첫 구매를 할 때 확정이 되며, 그 이후에 요리생산의 필요성과 효용성에 따라서 고기의 구매를 보강하면서 이루어진다. 표준 이하의 (회색이거나 지방질) 고기는 즉시 거절해야 하고 그리고 최초의 공급 판매를 했던 공급자에게 교환을 반드시 요구하여야 한다.

만일 식재료 공급회사가 주방장이 요구한 식재료 품질의 제품을 배달하는 것이 불가능하면, 그것은 최초의 계약관계가 깨어지는 것으로 이해해야 한다. 만일 협조를 요구해도 공급인이 해결할 수 없다면, 계약해지를 하는 것이 원칙이다. 대충 넘어가는 경우를 만들지 말아야 한다. 정확히 다진 고기를 공급하는 공급자라면 결코 고기 색깔이 회색이거나 지방질이 많은 고기제품을 배달하지는 않는다. 이러한 기본적이고 총체적인 규칙 위반은 계약해지의 원인이 된다.

예를 들면, 어느 토요일 식당에 고기를 고정적으로 공급하던 사람이 20kg의 좋지 못한 회색 고기가 도착했을 때 주방장은 그 고기를 거절하고, 그 공급자와 일년 이상이나 거래를 해왔음에도 불구하고 그를 바로 계약 해지하였다. 이런 형태의 업무는 공급자의 잘못이라기보다 주방장의 식재료 관리의 소홀로 인한 것이기 때문에 언젠가는 또 이러한 일이 반드시 일어날 가능성이 있기 때문이다. 주방장은 문제점를 가진 공급회사와는 절대로 거래를 하지 않기로 결정을 해야 한다. 실제로 생물 생선은 저장 기간이 짧고, 때로는 하나의 1차 식재료로서 다진 고기보다 훨씬 저장기간이 짧은 경우도 있다.

따라서 생선의 경우 조달자와 거래 기준은 다진 고기 규칙에서 보다 덜 엄격할 수도 있다. 생선 신선도가 떨어지면 싼값으로 고의로 팔아 치우려고 하는 공급회사들도 있다. 이러한 판매 전략에는 절대 넘어가지도 말고 구매해서도 안 된다. 아무리 좋은 생선 공급자일지라도 가끔씩 제품이 좋지 않은 날도 있을 수 있을 것이다. 그러나 그 책임은 배달된 생선을 확인하고 의심이 가는 것을 거부하지 않은 주방장에게 그 책임이 지워진다.

공급자 측의 관리자는 지적되어 되돌아 오는 식재료 제품을 보고 주방장이 원하는 검수기준을 알게 될 것이다. 식재료 품질이 떨어진 제품을 돌려보내지 않고 받아들이면 주문자 측이 원하는 기준을 알리지 못하게 것이고 또 다른 문제점만 야기시킬 수도 있다. 따라서 현명한 생선 조달자라면 그날 안에 다른 제품으로 교환을 해 주는 것이 마땅할 것이다. 주방장은 좋은 식재료 공급자 찾기는 당장에는 힘들지 모르지만 시행착오를 거치면서라도 꼭 찾아 내야 한다.

3. 주방의 요리 레시피

새로 부임한 주방장이 혼자서 열정적으로 메뉴의 모든 레시피를 당장 바꾸는 것으로는 아무 것도 얻을 수 없다. 오히려 전문조리사들의 반발만 부려 일으키는 부정적인 결과를 낳는 원인이 되기도 한다. 합리적인 사고를 가지면 각 주방별 모든 조리사들 사이에서 신임을 쌓을 수 있는 완벽한 기회를 가져야 되는 이유가 바로 여기에 있다. 어느 메뉴 항목이 가장 낮은 인기를 가지고 있느냐를 조사하기 위해서 비공식적인 마케팅 기술을 사용하는 것이 좋다. 예를 들면, 바텐더, 웨이터, 오너, 고객, 요리사들에게 상의해 보면 어떤 메뉴들이 좋은 품목인지에 관해 대략 짐작이 되고 당장 바꾸어야 할 필요가 있는 메뉴는 어떤 것인지를 알 수 있을 것이다. 만약 전체의 의견이 모든 레시피가 나쁘다고 일치하면 바꾸어도 된다. 따라서 새로운 레시피는 반드시 식재료의 품질과 음식 맛을 향상시켜야 한다. 그 주방 요리 레시피는 주방 내 요리 제조과정을 새롭게 만들기 위해 엉뚱한 노력을 열정적으로 쏟기 이전에 음식 스타일, 조리 생산과정, 맛에 대한 검증 등과 같은 합리적인 분석이 이루어져야 한다.

4. 조리 생산 준비과정

주방의 새로운 변화를 실행하는 초기에는 많은 사소한 문제들을 신속하게 그리고 효율적으로 처리하기 위해서는 주방장 자신이 혼자서 처리하는 것보다 주방 직원들 전체 재교육을 시키면서 하는 것이 더욱 효과적이다. 재교육을 실시하는 이유는 요리사들과 요리사 보조들이 새 메뉴 프로그램을 신속히 받아들이고 새로운 조리방법을 몸에 익히게 만들기 위해서 최고의 숙련도를 필요로 하는 준비과정이기 때문이다. 미숙한 요리기술로 준비과정을 실행한다면 음식 맛의 약 50% 이상은 소실될 수도 있다. 준비과정에 있어서 스톡, 수프와 샐러드, 그 외를 만드는 최고의 조리기술 방법을 알아야 하고 고기와 로스트를 손질하고, 데치고, 슬라이스를 작동하는 방법까지도 잘 알아야 한다.

주방 내 모든 업무영역은 철저히 준비되고 분석 되어져야 한다. 왜냐하면 그 조리 준비과정 자체로 음식의 품질이 바로 결정이 되기 때문이다. 십중팔구의 준비를 하는 요리사는 그들이 하는 조리준비 업무가 고객이 먹고 즐기는 하나의 음식 상품을 만드는 것이라고 생각하기보다는 그냥 자기가 주어진 일에만 집중하고 있는 태도를 보이고 있으며, 단지 하나의 조리 준비작업으로만 여길 것이다. 만약 이런 조리직원이 있다면, 주방 내 모든 음식준비를 하고 있는 접시 닦는 업무부터 조리기술을 익혀온 모든 직원들에게는 가장 최악의 방해자들이라 할 수 있다. 왜냐하면 주방의 요리 업무과정은 팀워크이고 창의적 생각을 필요로 하기 때문이다.

따라서 주방의 모든 음식 준비는 완벽해야 하며, 구성원 전체가 톱니바퀴처럼 돌아가는 생산 시스템화 되어야 한다. 자기 업무를 게을리 하는 조리사는 주어진 레시피 과정대로만 조리하고 최종적으로 완성된 음식 맛을 평가하고 분석하지 않는 경향이 있으며, 그 다음과정 궁극적으로 이루어야 할 창조적인 맛조차 만들어 내지 못하는 경우가 많다.

일반 요리사의 경우 새로 근무하는 첫 1개월 동안은 맛을 보며 요리과정의 적절한 비평과 평가가 있어야 하는 것이다. 그리고 준비하는 과정을 꼼꼼히 체크하는 습관이 중요하다. 요리사는 모든 음식의 맛을 볼 줄 알아야 한다. 그리고 조리된 음식 중 저장할 필요성이 있으면 저장을 하기 전에는 반드시 식혀야 한다고 할 수 있다. 물론 어떠한 조리된 음식도 청결하고 위생적으로 보관이 되어야 하고, 특히 보관 저장용기의 뚜껑은 밀폐되어야 한다. 이 준비과정의 어느 하나라도 지켜지지 않으면 산발적으로나 또는 지속적으로 음식 품질의 저하를 가져오게 마련이다.

5. 생산 라인

주방장으로서 새로 근무하는 첫 번째 일주는 각각의 모든 부서에 신경을 쓰는 시간이 제한되어 있어 주방장 자신의 생각을 모든 직원들에게 알려주기에는 더욱 어려운 시간이 된다. 가끔 음식 품질 저하의 주된 원인이 되는 것은 조리사의 조리태도와 조리기술이 기본 수준 이하일 때이다. 음식 품질관리를 하는 데에 가장 시간이 걸리는 경우는 조리기능이 문제가 되는 직원들을 골라내고 그들의 실수 원인을 알아내는 것이다. 조리사들은 주방장이 있을 때는 그가 원하는 대로 정확히 일을 하지만, 부재 시에는 음식의 품질은 뒷전으로 생각하는 소홀한 경향도 있다. 가장 손님이 많은 피크타임 때에는 주방장은 원하는 바를 지시하지 말고 주방 밖 음식서비스 지역에 서서 요리 되어 나오는 요리접시들을 체크하는 것이 가장 좋다. 레시피 대로 조리는 잘 이행되었는가? 가니쉬는 잘 되었는가? 음식들의 양목분배는 너무 크거나 작지는 않은가? 요리 프레젠테이션은 그 식당의 스타일과 일치하는가? 주문 후 늦게 나온다는 불평은 없는가? 먹지 않고 되돌아오는 음식의 원인은 무엇인가? 이렇게 주방 조리생산라인 밖에서 일주일 정도를 보내고 난 후에 문제점을 체크해서 그 문제점을 분석한 것을 조리사들에게는 주의를 주어 변화를 가져오게 하는 것이다.

이러한 주방장의 업무행위는 서빙하는 웨이터들에게도 교육이 필요로 하며 요리 상품에 대하여 무엇이 기본이며, 가니쉬를 얹지 않고 무조건 음식을 서빙하는 등의 행위는 하지 않아야 함을 가르쳐 주는 기회가 될 것이다. 또한 음식 소스의 맛을 테스트하는 기회도 될 것이다. 생산 라인의 음식 레시피들이 합리적으로 진행이 제대로 이루어진다면 차후에는 그 가치가 발휘될 것이다.

생산 라인의 가장 효과적인 변화는 새로운 스타일과 조리기술을 즉시 실행함으로써 이루어진다. 직접 시연하거나 교육을 통해서 음식 품질을 향상시켜야 한다. 주방의 생산 라인 방침을 성립시키기 위해서는 엄격한 조리교육을 통해서 지속적으로 재교육 시켜야 한다. 새로 들어온 조리사들과 잘 협력하기 위해서는 가능한 친교적인 인간관계의 수완도 중요하다. 이러한 경우, 주의하여야 할 문제점의 하나는 주방장이 직접 지시하는 것은 좋지 않는 태도이다. 주방장이 의도하는 어떤 변화나 지시에 대해 조리사들이 어떠한 반감이 없는지를 항상 주의를 기울이고 있어야 한다. 따라서 주방장은 항상 교대시간이나 조리사가 없는 시간에 음식들의 품질에 대해 홀 서비스 직원들에게 요리에 대해 물어보는 것이 도움이 될 것이다.

주방과 홀 서비스 직원들 간에 업무 성격상의 갈등이 생길 수도 있으니, 주방장은 항상 확인할 필요가 있다는 것을 기억해야 한다. 그리고 세계적인 레스토랑에 관한 정보를 수집하고 항상 관심을 가지고 있으면 주방장에게는 큰 도움이 될 것이다. 주방장으로서 가장 힘든 부분은 요리감각이 떨어지는 일반 조리사들에게 음식을 변화 있게 창조적으로 담으라고 매번 지시해야 한다는 것이다. 조리사들은 들은 척도 안하거나 모르는 척들을 하여 주방장을 더욱 힘들게 하는 경우도 있을 것이다. 이러한 경우에는 개인적인 면담이나, 주방회의 때에 오너 또는 매니저와 함께 설득하는 것이 필요로 하다. 그러나 조리사들 중 그만둘 때까지 음식 품질 개선에 대한 주방장의 노력에 여전히 협조하지 못하는 조리사도 있을 수도 있다. 따라서 대체로 주방장들은 이런 사실에 대해 주의를 주기에 적절한 말로서 “내가 시키는 대로 하든지, 아니면 그만두라” 라는 말이 있지만 삼가야 한다. 간혹, 주방 직원들은 이상하게도 실력이 없는 조리사는 주방장에게 아첨을 하여 그에게 의지하려는 경향이 있다. 이런 태도는 아마도 일주일에 열심히 교대 근무하여 일하는 조리사에게는 상대적으로 의지를 꺾는 계기가 될 수도 있다. 그러나 이러한 태도는 음식 품질을 떨어뜨리는 요인들로 가능한 빨리 제거하는 것이 좋다. 음식생산 라인에서는 조리사들의 협력이 무엇보다도 필요하다.

6. 음식 품질 관리

음식 품질 관리는 주방장의 아주 중요한 책임과 핵심 임무이기 때문에 주방장의 하루 스케줄에는 음식관리가 일상적인 부분이 되어야 한다. 주방장은 최소한 다음 4가지 측면의 음식 품질 관리 부분을 주방장이 부임한 첫 일주에는 보편적으로 고려되어야 하고, 그 이후에도 매주 지속적으로 모니터링이 행해져야 한다.

첫째, 판매량이 낮고 규모가 작은 레스토랑에서는 잠재고객 유인 메뉴를 개발해야 한다,

둘째, 고객들이 좋아하는 메뉴 아이템 선호도를 항상 체크하고 주시한다,

셋째, 어떤 메뉴 아이템 품목이 왜 잘 나가지 않는지를 기록한다.

넷째, 냉장고에 있는 식재료가 부패한 것들이 없도록 매일 체크하는 것이 필요하다.

이 모니터링 과정은 주방장의 음식 품질 관리 업무에 있어 중요한 핵심적인 체크요인이다.

7. 메뉴 분석

일 년 매출이 아주 많은 큰 규모의 레스토랑에서는 음식 품질 관리 부분이 훨씬 더 체계화된 관리 기술의 분석이 필요하다. 조리사들이 이행하는 데에는 시간이 필요하기 때문에 일 년 중 어느 정도 한가한 기간에 철저한 메뉴분석을 하도록 계획을 짜는 것이 좋다. 그러나 새로 부임한 주방장은 가능한 빨리 메뉴분석을 하기를 원할 것이다. '2주 동안 메뉴분석'은 체계화시킬 수 있는 데이터 베이스를 만들어야 한다. 레스토랑 규모가 큰 경우에는 경험에 의한 직감만으로는 충분하지가 않다. 그러나 메뉴디자인 과정은 최근의 외식산업 경향과 경험에 의해 짜져야 한다. 다음과 같은 질문에 대답하기 전에는 아무도 주 메뉴에 변화를 주지는 않을려고 한다. 즉, 실제로 팔리고 있는 메뉴는 무엇인가? 그리고 어떤 메뉴에서 이익이 창출 되는가?

다음은 2주 동안 메뉴분석을 위한 7가지 기초 양식들이다.

1) A 양식 : 초기 재고 목록표
2) B 양식 : 판매 품목 기록표
3) C 양식 : 판매 총액 기록표
4) D 양식 : 구매 총액 기록표
5) E 양식 : 주간 메뉴 분석표
6) F 양식 : 마감 재고 목록표
7) G 양식 : 2주 메뉴 분석표

1) A 양식 : 초기 재고 목록표(샘플)

식당 이름 : Park's		날짜 : 2018. 2		시간 : 09:00~12:00
식재료 종류:	재고량:	단위가격:	가격:	합계:
육류:				
생선:				
야채:				
파스타:				
냉동식품:				
유제품:				
건제품:				
후식:				

2) B 양식 : 판매 품목 기록표(샘플)

식당 이름 : Park's		날짜 : 2018. 2	교대 : 09:00~24:00
메뉴	판매수	메뉴	판매수
에피타이저샐러드:		앙트레-고기:	
샐러드:		앙트레-생선:	
		앙트레-가금류:	
파스타:			
		앙트레-기타:	
샌드위치:			
		스페셜 메뉴:	
곁들임:			
		브런치, 아침:	
디저트:			

3) C 양식 : 판매 총액 기록표(샘플)

식당 이름 : Park's				
날짜:	낮교대:	밤교대:	소계:	합계:

4) D 양식 : 구매 총액 기록표(샘플)

식당 이름 : Park's		시작 주 : 2월 첫째 주				종료 주 : 2월 넷째 주		
고기:	생선:	유제품:	파스타:	가금류:	채소:	냉동 식품:	건재료:	디저트 및 베이커리:

5) E 양식 : 주간 메뉴 분석표(샘플)

식당 이름 : Park's	시작 주 : 2월 첫째 주		종료 주 : 2월 넷째 주
메뉴 품목:	판매수:	메뉴 품목:	판매수:
○	~	○	~
○	~	○	~
○	~	○	~
○	~	○	~

6) F 양식 : 마감 재고 목록표(샘플)

식당 이름 : Park's		날짜 : 2018. 2		시간 : 09:00~24:00
재료형태:	단위:	단위비용:	가격:	합계:
○	~	~	~	~
○	~	~	~	~
○	~	~	~	~
○	~	~	~	~

7) G 양식 : 2주 메뉴 분석표(샘플)

식당 이름 : Park's	시작날짜 : 2018. 2		마감날짜 : 09:00~24:00
메뉴 품목:	판매수:	메뉴 품목:	판매수:
○	~	○	~
○	~	○	~
○	~	○	~

8. 2주 동안 메뉴분석 과정

제1단계 : 사전 분석 준비하기 – 메뉴분석 스케줄 및 체크양식을 총괄 매니저와 오너에게 보고해야 한다.

메뉴분석은 금전등록기에 기록된 것을 보고 매일 매일 매출 정리를 하는 책임자는 특히 판매 기록에 나타난 그날의 메뉴분석 자료 수집을 위해 분석하는 업무에만 열중해야 한다. 마지막으로 메뉴분석 준비 절차에 필요한 양식형식의 복사본을 준비한다.

앞서 표시된 양식 형태를 가지고 특정 레스토랑의 메뉴분석을 하기 위해 실행을 한다면 다음과 같은 방법으로 진행을 해보는 것이 좋다.(양식 A 1부, 양식 B 15부, 양식 C, 양식 D, 양식 E 각각 2부씩, 그리고 양식 F, 양식 G 각각 1부씩을 준비한다). 따라서 양식 B는 그날의 근무자 숫자에 의해 결정된다. 그리고 금전 등록기에 기록된 마감하는 횟수와 그 기계에 합산된 판매 수에 의해 결정이 된다. 대부분의 레스토랑에서 이러한 과정들이 근무조에 의해서 하루에 두 번씩 일어나며, 한 번은 낮에 한 번 일어나며, 그리고 오후 밤 근무 교대에도 한 번 일어난다. 하루에 한 번만 장사하는 식당은 근무교대가 한 번이고, 24시간 동안 운영하는 레스토랑은 하루에 3교대 근무를 하는 경우도 있다. 이러한 교대근무자를 개별적으로 합산하는 것이 메뉴 분석의 중요한 핵심 부분이다.

제2단계 : 양식 A를 이용하여 레스토랑에 모든 식재료들의 초기 재고목록표를 상세하게 기록하여 시작한다.

주방의 모든 식재료의 초기 재고목록을 상세하게 기록한다. 냉장고의 준비된 음식 총량까지도 추정한다. 초기 재고목록 기록은 마감 재고목록과의 비교를 위해 중요하기 때문에 당신이 직접 작성하는 방법으로 정확하게 기입한 노트로도 충분할 것이다. 식재료 재고 목록 자료는 2주 동안 사용된 각각의 식재료 양이 얼마나 사용되었는지를 계산하는 데 이용이 될 것이다. 식재료를 구매하였을 때에 실제로 판매에 영향을 미치는 가격을 사용하여 각각의 식재료 재고품목과 정확한 총액을 컴퓨터에 입력한다. 그리고 이 과정은 지난 송장들을 통하여 충분히 조사하는 것도 포함이 된다. 식재료 재고 목록 분석은 첫 근무 교대를 시작하기 이전과 마지막 근무 교대가 끝나는 이후에 이루어져야만 한다. 다른 시간 때에 식재료 재고목록조사를 하면 부정확할 수도 있다.

제3단계 : 실제적인 메뉴분석 자료를 기록하는 과정(양식 B, C, D)을 시작한다.

판매 품목 기록표(양식 B)의 자료는 회계 전표를 통한 근무교대 시간에 동시에 얻을 수 있다. 첫 교대근무 시간의 회계 전표들을 모아야 한다. 맨 위에서부터 판매된 모든 품목에 적절한 줄을 쳐서 표시하는 것을 시작한다. 모든 교대근무의 회계전표 전체를 기록한 후에 각각의 메뉴품목을 개별적으로 합산을 한다. 여기에는 애피타이저, 앙트레, 샌드위치, 샐러드, 스페셜, 디저트 등과 일시적인 메뉴종류의 모든 스페셜 메뉴들을 포함한다.

판매총액 기록표(양식C)는 단순히 모든 교대 근무자의 음식 판매가격 총액을 기록한 것이다. 일반적으로 사용되는 회계전표상의 숫자 즉 공식적인 음식 판매의 합계를 기록한다. 구매총액 기록표(양식D)는 메뉴분석 과정의 중요한 역할을 하는 것으로 판매 품목의 비용을 결정하는 기본 식재료 구매 자료를 공급한다. 이 과정에서 기록표를 보관하는 데 상세하고 철저히 하며, 전체 2주 기간 동안에는 송장들을 입수 할 수 있어야 함을 확고히 한다.

제4단계 : 첫 주가 완전히 끝 날 때까지 3단계 과정을 계속한다.

제5단계 : 첫째 주가 끝날 무렵에 14가지 메뉴의 품목 판매기록이 채워질 것이다.

각각의 품목의 총액을 결합하고, 양식 E(주간 메뉴 분석표)에 그 수량을 기록을 한다. 그리고 양식 C(판매총액 기록표), 양식 D(구매총액 기록표)를 합산한다. 제3단계의 일주일 동안의 실행한 과정 그대로 둘째 주에도 새로운 양식들을 가지고 그 주간 기록을 완성하여라.

제6단계 : 양식 F에는 모든 식재료 재고와 준비된 식재료를 정리하고, 그 식재료 품목들을 기초 재고목록으로 정리를 준비한 과정대로 마무리 재고목록을 정리하여라.

제7단계 : 둘째 주 동안에는 14가지의 품목 판매 기록을 완성할 것이다.

각각의 품목의 합계를 합산하고 양식 E(주간 메뉴분석표)를 이용하여 그 숫자를 기록하여라. 둘째 주의 양식 C(판매액 기록표), 양식 D(구매액 기록표)를 합산하여라. 2주간의 판매 합계를 컴퓨터에 입력하고, 같은 기간의 구매 합계를 계산하여라.

제8단계 : 2주간의 판매 품목의 비용을 아래와 같은 공식을 이용하여 계산한다.

- 초기 재고목록 + 구매목록 − 마감 재고목록 = 판매 품목 비용

분석의 목적은 메뉴 품목을 생선요리 또는 치킨요리와 같이 구체적으로 메뉴의 비용을 계산하는 것이 요구될 것이다. 또는 잘 팔리는 품목 또는 그렇지 않은 메뉴들의 실제 비용을 알고싶어 할 것이다. 이들 비용을 알기 위해서는 같은 공식을 적용하여 알 수 있다.

예를 들면, 파스타의 경우에 다음과 같다.

- 초기 페투치니 재고 + 구매한 페투치니 − 마감 페투치니 재고 = 판매된 페투치니 비용
- 초기 생선 재고 + 구매한 생선 재료 − 마감 생선 재고 = 판매된 생선 비용
- 초기 치킨 재고 + 구매한 치킨 재료 − 마감 치킨 재고 = 판매된 치킨 비용

제9단계 : 실제 영업상 나타난 숫자들로 분석할 수 있는 방법으로 전혀 판매가 되지 않는 메뉴품목들을 지적하는 것은 또 다른 메뉴분석의 명확한 형태이다.

이러한 메뉴품목들은 고객에게 호감을 주지는 않고, 매상을 올리지도 못할 뿐만 아니라 메뉴판의 자리만 차지하고 있을 뿐이다. 또한 이들은 식재료들이 상하게 되어 낭비만 되는 결과를 초래한다. 마진 셀러(한계 수익) 품목을 정하는 것은 꽤 까다로운 일이다. 저조한 판매로 메뉴에서 제외시키기 전에 판매 횟수와 전체 식재료 비용에 대한 비율 및 이들의 마진에 미치는 기여도를 계산하여야 한다. 기여 마진은 이들의 메뉴가격에서 비용을 빼서 산출을 한다. 비용 즉 기여 마진은 특별

한 경우가 아닌 한 항상 적다. 예를 들면, 생선요리와 같은 비교적 고가의 메뉴는 기여 마진에서는 50% 정도로 낮다. 그러나 이것의 기여 마진도 높고 순수익률도 높다. 예를 들어, 생선요리 하나의 판매는 5천 원 이상의 이익을 내고 이것은 햄버거 1개 파는 것보다 4배 이상의 이익이 된다.

메뉴 분석 결정과정에서의 또 다른 어려움의 하나는 음식가격과 판매량 사이의 비교이다. 낮은 가격의 음식으로 판매량이 많은 것이 수익은 높을 수 있다. 그러나 아주 부진한 판매를 보이는 싼값의 음식은 어떠한가? 레스토랑의 총 매상과 총 이윤을 내는 메뉴품목의 기여도를 결정하는 데는 세심한 분석이 필요하다. 이것이 바로 기여 마진의 계산이 정확해야 할 이유이다. 레스토랑 경영사업의 평가기준을 정하는 것은 최저수준의 총이윤이 얼마냐이다. 그러므로 각각의 판매된 메뉴품목은 판매와 수익의 항상 최대 수준을 유지해야 한다. 따라서 메뉴 분석의 목적은 무엇이 가장 인기가 있는지 또는 없는지를 말해주고, 이익과 손실을 말해주는 수익지표가 된다. 이들 방식의 자료 분석은 앞으로 그 레스토랑 메뉴를 의사결정하는 데 사용이 된다.

예를 들어보자. 첫째는 사업이 잘되는 팝 레스토랑이 최근 6~9개월 동안 판매실적이 부진한 실정이다. 둘째는 최신 유행 스타일로 새로 오픈한 레스토랑으로 처음 오픈 때는 호응이 좋았으나 잠재적인 판매가 손익분기점의 1/3 이상을 넘어보지 못한 곳이다.

첫 번째 실례는 대학가의 특정 음식점으로 고객을 만족시키기 위해 지속적으로 주 메뉴를 추가하고 있는 대중음식점이다. 메뉴는 계속 확장되었고 5년여 간 성공적으로 유지해온 곳이다. 대중식당의 피크타임에는 좌석이 2번 회전율이 되고 오후 밤에는 1번 정도이다. 주방장은 만약 판매가 부진한 레스토랑이라면 어떻게 메뉴들을 세팅하며 해결할 수가 있을까? 지속적으로 오는 단골손님들이 주문하는 메뉴 중 무엇이 가장 인기가 있는가를 분석하는 것이 첫 번째 단계이다.

제시된 메뉴자료는 분석에 혼동을 주고 모순된 결론을 초래할 수도 있을 것이다. 어떤 계획된 형식이 없이 메뉴 순서대로 기록된 숫자만을 분석하라. 가장 인기가 있는 품목, 전혀 인기 없는 품목, 마진기여 품목, 이익 중심 품목, 손실 중심

품목들을 정리한다. 주방장은 실제로 영업이익은 어디에서 발생되는지를 메뉴자료에 통해서 분석해 본 후 앞으로 어떤 효과적인 변화를 어떻게 줄 것인지에 대해 결정을 해야 한다.

9. 인기 판매 품목

인기 있는 판매 품목 메뉴는 구별하기가 쉽다.(예)

- 앙트레 : (1) Sliced Steak, (2) Chicken Oregano, (3) House Steak
- 샌드위치 : (1) Hamburger, (2) Cheeseburger, (3) Club
- 샐러드 : (1) Large Spinach Salad, (2) Small Chef's Salad
- 파스타 : (1) Fettuccini Alfredo
- 애피타이저 : (1) Mozzarella Sticks, (2) Soups, (3) Stuffed Potato Skins
- 디저트 : (1) Du Jour

위에 나타난 데이터 그 외에 다른 인기 메뉴 품목들은 앙트레 판매량의 25%를 차지하는 스페셜 품목에서 찾아볼 수 있다. 두 번째, 이 메뉴들을 만약 주방장이 팝 레스토랑의 인기 메뉴품목으로 스페셜 목록을 현명하게 지속해왔다면 이들은 추가 메뉴 품목의 첫 인기순위가 될 것이다. 그러나 주방장은 최소한 어떤 타입의 메뉴들이 팔리는 지를 예측이 가능할 것이다. 주방장은 그 지역 고객들이 전반적으로 선호하는 메뉴 유행에 민감한 영향을 받는다고 말한다. 예를 들어 고객은 육류요리보다 생선요리, 닭고기 요리를 선호하고, 파스타는 전통적인 스타일보다 독창적으로 변화를 준 것을 더 선호하고 있다. 한동안은 멕시칸 또는 케이준 스타일로 요리된 메뉴들이 스페셜 메뉴였으나 지금은 이것이 틀에 박힌 입맛에 대한 막연한 호기심으로 확대된 것 같다. 주방장이 인기 메뉴를 알아내는 유일한 방법은 인기 있는 메뉴 품목의 종류와 구체적인 손익 메뉴를 계산하는 것이다.(인기 품목 목록은 판매 메뉴 품목의 합계와 구체적인 메뉴 품목의 숫자를 구분하여 백분율로 나타내는 것이다.)

예를 들면, 큰 사이즈 샐러드와 모든 샌드위치를 포함하여 판매된 앙트레 품목 합계의 수는 1,885회이다. 다음과 같은 순위의 메뉴 인기도를 가지고 있었다고 한다면~.

1) 메뉴의 미트 앙트레의 합계는 716회, 전체 앙트레의 약 38%이다. 2주 동안 미트 앙트레는 판매의 50%를 차지하였고 939회 팔렸다.
2) 가금류 앙트레는 6가지 음식의 메뉴로 16%로 301회를 구성하고 있다. 이들은 377회 앙트레로 판매가 되어 총 판매량의 20%를 차지하였다.
3) 생선요리는 5가지 메뉴로 앙트레 전체 메뉴의 16%를 차지하고 있다. 2주간 생선요리 앙트레의 총 판매수는 169회로 9%에 불과하다. 이것은 메뉴의 전체 앙트레의 비율로서 일반적으로 같은 판매비율로서 정상적인 매출에 비해 상당한 하락이다.
4) 파스타도 비슷한 하락을 보인다. 3가지의 메뉴로 총 앙트레의 9%를 차지한다. 그러나 분석을 하는 동안 총 앙트레 131회로 단지 판매의 7%만 차지하였다.

결론적으로 이 레스토랑 스페셜 판매의 가장 주요점을 살펴 본 후 베스트셀러의 메뉴분석을 마쳐야 한다. 그리고 이 레스토랑은 총744회의 판매 실적을 올렸다. 생선요리가 25%로 대부분을 차지했다. 파스타는 23%, 가금류는 22%, 그리고 육류는 18%로 거의 메뉴 평균판매와는 반대이다.

베스트셀러 메뉴분석으로부터 메뉴를 보면 육류요리 음식들은 고객호의를 가지고 쉽게 수용이 된다고 추론을 할 수가 있다. 생선요리와 파스타는 스페셜 게시판에서는 높은 선호도를 나타내고 있으나, 실제로 메뉴 품목으로는 인기가 없었다. 치킨요리는 메뉴로서는 중간 정도의 선호도를 나타내고 있으나, 스페셜 메뉴 게시 품목으로는 좋은 반응을 보여 비슷한 결과를 보여주고 있다.

10. 판매 저조한 메뉴

판매실적이 저조한 이들 메뉴는 당장에 나타난 메뉴들을 분석하여 제거하는 것을 고려해야만 할 몇 가지의 음식들이다. 작은 사이즈의 시금치 샐러드, 햄, 치즈 샌드위치 그리고 찹 스테이크로 2주간 분석에서 각각 5회 내지 그 이하의 판매를 나타내었다. 다른 메뉴들을 보면 12회 내지 그 이상의 판매량을 보이는 것을 고려한다면 이것은 제로 카테고리(판매실적이 전혀 없음)로 하락할 정도로 그 수가 낮은 것이다. 이들 메뉴는 다른 메뉴로 대체를 할 수 있게 표시를 해두는 것이 좋다.

11. 기여 마진이 높은 메뉴

특정 레스토랑에서 마진이 높은 요리들은 그 메뉴의 수익성을 포함하여 개별적으로 고려할 필요가 있다. 이들 메뉴는 마진이 좋은 홍합요리, 주방장 스페셜 샐러드, 참치샐러드 슈프림, 라비올리 그리고 오믈렛들이다.

- **홍합요리** : 비록 판매수가 낮아도(가장 선호도가 낮은 애피타이저) 홍합요리는 수익이 높은 품목이다. 주방장은 그의 노트에는 2주 동안 2만 원 5천 원짜리 홍합요리로 8만5천 원의 매상을 올렸다고 적혀있다. 이것은 약 29.8%의 음식판매 퍼센트이고, 이 레스토랑의 평균 매상인 41.3%보다 훨씬 낮은 수치이다. 그러나 홍합요리는 즉각 판정을 내릴 수는 없는 메뉴품목이다. 최종적인 결론을 내릴 때까지 기다렸다가 메뉴에 대한 종합적인 분석 후에 결정을 내리는 것이 좋다.

- **주방장 스페셜 샐러드** : 스몰 사이즈의 주방장 샐러드 판매수가 57개에 비해 라지 사이즈 셰프 샐러드는 단지 14개이다. 이것이 단순히 적절한 판매가 아니라고 생각이 될 수도 있으나 주방장은 실제 판매 되는 서빙접시를 살펴보

았다. 그 크기는 정말로 컸으며 거의 창피할 정도로 그러하였다. 이것의 메뉴는 수익성과 판매율이 낮으면서도 판매율이 더 높은 작은 사이즈 샐러드와 같은 비용 이었다. 큰 사이즈 주방장샐러드는 제거되어야 할 메뉴품목이 되는 것이다.

- **튜나 샐러드 슈프림** : 이것은 판매 저조품목으로 메뉴에서 제거되어야 하지만 문제는 같은 샐러드 재료로 만드는 Tuna Sub Sandwich이기 때문에 복잡해진다. 샐러드 메뉴를 제거하는 것은 튜나 샐러드에 큰 손실을 가져올지도 모르기 때문이다. 또한 다양한 튜나 첨가 메뉴가 샐러드 코너에 이미 진열이 되기 때문이다. 해결책은 Tuna Supreme의 레시피는 그대로 하더라도 외양을 바꿈으로써 선호도를 높이는 것이다. 또한 레시피를 검토하라. 그것이 과연 최선인가? 어떻게 접시에 멋있게 잘 담을 수 있을까? 아마도 아티초크, 호두, 아보카도 등을 첨가하는 것이 도움이 될 것이다. 빨리 요리의 프레젼테이션을 바꾸어 성공적으로 만들어라.

- **라비올리(RAVIOLI)** : 아마 미트 소스는 너무 평범하거나 오래된 스타일일 수도 있다. 소스가 단순한 맛일 수도 있다. 또한 단순히 라비올리가 작고 새로운 메뉴개발이 되지 않은 분류의 판매 부진한 메뉴일 수도 있다. Chef 팍은 이점을 자기노트에 기록한다. 비용은 25달러로 최저였고 판매가격은 57달러이다. 이것은 food 퍼센트의 26%로 평균 41.3%보다 훨씬 낮은 수치이다. 대체메뉴 또는 다른 요리 프레젠테이션하는 것을 명심하라.

- **오므렛(OMELETTES)** : 8개 지역 분류의 메뉴 하나이나 그 판매기록은 가장 저조하다. 아마도 해결책은 메뉴에서 Quiche요리 다음으로 대체함으로서 그 중요성을 줄이는 것이다. 수익은 항상 좋을 것이고 계란은 주방에서 항상 사용이 될 수 있는 것이다. 팍 식당의 메뉴에 오믈렛의 포함은 어떤 방법으로든지 스타일을 감소시키거나 변동시켜야 하는가? 물론 절대 아니다. 오믈렛은

대중 레스토랑의 스타일과 조화를 잘 이루고 있다. 메뉴에 다른 것을 대체시키라고 조언한다.

앞에서 기술한 8가지의 메뉴는 즉각 분석의 영향을 받았고 전체 앙트레 메뉴의 1/4을 차지한다. 그것은 바람직한 효과이다. 그러나 이익과 손실센터로 옮겨 가기 전에 Sauteed Mushrooms, Quiche, 16－Oz, Rib eye Steak, Steak and Eggs와 같은 잘 팔리지 않은 앙트레 요리를 고려하라. 이들은 전반적으로 수용은 좋은 편이라고 할 수 있다. 아마 레시피나 프레젠테이션의 변화로도 선호도를 높일 것이다. 모든 고려를 한 뒤에 그 효과가 긍정적이거나 부정적이거나 새로운 변화를 주는 것에 망설이지 않는 것이 좋다.

12. 수익과 손실 센터

수익 중점 메뉴는 선호도와 수익이 동시에 일어나는 품목들이다. 분석의 두 번째로 가장 중요한 면은 레스토랑의 성공 여부를 결정하는 메뉴가 무엇인지를 알고 분석하는 것이다. 놀라운 일은 많은 식당 오너들과 매니저들이 어디에서 수익이 생기는 지를 알아내지 못한다는 사실이다. 팍의 메뉴는 2주의 분석기간 동안 41.3%가 음식비용으로 사용이 되었다. Chef Park의 목표는 food 퍼센트가 30% 또는 20% 이하인 메뉴를 찾아내는 것이다. 40개의 수익 실패품목들의 2개 또는 3개 이상을 대신하지는 못하고 있다. 누구도 어떤 메뉴가 수익 또는 손실의 중점이 될지는 정확히 예측하지 못하기 때문에 분석한 각각의 분류와 음식들을 리스트로 만들어라. 다음으로 자료를 조사함으로 그들 가격을 다음과 같이 계산하여 보라.(초기재고 + 구매 － 마감재고 = 판매비용)

판매비용을 일치하는 범주 또는 개별 아이템에서 생긴 합계로 나누어라.(메뉴가격 × 판매 수 = 회수액) 모든 계산 결과가 각각의 메뉴에 적용이 되는 것은 아니나 메뉴 범주와 주요 음식들을 가능한 정보로 쉽게 알아볼 수 있다.

경영주와 아이템을 기록하기 위해서는 간단한 양식 서류를 사용하라. 그런 다음 Park의 수익, 손실 센터분석에 따라 음식의 비용을 계산하라. 파스타, 햄버거, 생선요리, 치킨요리. 만약 Park에서 단지 이러한 메뉴만 판매가 된다면 기초 직접 식재료(채소, 건제품 그 외 부재료들의)는 모든 앙트레의 평균 이하인 10점으로 23.3%가 될 것이다. 이 4가지 범주와 메뉴 아이템들은 수익 센터들이다. 데이터들로부터 얻을 수 있는 또 다른 흥미 있는 사실은 판매 총액이 9,759천 원이고 45.6%가 애피타이저, 샐러드, 브런치 그리고 분석되지 않은 남은 샌드위치에서 나온 것이다. 손실센터 즉, Veal Oregano, Desserts, 16개이며. 그리고 House Rib eye Steaks, Sole요리와 Tuna 요리는 어느 정도 잘 팔리는 메뉴품목들이다. 그러나 메뉴의 가격이 비싼 것만 사용하는 경우이다. 그리고 음식쓰레기는 낭비로서 수익 손실의 주된 원인이 된다. 또 하나는 조리사직원들의 취식소비 때문이다. 아마 오후 밤 근무 직원들은 디저트 및 그날의 수프의 반을 먹고 접시 닦는 직원들은 고기 스테이크를 하루에 두 번씩은 먹는다. 따라서 요리에 사용된 기초비용의 분석은 Veal Oregano와 Tuna 요리들의 메뉴 가격을 알아내는데 필수적이다.

13. 최종 분석

Park의 메뉴는 베스트셀러, 제로 셀러, 마진 셀러, 수익 센터 그리고 손실센터를 결정짓고 다음은 마지막 단계로서 앞으로의 메뉴를 결정하는 것이다. Park의 메뉴는 1, 2년 또는 그 이후에 어떻게 변할 것인가? 한국식, 이탈리아-미국식 스테이크 하우스 아니면 컨티넨탈 스타일로 변할 것인가? 그렇다고 이 결정은 메뉴 스타일을 급격하게 전환을 해서는 안 된다. 그 대신 수익을 내는 메뉴품목 또는 인기 메뉴품목 그리고 비인기 메뉴품목과 수익성이 없는 요리의 삭제를 통한 서두르지 않는 변화를 주는 것이 나을 것이다.

다시 말하면, 궁극적인 목표는 판매량을 높이고 비용을 감소시키는 것이다. 메뉴 변화의 주된 부분은 chef의 경험과 메뉴레퍼토리에 달려 있기 때문에 Chef

Park의 업무는 팍의 향상된 대중적 메뉴를 소개하기 위해 자료를 이용하는 것이다. 이 예로 Chef Park는 메뉴 계획표에 우수한 후보메뉴가 적혀 있는 성공적인 스페셜 메뉴들의 리스트를 가지고 있다는 것을 고려해야 한다. 이것이 그가 메뉴를 개발하기 위해 선택하는 방법들이다.

- APPETIZERS : 모짜렐라 치즈스틱의 가격을 2,000원으로 올려라. 야채요리와 Chips는 3,000원으로 한다.

- SALADS : Small Spinach 샐러드와 Large Chef's salads의 가격은 내린다. Small Chef's 샐러드의 가격은 4,500원으로 치킨 샐러드와 튜나 샐러드는 4,700원으로 올린다. avocado on Tuna Supreme 요리 메뉴를 추가한다. 여타 타고 샐러드는 4,700원으로 내놓는다.

- PASTA : 라비올리의 가격은 내린다. Spaghetti Carbonara를 4,900원으로 하고 추가한다. Chicken, Fettuccine and Mushrooms in White Sauce를 4,900원으로 추가한다.

- SANDWICHES : 햄과 치즈의 가격을 내린다. 클럽샌드위치는 4,700원으로, 터키 샌드위치는 3,900원으로 올린다. Park의 그릴 치킨 샌드위치는 3,900원으로 추가한다. 모든 햄버거는 400원으로 내린다.

- ENTREES : Chopped Steak와 Veal Oregano 메뉴의 가격은 내린다. Sole(가자미)은 6,200원으로 올리고 Ribeye Steak는 9,900원으로 하며 그리고 House Ribeye Steak는 6,900원으로 올린다. shrimp 메뉴는 6,200원으로, Chicken Pizza는 5,700원으로 메뉴를 추가한다.

- OMELETTES : Raise the basic price는 4,000인데. 기본가격을 4,200원으로 올린다.

- DESSERTS : Triple Chocolate Cake과 Apple Pie의 가격을 2,200원으로 올린다. Specials Desserts는 2,500원으로 올린다.

- BRUNCH : 앙트레에 올릴 수 있는 가격은 1,000원 정도이다. 이것은 현재 식재료품의 품질과 가격 선호도에 의해 결정이 되어진다. 결정은 Chef Park가 먼저 조사를 한 후 결정되어야 한다.

Chef Park는 지금까지 앙트레는 한국식 이탈리아-미국 스타일을 고수하고 신뢰성이 인정된 파스타와 치킨요리의 질을 향상시키는 보수적인 접근을 해왔다. Veal Oregano의 가격을 내리는 파격적인 결정은 Shrimp Parmesan과 같은 또 다른 인기 가능한 품목을 추가하는 대담한 결정을 내리는 정반대의 방법으로 대처하였다. 수익을 위해서는 그것은 필수적인 변화인 것 같다.

다음으로 Vancouver Park이라는 테마 레스토랑의 예를 들어보자. 이곳은 새롭고 유행하는 젊고 세련된 현대적인 측면들을 볼 수 있고, 먹고 마실 수 있는 필요한 장소이다. 오픈 후 첫 3개월은 음료, 술과 요리 둘 다 성공적이었다. 그 후 슬럼프가 시작되었는데 바의 매출은 1/3로 줄고, 요리는 겨우 유지할 정도였다. 7개월간이 슬럼프 후 오너는 개업시의 Chef를 해고하고 Sous Chef Park를 주방장으로 승진시켰다. 메뉴 판매에서 약간의 변화가 있었다. 이러한 심각한 비즈니스 문제를 새로운 Chef 또는 경영자들은 어떻게 해결할 것인가?

첫째로 해결하는 방법은 메뉴를 집중 연구하라. 이것은 모두 유행하는 음식들로 가격도 적절하며 강한 테마가 있고, 선택의 폭이 넓고 그리고 화려하게 겉모양만 모방을 한 것이 아닌 진정한 음식들로 짜여 있는 몇 안 되는 메뉴의 예이다. 그 어떤 메뉴 분석의 과정도 일반적인 고객의 상식을 요구한다. 이 경우의 메뉴는 일반 상식이 강하게 나타난다. 일반적 상식으로는 밝힐 수 없는 사실을 알아내기 위해 매 2주 메뉴 분석이 만들어진 것이다. 잘 팔리는 것이 하나도 없는 메뉴를 알아내는 데 왜 귀한 시간을 허비하는가?

바꾸어 말하면, 사업상의 전시효과로 단지 형식적으로 메뉴 분석을 하지 마라는 것이다. 당신의 주방조리운영과 경영의 경험을 모든 문제를 푸는데 매우 고민한 뒤 깊이 있는 분석을 시작하라.

14. 요점정리 및 토론

음식 품질관리의 궁극적인 목표는 고객이 음식의 선호도를 쌓는 것이다. 이것 없이는 판매와 이익은 뒤떨어진다. 음식 품질을 떨어뜨릴 수 있는 요인은 식재료의 구매와 검수취급, 요리 레시피, 조리과정과 생산라인의 4가지 요인들이 있다. 어떤 메뉴 아이템이 가장 인기가 없는지를 알아내기 위해 비공식적인 마케팅 기법도 이용한다. 주방 요리 레시피는 생산과정에서 진정한 노력이 있기 전에 스타일뿐만 아니라 맛에서의 수정 또는 제거를 위한 분석이 필히 이루어져야 한다. 맛의 50% 이상이 조리사의 부적절한 조리기술에 의해 조리과정에서 손실이 일어난다.

새로 부임한 후 주방장은 첫 달의 문제점을 체크하는 시점에 주방장 자신이라면 맛에 중점을 두고 체크를 해야 한다. 생산라인에서 음식 품질을 떨어뜨리는 주요 원인은 조리사의 조리심리나 조리태도 조리기술이 수준 이하인 조리사들로부터 자주 생긴다. 가장 효과적인 변화는 조리현장에서의 음식스타일과 조리기술의 실행단계에서부터 온다. 판매량이 적은 소규모의 레스토랑에서는 어떤 메뉴품목이 잘 팔리지 않는지, 상한 식재료가 없는지를 알아보는 일상의 점검을 하는 것으로 메뉴 품목의 선호도를 체크하는 것이 아주 좋다. 매일 매출이 300만 원 넘는 규모가 큰 레스토랑에서는 음식 품질 관리를 하기 위해서는 좀 더 시스템 형식을 갖춘 조리경영 운영기술의 도움이 효과적이다. 매 2주마다 메뉴 분석은 어떤 주방정책이 공식화 될 수 있는가의 기초 자료를 제공하고 있다. 무엇이 진짜로 잘 팔리는지? 그리고 어느 메뉴에서 이익을 낼 수 있는지?의 질문에 대한 대답이 없이는 아무도 메뉴 변화에 영향을 미치지 못한다.

메뉴분석은 베스트셀러, 저조한 품목, 이익 또는 손실 센터를 이용하여 지적하는 것이 아주 유용하다. 다음으로 이 자료들은 미래의 메뉴품목을 결정하는 데 이용이 된다. 이익센터는 고객의 선호도와 수익성이 일치하는 메뉴들이다.

식재료를 낭비하는 음식쓰레기는 이익손실이 가장 주된 원인이 된다.

메뉴 스타일에 급진적인 메뉴품목 추가나 삭제를 하는 것보다 수익성 있는 아이템 또는 인기 있는 아이템 그리고 비인기 품목과 수익성이 없는 아이템일 지라도 제거를 서두르지 않는 변화가 더 효과적이다.

제5장 수익이 좋은 요리의 창조

연구 차례

연구 개요

모든 주방장이 알고 있듯이 레스토랑 사업 경영에서 음식이란 보기에 환상적이고 맛이 훌륭한 것만으로 충분하지 않다. 프로페셔널 주방장은 수익성이 높고 잘 팔리기로 소문난 전통적인 축적된 요리 레퍼토리를 가지고 있다. 이런 레시피를 주방장이 많이 알수록 레스토랑은 더욱 성공할 수 있을 것이다. 섹션 주방장들과 주방 수련생들에게는 요리의 보편적인 메뉴레퍼토리가 고정 고객을 유지하는 데 충분한 것으로 보일 것이다. 유감스럽게도 이것은 그렇게 단순한 것이 아니다. 개별 식당 그리고 단골 고객들은 제각각 좋아하는 요리의 세계가 다르다. 요리 레시피는 음식 유행과 고객의 입맛에 잘 맞추어야 한다. 주방장은 그만한 변화를 시키는 요인을 가진 수익성 레시피를 만들어 낼 수 있어야 한다.

1. 고수익 메뉴의 구성요소

고수익 메뉴의 유효성을 판단하는 단순한 지침은 메뉴 또는 스페셜 메뉴리스트를 상세히 살피는 것이다. 고수익 메뉴는 일반 요리들과 손실을 내는 메뉴들에 비해 너무 비싸지는 않은가?(각각의 메뉴와 스페셜 리스트에도 손실 품목과 싼 메뉴를 찾아다니는 고객들로부터의 매출을 발생시키는 낮은 가격의 메뉴들이 있어야 한다.) 손실 품목과 이익 품목간의 가격의 대비는 유별나게 나타나는 것이 없다. 그렇지 않으면 고객들은 두 타입 모두 싫어할 것이다. 고객들은 손실 메뉴품목들이 매우 품질이 떨어진다고 생각할 것이고 식당의 이익 품목들은 바가지라고 생각할 것이다.

각각 메뉴마다의 성격에도 불구하고 큰 수익을 낼 수 있는 음식의 창조에 적용할 수 있는 원칙이 있다. 물론 가장 분명한 결론은 음식의 진실에 있다. 이익을 내는 음식을 창조하기 위해서는 먼저 고기류, 생선류, 가금류, 파스타류 그리고 채소들로 이루어진 경제적인 메뉴 종류로 시작하여야 한다. 그러나 어쨌든 싼 음식이 외형과 맛에서 약간 떨어지지만 가장 노련한 주방장의 손재주에서 만들어진 것이다. 이러한 특별한 메뉴의 딜레마 해결책은 조직의 각 섹션 헤드 셰프를 총주방장으로부터 개별적 지시를 분리시키는 것이다. 이것이 적절한 조직과정은 아니지만 창의적이고 고수익 메뉴를 이끌어 내는데는 명백한 과정이다. 그 증거로서 그 주방의 메뉴 하나 하나로부터 식재료 선택의 여분들을 보면 조리 지시 과정을 알 수가 있다. 그 지역의 레스토랑의 경우에는 대륙식 또는 웰빙식 요리를 전문으로 한다는 간판을 걸지만 3분의 2는 실질적으로 같은 음식을 서빙하는 다른 모방 식당들이다. 이들 어떤 식당은 반드시 절충적이지 않고 메뉴가 분명하지도 않지만 창조적인 메뉴를 개발함으로써 발전할 가능성은 많다. 예를 들면, 아래의 요리들은 오리지널 레시피를 사용하고 판매기록도 우수하며 food cost는 25% 이하의 메뉴 예들이 많다.

2. 샐러드류

Herbed Chicken, Walnuts and Broccoli over Greens with Orange-Sesame Dressing

샐러드 레시피 치킨 커틀렛 : 10lb, 다진 마늘 : 1/2cup, 브로콜리 : 1/4통, 바질 : 1/2cup, 호두 : 3cup, 타임 : 1/2cup, 로메인 상추 : 2통, 오레가노 : 1/2cup, 적 양상추 : 2통, 후추 : 2tbs, 양상추 : 2통, 오렌지 : 4개, 참기름 : 1cup, 체리토마토 : 4ea, 올리브 오일 : 1cup

닭 가슴살의 모든 지방과 연골 조직을 제거한 후, 2×1/2인치 막대 모양으로 썬다. 두 개의 큰 소테 팬을 참기름과 콩기름을 반반씩 두른 후 가열한다. 기름이 뜨거워지면 각각의 팬에 1/4컵의 마늘을 넣는다. 마늘이 옅은 갈색으로 변하고 기름이 뜨거워지면 닭을 넣고 바닥에 붙지 않도록 가끔씩 팬을 흔들어준다. 바질, 타임, 오레가노, 소금 3큰술, 후추 2큰술을 골고루 뿌린다. 닭이 다 익으면 재빨리 꺼내어 식힌다. 과다한 기름과 허브는 제거한 후 큰 믹싱 볼에 담아 냉장고에 보관한다. 브로콜리 1/4대를 손질한 후 옅은 소금물에 데친다. 꽃봉우리를 모두 때내어 두고 줄기는 길게 채썬 후 위에 닭을 섞는다. 잘 섞은 후 스팀 테이블용 용기에 담아 서빙할 때까지 뚜껑을 덮어 냉장한다. 녹색 채소들은 손질한 후 씻어 손으로 찢는다. 모두 잘 섞어 물기를 제거한다. 서빙하기 전까지 뚜껑을 덮어서 냉장한다. 체리토마토는 손질 후 씻어 반쪽 또는 왕관 모양으로 자른다. 뚜껑을 덮어서 냉장한다. 호두는 라인의 용도를 위해 작은 용기에 넣어 뚜껑을 덮어서 냉장한다. 오렌지는 얇게 썰거나 수레바퀴 모양의 장식 무늬를 내어 작은 용기에 담아 라인의 용도를 위해 덮어 냉장한다. 15인분이 된다.

드레싱 오렌지 주스 : 1cup, 설탕 : 2tbs, 참기름 : 1/2 , 소금 : 1tbs, 레드 식초 : 1/2-1cup, 백 후추 : 1tbs.

큰 볼에 오렌지 주스를 부어 참기름을 넣으면서 섞이게 거품기를 젓는다. 거품기를 저으면서 식초를 넣는다. 설탕, 소금, 후추를 넣어 섞는다. 15인분이 되도록 한다.

조리 라인작업 녹색 채소를 접시에 깐다. 중앙에 브로콜리를 깔고 준비된 치킨 가슴살 약 2컵을 놓는다. 반 자른 체리토마토를 8개 장식한다. 호두 2큰술을 치킨과 브로콜리 위에 뿌린다. 샐러드 전체에 드레싱을 뿌린 후, 수레바퀴 모양의 오렌지 2조각을 장식한다.

Avocado Stuffed with Cajun Shrimp Salad

(아보카도를 넣은 케이준 새우 샐러드)

샐러드 레시피 새우 : 5lb, 녹색피망 : 1cup, 메이스 : 1tbs, 적 피망 : 1cup, 케이연 페퍼 : 1tbs, 스켈리온(골파) : 2cup, 아보카도 : 6개, 체리 : 1cup, 로메인 상추 : 4통, 마요네즈 : 2cup, 레몬 : 3개, dressing sauce : 1/2cup, 오이 : 3개, 파프리카 : 1/2개.

새우는 해동을 시킨 후 껍질을 벗겨 데친 다음 식힌다. 녹, 적 피망은 다진다. 큰 볼에 새우를 넣는다. 스칼리온(골파)은 씻은 후 흰 부위와 녹색 부위를 나누어 얇게 썰어 새우에 넣는다. 잘게 다진 2컵의 샐러리를 새우에 넣는다. 메이스와 케이언 페퍼를 뿌린다. 마요네즈와 dressing sauce를 넣는다. 스팀 테이블을 위한 용기에 담고 서빙하기 전까지 덮어둔다. 로메인 상추는 다듬어 썰어서 물에 씻는다. 물기를 제거한 후 덮어서 서빙하기 전까지 냉장한다. 오이는 얇게 호랑이 줄무늬로 썰어 작은 용기에 담아 덮어서 냉장한다. 레몬은 각각 반달 모양으로 4등분으로 잘라 덮어서 냉장한다. 12인분이 되도록 한다.

조리 라인작업 로메인 상추를 접시에 깐다. 반쪽으로 자른 아보카도를 자리를 잡아서 1컵의 새우를 부분적으로 채운다. 4~6컵의 오이를 담고 파프리카를 뿌린다. 레몬조각으로 장식한다.

Tomato-Cheese Tortellini Primaver Salad with Tomato-Basil Vinagrette

(토마토-치즈 토르텔리니 샐러드와 바질소스)

샐러드 레시피 치즈를 채운 토마토 토르텔리니 : 5lb, 올리브 오일 : 1cup, 구운 적 피망 : 2cup, 스칼리온(골파) : 2cup, 브로콜리 : 4cup, 로메인 상추 : 4통, 당근 : 2cup, 체리 토마토 : 4ea, 오이 : 6개, 바질 : 2다발.

토르텔리니 파스타를 소금, 기름을 넣은 물에 알 덴테 정도로 삶은 후 식힌다. 기름을 바르고 큰 볼에 넣어둔다. 구운 적 피망은 길게 채 썰어 넣는다. 스칼리온은 씻어 얇게 썰어 파스타에 넣는다. 브로콜리의 꽃 부위는 분리하고 줄기는 채 썰어 볼에 넣는다. 당근은 씻어 껍질을 벗긴 후 채 썰어 넣는다. 오이는 껍질을 벗기고 씨를 제거한 후 얇게 썰어 넣는다. 샐러드 재료 모두를 올리브 오일, 소금, 후추를 넣고 살살 버무린다. 로메인 상추를 손질하여 썬 후 씻는다. 물기를 빼고 서빙하기 전까지 덮어서 냉장한다. 신선한 바질 잎 다발은 씻어서 12등분한다. 12인분이 된다.

드레싱 만들기 토마토 : 6개, 올리브오일 : 1qt., 신선한 바질 잎 : 1/2cup, 레드 식초 : 1/2-1cup, 설탕 : 2팩.

완숙된 토마토 6개를 껍질과 씨를 제거한 후 둔다. 바질 잎은 씻어 1/2컵의 퓨레가 되도록 기계로 간다. 여기에 토마토를 넣어 고운 퓨레가 될 때까지 간다. 큰 볼에 담아둔다. 설탕, 소금, 후추, 올리브오일, 식초를 넣어 거품기로 젓는다. 양념은 조절한다. 12인분이 된다.

조리 라인작업 로메인 상추를 접시에 깐다. 파스타 샐러드 1과 1/2컵을 넣고 체리토마토를 가장자리에 두른 후 드레싱을 뿌린다. 바질 잎으로 장식한다.

3. 해산물 요리

Baked Scrod with Avocado-Dijonaise Crême

해산물 레시피 대구살 필레 : 5lb, 버터 : 1tbs, 완숙 아보카도 : 1개, 다진 샬롯 : 1/4cup, 진한 생크림 : 1qt., 백포도주 : 2cup, 디종 머스터드 : 1/4cup.

대구생선 껍질과 뼈를 제거한 후 씻어서 가볍게 두들겨 말린다. 약 8온스 정도로 10개로 나눈다. 젖은 타월로 덮어서 서빙하기 전까지 냉장한다. 소스 팬에 버터를 녹인다. 샬롯은 넣고 갈색이 될 때까지 젓는다. 짙은 갈색이 나도록 강한 불로 옮겨 백포도주를 첨가한다. 와인이 모두 증발할 때까지 졸인다. 헤비크림을 넣고 온도가 고르게 오르도록 자주 저어준다. 크림이 걸쭉해질 때까지 낮은 온도를 유지한다. 소금과 후추를 첨가한다. 원하는 농도가 되면 스팀 테이블용 용기에 체로 걸러서 골고루 식도록 저어준다. 아보카도 껍질을 벗기고 씨를 제거한다. 볼에 넣어 곱게 될 때까지 으깬다. 볼에 크림을 넣어 아보카도와 잘 섞이도록 거품기로 저어준다. 덩어리가 없도록 채에 걸러서 머스터드를 넣어 섞어서 실내 온도에 둔다. 10인분이 된다.

조리 라인작업 스테이크용 철판 접시의 바닥을 2온스의 정제버터를 바른다. 대구를 얹고 레몬주스와 백포도주를 뿌린다. 뜨거워진 오븐에 넣어 포크로 찔러서 쉽게 들어갈 때까지 굽는다. 생선을 접시에 담고 소스를 필레 아래와 위에 뿌리고 가니쉬를 한 후 서빙한다.

Baked Bluefish in Sesame Primavera

생선요리 레시피 블루피시 : 5lb, 참깨 : 1cup, 호박 : 3개, 생강 : 1cup, 오렌지 스쿼시 : 3개, 다진 마늘 : 1cup, 녹색피망 : 4개, 쉐리 와인 : 2cup, 양파 : 3개, 간장 : 1cup, 올리브오일 : 2cup.

생선은 껍질과 뼈가 모두 제거가 되었는지 확인한다. 씻어서 살살 두드려서 말린다. 약 7온스 정도로 같은 크기의 10개로 나눈다. 젖은 타월로 덮어서 서빙하기 전까지 냉장한다. 호박, 스쿼시, 피망, 양파를 여러 가지 모양으로 자른 후 큰 접시에 담아 서빙하기 전까지 냉장한다. 껍질을 벗긴 생강과 다진 마늘을 각각 덮어서 찬 곳에 보관한다. 쉐리 와인과 간장을 섞는다.

조리 라인작업 소테 팬의 바닥을 정제 버터를 바른 후 생선을 놓는다. 스토브에서 익기 시작하기 전까지 익힌 후 뜨거운 오븐에 넣는다. 포크로 찔러 들어갈 때까지 익힌다. 소테 팬을 타월로 대강 닦은 후 센 불에 올려놓는다. 콩기름 1/5컵을 붓는다. 생강, 마늘을 각각 1큰술을 넣고 갈색이 되게 볶는다. 기름이 연기가 나기 시작하면 썰어둔 채소 각각 같은 분량으로 넣는다. 강한 불에서 토스하고 중간 정도 익을 때까지 시어링 한다. 1/4컵의 쉐리, 간장 섞은 것으로 디글레이즈한다. 참깨 1큰술을 뿌리고 토스한다. 오븐에서 생선을 꺼내고 생선위에 sesame primavera를 뿌리고 가니쉬를 한 후 서빙한다.

Pan-Fried Redfish Rolled in Cornmeal with Cold Tex-Mex Tartar Sauce

레드생선 레시피 레드피시 필레 : 5lb, 계란 : 6개, 콘밀 : 1lb, 올리브오일 : 5cup, 타바스코 : 1tbs, 밀가루 : 2cup.

붉은 생선(연어 같은 붉은 살생선) 3~4온스를 준비한다. 보통 이것들은 뼈가 없고 껍질은 남아 있기도 한다. 서빙하기 전까지 젖은 타월로 덮어 둔다. 10~12인분을 만든다. 계란은 소금, 타바스코를 넣어 브랜더에 넣어 잘 섞는다. 덮어서 냉장한다.

Tex-Max Tartar Sauce

소스 만들기 마요네즈 : 1cup, 스위트 피클 양념 : 1/4cup, 사우어 크림 : 2cup, 레몬 : 1개, 다진 적색양파 : 1/4cup, Lea & Perin's소스 : 1tbs, 다진 Jalapenos(매운고추) : 1/4cup.

마요네즈와 사우어크림을 볼에 넣고 jalapenos (매운고추), 적 양파, 피클, Lea & Perin's 소스, 소금을 넣는다. 레몬즙을 짜 넣는다. 그러나 너무 묽게는 만들지 않도록 주의한다. 또 다른 주의 점으로 피클, Jalapenos(매운고추)를 사용할 때는 씻어서 잘 말린 다음에 사용한다. 피클 즙은 때때로 소스의 맛을 떨어뜨리거나 간을 짜게 한다.

조리 라인작업 소테 팬에 기름을 두른 후 연기가 날 때까지 달군다. 생선을 말아서 껍질이 위로 오도록 놓는다.(필레는 밀가루, 계란물, 콘밀 순으로 묻혀서 준비한 것) 갈색이 나면 뒤집어서 중간 불에서 익힌다. 뒤집은 면은 태우지 않고 희고 바삭하게 구워 접시에 담고 가니쉬 한 후 Tex-Mex소스를 뿌린다.

4. 파스타류

Fettuccine with Garlic, Fresh Dill and Pimento

파스타 레시피 페투치노 : 5lb, 올리브오일 : 4cup, 다진 마늘 : 1cup, 버터 : 1cup, 딜 : 1cup, 피멘토 : 2cup, 올리브 오일 : 1cup.

건조된 파스타를 사용할 경우는 소금, 오일을 넣은 물에서 거의 알 덴테가 될 때까지 삶아서 식힌다. 물기를 빼고 기름을 바른다. 건조한 것이든 생 파스타든지 삶은 후 젖은 타월로 덮어서 끝이 마르는 것을 방지한다. 마늘은 다지고 딜은 씻고 피멘토는 채 썬다. 재료들은 각각의 용기에 담는다. 뚜껑을 덮고 서빙하기 전까지 냉장한다. 12인분이 된다.

조리 라인작업 준비한 페투치니를 파스타 스트레이너(물 빠지는 체)에 넣어서 서서히 끓는 물에 담근다. 동시에 소테 팬에 1/3컵의 올리브 오일을 넣어 가열한 후, 1큰술의 다진 마늘을 넣어 갈색이 나도록 볶는다. 파스타가 알 덴테가 되면 물기를 빼고 팬에 넣는다. 2큰술의 피멘토와 딜을 넣어 토스한다. 1큰술의 버터를 넣고 소금, 후추를 뿌린다. 접시에 담고 가니쉬한다.

Asparagus, Tips, Procuitto and Linguini Carbonara

파스타 레시피 Linguine : 5lb, 버터 : 1lb, 아스파라거스 : 6다발, 계란 : 1/2개, Procuitto : 1/2lb, 진한 생크림 : 3qt., 파마산 치즈가루 : 3cup.

건조된 파스타를 사용한다면 기름과 소금을 넣은 물에서 거의 알 덴테가 될 때까지 삶은 후 식힌다. 물기를 빼고 기름을 바른다. 건조된 것이든지 생 파스타이든지 삶은 후 겉이 마르는 것을 방지하기 위해 젖은 타월을 덮어 둔다. 아스파라거스 줄기의 껍질을 벗기고 단단한 부위는 잘라낸다. 줄기는 1/2인치 길이로 비스듬하게 자른다. 씻은 후 물기를 뺀다. 팬에 버터를 두르고 소금과 후추를 넣고 소테한 후 식힌다. 서빙하기 전까지 덮어서 냉장한다. procuitto는 얇게 썬 후 채 썬다. 서빙하기 전까지 덮어서 냉장한다. 12인분이 된다.

조리 라인작업 위의 파스타를 망에 넣어 서서히 끓는 물에 넣는다. 동시에 팬에 1큰술의 버터를 두르고 낮은 온도에서 1/2컵의 아스파라거스와 1/12의 procuttio를 넣는다. procuttio가 컬이 생기기 시작할 때까지 가열한다. 1컵의 헤비크림, 계란 노른자 1개, 약간의 소금, 후추 그리고 1/4컵의 파마산 치즈를 넣는다. 파스타가 알 단테가 되면 팬에 넣고 걸쭉해질 때까지 가열한다. 접시에 담고 가니쉬를 한 후 서빙한다.

Spinach-Cheese Ravioli in Fresh Basil Pink Sauce With Ricotta Cheese

라비올리 레시피 시금치 치즈 라비올리 : 5lb, 마리나라 또는 레드소스 : 3qt., 리코타 치즈 : 1lb, 신선한 바질 : 3cup, 올리브 오일 : 1cup, 진한 생크림 : 3cup.

조리 라인작업 12~15개의 레귤러 사이즈 라비올리를 망에 넣어 물과 소금, 기름을 넣은 냄비에 낮은 온도로 삶는다. 팬에 1/4컵의 생크림과 레드소스 1컵을 넣고 끓인다. 길게 찢은 바질 잎 1/4컵을 넣고 낮은 온도에서 끓인다. 라비올리가 적당히 익으면 물기를 빼고 핑크 소스에 넣어 알 단테가 되게 익힌다. 파스타를 접시에 담고 찬 리코타 치즈를 한 스푼 뿌린다. 가니쉬를 하고 서빙한다.

5. 육류 요리

Roast Veal Breast Stuffed With Mushrooms, Garlic and Herbs

레시피 송아지 가슴살 큰 것 : 1개, 마늘 : 4통, 썬 양송이버섯 : 4컵, 흰 양파 : 2개, 다진 마늘 : 1컵, 당근 : 2개, 신선한 허브 : 1컵, 다임, 로즈마리 : 2개, 후추 : 2tbs, 파슬리 : 1다발, 통후추 열매 : 1tbs, 백포도주 : 1qt..

송아지 가슴살로는 2가지 방법으로 채울 수 있다. 뼈있는 상태로 또는 뼈 없는 상태로 조리하는 것이다. 뼈 있는 상태는 30~40% 양이 많다. 그러나 각 서빙은 많은 지방과 근골을 함유한다. 이것은 이익을 촉진시키는 방법은 아니다. 송아지 가슴살은 뼈에서 분리하여 살만 손질하여 둔다. 뼈는 조각을 낸 후 마늘 4통, 양파 2개, 당근 2개, 리크 2개, 샐러리 반 단, 파슬리 1단 그리고 페퍼콘 1큰술의 mire-poix와 함께 로스트 팬에 넣고 갈색이 나도록 구우면서 가끔씩 토스해준다. 냄비에 담고 팬을 백포도주 1컵을 넣고 디글레이즈한다. 3갤런의 물을 넣고 1/3이 될 때까지 끓인다. 간을 맞추고 채에 걸러서 실내온도에서 식힌다. 윗면에 뜨는 기름을 제거한다. 송아지 가슴살은 근골 조직이 있는 부위에서 3 또는 그 이상 등분을 한다. 각 조각에 붙어 있는 모든 지방과 근골을 제거한다. 평평한 사각형 모양이 되도록 서로 겹쳐가면서 모양을 만든다. 위에 이미 한 번 볶은 허브, 마늘, 버섯을 골고루 얹는다. 필요하면 소금, 후추를 넣는다. 천천히 감아서 묶는다. 로스트 팬에 올려 중앙 부위가 핑크색이 날 때까지 약 30분정도 높은 온도의 오븐에서 굽는다.

조리 라인작업 따뜻한 온도로 보관한다. 주문에 따라 슬라이스해서 스테이크용 팬이나 2~3온스의 소스를 넣은 소테 팬에 넣어 미디엄으로 익힌다. 접시에 담고 소스를 뿌린다. 가니쉬를 하고 서빙을 한다. 8~12인분이 된다.

SAUTEED CALVES LIVER WITH SCALLIONS AND BRANDIED APPLES

레시피 송아지간 : 1개, 브랜디 : 3컵, 스칼리온(실파) : 3다발, 밀가루 : 4컵, 사과 : 6개, 버터 : 1/8lb, 정제버터 : 2컵.

송아지간의 껍질과 혈관을 제거한다. 7~8온스 정도의 무게로 얇은 조각으로 등분을 한다. 젖은 타월을 덮어서 서빙하기 전까지 냉장한다. 스칼리온(골파) 3개 다발은 씻어서 가늘게 둥근 모양으로 썰어놓는다. 서빙하기 전까지 덮어서 냉장한다. 사과는 껍질을 벗기고 심을 제거한 후 썰어놓는다. 사과의 껍질로 장미모양의 장식을 만들 수도 있다. 썰어둔 사과는 다른 재료들의 준비가 될 때까지 소금물에 담가 둔다. 큰 소테 팬을 달구어 버터를 넣어 중불에서 사과를 갈색이 나도록 양면을 익힌 후 계피가루를 뿌린다. 브랜드로 디글레이즈한다. 사과는 꺼내어 용기에 담아 재빨리 식힌다. 소테 팬의 브랜디는 식혀서 사과위에 뿌린다. 서빙하기 전까지 냉장한다.

조리 라인작업 소테 팬에 2온스의 정제 버터를 넣고 강한 불에서 달군다. 간에 밀가루를 입혀서 넣고 한 면이 갈색이 나게 익힌 후 뒤집는다. 불을 낮추어 1/4컵의 스칼리온(골파)을 넣고 소금, 후추를 뿌린다. 브랜디로 디글레이즈 한다. 손님의 주문(rare, medium, well 등)대로 익힌 후 사과를 넣어 따뜻해지면 접시에 담고 가니쉬 한 후 서빙한다. 12인분이 된다.

Sirloin Steak Kebabs Marinated in Red Wine and Thyme

레시피 소등심고기 : 5lb, 적포도주 : 2qt., 적 양파 : 3개, 마늘 : 1tbs, 핑크 토마토 : 5개, 다임 : 1/2컵, 청 피망 : 4개, 설탕 : 1ts, 청 피망 : 4개, 양송이버섯 : 10개.

고기는 1인치로 넓적하게 썬다. 질긴 근고로가 기름을 제거한다. 가능하면 1/4인치의 기름은 남겨둔다. 다듬은 고기는 1과 1/2온스 정도 무게의 주사위 모양으로 자른다. 하나에 7온스 정도의 무게로 등분을 한다. 토마토는 1/4, 피망은 1/8조각으로 자른다. 버섯은 기둥을 자르고 적 양파는 8등분을 한다. 적포도주, 마늘, 타임, 소금, 후추, 설탕을 섞은 마리네이드를 준비한다. 12인치 꼬치를 이용하여 고기, 피망, 양파, 토마토, 양송이버섯을 교대로 끼운 다음 마리네이드에 담근다. 모든 케밥 재료가 푹 잠길 필요는 없고 적어도 30분 이상은 담가두는 것이 좋다. 10~12인분이 된다.

조리 라인작업 가장 많이 재워진 바닥의 것부터 꺼내어 스테이크용 접시 또는 바로 그릴에서 굽는다. 손님의 주문대로 익힌다.

6. 닭 요리

Grilled Chicken Breasts With Three Salsas

레시피 치킨 커틀렛 : 10lb, 올리브 오일 : 1컵, 백 후추 : 1/4컵, 살사소스 : 1/2컵.

닭가슴살의 지방과 연골을 제거한 후 가슴뼈 중앙 경계부위를 중심으로 등분한다. 소금, 후추를 뿌린다. 식용유가 들어갈 정도의 여분만을 남기고 용기에 맞게 타이트하게 넣어 보관한다. 식용유를 부어 서빙하기 전까지 냉장한다. 15인분이 된다.

Salsa Roja Sauce 만들기 껍질 벗긴 홀 토마토 캔 : 1통, 설탕 : 2팩, 적 양파 : 2개, jalapenos(매운고추) 피클 : 1/4개, 데킬라 : 4온스, 백후추 : 1/2ts.

토마토 캔은 열어서 체에 넣어 손으로 재빨리 부수어 즙이 밑으로 빠지도록 둔다. 큰 볼에 토마토를 넣고 잘게 으깬다. 다진 양파와 jalapenos를 넣는다. 소금, 후추 데킬라는 넣고 거른 토마토 즙을 약간 넣어 살사 농도를 맞춘다. 서빙하기 전까지 덮어서 냉장한다.

Salsa Blanca Sauce 만들기 사우어크림 : 1lb, 스칼리온(실파) : 2다발, 백후추 : 1/2ts, 타바스코 소스 약간, 칠리 파우더 : 2tbs.

사우어 크림을 볼에 넣고 소금, 후추, 칠리 파우더를 첨가한다. 스칼리온(실파)은 씻어서 얇게 둥글게 썰고 사우어크림에 넣는다. 맛을 살리기 위해 타바스코를 첨가한다.

Salsa Guacamole Sauce 만들기 완숙 아보카도 : 6개, 라임 주스 : 3개, 다진 적양파 : 1/2컵, 다진 토마토 : 1/2컵, 마늘 : 2tbs, 다진 고수 : 1/4컵, 타바스코 소스 약간.

아보카도는 껍질을 벗기고 씨를 제거한다. 큰 볼에 넣어 양파, 토마토, 고수, 마늘 소금을 넣는다. 라임은 즙을 짜서 넣고 간다. 씹히는 느낌은 나도록 너무 곱게 갈지는 않는다. 맛을 살리기 위해 타바스코 소스를 넣고 서빙하기 전까지 덮어서 냉장한다.

조리 라인작업 닭 가슴살은 일인분에 2조각을 그릴에 굽는다. 접시에 담고 살사 블랭카, 구아카몰은 조금씩 담고 살사 로야는 두 배로 담아 곁들이고 가니쉬 한 후 서빙한다.

Roast French Chicken Breast with Honey and Cracked Whole Pepper Glaze

레시피 닭 : 12마리, 정제버터 : 1/2컵, 꿀 : 1lb, 통후추 간 것 : 1/2컵.

후렌치 닭 가슴살은 뼈가 남아 있는 더블 수프림이다. 다리와 등뼈관절에 붙어있는 허벅지 살을 잘라내야 한다. 어깨와 내장으로부터 감으로 등쪽으로부터 가슴살을 분리한다. 후렌치 가슴살의 껍질을 아래로 하여 놓고 가슴뼈를 양쪽으로 분리되지는 않도록 갈라놓는다. 첫째 관절에서 날개를 잘라내고 poitrine과 껍질은 그대로 둔다. 다리, 날개, 뼈는 다른 용도에 사용한다. 12마리를 모두 같은 방법으로 손질한다. 시트 팬에 가슴살을 껍질이 위로 오도록 놓고, 꿀, 정제버터, 간 통후추, 소금을 한 개씩 바른다. 서빙하기 30분 전에 높은 온도의 오븐에서 20~30분간 속이 밝은 분홍색이 될 때까지 굽는다. 식혀서 젖은 타월로 덮어 보관한다. 12인분이 된다.

조리 라인작업 가슴살 하나를 철판 스테이크 접시에 담고 살이 흰색이 될 때까지 높은 온도의 오븐에서 굽는다. 껍질 위에 꿀을 붓으로 바르거나 숟가락으로 끼얹고 간 통후추를 적당히 뿌린다. 접시에 담고 가니쉬하여 서빙한다.

Sauteed Chicken Medallions with Spinach, Bacon and Shallots in Olive Oil and Garlic Sauce

레시피 닭 가슴살 : 10lb, 밀가루 : 1컵, 시금치 : 5lb, 베이컨 : 1lb, 백후추 : 1/4컵, 다진 샤롯 : 1컵, 발사믹 식초 : 1/4컵, 다진 마늘 : 1컵, 버터 : 1lb, 올리브오일 : 2컵, 백포도주 : 1/2컵.

가슴살에 붙어 있는 지방과 연골을 제거한다. 가슴뼈 경계를 따라 등분한다. 텐더로인 부위는 잘라내어 다른 용도로 사용한다. 삼각형 메달리온으로 3조각으로 자른다. 서빙하기 전까지 덮어서 냉장한다. 시금치는 2컵의 물에 백포도주, 샬롯 1큰술, 소금, 후추 각각 1큰술씩을 넣고 데친다. 물기를 빼고 식힌 다음 대강 다진다. 서빙하기 전까지 냉장한다. 베이컨은 줄 모양대로 함께 잘라서 줄을 살려서 수평으로 펴서 1/2 인치 넓이가 되도록 만든다. 서빙하기 전까지 덮어서 냉장한다. 15인분이 된다.

조리 라인작업 1/16 파운드의 베이컨을 팬에 줄대로 놓고 높은 온도로 익힌다. 베이컨의 기름이 빠지면 샤롯과 마늘을 각각 1큰술씩 넣는다. 닭고기 3~4조각을 밀가루를 묻혀 팬에 자리잡아 놓고 소금, 후추를 뿌린다. 낮은불 또는 중불에서 익힌다. 닭의 한 면이 갈색이 되면 뒤집는다. 거의 다 익어가면 스테이크용 철판 접시에 담고 높은 온도의 오븐에서 익힌다. 팬에 남아 있는 국물은 높은 온도에서 졸여 식초 1큰술을 넣고 디글레이즈한다. 2온스의 올리브오일을 넣고 다시 강한불로 1컵의 시금치를 넣고 토스한다. 불에서 내려 1큰술의 버터를 넣고 젓는다. 완성된 시금치를 접시에 깔고 닭을 위에 얹는다. 가니쉬를 하고 서빙한다.

7. 고수익을 위한 조리생산 지침

중간정도 포지션인 식당은 음식 가격이 레스토랑들은 품질, 가격 서비스, 충성도로 경쟁을 한다. 가격인상을 최소화하여 고객들에게 더욱 호감이 가는 가격을 항상 유지한다. 주방장이 가끔씩 가지는 유일한 업무권한과 자유는 생산되고 있는 음식 품질과 가격인상 등이 권한 범위 안에 있다(음식 품질은 창조성을 포함한 것일 수 있다). 위의 메뉴를 고려할 때 고수익을 내는 요리들의 공통점은 특히 적절한 가격의 범위에서 고객 눈에 띄는 특색은 무엇인가? 먼저 싼 가격의 식재료를 사용하는 것부터 시작하는 경향을 보이는 주방장의 틀에 밖힌 생각을 변경해야 한다. 적은 양의 고가의 식재료를 요리에 첨가함으로 요리 개당 원가를 그다지 상승시키지 않으면서 판매 가격을 인상할 수 있는 대안을 찾아야 한다.

예를 들면, 창의적이며 고수익 메뉴는 꿀을 넣은 치킨샐러드에 호두, 갈보나라 파스타에 아스파라거스 롤, 새우샐러드와 대구생선요리에 아보카도를 투입하여 사용하는 등을 들 수 있다. 그리고 케이준 샐러드에 신선한 왕새우를 사용함으로 평균 이상의 판매가격을 보장할 수 있다고 본다. 그러나 여전히 가장 인기 있는 메뉴라고는 할 수 없다. 고수익 메뉴는 항상 창조적인 메뉴개발이 최선이다.

8. 요점정리 및 토론

숙련된 주방장의 창조적인 노력으로 육류, 생선류, 야채류, 파스타류 등에 싼 코스트 비용을 투입하면서도 음식 품질에 주방장의 가치를 더할 수 있다. 식재료 비용을 줄이는 방법이 스테이크 케밥 레시피에서 산출되는 평균수익보다 훨씬 더 많은 수익을 낼 수도 있다.

주방장의 고수익 메뉴를 창조하는 것의 경우에 따라 예외는 있지만 대체로 유용한 지침이 되는 몇 가지 원칙들이 있다.

첫째, 조리생산라인의 요리완성에 소요된 시간을 줄이므로 조리 시간비용을 낮출 수 있다.

둘째, 조리생산라인의 숙련된 조리사 기능이 인건비가 높은 조리 시간비용을 대신하여 이용될 수 있다.

셋째, 무조건 반제품 통조림이나 냉동식품을 이용하는 것보다 레시피에 따라 직접 조리하는 경우와 비교하면 반제품의 식재료 비용이 많이 들 수도 있다.

넷째, 복잡한 레시피는 보다 세분화된 조리 생산라인 단계와 다양한 식재료들을 더욱 많이 필요로 한다. 그러나 예외적으로 적정한 수준으로 작성된 레시피는 오히려 복잡한 수준의 레시피에 비해 비용을 절감할 수 있다.

하나의 요리를 완성하는 데 식재료비가 25%~30% 이하의 비용이 드는 것을 찾아내기는 여간 어렵다. 하지만 요리는 매번 최상의 품질상태일 때 제공되도록 세심한 주의를 기울여야 한다. 주방장은 고수익을 창출하는 특별메뉴의 품질과 생산라인 시스템에 대한 주의 깊은 관심은 필수적이다. 이를 통해 특별메뉴가 매주 반복됨으로써 지속적으로 판매수익을 올릴 수 있다. 따라서 고수익 요리가 메뉴 상에서 완전히 자리잡을 가능성이 높아진다. 그러므로 수익에 미치는 영향은 보다 긍정적일 수 있다.

메뉴상의 모든 요리는 최고수익을 창출해야 하며, 각 요리가 수익을 많이 낼수록 레스토랑의 수익성도 비례하여 높아진다. 주방장은 여러 가지 방법을 시도함으로써 고수익을 창출하는 자신만의 레시피를 만들어 낼 수 있는 능력을 발휘해야 한다.

주방장은 수익성이 높은 요리를 만들기 위해서는 비용을 절감할 수 있는 육류, 어류, 가금류, 파스타류, 야채류부터 점검해야 한다. 매우 평범한 한국식, 서양식 레스토랑이라도 독창적인 대안의 효율적인 조리생산라인 시스템, 조리방법, 고품질 방안들을 제공함으로써 타 식당을 능가할 수 있다. 일반적 평범한 수준으로 평가되는 레스토랑은 음식 품질, 가격 및 서비스 부문에서 경쟁을 해야 한다. 값비싼 품목 몇 가지들을 요리장식에 사용함으로써 음식 객단가를 실제로 올리지 않고서도 판매가를 올릴 수 있다.

그 외의 효율적인 식재료 사용 방안으로는 값비싼 것으로 느껴지지만 실제로는 그렇지 않는 품목들을 많이 이용하는 것이다. 숙련된 주방장의 조리기술과 노력과 열정으로 비용 줄이기가 가능하다. 그리고 비싼 식재료를 사용하더라도 평균수익보다 훨씬 많은 고부가 가치의 수익을 낼 수 있다. 따라서 주방장은 고수익 특선메뉴의 품질관리에 세심한 주의를 기울이는 것이 필수적이다.

제6장 유행요리의 창조성

연구 차례

연구 개요

유행요리란 음식을 조리하고 연출하는 구체적인 스타일을 구체화하는 과정이거나 이미 인기를 얻고 있는 요리를 말한다. 한때 전통음식도 유행요리이기도 했다. 아마 멀리 떨어진 지구상의 어느 곳에서도 전통음식이 재발견 된다면 다시 유행하게 될지도 모른다. 음식의 유행이란 순전히 그 지역의 특성과 음식문화와 고객 개인의 취향에 따른 것이다. 예를 들어 미국 남서부지방의 경우 텍스 멕스(텍사스 멕시코 절충) 요리가 가장 유행하고 있다. 그러나 남부지방에 사는 사람들 중 누구도 멕시코 음식에 대해 별로 생각하지 않는다. 그리하여 이들에게는 여전히 그 지방 특유의 해산물 요리가 지배적이다. 우리나라도 지역별 김치, 추어탕 맛이 다르다고 하는 것과 마찬가지이다.

1. 유행 요리의 일시성

유행은 계절과 함께 왔다가는 성향이 있다. 즉 유행은 일시적인 요소를 지닌다. 그러나 일시적 유행과 마찬가지로 일부 사람들은 매우 열광적이다. 채식 전문 레스토랑이 전성기와 침체기를 거치는 일시적 유행기가 좋은 예가 된다. 오늘날 채식 전문 레스토랑 운영이 지난 유행에 사로잡혀 전혀 고객의 입맛에 맞추지 않는다면 그 메뉴는 존재 가치가 없게 된다. 그래도 영리하게 경쟁하고 합리적인 음식 구성으로 판매하는 것이 최상의 방안이다. 또 한참 주목을 끌고 있는 유행시기에 특별메뉴가 제공되는 특정 레스토랑이라도 고객의 지루함을 달래는 새로운 스타일의 요리 한 두 아이템은 함께 제공되어야 할 것이다. 고객들이 아무리 그 유행 요리를 원한다며 즐기다가도 대략 6개월쯤 후에는 다른 새로운 요리를 발견하게 되면 고객은 지루함에 고개를 돌리게 된다. 이것이 바로 유행 요리의 본질이다.

2. 요리 창조성의 구성요소

주방장은 인기 있는 유행요리를 만들어 낼 수 있어야 하며 그것은 다른 요리를 모방하는 것처럼 간단한 것이 아니다. 창조성은 주방장의 재능, 경험, 훈련, 교육 그리고 창의력에 따라 가장 어려운 일이 될 수도 있고 가장 쉬운 일이 될 수도 있다. 그 중 중요한 요소인 창의성은 확실히 파악하기 어려운 것이다. 즉 주방장은 창의성의 개발로 인해 기교를 나타내는 것이 요리 명장을 구분하는 품격(quality)이 될 수도 있다. 전 세계적으로 위대한 주방장들이 특이한 재능을 지닌 요리 귀재가 될 수 있는 가능성은 어느 정도인가? 아마도 이들 중 몇 명에 지나지 않을 것이다. 또 전체 주방장들 중 몇 퍼센트 정도일까? 문제는 세상의 주방장들 중 최소 95%가량은 창의적인 천재는 아니지만 매우 독창적인 방법을 이용하여 요리를 창조하고 있다는 것이다. 유행 요리의 창조과정을 공식화하는 것은 불가능하지만, 창조적 과정의 요소들을 찾아내고, 설명하고 실용적으로 개발하여 전문요리사들에게 전적으로 자기능력을 발휘할 수 있도록 해야 한다.

주방장의 창조적 과정 구성 요소들은 다음과 같다.

- 주방장의 독특하고 독창적 창의적 상상력과 사고력
- 심미한 계절적 감각력과 주의력, 관찰력
- 가공하지 않은 식재료를 이용한 순발력과 조리 기술력
- 미래 유행 스타일을 읽어내는 예측력과 예지력

이 4가지 구성 요소들이 주방장의 유행 요리를 창조하는 과정을 이룬다고 할 수 있다. 이 요소들이 서로 잘 어울려 어떤 작용을 하는지 이해하기 위해 먼저 각 요소들을 분류하여 살펴보자.

1) 주방장의 요리 창의적 경험과 독창적 상상력과 사고력

이것은 요리의 창조과정에 가장 많은 영향을 미치므로 가장 중요한 구성 요소임이 분명하다. 만약 주방장이 조리경험이 미흡한 경우에는 요리창조가 너무 유도적이거나 자의적인 것이 될 수도 있다. 이것은 연속상에 있어서 양면성을 가지고 있다. 즉 한쪽 측면의 관점에서인 경우 유도적으로 창조된 요리는 평범하여 오히려 고객에게 싫증과 지겨움을 줄 수도 있다. 다른 측면의 관점인 경우 자의적으로 창조한 요리는 너무 애매모호하여 대중화 및 일반화되기 어려울 수도 있다.

주방장의 조리업무 경력, 조리 능력 및 여행, 식사 경험들이 주방장의 요리 개발 시 창의력과 독창력, 사고력을 제공한다고 볼 수 있다. 그러나 아무리 오랫동안 요리 분야에서 일을 해왔다 할지라도 주방장들 대부분은 창의적 재능이 결여되어 있다는 것은 다소 의외의 불편한 진실이다. 창의적 훈련이란 핵심요소를 일상생활에 접목시킬 수 있도록 하는 주방장의 사고력 및 독창력, 창의력을 지각하는데 전념할 필요성이 있다.

2) 심미한 계절적 감각력과 주의력, 관찰력

특정요리의 인기도는 그 지역 고객들의 계절적 식습관과 요리문화에 얼마나 정확하게 초점을 맞추고 있는지의 여부에 달려 있다.

해운대 비치호텔에서 한여름인 8월에 아무리 독창적으로 속을 채워 만든 맛있는 돼지고기 숯불 로스구이라 하더라도 해산물 앙트레의 인기를 감당해내지 못할 것이다. 여기에는 기본적인 주방장의 계절적 감각성과 주의력, 보편성이 적용된다. 즉 계절적 특징과 감각성을 강화할 수 있는 음식과 스타일을 주방장은 선택하게 되는 것이다. 계절음식의 흐름에 뒤떨어지지 않는 최선의 방법은 식재료를 해산물과 야채시장을 통해 탐색 조사하는 것이다. 과일류와 야채류들은 계절에 가장 민감한 음식이며, 식재료 공급업자들은 어떤 종류의 식재료가 한참 출하되어 쉽게 요리에 이용할 수 있는지, 또는 질 좋고 저렴한 식재료인지에 대해 흔쾌히 주방장들의 자문과 상담에 응해야 할 것이다.

3) 가공되지 않은 식재료를 이용한 순발력과 조리기술력

유행 요리들은 음식 스타일에 적합하도록 형태를 바꿀 수 있는 몇 가지 기준과 원칙이 있다. 이 기준들은 전통적이며 유행이 생겨난 그 지역의 요리문화와 역사 속에서 발견된다고 볼 수 있다. 예를 들어 닭고기나 송아지 내장은 케이준 요리에 이용될 수가 없다. 이와 같이 케이준 요리라는 자체는 가공하지 않은 식재료와는 그다지 관련성이 없으며, 그 요리에 관한 가공된 레시피는 다른 요리목록에서는 찾아 볼 수가 있을 것이다. 따라서 생선류, 육류, 가금류, 과일류 및 향신료와 같이 가공하지 않은 식재료 본질은 같은 줄기의 신선한 식재료 종류로부터 나온 것임에 틀림없다.

만약 양념, 향신료와 허브를 함께 이용할 수 없다면 이런 식재료들을 이용한 케이준 요리 스타일은 창조해낼 수가 없을 것이다. 가끔 일부 식재료들은 특정요리의 조리법에만 사용하는 규정에 이용되기도 한다. 주방장이 창의적인 특별메뉴를 고객에게 제공하기 위해 저장고에 남아 있는 식재료들을 찾아보다가 생강, 두부, 빵가루, 시금치, 베이컨, 부추들과 함께 신선한 굴이 어우러지면 중국식이나 한국식 또는 서양식의 새로운 요리를 창조해낼 수 있는 몇 가지 좋은 아이디어를 얻게 될 것이다. 주방장의 요리 창조과정은 가공되지 않은 다양한 원재료들을 이용할 때 창조성이 풍부하며 그럴 경우에 요리의 순발력은 더욱 빨라질 것이다.

4) 미래 유행 스타일을 읽어내는 예측력과 예지력

주방장이 요리 유행스타일에 대해 많이 인지할수록 창조성은 더욱 구체적으로 표현될 수 있다. 요리기술들은 시대의 유행에 따라 변하는 것이다. 양념, 버터나 올리브 오일 등을 마지막에 넣는 대신에 제일 먼저 넣는 것처럼, 아주 간단한 것일 수도 있으나 이 작은 요리과정 조리기술들이 요리의 맛을 변화시키게 된다.

각 지방의 요리기술은 전통적인 풍미와 창조성의 근원에 대해 분명히 제시해 주고 있다. 그 지역의 요리기술들을 습득하는 최선의 방법은 주방장이 직접 경험하는 것이다. 각 해당 지방에서 요리하고 먹고, 또 지역의 조리명장들과 함께 토론하며 음식문화를 즐기는 것이 바로 최선의 방법이다. 그러나 어느 주방장은 "소머리 국밥 만드는 법을 알기 위해 특정지역에 갈 필요는 없다"고 말하기도 한다. 즉 숙련된 주방장은 요리책, 요리잡지, 논문 또는 간단한 그 지역 음식문화 및 메뉴 내용만 보고서도 요리스타일에 대한 영감과 인지를 얻을 수 있기 때문이다. 그러나 주방장들이 요리연구를 더욱 활발하게 할수록 범위가 더 넓어져 요리 창조성의 기회 또한 더욱 많아질 것이다.

특별요리를 창조한 뒤 그 요리를 고객에게 제공하여 평가를 받는 방법이 주방장 직무의 중요한 요소이다. 만약 접시 위에 요리가 창조되어 고객에게 제공된 음식이 한국식처럼 보인다면 아마도 한국인이 그 요리를 맛볼 기회가 훨씬 많을 것이다. 주 고객에게 요리를 제공하는 방법에 관한 지침은 조리기술만큼이나 엄격하다. 사실 주 고객의 취향은 동일한 역사와 음식문화에 그 뿌리를 두고 있다. 즉 육류, 생선류, 가금류, 야채류들이 조리가 끝난 후 접시 위에서 어떻게 보일 것인지를 조리하기 이전에 미리 세심하게 고려하여 조리하는 방식을 채택한다. 독창적인 가니쉬 또는 고명은 세련미와 색상을 다양하고 풍성하게 함으로써 요리의 구성요소들을 총 결합한 마지막 음식 작품 손질이 된다.

3. 요리상품의 마케팅 개념

요리 창조과정은 마케팅 형성과정과 비슷하며, 신비하게 만드는 요리의 광고과정을 거쳐 마케팅을 통해 새로움으로 탄생하게 된다. 어느 지역의 경우 주방장 추천 메뉴는 '유행(특정)' 요리의 숨겨진 비법을 보여줌으로써 타 메뉴들과 경쟁하게끔 만드는 것이 마케팅 전략이다. 유행요리들은 대중이 그것을 받아들이게 되는 매력요인(예를 들어 흥미롭거나, 매력적이거나, 맛있어 보이거나, 색다르거나, 이국적인 것)에 대한 특별한 기호식을 찾아내야 한다. 그리고 유행요리를 창조하게끔 요리명칭의 의미부여와 신비성을 북돋우는 것도 주방장 임무의 일부이다. 요리명칭으로 인해 요리유행의 수준이 결정되기도 한다. 이것은 요리가 고객에게 제공되는 방법이 요리의 스타일과 모양을 결정하는 것이며, 또 요리기술이 맛을 결정하는 것도 마찬가지 마케팅의 원리이다. 유행요리의 표현법은 의외로 까다로우며 주방장은 다음과 같은 요소들을 더욱 명심해야 할 것이다.

첫째, 요리명칭 결정에 있어서 사용해야 할 용어와 하지 말아야 할 것들을 생각한다.

둘째, 요리기법과 식재료의 근원이 불분명하여 유행을 혼란시키지 말아야 한다. 따라서 불분명한 요리는 팔리지 않으며 혼란스러울 따름이다.

셋째, 요리의 명칭은 의미부여 만으로 이미지나 상상을 그려낼 수 있을 정도로 쉬워야 한다. 그러나 이 규칙에도 예외는 있다. 주방장이 창조한 요리가 잘 알려져 있는 명칭이라 해서 판매에 긍정적인 효과가 있는 것은 아니다. 요리의 명칭은 읽기 쉽고 발음하기 쉬울수록 그 요리는 더 많은 관심으로 판매될 것이다. 요리 마케팅은 그 메뉴의 명칭을 독자적으로 브랜드화하는 것이다.

4. 미국의 지방요리 역사

주방장의 창의성도 중요하지만 그 지방의 음식 특성, 역사와 문화를 빼놓고는 새로운 창의적인 요리라고 할 수가 없다. 따라서 미국 남서부 지방의 특색 있는 음식을 소개하고, 이것을 토대로 창의성이 어떤 흐름으로 발전하는 것이 옳은 방법인지를 몇 가지 메뉴를 예시하여 분석해 본다.

1) Baked Chicken Breasts Monterey with Supreme Sauce Served with Spanish Pilaf(스페니쉬 볶음밥과 수프림 소스를 곁들인 구운 닭 가슴살 요리)

치킨 몬테리(Chicken Monterey) 요리는 치킨 키에프(Chicken Kiev)와 치킨 꼬르동 블루(Chicken Cordon Bleu)를 전해준 미국 남서부지방의 전통요리에서 기원한다. 이 요리의 구성 식재료와 요리명칭, 요리기법들은 전 세계인들에게 현재까지 전해지고 있으며, 오늘날 새로운 요리에 사용되고 있는 치킨요리의 근원을 이루고 있는 것으로 전 세계 주방장들에게 인식되므로 유행요리라 할 수 있다. 스페인식 볶음밥을 제외하고는 요리의 맛, 색깔, 모양, 기법 등이 미국 남서부지방의 특성과 역사, 지역 생산 식재료, 전통 음식문화를 그대로 나타내는 전통요리이다.

닭 가슴살 몬테리 요리의 방법은 다음과 같다.

레시피 얇게 저민 닭 가슴살 : 100g, 고운빵가루 : 5g, Monterey Jack 치즈 : 5g, 오레가노(Oregano) : 1/2컵, Jalapenos : 1컵, 바질 잎 : 1/2컵, 고수 잎 : 1컵, 흰 후추 : 1/4컵, 밀가루 : 5g, 소금 : 1/4컵, 계란 : 10개.

닭 가슴살의 지방과 연골을 손질하여 제거한다. 닭가슴뼈 줄기를 따라 나눈다. 육류용 망치로 가슴살을 두드린다. Monterey Jack 치즈를 조각조각 찢은 후 다진 Jalapenos(매운고추)와 바질 잎, 고수 잎을 넣어 함께 버무린다. 얇게 저민 닭고기 살 속에 치즈 혼합물을 적당히 넣는다. 골고루 속을 채운 닭 가슴살을 만들기 위해 치즈를 넣은 닭고기를 접어 모양을 만든다. 팬에 닭 가슴살을 모두 올린다. 닭고기 담은 팬을 냉장실에 넣어둔다. 빵가루를 묻히는 과정에 필요한 접시를 준비한다.

한 시간 후에 닭 가슴살을 냉장실에서 꺼내어 밀가루, 계란, 빵가루 옷을 입힌다. 가슴살을 다듬어 끝손질을 한다. 고객에게 제공할 때까지 냉장에 보관한다.

닭고기와 미르포아 야채들을 한 시간 가량 아주 뜨거운 오븐에 넣어 굽는다. 스톡 냄비(stock pot)에 올리브유를 넣어 뜨겁게 달군 후 다진 샬롯을 넣어 갈색 빛이 나도록 익힌다. 여기에 닭고기와 야채를 함께 넣어 가끔 저어준다. 냄비가 뜨거워져 식재료들이 높은 온도에 이를 즈음에 밀가루를 넣어 계속 휘젓는다. 버터를 넣는다. 밀가루가 갈색 빛이 날 때까지 젓다가 백포도주를 넣는다. 뜨거운 물 2포트를 붓는다. 진한 크림을 넣어 끓인다. 소금과 후추를 넣어 맛을 낸다. 불을 약하게 하여 적당한 농도로 조절한다. 고객에게 제공하기 전까지 상태를 잘 유지하도록 보관한다.

이 방법은 곁들이는 소스를 설명하고 있다.

쌀을 깨끗이 씻어 먼지와 과다 전분을 제거한다. 세 가지 야채들을 소량의 기름으로 반투명해질 때까지 살짝 볶는다. 쌀을 넣고 물을 붓는다. 버터와 토마토 소스 등을 넣고 밥을 짓는다. 그 후 재료들이 완전히 섞일 때까지 휘젓는다. 뚜껑을 덮어 서서히 익힌다. 고객에게 제공할 때까지 뚜껑을 덮은 채 온기를 유지한다.

요리 마무리 방법은 빵가루를 묻힌 닭 가슴살 조각을 올리브유를 살짝 두른 튀김 팬에 올려 갈색 빛이 날 때까지 익힌다. 뜨거운 오븐에 넣어 약 10분가량 구워낸다. 접시 한쪽에는 스페인식 라이스를 담는다. 다른 쪽에는 닭 가슴살을 담아낸다. 슈프림 소스를 닭 가슴살 반 정도에만 얹어낸다. 검은 올리브유로 만든 둥근 모양 속에 고수 잎으로 장식한다.

이 요리 방법은 그 지방의 전통적으로 내려오는 조리방법을 기초로 하여 만들어지는 요리의 역사와 문화 전통이라고 볼 수 있다. 따라서 창의적 요리방법이란 전통적인 요리방식과 그 지역에서 생산되는 식재료에 기초를 하여야만 되는 핵심적인 창의성이라 말할 수 있으며, 그것이 곧 요리의 스토리텔링이라 할 수 있다.

2) Sweet Chilies, Shrimp and Tomato Saute with Salsa Blanca(새우와 칠리에 살사를 곁들인 토마토소스 요리)

이 요리는 날씨가 덥든 춥든 어느 계절에도 미각을 만족시키는 요리이다. 이 요리는 그 이름만으로도 주방장의 창의성 임무 중 절반은 완성시킬 수 있는 완벽한 메뉴의 실례이다. 즉 미국 남서부지방의 요리 용어를 사용했기 때문에 이름을 듣는 즉시 이 요리의 독특한 맛과 색상을 음미하고 생각해 낼 수 있다.

새우와 칠리, 살사를 함께 첨가한 요리의 방식은 다음과 같다.

레시피 중간크기 새우 : 50g, 백포도주 : 20cc, 캘리포니아 칠리 : 20g, 고추(Cayenne Pepper) : 1/4컵, 잘 익은 토마토 : 10개, 다진 샬롯(양파일종) : 1컵, 칠리파우더 : 1/4컵, 다진 마늘 : 1컵.

새우는 껍질을 벗겨내고 씻는다. 고객에게 제공하기 전에 냉장시킨다. 칠리는 씻어서 반 정도 길이로 자른다. 순한 맛을 내는 캘리포니아 칠리는 길쭉하고 초록빛을 띈다. 이보다 훨씬 더 매운 뉴멕시코산 아나하임(Anaheims)과 혼동하지 말아야 한다. 칠리 고추를 길쭉하게 잘라 썰어 냉장보관한다. 토마토는 껍질을 벗겨내어 씨를 제거한다. 이 재료들을 사용하여 이 지역의 독특한 조리비법의 요리를 개발하는 것이다. 이 음식의 조리 방식도 지역 특산물, 지역 문화, 지역 관습, 지역 정통성, 지역용어 등을 가미하지 않고는 새우 살사요리라고 할 수 없다는 반증이다. 따라서 주방장의 창의성 요리는 주방장의 단순한 사고로만 생각하여 메뉴를 구성하면 그 음식은 존재가치가 없게 된다.

5. 미국 케이준 요리의 전통 및 역사

1) Shrimp and Red fish Etoufee with Artichoke Heart Beignets

Etoufee는 뉴올리언스지방에서 대중요리이다. 주로 가재(Crayfish)를 이용한다. 고객에게 제공할 때는 야채와 함께 내는 브라운소스를 친 스튜처럼 보이지만 실제로는 튀김 팬을 이용하여 조리한다. 전통적인 케이준 요리에서처럼 다양한

Etoufee는 유행을 창조한다.

Etoufee : 중간크기의 새우 : 2lb, 정백(Clarified)버터 : 1qt., 연어 : 3lb, 브라운 루(Brown Roux) : 1컵, 골파(Scallion Rondelles) : 3lb, 다진 마늘 : 1컵, 새우국물 : 2qt., 다진 피망 : 2컵, 썰어 놓은 양송이버섯 : 5컵, 밀가루 : 1컵, 파프리카 : 1/4컵

새우는 껍질을 벗겨 씻어둔다. 연어는 4온스 정도의 조각들로 나눈다. 야채 mise en place와 국물을 준비한다. 10인분으로 나눈다.

Beignets : 아티초크 속 : 20개, 타바스코 : 1tbs, 김빠진 맥주 : 1½~2컵, 우스터소스 : 1tbs, 밀가루 : 3컵, 육두구(mace) : 1/2tbs, 계란 노른자위 : 4개.

아티초크는 속을 비운다. 스테인리스 믹싱 볼에 밀가루와 맥주를 넣어 부드러워질 때까지 세게 휘저어 거품을 일으킨다. 소금, 타바스코, 우스터소스, 육두구를 첨가한 후 저어서 섞는다. 여기에다 휘저은 계란 노른자위를 넣어 섞는다. 손님에게 제공할 때까지 냉장 보관한다.

조리 라인생산 튀김 팬에 정백버터 4온스를 넣어 열을 가한다. 연어 한 조각에 밀가루를 뿌려 뜨거운 버터 속에 넣는다. 아티초크 2개를 반죽에 넣어 완전히 덮힐 때까지 그대로 둔다. 아티초크 속이 황금빛 색깔이 날 때까지 기름을 듬뿍 넣어 천천히 튀겨낸다. 연어는 조각 전체를 중간정도만 익힌 후 새우조각(전체 갯수의 1/10), 마늘 1테이블 스푼, 골파 1 kit 스푼, 양송이버섯 1/2컵을 첨가한다. 소금과 고추는 각 1티스푼씩 넣는다. 백포도주 4온스를 부은 후 약하게 한다. 새우국물 1컵을 붓는다. 연어와 새우가 다 익었을 즈음 접시에 담아 온기를 유지한다. 티스푼으로 소스를 진하게 만들거나 브라운 루를 이용한다. 피망을 첨가하여 새우와 연어 위에 붓는다. 아티초크 속 튀김을 접시에 담아낸다. 파프리카 뿌린 반 인치 두께의 레몬 조각을 곁들인다.

2) Chicken Printemps Salad with Creamy Green Onion Dressing

그 요리이름에서 보여주듯이 이 요리는 절충한 혼합스타일로서 닭고기와 야채샐러드의 신선한 계절감각을 전해줄 수 있다. 그러나 고객에게 제공하는 방법이나 맛은 명백한 케이준 스타일이다. 이 요리는 분명 계절의 끝자락까지도 최고로

유행할 요리이다.

Salad : 얇게 저민 닭고기 : 10lb, 체리토마토 : 4파인트, 상추 초록잎사귀 : 3개, 초록빛깔 사과 : 6개, 오이 : 6개, 당근 : 4개.

닭 가슴살과 텐더로인(tenderloins) 부위의 지방과 연골을 손질하여 제거한다. 얇게 저민 닭고기는 세로로 길쭉하게 자른다. 자른 닭고기 조각과 텐더로인은 소금을 넣은 끓는 물에 넣어 삶는다. 젖은 수건을 덮어 냉장 보관한다. 상추 잎은 씻어 가늘게 썰어서 준비한다. 오이는 씻어서 껍질을 벗긴 후 길쭉하게 반을 가른다. 오이씨를 숟가락으로 떠낸 후 1/4인치 너비의 초승달 모양으로 자른다. 당근은 껍질을 벗겨 성냥개비 모양으로 자른다. 체리토마토는 씻은 후 반을 가른다. 사과는 속을 빼낸 후 껍질 채 얇게 썰되 V자 모양으로 만든다. 차가운 소금물에 담가둔다. 15인분으로 준비한다.

Dressing : 샤워크림(Sour Cream) : 2파인트, 마요네즈 : 2파인트, 버터밀크 : 1qt., 후추 : 1tbs, 골파 : 2줄기, 마죠랑 : 1tbs, 다진 파슬리 : 1/4컵, 레몬주스 1개로 만든 주스.

골파를 퓨레한다. 큰 믹싱 볼에 샤워크림, 마요네즈, 골파 퓨레, 파슬리, 그리고 버터밀크를 반을 넣어 섞는다. 여기에 후추, 소금, 마요네즈, 레몬주스를 첨가한다. 남아 있는 버터밀크를 천천히 넣어 진하지만 크림수준의 농도의 드레싱이 될 때까지 섞은 후 냉장에 보관한다.

조리 라인작업 가늘게 썰어서 준비한 상추 잎을 접시에 깐다. 체리토마토를 접시 주위에 둥글게 놓는다. 토마토와 썰어 놓은 오이를 번갈아 놓는다. 접시 중앙에 닭고기 조각을 평행하게 놓은 후 샐러드로 예쁘게 장식한다. 닭고기 한쪽 끝에는 당근조각들을 놓고 다른 쪽에는 부채꼴 모양의 사과조각을 놓는다.

3) Duck and Sausage Jambalaya

잠발라야는 뉴올리언스에서 시작된 전통요리이다. 대개는 해산물과 소시지를 재료로 한다. 인기 있는 케이준 스타일에 맞춰 요리재료를 해산물에서 오리고기로 재빨리 바꾼 결과 아직도 케이준 요리들 중에서는 혁신적이고 창의적인 주요 요리로 인식된다.

Duck 잠발라야 요리 : 오리고기 : 6~4 파운드, 붉은 피망(red pepper) : 1컵, Koelbasa(마늘을 넣은 폴란드의 훈제 소시지) : 1개, 마늘 : 1/2컵, 쌀 : 2컵, 버터 : 1/2컵, #10 Can, Plum Tomatoes 1개, 월계수잎 : 4개, 골파 : 4컵, 허브풀 : 1/2컵, 오리고기 육수 : 1캘런, 오레가노 : 1/2컵, 우스터소스 : 4온스, 백리향 : 1/2컵, 크로브 : 8개, 육두구 : 1/4컵, 케이니 페퍼 : 1/4컵, 흰 양파 : 2컵, 청 피망(green pepper) : 1컵.

오리고기는 아주 살짝만 굽는다. 오리고기 기름을 걷어낸다. 고기 뼈는 발라내어 다른 부분들과 함께 육수에 이용한다. 오리고기 육수, 버터, 월계수잎을 이용하여 라이스 필래프를 만든다. 소량의 쌀은 다른 곳에 모아둔다. 육수를 끓이는 솥은 오리고기 기름 한컵을 부어 달군다. 마늘은 약간 갈색 빛이 나도록 익힌 후 골파, 양파, 고추, 피망을 넣는다. 그 다음은 반인치 둥근모양으로 자른 훈제 소시지를 넣는다. Plum Tomato는 갈아서 즙과 함께 냄비에 넣는다. 약한 불로 서서히 끓인다. 소금과 후추로 간을 한다. 12인분으로 나눈다.

조리 라인작업 라이스는 수프컵에 넣어 1컵 분량의 모양을 만들어 낸 후 컵에서 떼어내어 둥근 접시의 중간쯤에 놓는다. 라이스 위에 Cayenne 페퍼가루를 뿌린다. 1/12분량의 오리고기는 다진 후 뜨겁게 데운다. 라이스 둘레에 잠발라야를 놓으며 부추가지로 장식한다.

6. 카리브해 요리

1) Sauteen Chicken Breasts Sofrito with Cucumber Relish

Sofrito는 카리브 해 연안에서 생산되는 야채와 양념 혼합물을 mire-poix하여 살짝 튀긴 것이며 많은 요리에 향을 더하기 위해 사용된다. 닭고기로 만든 특이한 맛에 중점을 두며 향이 강한 오이 relish와 함께 제공된다.

Sofrito : 얇게 저민 닭고기 : 10lb, 파프리카 : 1/2컵, 베이컨유 : 2lb, 다진 마늘 : 1컵, 잘 익은 토마토 : 18개, 다진 신선한 고수 잎 : 1컵, 다진 양파 ; 4컵, 소금 : 1/4컵, 다진 피망 : 4컵, 후추 : 1/4컵, 토마토 주스 : 1qt., 짙은 색의 럼 : 1qt,.

닭 가슴살의 지방과 연골을 손질하여 제거한다. 안심부위는 가려내어 다른 요리에 이용한다. 고객에게 제공할 때까지 덮어서 냉장에 보관한다. 토마토를 포함한 야채들은 껍질을 벗겨 씨를 제거한 후 대충 미르쁘와로 썰어 준비해 둔다. 15인분으로 나눈다.

Relish : 오이 : 6~8개, 설탕 : 1tbs, 다진 Jalapeno : 1/4컵, 다진 샬롯 : 1/2컵, 라임 4개로 만든 주스.

오이는 껍질과 씨를 제거한 후 중간크기로 썬다. 스테인리스 용기에다 오이, Jalapeno, 샬롯, 설탕, 소금을 함께 넣어 섞는다. 라임주스를 더한 후 냉장한다.

조리 라인작업 베이컨유 2온스를 둘러 소테 팬에 데운다. 얇게 저민 닭고기 2조각에 밀가루를 묻혀 팬에 올린다. 갈색 빛이 날 즈음에 뒤집는다. 다진 마늘은 1/2 테이블스푼, 양파와 피망은 각 1/4컵씩 넣는다. 오레가노와 파프리카 1티스푼을 뿌린다. 고수 잎 1테이블 스푼과 토마토 반컵을 넣는다. 접시에 담은(sizzle platter)닭 가슴살을 오븐에 넣어 익혀 완성한다. 야채를 버무려 매우 뜨거운 불에 익힌다. 럼 4온스를 넣어 윤기를 낸다. 토마토 주스 2온스를 넣는다. 소금, 후추로 간을 맞춘다. 접시에 소스를 따른다. 그 위에 닭 가슴살을 올린다. 둥근 라임조각과 소량의 오이로 장식한다.

2) Caribbean Seafood Fricassee with Baked Coconut Yams

카리브 해와 해산물이란 단어를 하나의 요리이름에 같이 사용하는 것은 이 둘 간의 관련성이 매우 강하기 때문에 효과적인 표현이라 본다. 프란카세는 프랑스어처럼 들리지만 오히려 미국인에게 더욱 친근한 용어이다. 즉 이 이름은 대중성, 친밀성, 이국적인 특성들이 결합된 것이다. 레시피를 만드는 것은 실제로 주방장의 특권이다. 고객에게 제공할 때 구운 코코넛 얌과 함께 내는 방식은 카리브의 느낌을 충분히 강화시킬 수 있다.

Fricassee : 중간크기 새우 : 2lb, 얇게 썬 양송이버섯 : 6컵, 바다조개 : 2lb, 다진 파슬리 : 1컵, 뼈 없는 아귀살 : 2조각, 백포도주 : 1qt., 다진 마늘 : 1컵, 진한 크림 : 1qt., 다진 샬롯 : 1컵, 밀가루 : 4컵, 루이지애나 핫소스 약간, 맑은 버터 1컵, 계란 : 6개.

새우는 껍질을 벗겨 내장을 제거하고 씻어둔다. 조개는 씻어서 물기를 빼낸다. 아귀 살은 씻어서 1온스 분량의 조각들로 나눠둔다. 12인분으로 나눈다.

Yamms : 얌 : 10개, 코코넛 크림 : 4컵, 갈아 놓은 크로브 : 1tsp, 버터 : 1/4컵, 찢어 놓은 코코넛 : 1/2컵, 꿀 : 1/4컵.

얌은 껍질을 벗긴 후 코코넛 크림, 버터, 꿀, 소금, 후추, 크로브와 함께 냄비에 넣어 서서히 끓인다. 얌이 부드러워질 때까지 익힌 후 물에서 끄집어내 덮개 하여 상온에서 보관한다. 나머지는 계속 끓인다. 진한 시럽이 될 즈음에 용기에 혼합물을 걸러낸다.

조리 라인작업 얌을 미리 찢어 놓은 코코넛에 굴린 후 오븐에 넣어 저온에서 굽는다. 소테 팬에 비티를 둘러 데운다. 2~3온스 분량의 새우, 조개, 아귀 살에 밀가루를 살짝 묻힌다. 뜨거운 버터 속에 넣는다. 마늘과 샬롯은 각 1/2 테이블스푼씩 넣는다. 해산물들이 거의 익었을 무렵 백포도주 3온스를 부어 윤기를 낸다. 소금과 핫소스로 간을 맞춘다. 회력을 줄인다. 진한 크림 4온스와 계란 노른자위 한 개를 넣는다. 프란카세를 접시에 담고 다진 파슬리를 뿌려 장식한다. 구운 코코넛은 시럽을 부어 작은 곁 접시(side dish)에 담아내야 한다. 계피가루로 장식한다.

3) Grilled Tenderloin Medallions in St. Martens Herbes with Scallions and Rice Pilaf

최신 유행미각을 아직 맛보지 못한 쇠고기 애호가들에게 이 레시피는 그 지방 특유의 음식 맛과 더불어 허브로 육질을 연하게 만드는 전통기법을 통해 이 지방에 요리문화에 대해 친절히 안내해 준다.

Tenderloin Marinade : 필레미뇽 : 2~7lb, 맥아(Malt) 또는 발사믹(Balsamic) : 1/2컵, 흰 양파 퓨레 : 2컵, 진한 럼 : 1컵, 실파(Chive)퓨레 : 1/2컵, 파프리카 : 1tbs, 마늘 퓨레 : 1/4컵, 케이니 페퍼(Cayenne) : 1/2tbs, 신선한 오레가노 잎 : 1/2컵, 땅콩오일 : 1컵.

안심 두 조각의 지방과 힘줄을 손질하여 제거한 후 4온스 정도의 분량을 원형으로 자른다. 양파, 산파, 마늘, 오레가노, 땅콩 유, 식초, 럼, 파프리카, 고춧가루, 소금을 함께 섞어 마리네이드를 준비한다. 원형의 고기조작들에 허브 마리네이드를 충분히 묻힌다. 고객에게 제공할 때까지 최소 두 시간 이상 덮개를 씌워 냉장 보관한다. 대략 12인분 정도로 나눈다.

Pilaf : 쌀 : 3컵, 커리 파우더 : 1tbs, 골파 : 3개, 버터 : 1/2lb, 다진 벨 파프리카 후추 : 1컵, 흰 후추 : 1tbs.

쌀을 씻어서 먼지와 과다전분을 제거한다. 소량의 버터를 넣은 소스 냄비에 골파 둥글게 다진것과 다진 붉은 피망을 소테한다. 쌀을 넣고 물을 붓는다. 남은 버터, 커리, 소금, 후추를 넣는다. 무르익을 때까지 익힌다. 고객에게 제공할 때까지 온기를 유지한다.

조리 라인작업 원형 고기조각들은 그릴에 넣기 전에 마리네이드에서 끄집어내 허브들을 떼어난다. 적절한 온도로 익힌다. 스테이크와 라이스 필래프를 접시에 담아낸다. 실파줄기로 장식한다.

7. 캘리포니아 누벨 퀴진

1) Pasta Parcels Stuffed with Chicken, Mushrooms, and Ricotta in Pimento Cream

이탈리아인들의 개발해낸 파스타에 관한 모든 전통적인 원칙들이 현재 여기에 나와 있지만 이것은 보다 새롭고 매우 뛰어난 솜씨를 요하는 방식이다. Parcel은 초록색의 선물꾸러미처럼 생겼으며, 보다 정확하게는 셀로판지로 감싸 윗부분을 묶되 포장의 주름진 끝부분은 그대로 남겨둔 팜콘 bell 모양이다. 이와 같이 특이한 모양의 파스타는 미국 파스타방식인 stuffing과 산뜻한 크림소스로 인해 더욱 훌륭한 요리로 완성된다.

Parcels : 시금치 파스타 : 4sheets, 흰 후추 : 1tbs, 닭고기 : 0.6-1lb, 꼬냑 : 1/2컵, 다진 양송이버섯 : 8컵, 다진 샬롯 : 1/2컵, 리코타 치즈 : 4컵, 파르메산 치즈 : 1컵, 올리브 오일 : 4oz.

닭고기는 양념하여 핑크빛이 날 때까지 굽는다. 식을 때까지 그대로 둔다. 고기살의 뼈와 연골을 제거한다. 고기 살은 직접 손으로 작은 조각들로 나눈다. 너무 잘게 하지는 말 것. 대형 소테 팬에 2개에 올리브유, 샬롯, 마늘을 넣고 열을 가한다. 기름이 뜨거워지면 양송이버섯을 넣는다. 매우 강한 불로 익히며 소금과 후추를 넣는다. 회향풀과 닭고기를 넣는다. 버섯과 고기 살에서 생긴 천연 즙은 모두 증발할 때까지 계속해서 강한 불로 익힌다. 꼬냑을 부어 윤기를 더하고 flamber 한다. 혼합물을 식힌 후 닭고기와 버섯은 잘게 찢어 큰 믹싱 볼에 담는다. Ricotta 치즈와 파르메산 치즈를 넣어 잘 섞는다. 소금과 후추를 넣어 맛을 낸다. 요리의 모양을 만들기 위해 지름 6인치 정도인 둥근모양의 기구를 이용한다. 파스타 sheet는 한 번에 풀어서 대략 48조각 정도로 가능한 한 길게 자른다. 골프공 크기만 한 소량의 stuffing을 순가락으로 떠서 파스타 중심부에 올린다. 패스트리 브러쉬를 미지근한 계란물에 적신 후 1인치 너비로 파스타 가장자리에 바른다. 파스타는 조심해서 들어내고 공 모양의 stuffing을 포장하여 윗부분은 설명한 대로 칼집을 낸다. 이 레시피는 누벨 기준에 적합하도록 4개의 parcels로 된 12인분용으로 나눈다. 고객에게 제공할 때까지 냉장 보관한다.

Sauce and Garnishes : 진한 크림 : 4qt., 계란 노른자위 : 1다스, 흰 후추 : 1tbs, 다진 샬롯 : 1/2컵, 체리토마토 : 4파인트, 다진 마늘 : 1tbs, 백포도주 : 1컵, 피멘토(pimento)퓨레 : 1/2컵, 버터 : 2tbs.

소스 팬에 버터를 넣어 서서히 가열한 후 마늘과 샬롯을 넣어 갈색이 날 때까지 익힌다. 종류에 상관없이 백포도주를 부어 윤기를 낸 후 국물을 조린다. 진한 크림, 소금, 후추를 넣는다. 피멘토 퓨레를 넣는다. 끓인 후 30분가량 약하게 익힌다. 크림은 큰 믹싱 볼에 걸러낸 후 골고루 식을 때까지 자주 휘젓는다. 계란 노른자위는 미리 저어 놓았다가 거품을 낸다. 고객에게 제공할 때까지 서늘한 곳에서 보관한다. 체리 토마토는 모양을 유지하도록 주의하여 껍질을 벗긴다.

조리 라인작업 식재료들이 소금물에 충분히 잠길 수 있도록 수란냄비를 준비한다. 파스타는 적당한 씹힐 정도로 익힌다. 소형 소스 팬에 피멘토 크림 일정량을 넣고 열을 가한다. 거의 마지막 순간에 체리토마토 4개를 넣어 따뜻한 상태에서 소스와 함께 낸다. 소스를 접시에 담근다. parcel 4개를 접시에 담는다. 각 parcel의 중심에 체리 토마토를 한 개씩 얹는다. 고객에게 제공한다.

2) Grilled Chicken Supreme and White Eggplant Marinade in Fresh Basil and Tomato Coulis

어느 지역에서 생겨난 누벨 퀴진이든 간에 공통된 한 가지 재미있는 특징은 요리의 이름이 길면서도 그 요리를 묘사하고 있다는 것이다. 이와 같은 표현방식은 불어처럼 전통 어법이거나 아주 세련된 어법일 것 같아 보이는 일부 용어들조차도 사실은 매우 쉬운 것이다. 이것은 단순히 외국어일 뿐이며 그 의미는 상식적인 수준이다. 예를 들어 supreme은 boneless chicken shoulder를 의미하며, coulis는 tomato crush를 의미한다. 닭고기를 석쇠에 굽는 요리는 그 기술을 개발해 낼 정도로 매우 열성적인 캘리포니아 누벨 주방장들에 의해 요리되어져 왔다. 사실 이 요리는 소량의 건강식을 추구하는 고객들에게 유행을 구체적으로 실현한 것이다.

3) Chicken and Eggplant Marinade

- **Chicken** : 구운 닭고기 큰 조각 : 6조각, 캘리포니아산 샤블리 : 1병, 흰 가지 : 24개, 올리브유 : 1qt., 다진 흰 양파 : 2개, 레몬 : 4개, 흰 후추 : 1/2tbs.

우선 날개 뼈는 그대로 두고 닭고기 supreme은 12조각으로 나눈다. 포도주, 올리브유, 소금, 후추, 마늘, 대충 다진 양파, 둥근 레몬 조각을 혼합하여 마리네이드를 준비한다. 가지는 표면의 부착물을 잘라 제거한다. 가지 껍질의 줄무늬와 짙은 초록색 줄기는 그대로 둔다. 바닥이 깊은 사각 팬에 닭고기 마리네이드, 가지 마리네이드, 닭고기 순으로 층층이 담는다. 덮개를 씌워 최소 2시간 이상 냉장 보관한다. 12인분으로 나눈다.

- **Coulis** : 잘 익은 토마토 : 24개, 적포도주 : 1/2컵, 다진 마늘 : 1/4컵, 버터 : 1/4컵, 다진 샬롯 : 1/4컵, 신선한 허브풀 잎 : 1컵, 흰 후추 : 1tbs, 설탕 : 1tbs.

토마토는 껍질을 벗긴 후 씨를 제거하여 대충 썬다. 대형 소스 팬에 버터를 넣어 열을 가한 후 마늘과 샬롯을 넣어 갈색 빛이 날 때까지 익힌다. 토마토를 넣는다. 냄비는 뚜껑을 덮어 가능한 한 수분을 유지하도록 한다. 토마토가 끓기 시작하면 적포도주, 설탕, 소금, 후추를 넣는다. 과육이 부드러워질 때까지 뚜껑을 덮어 서서히 익힌다. 식힌 후 퓨레한다. 회향풀 잎사귀는 세로로 길게 잘 찢어서

coulis에 넣는다. 고객에게 제공할 때까지 냉장 보관한다.

조리 라인작업 마리네이드에 절인 치킨 supreme 1 조각, 흰 가지 2개, 둥근 레몬조각 2개를 각각 다른 석쇠에 굽되 하되 동시에 한다. 토마토 coulis 8온스는 데워서 납작한 접시에 담는다. supreme이 coulis에 충분히 잠기도록 한다. 가지는 옆쪽에 담는다. 둥근 레몬조각도 옆에 같이 담는다. 허브꽃으로 장식한다. 고객에게 제공한다.

4) Poached Halibut Fillet Bouclee in Egg of Salmon Served with Leeks Puree

유행요리의 매력요인은 외형적으로 기교적인 것이라는 표현보다는 그 요리가 열렬한 애호가들에게 얼마나 세련되게 보이는가에 달려 있다. 캘리포니아 누벨요리는 사회 경제적 지위가 높으며, 여행 성향이 강하며, 교육 수준이 높고, 고급 신용카드 이용자들이 주 고객이다. 그러나 능력은 충분하더라고 고객들이 모두 다 멋진 경관을 배경으로 우아한 식사를 하고자 하는 것은 아니다. bouclee란 용어는 바로 이런 유형의 고객들을 대상으로 한다. 즉 고객들이 파리로의 비즈니스 여행을 상기시키거나 프랑스 남부지방으로의 여행계획을 준비하도록 작용하게 된다. 오늘날 미국인들은 음식전문가가 되는 것을 즐기고 있다. 미식가들은 최신 유행을 알기 위해 새로 생겨나는 모든 레스토랑에서 시식해보고자 할 것이다. 조리 특수 용어(bouclee처럼 문자 상으로는 '고기를 채우다 buckled' 를 의미하지만 실제로는 '숨 막히게 하다 smothered' 로 해석되는)는 오락적 요소를 강조한다.

Ingredients : 넙치살 : 5lb, 폰 피쉬 스톡 : 2qt., 연어알 : 2oz, 부추 큰 것 : 6개, 진한 생크림 : 1컵, 버터 : 1파운드, 계란 노른자위 : 12개, 소금, 흰 후추 : 각 1/4컵.

넙치 살은 6~7온스 정도의 조각들로 나눈다. 씻어서 건조시켜 덮어준다. 고객에게 제공할 때까지 냉장 보관한다. 계란 노른자는 휘저어 거품을 낸 후 Creme Fraiche와 잘 섞는다. 냉장 보관한다. 부추는 손질하여 가는 둥글게 자른다. 씻어서 물기를 제거한다. 부추에 버터, 소금, 후추를 넣어 살짝 볶는다. 부추를 퓨레한다. 고객에게 제공할 때까지 시원한 곳에 따로 보관한다. Fond de Poisson은 진한 생선 육수를 말한다. 이것은 대부분의 프랑스 요리책에서 쉽게 발견된다. 12인분용으로 나눈다.

조리 라인작업 끓는 생선국물에 넙치 한 조각을 넣는다. 익힐 동안 작은 소스팬에 생선육수 4온스 정도를 떠서 담은 후 끓인다. 부추 반컵을 데친 후 접시에 fluted mountain모양으로 담아낸다. 열기를 유지한다. 부추 옆에 조리된 넙치를 놓는다. 졸여진 생선육수를 불 위에서 내려놓는다. 연어알과 fraiche cream, eggyolk 혼합물 각 1테이블 스푼씩을 넣는다. 급히 휘저은 후 생선 위에 붓는다. 껍질을 벗긴 체리 토마토 3개로 장식한다.

8. 중국식 요리

1) Baked Red Snapper with Fresh Coriander, Walnuts and Lime Butter

주방장의 창의적 욕구로 인해 중국요리처럼 보이는 요리재료들이 함께 어울려 유행하는 미국식 중국요리로 연출되었다. 요리의 맛과 품질이 유지되는 한 고객들은 요리방법이 미국식이라는 것에 대해 요리에 대해 이의를 제기하지 않을 것이다.

Ingredients : 적도미살(Red Snapper) : 5lb, 라임 주스 : 1/2컵, 다진 호두 : 1/2컵, 흰 후추 : 1/4컵, 다진 고수풀 : 1/2컵, 정백버터 : 2컵, 버터 : 1컵, 프럼 외인(plum wine) : 2컵, 실파 : 12개, 밀가루 : 2컵.

도미 살은 6~7온스 무게로 나눈다. line service를 위해 mise en place를 준비한다. 10내지 12인분용으로 나눈다.

조리 라인작업 씨슬레 프레이트(쟁반)에 정백버터 2온스를 넣는다. 여기에 밀가루를 묻힌 도미 살을 놓은 후 고온의 오븐에 넣는다. 도미 살이 익을 즈음 접시에 그대로 두어 열기를 유지한다. 접시에서 생선을 떼어낸 후 스토브에 넣어 열을 가한다. 정백버터 2온스와 고수풀, 라임 주스, 호두는 각각 1테이블스푼씩 넣는다. plum wine 2온스를 넣는다. 불을 약하게 한다. 불을 완전히 끄고 난 후 재빨리 버터 1 테이블스푼을 넣어 섞고 난 후 생선 위에 붓는다. 실파가지로 장식한다. 고객에게 제공한다.

2) Chinese Chicken Salad

평범한 요리이름처럼 다채로운 중국식 샐러드이다. 요리이름에 있어서 영문 철자 'C'의 반복적 배열이나 친근함이 이 요리를 선택하게 만드는 이유가 된다. 주방장은 요리에 마요네즈를 사용하지 않고서도 잘 팔리도록 만들 수 있다. 식이요법을 시행 중인 고객에게 이 요리는 매력적이다. 식단구상을 현명하게 하려면 먼저 일정 시즌동안 어떤 식재료들이 생산 판매될 것인지를 고려해야 하며, 그 이후에 재료들을 대중요리에 이용하는 것이다.

Salad : 얇게 저민 닭고기 : 10lb, 흰콩(snow pea) : 2lb, 데리야끼 소스 : 2컵, 콩나물 : 2lb,적포도주 식초 : 1/2–1컵, 얇게 썬 양파 : 3컵, 신선한 생강 : 1/4컵, 붉은 잎상추 : 3개, 신선한 다진 마늘 : 1/4컵, 참기름 : 1컵.

닭고기 살은 연고로가 지방을 모두 제거한다. 닭고기는 중간정도나 그보다 큰 조각들로 자른다. 끓는 소금물에 넣어 삶는다. 식혀 건조시킨다. 흰콩은 씻어서 잘게 다진 후 콩나물, 실파, 생강, 마늘과 함께 닭고기에 넣어 잘 섞이도록 살살 버무린다. 데리야끼 소스, 참기름, 식초를 부어 잘 섞는다. 소금과 후추로 간을 맞춘다. 붉은 잎 상추는 손질하여 깨끗이 한다. 12 내지 15인분용으로 나눈다.

조리 라인작업 붉은 잎 상추를 접시에 깐다. 그 위에 샐러드를 담아낸다. 오렌지 조각과 체리토마토 반쪽으로 장식한다.

3) Lobster, Angel Hair Pasta And Asparagus In a Spicy Ginger Cream

이 요리에 사용된 각각의 주재료들은 서로 간에 매우 잘 어울려 대중의 인기를 보장한다. 따라서 주방장의 여분 요리까지 준비해야 한다. 랍스터와 아스파라거스의 조화는 대개 미국인들이 원래 이태리가 아니라 중국에서 기원했다는 사실을 잊어버리고 있는 파스타와 함께 제공되고 있지만 오히려 중국식 소스와 잘 어울린다. 이 요리는 예전에 선호했던 요리들이 새롭고 흥미로운 방법으로 제공될 수 있다는 것을 특징으로 한다.

Ingredients : 바닷가재살 : 3lb, 버터 : 1컵, Tomato Angel Hair Pasta : 5lb, 신선한 생강 퓨레 : 1/2컵, 아스파라거스 끝부분 : 3lb, 진한 생크림 : 4qt., 다진 샬롯 : 1/4컵,

다진 고추 : 1 tsp, 다진 마늘 : 1tbs, 구운 아몬드 : 1/2컵, 계란 노른자 : 1다스, 백포도주 : 1컵

소스 팬에 버터 2 테이블스푼을 넣어 가열하고 생강 크림을 준비한다. 샬롯과 마늘을 넣어 갈색 빛이 날 때까지 익힌다. 백포도주를 부은 후 완전히 수분이 증발될 때까지 강한 불로 졸인다. 진한 크림을 넣은 후 30분 동안 졸인다. 생강을 넣은 후 중간불로 계속 졸인다. 약간 매운 맛이 나도록 소금과 후추로 간한다. 크림을 잘 섞어 식힌다. 크림에 계란 노른자를 넣어 휘저어 섞는다. 냉장시킨다. 아스파라거스는 버터와 소금을 넣어 반쯤 익을 때까지 소테한다. 식힌 후 덮개를 하여 고객에게 제공할 때까지 냉장 보관한다.

조리 라인작업 소테 팬에 생강크림 8온스를 붓는다. 중간불로 가열한다. 크림이 끓기 시작하면 바닷가재살 4온스와 아스파라거스 반컵을 넣는다. 소금물에 파스타를 넣어 골고루 익혀 끓인 크림을 붓는다. 잘 섞어 접시에 담아 구운 아몬드로 장식한다.

9. 요리 유행과 수익성

유행 요리는 조리 및 레스토랑 업무에 있어서 수익이 되는 매력적인 측면들 중 하나이다. 대부분의 요리사와 주방장들은 소규모의 대중식당보다는 보수가 더 적거나 근무시간이 더 많더라도 고급식당에서 일하고자 하는 성향이 있다. 전문주방장은 유행 요리와 레스토랑의 수익성의 상관관계는 별 의미가 없다. 즉, 고객에게 인기가 있다고 해서 반드시 수익을 보장하는 것이 아니라는 사실을 방심하지 말아야 한다. 현재 인근에서 가장 인기 있는 레스토랑이 2년 후 사라질 수도 있다. 만약 당신이 레스토랑 특별 음식으로 새로운 유행 요리를 추가하려고 생각하고 있다면 당신은 유행 요리의 빛나는 성공을 위해 다음과 같은 주의사항들을 고려해야 한다. 따라서 이와 같은 사항들을 극복해낼 수 있는 몇 가지 특별 음식들로 유행에 대해 점검해야 한다. 고려 중인 특별 음식들을 메뉴 선두에 둠으로써

유행 요리에 심취하여 거기에 최선을 다해야 한다. 유행 초기에는 식재료 재고를 과잉 구매하기보다는 오히려 다소 부족하게 구매해야 한다. 그리고 그 유행 요리를 모두 판매하는 계획을 세워야 한다. 어떤 이유에서건 식재료 낭비로 인한 손해는 대단하다. 주방장의 독창성이 너무 지나친 것은 오히려 레스토랑 수익에 손해를 끼칠 수도 있다.

10. 요점정리 및 토론

유행 요리란 조리법과 더불어 고객에게 제공하는 구체적인 조리방식을 제시함으로써 대중에게 인기 있는 요리로 만든다. 유행 요리란 계절과 함께 왔다가 함께 가버리는 경향이 있다. 이런 의미에서 유행 요리는 일시적인 요소를 포함한다. 주방장은 단순한 요리 복제 예술가로서가 아니라 대중에게 인기 있을 유행요리를 제안 및 개발할 수 있어야 한다. 유행 요리의 창조과정을 구체적으로 나타내는 것은 불가능하지만 행위 요소는 규정할 수 있으며, 전문 주방장의 경우에는 이를 이해하는 것이 매우 중요하다. 유행 요리에 뒤처지지 않는 주방장의 능력에 가장 큰 영향력을 미치는 것은 주방장의 창의적 요리 경험이다. 지역별로 조리기술은 전통적인 풍미와 더불어 주방장의 창작활동 시 요리명의 출처에 대한 신뢰성을 부여한다.

고객에게 요리를 제공하는 음식문화 방법에 대한 가이드라인은 조리방법만큼이나 엄격하다. 유행 요리의 메뉴명은 재미있고, 호감하고, 식욕을 돋우고, 특이하고, 이국적으로 들리는 특정 기호식을 포착할 수 있어야 한다. 요리명의 출처가 불분명하여 고객들을 혼란스럽게 만들지 말아야 한다. 요리이름이 읽기 쉽고, 말하기 쉬울수록 더 많이 팔릴 것이다. 요리이름의 단어마다 첫 번째 철자가 같도록 하는 것은 강력한 판매방안이 될 것이다. 대중에게 인기 있다고 해서 반드시 레스토랑의 수익을 가져다주는 것은 아니다. 주방장의 독창성이 너무 지나친 것은 오히려 레스토랑 수익에 도움이 되지 않을 수 있다.

제7장 메뉴개발과 레스토랑 개업

연구 차례

연구 개요

메뉴개발은 지속 가능한 식당기업이 되기 위함이며 수익성을 창출하기 위한 레스토랑이 되기 위한 첫 번째 핵심단계이다. 메뉴구성 및 개발은 주방장이 해낼 수 있는 최상의 정교한 기술에 관련되며 주방장에게는 가장 어려운 부분이기도 하다. 그러나 메뉴개발을 전문적으로 해낼 수 있는 주방장은 소수에 지나지 않는다는 것은 아이러니컬하다. 신규 오픈한 레스토랑 경영자들 대부분은 메뉴디자인이 쉬우며 별다른 경험 없이도 해낼 수 있다고 생각한다. 아마도 그 이유 때문에 많은 레스토랑들이 새로 오픈하더라도 성공의 기회를 갖지 못한 채 문을 닫게 된다고 볼 수가 있다. 신규 오픈한 레스토랑 3곳 중 단 한곳만이 존립할 수 있다고 알려져 있다. 나머지 2/3는 실패할 확률이 많기 때문에 모든 투자비 및 생계비를 날리는 슬픈 현실이 될 수도 있다.

메뉴디자인은 외식기업의 구성원들 중 가장 능력과 자질 있는 사람이 관리하는 것이 가장 합리적이다. 즉, 주방장이나 오너가 이끄는 메뉴 개발팀의 최고 책임자가 수행되어야 한다. 그러나 메뉴디자인 작업을 선도하는 사람이 누구든지 그리고 오너나 매니저들의 경험 정도에 상관없이 메뉴 운영상의 문제점 처리를 확인하는 일정한 절차가 존재한다. 이 경우 메뉴디자인의 창의적 과정을 준수해야 할 구조를 지닌다. 메뉴디자인의 주 목적은 고객을 만족시킬 수 있는 특정 패키지를 만들어내는 것이다. 흔히 레스토랑의 새 오너들은 자기중심적 욕구를 충족시키는데만 보다 많은 관심을 기울이고 있는 듯하다.

1. 레스토랑 이미지 규정

"요리사가 너무 많으면 수프를 썩힌다"는 옛 속담은 레스토랑 경영자들에게 경고의 메시지를 전해준다. 수많은 레스토랑 경영자들은 레스토랑에 대한 이미지 개념 인식이 상당히 부족한 것 같다. 레스토랑을 개업하는 경우에 그들의 구성원들은 기본적인 이미지 문제들에 직면하게 된다. 즉, 레스토랑 이미지에 결정지을 수 있는 세부 사항들을 슬기롭게 협의하여 무늬 벽에 노랑빛깔 식탁보를 할 것인지, 아니면 짙은 구름 빛깔 벽에 식탁보를 쓰지 않을 것인지에 대해 의사결정 하는 일에 시간과 비용을 낭비하고 있다고 본다. 메뉴를 디자인하고 개발하는 주방장은 모든 세부 사항들에 대해 레스토랑 경영자에게 전문적이고 자세하고 명확하게 설명해 줘야 할 중차대한 임무를 지닌다.

이 일에 참여하는 모든 구성원들이 참석한 하에 영업할 레스토랑 장소에서 공개적으로 시행되어져야 한다. 대개 새로운 메뉴들은 영업할 장소가 실제로 선정될 때까지 디자인 될 수 없다. 왜냐하면 메뉴구성과 음식준비는 조리기구 배치와 공간적 제약의 상황들로부터 상당한 영향을 받기 때문이다. 대개 메뉴의 스타일은 현재 주방의 설계와 설비 및 기물의 구매 가능한 방법에 의해 제한된다. 세련된 식당을 만들겠다던 레스토랑 경영주의 방침은 소모비용을 보는 순간 실제로는 메뉴구성과 디자인이 기대보다 낮은 수준에서 결정하게 될 것이다.

의사결정 문제를 다룰 특별 전문회의를 소집하는 것이 좋다. 총주방장이 의장이 되어 문답식으로 진행하되 회의의 목적은 영업장의 얼굴, 즉 이미지 컨셉을 규정하는 것이다. 다음과 같은 질문 목록들은 반드시 포함시켜야 한다.

레스토랑 최적의 이름, 총 좌석 수, 테이블간의 거리, 테이블 클로스 또는 커버, 꽃이나 꽃병, 바(bar)의 유무 및 규모, 방송박스·비전모니터, 스포츠 또는 음악, 음악의 종류, 비디오게임, 남녀 종업원 기준, 종업원의 유니폼 모양, 비정규직원의 유무, 지배인 유무, 특정 테마와 장식, 그리고 마지막으로 아마 가장 중요한 핵심이 될 레스토랑 주 이용객 층을 누구로 타킷 할 것인가? 하는 고객 타킷, 고객들은 인근에서 오는지 아니면 멀리에서 오는지의 여부, 고객의 복장은 어떠한가?,

계산은 현금으로 하는지 아니면 신용카드로 하는지의 여부 등을 필수적으로 체크해야 한다.

주방장은 실제 레스토랑 운영 시 발생하는 모든 상황에 대해 예상할 수 있어야 할 뿐만 아니라, 경영자가 운영 초기에 당면할 여러 측면의 의사결정시에 결단력 있고 지속 가능한 계획들을 함께 시행함으로써 레스토랑의 생산성, 능률성, 효율성, 전문성의 여부를 결정할 때 큰 도움을 주어야 한다. 극단적인 예로서 턱시도를 입은 지배인이 흰색의 테이블클로스를 차린 바비큐 립 메뉴와 치킨전문 레스토랑에 얼마나 어울릴 것이며, 또한 많은 고객들에게 얼마나 매료될 것인가? 사실 어울리지 않는 우스운 난센스 경우가 발생된다. 경영자들은 운영상에 난맥상이 나타나면 이와 같은 일로 인해 레스토랑의 실패 확률은 계속 높아지게 될 것이다.

고객들에 대한 정보를 알고 있는 레스토랑 경영자는 예상고객에 대해 예측이 가능해야 한다. 그리고 만약 레스토랑 경영방침에 변화가 생기면 경영자가 알고 있던 모든 정보를 점검해야 한다.

2. 레스토랑 주방 디자인

주방의 디자인의 공간적 배열의 문제는 가장 먼저 제공되는 메뉴구성과 내용을 결정하기 이전에 완전히 해결되어야 할만큼 주요 고려사항이다. 먼저 레스토랑 공간에 대해 잘 아는 것이 이상적이지만 대체로 많은 새로운 레스토랑들은 공간배정이 정해지기도 전에 전체 메뉴구성과 내용을 결정하고 있는 실정이다. 이런 경우 주방은 메뉴를 제공할 수 있도록 디자인 되어야 한다. 이 부분은 쉬울 수도, 그렇지 않을 수도 있다. 상하수 설비, 가열장치, 가스시설, 식재료 저장실, 준비실, 서비스 출입구 등이 부적절하게 배치되어 있다면 조리생산의 능률성이 고려되어져야 한다.

Vancouver Park은 성장가도에 있는 레스토랑 사업체 중의 하나이다. 이곳의 메뉴는 세트이다. 각 업장은 아주 조금의 차이만 있을 뿐 실제로는 거의 같은 외장을 갖추고 있다. 메뉴가 여러 가지이므로 바쁜 시간대에는 3 내지 4명의 요리사와 한 명의 조리 식재료공급원(expeditor)으로 구성된 라인별 작업이 이루어진다. 레스토랑 Vancouver의 주방 디자인에 있어서 주방장은 요리의 각 과정을 고려해야 한다. — 주문, 수령, 재고, 뜨거운 음식준비, 찬 음식준비, 조리된 음식저장, 저장라인, 음식 마무리 서빙 공간, 요리사의 필요 공간영역, 회복지점, 주방 출입문, 접시 닦기, 접시 보관구역 및 쓰레기 처리 구역. 이 모든 작업들은 레스토랑 운영시에 동시에 진행되므로 조리사가 한 번에 이 모든 일들을 볼 수 있도록 준비되어야 한다. 모든 주방에서의 업무조직이 동시에 그리고 연속적으로 이루어질 수 있도록 하는 것이 목표이다.

이전에 Vancouver의 주방은 건물 로비 때문에 이동시킬 수 없는 배수 파이프와 전기도관(배선) 그리고 뒷문을 포함하고 있는 두 개의 네모진 기둥들과 같은 장애물들이 있었다. 더욱이 레스토랑 오너는 뒷문에서 레스토랑 정면을 향하고 있는 벽면이 유지되어야 한다고 주장하였다. 남은 공간은 full-line 주방에 충분하지만 준비주방과 주 저장고는 지하에 배치되어야 했다. 주방을 디자인하는 주방장은 차후에 설비문제가 나타나게 된다고 한다. 주방장이 아무리 잘 하더라도 모든 필요조건을 완벽히 충족시킬 수는 없을 것이다. 이 레스토랑 개조된 주방을 보면 saute cook(1), broiler cook(2), salad cook(3), expeditor(4), pot washer(5), 그리고 dishwasher(6)를 위한 충분한 작업공간이 배정되어 있다. 홀 직원들은 음식이나 컵을 가져가고 접시를 담그기 위해 두 개의 문 사이에서 활동하기 자유롭다. 음료 및 브래드 구역도 서비스 배치구역으로 디자인 할 수 있었다. line cook의 시각에서 볼 때 가장 큰 단점은 주방 내부의 냉장 공간이 충분하지 않다는 것이다. 지하의 준비주방은 공간적인 제약에 대한 해결책이 필요하다. 그러나 바쁜 영업시간에는 시간낭비를 초래한다. Walkin kitchen으로 개조한 찬장은 조리된 음식을 제공하기에 충분한 공간이다. Portable refer unit는 러시아워 시에 음식을 손닿는 가까운 범위에 둘 수 있다.

효율적인 주방디자인의 핵심은 최대 음식판매량을 해낼 수 있는 직원의 조리작업 공간에 대한 정확한 수치를 계산해 내는 것이다. 또한 기계, 머리 위 작업 공간, 테이블 표면 공간, 냉장 공간 길이, 그리고 쓰레기 처리에도 수반하여 각 직원들이 요구하는 것들을 알아둘 필요가 있다. 제대로 디자인되지 못한 주방은 최고 요리사에게 매우 힘든 조리작업 경험이 될 것이다. 주방기능별 디자인(kitchen-menu design)의 또 다른 문제점은 기능에 맞는 적합한 주방을 갖추어야 하는데 레스토랑의 합리적인 주방 디자인과는 정반대의 경우이다. 레스토랑을 새로 개장하는 경우에 대개는 주방이 잘 갖춰져 있다. 그러나 새 오너는 페인트칠만 한 후 구식주방을 그대로 이용하고자 하는 경우가 있다. 이와 같은 주방의 제약성으로 인해 사업이 실패할 수 있으므로 주방디자인을 주관하는 주방장은 우선적으로 이런 공간을 잘 활용할 수 있을 것이라고 믿는다. 최초의 오너들이 값싸고 좋은 위치에 모험적인 사업으로 시작한 레스토랑 지방 식당을 살펴보자. 이들은 사업출자금으로 10억원을 계획했지만 아직까지 마련하지 못했다. 즉 초기 자본금이 충분치 못하므로 주방은 협소하고 주방기물의 상태는 엉망이다.

오너들은 밤늦게 찾아오는 평범한 손님들을 끌어들이고자 하였다. 이런 부류의 손님들은 "음식의 양이 많은 캘리포니아 누벨 퀴진"처럼 흥미로우면서 종류가 다양한 애피타이저를 갖춘 메뉴를 좋아할 것이라 생각하였다. 오너들은 남서부 요리를 선호하는 성향이 있었다. 디자인을 주관하는 주방장이 겪는 딜레마는 보통 가정집보다 훨씬 좁은 주방 통로를 갖춘 레스토랑과 이상적인 최상의 메뉴구성 상관관계를 조정하는 일이다.

그 첫 단계는 주방배치와 설비에 곤란한 플러스요인과 마이너스요인을 목록화하는 것이다. 레스토랑의 유일한 강점은 그릴영역이다. 현대식의 설비를 갖추어 오너가 원하는 대로 주방의 중심이 될 수 있다. 그러나 주방의 협소한 공간은 가장 결정적인 약점이며 주원인은 준비 여분 공간 때문이다. 또 다른 문제점으로는 피크 시간대에 그릴과 스토브에 걸맞은 충분한 냉장설비가 부족한 것이다.(레스토랑의 내부 좌석은 50석이며 외부좌석은 20석이다.) 또한 pickup window의 중앙에 있는 프라이 튀김기는 어떤 주방장이라도 멀리할 정도로 단단한 하나의 장애물이다. 비즈니스의 첫 번째 규칙은 오너들과의 솔직한 대화이다. 정직하게 소통해야 한다. 즉 개보수를 위해 1억원 내지 2억 원의 비용 없이는 주방이 결코 70석에 대한 서비스를 감당해낼 수 없다는 것을 인식시켜야 한다. 레스토랑의 상태를 고려할 때 1억 원은 매우 낮은 비용인 것이다. 새로운 주방배치는 메뉴디자인이 시작되기 전에 합의되어야 한다. 즉 두 명의 요리사와 한 명의 식기세척 담당자로 구성된 합리적인 작업조직 배치가 이루어져야 한다. 손님이 밀어닥치는 시간에 한 명의 요리사로는 결코 고객 70명 모두에게 한꺼번에 음식을 제공할 수 없으며, 그렇다고 두 명의 요리사가 비좁은 공간에서 서로 부딪혀가며 조리작업을 수행할 수도 없을 것이다.

제한된 공간에서는 요리와 관련 없는 것들을 모두 제거하는 것이 필수적이다. 마찬가지로 dum필요 없는 시설물도 주방에 머물러 있어서는 안 된다. 원래 아래층 주방과 위층 주방을 연결함으로써 시간절약을 위해 고안된 장치의 경우에도 오히려 주방업무에 방해가 될 뿐이다. 주방개조 계획에 의하면 한두 명의 요리사가 이 장치를 사용함으로써 요리를 준비하는 데 충분한 공간을 제공받게 된다. 추가 설치된 냉방 설비는 예비용으로 마련되었으며, 카운터 냉장고를 설치함으로써 pickup window 주위의 압박을 경감시켜 요리과정의 수고를 덜어 줄 수 있다. 합리적인 주방배치가 완벽히 보장된 이후에 메뉴디자인이 가능하다.

3. 레스토랑 시장 조사

새로운 레스토랑의 위치선정은 가장 중요한 요인이 될 수도 있고 그렇지 않을 수도 있다. 즉 어떤 종류의 음식이 성공적으로 판매될 수 있을지를 결정짓는 중요한 문제이기 때문이다. 주방장은 고객 수와 요리유형이라는 두 가지 관점에서 그 지역의 고객 잠재력을 정확하게 측정하여 레스토랑 오픈 시 전체 수익성 여부에 기여할 수 있다. 사실 어떤 위치에 레스토랑이 있든 그곳에 적합한 마케팅 전략이 있게 마련이다. 따라서 현실적인 안목으로 그 지역 위치와 고객시장 조사를 잘 살펴보고 그곳에 적합한 레스토랑의 유형을 결정하도록 하는 것이다. 이를 위해 경영자는 그 지역의 지도나, 인근 고객 유형 및 주변 경쟁지역의 레스토랑들에 대한 정보를 기록하는 마케팅 세분화가 필요할 것이다. 경쟁지역은 잠재고객을 발굴하는 것을 모두 포함한다. 절차상으로는 간단한 것처럼 보이지만 세밀한 분석이 필요로 한다. 주변 인근의 모든 레스토랑을 직접 방문하여 체험할 수도 있다. 지도상의 각 레스토랑에 특정 숫자 코드를 기록함으로써 코드만으로 커피숍, 드라이브인, 피자전문점, 한·양식 레스토랑 등에 대한 정보를 알 수 있도록 한다. 각 레스토랑의 영업시간, 요리스타일, 음식유형, 메뉴구성, 모든 요리의 가격 범위, 좌석수, 분위기, 전반적인 서비스, 종업원의 친절성, 고객유형 그리고 방문 고객 수를 목록화 하는 것이 좋다.

기본 데이터베이스를 작성하기 위해 처음 방문한 이후에도 이 지역 레스토랑의 피크 타임 때를 알아보기 위해 몇 번 더 재방문 하는 것이 좋다고 본다. 어떤 레스토랑이 음식을 가장 많이 판매하는지 알아보는 것도 좋다. 데이터베이스를 토대로 그 이후에는 어느 곳이 가장 성공할 만한 위치인지 분명해 질 것이다. 그리고 그 레스토랑들을 경쟁상대로 생각해야 한다. 왜 이 레스토랑들이 성공했는지 그 이유를 철저히 분석하려고 노력해야 한다. 그리고 어떤 스타일의 레스토랑을 운영할 것인지에 대한 선입견 없이 절대적으로 객관적인 견지에서 이 데이터들을 분석해야 한다. 메뉴구성에 있어서 요리스타일이 지나치게 많은 것은 아닐까? 인근에 잠재고객층은 더 있는가? 다른 지역에서도 이미 입증되었듯이 전문적인 유행요리나 대중요리의 레스토랑 운영을 결정하는 데 가장 중요한 핵심요인은 접근이 용이한 위치일 것이다.

4. 요리 유행 및 흐름

현재 국내에서 유행하고 있는 요리는 무엇인가? 지역 및 전국적으로 유행하는 음식이 우리 레스토랑을 개업하는 데 어떤 영향을 미치는가? 주방장 및 경영자는 음식에 관련된 최근의 패러다임이나 음식 관련 전문잡지들을 자세히 살펴보고 현재의 유행 추세에 대해 완벽히 습득하도록 하는 것이 좋다. 그래서 음식사업은 '타이밍' 이라고 한다. 적시에 디자인에 변화를 주거나 새로운 디자인을 내놓아야 디자인이 브랜딩이나 판촉수단으로서 기능을 할 수 있다. 특정 레스토랑이 다른 지역의 레스토랑과 차별화가 어떻게 비교되는가? 예를 들면 어떤 레스토랑은 경쟁관계에 있는 서울, 인천, 부산, 제주, 수도권 그리고 다른 대도시의 인기 있는 레스토랑의 영향을 받을 것이지, 아니면 영향을 줄 것인지 분석해야 한다. 특정 지역으로부터 유행이 전해진 후 타 지역의 일반 대중에게 하나의 요리스타일로 자리 잡기까지 대개 어느 정도의 시간이 필요한가? 실제로 지역 내에서 자체로 유행을 창조하는 메뉴를 대중화하는 것은 매우 위험한 경영방식이다. 지역 내에 유행스타일의 레스토랑이 있는가? 만약 없다면 일부 레스토랑들이 적극적으로 노력하여 왔으나 실패했기 때문일 것이다. 유행은 각 지역마다 특이하며 특정 요리유행의 실행가능성을 측정하기 위해 특별한 투자와 시간이 요구된다.

5. 경영자의 경영방법

어떤 경영자도 메뉴디자인에 대한 전문성 없이 레스토랑에 투자하려 들지 않는다. 메뉴디자인의 역할이 새로운 레스토랑에 대한 자신의 경영철학을 반영하고자 하는 것이 경영자로서의 임무이다. 대부분의 경영자들에게 새로운 레스토랑을 오픈하는 것은 수년간의 꿈과 희망과 노력의 산물인 것이다. 주방장의 역할은 경영자가 생각하는 범위 내에서 창의적인 메뉴를 개발하는 것이다. 가장 좋은 방법은 오너가 먹고 싶어 하며, 고객에게 제공하는 음식들에 대해 많이 물어보고 참여하고 협력하는 것이다. 이런 종류들이 오너가 판매하고자 하는 음식들과 다르지는 않은가? 다르다면 어떻게 다른가? 오너가 원하는 음식종류를 판매하는 새로운 곳의 레스토랑에서 식사해보는 것은 가능한가? 이곳은 모임의 장소로는 이상적이다. 왜냐하면 이곳은 오너에게는 영감을 불어 넣어주며, 주방장에게는 요리가 테이블로 서빙될 때 구체적인 질문들을 해 볼 수 있는 확실한 기회가 되기 때문이다.

메뉴개발 과정의 초기단계에서 오너는 가장 중요한 부문이다. 오너와 주방장의 업무관계를 강화하는 것뿐만 아니라 메뉴구성 선정의 실패 가능성을 줄일 수 있다. 이로써 부득이한 이중적 노력을 피할 수 있다. 오너는 앞서 조사 분석했던 정보들에 대해 완전히 이해하고 토론한 후에 특히 자신이 추구하고자 하는 바를 구현하라. 그 이후에 만약 오너가 이미 한 블록 내에 두 개나 있는 피자 전문점을 하겠다거나 현재 4개 업소가 잘 운영되고 있는 지역에 한·양식당 레스토랑을 하겠다는 식의 막다른 결론을 내릴 경우 주방장은 자신의 권한으로 레스토랑 운영에 마이너스임을 오너에게 단호히 말할 수 있어야 한다.

메뉴개발의 마무리 단계는 주방장에게 남겨두는 것이 훨씬 좋은 방법이다. 그러나 만약 오너가 음식요리나 마케팅에 전문적인 경험이 있는 경우라면 참여하여 의사결정에 하도록 한다. 그러나 대개 주방장 혼자서 하는 것이 고객을 끌어들일 만한 메뉴를 개발할 수 있는 포괄적인 계획을 구상하게 된다. 메뉴의 초안이 완성된 후에 오너는 개별요리나 소스 및 기타 항목들을 반대할 수도 있다. 그러나 만약 주방장이 오너가 메뉴에서 원하는 핵심을 이해하고 긴밀히 협조하여 개발하였다면 최종적으로 동의나 변경의 과정이 순탄하고 빨리 의사결정이 진행될 것이다.

6. 수익 구조

실제 메뉴가 사용되기 전 마지막 단계는 굵은 글씨체로 메뉴를 인쇄하여 당신 앞에 놓고 생각하는 시간이 필요한 것이다. 메뉴를 보면서 "이 요리를 누가 살 것인지?"에 대해 생각할 수 있어야 한다. 즉 메뉴가 만족시켜야 할 고객의 범위를 이해하기 위해서는 각 요리의 고객이 누구인지 고민해야 한다. 메뉴디자인이 구성된 이 요리는 남성고객, 여성고객 또는 어린이들이 몇 시경에 주문하는가? 이런 질문들에 대한 결과는 원래 구상했던 고객들이나 운영시간과 일치하는가? 그래야 유행 요리들과 더불어 개성 있는 요리들도 포함시킴으로써 메뉴가 전반적으로 잘 갖춰지게 된다. 수년간 훌륭한 음식을 요리하고 맛을 봄으로써 얻어진 경험은 역시 수년간 음식을 판매함으로써 얻어진 경험만큼 중요하다. 그러나 어떤 요리의 경우 맛있는 것처럼 보이고 굉장히 맛있더라도 실제 판매실적은 그다지 좋지 않을 수 있다는 것은 아이러니하다. 몇몇 기본 요소들만으로 고객층을 끌어들이기에는 부족하다. 주방장이 충분히 판매할만큼의 시간을 준비했다고 해서 가장 잘 팔리는 요리로 만들 수는 없다. 주방장은 합리적으로 사고하고 디자인 과정을 고려하여 일을 진행시켜라. 주방장의 영감이 어느 정도 형태를 갖추게 되는 가장 창의적인 순간에도 레스토랑은 수요와 공급의 원칙으로 사고파는 비즈니스라는 것을 명심해야 한다. 만약 특정 메뉴로 단골고객을 확보하지 못한다면 창의적인 레스토랑이란 있을 수 없다. 메뉴항목, 메뉴구성 등 이와 같은 초기단계에서 기억할 것은 너무 값비싼 식재료들을 사용함으로써 인근 음식시장과는 동떨어진 음식 가격대로 정해진 메뉴는 디자인하지 말아야 한다는 점이다.

7. La Grande Carte

숙련된 주방장의 메뉴디자인은 불충분한 메뉴를 제거하는 과정부터 시작해야 한다. 최후의 순간까지 모든 정보들을 검토하고 난 후 의사를 결정하라. 그리고 이미지, 주방디자인, 시장, 유행, 오너의 요구사항, 수익원 등의 요소들을 고려하라. 이런 변수들은 분명히 성격을 나타내야 하므로 주방장이 메뉴를 디자인할 때 가장 먼저 머릿속에 떠오르는 것이라야 한다. 보통 레스토랑에는 아침, 점심, 저녁, 브런치, 서퍼 그리고 스낵에 대한 각각의 메뉴들이 있다. 고객에게 제공하는 방식을 선택하는 데 영향을 미치는 요인들로 주방 공간, 요리 스타일, 서비스 절차 그리고 개별 성향 등을 들 수 있다. 가장 중요한 것은 특정 레스토랑의 모든 메뉴들은 스타일, 가격, 제공방식에 있어서 획일적이라야 한다는 점이다. 그러나 같은 날에 여러 번 메뉴를 보게 되더라도 고객에게는 여전히 새롭고 흥미로운 것으로 느껴져야 한다. 애피타이저, 수프, 샐러드, 파스타, 생선요리, 육류요리, 가금류요리, 야채요리, 빵류, 샌드위치류 등 생각해낼 수 있는 모든 코스 카테고리별 목록을 분류하라. 그릴에 굽거나 삶는 것처럼 요리방식을 보여주는 목록들도 만들어라. 메뉴상의 일부 항목들이 완전히 잘못 작성된 것일 경우에는 제거하라. 각 메뉴 상에 바람직한 요리의 가짓수를 추정하여 남은 목록들만으로 계속 작업을 진행하라. 적합한 메뉴 카테고리를 결정한 후에 특별요리를 목록을 작성하라.

이제 남은 것은 메뉴디자인 중 가장 순수하게 창의적인 과정으로서 주방장의 경력이 가장 가치를 발휘할 부문이다. 조사 자료의 결과해석과 경험은 메뉴디자인 작업에 있어서 주방장의 자질만큼이나 여러 가지 서로 다른 결론을 낳게 된다. 어떤 레스토랑의 경우를 다시 살펴보자. 오너들이 원하는 것은 알려진 대로 '양 많은 캘리포니아 누벨요리' 이다. 여기에 남서부 요리스타일을 가미할 것, 늦은 밤에 혼자 찾아오는 캐주얼할 손님, 분홍빛깔 테이블클로스와 표범무늬 벽지, 음식소리에 친근한 분위기, '가끔 자연스레 춤도 출 수 있는 곳' 이라고 오너 중 한 사람은 말한다. 오너들은 돈도 벌고 유행도 추구하고자 한다. 이를 이루는데 있어 유일한 장애물은 시장조사 자료이다. 사실 현재 이 지역은 주택, 아파트 고급화 과정이 한참 진행 중이며 지역주민은 한 곳 이상의 레스토랑을 이용할 수 있다. 가장 고객이 많은 고급 레스토랑이 바로 길 건너에서 케이준 스타일의 메뉴로 영업하고 있다. 따라서 바로 근처에 강력한 경쟁업소가 있음에도 불구하고 남서부식과 같이 유사한 방식으로 레스토랑을 개장하는 것은 너무 어리석은 짓이다. 인근 주민들은 사회적·경제적인 지위향상을 지향하는 사람들이지만 그렇다고 이곳에 인구가 집중되지는 않는다. 대략 1, 2년 후 도로가 완전히 확장되고 상점들이 들어서면 이 지역에도 분홍빛 테이블클로스를 갖추고서 캘리포니아 누벨요리를 제공하는 세련된 레스토랑이 필요할 것이다. 오히려 현재는 그다지 격식을 차리지 않은 분위기, 서비스 그리고 그에 맞는 메뉴를 갖춘 레스토랑이 대성공할 수 있을 것이다. 만약 오너들만이 사업을 시작하려는 유일한 이유가 남서부식 요리나 캘리포니아 누벨요리를 먹어보는 것이라면서 이에 대해 강한 의지와 고집을 갖고 있다면 레스토랑이 실패할 가능성에 대해서도 인지해야만 한다. 그럼에도 불구하고 남서부식 요리에 대해 여전히 고집하여 케이준식 요리와 상충되지는 않지만 원하던 스타일대로 창업진행작업을 추진하였다. 결국 주방장의 창의성으로 오너들을 만족시켰다. 즉 남서부식 요리의 영향을 받은 세련되고 흥미로운 캘리포니아 누벨요리가 재발견되었다.

8. 기물 선정

새로운 레스토랑을 개업하는 일은 단순히 메뉴디자인만의 문제가 아니다. 주방장은 적합한 기물들과 주방기구들까지 결정해야 한다. 무엇을 구매하고 얼마나 많이 구매할 것인지를 결정함으로써 레스토랑 영업에 있어 시간과 비용을 절감할 할 수 있어야 하는데도 이와 반대로 준비가 없으면 공급물품이나 시간과 인력을 낭비하게 된다. 주방장은 기물변화의 흐름에 뒤떨어지지 않도록 레스토랑 비즈니스 트랜드 잡지에 난 광고에 주의하거나 주방기물 전시장을 자주 방문하여 새로운 기구들과 접촉하도록 한다. 이렇게 완벽한 체크리스트처럼 시간을 절약할 수 있는 것은 없다. 주방장은 자신만의 체크리스트를 만들어야 한다. 부록 A는 새로운 레스토랑에서 필요로 할 대부분의 주방기물과 기구들을 포함하고 있는 목록이다. 이 목록은 너무 포괄적이라서 어쩌면 일부 전문레스토랑의 경우에는 불필요한 항목들도 포함하고 있다. 그러나 이 목록은 새 오너가 예산을 준비할 때 매우 유용하게 적용된다.

9. 소요 경비 및 예산

이 경우 예산이란 레스토랑이나 주방개업을 위해 계획된 비용에 대한 내역서를 말한다. 예산은 개략적으로 짜여지되 구체적인 세부항목들로 구성되는 몇 가지 주요 카테고리와 요소들로 나누어진다. 다음의 표는 기본적인 예산구성 양식을 보여준다. 이와 같은 예산 표본은 아마도 주방장에게 책임소재가 있는 모든 항목들을 보여주도록 구성된다. 숫자상으로 나타난 비용은 단지 형식상 제시한 것일 뿐이다. 전통적으로 주방장은 메뉴나 종이 제품류에 대해 관리하지 않지만 오너들이 결국에는 그렇게 해 주기를 요청할 것이다. 이것은 불가피한 일이며 이를 통해 전반적인 부문까지 이해하게 된다. 예산은 완벽하게만 구성된다면 오너의 중요한 경영수단이 될 수 있다. 만약 예산에서 모든 것 즉, 잡다한 직·간접 비용들까지 포함하지 않는다면 실제로는 무용지물이 될 수밖에 없다. 따라서 전체적인 부문의 비용을 추정하고자 노력하라. 필요하다면 기기마다 값을 매기기도 하라. 그리고 개업 예산에 주방장의 임금을 포함시키는 것을 잊지 말라. 대개 주방장은 다른 직원들이 고용되기 이전에 그리고 오너나 경영자가 급료 체계를 정하기 훨씬 이전부터 개업작업에 참여한 경우가 많으므로 처음부터 급료에 대해서는 분명히 거래해야 한다.

주방 개장 예산(샘플) 2016년 10월

분 류		비 용($)	합 계($)
Ⅰ. 수리비			
A. 주방디자인		1,000.00	
B. 전기공사		2,000.00	
C. 가스배관		2,000.00	
D. 목재공사		2,000.00	
E. 물품처분		500.00	
F. 주요기물		10,000.00	
	계		1,750,000.00

분 류		비 용($)	합 계($)
Ⅱ. 메뉴			
A. 디자인		1,000.00	
1. 주방장		1,000.00	
2. 그래픽아티스트		200.00	
B. 기계설비		200.00	
C. 로고디자인		800.00	
D. 인쇄		500.00	
E. 표지		200.00	
	계		2,900.00
Ⅲ. 레스토랑 공급물품			
A. 주방기구(솥,팬 등)		3,000.00	
B. 접시, 그릇, 컵		2,000.00	
C. 은 식기류		500.00	
D. 종이제품류		2,000.00	
	계		7,500.00
Ⅳ. 식료품(개장 첫 주)			
A. 육류		3,000.00	
B. 어류		1,400.00	
C. 곡물류		5,000.00	
D. 유제품		400.00	
E. 야채류		2,000.00	
F. 파스타		600.00	
G. 방류		200.00	
H. 디저트류		400.00	
I. 기타		200.00	
	계		13,200.00
Ⅴ. 인건비(개장 첫 주)			
A. 주방장		4,000.00	
B. Sous Chef		1,200.00	
C. 라인별 조리사		5,000.00	
D. 견습조리사		1,600.00	
E. 접시 닦기		2,400.00	
F. 급사		1,500.00	
	계		15,700.00
총비용			1,789,300.00

10. 음식 판매량 및 비용평가

이 부문의 평가범위는 매우 넓다. 초기의 화려한 선전, 동맹파업, 날씨, 형편없는 서비스를 보상하는 무료식사 등 여러 가지 변수들이 판매량에 큰 변동을 유발시킨다. 개장한지 1, 2년 후에 판매량과 비용은 천불 이내로 예상될 수 있다. 이와 같은 추정은 파스타 판매기록을 근거로 한다. 그러나 처음 몇 달 이내 특히, 첫 주간의 추정금액은 좌석 수, 영업시간 그리고 가격을 근거로 한다.

이제 레스토랑 본질로 다시 돌아가자. 여기 이미 알려져 있는 사실들이 있다. 레스토랑의 전체좌석은 75석이며, 야외 카페를 개장하지 않으면 50석이다. 새벽 2시까지 런치에는 5번, 브런치에는 2번 그리고 디너에는 7번의 좌석 회전율 교대가 있다. 먼저 고객의 평균 식사비용을 계산해 보자. 메뉴는 4,950원 과 10,950원을 더하여 2로 나눈 7,950원이다. 현재 앙트레 메뉴도 주로 7,950원~8,950원의 가격대에 집중되어 있다. 비록 대부분의 앙트레가 7,950원 이상의 가격대라 하더라도 고기 버거 가격은 평균가격보다 낮은 가격대를 유지할 것이다. 이 가격에 음료수 1,000원, 디저트 1,000원, 그리고 애피타이저 1,000원을 더하자. 전체비용은 10,950원이 된다. 이 금액은 풀코스 식사 시 고객이 지불할 평균비용을 추정한 것이다. 브런치에 대한 일인당 평균 식사비용은 메뉴의 8,500원 이내일 것이다. 따라서 7,950원으로 추정하는 것이 합리적이다. 런치 고객들은 같은 메뉴를 이용할 것이지만 주방장은 4,950원~6,950원의 가격대에 판매할 여러 가지 특별 음식 가격을 계획해야 한다. 따라서 고객의 런치비용은 6,950원로 계산된다. 비용 추정 시 음료나 애피타이저만 주문한 고객들은 계산에 포함되지 않을 것이다.

다음 단계는 첫 주간 동안 판매된 총 앙트레의 갯수를 계산하는 것이다. 중간 가격대의 메뉴로 인근 지역주민의 관심을 끌어들이는 75석 규모의 레스토랑의 장래 성공여부는 지역 내 다른 레스토랑의 판매량을 기준으로 결정해야 한다. 시장조사를 통해 만들어진 노트에는 경쟁 레스토랑이 런치, 브런치, 디너의 각 시간대별 얼마나 많이 판매했는지 기록되어 있어야 한다. 길 건너에 있는 가장 성공한 케이준 레스토랑의 일일 런치 판매량은 75인분 가량이다. 주방장이 추정하는 최저 판매량은 일일 20인분이며, 최대 판매량은 60인분이다. 평균으로 계산하기보다는 최대 또는 최하 판매량을 추정하라. 케이준 레스토랑에서 판매하는 브런치의 경우 토요일에는 대략 100 내지 150인분, 일요일에는 200인분이 판매되고 있다. 그러나 이 식당의 야외 카페는 지역 내에서 유일하므로 브런치 메뉴의 판매량이 많으리라 예상된다. 따라서 토요일 브런치 판매량은 90 내지 130인분 사이일 것으로 추정된다. 일요일의 경우 경쟁업소와 거의 유사한 수준인 150 내지 200인분을 판매할 것으로 추정된다. 판매량 추정에 가장 좋은 방법은 각 시프트별로 차트를 만드는 것이다. 즉 판매 추정되는 앙트레의 수치를 기입하여 추정수치를 전체 합산한 후 고객 1인당 디너 앙트레의 경우 10,950원, 브런치 앙트레는 7,950원, 그리고 런치 앙트레는 6,950원씩을 곱한다.

앙트레 판매추정

런치와 브런치 예측지							
월요일	화요일	수요일	목요일	금요일	토요일	일요일	합 계
20-60	20-60	20-60	20-60	20-60	90-130	130-200 런치 240-330 브런치	

디너 예측지							
월요일	화요일	수요일	목요일	금요일	토요일	일요일	합 계
80-100	90-110	110-140	110-140	130-160	130-160	80-100	730-910 디너

추정금액

100~300 런치 × 6,960원(평균) = 6,950원~20,850원
240~330 브런치 × 7,950원(평균) = 19,080원~26,240원
730~910 디너 × 10,950원(평균) = 79,940원~99,650원
총 판매 추정 금액 = 105,970원~146,740원

그리하여 10,000원~15,000원이 엄청난 액수로 보이지만 실현 가능한 최상의 예측 수치이다. 그러나 앞서 말한 여러 변수들이 서로 뒤얽혀 작용한다는 것을 기억하라. 경쟁업소의 경우 요일에 따라 디너 판매량에 큰 차이가 있어 왔다. 즉 새로운 경영진이 아무리 열성적으로 레스토랑을 운영하더라도 일요일과 월요일의

저녁식사 판매량은 다른 요일에 비해 부진할 것이 틀림없다. 따라서 유일한 측정 방법은 경쟁업소의 판매량을 평가한 후 현재 매상고에 어느 정도 영향을 미칠 수 있을지를 비교하는 것이다. 새 레스토랑이 다른 업소의 단골고객이나 인근의 새로운 고객을 끌어들일 수 있을까? 분명히 가능할까? 그렇지 않다. 왜냐하면 가장 성공한 경쟁업소에 비해 판매추정치가 낮기 때문이다. 즉 10,000원 내지 15,000원 사이의 음식시간 판매 추정치는 수치상으로는 엄청나지만 변동이 심하다. 대성공과 실패의 기회 또한 그만큼 많은 것이다.

만약 일주일 내내 비가 온다면 어떠할까? 처음 오너들은 "우리가 돈을 얼마나 벌어들일 수 있을까?" 라고 자주 묻는다. 이 질문은 음식 판매량을 추정함으로써 쉽게 계산해 낼 수 있다. 물론 그 수치는 대략적이지만 거의 근접한 견적치는 레스토랑 운영에 큰 도움을 줄 것이다. 처음 몇 주 동안에는 식재료 비용이 40% 정도를 차지하게 된다. 즉 10,000원 내지 15,000원의 40%는 4,000원 내지 6,000원이다. 이 비용은 개업비용 이후에 많은 양의 곡류주문까지 포함하고 있다. 총 수입예상액을 구하기 위해 오너는 주류 판매량까지 더하되 식당 운영비와 고정비는 뺀 후 첫 주 간의 예상치를 계산해 낼 수 있다.

11. 요점정리 및 토론

메뉴디자인은 주방장이나 주방장 겸 오너와 함께 조직 공간 내에서 가장 자격 있는 구성원의 주도하에 이루어지는 공동 작업이라야 한다. 오너가 가진 자료를 근거로 예상 고객들에 대한 그림을 그려보라. 주방의 공간적인 제약문제는 애피타이저가 결정되기 전에 완전히 해결되어야 할 중요한 문제이다. 효율적인 주방디자인의 핵심사항은 직원들의 피크시간대에 주문량을 처리해내기 위해 어느 정도의 작업공간이 필요한지를 파악하는 것이다.

서비스 작업공간이 협소할 경우에는 조리작업과 관련 없는 공간들을 없애버릴 필요성이 있다. 합리적인 주방 배치가 확정된 후에 메뉴디자인 작업이 진행될 수 있다. 새로이 개업하는 레스토랑의 입지는 가장 중요할 수도 그렇지 않을 수도 있다. 즉 입지 이외에 중요한 기본적인 요소들은 성공적으로 수행되는지의 여부가 중요하기 때문이다. 현실적인 시각에서 해당 지역의 고객층을 검토한 후 어떤 종류의 레스토랑이 유리할지를 결정하라.

어떤 스타일의 레스토랑이 잘 될 것이라는 선입견을 버리고 절대적으로 객관적인 견지에서 자료를 분석하라. 음식에 관한 최근 사건들과 해당 지역의 트랜드 소식잡지들을 주의 깊게 살펴봄으로써 현재 요리 유행에 관한 완벽한 지식을 얻도록 하라. 유행은 각 지역마다 독특하며, 유행가능성을 측정하기 위해서는 특별한 노력투자가 요구된다. 주방장의 역할 중 하나는 오너의 사고범위 내에서 창의적인 메뉴를 개발하는 것이다. 레스토랑 개업 준비를 위한 초기과정에서 오너의 역할은 매우 중요하다. 주방장의 영감이 어느 정도 형태를 갖추게 되고 창의적인 순간까지도 레스토랑은 팔고 사는 비즈니스 사업의 하나라는 것을 끝까지 기억해야 한다.

너무 값비싼 식재료들을 사용함으로써 인근 시장의 상황과는 상관없이 가격을 책정하게 되는 메뉴구성 및 디자인은 하지 마라. 고객 마케팅 및 창업 업무의 자료 해석 및 경험의 적용은 자질 있는 주방장들이 디자인하는 방법만큼이나 다양한 결론을 이르게 한다. 개업 예산은 예상비용의 내역서이다. 예산은 계략적으로 구분하되 몇몇 세부항목들로 구성된 카테고리와 구성요소들로 이루어진다.

판매량을 추정하는 유일한 방법은 경쟁업소의 판매량을 평가하여 그 업소의 현재 매상고에 어느 정도 영향을 미칠 수 있는지를 비교하는 것이다. 개업 처음 몇 주간 특히 첫 주간의 판매 예상치는 좌석 수, 영업시간 그리고 메뉴가격 등을 근거로 작성된다.

제8장 식재료 구매 관리

연구 차례

연구 개요

식재료 구매는 레스토랑 창업과정에서 필수적으로 주방 조리사들을 위한 데 주목적이 있다. 즉 식재료의 생산적인 구매는 식당 창업의 동기부여에 그 이점이 있다. 식재료 구매는 외식사업의 가장 큰 비용을 차지하고 있다는 업무영역에 그 핵심이 있다. – 즉 식당 창업과정 및 관리 핵심은 주방음식 식재료 구매 관리라고 할 수 있다.

아마도 식당 오너들은 식재료 구매 요소보다 요리품질에 더 많은 관심을 가지고 있으며, 일반 음식 체인점의 운영 간부는 사장들보다 요리의 형태와 품질에 더 많은 관심을 가지고 있을 것이다. 그러나 통상적으로 오너는 식재료 구매 이점에 관심이 가지고 있음을 확신할 수 있으며 따라서 식재료 구매비용에만 관심과 초점을 두고 있다. 이와 마찬가지로 일반적 음식 운영자들은 음식 품질 서비스와 식당 이미지에 관심을 가지고도 있다. 모든 요리전문 식당 오너들은 레스토랑 비즈니스 전문 사업자들이다. 그리하여 그들은 성공적인 외식 사업에만 큰 관심을 나타내고 있다. 또 식당 성공에만 사업의 목표를 두고 있는 오너들은 레스토랑 초기 사업 과정이 구매 관리에 집중되고 있다고 할 수 있다. 고용된 최고의 주방장들은 식당 영업과 요리 품질 관리 두 분야에 우수한 실행 역량을 지니고 있어야 한다. 즉 주방장 스스로 많은 역량을 가지고 있거나 준비가 안 된 조리장 및 운영자들과 주방의 팀에서 일하거나 두 역할의 우수한 능력을 필히 지니고 있어야 한다. 보다 많은 전문적인 정보를 가진 주방장은 이 두 가지의 관점에 능력을 제공할 수 있다고 본다. 주방장과 식당 운영자는 음식 서비스에 더 많은 것이 요구되고 있다. 또한 외식사업은 주방장이 식재료 구매 거래처에 납품 전화를 거는 순간에 식당운영이 시작 된다고 보고 식재료 구매 구입주기를 결정해야 한다. 만일 구매 첫 단계에서 거래처와 주방장간에 서로 나쁜 인식을 갖는다면 식당사업 이윤 창출에는 손해를 가져오기 마련이며 결국엔 좀비 같은 주방으로 불리게 될 수도 있다. 따라서 식재료 구매의 최종적인 목적은 최저의 가격으로 최고의 품질이나 훌륭한 조건의 식재료를 구매하는 데 그 목적이 있다.

1. 구매 형태와 진행 과정

새로운 식당 창업을 한 주방장은 먼저 식재료 구매를 생각해야 하고, 식당 운영에 첫 실행되는 임무는 최종적으로 식재료 구매 시 합리적인 가격의 초점을 명심해야 한다. 주방의 공간에서 요리하기 위해 프라이팬을 가스렌지 위에 올리는 순간에 식재료 구매 중요성의 의미를 충분한 시간을 가지고 고민해야 하며, 심지어 주방의 식재료 구매는 식당영업의 하루가 제일 먼저 시작된다는 의미를 가진다.

주방에 있는 많은 조리사들이 전문요리를 위해 그 주방 공간에 있는 임무는 식재료 구매가 시작되고 있다는 증거이다. 그러나 요리가 시작되는 순간부터 구매비용이 발생되고 있으며, 주방장은 단지 음식 품질에만 관여할 뿐 식재료 구매가 실행된 이후 요리가 진행되는 순간에는 잘못된 업무를 돌이킬 수가 없다. 만일 다른 조리사들이 요리진행 중간에 주방장이나 경영자가 새로운 지시를 한다면 식재료 구매로 인해 시작된 요리 실제업무는 당장 멈추고 말 것이다. 그래서 식재료 구매 업무는 시작부터 철저한 준비가 필요하며, 그렇지 못하면 식재료 구매비용이 엄청나게 발생하게 되므로 주방장과 오너에게는 레스토랑 운영 관점에서 너무나 중요한 식재료 구매 업무이다.

식재료 구매의 중요성은 주방 실행 업무의 최소 첫 단계에서부터 몇 단계 실제 영역의 복잡한 요리생산과 과정형태로 시작되게 된다. 주방의 전체업무는 체계적이고 논리적인 식재료 구매 형태의 유기적인 시스템화를 만드는 것이 좋다. 차후에 주방 조리사 누구라도 식재료를 기억하기 위한 구매도구로서 누구나 명확할 수 있는 식재료 구매 형태와 내용을 기록한다.

일부 식당에서는 식재료 구매는 아마도 체계적이지 못한 한 두장 단순 메모에 의존하는 장부 표시화가 되고 있는 실정이다. 이러한 경우에 식재료 구매는 비과학적이고 비능률적임을 분명히 알 수 있도록 인식해야 한다. 모든 적절한 식재료 구매 자료는 정확하고 생산적인 방법으로 임해야 한다. 따라서 식재료 구매를 단순 종이표시에만 의존하는 방법 이외의 다른 효과적인 방법이 있다는 것에 명심해야 한다.

(1) 식재료 구매 형태에 의한 그룹별 항목이다 – 육류, 어류, 유류, 특별 식재료 등 – 항목별에 의한 알파벳 표시

(2) 식재료 납품 거래업자에 의한 식재료 구매별 그룹 항목은 모든 식재료를 무리를 지어 구입하는 것이 좋다.

(3) 창고에 보관된 저장품에서 식재료가 소비되는 대로 즉시 주문에 의한 태그표시 식재료 구매 항목이다. 각각의 식당마다 경우가 다르며, 각 주방은 가장 적절한 식재료 구매 시스템을 설정하고 알맞은 방법을 선택하면 된다.

메뉴판 내용에 그 요리 최소의 요리 음식 양을 표시해야 한다. 뿐만 아니라 고객이 주문하기 위해서 보다 상세한 요리 음식 양을 세심하게 기록해야 한다. 이것의 판매 음식 양을 구분하고 날짜에 의하여 식재료 구매 비용 발생 시점이 다르지만 음식판매 평균은 지켜야 한다.

식당 요리의 최소 음식판매에 대한 수익대비 구매가격은 오늘 판매된 것부터 내일 판매하기 위한 식재료 구매 양도 필요로 한다. 총 판매 대비 식재료 구매 원가를 따져야 한다. 따라서 식재료 구매는 대략 일주일에 한 번정도 식재료 구매를 구입 배달시키는 것이 보다 효과적이다. 이것은 최소한 납품거래처가 식재료 구매를 결정 후 한 주 간의 식재료 구매 표시를 미래 예측할 수 있어야 한다. 납품거래자의 다양한 식재료 구매 가격은 대부분 각각의 식재료 세부적인 항목별로 구입하는 것이 구매의 장점과 단점을 구분할 수 있다고 본다. 그리고 한 주 동안 주방의 식재료 총 소비와 총 구입가격은 얼마인가를 세심하게 체크해야 한다. 예를 들어 '이번 달에 음식판매 매출에 의한 식재료의 적정 양과 얼마를 낭비 없이 절감할 수 있는가?' 를 생각해야 한다.

식당이 매우 훌륭한 음식판매는 발생하더라도 식재료 구매가 잘못되었거나 조리사의 조리기능과 역량이 모자라 조리과정의 낭비가 필요 이상으로 나타나면 음식판매는 훌륭하지만 실질적 식재료 원가와 낭비요인이 발생했다면 희망이익은 창출되지 않을 것이다. 음식판매의 핵심은 식재료 구매와 음식매출의 원가비율 상관관계에 의하여 그 다음 달 납품거래처에 식재료 구매에 대한 대금 지불 억제 사

이클이 유지되기도 하고, 몇 퍼센트의 식재료 구매 비용을 절감할 수도 있다. 이 식재료 구매 작업의 효율성은 판매 매출이 적은 메뉴 품목에도 좋은 상관관계에 영향을 줄 수 있을 뿐만 아니라 레스토랑 경영에도 매우 영향을 끼친다. 주방의 식재료 구매 시스템과 목적에 맞게 효과적인 식재료 구매가 필요하다는 원칙이다. 주방 식재료 구매를 항목별로 세분화하는 방법과 더 쉬운 유기적 시스템화하는 방법을 결정을 해야 한다.

특급호텔 및 외식업체는 식재료 구매의 효과적인 구매시스템으로 다음과 같은 체계적인 방법을 구축해야 한다.

구매(Purchasing) ⇒ 검수(Receiving) ⇒ 저장(Storing) ⇒ 분출(Issuing) ⇒ 보관(Holding) ⇒ 조리(Cooking) ⇒ 서빙(Serving) ⇒ 판매(Accounting)로 구매시스템을 정확하게 구축할 필요가 있다. 그리고 주방장의 특별 추천메뉴가 구성될 수도 있다. 거기에 대비한 고객이 원하는 돌발적 메뉴구성에 의한 식재료 구매 예상도 일어날 수가 있다.

첫째, 종종 주방장의 특별한 메뉴구성 항목이 요청되어 식재료 구매가 일어날 수 있다(매일, 매주 한 번, 매주 두 세 번, 혹은 매달). 그리고 둘째, 주방의 식재료 구매 세부항목은 자주 그때 그때 주문이 필요한 시점에서 구입하는 방법에 의한 것이다. 냉동식품, 건조식품, 일반 및 특수 식재료 등은 메뉴구성에 오르는 모든 식재료 항목은 식재료 납품거래자에 의해 항상 주기적으로 식재료 구매 주문이 구조화 되어 있다. 육류, 어류, 빵류 등과 같은 짧은 순간 내에 메뉴구성에 오른 모든 식재료 항목 등, 이러한 식재료들은 매일매일 구매 주문이 구조화 되어 있으며, 그 이외의 주방의 모든 식재료들은 한 번에 집중화 되어 있다.

식재료 구매는 항상 똑같은 식재료 구매 서비스와 특별한 식재료를 납품판매를 제공하는 다른 납품거래자들의 상호를 세심하게 기록하기 위해서 식재료 구매 송장서류나 식재료 구매 체크카드의 밑 부분에 식재료가 사용되어지는 요리법에 항상 식재료 구매 재고카드를 비치해야 식재료 구매 기록을 다르기가 쉽다. 주방장은 식재료 구매 재고카드를 철저히 훑어보아야 한다. 납품거래자는 자기의 납품원장을 보고 매일의 구매항목을 체크하여 식재료를 의무적으로 배달하기에 어떤 특별한 날에 특별한 식재료가 필요한지 또는 불필요한지도 점검해야 서로의 식재료 낭비를 줄일 수 있는 방법이다.

주방장의 주방업무는 식재료 구매에 대한 분석 중 하나는 구매가격이 적절한지를 고민해야 할 것이다. 창업 식당의 새 주방장을 위해 연속되는 식재료 구매 절차 과정은 대부분 경제적인 측면도 고려하고 있지만, 그 외의 식재료 품질, 구매 시점, 구매가격 적절성, 식재료 재고사항 등 비교적 광범위한 식재료 구매 전략이 필요하다. 식재료 구매 세부항목의 제일 큰 구매 핵심항목이 무엇이지를 만들어 놓아야 한다. 이 방법은 식재료 구매에 있어 주방의 식재료 표준원가와 실제 원가를 예측할 수 있다. 식재료 특성에 맞는 각각의 항목에 여러 종류의 가격비교 우위를 측정할 수 있도록 한다. 그러나 그 과정에서 최소의 식재료 구매 비용으로 채택하는 것이 희망이익을 향상시킬 수가 있다고 본다. 식재료 종류 표본들을 모아서 식재료 품질을 매기고 그 식재료로 주방에서 조리를 하는 것이 최소비용으로 최상의 음식상품을 요리하는 데 좋은 접근 방법이다.

최상의 구매가격을 찾기 위해서는 주방장의 인내심과 관찰, 논리적 분석을 필요로 한다. 식재료 구매 목적을 달성하기 위해서는 주방에서 식재료 합리적인 소비양의 측정이 필요하다. 따라서 이 목적은 음식판매 매출을 그 기초로 하고 있다. 예를 들어 식당에서 음식판매가 일주일에 대략 매출이 2백만원 판매가 이루어졌다면 주방 식재료 원가소비가 보통 40퍼센트가 발생했다고 가정하면 결국은 약 80만 원의 식재료 원가를 소비하게 된다. 따라서 원가의 3요소는 식재료비, 인건비, 경비 등이다. 레스토랑의 원가 3요소 구성을 보면 식재료비는 30%~35%, 인건비는 30%, 경비는 10%~13% 정도 유지하는 것이 레스토랑의 음식 매출 원가의 요체이다.

매주 구입되는 여러 식재료는 종류 및 항목을 몇 개의 중요한 영역별 카테로그로 분류하여 보관하는 것이 더욱 효과적이다. 그러면 식재료가 주방에 도달하며 각각의 송장으로 구매가격 및 구매 양을 기록하고 식재료 납품업자는 주방장이 요구하는 최초 가격과 품질 기록이 된다.

또한 다른 중요한 구매업무는 식재료 구매 숫자 및 품질, 보관 유지관리 등을 기록하는 동안 입고초기에 축적된 자료들을 항상 유지하도록 한다. 심지어 같은 식재료를 사용하는 메뉴항목의 밑 부분에 식재료가 이용된 음식 판매 매출을 낱낱이 기록들을 한다. 만일 식당에서 점심이나 저녁식사에 음식판매 매출에 증감이 일어난다고 한다면, 매출장부와 판매기록에 변화가 생길 것이다. 음식판매 일지 서류에 각각 음식의 구매와 판매를 기록 체크하여 이것을 매주의 음식판매와 비용 퍼센트를 비교하여 식재료 절감 아이디어를 찾는 매우 확실한 자료인 것이다.

식재료 구매 분석은 대략 4주정도 후에는 각종 식재료 구매 및 매출 판매항목에 식재료 소비 한계를 측정하여 식재료 구매 목표설정을 한다. 그러나 음식 원가비용 퍼센트는 식재료 시장원가 추이에 따라 주방장이 예상하여 요청대로 식재료 구매 및 원가 비용을 수정할 수도 있다. 그러나 현실적으로 식재료 낭비 요인이 발생된다면 그 이전의 원가비용보다는 적게 목표를 가져야 한다.

주방에서 식재료를 사용하는 데 따른 최소비용은 어느 정도이며, 무엇 때문에 낭비가 발생되는지 그 이유를 분석해야 한다. 또 이 문제에 봉착하면 극복할 수 있는가는 주방장의 역량에서 출발한다. 이런 식재료 구매의 논리 접근은 적정하고 합리적인 주방의 식재료 소비로 향하는 첫 관문이다. 이것은 주방 식재료 구매와 주방경영관리의 큰 그림의 밑바탕이 된다.

특급호텔 및 외식사업의 음식생산과 판매는 메뉴특성에 따른 형태이며, 주방장의 고집과 주장이 독특하면 많은 식재료 구매에 대한 문제점과 양면성을 내포하고 있다. 따라서 식재료 구매는 매우 전문적이고 메뉴구성 항목을 고도화, 전문화 하는 것이 운영관리의 고려사항에 도움을 준다.

2. 육류와 가금류

메인 주방의 앙트레를 담당하는 주방장은 다량의 육류를 다루고 준비하기 때문에 육류 판매자로 인식되고 있다. 항상 새로운 주방장은 말한다. "나는 담당 조리자가 고기의 정확한 부위와 무게로 육류를 준비와 소비하는 것을 봅니다."

고기 담당자는 고기비용을 얼마나 지급하는지를 철저히 인식해야 한다. 그리고 우리 주방에서는 최상의 육류 품질을 가지고 있어야 한다고 주방장은 지시한다. 주방장은 육류의 적정한 구매가격을 논하는 데 조리사는 육류의 품질이 나쁘다고 말한다면 주방의 구매 관리 및 음식 관리는 절대로 훌륭할 수가 없다는 증거이다.

주방장은 납품거래처에서 고기를 구매하여 주방에 입고되는 순간 조리사들이 현재까지 담당 내 업무가 행복하다고 말할 수 있어야 한다. 주방장은 현재의 육류 구매가격도 적정해야 하고 미래에 일어날 육류 구매가격도 정확한 예측이 가능해야 한다. 그리고 주방의 조리사뿐만 아니라 육류 거래 납품업자도 주방의 모든 구매정보를 주방장에게 제공할 것이다. 만약 육류 구매가격을 거래처에서 갑자기 상향 조정한다면 조리사는 가격조절 대처 방법의 위기관리를 알고 있어야 한다.

그러나 담당 조리사는 구매업무에 대한 관심이 아니다. 주방장이 주방 내에서 조리사들에게 자기 위치의 권한과 위임을 조절해야 하는 방법이 있다. 특히 육류 구매는 고기부위와 등급 품질, 단위, 무게, 색깔, 위생 등이 정확하고 신뢰를 바탕으로 해야 하기 때문에 납품거래자와 검수 담당자간의 부정거래가 발생한다면 주방의 모든 구매업무는 예측할 수 없을 정도로 혼란에 빠지게 된다. 기레지는 부정거래가 없어야 육류 구매시장에서 최고의 육류 판매자라고 명성을 얻을 수 있을 것이다. 혹은 최하의 육류를 판매하는 납품업자가 생길 수도 있다는 상정을 해야 한다고 본다. 부정거래로 속이는 납품업자는 허세 부리는 나쁜 육류 판매자라고 불려야 한다.

예를 들어 주방장이 납품업자에게 베이컨이나 칠면조, 가금류 가슴살의 세분화된 명칭으로 시장가격을 물을 때 육류시장의 합리적인 가격으로 산정한다 라고 응답해야 한다. 하지만 육류의 세부항목에서 품질의 질문에 대한 응답이 없으면 거의 신뢰를 잃을 것이다. 브랜드 육류는 거의 다듬어졌거나 혹은 세분화된 육류 부위 명칭은 가장 위생적이고 안전하다.

주방에서 준비하고 예측되는 육류가 소규모나 대규모로 소비가 됐다면 공개경쟁입찰을 실행하는 것이 바람직 한다고 본다. 그렇치 못하면 수의계약으로는 항상 부정 거래가 존재할 여지가 있게 된다. 육류 납품업자는 시장 변동가격을 주장하고 있기에 계약 기간까지는 고정가격으로 납품하는 계약이 필요하다. 이 방법은 상호간의 신용으로 안정적 세부항목에 대한 미래의 큰 구매를 하기 위함에 있다.

모든 육류 납품판매자가 너무 바쁘다는 핑계로 구매과정을 개선시키기 위한 방법이 없다고 말한다. 영세한 납품거래자 태도처럼 일반적인 육류업자 관계자들로부터 최소의 신뢰거래 측면은 불변의 품질이고 시장가격이 매일 다르다고 주장하고 그 가격을 다음날 다른 가격정보로 제공되어 진다. 주방장은 육류 납품업자가 다른 거래처 업무와 그들이 진실되지 못함을 발견하게 되는 것이다. 그러나 납품업자의 부당한 거래를 발견하여도 그들과 장기간 동안 상호이해관계 증진 계획을 세워야 한다. 그래야 납품업자 단체가 담합을 못하게 하고 적정한 시장가격을 형성할 있도록 하기 때문이다.

납품업자 거래처를 다양화 하는 것은 얼마나 많은 참여거래를 하느냐 혹은 메뉴구성에 해당되는 고기의 필요성은 시장가격에 영향을 미친다. 육류의 부위별 지방, 척추, 뼈는 품질과 무게마다 얼마의 시장가격을 가지는가를 분석이 요구된다. 육류는 원재료의 가격 적정선의 바탕으로 부위별 손질한 후에 kg당 얼마의 가격인가? 그리고 육류 지방덩어리를 손질하고 메뉴가 요구하는 크기로 자름질 하면 구매가격은 더 낮은 가격이 형성되는가를 늘 점검한다. 따라서 일반 외식식당 주방은 비싼 인건비를 산정하지 않을 수 없기 때문에 육류 납품업자가 부위별 맞춤 자름질을 하여 거래 납품하는 것을 선호한다.

모든 식당메뉴는 육류의 형태에 따른 등급, 크기, 모양 등으로 구성되어 진다. 최소의 가격으로 최대의 효과를 느낄 수 있는 가능성을 발견할 수 있어야 한다. 따라서 식재료 구매는 주방의 메뉴구성 형태에 따라서 육류의 소비, 매출 크기 등 전체적으로 구매계획 명세서의 흐름이 표준화 시켜야 하며 또한 투명하고 정확하게 관리되어야 한다.

3. 생선류

어류는 신선한 바다 생선과 담수어 생선 등으로 생선종류가 분류되고 있다. 그리고 주방에서 사용되는 생선은 신선한 생선을 사용하거나 냉동 생선을 사용하는 경우가 있다. 메뉴를 구성할 때 생선류에 대한 두 가지의 카탈로그가 있어야 한다. 생선 구매는 생선살을 이용한 후 생선뼈를 스톡으로 유지하는 것과 어떤 특별한 형태로 사용되는 것으로 낭비 요인를 제거해야 한다. 어류판매 납품업자는 시장 가격시세가 변동 폭이 크기 때문에 생선 어패류의 구매 및 저장, 보관을 이용할 것이지에 민감하게 반응해야 한다.

적절한 시기에 생선은 최소의 비용으로 최대의 품질을 유지하는 구매시스템을 확립해야 한다. 이런 구매방법은 주방의 조리사들에게 최상의 생선 재료를 제공하게 될 것이다. 어떤 경우에도 생선 도매업자는 우수한 품질과 가격을 가지고 있을 수 있으며 그 원재료를 바탕으로 식당의 메뉴 구성 항목에 신선한 품질을 이용할 수 있다. 이런 신선한 어류를 구매할 때 납품업자의 생선구매 정보에 의해서 또 다른 부가적인 원재료를 합리적인 가격으로 다른 해산물의 종류도 덩달아 함께 구입할 수 있음을 알게 된다. 그러나 주방장은 생선가격의 다양함은 두루 인지하고 있어야 한다. 어패류 품질에 있어 두 세 개의 납품업자 시장에서 판매자들을 경쟁 입찰을 활용할 필요도 있다. 따라서 거래처를 다양화할 필요성이 보다 원가절감과 품질을 보증하는 좋은 구매방법이라고 할 수 있다.

주방장은 거래처와 교감을 가지고 항상 알맞은 가격을 협의해야 한다. 이것은 머리, 뼈, 등가격에 산정되지 않는 원가절감 부가서비스를 적극 활용해야 한다. 부가적 구매서비스를 얻지 못하면 생선의 무게와 크기로 가격을 매기기에 생선살만 구매 시에는 보통 전체적인 어류가격의 두 배가 된다. 따라서 생선살만 구매하고 머리나 뼈를 포함하면 최종적인 어류 가격비용은 더 많이 산출될 수 있다.

지역의 토착 해산물을 이용하는 것도 생선 품질과 원가절감을 알게 된다. 그 지역시장은 계절성, 신선함, 신속성, 담보하기 수월하다. 그 시장을 자주 이용하는 것이 메뉴 구성 요건에 부합된다. 품위 있는 식당은 일반적으로 냉동 어류는 신선한 어류만큼 요구되어지지 않는다. 그러나 여러 시장 변동성에 아주 적절히 대응하고 메뉴개선에도 도움이 된다.

예를 들어 국외새우는 냉동 식재료 항목이지만 구매가 수월하고 비용이 싸며 고품질 원재료일 수도 있다. 주방의 냉동 보관소가 원활하다면 몇몇 해산물은 냉동 저장을 필요한만큼 구입해도 좋다. 그러나 저장보관 비용 발생과 원재료가 메뉴에 이용되지 못하고 그냥 원재료가 사장될 수도 있기에 항상 준비와 점검이 요구된다. 생선과 각종 어류는 냉동이 길어지면 신선도와 품질이 떨어지기 때문에 너무 무리한 양을 냉동고에 보관할 필요성은 없다. 주방장의 역량과 과학적인 지혜가 필히 요구된다.

4. 유제품류

주방에서 사용되는 유제품은 제조화사마다, 종류별, 단위 크기별, 브랜드별 매우 다양하게 사용되고 있다. 그리고 유제품은 신선도, 가격, 품질, 메뉴 이용도에 따라 구별되어야 한다. 주방에서 음식에 이용되는 유제품 의존도는 중요한 가치를 가진다. 유제품 기업에서 생산되는 유제품은 주방에서 소비되는만큼 대량구매와 적절한 가격 형성이 가능한지가 관건이다. 그리고 유제품은 저장 유예기간이 있으므로 그 기간에 음식생산에 저장품이 소비되어야 한다. 유제품은 종류별, 기능성별 저장하는 장소와 온도와 습도를 충분히 고려하여 보관해야 한다.

주방에서 유제품이 이용되는 음식은 디저트류, 각종 소스류, 요리에 합제하는데 필요한 식재료 품목들이다. 특히 치즈는 세계적인 유제품이기에 종류의 다양성과 이용도가 높아 원가비용에 상당한 영향을 미치고 있다. 따라서 저장 보관관리가 무엇보다 세심한 식재료이다. 주방에 있는 모든 식재료 항목들은 선입선출 원칙이 절실히 필요한 방법론이다. 유제품의 구매과정은 매일매일 배달하는 품목과 시간별로 배달하는 품목이 있을 수 있다. 이 모든 체크 사항들은 주방장의 업무수행의 일환으로 실행되어야 한다. 유제품도 일괄적으로 공개입찰과 수의계약의 체결을 선택하되 식당의 운영에 도움이 되는 절차와 방법으로 진행하는 것이 바람직하다고 본다.

5. 야채류

야채류 식재료는 음식을 조리하는 데 기본적이며 필수적으로 이용되고 있다. 또 야채류는 신선함이 생명인 식재료 항목이다. 특히 야채류 구매는 대량구매나 일일구매, 수시구매로 나눌 수 있다. 야채류 구매는 주방장이 주방의 매일 사용가능 예측능력이 정확해야 낭비요인과 원가절감 효과를 누릴 수가 있다. 야채류 표준구매명세서 시트를 만들어 합리적인 식재료 관리를 해야 한다. 또 야채류는 종류나 사용량에 따라 시장가격 변동이 역시 아주 크다.

여름철에 매일 배달이 용이하거나 혹은 불리하거나 하는 야채류들을 잘 분류하여 전혀 문제없이 일주일 넘게 지속 유지될 수 있는 방안을 마련한다. 야채류 납품업자들은 최소한 일주일에 여섯 번은 배달하게 된다. 거래처와 상호간에 적은 주문량도 상관없다면 하루 동안 자주 배달 약속을 지속하는 것이 쉽게 식재료가 상하게 되는 것을 방지할 수가 있다. 따라서 주방 식재료는 매우 신선한 야채들을 판매하는 것이 좋은 생각이다. 주방장은 아침, 점심, 저녁 판매의 소비흐름을 읽고 즉시 배달을 요청하는 방법은 주방의 식재료 원가절감의 핵심이다. 주방장은 주방수행 업무를 원할하게 하기 위해서는 항상 매월, 매년, 계절별, 특별일 등의 매출 판매일지를 참고하여 야채류가 적절히 배달될 수 있도록 판단력과 위기관리 능력이 요구된다.

야채 거래처는 야채류 및 과일류 종류별로 배달되는 것이 가격경쟁에서 원가절감을 할 수 있다. 이전의 많은 식품 납품업자들은 야채류, 건조 식품류, 육류, 다양한 모든 식재료를 한 거래처가 전문영역 분류 없이 한꺼번에 많은 양을 공급해 왔다. 이런 방법은 상호간의 이익이 되는 구매방법이 아니라고 본다. 왜냐하면 식재료별 전문 영역별로 거래를 해야만 보다 효과적인 관점에서 식재료 관리를 할 수 있기 때문이다. 물론 그들은 몇몇 항목에 대해 높은 가격을 상정할 수 있지만 총액의 접근방식이 보다 유리하다. 그래서 적은 양을 전문영역 공급자들로부터 상황에 맞게 바로 구입하는 것은 좋은 생각이다. 야채를 무조건 박스채로 대량으로 구입하는 것은 가능하지만 이것은 대형 식당경영자나 지역시장에서 자기 도매점을 갖고 있는 거래자는 서로의 시너지 구매효과를 볼 수 있다. 때때로 납품업자의 이런 형태로부터 한 주일 구매하는 구입 형태는 최저가로 구입하고 신선한 식재료로 좋은 음식 품질을 얻기 위한 것이다.

식당의 주방장이나 오너는 양심적인 식재료 납품업자를 발견하기가 간단한 문제가 아니다. 야채류 전문회사는 다른 항목업자 영역처럼 전문분야에 여러 판매망을 갖고 있는 것처럼 보인다. 따라서 일주일에 한번은 토마토, 과일, 쥬키니 등을 크게 저렴한 가격으로 제공되고 있음을 알 수 있다. 그러나 만일 야채류를 다량으로 구매할 경우 제공되는 식재료는 세밀하게 체크해 볼 수 있어야 한다. 대체로 야채 납품업자는 그 지역에서 독점적으로 활동하기에 그 업자의 식재료를 이용해 주지 않으면 제대로 야채를 공급받기 힘들다고 본다. 그리고 대량으로 구입 시 낭비요인이 발생될 수 있는 여지가 매우 강하다. 식재료는 구매는 수요와 공급의 원칙에 의하여 시장가격 형성이 되어야 하며 시장가격이 왜곡되면 외식사업의 운영은 더욱 힘들어질 수 있다.

6. 건조 식재료

전문식당에서 이용되는 식재료를 구입하기 위한 매우 많은 건조식품들이 있다. 건조식재료들은 주방에는 필수적으로 음식 조리에 사용되고 있는 실정이다. 주방장은 건조 식재료를 구매하는 적정한 시기와 규모, 종류, 저장방법에 대해 꼼꼼한 전략을 짜야한다. 건조 식재료 구매는 주방장의 메뉴구성 형태에 따라서 필요성이 제기된다. 건조 식재료는 보관기간과 저장 창고가 필요한데 그곳은 습도와 온도와 환풍 시설이 구비되어야 저장보관이 가능하다. 또한 건조 식재료는 중국요리 메뉴에 주로 애용이 되는데 신선함이 항상 유지되어야 한다. 건조 식재료는 요즘은 다양하게 출시되고 있다. 그러나 전문 식당은 납품업자의 신뢰를 바탕으로 구매를 하고 있으나 불량품을 납품하는 경우도 종종 발생된다. 구매체크 목록을 만들어 건조 식재료 종류별로 구별하고 보관 저장에 세심한 식재료 관리가 필요하다.

7. 파스타류

파스타 구입은 건조 파스타를 구입하는 경우가 대체로 다수이다. 주방장이 직접 파스타를 만들지 않는다면 시중에 나와 있는 브랜드 파스타를 구입 할 수밖에 없다. 파스타 시중가격은 거의 품질에 상관없이 비슷한 구매가격이 형성되어 있다. 다만 파스타의 구매 양과 브랜드 종류에 따라서는 약간 가격 차이를 나타내고 있다. 그리고 지역별로 수입품과 국내품의 구매 차이도 나타난다.

최고의 파스타는 신선함을 유지하는 것이다. 세계의 모든 파스타 카타로그에서 주방장의 메뉴 선택에 따라 건조된 국내품, 건조된 수입품, 신선한 국내품 등 완전히 신선한 파스타가 있다. 외식사업의 흐름은 요즘 이태리 정통 파스타요리 전문점이 계속적으로 창업이 생겨나고 있기에 파스타 식재료 수요도 많다. 건조 파스타라고 할지라도 맛과 향, 색상,품질을 유지하는 유예기간도 있다는 것을 알아야 한다.

8. 빵류

요즘 식당의 빵류는 전문적으로 빵만 생산하는 거래처에서 정기적으로 공급받고 있는 식당들도 많이 볼 수가 있다. 주방에서 직접 빵을 만들면 구매하는 것보다 모든 비용이 훨씬 더 투입되는 경우가 있다. 따라서 전문점에서 매일 적정량의 맞춤형 빵류를 구매하는 방식이면 상호간의 시너지 효과가 매우 크게 나타난다고 볼 수 있다. 빵류의 구매 핵심의 중요한 고려사항은 신선도, 종류, 모양선택, 가격, 신속배달이 되는 신뢰가 전제되어야 한다. 그러나 만일 빵이 신선하게 도착하지 않는다면 새로운 빵류 거래처를 찾으면 된다. 최고의 빵굽는 이는 주문과 배달에 복잡한 의사결정 구조를 지니고 있지 않다. 따라서 주방장이 책임감을 가지고 빠른 수의계약 방식으로 선택만 하면 적정한 원가절감을 할 수 있다고 판단된다.

9. 디저트류

주방업무 영역에 디저트 담당자가 없다면 디저트를 어떻게 준비할 것인가 선택 고민을 할 수밖에 없다. 디저트가 직접 만드는 것보다 외부 구매 배달이 높은 가격이라면 주방장은 어떤 결정을 하는지가 식당운영의 핵심내용이 될 것이다. 이러한 고려사항은 디저트 구매에 영향을 미친다. 최상의 식당 운영계획은 손님에게 디저트서비스를 어떤 목적으로 제공되는 것인지가 주방장은 주방업무 전략을 짜야한다. 디저트를 고객에게 제공함으로서 메인식사의 일부분으로 고려하는 것인지 아니면 이윤 창출을 목적으로 식당 운영할 것이지를 그 식당의 브랜드 이미지를 만들 수 있도록 노력해야 한다. 그리고 고객에게는 다양한 디저트를 제공해야 한다. 신선한 과일 디저트는 단순히 과일 그 자체의 맛에 느낌이 있지만, 맛있고 깜찍한 디저트는 환상적인 이점이 있기에 디저트로서 고객에게 큰 감동을 줄 수 있는 소비항목이다.

요즘 디저트는 화려하고 창의적이고 그 식당의 창조물로서 발전시켜야 한다. 디저트를 전문으로 운영하는 가게들이 생겨나고 있기에 주방경영 관점에서 디저트가 전문점보다 비교우위에서 떨어진다면 주방장은 디저트 서빙을 고객관점에서 감동을 찾을 수 있는 방안을 마련하는 것이 주방장의 역량이다. 고객이 그 식당의 최종 서비스를 느낄 수 있는 감동은 역시 디저트 맛의 여운를 남길 수 있도록 하는 것이다.

10. 특별 식재료

특별한 식재료는 주방장이 메뉴를 구성할 때부터 어떤 특별한 식재료를 이용할 것이지를 전략적 관점에서 접근하는 것이 식당의 운영측면에서 보다 생산적이다. 주방장이 구상하는 메뉴의 특별성에는 희귀한 식재료가 핵심이다. 그 식재료는 당장 구매할 수 없는 식재료들이라면 몇 개월 전에 구매준비를 해야 한다. 세계적 특별한 희귀 식재료는 가격도 비싸지만 구하기도 매우 어렵다. 이런 점에 유의해야 한다. 특별한 과일 오일, 야채 오일, 제비집, 곰발바닥, 캐비아, 거위 간, 희귀한 치즈, 고가의 와인류와 브랜디, 고가의 버섯, 건조 식재료 등이 있다.

11. 요점정리 및 토론

주방의 식재료 구매는 그 레스토랑의 음식판매서비스 경영의 시작에 있다. 그리고 식재료 구매는 외식사업에 있어 구메비용이 가장 큰 관심사이다.

주방장의 구매의사결정은 레스토랑의 훌륭한 요리를 만드는데 필수적 바탕이며, 좋은 식재료 구매는 조리사들에게는 조리를 쉽게 접근할 수 있도록 도움을 주는 장점이 되는 매우 큰 역할을 한다.

레스토랑에서는 합리적인 희망이익을 창출하기 위해서는 모든 식재료 구매구조에 있어 좋은 구매 아이디어를 창출해 내는 방법이 핵심이다. 구매조건은 식재료 표시 발견, 거래자의 정보, 구매 가격, 음식 가격, 품질, 생산지 등은 주방조리업무를 모두 포함한다. 주방의 적정예산은 메뉴조정과 원가절감과 절약으로서 의미를 가진다.

정기적인 육류 납품거래자는 아무런 문제없이 신선한 품질을 다양하게 육류들을 배달할 준비가 있어야 한다. 그리고 각 지역 및 각 나라의 다양한 특별 식재료 및 신선한 해산물의 형태는 그들의 구매에서 다양한 품질, 합리적 가격의 그 무엇인가를 배울 수 있다. 신선함은 해산물을 구입할 때 핵심열쇠이다. 육류 납품거래자와 거래할 때 중요한 요소는 구매 선택, 신선도, 가격, 구매 양, 신속성, 정확성, 구매의존도이다. 주방 식재료 구매의 선택결정은 공개경쟁입찰과 수의계약 등 두 가지 방식이 있다. 이 계약 방법들은 장단점들이 있다. 장단점을 적극 활용하여 결정하는 것이 매우 중요하다.

식재료 시장의 소매점, 도매점, 중간상인 없이 즉석 시장으로부터 곧바로 배달하는 것은 다양한 야채와 과일들이다. 그리고 야채류나 과일류 거래자들을 세분화하고 다양화 해야 서로 가격경쟁의 효과를 볼 수가 있다.

납품거래자와 상호간에 신뢰를 바탕으로 구매가 이루어져야 한다. 그러므로 서로가 융통성 있게 싼 물건을 배달과 구매를 한다.

비싼 건조식품은 보다 쉽게 다른 식재료로 대체할 수 있다고 본다. 주방의 식재료 종류는 아주 다양하기 때문에 구매의 적절한 시기, 생산지, 품질, 가격, 구매 양 등에 대해서 최상의 조건과 전문성이 요구되는 식재료 구매 활동에 관심을 가져야 한다.

제9장 식재료 재고 관리

연구 차례

연구 개요

식재료 재고관리 처리는 레스토랑에 식재료가 구입되는 순간부터 고객에게 제공되는 순간까지 셰프의 주요임무에 해당된다. 성공적인 재고관리를 위한 2가지 주요 방법으로 각 아이템별 처리 기법 준수 및 식품별 저장 공간배치 구성을 들 수 있다. 먼저 식재료 체크인 검수 절차로부터 매주 수백 가지 아이템을 다루는 레스토랑의 저장시스템을 살펴보아야 한다.

1. 식재료 체크인

대개의 경우, 셰프가 실제로 볼 수 있는 납품 업체 측 사람은 주문한 물품을 레스토랑으로 배송하는 운전기사나 배달원이 유일하다. 주문 및 가격흥정은 전화상으로 이루어진다. 사실 운전기사가 납품업체를 대표하는 사람이며, 레스토랑과 납품업체 간의 성공적인 관계유지에 기여할 수 있다. 운전기사와 좋은 유대관계를 유지하는 것도 중요하지만 실제 주문했던 물품을 수납하는 것이 필수요건이다. 인간관계 때문에 목적을 잊어버리지 마라. 체크인할 때 주문 건을 일일이 검토하라. 신선한지 상한 건 없는지 확인하라. 주문한 브랜드가 정확히 맞는지 또는 대체할 만한지 확인하라. 반품해야 할 경우 정중히 설명하라. 물품을 승인하고 거절하는 일관된 패턴에 대한 셰프의 기준을 배달원에게 알릴 수 있으며, 셰프와의 관계가 친밀하다면 납품업체 창고에서 출발하기 전에 주문 건에 대해 더욱 신경 쓸 것이다. 단지 샌드위치 하나를 건네준 것만으로도 배달원의 태도가 달라지며 적시에 물품을 확보할 수 있는 셰프의 능력이 달라질 수 있다.

송장은 원래 단가와 일치하는지 확인하기 위해 정확한 가격을 체크해야 한다. 모든 계산은 이중 체크해야 한다. 어떤 실수나 계산차이는 다음 지불기일 이전에 회사대표에게 보고해야 한다. 어떤 회사들은 신용장을 발행할 시간을 요청하며, 규모가 큰 납품업체들은 영업사원, 사무직원, 전산관련 시스템을 통해 정보를 발송할 시간을 요청하기도 한다.

체크인 절차의 마지막 단계는 식품 검수 및 보관 정리이다. 빠를수록 좋다. 일처리 과정에서 발생하는 혼란은 분명한 책임소재를 구분함으로써 최소화해야 한다. 셰프가 물품을 옮기지 않더라도 물품이 적재적소에 보관되고 있는지 확인하기 위해 저장시설을 점검해야 한다.

2. 미 가공 식재료 저장

가공하지 않은 물품들이 도착하면 가장 오래된 물품을 가장 먼저 사용하는 것, 소위 로테이션 프로세스를 확실히 지킬 수 있는 시스템에 필요하다. 한 명 이상의 직원들이 식품저장을 담당하고, 여러 명의 조리사와 헬퍼들이 식품을 조리하는 대규모 레스토랑의 경우 명확한 방법이 필수적이다. 근본적으로 로테이션 프로세스는 공간이용 가능성에 바탕을 둔 체계적인 저장 및 복구시스템으로서 일종의 자리게임이라고 말할 수 있다. 만약 저장 공간이 형편없이 적고, 좁으며, 습하고, 더럽다면 보관된 일부 물품들이 부패하고 상할 것이다. 그러나 적당한 공간에, 깨끗하며, 통풍이 잘되고, 각 재고 아이템들을 특정 장소에 보관할 수 있을만큼 충분히 크다면 식품낭비 가능성을 줄어들 것이다. 이를 통해 최상의 재고관리 및 주문처리가 가능하다. 로테이션 시스템의 기본 아이디어는 가장 먼저 사용될 위치에 가장 먼저 입고된 물품을 보관하는 것이다. 즉 가장 앞 그리고 제일 위에 위치한다. 물품들에 날짜를 기록함으로써 가장 오래된 물품을 먼저 사용할 수 있다. 주의가 요구되는 상품들은 박스 채 또는 랩에 감싸거나 포장에 넣은 채 구입되며 보존기간은 일주일 정도이다. 이런 방식이면 날짜를 기록하기 쉬우며, 쌓아올릴 수도 있다. 그러나 생선, 야채, 육류와 같은 상품들은 쌓아올릴 수 없다. 당장 사용할 물품들은 박스에 넣어 라인 및 조리주방 가까운 곳에 보관해야 한다. 앞쪽 박스에 새로 들어 온 육류, 생선, 야채들을 넣고, 뒤쪽 박스에는 오래된 물품들을 넣어 보관할 경우 시스템 혼란을 야기하게 된다. 로테이션 시스템은 조리업무 다음으로 패턴화해야 한다. 유능한 셰프는 육체적 노동력을 제공하기 위해 고용된 직원들에게 시스템을 제공한다. 시스템 이행 후 셰프의 역할은 시스템을 제대로 지키고 있는지 확인하기 위해 선반을 체크하는 감독관이 되는 것이다. 식재료 저장 로테이션 프로세스는 진리의 속담이 하나의 규칙이 되는 것을 보여준다.

3. 미 가공 식재료 처리 기법

부패하기 쉬운 물품들은 최적상태를 유지할 수 있도록 하루에 한 두 번 이상 관심을 가지고 살펴봐야 한다. 경험 없는 직원이라면 몇 시간 이내에 부패식품으로 바꿔버릴 수도 있다. 식품을 잘못된 방식으로 처리한 경우에는 즉각적인 관심이 요구된다. 일부 품목들의 경우에는 최상의 저장방법에 관해 의견충돌이 있을 수 있다. 예를 들어, 마요네즈 저장방식에 대해 주방장들의 주장이 각기 다를 경우, 이 주방장들은 유럽출신일 것이다. 미국이었다면 마요네즈의 냉장보관에 대해 문제될 것이 없다. 대륙 간 심지어 미국 내에서도 저장기법에 대해 다양한 차이점들이 있다. 지켜야 할 기법들이 계속해서 입증되고 있다.

육류와 가금류는 공기차단을 위해 완벽히 밀폐된 공간에 보관하는 것이 최상의 방법이다. 비닐봉투와 진공포장은 육류 표면을 피나 오일로 코팅하여 공기를 차단하는 역할을 한다. 뼈까지 하는 육류 커팅은 출혈을 막기 위해 젖은 천으로 덮어 보관함으로써 표면이 마르는 것을 방지할 수 있다. 화씨 33도는 냉동하지 않고서 신선한 상태를 유지할 수 있는 최상의 온도이다. 시 보건당국에서 기준 온도에 관한 지침을 명시하므로 준수해야 한다.

냉동 육류 및 가금류는 해동 시 수분이 증발되고 변색될 수 있다. 냉동 제품을 이용할 경우 식품 보존기간이 2~3일 밖에 되지 않는다는 사실을 기억하라. 젖은 타월로 감싼 채 보관하라. 손질한 생선은 젖은 타월로 덮어 표면의 수분증발을 막아야 한다. 그러나 물기가 많으면 안 된다. 물은 생선의 천연 오일과 향을 없앤다. 배수구멍이 있는 쟁반에 담아 최상의 상태를 유지할 수 있다. 화씨 32~35도는 숙성과정을 늦춘다. 일단 그 이상의 온도에 노출되면 조직이 무르기 시작하며 보존기간이 10~40%까지 짧아진다. 손질하지 않은 생선은 산소접촉으로 인한 부패로부터 표면을 보호해주는 생선껍질로 인해 손질한 생선보다 보존기간이 길다. 손질한 생선과 마찬가지로 젖은 타월로 덮은 채 배수구멍이 있는 쟁반이나 배수가 가능한 상자에 담아 보관할 수 있다.

냉동어류는 보존기간이 1~2일 정도로 매우 짧다. 해동된 어류는 물기를 제거하고 젖은 타월로 덮어두는 것이 중요하다. 새우와 갑각류의 경우 보호막인 껍질 때문에 보존기간이 다소 길지만 그 자체의 맛은 잃게 된다. 생선의 냉동기간이 길어질수록 특유의 맛은 냉각기로 흡수된다. 오랫동안 냉동된 품목은 더이상 본연의 맛을 낼 수 없다. 그 맛은 냉각기와 유사할 것이다. 요리 시에도 마찬가지이다. 장기간 냉동된 생선은 수분손실로 인해 해동할 때와 조리과정에서 수축되어 원래 크기의 75%까지 줄어들기도 한다. 냉장 생선은 주의해서 사용해야 한다.

야채류는 생선, 육류, 가금류에 비해 저렴하지만 여전히 최상의 관심이 요구된다. 소중히 다루지 않을 경우, 그 맛과 보존기간에 문제가 생길 수 있다. 특별한 관심이 요구되는 몇몇 예외적인 품목들과 더불어 야채들은 물기를 제거한 채, 밀폐된 판지 또는 나무상자에 넣어 화씨 40도 정도에서 가장 오랫동안 저장된다. 부가적인 처리가 요구되는 가장 일반적인 품목들은 다음과 같다.

- 파슬리. 줄기를 1~2인치 물에 담가 화씨 40도에서 보관한다.
- 물 냉이. 잎을 2인치 물에 담가 화씨 40도에서 보관한다.
- 파와 부추. 뿌리를 1~2인치 물에 담가 화씨 40도에서 보관한다.
- 브로콜리. 밀폐된 상지에 넣어 화씨 40도에서 보관하며, 얼음물을 계속 끼얹어준다.
- 허브. 화씨 40도에서 보관하며, 싱싱한 줄기는 1~2인치 물에 담그고, 말라 부서지기 쉬운 줄기는 냉기를 유지하고 매일 물기를 제거한다.
- 토마토. 원하는 정도로 숙성될 때까지 상온에서 보관한 후, 화씨 40도에서 냉장한다. 대형 냉장고에 오래 저장할수록 더 많은 수분을 흡수한다. 토마토의 맛을 보존하기 가능한 단기간 냉장해야 한다.
- 아보카도. 숙성을 위해 80~90도에서 저장한다. 가능한 냉장하기 전에 사용한다. 아보카도는 냉장고의 습기를 흡수한다. 표면이 무르는 것과 맛 손실을 막기 위해 밀폐해서 보관한다.

2~7일간 잘 저장 보관된 야채류, 육류, 가금류, 어류는 주방 직원이 썰고 잘라 요리하기 시작하는 순간부터 보존기간이 급속도로 짧아진다. 잘 보관하기 위해 특별한 조치가 필요하다.

4. 완제품 식재료 처리 기법

음식 생산 기억을 위해 도움될 만한 3가지 가이드라인이다.

1) 가능한 서빙시간 직전에 식품을 준비하라.
2) 온도를 유지하라.(뜨거운 것은 뜨겁게, 차가운 것은 차갑게)
3) 공기가 생산음식에 미치는 영향을 파악하라.

각각의 식품은 최상의 관리를 위해 특별한 기법을 필요로 한다. 이러한 방법들은 다양하지만 대개 공통된 해결방안들을 지닌다. 식품원가 감축에 관심을 지닌 전문 셰프라면 물리적 기법들과 경험 또한 갖추어야 한다. 셰프는 식료품과 플라스틱 또는 스테인레스 용기, 종이, 플라스틱 또는 알루미늄 랩과의 물리적 및 화학적 반응에 대해 잘 알고 있어야 한다.

5. 식재료의 특별한 문제

디너 판매량이 많은 레스토랑의 경우 런치 판매량이 저조하거나 반대인 경우가 일반적이다. 바쁜 근무시간이 끝나면 조리사들은 남은 소스들과 육류와 생선 조각들을 폐기처분할 것이다. 특히 스페셜 요리인 경우, 아무리 소량이라 하더라도 남은 음식을 아끼도록 훈련받아야 한다. '폐기처분 금지' 규정의 중요성을 강조하는 한 예가 있다.

레스토랑의 셰프는 주중에 대략 100인분의 디너를 준비한다. 메뉴는 컨티넨탈 프렌치이며, 매일 오후 밤 6개 정도로 구성되는 해산물 스페셜 요리를 제공한다. 소스는 클래식 및 누벨 스타일을 절충한 방식이다. 레스토랑의 런치매출은 하루에 20~30개 정도이다. 해산물 보존기간이 거의 다 되어 레몬 넙치, 황새치 스테이크, 또는 갑각류와 같은 스페셜 요리용 2인 분량을 폐기했으며, 그 영향은 거의 재앙의 수준이다. 이 문제의 중요성을 강조하기 위해 식품을 구매가격이 아니라 판매가격을 기준으로 생각해 보자.

셰프는 모르고 있지만 1주일 동안 나이트 셰프와 조리사들이 황새치 스테이크 2인분, 양고기 찹 3인분, 생파스타 10파운드, 조개 3인분, 랍스타 1마리, 닭 6마리, 넙치 스테이크 1인분, 연어 2인분, 대구살 3인분을 폐기했다. 판매가로 따지만 거의 40만 원에 달하는 것이다. 한 달 4.2주로 계산할 때 평균 손실은 약 182,000원에 달한다. 믿을 수 없는 일이지만 실제로 수천 개의 레스토랑에서 매일 오후 밤 마감시간에 일어나고 있는 일이다. 셰프는 어떻게 해야 할까? 불행히도 해결방안은 기록담당자의 업무이며 대다수 셰프들은 비서를 둘 수 없는 상황이다. 유일한 방법은 3단계 처리방안을 이용하는 것이다. 첫째, 준비된 분량을 카운트함으로써 몇 인분이 레스토랑으로 서빙 되는지 파악하기. 둘째, 판매된 총 분량 파악하기. 셋째, 남아 있는 분량을 파악하고 새로운 모양을 연출하여 런치에 적용 판매함으로써 수익을 남긴다. 런치타임에는 2~3가지 스페셜 요리이면 충분하다. 창의적인 셰프는 고객의 욕구를 만족시킬 수 있는 스페셜 레퍼토리를 가지고 있다. 창의력이 풍부한 요리를 제공함으로써 고객은 만족하고 매출을 올려 추가수익을 만들어낼 수 있다.

셰프의 조리사들은 스페셜 요리의 분량과 고가 상품들의 분량을 보고하도록 훈련받아야 한다. 구매와 판매 수량 간에 차이가 있다면 직원에 대한 비난이 아니라 새로운 관심사항을 교육하기 위해 검토해야 한다. 이 과정은 셰프의 지속적인 임무들 중 한가지이다. 셰프는 주방 직원들에게 누구도 어떤 것도 폐기할 수 없다는 새로운 정책을 확립시킴으로써 문제를 해결했다. 만약 변질된 물품이 있으면 한편에 두었다 나중에 셰프에게 보여준다. 이 규정을 대충대충 지켜서는 안 된다. 셰프는 규정준수를 반복해서 강조했다.

어느 상대적으로 규모가 작은 레스토랑이다. 그러나 폐기처분되는 분량은 상당하다. 만약 규모가 크거나 체인 레스토랑이라면 이와 같은 손실이 미치는 영향은 어느 정도일까? 금액 적으로는 엄청날 것이다. 매출이 많은 업소의 관리기법에는 앞서 언급했던 3가지 지표들뿐만 아니라 보다 정교한 컴퓨터 데이터 검색시스템 또한 포함되어야 한다. 컴퓨터 시스템을 갖춘 레스토랑의 셰프는 주간 및 월간 집계를 포함한 일일 식품집계를 보고해야 한다. 고위 경영진은 이것을 기대할 것이다.

6. 식재료 재고관리 전산시스템

셰프는 업무를 효과적으로 처리하기 위해 컴퓨터의 필요성을 그다지 인식하지 않는다. 그렇다고 하더라도 표준화를 요구하는 대규모 체인 레스토랑에서 근무하거나 오너가 재고관리 전산화를 요구할 수도 있다. 회계서류, 손익계산서 또는 대차대조표를 작성하는 경영자에게 컴퓨터는 업무시간을 줄여줄 것이다. 따라서 셰프는 컴퓨터를 활용한 시스템에 적응해야 한다.

식재료재고 자체는 변하지 않을 것이다. 생선은 여전히 냉장고 안 선반위에 적재될 것이며, 피망 캔은 항상 있던 곳에 있을 것이다. 이것을 알 수 있는 유일한 변동 상태는 식재료 재고가 서류상 보여지는 형식이다. 이 방식은 셰프의 오더 시스템에 지장을 주어서는 안 된다. 이것은 셰프의 오더방식과는 아무런 연관이 없다. 재고관리 전산서류는 재고들이 기록되는 방식을 표준화한 양식목록이다. 전산목록은 경영진이 사용하는 추가양식이다. 셰프가 이 양식을 사용하는 유일한 경우는 상품목록에 기입할 때이다.

셰프는 전산입력을 위해 재고목록을 요청받을 수 있다. 앞서 언급했던 규칙 없이 작성된 프로그램이 존재할 것이다. 결과적으로 셰프는 컴퓨터가 쉽게 할 수 있는 서류업무 처리에 시간을 낭비할 수 있다. 전산화를 위해 재고목록 디자인을 요청하라. 육류, 어류, 유제품, 파스타, 가금류, 채소류, 냉동식품, 건조식품, 디저트 등 동일 카테고리별로 활용하라.

다음은 전산화된 재고목록의 예이다. 각 카테고리에 특정 코드번호를 부여하고, 개별 재고품목 또한 개별 번호를 가지게 될 것이다. 5자리 또는 6자리 숫자로 번호를 작성하라. 회계 담당자가 코드를 승인하면, 셰프가 카테고리별 목록을 작성할 것이다.

전산화된 재고목록 (예시)

01000	육류
01001	육류 찹
01002	햄
01003	캐나다산 베이컨
01004	기타
02000	생선
02001	갑각류
02002	조개류
02003	황새치
02004	기타

7. 직원의 식재료 소모량

재고관리에 있어 또 다른 큰 문제는 직원의 식재료 소모이다. 이것은 꼭 의도적인 것은 아니더라도 다음과 같은 3가지 방법으로 식재료 재고관리에 큰 손해를 미칠 수 있다.

1) 고객에게 막 퍼주는 것
2) 집에 몰래 가져가는 것
3) 직원이 너무 많이 먹는 것, 고단가의 앙트레를 먹는 것

물론 이 부분은 오너, 매니저, 셰프의 직원 고용 및 해고에 관한 정책 및 태도에 따라 개별 레스토랑의 정책도 다르다. 이 정책은 일부 직원들에게만 관련될지 몰라도 매우 중요하다. 식자재 원가분량이 높은 레스토랑의 셰프라면 운영수익을 고려하여 보다 큰 문제의 주요부분으로서 작은 허점이라도 놓쳐서는 안 된다. 대개 주방이 수익개념에 대해 미숙할 때 단번에 해결되지 않지만 단계별 해결방안들이 마련될 수 있다.

고객에게 막 퍼주는 것. 가끔 단골고객들과 웨이터나 바(bar)직원들이 짜고 행동하는 것처럼 보일 때도 있다. 직원들은 팁 때문에 또는 자신의 행동이 정당하다

고 생각해서 무료 음료, 디저트, 안주류 등을 마음껏 가져다주기 시작한다. 비즈니스에 있어 일반적으로 고객에게 무료 음식을 제공하는 유일한 이유는 서비스나 품질이 형편없을 때이다. 일부 매니저나 오너들은 고객이 음식을 다 먹었더라도 음식에 대해 만족하지 못한 경우에는 무료로 제공하도록 허용할 것이다. 이 정책은 매우 관대한 것처럼 보인다. 무료 음식제공을 막는 유일한 방법은 웨이터의 접근을 금지하는 것이다. 규정을 만들어 주방에서 나오는 음식의 각 아이템별 개수를 확인하라. 주방 직원들은 이 규정을 엄격히 준수하도록 훈련받아야 한다. 결코 함부로 음식을 제공해서는 안 된다. 이 정책을 근거로 셰프는 디저트와 같이 손실로 추정되는 개별 아이템들을 불시 점검할 수 있다. 혹시 의심받고 있는 웨이터가 있다면 확인할 수 있다. 메뉴 아이템이나 웨이터를 불시에 점검함으로써 이 규정을 효과적으로 유지할 수 있다. 게다가 직원들은 경영진의 관심사항에 주목할 것이며 그에 따라 행동할 것이다. 만약 어떤 웨이터나 바텐더가 경영진이 정한 규정을 완전히 무시한다면 해고는 각오해야 할 것이다. 음식을 반출하는 직원을 해고하는 것은 결과를 보여주는 가장 좋은 예이다.

크로스 체크 절차는 음식 품질관리 분석과 매우 유사하다. 예를 들어, 셰프가 문제를 어떻게 해결했는지 살펴보자. 어느 날 업장에 들어서다가 직원들이 호박파이가 사라진 것에 대해 미친 듯이 날뛰고 있는 광경을 목격했다. 파이 4판이 전달되었으며, 1판은 추수감사절용 24피스였다. 셰프는 디너타임에 12피스를 홀에 내보냈지만, 다음날 아침엔 남은 파이가 없었다. 홀 직원들이 전부다 판매했으리라 생각했다. 그리고 난 후 냉장고에 들어가 재고를 확인했다. 남아 있던 파이 2판 또한 사라졌다. 정오에 계산서를 확인한 후 나이트 셰프는 호출했다. 판매량은 16개였다. 나이트 셰프는 홀 직원들이 초저녁에 호박파이를 모두 팔아버렸으며, 파이를 더 요구했다고 말했다. 남아 있는 파이 2판을 잘랐다. 디저트는 웨이트리스 구역 내에 보관되므로 직원이 마음대로 먹을 수 있었다. 셰프 루이스는 직원들이 스페셜 디저트를 그렇게 마음껏 먹을 수 있는 지에 대해 의심스러웠다. 조리사들, 식기세척 담당자들, 포터들 등 모든 직원들에 대해 생각했다. 파이의 원가는 3,600원이며, 판매가는 4,400원로서 원가가 82%에 달한다. 셰프는 홀 직원들이 접근할 수 없도록 디저트 구정을 정하고 나이트 조리사에게 관리책임을 맡겼다. 주문전표가 주방에 전달되기 전에 어떤 디저트도 제공될 수 없다는 규정이다. 주방 직원은 본인이 먹더라도 전표를 작성해야 했다. 물론 홀 매니저도 이 규정에 동참했으며 모든 직원들에게 알렸다.

셰프는 디저트 개수와 재고 개수를 일주일간 매일 밤 조정했으며, 일주일에 한두 번은 불시 점검함으로써 경계심을 늦추지 않았다. 이 방책은 효과적이었다. 그리고 흥미로운 사실을 발견했다. 디저트가 많이 팔리더라도 재료비가 50%에 달한다는 것이다. 구매단계를 분석한 후 파이구매는 늘리되 케이크구매를 줄여 원가구조를 낮추었다. 여전히 판매는 호조였다. 보다 많은 조사를 통해 디저트 판매가를 줄일 필요성이 있음을 알게 되었다.

집에 몰래 가져가는 것. 불만이 있거나 부정직한 식기세척 담당자 1명이 열심히 그리고 부지런히 일한 일주일간의 업무성과를 망칠 수 있다. 물론 식료원가는 직접적인 영향을 받게 된다. 이 문제를 해결하기 위해 정직한 직원들이 정직하게 일할 수 있는 환경을 만들어야 한다. 즉 오너는 제때에 공정하게 급료를 지불해야 한다는 것을 의미한다. 보스를 신뢰할수록 직원들이 몰래 가져가는 일이 적다. 오너의 정책은 공정해야 하며, 금전적인 것과 연관될 경우에는 엄격해야 한다. 예를 들어, 직원들이 샌드위치나 맥주를 집에 가져가는 것은 허용하더라도 스테이크나 랍스타를 훔치다 적발된 직원은 즉시 해고해야 한다. 이런 직원이 충고만으로 교정될 수 있을 것이라 생각하지 마라. 부정직한 직원들은 제거되어야 한다. 만약 의심스러운 직원이 있다면 덫을 놓고 기다리라. 사라지는 새우 때문에 골치아파하던 셰프의 경우를 살펴보자.

새우요리가 주요 메뉴아이템인 해산물 전문 레스토랑이다. 셰프는 주당 4~5상자, 51~60마리 정도, 상자만 30~40kg을 사용한다. 한 번에 여러 상자를 구매함으로써 재료비를 절약할 수 있었다. 오너와 셰프가 비번일 경우, 냉동 새우는 판매특성상 야간에 잠가둘 수 없다. 주방장은 뭔가 잘못되었다는 느낌이 새우소비량에 대한 생각과 함께 시작되었다. 하룻밤에 대개 1상자 정도 가끔 반 상자 또는 1상자 반 정도 사용했다. 어제 퇴근하기 전에 5상자가 있었지만, 오늘 아침에는 3

상자만 남아 있는 것을 발견했다. 레스토랑에서는 상자 당 5만 원에 판매하고 있었으며 매출을 계산해볼 필요성이 있었다. 지난밤 매출로 볼 때 1상자 미만이 사용되었어야 했다. 어제 본 상자들을 확인해야 했다. 새우를 손질한 조리사들에게 물어보았다. 조리사들은 5상자가 남아 있었다고 분명히 말했다. 어제 근무자 명단을 확인했다. 조리사 5명, 식기세척 담당자 3명, 포터 2명, 홀 직원 14명이었다. 분명히 주방 직원들이 훔칠 가능성이 가장 높았다. 그렇지만 교묘하고 도리를 모르는 도둑 같은 사기꾼 버스보이라면 주방에 몰래 들어가 어떤 방법으로든 새우상자를 훔쳐낼 수도 있다. 또 다른 요인은 동기에 있다. 식기세척 담당자의 가족은 햄버거 보조요리사로 살아가고 있으며 속이려는 의도가 다분히 있을 수도 있다. 또는 나이트 셰프가 작은 디너파티를 열어 점보새우를 앙트레로 사용할 수도 있다. 셰프는 이 문제를 어떻게 해결했을까?

셰프는 가라진 새우상자에 대해 생각해야 했다. 이 손실은 결코 변상될 수 없을 것이다. 이제 해야 할 일은 다시는 이와 같은 일을 못하도록 만드는 것이다. 첫 단계는 현재 상황을 설명하는 여러 언어들로 냉장고 및 냉동고 문에 공지사항을 붙이는 것이다. "식재료 분실이 계속되고 있으며, 발견 즉시 해고될 것임" 오너의 사인이 첨부되면 셰프에게 힘을 더 실어줄 것이다. 절도가 공개된 당일 주방장은 모든 주방 직원들에게 이 사실을 강조하며 알렸다. 심지어 비번인 직원에게는 전화를 걸어 자백을 강요하는 것이 아니라 정보 수집을 위해 관련된 질문들을 했다. 누군가 절도현장을 목격했거나 보고할 수도 있다. "지난밤에 새우상자는 몇 개였나?, 냉동실에서 새우를 꺼내간 사람은 누구인가?, 냉동고에 점보새우가 든 상자가 몇 개였나?" 등과 같은 질문들을 통해 범행시간을 좁혀갈 수 있었다. 결정적인 증언이 나올 수도 있다. 명확한 증거나 사실이 될 수 있으므로 주의해서 경청하라. 그러나 개인의 의견만으로는 충분하지 않다. 전체 직원에서 공지된 경우 직원 서로 간에 경계할 것이므로 그 도둑은 적어도 잠시 동안은 절도행위를 멈출 것이다. 그러나 도둑의 절도동기가 강하다면 기회만 오면 또다시 훔칠 것이다.

두 번째 새우상자가 사라졌을 때, 문제는 심각해졌으며 해결해야만 했다. 규모가 큰 레스토랑의 경우 용의자를 찾아내기 위해 거짓말 탐지기 테스트를 시도할 것이다. 이 테스트는 완벽하지 않으며 잘못된 결과를 가져올 수도 있다. 그런데도 적발된 직원을 해고해야 할까? 해당 직원의 유죄가 확실하다면 대답은 예스이다. 그러나 레스토랑은 거짓말 탐지기에 투자할 생각은 없었다. 셰프의 결단이 필요했다. 오너와 매니저는 일단의 조치를 원했다. 새우 한 상자 당 판매가를 150천 원으로 봤을 때, 연간 손실액은 7,550천 원에 달했다. 주방장은 인격적인 모욕감이 느껴지기 시작했다. 다시 정보들을 모으기 시작했다. 새로운 조사를 통해 용의자를 3명으로 좁혔지만, 약물복용 전과가 있는 나이트 조리사를 가장 의심했다. 명백한 증거 없이 단지 느낌뿐이지만 조리사를 신뢰하지 않았다. 만약 나이트 조리사가 아니라면? 그렇다면 식기세척 담당자들 중 한 명일 수 있지만, 여러 관련 변수들이 있으므로 해결책이 없었다. 그는 훌륭한 나이트 셰프인가? 누군가는 일을 그만두어야 한다고 결심했다. 근무태도 및 업무성과를 이유로 해고했다. 다소 놀라는 듯했지만 과거에도 해고된 경험이 있었다. 주방장은 직원들에게 그 요리사를 신뢰할 수 없었다고 말했다.

주방장에게는 절도범을 해고할 수 있는 기회였다. 그렇지 않았다면 그저 청소하는 정도였을 것이다. 이것은 셰프가 해야 할 가장 힘든 업무들 중 하나이다. 이와 같이 심각한 상황에서 매출이 일종의 능력 테스트가 된다. 노조가 있는 경우, 그를 해고하는 것은 여러 가지 문제를 유발할 수도 있다. 또 다른 해결방안으로는 강력한 보안장치를 설치하는 것이다.

직원이 너무 많이 먹는 것. 직원 식사 시 유럽요리 정통방식은 세트메뉴이다. 가장 젊은 셰프가 자신 있는 음식을 준비하므로 양고기 콩팥이 제공될 수도 있다. 유럽출신 셰프들은 직원용 식사를 자신이 결정하므로 원가통제가 가능하다. 한국, 미국 내 일부 레스토랑에서는 이 방식을 채택하고 있다. 오너와 셰프의 뜻에 따라 실패 또는 성공할 수 있다. 즉 셰프가 오래된 식재를 사용한 음식을 직원들에게 제공할 경우 불만이 생길 수 있다.

대부분의 레스토랑들은 직원들 각자의 고객 주문에 따라 알 라 까르트가 제공된다. 이런 경우 허용되는 가격범위 또는 주문 가능한 앙트레에 대해 규정한 엄격한 레스토랑 방침이 필요하다. 오너, 매니저 그리고 셰프는 함께 방침을 정해야 한다. 규정의 성공적인 집행을 위해 이 규정이 고위권자들의 명령임을 주방 및 홀 직원 모두에게 공지해야 한다. 직원용 및 비 직원용 식사에 대한 윤곽을 그리기 위해 활용할 수 있는 2가지 방법들 중 하나는 다음과 같다. (1) 예를 들어 같은 직원이 주문할 수 있는 최고 메뉴가격을 정한다. (2) 새우, 랍스타, 스테이크, 램 찹 등과 같이 주문할 수 없는 앙트레나 아이템에 관한 목록을 정한다. 경영진은 모든 직원들이 볼 수 있는 장소에 직원 식사규정에 관한 목록을 게시해야 한다. 이와 같은 규정 위반 시 해고사항이 될 수 있다. 때로 오너나 매니저는 규율을 확고히 하기 위해 다소 강한 방법을 구사할 필요성도 있다. 그렇지 않을 경우 직원들이 일정수익을 갉아먹게 될 것이다.

한정분량 일회성 메뉴로 고객에게 제공되는 스페셜 요리인 경우, 직원제공은 금지되어야 한다. 그렇지만 직원들은 조금 다르게 생각할 수 있다. 즉 사식 규정상 직원제공이 금지된 아이템들을 절반가격과 같이 직원 특가로 제공함으로써 이와 같은 규정을 조정할 수도 있다. 모두에게 만족할 만한 해결방안을 제공함으로써 이 규정을 더욱 강화하는 효과를 볼 수 있다.

주방 직원들은 사식규정을 지키지 않아도 된다고 생각하는 경향이 있다. 조리사와 식기세척 담당자들은 식자재에 접근하기 쉬우므로 보다 현실적인 방안이 필요하다. 스테이크 금지, 스페셜 금지, 랍스타 금지 등과 같은 규정 대신에 셰프는 보다 구체적인 방안을 마련해야 한다. 또 다른 방법으로 주방 직원이 값비싼 메뉴를 먹을 때마다 전표작성을 요청하는 것이다.

셰프는 아침에 출근했을 때 조갯살 스테이크 재고량이 엄청나게 줄어든 것을 발견했다. 이 레스토랑은 성수기도 아니었다. 지금껏 주문관리를 등한시 해왔으므로 검토하기로 했다. 구매기록과 주문전표를 맞춰본 후 조갯살이 거의 없어진 것을 알게 되었다. 준비작업을 한 조리사를 통해 지난밤 근무시작 시 스테이크 15개 분량으로 잘라 포장해 둔 사실을 확인했다. 7개는 판매되었다. 6개가 사라졌다. 셰프는 오전 근무 직원들에게 개별적으로 "오늘 스테이크 먹었느냐" 라며 상냥하게 물어보았다. 포터 2명, 식기세척 담당자 2명, 준비작업 조리사 2명이 먹었다고 대답했다. 셰프는 즉시 주방회의를 소집했다. 스테이크를 먹은 6명의 직원들은 뻔뻔

하게도 마냥 웃고 있었다. 상황을 바꿔야할 것은 명백했다. 셰프는 직원들에게 협력을 요청했다. 만약 스페셜용 육류나 생선을 먹고자 한다면 셰프에게 요청해야 한다. 요청사항에 문제가 없다면 10번 중 9번은 허락하겠지만 확실히 해야 했다. 직원들은 동의했으며 규정을 잘 준수했으므로 셰프는 모든 주방 직원들에게 다양한 형태로 규정을 확대 적용하였다. 야간이나 주말에 셰프 진이 부재 시에는 책임 있는 셰프가 그 권한을 수행했다. 사라지는 스페셜용 식재료에 관한 사실을 알려주는 주문전표와 더불어 이 규정을 이용함으로써 잠재적 비용으로 상당금액의 식재료 원가를 통제할 수 있었다.

8. 요점정리 및 토론

성공적인 식재료 재고관리를 위한 2가지 주요 요소는 각 아이템에 대한 처리 기법 수행과 허용공간 내 식재료 구성에 있다.

구매 송장은 주문량과 일치하며 정확히 전산입력이 되었는지 확인하기 위해 식재료 원가를 확인해야 한다.

셰프는 구매물품이 정확한 장소에 있는지, 쉽게 변질될 수 있는 물품인 경우 적절히 적재되었는지 확인하기 위해 저장시설에 대한 사후 검수를 실시해야 한다.

만약 저장 공간이 너무 협소하고 습기가 많은 경우, 적재된 일부 식재료가 변질되거나 버리게 될 것이다.

구매 로테이션 시스템의 기본 아이디어는 가장 먼저 구입 된 물품을 가정 먼저 내보내는 것이다.

저장 및 로테이션 시스템은 준비작업 및 조리 이후에 패턴화해야 한다.

처리기법 수행 후, 셰프는 시스템이 잘 돌아가고 있는지 확인하기 위해 선반들을 점검하는 감독관이 되어야 한다.

야채류, 육류, 가금류, 생선은 준비작업 담당자가 자르고, 썰고, 조리를 시작하면서 보존기간이 2~7일 급속도로 단축된다.

버리는 식재의 중요성을 강조하기 위해 구매단가가 아니라 판매가로 고려해야 하며 식료원가의 상당부분을 차지할 것이다.

이와 같은 손실을 없애기 위한 유일한 방법은 3단계 절차를 이용하는 것이다.

첫째, 레스토랑 구입 분량 계산하기.

둘째, 주문전표를 통해 판매된 총 분량 파악하기.

셋째, 남아 있는 분량을 이용해 새로운 음식을 연출하여 덜 바쁜 시간대에 판매함으로써 수익 아이템으로 전환하기.

재고관리에 있어 레스토랑의 수익을 감소시키는 또 다른 문제는 직원 소비 부문이다.

식재료 원가가 상당한 레스토랑의 셰프라면 운영수익에 있어 아무리 작은 부분이라도 나중에 큰 문제를 유발할 가능성이 있는 중요한 부분으로 인식해야 하며 신중히 접근해야 한다.

직원의 식사 원가를 통제하기 위해 사식 허용 가격대나 이용 가능한 앙트레 아이템을 정한 엄격한 규정이 필요하다.

제10장 음식상품의 가격결정

연구 차례

연구 개요

메뉴 및 스페셜 요리의 가격책정은 레스토랑의 수익성과 인기품목을 확고히 하기 위해 경영진이 신중하게 이용할 수 있는 통제방안 중 하나이다. 원가에 관한 모든 정보들을 이용할 수 있으므로 가격결정은 전적으로 자유재량이다. 그러나 어림짐작이란 없다. 대개의 경우 오너나 매니저가 가격을 변경할 것이다. 셰프에게 그다지 흔한 일은 아니지만 메뉴를 창안한 경우와 가격조절 필요성이 있을 때 이뤄질 것이다. 효과적인 가격전략을 인지한 셰프는 수익성에 관해 이해시킴으로써 모든 직원들의 업무를 훨씬 더 수월한 방향으로 유도할 수 있다.

1. 신 메뉴의 가격결정

전체 메뉴의 가격이 레스토랑의 수준을 말해주듯이 개별 메뉴 아이템은 주문 고객의 능력을 의미하기도 한다. 고객들은 레스토랑이 제공하는 것과 가격을 파악하기 위해 애피타이저, 샐러드, 앙트레, 디저트 등 다양한 카테고리를 검토한다. 이와 같은 메뉴 카테고리들은 식사순서에 따라 그리고 특정상품을 판매하려는 오너의 의도에 따라 중요한 순으로 포지셔닝하게 된다. 예를 들어 오너가 그릴드 치킨을 중요하게 생각한다면 햄버거를 목록상 첫 번째가 아니라 아래쪽에 배치할 것이다. 개별 메뉴 아이템의 가격결정은 메뉴 가격결정의 시작이지만, 마지막 품목에 이르기까지 통합적인 시각에서 접근해야 한다. 개별가격에 영향을 미치는 요인들은 매출원가, 급료, 운영비, 경쟁업소 가격, 신시장의 등장, 시장 내 틈새시장, 메뉴 카테고리의 가격범위 등이 있다.

2. 매출원가

이것은 특정요리에 부과될 수 있는 유효성에 관한 지표이다. 각 요리의 1인 분량 분석은 필수적이다. 분석 없는 가격결정은 어림짐작일 뿐이다. 1인분을 만들어내기 위해 투입되는 모든 원가요소들을 파악함으로써 가격결정 과정을 시작하라. 요리에 사용되지 않고 버린 낭비 부분까지 계산하라.

3. 급료

이 부분은 엄격히 산정해야 할 것이다. 그렇지만 원가요소에서 고정비로 계산하기에 충분하다. 최종 메뉴는 일종의 머니메이커이며, 즉 직원이라는 것을 의미한다. 레스토랑의 좌석 수를 근거로 영업이 저조한 주간의 매출을 계산하라. 그리고 경영진, 홀 직원, 셰프 및 주방 직원 등 최소인원의 급료를 산정하라. 이 금액이 레스토랑의 최저 급료총액이다. 먼저 계산해둔 주간 매출로 나누어 보라. 이 수치가 인건비 퍼센티지이다. 이것을 유념해야 한다.

4. 운영비

이 비용들에 대해 보다 세심하게 계산할수록 잘 준비된 레스토랑이라면 시작부터 수익을 내게 될 것이다. 임대료, 세금, 가스·전화·전기 사용료 등 고려해야 할 비용들은 기타 회계 관련 도서에서 찾을 수 있다. 급료나 매출원가 외에도 모든 가능한 비용들을 포함하라. 그리고 앞서 계산해둔 주간매출로 총 예상 운영비를 나누라. 이 비용이 운영비 퍼센티지이다. 이 비용을 계산할 때 좌석 수가 많은 레스토랑이 저조한 매출을 낼 때와 마찬가지로 임대료가 매우 낮은 경우 운영비에 큰 영향을 미치게 될 것이다. 높은 수치가 나오더라도 단지 통계상 수치일 뿐이다. 그럼에도 불구하고 계산 및 예상을 집계할 때 일부 운영관련 요인들의 중요성은 명확하다. 예상 인건비가 30%이고 운영비가 40%에 달하는 메뉴를 가격 결정하는 셰프는 오너에게 이 사실을 경고해야 한다. 수익을 낼 구석이 없다는 사실 말이다. 아마도 콘셉트, 위치 또는 기타 중요한 요인들에 문제가 있을 수 있다. 만약 그렇다면 이제 바꿔야할 때가 된 것이다.

5. 경쟁 레스토랑의 가격

얼마나 많은 고객들이 특정요리에 지불할 의사가 있는지 알아내는 최상의 방법은 해당 메뉴를 판매하는 고급 레스토랑을 방문하는 것이다. 가격이 너무 높아서 판매할 수 없을지도 모른다. 그러나 이 방법이 가격책정을 위한 분명한 기준은 아니며, 단지 전체 그림의 일부로서 가이드라인일 뿐이다. 셰프의 임무는 고급 전문 레스토랑에서부터 간이식당에 이르기까지 가격 트렌드를 파악하는 것이다. 모든 레스토랑마다 가격 제한선이 있다. 무조건 뛰어들기 전에 시장현황을 제대로 파악하라. 가격이 너무 낮은 경우 필요 없이 수익을 줄이게 된다. 반대로 너무 높은 가격은 고가명성의 대가로 망할 수도 있다. 레스토랑 경영이 처음인 셰프나 오너들은 모든 경쟁업소의 메뉴 사본을 얻기 위해 노력해야 한다. 이것이 하나의 교육자료가 될 수 있다.

새로 문을 연 레스토랑에는 위험요소가 산재한다. 이것을 극복하는 최상의 방법으로 근소한 차이지만 싼 가격에 판매하는 것을 생각해볼 수 있다. 특정지역에서 보지 못했던 최고급 프렌치 누벨 퀴진을 가장 비싸게 판매하고자 하는 사람에게는 중요한 정보가 될 수 있다. 우선은 잘하는 것 같더라도 서서히 곤란에 빠지게 된다. 먼저 고객들이 음식에 빠져들게 하라. 그리고 줄서기 시작할 때 가격을 인상하라. 가격인상으로 화내는 대신 단골고객들은 오래 걸리는 이유를 궁금해 하며, 신규고객들은 트렌드에 합세할 것이다. 가격과 같이 매력적인 속성들로 시장을 통찰하고자 노력하라.

6. 새로운 음식시장의 등장

케이준요리, 캘리포니아 누벨, 텍스멕스 퀴진 등이 미국 내 다수지역에서 매우 성공한 경우인데 반해, 특정 스타일의 레스토랑들이 일시유행하고 지나가면 또 다른 트렌드의 레스토랑들이 형성될 가능성이 충분하다. 이런 경우 고정수요가 있으므로 가격설정이 매우 유용할 수 있다. 중요한 것은 메뉴의 가격이 아니라 트렌드세터들을 실망시킬 수 있는 전문성의 수준에 있다. 아직 시도되지 않은 요리라면 실패 가능성이 있다. 예를 들어 특정 지역 주민들이 텍스멕스 푸드를 좋아하지 않을 경우 어떻게 할 것인가? 이 지역 주민들은 그 음식을 이해하지 못하거나 좋아하지 않더라도 그 외 지역민들은 좋아할 수도 있다. 이런 경우 메뉴가격은 고객이 시험 삼아 먹어보려할만큼 충분히 저렴해야 한다. 가격은 고객으로 하여금 합당한 거래를 성사시키기 위해 약간의 먼 거리도 감수하고 찾아오게끔 강하게 어필해야 한다. 잘만 되면 트렌드 퀴진은 일정기간 선점할 것이다. 특정 지역에서 색다른 메뉴 아이템도 특별한 관심을 받을 수 있다. 트렌드 퀴진 에 적용한 것처럼 단일메뉴에도 동일한 원칙이 적용될 수 있다. 예를 들어, 버팔로 스테이크는 괴상한 메뉴이다. 다른 일반적인 스테이크보다 많은 수익을 내야 한다. 그러나 어느 누구도 먹어보지 않은 음식에 대해 5만 원 이상의 비용을 더 지불할 의사가 있을까? 즉 대중적인 가격을 책정함으로써 색다른 메뉴에 대한 수요를 창출하라.

7. 틈새시장 계획

대개 레스토랑들은 지역 내 기존 경쟁업소들이 존재한다. 이 레스토랑들은 최초의 피자가게에 대해 걱정할 필요가 없다. 그러나 새로운 레스토랑과 유사한 음식을 팔고 있는 레스토랑을 분석하는 것도 좋은 생각이다. 팍 스타일의 화이트 테이블보로 장식된 업소부터 패밀리 레스토랑 업소에 이르기까지 유사한 음식을 판매하는 모든 인근 레스토랑의 메뉴사본을 구하라.

높은 가격대에서부터 낮은 가격 순으로 메뉴를 배열하라. 신규 레스토랑은 어느 가격대에 진입하는 것이 적당할까? 음식연출 스타일로 보아 어떤 레스토랑이 가장 비슷한가? 식사 공간, 격식의 정도, 서비스 타입, 위치, 주류 판매에 이르기까지 모든 외적 요소들을 파악한다. 신규 레스토랑과 유사한 운영방식의 레스토랑이 있다면 가격대도 매우 유사해야 한다. 만약 신규 레스토랑의 가격이 높아야할 특별한 이유가 없다면 가격을 낮추어야 한다. 새로운 장소는 강점이 된다. 대다수 오너들은 레스토랑에서 훌륭한 음식을 생산해 낼 것이라 확신하기 때문에 메뉴에 대해 그다지 신경쓰지 않는다. 그러나 개장 첫해 인사 및 재고관련 문제들로 운영에 어려움을 겪고 텅 빈 레스토랑은 곤란한 상황에 처하게 된다. 낮은 가격에서도 동일한 문제가 발생할 수 있지만, 고객들은 괜찮은 거래라는 또 다른 매력에 끌리게 될 것이다. 만약 재방문 고객이 있다면 문제는 쉽게 해결될 것이다.

8. 가격 범위

신 메뉴는 애피타이저, 샐러드, 앙트레, 파스타 등 다양한 카테고리로 나뉜다. 개별 음식의 가격을 책정하기 전에 중간 값이 아니라 고가와 저가를 설정한 후 특정 카테고리 내 가장 고가와 가장 저가 항목을 파악하라. 신 레스토랑 메뉴에 있어 코스별 리스트를 작성하라. 각 카테고리별 가격대를 정하라. 이 가격대는 변동없어야 한다. 즉 매출원가, 급료, 운영비, 경쟁업소의 가격, 신시장의 등장, 신규레스토랑의 틈새시장 계획 등을 분석함으로써 축적된 데이터와 경험지식을 근거로 작성된 것이다.

9. 메뉴 아이템 배열

각 카테고리에 메뉴아이템을 배열하는 것은 해당 요리의 인기, 매출, 고객 수용 등을 결정하는 데 영향을 미칠 것이다.(대체로 리스트의 첫 번째 아이템이 가장 많이 판매된다. 가장 위에 포지셔닝할 필요 없이 가장 저가의 아이템 또한 많이 판매된다) 메뉴아이템을 배열하는 순서는 다음의 2가지 요인에 달려 있다. 첫째, 고객이 주문할 것으로 예상되는 코스순서 즉 애피타이저, 샐러드, 메인코스, 디저트. 둘째, 고객에게 판매할 의도순서, 만약 오너나 셰프가 모든 요리들을 동일하게 판매하고자 한다면 그 순서대로 판매달성을 이룰 수 있을 것이다. 또 다른 경영진은 스페셜 요리와 같은 하나의 아이템을 더 많이 판매할 수도 있다. 그렇다면 이 아이템이 상단에 포지셔닝해야 할 것이다. 개별 아이템 배열에 있어 또 다른 콘셉트는 '특매원칙(leader principle)' 을 적용하는 것이다. 고객의 눈에 잘 뛰는 곳에 해당메뉴를 포지셔닝 함으로써 구매가능성을 강조하는 것이다. 소구력이 강하다면 고객을 끌어들일 것이다. 이것은 각 아이템의 가격을 형성하며, 결국 카테고리 및 궁극적으로는 메뉴 가격결정에 공헌하는 다양한 방법들을 조합하여 이루어진다. 각 카테고리가 이와 같은 특가로 시작되는 메뉴를 이용하는 레스토랑은 스페셜 아이템이 동일한 중요성을 갖는 레스토랑 메뉴와는 매우 다르다. 전자가 판매중심(dollar basis)이라면 후자는 요리중심(cuismebasis)으로 운영될 것이다. 전자방식의 좋은 예로 어느 식당 저녁식사 메뉴를 들 수 있다. 오너이며 셰프는 가정식 요리를 중심으로 저렴한 가격에 메뉴를 판매했다. 수도권 교외지역에 위치한 낡은 커피숍을 주변지역이 고사중이라 낮은 가격에 임대했다. 오래된 공장지대가 주로 오피스 빌딩들로 이루어진 번화가로 변하고 있었다. 몇 주후 주방장은 리모델링을 시작했다. 인근 레스토랑의 경우 디너 고객은 몇 안 되더라도 런치 고객은 일정했다.

SOMETHING SIMPLE

SNACKS & STARTERS

New England Clam Chowder cup 1.25 bowl 2.50
Soup of the Day cup .95 bowl 2.00
Baked Vermont Cheddar Fondue w/Apples & Almonds 2.50
Spicy "Omaha" Chicken Wings 2.50
Avocado Vinaigrette 1.95
Deep-Fried Fish Fingers w/2 Tartar Sauces 3.50

SALADS

Andrea's Special Salad Sm. 2.95 Lrg. 5.50
Curried Chicken Salad Platter Sm. 4.50 Lrg. 5.50
Herbed Tuna Salad Supreme Sm. 4.50 Lrg. 5.50
Tortellini Salad Italienne Sm. 3.50 Lrg. 4.50

SANDWICHES

Grilled Chicken Club Sandwich 4.95
California Melt 4.25
Avocado, Bacon, Lettuce & Tomato 0.00
Hot Pot Roast Sandwich 4.95
Simple 7oz. Hamburger 3.95
BBQ Onions .50 Extra
California Platter 4.95
Blue Cheese Melt .50 Extra

MAIN PLATES

Baked Chicken Maryland 5.95
Roast Chicken w/Herbs 5.95
Southern Fried Chicken 5.95
Grilled New York Strip Steak 9.95
Gulf Shrimp Boil 8.95
Sauteed Sea Scallops 8.95
Catch of the Day Priced Accordingly

Dinners Include a House Salad and Choice of Vegetable

VEGETABLE SIDE DISHES

Green Beans Saute 1.25
Mashed Potatoes 1.25
House Salad 1.50
Steamed Mixed Vegetables 1.25
Hand-cut French Fries .95

DESSERTS

Sour Cherry Pie 2.00
Hot Apple Spice Cake 2.00
Chocolate Rum Comfort 2.00
Dessert of the Day 2.50

셰프는 고급 레스토랑의 세련된 내부 장식과 음식이 빠른 서비스와 함께 제공되는 저가의 커피숍을 생각했다. 칸막이 없이 긴 의자와 테이블을 갖춘 커피숍으로 인테리어를 했다. 카운터와 주방은 손대지 않고 그대로 두었지만 조명, 카펫, 내부 장식 등은 교체하여 분위기를 완전히 바꿨다. 시내 사람들의 방문이 늘어나고 있으므로 디너고객 매출도 증가할 것으로 예상했다. 주방장은 단골고객을 먼저 확보하기 위해 인근 레스토랑보다 저렴하게 동일 가격대의 커피숍에 비해 경쟁력 있는 디너메뉴를 제공하기로 결심했다. 선택된 메뉴는 대개 자신이 좋아하고 잘 만드는 것들이며 런치메뉴와 동일했다. 디너매출 목표수준은 운영비, 인건비, 식재료비를 지불할 정도면 충분했다. 그러나 주간 근무 시 그 비용들을 이미 지불했으므로 셰프가 고려했던 수익수준을 넘어섰다. 예상비용은 1일 디너 300천 원, 주당 2,000천 원이었다. 셰프는 메뉴를 살펴보며 질문했다. "매일 밤 40~50명의 고객을 어떻게 불러들일 수 있을까? 가격을 얼마나 낮춰야할까?" 질문의 답은 특가판매였다. 디너메뉴는 저가의 스페셜 메뉴들로 구성된 완벽한 예이다.

이와 정반대의 경우로 어느 레스토랑은 정통 및 누벨 퀴진 모두 제공하는 프렌치 레스토랑이다. 이곳은 응접실, 별실, 아래층에 개조한 주방을 갖춘 역사적인 랜드 마크 건물에 위치하고 있다. 모든 직원들은 최상급 레스토랑에서 근무한 경험이 있다. 메뉴 아이템 간 우열은 필요 없으며, 가격대는 정식세트 메뉴인 프리픽스를 제공하는 고급 레스토랑 수준이다.

정통 스크립트체로 작성된 프랑스어는 고가의 프리픽스 메뉴 분위기에 잘 어울린다. 오너 겸 셰프는 시골 중앙 북부 작은 도시에 고가 메뉴를 도입했다. 디너에 애피타이저를 포함한 것은 고객이 인지하는 가격한도를 넘어서는 것이지만 평소에 먹는 것보다 훨씬 다양한 음식을 제공하였다. 소량으로 코스별 제공되는 음식의 총량은 평균 식사 시 분량이지만 4~5코스로 제공되므로 대다수 고객들은 불쾌하게 생각했다.

A la Carte

Hors d'oeuvres	**melon glacé au porto(in season)**	**3.25**
	Paté or Terrine	**3.25**
Hot or Cold	**Smoked Salmon & cream cheese on toasts**	**3.75**
	Shrimp cocktail with curry mayonnaise	**4.25**
	Stuffed mushrooms	**3.25**
	Escargots de Bourgogne with garlic butter	**4.25**
	Moules farcies persillade(when available)	**4.25**
Desserts	**Plateau de Fromages**	**2.50**
	Grand Marnier Cheesecake	**2.50**
	Petits Délices au chocolat	**2.50**
	Cappuccino glacé	**2.50**

Plaease call ahead for a Special Celebration cake of any size.

Nos Entrées

Entrées Classiques
- You will find them on our Menu everynight.

- Lotte en Brochettes
  marinated monk fish on shishkebabs
- Canard roti au Basilic
  roasted duckling with fresh basil
- Boeuf à l'orange
  beef slices simmered in a red wine & orange sauce

Les Spécialités du jour
our specials tonight

Nos Menus

For your enjoyment we have designed two menus
best suited for dining experiences.

Light Cuisine

For diners wishing a pleasant but light menu
at a moderate price

Soup
Entée
Assorted Vegetables
Rice or Potatoes
Salad
W12.500

Grand Classique

"The Art of Tasting"
For a complete Fench Dining Experience, may we suggest
our perfectly balanced Menu Dégustation

Soup
Fish Entrée
Meat or Poultry Entée
Assorted Vegetables
Salad
Dessert
₩18.500

애피타이저의 개별 가격은 다르지만 가장 수익성이 높고 준비하기 쉬운 것부터 오름차순으로 배열했다. 디저트는 프리픽스 메뉴에서 분리하여 따로 판매하되 동일가격으로 판매했다.

다른 고급 다이닝 메뉴의 가격결정시 판매된 음식의 원가, 임금, 운영비를 포함한 기본 원가요소는 경쟁업소의 가격에 그다지 영향받지 않는다. 최상위 가격대 레스토랑은 가격에 구애받지 않는다. 수요와 공급이 가격을 말한다. 최상의 음식을 제공하는 오너 겸 셰프라면 최고가를 요구한다. 물론 너무 과한 것도 콘셉트에 해를 끼칠 수 있다. 예를 들어 서울의 최상급 정통요리를 제공하는 프렌치 레스토랑이다. 2가지 일반메뉴를 제공하며, 각 3,5천 원과 5,2천 원이다. 작은 룸들은 50명도 수용하기 힘들만큼 협소하며, 잠재고객이 수천 명이 넘는 뉴욕과는 어울리지 않은듯했다. 신문들은 음식의 최고급 품질에 대해서만 언급한 것이 아니라 거만한 운영방식에 대해서도 논평했다. 여론은 가혹했으며 잠재고객들은 그 레스토랑에 가지 않는 편이 현명하다는 선입견을 갖게 되었다.

10. 가격변동 계획

현재 메뉴의 가격변동은 전체메뉴를 5~10% 인상시키는 것처럼 간단하거나 차트, 도표, 프로젝션을 이용한 비용 매출수익 전산분석처럼 어려운 일이기도 하다. 셰프의 임무는 이 두 가지 모두를 적절히 해낼 수 있는 능력을 지니는 것이다. 그러나 이용 가능한 데이터가 많을수록 특정부문에 있어 레스토랑의 매출을 조절할 수 있는 셰프의 능력이 향상된다.

대다수 셰프는 원래 있는 메뉴를 인수받는다. 만약 어떤 요리들이 문제 있다고 생각될 경우 어떻게 할 것인가? 구식이거나 잘못 표현되어 있거나 포지셔닝이 잘못된 경우일 것이다. 메뉴를 재정리하려는 신입 셰프의 의견을 수렴하는 오너는 거의 없다. 그러나 가격의 경우 변화를 받아들일 수 있을 것이다. 다양한 메뉴 카테고리 및 아이템의 위치변동은 가격변동을 동반하기 쉽다. 이와 같은 변화 또한 보다 유연하게 수용할 것이다. 레스토랑 운영에 진지한 셰프라면 장기적 관점에서 메뉴변화에 대해 생각해야 한다.

동시에 업장수익 증대와 인기 있는 메뉴제공에 대해서도 계획해야 한다. 이것은 요리가 가장 중요하다는 것을 의미한다. 치킨과 생선요리 그리고 파스타와 스테이크는 서로 경쟁하는 아이템들이지만 동시에 보완적인 아이템이기도 하다. 궁극적인 목표는 매출증대이며 가장 높은 수익마진을 제공하는 아이템을 많이 판매하는 것이 현명한 방법이다.

앞서 언급했듯이 셰프가 경영진에게 영향력을 미칠 수 있는 최상의 방법은 데이터에 근거한 접근방식이다. 판매한 것과 그렇지 않은 것에 대한 통계치를 만들라. 육류, 어류, 가금류, 야채류, 유제품 등 각 카테고리별 판매상품의 비용을 산출하라. 완벽한 기록관리 시스템 및 원가분석 방법을 제공하는 방법을 검토하라.

11. 가격 인상

최대수익을 내는 것이 목표라면 연 1회 메뉴분석은 충분하지 않다. 상품을 제공하는 시장은 계절에 따라 변동한다. 즉 기상변화에 따라 가격이 오르내린다. 매월 예상비용에 따라 미리 계획하라. 현명한 계획을 세우더라도 2자릿수 인플레이션과 같은 특수 시장상황은 레스토랑 영업을 망칠 수 있다. 다음의 예는 숨겨진 손실요인들을 보여준다. 어떤 기록도 남기지 않는 셰프라면 오너가 지난달 주방비용이 많이 나온 이유를 묻기 전에는 도대체 무슨 일인지 전혀 모를 것이다.

성업 중인 아메리칸 컨티넨탈 레스토랑의 극성수기가 4월부터 9월이며, 주요 판매음식들 중 하나의 가격이 거의 50% 이상 인상되었다. 치킨커틀릿 가격이 파운드당 1.9천 원에서 3.4천 원으로 올랐다. 수요가 공급보다 많아져 모든 공급업자들이 가격을 인상했기 때문에 셰프는 가격을 점검했다. 당시 치킨요리가 유행이었다. 대중은 육류를 끊고 체중에 관심가지기 시작했다. 레스토랑의 식재료비는 주당 1만 불에 이르렀다. 치킨 아이템의 식재료 원가가 25%에서 45%로 증가했다. 이와 같은 식재료비 인상은 적어도 여름 내내 지속될 것으로 예상되었다. 월평균 1,600만 원의 수익손실이 예상되었다. 가격 인상분을 적용하여 즉시 신 메뉴들을 판매했다. 만약 셰프가 일일기록을 점검하고 구매 및 판매에 관해 매주 분석하지 않았다면 직장에서 해고되었을런지도 모른다. 매출이 주당 6백5천 원 이상인 업장이라면 당연한 시스템이다.

셰프는 신 메뉴들이 출시될 때까지 고가의 치킨원가를 대체하기 위한 일시적 계획이 필요하다고 생각했다. 2가지 측면에서 접근방안을 개발했다. 첫째, 주방 직원들에게 이 문제에 대해 권고하는 것이다. 즉, 엄격한 포지션관리의 중요성을 강조했다. 둘째, 치킨주문 고객들에게 어필할 수 있는 스페셜메뉴로 치킨 아이템을 판매하는 것이다. 레스토랑의 치킨커틀릿 판매는 소테 요리와 샐러드 요리 2부문이다. 이 요리들이 치킨재료의 70%를 사용했다. 당장 핫치킨 스페셜 가격을 1만 원 인상했다. 셰프는 본 요리의 매출을 증대시키기 위해 노력했다. 매출은 이전보다 월등히 높아졌다. 치킨 샐러드 스페셜 가격 또한 1불 인상했으며, 훌륭한 스페셜 요리에 대한 명성을 능가하는 최선의 노력을 다했다. 치킨 샐러드 스페셜을 준비할 때는 커틀릿 대신 치킨을 통째 사용할 수 있었다. 가능하면 치킨의 기타 부위들로 대체했다. 이것이 그가 채택한 비용절감 방법이었다. 치킨 매출은 다른 메뉴와 비교할 때 비슷한 비율로 판매되고 있었지만, 치킨 스페셜 메뉴들은 예상손실의 절반 이상을 벌충하기에 충분할만큼 많이 판매되었다. 월말쯤 신 메뉴가 출시되고 힘든 시기는 끝났다. 치킨 메뉴들은 보다 높은 가격에 이전보다 많이 판매되었으며 수익성도 높아졌다. 9월 말 경 치킨 시장가격이 하락했지만, 레스토랑은 치킨 단골고객을 확보한 상태이므로 메뉴가격을 그대로 유지했다. 셰프는 식품자체를 이용한 가격인상 대처방안을 발견했던 것이다. 다음 타깃은 파스타이다.

모든 레스토랑이 가격을 인상하는가? 물론 모두는 아니다. 특정 시기나 경영여건이 가격인상과 결합될 시에는 망할 수도 있다. 업장은 말 그대로 최후의 일격을 당할 수도 있다. 비수기 시점에서 가격인상은 좋은 생각이 아니다. 가격인상은 고객들이 다시는 레스토랑을 찾지 않도록 만드는 바보 같은 짓이다. 레스토랑이 인기 있는 곳이 아니라면 가격을 인상할 만한 근거가 없다. 반대로 인기 있는 레스토랑은 가격을 인상할 권리가 있다하더라도 매우 조심스럽게 고려 한다.

일반적인 가격인상 폭은 1자릿수 인플레이션에 따른 수익감소에 대처하기 위해 6~12개월 간격으로 소폭 인상된다. 고객들은 완만한 인상조치에 익숙하므로 지속적으로 인상한다. 이와 같은 전반적인 인상조치에 영향 미치는 방법들은 다음과 같다. 먼저 앙트레는 7% 그리고 디저트는 5% 하는 식으로 특정 메뉴 카테고리별 일정 퍼센트를 인상하는 방식이다. 다른 방식으로는 치킨 가슴살을 포함하는 모든 아이템은 10% 인상하는 것처럼 특정 재료를 사용하는 모든 메뉴 아이템에 인상률을 적용하는 것이다.

12. 가격 인하

상황에 따라 가격인하 조치도 필요할 것이다. 당신의 자존심을 깎아내리는 것 같지만 투자손실을 막을 수 있는 조치이다. 맛은 훌륭하지만 식재료를 폐기처분함으로써 금전적 손실을 가져오는 메뉴 아이템은 판매가격이 너무 높게 책정되었다는 가장 확실한 증거이다. 판매량이 너무 미미해서 준비된 분량만큼 매상을 올리지 못한 경우이다. 리더 아이템이 될 수 있을만큼 가격을 인하하라. 그런데도 여전히 판매가 부진하다면 아예 메뉴에서 삭제하라. 훌륭한 메뉴라 하더라도 고객이 선택하지 않을 수 있다. 영리한 오너나 셰프라면 이와 같은 의사를 존중할 것이다.

시장 환경이 급변함으로써 가격인하 조치가 필요할 수도 있다. 현업장보다 규모가 크거나 유명하거나 저 가격대에 판매하는 경쟁업소 때문에 매출이 급감할 경우, 가격조정이 필요하다. 단지 뛰어난 음식 수준과 탁월한 명성만으로 관리통제를 강화하는 것만으로는 충분하지 않다. 경쟁력을 유지하기 위해 경영자는 유연해질 필요성이 있다. 셰프는 새로운 현실에 대해 오너에게 알려야만 한다.

다음의 예시들은 동해안 리조트 타운이라는 입지특정이 동일한 3개의 레스토랑들에 관한 것이다. 현재 식재료 도매가격 인상은 모든 레스토랑들이 당면한 과제였다. 추위로 인해 채소와 생선 가격 또한 오르기 시작했다.

작은 생선요리 전문점에서 시작하여 3번의 리모델링을 과정을 통해 규모를 확장하고 있는 레스토랑이다. 매출은 증가했으며 중산층 고객들을 타깃으로 가격수준을 유지해고 있었다. 최근에 셰프 도미니크는 매니저로부터 식재료 상승에 관해 보고받았으며, 가격인상 가능성을 타진하기 위해 메뉴와 각종 기록들을 분석했다. 매출은 8% 증가했다. 오너는 긍정적인 신호로 보았다. 가격 인상한지 1년이 넘었다. 레스토랑 영업은 7~8월 성수기를 포함해 안정적이며 일 년 내내 거의 일정하다.

조개, 굴, 새우가 최우선 관심사항이었다. 메뉴 아이템의 반 이상을 차지하는 것들이다. 오너는 도매시세를 즉시 계산해보고, 날씨가 따뜻해지기까지 가격이 얼마나 더 오를 것이지 추정했다. 11%의 연간 물간상승률뿐만 아니라 10% 이상 시재도매가 상승은 상상할 수 없었다. 일부 아이템들은 20%까지 인상해야 하지만 건조식품들의 인상폭은 그보다 낮았다. 레스토랑은 매일 밤 손님으로 꽉 차는 곳이었지만 가격인상은 어쩔 수 없는 일이다.

CAPTAIN PARK'S SEAFOOD

ON THE HALF SHELL & APPETIZERS

Clams 1/2Dozen or 1Dozen 4.50 8.95
Oysters 1/2Dozen or 1Dozen 3.95 7.95
Oyster Cocktail 1/2Dozen or 1Dozen 3.95 7.95
Shrimp Cocktail 4.50
Oysters Rockefeller 3.95
Shrimp Scampi 4.50
Baked Clams Casino 4.95
Soup du Jour 1.95 Mixed Green Salad 1.95

CAPTAIN'S PLATTERS

Fish Fry All You Can Eat 4.95
Seafood Platter 7.95
Super Seafood Platter 11.95
Fried Shrimp 8.95
Fried Oysters 8.95

PORTS OF CALL

Filet Mignon 11.95
Chicken Piccatta 6.95
Galley Salad Platter 5.95
Hamburger Platter 4.50
Kiddies Platter 4.50

Combination Platter 9.95

FROM THE STEAMROOM

Peel Your Own Shrimp 8.95
Steamed Crab(6) 7.95
Clams 1/2Dozen or 1Dozen 4.50 or 8.95
Oysters 1/2Dozen or 1Dozen 3.95 or 7.95

THE FIRST MATE'S SPECIALS

Broiled Sole Ala Benny 8.95
Brook Trout Almondine 6.95
Surf & Turf 14.95
(Your Choice of Seafood)
Grilled Salmon Steak Marinated in Wine & Herbs 11.95

DESSERTS

Black Bottom Pie 2.25 Key Lime Pie 2.25 Peach Cake 2.50
Ice Cream Sundae with Whiskey Sauce 3.25

BEVERAGES

Coffee .95 Tea .95 Milk .95
Colas .95 Iced Tea .95 Decaffinated Coffee .95
Ask Your Server for Cocktail & Beer Prices

가격인상은 애피타이저부터 시작했다. 4,500원 아이템들은 4,900원으로, 3,900원은 4,500원으로, 그리고 12사이즈 아이템들은 1,000원씩 인상했다.

다른 카테고리로 넘어가기 전에 오너는 메뉴인상의 영향에 대해 생각했다. 레스토랑의 고가메뉴는 서프 앤 터프(새우와 비프, 스테이크), 연어 스테이크, 필레 미뇽이다. 이 아이템들은 꾸준히 판매되고 있지만 그다지 많지 않다. 식재료비도 낮은 편이다. 오너는 가격을 인상하지 않기로 했다. 가장 낮은 가격대는 햄버거, 어린이식, 생선튀김, 주방특선 샐러드이다. 이들 중 생선튀김은 레스토랑의 인기메뉴이다. 다른 아이템들은 곁들이는 메뉴이다. 햄버거와 어린이식은 4,900원으로 인상했으며 적당한 가격이다. 셰프에게 메인메뉴 가격은 높아보였다. 실제로 높았다. 매출기록을 확인했다. 가장 인기 있는 6개 메뉴는 (1) Fried Shrimp, (2) Peel

Your Own Shrimp, (3) Fish Fry, (4) Chicken Piccatta, (5) Seafood Platter, (6) Broiled Sole 순이다. 이 아이템들은 레스토랑의 메인메뉴 판매량의 63%, 매출의 52%를 차지한다. 셰프는 1,000원씩 인상했다. 그 외 조개와 굴, 송어요리는 1,000원씩 인상했다. 디저트와 음료는 25센트씩 인상했다. 셰프는 도매가 상승폭을 상쇄할만큼 충분히 메뉴가격을 인상하지 못했지만 6월까지 추가인상 조치는 미뤄두기로 했다. 한 번에 조금씩 인상하기로 했다. 지난 6월에 가격인상 기회를 놓쳤으므로 올 6월에는 인상해야 한다. 가격인상폭이 너무 크면 고객들은 딴 곳으로 발길을 돌릴 수 있다.

9개월 전 오픈했으며, 미디어 광고, 유명인사, 엄청난 매출로 수많은 고객들을 끌어들였다. 지역 내 인기 있는 신규 레스토랑으로 자리 잡았다. 오너와 셰프는 계절별 매출에 대해 모르고 있다. 지금까지 매일 밤 최대한 좌석 수를 채웠다. 런치 매출도 훌륭한 편이다. 런치와 디너 메뉴는 동일하다. 메리는 식재료비가 다소 증가된 것에 대해 알고 있지만 개장 6개월이 지난 후에도 적절히 운영하여 꾸준히 수익을 유지하고 있다. 오너와 주방장은 종종 외식하러 나간다. 지역 내 레스토랑들이 가격인상한 것을 보았다. 가격전략 계획을 위한 미팅이 필요한 때이다. "가격인상은 우리 고객들에게 어떤 영향을 미칠까?" 2년쯤 후, 레스토랑의 인기가 사라지고 새로운 레스토랑들이 이목을 끌게 될 상황에 대해 고민했다. 셰프는 이제 형편이 조금씩 나아지고 있으며, 앞으로도 그럴 것이라고 주장했다. 오너와 셰프의 임무는 현재 영업상황을 평가하고 차기매출을 예상하는 것이다. 짐작이긴 하지만. 음식과 서비스가 지속적으로 향상된다면 다음 시즌에도 개장 당시 분위기를 그대로 유지해야 한다.

중요한 문제들은 다음과 같다. 다양한 스타일의 고객들은 누구인가? 외식비용으로 얼마나 쓸 것인가? 얼마나 자주 방문할 것인가? 셰프는 앙트레가 훨씬 고가에 책정된 레스토랑 4곳을 알고 있다. 이들 중 1곳은 고객이 매우 많으며, 2곳은 보통수준이며, 나머지 1곳은 저조하다. 주방장은 2가지 방법으로 요약했다. 영업권과 다양한 고객층을 구축하기 위해 현 가격 유지전략 또는 가격인상을 통해 역내 가장 경제력 있는 고객들을 유치하는 전략이다.

최종결정은 애피타이저 각 5,0천 원씩, 앙트레 각 1,000원씩, 그리고 각종 음료 각 5,0천 원씩 인상하는 안이다. 다음의 2가지 이유에서 즉각적인 가격인상 전략을 선택했다. 즉 미래상황 대처능력에 대한 확고한 신념과 현 매출수준 때문이다. 인기 있을 때 돈을 버는 것이다. 그러나 가격인상으로 인해 완벽한 서비스와 음식이 제공되어야 한다. 셰프와 오너는 충분히 해낼 자신이 있다.

THE PARK's COYOTE

★★★ A SOUTHWESTERN BISTRO ★★★

COCKTAILS

★★★★★

Selected Marguerita and Daiquiris 5.00 16.50 per Pitcher
Corona Beer 5.00 Imports 4.25 Domestic 3.50
Wine Punch 3.50per Glass 9.50per Pitcher

APPETIZERS

★★★★★

Deep Fried Raviolis Stuffed with Monterey Jack, Cilantro and Jalapeno 3.00
Sante Fe Chorizos Nachos 3.00
Roasted Red Pepper, Avocado and Green Leaf Salad 4.50
Jicama and Shrimp Ceviche 4.95
Chicken Anticucaos Marinated in Herbed Wine 3.95

ENTREES

★★★★★

Shrimp Paella(The Coyote's Specialty) 14.75
Pan-Fried Sea Scallops in Garlic, Corn and Basil Salsa 12.75
Grilled Chicken Breasts w/Hot and Cold Salsas and Black Bean Refritos 13.50
Vegetarian Tamale Pie 10.25
Chili Con Ribeye Steak 12.75
"Soft" Beef or Chicken Tacos with Cojack Cheese Sauce 11.25
Baked Red Snapper in Tomato and Pinon Pesto 14.75
Roast Chicken with Spicy Chocolate Glaze 13.50
Entrees and Served with a Green Salad and Grilled Vegetables

DESSERTS

★★★★★

Banana and Almond Empanadas 4.50
Deep-Fried Ice Cream 4.50
Raspberry Flan with Mexican Vanilla Creme 5.50
Esspresso 2.50 Cappucino 3.00

이제 목표는 고급 레스토랑의 입지를 확보하는 것이다.

앞서 본 셰프가 세련된 레스토랑으로 평가했던 곳들 중 하나이다. 오너인 셰프는 운영수익이 점차 감소하고 있다는 사실을 알게 되었다. 늘 그러하듯 동절기 비수기로 접어들었지만 손님이 완전히 끊긴 것은 아니다. 여름과 가을 내내 방문했던 고객들이 어디로 사라졌는가. 셰프는 3년간 일해 왔다. 이전 셰프만큼 기발한 연출 실력은 없더라도 음식 수준은 훌륭했다. 오너는 셰프에게 메뉴가격을 코스트와 비교 검토하고 가격을 인상할 만한 아이템을 제시하도록 요청했다. 셰프는 원치 않았지만, 계산상 주당 50,0천 원 이하의 수익 손실을 입고 있는 상황이었다.

셰프는 주간 송장 청구서의 식재료원가를 이용해 메뉴단가를 계산했다. 수치상 메뉴단가는 대략 25~30% 정도 낮은 것으로 나타났다. 셰프는 이와 같은 결과에 동의하며 아무리 고가의 레스토랑이라 하더라도 판매가격이 너무 높다고 생각했다. 그러나 오너는 가격인상을 원했다. 셰프는 앙트레들 중 원가가 가장 높은 메뉴 2개를 선택하고 각 2,000원씩 인상하기로 결심했다. 오너에게 이것을 제시하고 데이터를 저장했다.

KING PARK'S PUB

SOUPS AND APPETIZERS

Soup of the Day 1.50
Cream of Mushroom 2.50
The Chef's Speciality
Jumbo Shrimp Cocktail 5.95
Coquille St. Jacques 4.95
Baked Stuffed Mushrooms 3.95
Stuffed with Crabmeat
Chicken Tenderloins Scampi 4.95

FROM THE SEA

Baked Jumbo Shrimp with Hollandaise 12.95
Stuffed with Crabmeat 14.95

Broiled Flounder Fillets 11.95
In Lemon-Butter Sauce Enhanced with Herbs
Scallops Newberg 14.95
Rainbow Trout Almondine 13.95
Maine Lobster Tail .... P.A.
Served with Drawn Butter

FROM THE CHARBROILER

New York Strip
Selected Choice Western Beef, Charbroiled to Perfection
Queen Cut 10.95
King Cut 14.95
Delmonico Steak 13.95
T-Bone Steak 19.95
Filet Mignon - The King of Steaks 16.95
Served with a Delicate Bearnaise Sauce
Center Cut Pork Chops - 1¼inches thick 11.95
Rib Eye Steak
Served with our Special Onion Aujus
Queen Cut 11.95
King Cut 14.95

COMBINATION ENTREES

Surf and Turf - The Classic .... P.A.
Lobster Tail and Filet Mignon
Jumbo Shrimp Scampi and New York Strip 14.95

All entrees include oven fresh bread, all you can eat salad bar, and a choice of vegetable

FOR THE ROUNDTABLE

Ask your waitress about our homemade desserts

오너는 어떻게 할 것인가? 셰프의 제안은 합리적이며, 데이터들은 이 사실을 입증하는 것 같다. 그러나 매출 퍼센티지가 너무 낮은 것을 발견하고 놀랐다. 오너의 계산에 의하면 레스토랑은 여전히 많은 수익을 내고 있어야 한다. 문제는 낮은 가격이 아니라 오너라는 사실을 알게 되었다. 매출은 감소하고 낭비는 증가했다. 아마도 수익감소는 지속적인 경기침체에도 불구하고 형편없는 주방관리 능력이

전적으로 원인일 수 있다. 오너에서부터 서빙직원에 이르기까지 누구나 자기 안도감에 빠져있다. 주위 식당은 문제를 해결하기 위해 서비스와 음식 수준을 두드러지게 향상시킬 뿐만 아니라 엄청난 노력을 동반해야 한다. 마지막으로 오너가 할 일은 가격인상이다. 물론 현재 단골고객들은 당황할 수도 있다. 먼저 셰프에게 알려야 할 것이다. 그리고 저가로 제공되는 새로운 앙트레들을 포함한 메뉴구성 재설계가 필요할 것이다.

13. 요점정리 및 토론

메뉴와 스페셜 요리의 가격은 레스토랑의 인기와 수익성을 보장하기 위해 경영진이 활용할 수 있는 관리방안들 중 하나이다.

고객들은 레스토랑에서 제공하는 것과 가격을 파악하기 위해 애피타이저, 샐러드, 앙트레, 디저트와 같은 다양한 메뉴 카테고리들을 검토한다.

개별 메뉴아이템의 가격결정은 메뉴 가격전략의 시작이지만, 전반적으로 통일성이 있어야 한다.

1인분을 생산하기 위해 필요한 재료들의 원가내역을 구체화함으로써 가격결정을 시작하라.

최종 메뉴가 수익 창출메이커가 되기 위해서는 예상 인건비에 매출원가를 더하라.

인건비나 매출원가뿐만 아니라 가능한 모든 비용들을 포함하라.

개별 메뉴가격을 정하기 전에 가격범위를 정하되 가장 비싼 아이템과 가장 싼 아이템을 정하라.

메뉴가격은 매출원가, 인건비, 운영비, 경쟁업소 가격, 신시장의 등장, 신규 레스토랑의 틈새시장 계획분석을 통해 축적된 지식과 데이터를 근거로 결정된다.

레스토랑의 성공여부에 관심을 기울이는 셰프라면 메뉴변동에 끼칠 장기적인 영향에 대해 생각해야 한다.

궁극적인 목표는 매출증대이지만, 가장 현명한 방법은 최고의 수익마진을 남길 수 있는 아이템의 매출을 증대시키는 것이다.

가격인상과 결합 시 난관에 부딪히게 될 특정 시기나 경영상황이 있다. 호황인 레스토랑은 가격을 인상할 조건이 되더라도 신중해야 한다. 메뉴 아이템 가격이 너무 높게 책정되었다는 명확한 증거는 음식자체는 훌륭한데 버리는 식재료가 많아 금전적 손실을 입히는 경우이다.

만약 상대적으로 규모가 크고, 보다 훌륭하거나, 가격이 저렴한 경쟁업체가 고객을 빼가기 시작한다면 가격조정이 필요하다.

제11장 상품 디자인(영업 비밀)

연구 차례

1. 기본 디자인 목적
2. 심미성
3. 음식의 맛
4. 스타일 구체화
5. 고객의 수용 또는 인기
6. 준비 용이성
7. 수익성
8. 영업 비법
9. 고객 유인책
10. 요점정리 및 토론

연구 개요

어떤 사물인 연필에서부터 12구 버너 스토브에 이르기까지 상품 디자인은 해당상품의 예상되는 사용목적을 기준으로 시작되고 종결되어 판매된다. 일종의 식당 판매상품인 음식 또한 다를 바 없다. 요리를 같은 선상에 두는 이유는 재료, 스타일, 프레젠테이션으로 이루어지기 때문이다. 높은 수익성과 음식의 탁월성이라는 2가지 목표달성을 위한 수많은 조합들로 인해 고객과 인지 못한 셰프들이 당황할 수 있다. 셰프가 특정요리의 목적을 깨닫고 요리 상품의 메이크업과 요리 디자인 운영에 보다 유능할수록 요리상품의 대중성과 수익성이 증대될 것이다.

셰프에게 도움이 될 몇 가지 장사비법들이 있다. 요리들은 창의적이며, 대중적이고, 고가의 음식으로 연출함으로써 심미성을 목적으로 제공되는 것처럼 보이지만, 실제로는 일반적이며 시각적인 기법을 활용함으로써 수익을 증대시킬 수 있는 지름길인 셈이다.

1. 기본 디자인 목적

성공한 요리들은 여러 가지 목적이 결합된 것이며, 대개 현재 요리로 진화하기까지 원조요리가 있기 마련이다. 창의적인 셰프의 무의식적 사고에서 탄생한 것이지만 원조는 존재한다. 효과적인 요리란 다양한 요리들을 만들어내는 셰프의 능력을 강화하고 디자인 요소들을 반영함으로써 가능하다. 독특한 요리는 다양한 재료만으로는 불가능하다. 디자인 목적을 적용하는 타고난 품성이다. 매번 잠재의식에 의지하기보다는 새로운 조합을 이끌어낼 수 있는 지식을 쌓도록 하라. 고객회전율, 즉 수익지향성 체인 레스토랑의 셰프는 심미성이라 불리는 요리의 최종 연출부문에 관심을 집중할 필요가 있다. 그러나 보다 폭넓은 고객층에 어필할 수 있는 영업 비결로서 이 재능을 갖춘 셰프들은 거의 없다. 이와 반대로 디자인 목적을 상실한 경우도 있다. 요리에 대한 맛과 평가가 일상 업무인 셰프는 보다 현실적인 측면에서 수익마진에 보다 집중해야 한다. 그렇지 않을 경우 오로지 요리의 맛과 시각적 탁월성에만 관심을 두는 소수고객만 남게 될 것이다. 불행히도 이런 고객은 극소수이다. 셰프의 메뉴레퍼토리는 다음과 같은 디자인 요소들을 이용함으로써 보완될 수 있다.

2. 심미성

심미성은 맛을 제외한 시각, 냄새, 색, 배열 등 요리에 대한 첫인상 및 지속적인 느낌에 영향을 미치는 모든 감각들을 포함한다. 심미성 지향 요리의 대표적 예는 사진촬영을 위해 디자인된 푸드스타일 리스트의 작품이다. 이와 같은 요리의 맛은 종이나 식초와 같으며 별반 차이 없다. 그러나 시각적 연출만으로 우리의 미각을 유혹한다. 색감의 조화, 즉 균형 잡힌 연출은 식재료와 조리스타일의 선택에서 시작된다. 블론드 소스를 끼얹은 스캘러피니(얇게 썬 송아지고기를 기름에 튀긴 이탈리아 요리)가 구운 야채와 메추라기 멜랑주와 동일한 시각적 효과를 낼 수는 없다. 시각적인 참신함을 연출하기 위해 익숙한 요리에 소스를 이용하는 방법들도 있다. 소스를 끼얹고, 십자형 패턴, 다양한 컬러의 소스, 접시 바닥의 소스, 시각적 장점 등 소스를 이용하라. 다양한 연출을 통한 셰프의 실험결과는 만족할만하며 신속하고 효과적인 하나의 스타일, 즉 패턴이 되어야 한다. 그러나 변화를 위한 변화는 단골 고객들에게 혼란을 일으켜 원래의 목적을 상실할 수도 있다. 레퍼토리를 위해 필요한 디자인 기법들을 학습한 후 그 기법들을 이용하라.

냄새는 음식이 신선하게 제공될 때 지니는 음식 특징이다. 고객의 음식결정 주요소인 것은 분명하다. 주방에서 마늘과 양파 냄새가 새어나올 때 고객의 미로를 자극하여 침이 고이고 먹고 싶은 욕구가 생겨난다. 그러나 신선한 마늘과 캔에 든 마늘의 향은 분명한 차이가 있다는 사실을 고려하라. 신선한 재료들은 냄새가 향긋하며 입맛을 돋우지만, 그렇지 않은 재료들은 향이 약하다. 모든 식재료들 특히 허브와 향신료는 신선한 것을 사용하라.

3. 음식의 맛

맛이라는 감각을 어떻게 분류할 것인가? 이에 대한 개념 정의는 서울에서 미국 캘리포니아에 이르기까지 한국 또는 미국 내 모든 지역 사람들을 대상으로 토마토 요리에서 오리간에 이르기까지 가장 좋아하는 맛에 대해 설문조사를 통해 가능하다고 혹자는 말했다. 맛이란 조리되었거나 신선한 상태에서 혼합된 풍미나 향미이다. 특정한 맛은 그 맛의 원천에 의해 정의되므로 유행하는 맛이 되려면 하나의 대중적인 음식 원천에서 생겨난 것이라야 한다. 모든 사람들은 경험을 통해 자신이 좋아하는 것을 알고 있다. 간을 싫어하는 사람은 부추, 베이컨, 샴페인을 넣어 볶은 요리라고 해서 마음을 바꾸진 않을 것이다. 특정 요리의 맛에 대한 선호도는 식사하는 사람의 마음이며, 동기는 개인의 의사결정에 있다. 어떤 누구도 특정 음식의 맛이 최고라는 사실은 논의를 통해 설득시킬 수 없다.

요리의 준비과정이나 개발은 만족할 만한 맛을 위한 계획과 연관된다. 맛있는 요리란 추수감사절에 할머니께서 만들어 주신 요리처럼 친숙함에 있다. 예전에 좋아했던 그 방식 그대로를 기대하는 것이다. 누군가 말하길 "유년시절의 가장 행복했던 기억들은 당시 먹었던 좋은 음식들에 대한 기억들이다" 사람들은 친숙한 맛은 인기를 끌 수 있다. 그러나 맛에 따라 아이템별 단골 고객이 있다. 물론 지역별 특정음식에 대한 인기는 차이가 있다. 해당 지역의 요리역사에 대한 분명한 이해는 성공적인 레스토랑의 요리 디자인을 위해서 중요하다고 판단한다.

맛을 디자인하는 셰프는 시각화와 유사한 과정을 통해 기억으로부터 창조해낼 수 있어야 한다. 셰프는 음식에 대한 충분한 경험을 통해 입속에서 어우러지는 3가지 맛들을 조합하고, 그 결과를 실제 연출 없이 상상할 수 있어야 한다. 예를 들어, 눈을 감고 입맛을 다신다. 마치 고급와인을 음미하듯. 감미롭고 붉은 보졸레누보를 상상하라. 마음의 눈으로 천천히 한 잔 따른다. 차가운 와인 병을 느껴보라. 와인 향을 맡아보라. 한 모금 입에 넣고 혀로 그 맛을 느껴보라. 천천히 음미하며 최후의 맛을 느껴보라. 요리개발 과정에서 셰프는 여러 가지 친숙한 맛들을 조합할 수 있다. 대개 요리를 마무리하고 맛을 낼 최종 식재료를 상상하면서 입맛을 다실 것이다.

4. 스타일 구체화

필요한 디자인 요소에 관한 좋은 예는 파스타 메뉴들이 상호보완적이며 융합이 아닌 오리지널 이탈리안 레스토랑 셰프의 경우이다. 새로 개발된 요리는 이탈리아 요리의 형태를 갖추어야 한다. 요리의 기원이 북미, 남미, 정통 또는 누벨 요리 뭐든 간에 이탈리아 요리로 인식하도록 만들어야 한다. 이탈리아요리 음식사전이 요리작명에 도움이 될 것이다. 음식의 정체성을 강조한다. 이 경우 원산지가 어디이건 식재료는 중요한 디자인 요소이다. 그리고 썰기 및 소스 만들기와 같은 조리기법들은 또 다른 주요 디자인 요소이다. 마지막으로 셰프의 생각만으로 완성되는 연출 작업은 그 즉시 시각적인 특징을 제공할 것이다.

메뉴나 스페셜 리스트에 다채로움을 부여할 수 있는 최상의 방법들 중 하나는 여러 가지 스타일을 활용하는 것이다. 누벨 퀴진의 인기는 어렵거나 애매한 스타일을 보다 쉽게 표현할 수 있는 유연성을 지닌다. 과거에는 정통기법을 엄격히 준수할 것을 요구하던 미국, 프랑스, 중국, 독일, 캐러비안 스타일들도 이제는 셰프의 표현방식이 자유롭다. 조리 스타일이 누벨이라는 이름하에 변해가는 동안 식재료는 맛으로 정의하는 보다 큰 역할을 수행한다.

5. 고객의 수용 또는 인기

좌석 회전율이 높거나 좌석 수가 많은 레스토랑들은 각종 인기요리들을 제시해야 한다. 한 가지 타입이라 하더라도 꼭 예전부터 인기 있는 것들일 필요는 없다. 고객의 입맛을 기대하고 트렌드 섹터가 되어 새로운 조리도입의 정상에 오르는 것은 흥분되는 일이다. 이런 경우 셰프는 자신만의 최상의 스타일로 만들어진 콘셉트 소유자가 될 수 있다. 셰프는 새로운 스타일에 만족하지 않고 환상적인 맛을 창조해내기 위해 능력을 이용함으로써 혁신적인 강점을 얻게 된다. 요리의 대중성이란 맛이나 트렌드에 대한 공통된 평가에 달려 있다.

대중음식 시장규모는 거대하다. 패스트푸드, 커피숍, 술집 및 로컬 레스토랑 부문에서 음식매출 규모가 가장 크다. 이런 업장들의 요리는 대다수 고객들이 이해할 수 있을만큼 이름과 식재료가 단순해야 한다. 그리고 매출에 악영향을 미칠 수 있으므로 서프라이즈, 겉치레, 상상 이상 같은 요소들은 필요가 없다. 이런 경우 기존의 인기 있는 음식에 새로운 이름을 부여하거나 인기 있는 식재료를 조합하여 새로운 맛을 연출하는 장사비법은 있을 수 있다. 물론 최상의 품질은 항상 중요한 조건이다. 재고를 줄이거나 매출액을 늘리기 위해 음식을 판매할 목적이라면, 고객의 선호도는 중요한 디자인 요소임에 틀림없다. 그렇다면 대중성을 얻기 위해 입증된 요소들은 요리의 메이크업과 연출보다 중요한 것들이다. 여기에는 가격, 스타일, 정통적인 기호, 신상품 그리고 메뉴 포지션 등이 포함된다.

6. 요리준비 용이성

제한된 주방기구나 공간 및 주방 직원의 조리능력은 특정 요리를 디자인하는 데 방해요인이 될 수 있다. 예를 들어, 스토브나 브로일러가 없다면 셰프가 창의력을 전적으로 발휘할 수 없다. 바로 이런 곳에서 한 때 근무한 경험이 있다. 몇 가지 안 되는 뜨거운 요리들은 스팀기법을 이용했지만 판매량은 엄청났다. 셰프는 다른 곳으로 이직할 가능성이 높다. 유능하고 숙련된 주방 직원들로 구성된 풀 키친이라 하더라도 빠른 시간 내에 준비할 수 있고, 식재료가 간단한 세련된 스페셜 메뉴리스트를 작성할 필요가 있다. 준비과정이 용이하도록 디자인된 요리는 업무시간을 줄여줄 수 있다. 준비과정이 복잡한 요리의 주문수량은 저조하며, 고객들은 다양한 스페셜 요리들 가운데 준비가 용이한 요리를 흔히 선택한다는 사실은 놀랄만하다.

매출이 높은 업장은 빠른 음식 산출과 테이블 회전을 유지할 수 있는 2단계 운영원칙이 필요하다. 오트 누벨 또는 버거를 판매하려고 애쓰고 있는 커피숍, 사과와 양파로 속을 채운 구운 거위요리를 메뉴에 추가한 패스트푸드 매장의 부조화한 면을 상상해 보라. 때로 단순한 것이 더 나은 방법일 수도 있다.

7. 수익성

심미성의 반대편에는 수익성이 있다. 대부분 요리들은 주로 비용마진을 중심으로 디자인 된다. 대량 생산될만큼 간단한 돈 버는 음식의 예는 자판기 아이템이다. 레스토랑 역시 샐러드와 샌드위치와 같은 대량생산과 유사한 아이템들을 제공할 수 있다. 대량 생산은 인건비 및 낭비요소를 줄여 총경비를 감소시킨다. 이와 같이 심플한 요리들이 판매수익이 가장 좋은 것들이다.

그러나 레스토랑의 요리스타일에 따라 가장 만들기 어려운 요리들도 그만큼 또는 그 이상의 수익을 창출할 수 있다. 좌석 수가 50~70개 미만인 레스토랑은 보다 특이한 무언가를 제공해야 한다. 조리기술과 재능을 비지니스의 수준으로 끌어올려야 한다. 즉, 판매게임이 될 것이다.

셰프는 서비스, 분위기, 입지 등과 같은 기타 요소들에서도 비용을 책정할 수 있어야 한다. 그리고 판매된 음식상품의 비용을 계산해야 한다. 대개 그렇듯 최고가격이 있다면, 일부 아이템들은 그 레스토랑에서 판매될 수 없을 것이다. 예를 들어 최고가격이 90,000원을 넘지 않는 곳이라면 랍스타 아이템은 판매되지 않을 것이다. 일반적인 메뉴가격 포맷은 셰프에게 수익의 측면에서 판매할 것과 그렇지 않은 것에 대해 말해준다. 따라서 수익성을 디자인의 핵심요소로 볼 때 셰프의 가격 범위 이내에서 이용 가능한 식재료들을 결정하게 된다.

8. 영업 비법

장사 비법이란 수익성을 유지하면서 여러 가지 디자인 목적들(심미성, 맛, 스타일 구체화, 인기, 조리준비 용이성) 가운데 어느 한 가지를 달성할 수 있는 간단한 방법이다. 식재료 원가를 줄이는 한 가지 방법은 주재료의 1인분 몫의 사이즈를 10~15% 줄이는 것이다. 따라서 생산량이 늘어나 수익도 증가하게 된다. 이를 보충하기 위해 보다 저렴한 식재료를 추가할 수 있다. 주재료 위에, 아래에, 주위에, 속에 넣을 수 있다.

다음의 5가지 레시피는 이런 방법들을 구체화한 실례이다.

1) POACHED SALMON WITH GREEN PEPPERCORN CREAM STEWED OVER A BED OF SPINACH (Substitute under)

10lb. 연어살	2qt. 헤비 크림
1/2 신선한 시금치 다량	1qt. 생선 육수
6개 샬롯	4컵 화이트 와인
2개 레몬	2tbs 버터
1/2컵 소금	1/2컵 전분
	1/2~1/4컵 그린 페퍼콘

연어는 가시를 제거한다. 6~7온스 크기로 자른다. 젖은 타월로 덮어 서비스할 때까지 냉장 보관한다. 시금치는 깨끗이 다듬어 삶아둔다. 찜솥에 잘게 썬 샬롯 1/2과 화이트 와인 1컵, 소금과 물 1/4컵을 넣는다. 소스는 미리 준비한다. 남은 샬롯을 다진 후 버터 1스푼을 넣은 큰 소스 팬에 넣고 갈색이 날 때까지 소테한다. 여기에 화이트 와인 2컵을 부어 윤기를 낸다. 국물이 거의 남아 있지 않을 때까지 높은 온도에서 졸인다. 맑은 생선 육수를 부어준다. 국물이 반으로 줄 때까지 낮은 온도에서 끓인다. 헤비 크림을 넣고 30분 정도 끓인다. 소금을 넣고 간을 맞춘다. 전분을 넣어 걸쭉하게 만든다. 연한 그린 페퍼콘을 으깬 후, 끓고 있는 크림을 부어 잘 섞는다. 소스는 약간 걸쭉한 상태를 유지한다. 서빙할 때까지 식힌다.

● **영업 비법** : 화이트 와인 1컵, 물 4컵, 슬라이스한 레몬, 소금, 포칭 팬을 준비한다. 팬에 연어 1인분을 넣는다. 페퍼콘 8온스를 국자로 떠서 작은 소스 팬에 담는다. 연어가 적당히 익으면, 소스에 열을 가한 후 서서히 불을 줄인다. 필요하면 전분을 더 사용한다. 버터에 시금치 1/2 분량을 소테한다. 시금치는 접시 중앙을 살짝 비켜 깔아준다. 그 위에 연어를 얹고 소스를 부어준다. 래드 페퍼펄로 장식하고 제공한다. 19~22인분을 만들 수 있다. 규정분량으로 만들시에는 생산량이 4~6인분 줄게 된다.

2) DEEP-FRIED CATFISH FINGERS WITH HONEY-MUSTARD SAUCE AND HAND-CUT FRENCH FRIES (Substitute Around)

5lb. 메기	1lb. 꿀
1더즌 계란	3컵 디죵 머스터드
2lb. 밀가루	1/2tbs 고춧가루
4tbs 타바스코	3개 잘게 썬 샬롯
3lb. 양념 빵가루	1tbs 올리브 오일
10개 감자	

1인분 몫 관리를 위해 8온스 분량의 양식 메기를 이용하라. 표준 크기이며 살이 단단하다. 세로로 2등분하라. 약간 비스듬히 두었다가 손가락 3마디 정도 크기로 자른다. 가능한 똑같은 크기로 준비한다.

밀가루용 쟁반, 양념 빵가루(소금, 타임, 육두구 껍질 말린 것, 바질)용 쟁반, 그리고 물 1컵, 타바스코, 계란을 섞을 쟁반을 각각 준비한다.

밀가루, 계란, 빵가루 순으로 옷을 입힌다. 서비스할 때까지 뚜껑을 덮어 냉장 보관한다. 감자는 씻어 껍질을 벗긴 후 썬다. 차가운 소금물에 담가둔다. 소스를 만들기 위해 올리브 오일 1tbs에 잘게 썬 샬롯을 넣고 볶아 갈색 빛을 낸다. 여기에 머스터드와 꿀을 넣어준다. 서서히 열을 가하며 재료를 섞어준다. 고춧가루를 넣는다. 소스 냄비에 옮겨 담아 스팀 테이블 위에 둔다.

● 영업 비법 : 프렌치프라이는 350°F에서 튀겨낸다. 기름을 제거한 후, 주문분량만큼 다시 튀겨낸다. 메기도 350°F에서 튀겨낸다. 메기와 프렌치프라이를 접시에 담아낸다. 소스는 냅킨 접시(그릇째 굽는 요리에 사용되는 작은 그릇)나 멍키 접시 같은 작은 접시 한쪽에 담아 제공한다. 상추 잎을 바닥에 깔고 레몬조각으로 장식한다. 양식 메기를 이용한 포션관리량 보다 5인분 많은 15인분을 만들 수 있다.

3) SAUTEED LOIN OF VEAL PAYSANNE (Substitute Over)

5lb. 송아지 고기 허리부위	1lb. 밀가루
5lb. 양송이버섯	2컵 올리브 오일
2lb. 완두콩	1/2컵 소금
1컵 잘게 썬 샬롯	1/4컵 흰 후추
1qt. 마르살라 와인	1qt. 헤비 크림

송아지 고기는 다듬어 3온스 중량의 둥근 메달모양으로 자른다. 서비스할 때까지 덮어 냉장 보관한다. 완두콩을 씻은 후 뜨거운 소금물에 넣어 데쳐낸다. 식힌 후 덮어 냉장 보관한다. 양송이버섯은 깨끗이 다듬어 대를 제거한다.

● 영업 비법 : 소스 팬에 올리브 오일 3온스를 넣고 중간 불에 가열한다. 밀가루, 소금, 후추를 둥근 메달모양으로 만든다. 뜨거운 오일에 1tbs 샬롯과 송아지 고기를 넣고 서서히 볶는다. 여기에 1/2컵 양송이버섯을 넣고, 송아지 고기는 뒤집어준다. 고기가 익으면 접시에 담아 온기를 유지한다. 팬에 여분의 오일은 부어

버린 후 센 불에서 마살라 와인 2온스를 부어준다. 여기에 4온스의 헤비크림을 넣고 소스가 걸쭉해질 때까지 약한 불에서 졸인다. 완두콩 1/4컵과 마살라를 2온스 정도 넣은 후, 소금과 후추로 간을 맞춘다. 송아지 고기 위에 부어준다. 피망과 골파로 장식한다. 12인분을 만든다. 버섯 갓과 초록색 완두콩으로 다채로운 전원풍을 연출한다. 소량인 6온스의 송아지 고기로 풍성한 요리를 연출했다.

4) ROTIE DE CANARD SAUVAGE AUX FIGUES (Substitute Around)

6마리 들 오리	1qt. 오리육수
24개 무화과	1/2컵 소금
$1\frac{1}{2}$ 올리브 오일	1/2컵 후추
3컵 꼬냑	

오리 가슴살 12개를 서빙하기 전에 덮어 냉장 보관한다. 뼈 등 남은 부위는 다른 요리에 사용한다.

● **영업 비법** : 소스 팬에 올리브 오일 1온스를 넣고 열을 가한다. 오리 가슴살 1개를 소금과 후추로 양념한다. 껍질이 바닥을 향하도록 뜨거운 팬에 넣고, 노릇노릇하게 구워지면 뒤집은 후 오븐에 넣는다. 레어 정도로 익으면 꺼낸다. 도마에 놓고 오일을 제거한다. 팬에 진한 오리육수 3~4온스를 넣고 불을 줄인다. 손질한 무화과는 위쪽 중앙에 ×자로 칼집을 넣는다. 이런 방법으로 2개를 만든다. 육수가 2온스 정도로 졸여지면 무화과를 넣어준다. 꼬냑 2온스를 부어 플람베한다. 가볍게 버무린다. 무화과는 꽃잎 4개가 활짝 핀 통꽃모양을 만든다. 오리 가슴살을 얇게 썰어 접시에 부채꼴로 편다. 소스를 그 위에 부어준다. 양쪽에 무화과를 놓는다. 산딸기로 장식하고 서빙한다. 12인분을 만든다. 미국에서 들 오리 가슴살은 크기가 작아 대개 2개를 제공한다. 무화과처럼 크고 화려한 음식을 곁들임으로써 부채꼴로 펴 담은 가슴살은 누벨 요리로도 손색없다.

5) GRILLED PORK CHOP STUFFED WITH CURRIED RAISINS AND ALMONDS (Substitute Inside)

1덩어리 돼지고기 로인	1컵 양념 빵가루
1박스 건포도	8개 계란 노른자
1박스 골드 건포도	1tbs 아몬드 추출물
2컵 아몬드	4oz. 꼬냑
4개 잘게 썬 샬롯	1/4컵 소금
2tbs 다진 마늘	1/4컵 후추
1/2컵 잘게 썬 샐러리	2tbs 버터
1/2컵 커리 파우더	1컵 올리브 오일

돼지고기는 살을 발라 16~18개로 잘라 준비한다. 소를 만들기 위해 큰 소스 팬에 버터를 넣고 샬롯, 마늘, 샐러리를 넣고 볶는다. 큰 믹싱 볼에 넣고 구운 아몬드를 넣어준다. 여기에 건포도, 아몬드 추출물, 빵가루, 커리 파우더를 넣고 소금과 후추로 간을 맞춘다. 계란 노른자를 넣고 섞는다. 꼬냑을 넣고 잘 섞어준다. 양념 간을 다시 맞춘다. 돼지고기 찹에 소를 넣고 뚜껑 덮어 서빙할 때까지 냉장 보관한다.

● 영업 비법 : 찹은 올리브 오일을 문질러 잘 바른 후, 소금과 후추로 양념 간한다. 그릴에 넣고 중간 불에서 익힌다. 접시에 담고, 초록색 잎사귀에 시럽을 바른 구운 사과로 장식한다. 16~18인분을 만들 수 있으며, 소를 넣지 않은 요리방법보다 2배 분량을 만들 수 있다.

9. 고객 유인책 요리

어떤 레스토랑도 타 업소보다 못한 요리상품을 판매하여 단골고객을 유치할 수 없다. 대부분 반대의 경우이다. 이 업소들은 언제나 잘 준비된 고품질의 상품을 판매한다. 합리적인 가격을 책정함으로써 영업수익을 유지하고 동시에 고객 수요도 유지한다. 비수기에는 어떠한가? 이때는 양을 줄이는 눈속임이나 보다 저렴한 재료로 대체함으로써 스페셜 요리에 변화를 주는 기법들을 셰프에게 추천할만하다. 더 나아가 육류나 생선, 가금류의 중량을 줄일 수도 있다. 그러나 일부 수익창출 기법들은 음식의 품질을 손상시킬 수 있다. 레스토랑의 기준 이내인지 여부는 셰프의 결정에 달려 있다. 어떤 대안들은 분명히 나쁜 방법이다. 어떤 레스토랑이든 주간 또는 격월에 한 번씩 저렴한 상품을 판매하는 계획을 수용할만하다. 이 방법은 계획과 준비과정에 많은 시간이 요구되므로 기준을 충족시키는 것 이상으로 많이 판매된다.

때로 생선 납품업자는 오늘은 납품 가능하지만, 창고에서 오랜 기간 저장되어 수명기간이 단축된 생선을 납품하려 할 것이다. 보통의 경우라면 기준 이하 상품들은 반품될 것이다. 그러나 만약 업자가 가격인하 조건을 제시한다면? 아마도 그 상품에 끌리게 될 것이다. 낮은 품질의 생선을 수납하는 대신 반값에 거래하라.

또 다른 방법은 부처, 생선 도매업자, 건어물류 판매업자에게 황새치 덩어리, 참치, 송아지 갈비, 내장 등 저렴한 대체식품에 대한 조언을 얻는 것이다. 신선함, 품질, 충분한 포션, 정통성과 같은 요소들은 모드 단골고객에게 미끼로 작용한다. 저렴한 대체식품으로 교체한 사실을 밝힐 필요는 없으며, 메뉴 아이템이 되거나 기존 메뉴 스타일과 달라서도 안 된다. 메뉴 아이템들 중에서 유사한 상품을 이용하여 주간 스페셜 요리로 제공하는 것이 최선의 방법이다.

다음은 이 방법들을 보여주는 5가지 레시피 실례이다.

1) TOMATO PASTA ROULADE DI MARE IN ROAST GARLIC CREAM

2시트 토마토 파스타	1/2컵 마늘
8lb. 해산물	3qt. 헤비 크림
4컵 신선한 바질	1qt. 화이트 와인
1/2컵 다진 마늘	1tbs 샬롯
3lb. 리코타 치즈	1tbs 버터
4컵 양송이버섯	1/4컵 소금
1/2컵 샬롯	1/4컵 흰 후추
1/2컵 올리브 오일	1/2컵 갈은 파마산 치즈
21개 계란 노른자	

룰라드(얇게 뜬 쇠고기로 야채 따위를 속을 넣은 소고기 롤)는 세계인, 미국인에게 대중적이지는 않지만 쉽게 수용할 수 있는 파스타의 일종이다. 소를 만들기 위해 가장 저렴한 해산물 즉, s모조 해산물 다리, 이미테이션 크랩, 황새치 덩어리, 내장, 새우, 랍스터 꼬리 캔, 민물조개 등을 이용할 수 있다. 잘 씻어 대형 소스 팬에 올리브 오일을 넉넉히 붓고 열을 가한다. 여기에 다진 마늘과 샬롯을 넣고 볶는다. 센 불에서 해산물, 바질, 버섯을 넣고 잘 익을 때까지 소테한다. 팬에서 꺼낸 후 물기를 제거하고 식힌다. 여기에 파마산, 소금, 후추를 뿌려 양념한다. 이것을 대형 믹싱 볼에 넣고 간다. 여기에 리코타 치즈를 넣고 잘 섞은 후 양념한다. 파스타를 익힌다.

크림을 만들기 위해 마늘 12개 정도를 고열의 오븐에 넣고 갈색이 날 때까지 구워낸다. 소스 팬에 버터를 넣고 샬롯을 볶는다. 여기에 화이트 와인을 부어준다. 높은 온도에서 끓인 후 불을 낮춘다. 여기에 헤비 크림과 구운 마늘을 넣고 1시간 정도 중간 불에서 끓인다. 걸러낸 후 크림을 다시 넣는다. 마늘과 샬롯은 퓨레하여 다시 부어준다. 소금과 후추로 간을 맞춘다. 소스가 잘 식도록 가끔 휘저은 후 계란 노른자를 넣고 잘 섞는다.

● **영업 비법** : 1회분 파스타 2~3장을 잘라 접시에 담는다. 비닐 랩을 감싼다. 전자레인지에 넣고 중간 열로 2분가량 익힌다. 구운 마늘크림 1/2컵을 데운다. 둥근 접시 위에 부어준다. 소스위에 뜨거운 룰라드를 놓고, 물냉이 잎을 장식한다. 14인분을 만든다. 이 레시피의 장점은 랍스터, 황새치, 바다 게 등 고가의 재료에 따라 가격을 정할 수 있다는 것이다. 해산물은 특정요리에 어울릴만한 강한 맛을 지녀야 한다. 잡다한 해산물을 대용함으로써 질감이 저하될 수 있으며, 이는 리코타 치즈와 재료분쇄를 통해 눈가림할 수 있다.

2) GRILLED HALIBUT STEAK WITH FRESH OREGANO, CAYENNE AND MUSTARD CRUST

10lb. 넙치 살	1/2컵 올리브 오일
2단 신선한 오레가노	1/2컵 소금

1tbs 고추	10개 레몬
24oz. 디종 머스터드	

8온스 분량의 넙치 살을 구매한다. 너무 비싸지 않은 재료라야 한다. 만약 너무 비싸다면 단가가 저렴한 냉동 생선살로 대체하라. 신선한 다진 오레가노와 고추를 넣은 머스터드를 준비하여 잘 섞어준다.

● 영업 비법 : 생선살에 올리브 오일을 문질러 바르고 소금을 뿌린다. 그릴에 넣고 생선에 레몬 1/2개 즙을 뿌린다. 뒤집어 준다. 생선이 거의 익었으면 표면에 머스터드를 바른다. 생선을 브로일러 아래에 넣거나 고열의 오븐에 넣어 외피를 만든다. 접시에 담아 레몬 조각과 초록 잎으로 장식한다. 12인분을 만든다. 톡 쏘는 매운 맛의 머스터드 외피는 원재료가 냉동생선이라는 사실을 눈치 챌 수 없게 한다. 레스토랑에서 신선한 생선재료가 떨어질 경우, 이와 같은 방법을 이용해도 문제없다.

3) GRILLED LAMB STEAK ROSEMARY

2개 큰 양고기 다리	8개 레몬
3단 신선한 로즈마리	1/2컵 소금
1qt. 올리브 오일	1/4컵 후추
1/4컵 육류 연화제	1/4컵 마늘 파우더

육류용 톱을 이용하여 14온스 중량의 스테이크로 자른다. 바깥쪽 지방과 근육을 제거하다. 고기를 연하게 하기 위해 페링 나이프를 사용한다. 올리브 오일, 마늘 파우더, 소금, 후추를 스테이크에 문질러 바른다. 사각 팬에 담아 로즈마리를 뿌린다. 뚜껑 덮어 하룻밤 냉장 보관한다.

● 영업 비법 : 로즈마리 잎을 제거한 후 한켠에 둔다. 육류 연화제를 뿌린 후 그릴에 넣는다. 뒤집은 후 레몬 1/2개 즙을 뿌린다. 원하는만큼 익힌다. 스테이크를 접시에 담아 로즈마리와 레몬으로 장식한다. 12~16인분을 만든다. 양고기 스테이크는 독특한 미국요리이다. 쇠고기 스테이크보다 가격은 저렴하지만, 연화제를 사용함으로써 고가에 판매할 수 있다.

4) HONEY – CINNAMON BARBEQUE RIBS

20lb. 송아지 갈비	1/4컵 베이컨 지방
2개 10번 케첩	1/2컵 래드 와인
4개 스페인 양파	2tbs 래드 식초
2개 그린 페퍼	1lb. 꿀
3개 월계수 잎	1/2컵 마늘
1qt. 에일	1/4컵 바질, 오레가노, 타임
1qt. 파인애플 주스	1컵 겨자
1/2컵 시나몬	2tbs 소금
	2tbs 후추

송아지 갈비는 고기의 두 층 사이에 지방층이 있는 넓적뼈이다. 갈비를 하나하나 자른다. 바닥이 깊은 팬에 담는다. 따뜻한 물 2쿼터와 케첩 4컵을 섞은 후, 갈비 위에 잘 부어준다. 알루미늄 호일로 덮어둔다. 뜨거운(500°F) 오븐에 넣어 연해질 때까지 구워낸다. 팬에서 꺼내 얇은 팬에 옮겨 담고 뒤집는다. 브로일러 아래에 넣고 그을린다. 갈비를 꺼내 한 켠에 두고 식힌 후, 뚜껑을 덮어 서빙할 때까지 냉장 보관한다.

소스를 만들기 위해 양파, 후추, 마늘을 미르쁘와 한다(다진다). 두꺼운 스톡냄비에 베이컨 지방을 넣고 열을 가한다. 여기에 월계수 잎, 바질, 타임, 오레가노를 넣고 눌지 않게 잘 저어준다. 양파가 익기 시작하면 래드 식초를 넣고 저어준다. 여기에 래드 와인을 넣어준다. 몇 분간 소테한 후 에일, 파인애플 주스, 케첩, 겨자, 끌 1/2파운드, 시나몬 1/4컵, 소금과 후추 1tbs씩 넣는다. 걸쭉해질 때 저온에서 45분간 졸인다. 여기에 남아 있는 시나몬과 꿀을 넣는다. 간을 맞춘다. 잘 식힌다.

● **영업 비법** : 갈비 5개를 스테이크용 접시에 담아 고온의 오븐에 넣는다. 갈비가 뜨거워지면 소스를 부어 갈색을 내기 위해 브로일러 아래에 넣어 마무리한다. 접시에 담아 다진 파슬리와 레몬 통슬라이스로 장식한다. 20인분을 만든다. 송아지 갈비는 잘 이용되지 않는 메뉴아이템이다. 일부 정육점에서는 쓰레기 아이템으로 볼 수 있다. 따라서 파운드당 단가가 저렴하다. 지방제거를 위해 그을린 후 속에 든 맛있는 고기를 보여주는 것이다.

5) BAKED CHICKEN LEGS STUFFED WITH MUSHROOMS, PIMENTO AND WILD RICE

1상자 3lb. 닭고기	1개 스페인 양파
2lb. 야생 쌀	1/4컵 마늘
3lb. 버섯	1/2컵 셀러리
1개 캔 피망	1/4컵 소금
2tbs 버터	1/4컵 후추
12oz. 꼬냑	2tbs 타임
2qt. 닭고기 육수	2개 월계수 잎
2컵 올리브 오일	1컵 밀가루
3컵 헤비 크림	

닭고기 24마리의 껍질을 제거한다. 다리 부위는 가능한 껍질을 남겨둔다. 가슴살과 기타 부위들은 다른 요리에 이용한다. 뼈에 붙은 다리 살을 뜯어낸다. 껍질은 그대로 둔다. 정강이뼈의 반인치 가량 남겨두고 다리뼈를 자른다. 다리는 모두 48개이다.

양파, 마늘, 샐러리를 잘게 미르쁘와 한다. 소스 팬에 버터를 넣고 열을 가한 후, 미르쁘와를 넣고 갈색이 날때까지 볶는다. 여기에 월계수 잎, 타임, 소금, 후추를 넣어준다. 버섯은 깨끗이 다듬어 슬라이스한 후 미르쁘와에 넣어준다. 야생 쌀을 씻어 넣고 닭고기 육수 1쿼터를 부어 저온에서 계속 끓인다. 쌀이 익어 부드러워질 때까지 익힌다. 필요하면 물을 첨가한다. 다진 피망을 넣어 섞은 후, 뚜껑을 덮고 30분간 더 익힌다. 식힌다. 닭고기 껍질이 접시바닥을 향하도록 놓는다. 뼈를 제거해 비어있는 부분에 소를 넣어 채운다. 이쑤시개를 이용해 껍질을 잘 이어준다. 뚜껑 덮어 서빙할 때까지 냉장 보관한다.

● **영업 비법** : 소스 팬에 올리브 오일을 약간 넣고 가열한다. 다리 2개에 소금과 후추를 뿌린다. 껍질을 그을린 후 뒤집는다. 팬에 담아 고온의 오븐에 넣는다. 닭고기는 10~15분간 익힌다. 접시에 담아 소스가 준비될 동안 온기를 유지한다.

팬에 남아 있는 육즙에 밀가루 1tbs를 넣고 잘 익도록 저어준다. 여기에 닭고기 육수 4온스를 넣고 잘 섞어준다. 헤비 크림 1/4쿼터를 넣는다. 소스의 불을 낮추고 1온스의 꼬냑을 넣어준다. 소금과 타임으로 간을 맞춘다. 접시 위에 소스를 부어준다. 닭고기 다리는 정강이에서 1인치 가량 되는 위치에서 비스듬하게 슬라이스 한다. 2개의 원모양 소스위에 슬라이스한 것을 담고, 정강이 남은 부위는 바로 세워 담는다. 페이퍼 피트 위에 둔다. 차이브 및 피망 조각으로 장식하고 서빙한다. 12인분을 만들 수 있다. 닭다리는 그다지 고급 식재는 아니지만, 일단 스페셜이 되기만 하면 인기 있는 메뉴가 될 것이다. 유행하는 주요 식재료에 관심이 집중된 반면 닭다리 원가에 대한 관심은 사실 거의 없는 편이다.

10. 요점정리 및 토론

셰프가 특정 요리의 목적을 깨닫고, 그 요리상품의 메이크업이나 디자인을 보다 세심하게 관리할수록 수익성과 인기가 높아질 것이다. 어떤 성공적인 요리가 목적들의 조합을 이뤄낼 동안, 어떤 요리는 진화하여 특별한 요리가 될 것이다. 오로지 심미성만을 추구하여 창안된 요리의 극단적 예는 푸드 스타일리스트의 업무인 사진 작업용으로 디자인된 음식이다. 다채롭고 균형 잡힌 연출의 만족스러운 대칭은 식재료와 조리 스타일의 선택에서 시작된다.

맛은 소스(예를 들어, 사과는 분명한 하나의 맛)에 의해 정의(파악)되므로 인기 있는 맛이나 트렌드가 되기 위해서는 인기 있는 오리지널 요리소스에서 유래한 것이라야 한다. 지역별 요리역사에 대한 명확한 이해는 레스토랑 요리의 성공적 디자인을 위해 중요하다고 본다.

맛을 디자인하는 셰프는 시각화와 유사한 과정을 통해 기억으로부터 맛을 만들어낼 수 있어야 한다. 인기란 맛이나 트렌드에 대한 공통된 의견에 달려 있다. 그 목적이 식재료 재고를 줄이고 매출을 늘리기 위해 우연히 음식을 판매한다면, 고객 선호도가 주요 요리디자인에 고려사항이 되어야 한다. 매출이 높은 업장은 빠른 음식 산출과 테이블 회전을 유지할 수 있는 2단계 운영원칙이 필요하다.

디자인이 심플한 요리들이 대개 판매 수익성이 가장 좋은 메뉴들이다. 수익성을 디자인의 핵심요소로 볼 때 셰프의 가격 범위 이내에서 이용 가능한 식재료들을 이용하는 결정을 하게 된다. 식재료 원가를 줄이는 한 가지 방법은 주재료의 포션 사이즈를 10~15% 줄이는 것이다. 이를 보충하기 위해 주재료 위에, 아래에, 주위에, 속에 대체 식재료들을 넣어 보충할 수 있다. 어떤 레스토랑도 타 업소보다 못한 요리상품을 판매하여 단골고객을 유치할 수 없다. 장사 기법은 보다 많은 시간과 계획과 준비과정에 투자함으로써 유리한 기준을 충족시키고 뿐만 아니라 더 많이 판매할 수 있다.

제12장 식재료 낭비 요율

연구 차례

연구 개요

식재료를 그냥 버리는 행위가 흔히 간과되는 것은 중요한 문제이다. 어떤 식재료이든 약 20~50%의 본질적인 재료 손실률을 지닌다. 이 수치는 손질을 잘못해서 발생한 손실부분은 포함하고 있지 않다. 쓰레기통으로 들어가는 가공하지 않은 식재료 식품들을 거의 매일 구매하고 있다. 따라서 필요 없는 식재료가 수익마진에 큰 영향을 미친다. 식재료 손실률 자연적으로 발생되는 경우에 이 메뉴가격에 적용하지 않을 경우, 이와 같은 숨은 비용이 미치는 부정적 영향은 2배 이상이다. 예상치 못한 손실을 초래할 뿐만 아니라 적절한 중량으로 대개 오인한다. 수석 주방장이라면 식재료가 저절로 버려지는 폐기물 형태와 중량에 대해 연구해야 하며, 이것들이 미치는 영향을 산출할 계획을 세워야 한다.

1. 숨은 비용

식재료 폐기물의 경우 너무 익힌 스테이크만큼 분명하거나 재활용한 브로콜리만큼 파악하기 어려울 수 있다. 이 문제를 해결할 방법은 식재료는 저절로 폐기물이 발생할 수 있고, 앞으로 발생할 부문을 정확히 알아내고 그 비용을 최소화하기 위해 지속적인 노력을 하는 것이다. 올바른 식품처리를 위해 요구되는 절차와 과정들을 다루어야 한다. 논의를 위해 다음과 같이 가정하자. 직원들은 훌륭히 업무를 수행하고 있다. 즉 재고관리는 잘 되고 있으며, 실수 없이 적절히 사용하고 있다. 그러나 여전히 식재료 웨이스트 펙터가 있으며, 수익마진에 부정영향을 미칠 수 있는 숨은 식재료 비용이다. 본 장의 목적은 이와 같은 보이지 않는 숨은 식재료 비용을 찾아내고 가능하면 저절로 없어지는 폐기물의 비용 퍼센티지를 결정하는 것이다. 이 퍼센티지는 레시피에 따른 생산량으로 해석하기보다는 음식변수의 사이즈에 크게 영향받는다는 사실을 의미한다. 그러나 메뉴가격 결정 및 카테고리별 식재료 원가계산에 있어 필수적이다. 먼저 식재료 카테고리별 파악 후 전반적인 운영 낭비비용을 분석한다.

2. 육류 및 가금류

붉은 살 육류나 가금류 조각은 뼈를 추려내고 기름기를 제거하는 특별한 방식을 요한다. 이 과정에서 폐기물은 필수불가결하다. 예를 들어, 새끼오리는 4파운드 중량의 요리 1마리로부터 얻을 수 있는 2인 분량을 만들기 위해 엄청 살찌워야 한다. 오리의 초과중량은 로스팅 과정에서 기름으로 빠져나간다. 따라서 오리는 상자 당 12인분일 때 1마리 기준보다 유리하게 계산된다. 닭고기나 칠면조가 그러하듯 오리 4파운드가 3~4접시를 생산하는 것은 폐기물이 되는 숨은 비용의 일종이라 볼 수 있다. 그러나 이런 유형의 폐기물은 정확히 파악할 수 있다. 다른 식품들은 최종 1인분의 무게와 계산을 포함한 직접 체험방식이 요구된다.

잘 손질한 고기조각을 통해 폐기물의 양을 예측할 수 있다. 예를 들어, 저온에 보관되어 즉시 사용가능한 필레 미뇽은 대략 15%의 폐기물을 생겨난다(일부 대형 필레는 더 많은 폐기물이 나온다). 손질하지 않은 필레 조각은 파운드 가격에 더 많은 지방은 포함하고 있다. 이 경우 웨이스트 펙터는 60% 이상이다. 아무리 칼질을 잘하는 셰프라 하더라도 필레 미뇽 원가는 '영수증' 단가의 2배이다. 따라서 육류가격을 고려 한다면 폐기물 비용이 매우 높다. 그러나 어떤 종류의 육류이든 적어도 20%는 지방과 힘줄로 구성된다. 다른 예를 살펴보면 다소 적을지 몰라도 축적될 경우 손실률이 미치는 영향은 엄청나다.

햄버거는 조리 후 80대 20 블랜드 기준 10%의 무게 손실이 있으며, 지방함량이 높은 블랜드의 경우 더 많은 무게가 감소된다. 볼떼기 살은 지방을 제거하지 않고 고기를 레어로 익힐 경우, 95%까지 생산할 수 있다. 지방을 제거하고 자른 경우, 식재료 자동 폐기물은 25%이다. 비프 트라이앵글은 지방제거 시 25%가 감소된다. 등심은 30%가 감소되며, 일부는 수프용으로 사용할 수 있다.

소갈비는 판매할 수는 없지만 오리처럼 기본 형태로서 포션에 포함되는 지방과 뼈가 있다. 숙련된 카버라면 갈비가 17개 조각(15~18파운드)으로 생산된다. 보통은 14조각 생산된다. 쉘 스테이크의 손실률은 25~30%이다. 꽃 등심 스테이크의 손실률은 적은 편으로 5~20%이다. 대접살 스테이크는 10%의 지방과 힘줄이 있다. 콘비프는 품질, 가격, 지방함유량에 따라 다양하다. 지방제거 후 조리시 한조각당 평균 30%의 손실이 있다. 쇠고기와 돼지고기 립은 크기와 무게가 매우 다양하므로 명확한 추정이 불가능하다. 그러나 지방 없는 수입산 립은 14온스 서빙기준 소량의 손실이 있다. 살이 많이 붙은 대형 돼지갈비의 경우, 20온스 서빙기준시 평균 수준의 손실이 있다.

양고기 어깨부위는 폐기물이 75%에 달하므로 저렴해야 한다. 뼈있는 양고기 다리는 25%의 손실이 있다. 양고기 스테이크의 웨이스트 펙터는 15%이다. 신선한 햄 또는 돼지고기 로스트는 지방과 뼈를 제거한 후 단단히 묶었을 때 30%의 손실이 있다. 훈제 햄은 지방과 뼈를 제거할 시 30%의 손실이 있다. 돼지고기 등심 찹은 뼈째인 경우 단 5%의 손실이 있다. 내장은 핏줄과 껍질제거 시 20% 가량 손실된다. 송아지고기 찹의 웨이스트 펙터는 40%이다. 지방을 대량 제거하고 냉장용 백에 보관한 송아지고기 등심의 손실률은 10%이다. 지방을 제거하지 않은 등심은 25~30%의 손실이 있다. 소다리는 뼈 길이에 따라 다르지만 50~80%에 이른다. 칠면조, 거위, 수탉은 뼈, 내장과 기름이 50~60%에 달한다. 뼈를 제거하지 않은 칠면조 가슴살은 30%의 손실이 있다. 뼈를 제거하지 않은 칠면조 다리는 65%이다.

치킨커틀릿은 사육자에 따라 다르지만, 대략 단가를 보면 알 수 있다. 고가의 커틀릿은 지방이 적은 편이며, 웨이스트 펙터는 10%이다. 프렌치 치킨 가슴살은 뼈를 제거하지 않은 경우 15%이며, 30%까지 손실이 있을 수 있다. 치킨 날개는 5%의 손실이 있다. 2파운드 중량의 치킨 한 마리는 뼈와 지방이 60%에 이른다. 3파운드 중량이면 손실률이 50%에 이른다. 뼈를 제거하지 않은 1파운드 중량의 암탉은 70% 손실이 있다.

3. 생선류

오늘날 생선 도매업자들 간의 경쟁이 심화되어 생선을 손질해서 판매한다. 주방에 생선살을 뼈에서 분리해내는 숙련된 직원이 없다면 이와 같이 저며 낸 생선살을 구매하는 것이 더 유용하다. 원가분석을 어림짐작하며 보다 중요한 것은 숨은 비용을 제거할 수 있다. 내장을 제거한 생선의 뼈와 머리무게는 총중량의 40~80%를 차지하며, 어종과 크기에 따라 다르다. 뼈 제거 시 손실이 얼마나 될 것인지에 대해 도매업자에게 물어보더라도 항상 정확한 것은 아니다. 도매업자 또한 종종 추측할 뿐이다. 따라서 생선살이나 스테이크용을 구매하라. 그렇더라도 폐기물은 여전히 존재한다. 생선을 손질하고 포션하기 전에 다음의 가이드라인을 이용하여 폐기물을 즉시 파악하라.

큰 생선살(5~8파운드)의 웨이스트 펙터는 15%이다. 중간 크기의 생선살(3~5파운드)은 뼈, 껍질, 내장 등 손실이 20%이다. 작은 크기의 생선살은 모양과 생선

종에 따라 손실펙터가 훨씬 크다. 10%는 작은 경우이며, 25%에 달할 수도 있다. 범위가 넓으므로 경험 많은 셰프는 펙터 계산이 용이할 것이다. 황새치가 대표적인 예이다. 바람개비 모양으로 컷하지 않을 경우 껍질과 뼈가 총중량의 25%를 차지하므로 폐기물이 20%에 달한다.

새우 껍질은 얇지만 무게를 더한다. 폐기물량을 조절하는 최상의 방법은 새우 무게가 아니라 개수로 포션을 정하는 것이다. 조개, 굴, 대합 또한 동일하다. 물론 셰프는 1인분이 새우 몇 마리인지 결정하기 위해 무게와 개수 간에 조정이 필요하다. 예를 들어, 10~15사이즈 새우는 5파운드 박스에 65마리 정도 들어있다. 새우 원가를 파운드당 1만 원으로 가정할 때, 5만 원을 65마리로 나누면 원가는 마리당 약 7,700원의 웨이스트 펙터가 된다.

4. 야채류 손실률

식품처리 및 준비미숙으로 많은 야채 폐기물을 만든다. 그러나 이상적인 상황도 한 번 생각해보자. 완벽한 조건의 야채가 구입되어 적절히 처리하고 여분의 폐기물 없이 조리하는 레스토랑이 있다. 셰프는 노력에 대해 보상받아야 한다고 생각할까? 손실이 전혀 없는가? 결코 그렇지 않다. 모든 구매상품은 손실률이 있다. 금방 시들어버리는 야채는 폐기되기 십상이다. 어느 날 밤 웨이트리스가 샐러드 스페셜의 유리문을 열어 놓은 채 퇴근해 박스 팬 3대를 잃어버렸다. 다음날 밤 조리 준비팀은 너무 많은 가니쉬들을 준비함으로써 다음 서빙 때는 시든 것을 제공하게 될 것이다. 이것이 식재료 폐기물이며, 메뉴가격의 상승 요인으로 작용할 실제 금전 손실액이다. 다음은 준비 담당 조리사가 평균 이상 업무를 수행하는 평범한 주방의 손실률이다. 식재료 폐기물을 양산하는 일상적인 문제들을 고려하고 있다. 이 비율은 손질하고 조리한 후 추가적인 손실 부분이다.

로메인 상추, 아이스버그 상추, 그린 리프, 래드 리프, 비브 상추, 시금치는 최상의 조건에서 5%의 손실이 있다. 이 손실은 하중 때문에 쉽게 2배의 식재료 폐기량을 만들 수도 있다. 다양한 크기와 용도별 감자는 값이 저렴하다. 종종 너무 많은 양을 준비하게 된다. 어떤 것은 어그러지거나 흠집난 채 입고된다. 웨이스트 펙터는 10%이다. 신선한 옥수수의 웨이스트 펙터는 10%이다. 브로콜리는 영업상 별다른 문제가 없다면 20%의 손실이 있으며, 손실이 3배에 달할 수도 있다. 애호박과 서머 스쿼시는 껍질이 얇아 흠집나기 쉬우며, 5%의 손실이 있다.

양파, 파, 부추는 일주일 정도는 거의 폐기물이 없다. 이후 10%의 손실을 예상하지만 실제 20%의 손실이 있을 수 있다. 버섯은 5%의 손실이 있다. 빨강, 초록 및 기타 피망들은 평균 10% 손실이 있다. 토마토는 사이즈 구분 없이 10%대의 손실이 있다. 이 수치는 익지 않은 것이나 너무 물렁해 사용 불가능한 경우는 제외했다. 아보카도는 준비과정에서 15%의 손실률이 있다.

당근의 웨이스트 펙터는 5%이다. 오이는 썬 후에 15%까지 손실이 있다. 물 냉이와 파슬리는 약 5% 손실이 있다. 가지는 썰기 전후에 상하기 시작하며, 15%의 손실이 있다. 양배추, 콜리플라워, 아기 양배추는 5%의 손실이 있다. 아스파라거스는 15%의 손실이 있다. 콩은 준비과정을 거친 후 단 10%의 손실률이지만, 준비 이전과 준비과정 중에 손실률이 더 높다. 마늘은 거의 손실 없으며 3% 정도이다. 셀러리는 10%의 손실이 있다. 새싹은 1~2일 이내 사용하지 않으면 20% 손실 가능성이 있다. 여기에 손질 중 5% 손실이 더해진다. 신선한 과일, 허브, 견과류는 준비과정 후 다양한 폐기물들이 대략 10%에 이른다.

앞서 언급한대로 주방업장에서 엄격한 재고관리를 하더라도 식재료 폐기물은 필수불가결하다. 야채는 가격이 저렴하고 양이 많으므로 남용되는 경향이 있다. 어떤 요리의 원가계산이든 웨이스트 펙터를 항상 포함해야 한다.

5. 파스타류

건조 및 생파스타는 여러 가지 방식으로 준비되므로 웨이스트 팩터 또한 다르다. 최적 조건에서도 생파스타는 15%의 손실이 있다. 건조 파스타는 조리 전에도

10% 식재료 폐기물이 생기며, 조리 후에는 보통 15%의 손실이 생긴다.

6. 냉동식품류

오늘날 생선, 치킨, 감자, 야채 등 무엇이든 냉동가능하다. 장기간 냉동하지 않을 경우 식품의 좋은 품질을 유지할 수 있다. 그러나 동결화상은 피할 수 없다. 냉동식품이 일단 해동되면 신선한 식품에 비해 더 빨리 부패되는 성향이 있다. 만약 해동된 식품을 즉시 조리에 사용하지 않을 경우에도 웨이스트 팩터를 고려해야 한다. 대체로 냉동식품은 20%까지 손실이 된다. 수치가 높은 것 같지만 식재료 사용 후 남은 것을 다시 냉동함으로써 웨이스트 팩터는 2배가 된다.

7. 유제품류

유제품 식재료 폐기물량은 시즌에 따라 특히, 레스토랑의 냉동기기가 즉시 효력을 미치지 않거나 냉동 공간이 부족할 경우 변동이 심하다. 우유 및 생크림은 가장 많이 사용되는 아이템들이므로 손실 또한 가장 많다. 치즈나 버터 같은 유제품들은 외부 기온 및 습도에 따라 대략 1~2주안에 만들어질 것이다. 이 기간 동안 5~10%의 웨이스트 팩터를 추정할 수 있다. 온도가 올라가면 냉장 또는 냉동상태로 구입된 유제품의 손실률도 10~20%까지 올라간다. 이 제품들은 즉시 냉장해야 하며, 주방 내 저장고는 더운 공기에 지속적으로 노출됨으로써 냉각과정을 방해하는 출입문에서 멀리 떨어진 곳에 위치해야 한다. 재료가 손실률이 30%에 근접하면 문제가 있는 것이다. 아마도 재고 시스템에 대한 제고가 필요하거나 냉장시설이 고장 난 것이다.

즉시 주방 내 모든 부문을 확인하라. 매니저에게 책임을 전가하는 것은 현명하지 않은 처사이므로 시설의 정기점검이 필요하다. 매니저는 모든 장비에 대한 유지보수를 책임지고 있지만 냉장시설에 대한 보수가 너무 늦어지면, 결국 총 책임자인 셰프의 책임이며 식재료원가 손실을 예상해야 한다.

8. 건조식품류

건조 식재료 군에는 오일, 캔 식품, 허브 및 향신료, 건조 및 가공곡물, 설탕, 포장제품, 소프트 드링크류 등이 포함되며 그 범위가 넓다. 이 아이템들 가운데 인간, 동물 또는 자연발생적으로 폐기물이 생겨나지만 항상 저장장소가 그 원인이다. 건조 식재료의 경우, 적재 및 로테이션에 대한 세심한 계획을 통해 조리사의 실수를 줄일 수 있다. 기타 동물들에 의해 폐기물이 가끔 소량 생겨나거나 지긋지긋한 영역싸움이 될 수도 있다. 이 부문도 매니저에게 책임을 전가할 수 있다. 심사숙고하여 효율적인 방법으로 처리함으로써 최저수준의 식재료 원가를 유지하도록 하라.

현대적이고 훌륭한 저장시설을 갖춘 레스토랑은 거의 없다. 최악의 조건에서 식재료 상자들은 바닥이나 통로에 적재되어 있어 재앙을 불러들인다. 수도관 파열이나 누수로 인한 피해는 반복되는 위험요소이며, 바닥에 쌓인 식재료 상자들은 바로 이와 같은 요소들로부터 손해를 입기 쉽다. 과거에 누수 된 곳이나 수도관이 늘어선 바로 아래에 상품을 두지 마라. 습기가 있는 곳의 상품은 건조한 장소로 이동 보관하라. 주방 책임자를 기다리지 말고 배관공이 필요하면 즉시 호출하라.

청결하고 건조한 상태로 보관된 건조식품은 선반 위에서 잘 보존한다. 최적품질과 평균 10%수준인 최소 폐기량을 유지하려면 저장 로테이션을 해야 한다. 이와 같이 낮은 수치는 잘 적재된 수많은 식재료 용기들을 상상할 수 있다. 그러나 잘 정리했더라도 병제품은 깨어지기 마련이다.

9. 디저트 류

흥미롭고 맛있는 앙트레를 끝낸 후, 매력적으로 보이지만 냉장고 냄새가 살짝 밴 디저트를 만나게 된다면 고객은 얼마나 당황할까. 디저트는 쓰레기통으로 직행하면 레스토랑의 명성은 추락하게 된다. 최고급 디저트는 냉동이 아니라 신선제품이므로 맛이 살아 있어야 하며 포장상자 냄새로 오염되어서는 절대 안 된다. 디저트를 보관하기 위한 용도의 냉장고라면 디저트만 보관해야 한다. 최소한 강한 향의 야채들, 육류, 소스들이 페스트리, 파이, 케이크, 무스 등과 함께 저장해서는 안 된다.

디저트의 웨이스트 팩터나 손실률은 생각 이상으로 증가될 수 있다. 무절제한 직원은 고급 디저트를 반 이상 먹어치울 수도 있다(고객들에게 관상용으로 남긴 채). 부서지기 쉬운 케이크 레이어와 소에 대한 엉성한 처리로 서빙하기 전에 5~10% 손실이 발생할 수 있다. 따라서 케이크 1판을 자를 경우, 접시에 담아 랩으로 덮어둬야 한다. 만약 디저트를 1인분씩 담아내야 한다면 서빙시간이 가장 적기이며, 그래야 시간 경과에 따른 식재료 폐기율을 줄일 수 있다. 그러나 케이크 조각을 너무 크게 자르거나 부서진 경우 또는 일정양이 서빙기구에 들러붙은 경우에는 처리 부주의로 인한 손실률이 증대된다. 셰프가 선택할 최선의 접근방안은 의도된 연출스타일과 이용 가능한 공간을 활용하는 것이다. 식재료 폐기물을 줄이기 위한 방법은 임무를 수행하는 필요 없는 직원 수를 줄이는 것이다. 조리사의 기술이 향상될수록 식재료 폐기물량은 크게 줄게 될 것이다.

10. 일반 정보

경험부재, 게으름, 부주의함에서 생겨난 미숙한 식재료 처리절차는 대다수 식재료 폐기물 관련 문제의 원인이다. 주방 모든 팀원들은 고된 일을 하는 전문가들임에 틀림없다. 형편없는 준비과정과 고쳐지지 않은 조리기법은 식당 수익을 꾸준히 까먹게 될 것이다. 셰프의 임무는 식재료 폐기물이 발생할 때마다 지적하는 감독관이 되는 것이다. 주방업무의 훈련과 재교육 과정은 계속되어야 한다. 주방의 업무는 항상 한 가지 문제를 발견하고 해결하고 나면, 또 다른 문제가 생겨나기 마련이다.

예를 들어 셰프 팍이 운영하는 PASTA, PASTA...PASTA! 는 소스 몇 가지, 파스타 삶기, 야채 익히기 및 준비하기 등 주방업무를 위한 심플한 준비과정 스케줄이 있다. 그러나 주방 직원의 인건비 예산이 너무 낮아 유능한 조리사 직원을 채용할 수 없으므로 이와 같이 간단한 업무들도 대단한 일이 될 지경이다. 디너 서빙 때 사용된 파스타 종류 링귀니, 페투치니, 타글리아텔리가 다음날 아침까지 물러 터진 채 널브러져 있었다. 셰프가 주중 근무하며, 파스타를 조리하는 3명의 조리사들이 형태를 유지하면서 씹는 맛이 있는 파스타로 만드는 과정을 지켜보았다. 그가 지켜보는 동안 완벽하게 익히고, 물기를 제거하고, 오일을 부어, 공기가 새어나가지 않도록 쟁반을 감쌌다. 파스타 주문량이 많기 때문에 셰프의 식재료 로테이션 시스템은 효과적이었다. 그렇더라도 가장 오래된 파스타가 가장 먼저 사용되는지 확인하기 위해 2중 체크를 했다. 월요일부터 금요일까지 셰프가 근무하는 동안 파스타는 완벽했다. 그러나 문제는 셰프가 주말에 근무하지 않을 때였다. 월요일 출근했을 때 나이트 셰프들이 매일 오후 밤 파스타 2~3 트레이를 쓰레기로 만든 참사를 알게 되었다. 파스타가 너무 물러 사용할 수 없는 상황이었다. 주말은 가장 바쁠 때이므로 재훈련 받았던 조리사 3명 모두가 근무했으며, 파스타를 조리했었다.

셰프는 이 문제를 그냥 보고 넘길 수 없었다. 셰프는 준비과정 담당 조리직원들을 대상으로 회의를 소집했다. 직원들은 한국어에 다소 서툴며 직원이 된 후 파스타를 먹어본 적도 없었지만, 몇몇은 주방 일을 빨리 익히며 성실한 직원이었다. 셰프는 업무조정을 했으며 준비과정 담당 조리직원 2명이 파스타 업무를 전담했다. 일주일 내내 근무하면서 시작은 완벽했다. 셰프는 업무과정을 다시 한 번 세밀히 검토했다. 그리고 적당히 삶아진 파스타의 중요성과 반복되는 재료 폐기물에 대해 강조했다. 셰프는 매일 파스타를 점검했으며, 이 사실을 2급 조리사가 인지하도록 했다. 그리하여 품질이 향상되고 파스타 폐기물이 사라졌다. 그러나 점검 과정에서 데친 브로콜리 트레이에서 유사한 문제를 발견했다. 너무 익혀 파스타가 쓰레기통으로 들어가는 것이었다. 주방 조리사들의 재훈련 노력이 계속되었다.

주방 식재료 폐기물이 발생되는 공통된 원인은 너무 많은 양을 생산하거나 너무 지나치게 사용하기 때문이다. 이와 같은 손실을 줄일 수 있는 간단한 방법은 해당 주방 직무에 필요한 재고를 꼭 필요한 양만 준비하는 것이다. 그러나 효율성의 측면에서 주방 식재료의 제한적인 해결방안이다. 가끔 레스토랑에서 발생하는 식재료 남용 문제를 막기 위해 타이트한 재고관리는 매우 효과적이다. 대다수 레스토랑에서 셰프가 식재료 물품을 주문하므로 이 방법은 정식 절차화하기 쉽다.

폐기물 발생의 주요 원인 중 하나는 주방 직원이 남은 식재를 버리기 때문이다. 폐기물을 줄이는 또 다른 중요한 방법에는 세심한 주방 직원 재훈련이 포함된다. 음식 서빙 및 처리에 관한 셰프 자신의 노하우 방법이 직원교육의 기준이 될 것이다. 조리교육을 통해 뛰어난 테크닉을 직원 자신의 것으로 만들 수 있어야 한다. 셰프가 자신이 맡은 업무를 보다 훌륭히 해낼 때 주방 직원들도 주의하게 되며 결국 최종목표인 고객들도 이 사실을 인지하게 될 것이다. 주방교육의 결과를 인식하는 데 나태하거나 고집 센 조리사라 하더라도 예전의 자기성향으로 쉽게 돌아갈 수 없다.

11. 요점정리 및 토론

주방 식재료의 폐기물량을 메뉴가격 결정요인으로 반영하지 않을 시 이와 같은 숨은 비용이 미치는 영향은 2배 이상이 될 것이다. 해결방안은 폐기물이 주방에서 항상 발생할 수 있고, 앞으로 발생할 부문을 정확히 지적하고, 비용을 계산하고 최소화 하기 위해 정기적인 노력을 하는 것이다. 주방의 식재료 구매 후에 미숙한 처리 및 준비과정 방식들이 야채 구매 후 대다수 폐기물 발생의 원인이다. 일단 해동된 냉동식품은 신선한 식품보다 더 빨리 부패되는 성향이 있다. 주방 조리사의 경험부재, 준비 게으름, 부주의함에서 생겨난 미숙한 식재료처리 절차는 대다수 폐기물관련 문제의 원인이다. 주방의 훈련과 재훈련 과정은 끝이 없다. 주방업무는 항상 한 가지 문제가 발견되어 해결하고 나면, 또 다른 문제가 발생하기 마련이다.

주방 식재료 폐기물이 발생하는 공통된 원인은 너무 많은 양을 생산하거나 필요 이상으로 지나치게 사용하기 때문이다. 레스토랑에서 발생하는 남용 문제를 막기 위해 타이트한 재고관리는 보다 효과적이다. 음식서빙 및 처리에 관한 셰프 자신의 노하우 방법이 직원교육의 기준이 될 것이다.

제13장 푸드 퍼센트 계산법

연구 차례

1. 업장적용
2. 푸드 퍼센트 계산법
3. 평균추정
4. 요점정리 및 토론

연구 개요

레스토랑 주방의 소요경비는 식재료비, 인건비 그리고 운영비로 구분된다. 이것은 원가 3요소들이다. 이 비용들은 percentages 또는 pc's로 불린다. 정상적인 운영 상황하에서 푸드 퍼센트는 이런 비용들 중 가장 큰 부분을 차지하므로 레스토랑 수익성과 주방장의 주방업무수행 능력을 결정하는 가장 중요한 척도이다. 이 식재료 비율을 계산하는 것은 매니저가 해야 할 단순한 숫자놀이가 아니다. 그 중요성이란 이 분야에서 최고의 상태를 유지할 수 있는 훌륭한 아이디어가 되거나 혹은 살아남기 위해 절대적으로 필요한 영역 부분일 수도 있다. 경우에 따라 주방장의 능력 평가를 하는 업무수행 시 식재료 관리는 중요수단이 되기도 한다.

1. 업장 적용

주방장의 임무 중 하나인 푸드 퍼센트는 여러 부분에서 필요하다. 푸드 퍼센트를 계산하기 위해 필요한 자료 수집은 특히 주방장이 송장을 무시하기 쉬운 마지막 단계까지 구매 및 수령, 검수에 이르는 전체 시스템과 지속적으로 연결하는 공식적인 과정이다. 경험에서 나온 푸드 퍼센트의 추측 수준은 주방장의 정보수집 양과 동일한 수준이다. 주방장은 오너나 매니저가 실제 수치를 산정해 내기 전에 수익이 많은 달이나 나쁜 달 또는 적어도 한 주간에 대한 사전지식을 갖추고 있을 것이다. 이와 같은 사전지식의 주요가치는 심각한 하락세를 막는데 있다. 하락세가 한 두 주간이 아니라 지속적이어서 이를 통계학적 수치로 나타날 경우 주방장은 구매나 마케팅 활동들을 조절할 수 있다. 문제가 발생하면 주로 하나 또는 일부 품목들의 가격이 시장 정상가보다 높게 매겨지거나 심각한 수익손실이 유발된다. 푸드 퍼센트에 관한 일람표를 지속적으로 작성함으로써 손실이 어느 정도인지 알 수 있을 것이다. 이런 서류를 작성하는 것이 당장에는 많은 수익을 창출하지 못하더라도 과거의 주방 운영비에 대해 명확히 인지하고 이해함으로써 주방장이 가까운 장래에 대해 계획할 때 이용될 수 있는 하나의 구성요소이다.

기복이 심하여 불안정한 푸드 퍼센트를 다루는 주방장의 능력이 곧 요리전문가 직업상의 수명이 될 수 있다. 푸드 퍼센트의 손실이 많다는 사실을 오너 겸 매니저가 알게 되면 즉시 그 이유에 대해 설명해 줄 것을 요청하는 것이 일반적이다. 오너 겸 매니저가 일을 처리하기 위해 지시하는 동안 이런 상황에 대해 미리 준비하지 못한 주방장은 변명을 늘어놓는데 전념하게 될 것이다. 경영자가 주방 운영의 사소한 부문까지 통제해야 한다면 주방장을 고용할 이유가 없을 것이다. 따라서 주방경영에 앞서 정확한 기록을 근거로 한 푸드 퍼센트 예측에 주의해야 한다. 대형업소에서 근무하는 주방장의 경우 조리기술뿐만 아니라 운영 재정분야에 대한 기술도 요구된다. 즉 회계사가 제시한 재정보고서와 전산정보들을 이해하고 재정에 관한 논의가 가능해야 한다. 주방 운영 상황이 상당히 어려울 때 가장 큰 무기는 푸드 퍼센트와 그에 따른 부대효과이다. 결코 무방비 상태로 있지는 마라.

또한 이와 같은 사실은 주방장이 아주 만족스러운 상황에서 근무할 때 주지하는 것이 현명하다. 푸드 퍼센트는 총 매출액의 상당부분을 차지하므로 주요 지표가 된다. 만약 매출액이 증가하거나 현상 유지할 동안 푸드 퍼센트가 낮은 수준을 유지하였다면 분명히 수익이 증대된 것이다. 수익이 증대된 이후에도 주방장의 임금이 오르지 않거나 여전히 외식업계 시장의 범위 내에 머물러 있을 경우 오너 겸 매니저는 더 이상 임금상승을 거부할 수 없을 것이다.

2. 푸드 퍼센트 계산

푸드 퍼센트 계산에 관한 산술법은 사실 간단하다. 일정 기간 동안의 총 구매액을 동기간 총 매출액으로 나눈다. 다음의 3가지 예들은 레스토랑 운영에 관한 기본 과정들을 보여준다. 각 부문에 이용된 자료작성법은 '양식과 절차' 에서 자세히 설명하고 있다.

기 간	일 자	매출액	구매액		푸드 퍼센트
1주	10/10	10,456	5,279	=	50.5
2주	10/17	10,711	5,216	=	48.7
3주	10/24	9,232	4,542	=	49.2
4주	10/31	11,062	4,823	=	43.6
10월 합계		W41,461	W19,860	=	47.9%

예시 A) A 레스토랑은 위치나 스타일에 있어서 새로운 레스토랑이다. 이 레스토랑의 성공여부는 과연 고객들이 세련된 분위기 속에서 세련되지 못한 메뉴를 받아들일 것인지에 달려 있다. 영업을 시작한 지 7개월쯤에 레스토랑의 매출액은 다소 적으나 서서히 증가하고 있다. 다음은 10월 현재 현황이다.

예시 B) B 레스토랑은 전국 평균판매량을 기준으로 할 때 중간수준 이상으로 판매하는 고급 음식 나이트클럽으로 개장하였으나 실제로는 이 지역에서 가장 성공한 갈비싼 레스토랑 중 하나이다. 주방장은 공동 오너이므로 초과수익에 대해 설명할 때 용이하다. 다음은 7월 달 수치이다.

기 간	일 자	매출액	구매액		푸드 퍼센트
1주	7/3	21,334	9,276	=	43.5
2주	7/10	74,792	8,603	=	34.7
3주	7/17	25,543	9,221	=	36.1
4주	7/24	28,191	9,162	=	32.5
5주	7/31	27,687	10,548	=	43.6
7월 합계		W127,547	W46,810	=	36.7%

예시 C) C 레스토랑은 대학 캠퍼스 맞은편에 위치한 250석 규모의 놀이박스이다. 판매량이 엄청나다. C 레스토랑이 성공을 거둔 이유들 중 하나는 저가 정책이다. 이 레스토랑은 판매수익을 높이기 위해 회전률을 빠르게 하여 판매량을 늘리는 방식을 의존하고 있다. 푸드 퍼센트는 평균을 유지하고 있다. 다음은 가장 바쁜 4월의 현황이다.

기 간	일 자	매출액	구매액		푸드 퍼센트
1주	4/10	64,271	30,336	=	47.2
2주	4/17	68,990	30,149	=	43.7
3주	4/24	66,734	28,095	=	42.1
4주	5/1	67,225	24,467	=	36.4
4월 합계		W267,250	W113,047	=	42.3%

3. 평균추정

앞에서 제시한 레스토랑 3가지 예는 푸드 퍼센트가 40% 후반에서 30% 중반에 이르는 레스토랑이며 그 비율의 차이는 11%에 이른다. 레스토랑의 메뉴의 가격이나 식당 스타일에 상관없이 푸드 퍼센트가 40% 후반에 이른다는 것은 레스토랑 운영이 형편없다는 것을 의미한다. 중간 규모의 레스토랑일 경우 푸드 퍼센트가 30% 후반이라면 아주 우수한 경우이다. 푸드 퍼센트가 40%대를 유지한다면 대개 식당의 운영이 괜찮은 편에 속한다. 2류급 주방장과 최고 수준의 주방장을 구분하는 것은 경험이다. 내가 만났던 몇몇 전문 주방장들은 41% 내지 42%를 평균으로 보고 있다. 이것은 주방에서의 경험으로부터 나온 것이다.

전국 레스토랑협회는 '레스토랑 사업 운영보고서(Restaurant Industry Operation Report)' 라는 표제로 매년 통계치를 출판하고 있다. 1997년 보고서에 의하면 풀코스 메뉴 테이블서비스 레스토랑의 푸드 퍼센트가 비교적 낮은 것으로 나타났다. 주로 30% 중반이나 후반이며 20%대로 하강세였던 추세이였다. 일부 레스토랑만이 40%대에 가까웠다. 레스토랑을 분류하기 위해 매년 비즈니스, 지역, 입지, 제휴사업, 식사의 종류(아침·점심·저녁), 메뉴 주제 그리고 판매량과 같은 변수들을 사용하였다. 이 보고서가 제시하고자 하는 바는 정확하다고 판단된다.

즉 체인처럼 수적으로 상당부문을 차지하는 레스토랑을 대상으로 한 질문사항에 대한 응답을 근거로 산업 전체의 수치를 산출하였다. 이 자료가 흥미로운 것이긴 하지만 특정인 개별 레스토랑 간에 비교할 수 있을만큼 구체적인 것은 아니다. 당신 레스토랑의 월별 푸드 퍼센트를 타 업소와 비교할 수 있는 최상의 방법은 지역 내에 주방 운영 현황이 유사한 타 업소의 주방장에게 물어보는 것이다. 응답을 얻어낼 수 있을 정도로 간절히 부탁할 수만 있다면 평균 푸드 퍼센트를 알게 될 것이다.

4. 요점정리 및 토론

레스토랑이 정상적으로 운영되는 상황 하에서 푸드 퍼센트는 소요경비 중 가장 큰 비중을 차지하므로 레스토랑 수익성과 주방장의 관리능력에 대한 주요 평가지표가 된다. 푸드 퍼센트 계산에 필요한 자료 수집은 구매 및 수령, 검수 시스템관리 전반에 걸쳐 주방장이 지속적으로 처리해야 하는 주방 정규훈련 과정의 하나이다. 푸드 퍼센트에 대한 알림표를 작성하였다고 해서 그 기간 동안 더 많은 수익을 창출할 수 있는 것은 아니며, 지금까지의 주방 운영비에 관해 명확히 분석함으로써 차후 주방장이 운영 계획수립 시 이용할 수 있는 구성요소가 된다.

일정기간 동안의 총 구매 액을 동기간 총 매출액으로 나누어라. 메뉴의 가격이나 스타일에 관계없이 푸드 퍼센트가 40% 중반에서 후반이라면 운영 현황이 다소 나쁜 것이다. 중간 규모의 레스토랑이라면 푸드 퍼센트가 30% 중반 내지 후반대가 최상이다. 커피숍, 패스트 푸드점 그리고 콘셉트 레스토랑들은 30% 중반 내지 그 이하가 대부분이며 20%대로 내려가는 하강세이다. 당신 레스토랑의 월별 푸드 퍼센트를 타 업소와 비교할 수 있는 최상의 방법은 지역 내에 주방 운영 현황이 유사한 타 업소의 주방장에게 논의하고 토의하고 물어보는 것이다.

제14장 근무 스케쥴 작성

연구 차례

연구 개요

주방업무의 훌륭한 스케쥴을 작성함으로써 필요 이상의 노동력을 쓰지 않고 주방 직무수행에 충분한 노동력을 제공할 수가 있다. 보다 간단히 정의하면 근무 스케쥴 작성은 누가 언제 근무하는가를 결정하는 것이다. 그러나 컴퓨터, 종업원 리스트, 그리고 근무 스케쥴 양식은 쓸데없이 복잡하여 오히려 조리직무 수행에 혼란을 일으킬 수도 있다. 이제 저비용으로 효과적인 근무 스케쥴 작성에 필요한 몇 가지 기본 사항들을 살펴보고 토론해 보는 것이 바람직하다. 그리고 난 후 이 원칙들을 여러 가지 스타일의 레스토랑들을 대상으로 이용하여 토론해 보자. 최저 인건비를 유지하기 위해서는 주방장 및 조리사의 적재적소 근무 배치와 근로의지와 필요 노동력 예측법이라는 두 가지 요소들이 필요하다. 둘 다 근무 스케쥴을 작성할 때 함께 이용된다.

1. 근로의지

일하고자 하는 주방장의 의지는 스케줄 작성 시에, 특히 직원을 더 고용하는 것이 오히려 불필요한 낭비가 될 가능성이 있는 경우에 더욱 요구되는 융통성을 제공한다. 열심히 임무를 수행하는 주방장은 부족한 부문들을 채움으로써 주방을 쇄신하고자 한다. 이것이 가장 많은 급료를 지급받을 수 있는 이유들 중 하나이다. 또한 부지런한 주방장은 모범을 보인다. 주방장이 일하는 방식은 주방의 작업속도를 빠르게 하거나, 보통, 또는 천천히 진행하는 수준으로 조절한다. 기대보다 빠른 속도로 작업에 임하는 근무자들은 거의 몇 되지 않는다. 물론 나이가 많거나 게으른 주방장의 경우에도 일하는 방식이 있다. 즉 부하 직원들에게 힘든 임무들을 위임함으로써 자신은 가장 수월한 업무만 수행하는 것이 이러한 방식의 한 예이다. 가끔 있는 일이긴 하지만 어떤 주방장은 직원들을 주방장의 손길 없이도 임무를 수행할 수 있는 거의 완벽한 시스템 기계처럼 훈련시키는 경우도 있다. 주방장은 자신이 원치 않는 업무는 어떤 것이든 하려고 하지 않는다고 느끼고 있다. 그러나 훌륭한 주방장은 임무에 대한 책임감이나 권한으로서 기꺼이 일하고자 하기 때문에 주방 운영이 모든 부문에 관여하게 된다.

2. 필요 노동력 예측법

주방장의 개인적 경험과 꾸준한 근무기록은 일정 근무조에 line조리사, preparation 조리사, 그리고 dishwasher들이 각각 몇 명이 필요한지에 대해 정확히 예측할 수 있는 정보를 제공할 것이다. 대부분의 주방장들은 주방의 어떤 영역부문에서든 근무했었으며 요리 완성에 요구되는 평균시간을 결정할 능력을 지니고 있다. 그러나 근무 스케줄 작성은 특히 레스토랑을 개업하여 처음 몇 달간은 참고할 아무런 과거 근거 기록들이 없으므로 매우 까다로운 업무로 남아 있다. 보다 곤란한 문제는 주방장의 경험이란 것이 다른 지역이나 다른 스타일의 레스토랑에 관한 것이라는 데 있다. 가장 큰 위험요소는 근무 직원의 수가 너무 부족해서 고객의 요구에 대응하지 못하는 것에 있다. 고객창출보다 인건비에 대한 예산을 약간 더 높이 잡는 것이 훨씬 유리하다. 최상의 목표는 누구든 자신의 최대한의 능력에 맞게 업무에 임할 수 있도록 하는 것이다. 만약 전문조리사가 해야 할 임무를 수행하기 위해 당분간 두 명의 조리사들이 필요하다면 그렇게 해야 한다. 전문조리사가 오기 전까지는 두 명이 일을 수행토록 하라. 그러나 결코 푸드 퍼센트를 떨어뜨리지 마라. 결국 영업매출액이 떨어지게 될 것이다. 그러나 재무적인 상황은 어떠한가? 너무 과다한 낭비가 포함된 스케줄은 파산으로 이끌 수 있다. 인력낭비는 음식낭비만큼 해로운 것이다. 실제로는 오히려 비용이 더 많을 수도 있다.

이 경우 주방장은 항상 조리사를 추가 고용함으로써 자신의 경험 부족으로 인한 책임감을 회피하려고 한다. 이런 주방장들은 아주 바쁜 라인에서 일하는 것을 두려워할지도 모른다. 이들이 아무리 신중하게 근무 스케줄을 작성하더라도 여러 가지로 레스토랑과 자신들에게 조차도 손해를 끼치게 된다. 즉 근무자는 결코 자신의 잠재력을 충분히 발휘할 수 없으며, 주방장은 임무를 수행해낼만큼 유능하지 않은 것처럼 보이며, 음식은 제대로 갖춰지지 않은 근무분위기에서 만들어지며, 음식의 질은 일정하지 않으며, 낭비 때문에 수익성은 떨어지게 된다. 근무 스케줄을 작성하는 목표는 유능하면서 열심히 임무를 수행하는 조리사들에 의해 만들어진 맛있고 보기에도 아름다운 요리를 고객들이 먹을 수 있도록 하는 것이다. 그러나 특히 레스토랑의 개업 초기처럼 과거 판매실적이 없으므로 근무 스케줄 작성에 이용할 수 없는 맹점이 있다.

이런 경우에 근무 스케줄 작성은 주방 크기와 조리작업 구간의 수, 레스토랑의 좌석 수, 메뉴 종류, 인접지역의 기획 예상 판매고, 주방 인건비, 휴일 및 시즌별 근무 인원 그리고 음식 서비스 스타일과 같은 여러 가지 변수들을 바탕으로 한다. 예를 들어 12월 1일 개업할 고급 바를 갖춘 음식 나이트클럽인 주방장의 경우를 살펴보자. 이곳은 오너가 아직 기둥 주위의 플로어 공간 확장에 대해 결정하지 못했기 때문에 150석이나 175석이 배정될 것이다. 이 지역은 구도심의 일부 지역에 있던 공장 건물들이 부띠끄나 레스토랑으로 바뀌어가고 있는 새로운 지역이다. 이

지역에서는 도시 중심부의 최신 스카이라인을 즐길 수도 있다. 주차시설은 안전하며 충분히 여유가 있다. 주방장은 지금까지 도시에서 전문 요리경력을 쌓아왔지만 이 지역의 변해가는 환경은 낯설기만 하다. 이곳에서 레스토랑 운영은 최소한 개업 초기에는 위험한 도박처럼 생각하는 것이 마찬가지이다. 메뉴는 애피타이저와 샐러드 15종, 앙트레와 기타 요리들 25종으로 다소 많은 편이다. 이 요리들은 유럽스타일에 바탕을 두지만 일부 요리들은 지역 입맛에 맞도록 만들어졌다. 고객에게 제공하는 방식은 최근 세계의 고급 식당에서 유행하는 심플하면서도 하트 누벨 색상계열의 스타일을 모방하였다. 주방예산은 넉넉한 편이다. 요리사 8명과 식기세척 담당자들의 업무구역을 효율적인 작업공간으로 만들었다.

그러나 곧 얼마 가지 않아서 오너는 경비를 줄이기 시작했다. 이제 주방장은 오너의 잔소리를 듣고 있다. 오너는 주방에서의 업무분량에 대해 알고 싶어 한다. 주방장의 경험상 12월은 파티나 가족모임들이 많은 달이므로 매출액도 높다. 시기상의 호조로 개장 첫 주와 첫 달에는 잘 된 것처럼 보인다. 주방장의 노력으로 고객 확보가 빨리 이루어질 것이다. 비수기인 1월, 2월, 3월에는 관광객의 소비가 없으며 봄이 올 때까지 대부분의 부띠끄들은 개장하지 않는 것이 예정된 것이다. 따라서 음식과 서비스는 말할 필요도 없다. 식당은 11시부터 3시 내지 5시까지 주중 7일간 영업할 것이다. 애피타이저와 음료는 3가지 내지 5가지 중에서 이용할 수 있다. 주방장은 근무 표와 같이 주방 전 직원들의 근무 스케줄을 작성하는 간단한 양식을 구상했다.(24시간 내내 근무하는 직원의 스케줄도 작성할 수 있다.) 비록 주방장은 라인별 주방장들의 구체적인 임무를 알고 있지만 대체로 전문용어로 기록하였다. 주방장의 주요 관심은 바쁠거라 예상되는 시간대에 업무를 완벽히 해낼 수 있도록 체계를 갖추는 것이다. 시간표를 보여주는 것은 아니다. 주방장은 준비작업과 필요한 경우 라인별 주요 업무를 검토함으로써 근무 일자를 예측하게 된다. 적어도 첫 주에 주방장의 주요 업무는 업무 분담 및 음식의 질 조정일 것이다. 주방장은 매우 중요한 주중의 바쁜 시간대에는 주방에 있을 계획이다.

주방의 요리사들은 유능하지만 레스토랑 개장 첫 주 간을 망치는 예상치 못한 문제들이 발생하였다. 사실 개장 첫 달 동안은 준비작업의 미비, 라인별 요리사들의 부적절한 레시피, 너절한 음식제공 방식으로 인해 모든 것이 엉망인 악몽과도 같이 될 수 있다. 주문을 받아 음식을 제공하기까지 너무 많은 시간이 소모되는 것은 흔한 경우이다. 예를 들어 전 세계적으로 유명한 레스토랑이 재개장한지 한 달이 지난 후에도 디너 고객들은 음식을 먹기 위해 2시간 이상을 기다려야만 했던 경우이다. 가장 큰 문제는 대부분의 고객들이 나쁜 음식이나 서비스에 대해 불평하지 않는다는 것이다. 이들 고객은 다만 다시는 방문하지 않을 뿐이다.

개장 첫 주에 기용된 보조 요리사들은 주방 운영을 원활히 하기 위한 주방장의 대비책이다. 요리사는 점심이나 저녁식사 동안에는 전 직원들을 활용하였다. 월요일마다 바쁘지 않으리라는 예측이 가능하므로 요리사는 직원을 줄일 수 있다. 고객이 언제 들이닥칠는지는 아무도 알 수 없다. 월요일은 아마도 모든 사람들이 '새로운 장소'를 선택하고자 하는 날일지도 모른다. 최소 직원과 최대 직원 수 간의 차이는 그다지 많지 않으며 이 경우 약 7명의 요리사 근무조와 5명의 식기세척 담당 조는 대략 주당 7만 원 정도이다. 따라서 매우 값싼 대비책이다. 이후에는 삭감할 충분한 시간이 있을 것이다. 개업비용에는 추가 주방의 직원 급료비를 포함해야 한다. 개업 첫 주는 아끼지 않아도 되는 시기이다.

개업 첫 달 중 둘째 주 이후로도 역시 업무가 산만할 것이다. 잘만 되면 매출액을 증대시켜 유지할 수 있을 것이다. 만약 개업 시에 유감스럽게도 실패했다면 가장 열성적이지 않은 직원들을 즉각 해고하고 인원을 감축해야 한다.

3. 오픈 첫해의 필요 노동력 예측

주방장이 과거 근무기록 없이 휴일이나 시즌별 변동의 영향에 대해 어떻게 예측해 나갈 수 있을까? 비록 레스토랑이 수년 동안 한 곳에서 계속 유지되어 왔더라도 주방장은 새로운 인물이며 과거의 운영 근무기록은 아무것도 남아 있지 않다. 이와 같은 상황은 전혀 새로운 분위기의 상업지역에서 운영되고 있는 P식당의 경우만큼 실패할 위험이 높다. 휴일이나 시즌별 변동가능성이 있으므로 모든 연중행사를 대상으로 판매수준을 최대치로 추정하되 단호한 접근방식을 취해야 한다. 최상의 방어는 최대 판매실적을 낼 수 있는 스페셜 요리를 홍보하는 것이라는 옛말을 적용하라. 휴일은 중요할 수도 그렇지 않을 수도 잇다. 만약 주방장이나 오너나 매니저의 마케팅 능력이 부족하다면 휴일에도 대개 평균매상 수준만을 유지할 것이다. 사실 평일 이하의 기록할 수도 있다. 연인, 가족, 그리고 비즈니스 모임의 참석자들은 많은 사람들과 함께할 수 있는 계획을 좋아한다. 만약 식당이 단호한 마케팅 전략을 세우고 있다면 요리사는 이를 도입하여 실행할 것이다. 그의 목표는 손님들로 가득한 레스토랑을 운영하는 것이 될 것이다. 이런 경우 근무 스케줄 작성이 용이해진다. 즉 요리사는 많은 종업원을 필요로 할 것이다. 그냥 뒤편에 서 있다가 스페셜 요리에 대해 모르고 찾아오는 고객을 시중드는 것은 우스운 일이다. 스페셜 요리는 고품질의 음식과 합리적인 가격을 제시함으로써 고객을 유혹할 수 있어야 한다. 차후 아주 이상적인 주방장으로 성장하게 될 요리사는 개업 초년의 휴일 근무 스케줄에 대해 다음과 같은 방식으로 계획하였다.

- **크리스마스 전날** : 일반스케줄과 스페셜 요리 목록, 매출액은 평균에서 평균 이하 수준으로 예상한다.

- **크리스마스 날** : 정규라인 스케줄에 따른 day and night, full shift 2개조가 근무하지만 점심과 저녁 식사 시에는 조리준비작업 요리사와 식기세척 담당자 각 한 명씩 더 필요하다.

- **새해 전날** : 이때 근무는 매우 바빠진다. 금요일 밤 근무조 전원을 배치한다. 스페셜 요리는 2인용 정찬을 적정가격에 낭만적인 분위기로 제공한다. 만약 개장 첫 달에 엄청난 성공을 거두게 된다면 S식당은 시내에서 가장 인기 있는 곳이 될 것이다. 샴페인, 밴드, 댄싱, 정식메뉴를 갖춘 개별적 파티를 준비해야 한다. 만약 첫 달 운영이 신통치 않았다면 정식메뉴는 그대로 유지하되 로맨틱한 스페셜 정찬 요리를 경쟁업소보다 낮은 가격으로 제공해야 한다.

- **새해 날** : 12월 달의 브런치 판매실적에 따라 특선가로 제공하는 매력적인 브런치 메뉴들을 광고해야 한다. 위치에 대해 자세히 알리고 방송매체를 이용하라. 대개 월요일 브런치 근무조를 배치하되 식기세척 담당자와 재료공급 담당자를 추

가 배치하라.

● 마틴 루터킹 데이 : 이 날은 월요일이 휴일의 첫 번째 날이다. 예상매출액을 너무 적게 추정하지 말 것. 굉장히 바쁜 점심과 저녁 근무조를 배치하라. 지역의 역사나 주방장의 독창성에 따라 상당한 판매실적을 거둘 수 있다.

● 발렌타인 데이 : 만약 당일 젊은 연인들의 계획 중 본 레스토랑이 포함되고자 한다면 둘만을 위한 특선요리 판매촉진 활동은 당연하다. 음식 판매량은 바쁜 금요일 수준으로 예상할 수 있다.

● 프레지던트 데이 : 특선 브런치를 홍보한 후 좋은 반응을 예상하라. 이날은 일요일 브런치 근무조를 배치하라. 저녁식사 판매량은 바쁜 월요일의 평균 판매량 수준일 것이다. 월요일의 야간 정규 근무조라면 충분하다.

● 성 패트릭 데이 : 이 날은 특성 요리에 훌륭한 포도주를 준비한다. 지역의 축일행사가 클수록 업장의 음식판매량도 많아질 것이다. 손님이 많은 날의 주야간 근무조에 점심 보조 요리사, 준비작업 요리사, 재료 공급 담당자 각 1인씩을 추가하여 배치한다.

● 부활절·어머니의 날·아버지의 날 : 홍보를 잘하고 직원을 적정하게 배치한다면 엄청난 판매량을 기록할 수 있는 중요한 일요일이자 휴일이다. 물론 음식의 질과 서비스는 완벽해야 한다. 새로 개업한 레스토랑이나 경험이 부족한 주방장이 있는 레스토랑의 경우 찾아오는 고객의 마음을 사로잡지 못한다면 큰 효과를 거두지 못할 것이다. 홍보효과가 가장 큰 것은 구전광고이다. 이 광고는 단지 보조적인 역할을 할 뿐이다. 이 세 번의 일요일에는 브런치와 가벼운 정찬요리들을 포함하는 특선요리 목록을 홍보해야 한다. 주방장은 자신 있게 브런치 근무조 전원을 배정한다.

● 전몰 장병 기념일·독립기념일·노동절 : 피크닉 시즌에는 전통적으로 야외를 선호하는 경향이 강하다. 홍보활동이 매우 적극적일 수 있다. 특선요리들은 캐주얼한 미국식이 효과적이다. 이 요리는 낮에 제공한다. 만약 레스토랑이 레크리에이션 지역이나 관광지에 위치하고 있다면 이에 대해 적극 대비하라. 예를 들어 S식당은 새로운 장소이며 볼거리도 새롭다. 봄과 여름동안에는 인근 상점과 레스토랑

들이 영업을 하게 될 것이다. 환경이 바뀐 지역에는 축제분위기를 촉진시킬 행정의회가 존재한다. 주방장의 특선요리와 스케줄에는 지난 몇 달간의 실적이 반영되어야 한다. 이날 종업원은 극히 바쁠 때의 주간 근무조를 전원 배치하고 판매량은 손님이 많은 금요일 야간수준으로 추정한다.

- **컬럼버스데이·재향군인의 날·대통령 선거일** : 이 날에는 어떤 홍보활동을 계획하더라도 판매실적이 그다지 높지는 않을 것이다. 점심식사 판매량은 평균 이상이지만 엄청나지는 않는다. 이때 근무조는 주간의 라인 요리사 보조 1명을 더 배치한다.
- **할로윈 나이트** : 어른과 어린이 모두에게 흥미진진한 밤이다. 장식, 의상, 특선요리의 가격대는 오너 및 매니저와 함께 결정하라. 파티분위기를 조성하라. 손님이 많은 금요일 야간의 음식판매량의 수준을 해낼 수 있는 근무조를 배치하라.
- **추수감사절** : 이날 대부분의 레스토랑들은 각 가정의 할머니가 만들어내는 요리와 경쟁하기보다는 아예 개장하지 않는다. 각 지역별로 차이는 있으나 일부 레스토랑들은 영업을 해도 충분할 정도의 손님이 있는 경우도 있다. 풀 서비스 레스토랑은 주간과 야간 근무조 모두를 가동하도록 한다. 전통적인 칠면조 요리에 더불어 몇 가지 비전통적인 선택 메뉴를 준비한다. 한 해 중 예비 직원 목록이 가장 많으며 월요일과 화요일에는 1명, 수요일과 목요일에는 2명이 필요하다. 주간과 야간 모두 라인 종업원들 전체가 필요하다.

레스토랑이 위치한 지역의 경제활동에 미치는 날씨의 영향으로 매출액이 계절에 따라 변동하며 지역에 따라서도 차이가 있다. 레스토랑에 미치는 날씨의 영향을 판단하는 최선의 방법은 업소 전방의 물리적 외관을 분석하는 것이다. 어떤 방법으로 사계절 내내 쾌적한 분위기 속에서 저녁식사를 할 수 있을까? 그것은 레스토랑이 지역 내 다른 레스토랑에 비해 어떻게 운영될 것인지를 나타내주는 업소 외부와 내부의 관련성에 있다. 만약 실내가 어둡고 창이 거의 없다면 여름 햇빛이나 겨울 냉기가 업소 환경에 아무런 영향을 미치지 않을 것이다. 그러나 추운 겨울날씨라면 손님들을 따뜻하고 포근한 곳을 찾게 된다. 따라서 난로나 피아노를 설치하도록 하라. 겨울 시즌이 여름 시즌보다 훨씬 나을 것이다. 일정 시즌에만 레스토랑을 특별히 매력적으로 보이게 하는 물리적 외관은 일반적인 판매량 패턴을 바꿀 것이다. 레스토랑 외관이 유리로 되어 분위기가 환하거나 실외카페의 경우에는 따뜻한 날씨가 지속되는 동안에는 유리하다.

따라서 4월부터 9월까지 판매량이 가장 높을 수 있으나 동기간 같은 블록 내의 다른 레스토랑의 판매량은 저조할 수 있다. 계절변동으로 발생하는 여름휴가, 스포츠 경기, 학기 또는 스페셜 이벤트들로 인해 관광지에 위치하거나, 비디오 스크린 설비가 되어 있거나, 대학 인근에 위치한 레스토랑은 최고 판매실적을 올릴 수 있다. 레스토랑 영업에 영향을 미칠 수 있는 업소의 긍정적 및 부정적 특징들을 파악하라. 특히 아무런 전력이 없는 개장 첫 해의 스케줄 작성 시 이 특성들을 고려하라. 부정적인 특징들 중 대부분은 극복할 수 없을 것처럼 보일 것이다. 이를 해결하기 위해 주방장이 할 수 있는 유일한 방법은 음식의 질과 제공방식에 대해 엄격히 주의를 기울이는 것이다. 훌륭한 음식으로 명성을 쌓은 레스토랑은 사계절 내내 판매상황이 서서히 개선되어 최고 및 최저수준이 비슷해지기 시작할 것이다. 개업 첫 해에는 믿을 수 없을 정도로 바쁜 하루, 바쁜 일주일, 또한 바쁜 한 달을 예상하라. 그러나 이와 반대로 판매량이 최악의 수준에 이를 수도 있음 또한 예상하라. 주방장은 이와 같은 사태를 미리 계획하였다. 식당의 인원조정스텝(trimming-down)과 바쁠 때 배치되는 풀 스텝(full-staff)을 살펴보고 예측해 보는 것이 좋다.

4. 변동 매출액에 대한 계획

trimming-down 스텝은 최소 인원수의 손님을 맞이할 경우에 필요한 종업원의 수이다. S식당에 있어서 이 수치는 보다 규모가 작은 레스토랑에서 필요로 하는 전체 종업원의 숫자보다 높다. 레스토랑 오너는 런치고객이 13명 밖에 되지 않을 수도 있다는 사실은 잊어버리고 주방을 5개 구역으로 구상할 수도 있다. 이럴 경우에는 단 한 명의 요리사라도 인건비가 매우 많이 든다. 그러나 만약 점심식사시간에 평균 25명의 손님이 방문하게 될 경우에는 주방 범위가 확장되어 최소 방문객을 위해 두 명의 요리사가 필요할 것이다. 주방장은 주방에 필요한 설비들을 갖추기 위한 계획을 마련해야 한다. Sky 식당의 경우처럼 규모가 크고 비용이 많이 드는 주방은 비수기에는 걱정거리가 된다.

5. 특별 근로시간 문제

Park's 식당의 메뉴와 손님에게 제공하는 스타일은 주방장으로 하여금 몇 가지 되지 않는 간단한 메뉴를 캐주얼한 스타일로 제공하는 레스토랑보다 훨씬 꼼꼼하게 스케줄을 작성하도록 요구하는 또 다른 요인이다. 레스토랑의 높은 수준을 유지하기 위해 Sky 식당은 매일 밤마다 라인 보조 요리사를 필요로 하며, 특히 금요일과 토요일 밤에는 손님이 많아 종업원들이 바빠질 가능성이 높다. 운영상황이 그다지 좋지 않은 비수기라 하더라도 주말에는 고객들이 한꺼번에 찾아들 수도 있다. 하루 저녁의 음식과 서비스의 중요성은 말하자면 브로드웨이 쇼에 출연할 여배우의 단 한차례의 오디션과 같다. 만약 고객들이 당신을 좋아한다면 그들은 다시 당신을 보고자 할 것이다. 그러나 그렇지 않다면 당신의 훌륭한 요리솜씨를 보여줄 기회를 다시 갖기 위해 일 년 이상의 시간이 걸릴지도 모른다. 비수기가 지나 성수기가 시작되면 작업량이 훨씬 많아진다.

이와 같은 전환기에는 보조 식기세척 담당자, 준비작업 요리사 및 라인 요리사를 고용하지 마라. 최상의 종업원을 quarter 근무나 half shift 근무에 선택하되 당연히 보조 종업원 수준의 임금을 지불해야 한다. 과중한 업무를 추진하기 위해 순서대로 선정하기보다는 열심히 일하는 종업원을 고용하라. 경험이 많은 요리사는 요리를 만들어내는 것이 자신의 임무라는 것을 잘 알고 있다. 여유시간을 만들어 낼 수 있는 유능하고 재빠른 종업원은 각별히 장려해야 한다. 성수기의 스케줄은 일 년 가장 타이트하게 짜이며 종업원들 또한 가장 바쁜 시기이다.

주방의 모든 구역은 일주일에 10내지 14개의 근무조로 짜야 할 것이다. 대개 레스토랑 주방의 작업공간은 업장의 좌석 수만큼의 일을 해낼 수 있을 정도로 충분히 여유있다. 그러나 일부 레스토랑의 경우 심지어 새로운 레스토랑이라 하더라도 충분하지 않을 경우도 있다. 풀 스텝 레스토랑의 회전률에 효과적으로 따라갈 수 없을 경우에 시간적인 여유가 생기게 된다. 파트 타임으로 근무하는 식재료 공급 담당자는 푸드 서비스 가속화에 도움을 줌으로써 일에 대한 스트레스를 완화시킬 수 있다. 메뉴가 간단할수록 요리사의 임무는 줄어든다. 방문고객의 수가 일정할 때에는 고객의 요청이 적은 간단한 메뉴만을 운영함으로써 일이 분산되고 시간이 절약되어 음식생산에 드는 시간을 보다 효율적으로 사용할 수 있을 것이다.

Park's 식당의 경우 앙트레 메뉴가 25가지에 이른다. 금요일 밤의 경우 앙트레 메뉴를 40개 정도를 판매한다. 이 요리들 중 70%는 15가지 주요 인기 메뉴들에 속한다. 만약 앙트레 메뉴를 이들 15가지만으로 정한다면 라인별 요리사들의 음식생산 과정을 겸할 수 있을 것이다. 주문받은 메뉴는 다양하더라도 전체적으로 보았을 때 몇 가지 요리들이 반복된다. 한 가지 요리를 10번 만드는 것과 10가지 서로 다른 요리를 한 번씩만 만드는 것 간에 절약되는 시간은 메뉴를 간단히 함으로써 얻을 수 있는 장점이다. 오후 밤 손님이 많은 Park's 식당의 경우 시간절약을 위해 적용할 수 있는 방법이다. 그러나 일부 레스토랑 주방들은 간단한 메뉴를 처리해 낼 수 있도록 디자인된 것은 아니다. 신임 주방장과 레스토랑은 개장 첫 해에는 서로 간에 여러 가지 변화들을 필요로 할 것이다. 성수기가 끝나갈 무렵에는 이와 같은 시스템으로 근무하기를 거부하는 종업원들을 정리해야 한다. 한창 바쁜 시기 동안에는 임시직 종사원들이 필요하지만 상황이 바뀌면 해고해야 한다.

6. 기존 레스토랑의 필요 노동력 예측

필요 인원을 추정하는 최선의 방법은 1~2년 전의 특정일과 특정주간에 대한 매출 기록을 고려하는 것이다. 여러 가지 변수들(매출상승 및 하강 추세, 경제 불황 또는 날씨)로 인해 지난 기록에 대한 신뢰성이 무너질 수도 있다. 일일 매출기록은 경영 중심사고를 갖춘 주방장에게는 의무이다. 식재료 구매에 있어서 일일 매출기록의 중요성은 이미 앞에서 언급하였다. 이 기록은 스케줄 작성과정에 있어서 예측데이터 및 푸드 퍼센트 계산만큼 긴밀히 연관되어 있다. 일일 매출기록은 간단하고 솔직하게 기록하여 다른 기록들로 인해 혼란스럽지 않게 이에 대해 서로 간에 논의하기 쉽다. 소형 다이어리나 잡지로 일일 매출기록을 완벽하게 작성할 수 있다. 일주일 단위의 기본 자료는 다음과 같다.

일 자	요 일	주 간	야 간	합 계	비 고
월 / 일	월요일				
	화요일				
	수요일				
	목요일				
	금요일				
	토요일				
	일요일				

휴일이나 날씨를 비고란에 기록한다면 매출 자료상의 높고 낮음을 설명할 수 있다. 대개 영업매출액은 오르내리는 사이클을 서서히 겪게 된다. 파멸의 상황에 처한 레스토랑이 경영상황을 개선하기 위해서는 몇 달간의 힘든 고역의 기간에 필요하므로 매출액 상승속도는 아주 느리며 서서히 진행된다. 특정 주간의 일일 매출기록들에 대한 평균 매출액은 현재 스케줄 이행에 이용할만큼 신뢰할 만한 기록이 될 것이다. 기록을 완벽히 함으로써 호황기와 불황기에 따른 시즌별 매출상황 및 당해 연도의 총 매출액을 알 수 있을 것이다. 이와 같은 기록들은 상황 판단에 중요한 작용을 한다. 즉 월별 필요노동력을 계획하는 데 도움을 줄 수 있다. 기존의 스텝들은 일을 보다 효율적으로 수행할 것이라 추측되므로 보다 많은 임금을 지급받게 된다. 또한 이것은 선임자에 대한 미국식 전통이다. 같은 직장에 지속적으로 근무한 직원은 정규적인 임금상승을 기대할 수 있다. 그러나 25내지 30퍼센트 인건비를 유지하려는 주방장에게 있어 이런 요인은 문제가 된다. 고임금을 지급받는 숙련된 직원들이 낭비한 시간은 푸드 퍼센트에 있어서 인건비 비중을 높여 큰 손

해를 주게 된다. 당해 연도의 성수기를 상승기류를 탈 때까지 정규직원들만으로 운영해야 한다. 절대로 직원을 더 고용하지는 마라.

직원을 늘릴 계획은 준비하되 매출액이 피크에 이를 때까지 기다려라. 부주방장, 주간 주방장, 야간 주방장과 같은 핵심스텝에게는 고수익 창출계획에 대해 알려야 한다. 비수기 이후에는 특히 일정 목적을 위해 계획된 상황이라면 어떤 요리사라도 최선을 다해 일하는 것에 대해 불평하지 않아야 한다. 직원들의 임금수준은 연봉과 연관되어 자신들이 수행하는 일이 양에 따라 달라진다는 것을 이해해야만 한다. 비수기 동안에는 인건비가 40% 수준에 이를 수도 있다. 핵심스텝은 연중 시즌별 상황들을 겪어왔기 때문에 장기간의 무급휴가를 장려하는 것 이외에 인건비를 삭감하는 일은 거의 있을 수 없다. 필요노동력과 인건비에 관한 주방장의 연간계획은 오너 겸 매니저가 요구하는 인건비 비중과 시즌별 레스토랑 매출을 고려해야 한다. 이에 대한 컨트롤이 제대로 진행되지 않을 경우 사장은 주방과 관련한 비용에 대해 불평하기 시작할 것이다. 오너나 매니저가 비용에 대해 불평하기를 기다리는 주방장은 자신의 임무에 대해 제대로 파악하지 못하는 것이다. 최소비용으로 노동력을 충분히 공급할 수 있는 또 다른 임시방안을 이용하라. 업장에서 가장 뛰어난 직원에게 조언을 구하여 손님이 많아지기 시작할 때 곧바로 full shift 스케줄을 운영하기보다는 피크시즌에 들어가기 한 달 전까지는 half shift 만으로 운영할 수 있는 방법을 찾아보라. 그리하면 성수기 매출액이 일정하게 유지될 때까지 사업은 급성장하게 될 것이다. 전체 직원들을 가동시키기 위한 근무조를 작성하기보다는 간단한 설명만으로 half shift를 구성할 수 있을 정도로 믿을 만한 직원 몇 명이 훨씬 낫다. 만약 직원들이 이와 같은 스케줄로 생기는 결과와 당신의 생각에 대해 이해하게 된다면 이와 같은 과정은 쉽게 추진할 수 있다.

예를 들어 지역에서 가장 방문객이 많은 빌딩의 건너편에 위치하고 있으며 200석을 갖춘 미국식 컨티넨탈 레스토랑을 살펴보자. 불행히도 겨울 시즌에는 리조트를 방문하는 사람이 거의 없다. 초봄에 날씨가 따뜻해질 무렵에는 보트를 타기 위해 방문하기 시작한다. 4월 첫 주말의 매출액은 날씨에 따라 오르내린다. 이 시기에도 주방장은 손님이 줄어든 겨울 시즌 직원들로 주방을 운영한다. 이 직원들은 비수기에도 하루 약 300인 분량의 음식을 처리해낸다. 주방장은 매출액이 2배에 이르는 첫 주 업무량을 감당해내기 위해 일부 직원들을 배치한다. 이들의 정규근무시간은 월요일부터 목요일까지는 12시부터 자정까지이며, 금요일에서 일요일까지는 10시부터 새벽 2시까지이다.

주방장은 기상 리포터가 가끔 도움이 되기도 하지만 전혀 도움이 되지 않을 때도 있다는 것을 발견했다. 예상했었든 그렇지 않았든 간에 만약 기온이 화씨 64~5도 정도까지 올라갈 경우에는 40개의 좌석을 추가 배치한 야외카페를 개장한다. 이럴 경우 매출액이 2배에 이르는 봄철 주말영업을 감당해내기 위해 근무조마다 라인 보조요리사 2명과 준비작업 담당 직원 1명이 더 필요하다. 준비작업 담당 직원은 규정시간 외 근무에 대한 임금지불만 보장된다면 기꺼이 근무에 임하고자 한다. 이들은 주방장의 지시에 따라 금요일부터 일요일 밤까지 근무한다. 날씨가 좋을 때에는 주방장이 토요일 정오와 일요일 아침에 라인요리사 2명을 더 배치한다. 이들은 초봄에 주말 6주 동안은 오후 4시부터 자정까지 근무하게 된다. 만약 야간 업무량이 많을 경우 주방장은 미리 계약한대로 한 두 명의 요리사에게 4시간정도 정규시간 외 근무를 요청하게 된다. 주방장은 이와 같은 시간 외 근무에 대한 스케줄을 작성함으로써 초봄 6주간의 인건비를 상당히 절약할 수 있다. 대개 식기세척과 재료 준비 담당자에게는 가장 낮은 수준의 임금을 적용해야 한다.

그 외 다른 부문의 직원들은 임금수준을 한 단계씩 상승시킬 수도 있다. 이와 같은 임금 조절은 직원의 의지와 업무에 대한 숙련정도에 따라 가능하며 대부분의 레스토랑들은 이를 위해 노력하고 있다. 비수기 동안에 이와 같은 방법을 활용함으로써 성수기에 훨씬 높은 수익을 낼 수 있게 된다.

7. 수익 예측

일본의 부유한 한 기업가는 그의 개인적인 경영방침에 대해 다음과 같이 대답하였다. “최고 경영진은 매우 유능한 인적구성원으로 이루어져야 한다. 그러나 급료만큼은 중간 경영진의 수준으로 지급해야 한다." 이 말은 예외적으로 아주 높은 급료를 받는 간부 한 사람으로 인해 보다 낮은 급료를 받는 중간 경영진의 사기가 진작된다는 것을 의미한다. 많은 레스토랑 오너들은 이와 같은 이론에 대해 들어 본 적은 없으나 그 원칙을 준수하고 있다. 아마도 이것은 2차 대전 직후 미국이 일본에 수출한 경영방식 중 하나인 것 같다. 어쨌든 간에 요리사들은 중간급으로 분류하는 오너에 대해 주의해야 한다. 즉 이것은 주당 60 내지 70시간 근무에 중간 수준의 급료 지급을 의미하게 될 것이다. 그러나 만약 재능 있는 조리사가 일중독이 아니라면 이와 같은 분위기에서는 거의 머물러 있지 않을 것이다. 급료는 항상 상대적인 것이다. 주당 60시간 근무에 70만 원의 급료는 고용 당시에는 큰 것처럼 들리더라도 6개월 후 그 주방장은 더 많은 급료를 받고 있거나 다른 직장을 구하고 있을 것이다. 시설 노후화에 대한 대비책을 세우는 것처럼 수익을 내기 위한 스케줄에는 예를 들어 직원 교체와 같은 부문별 정규교체가 필요하다. 새로 온 직원은 최소한의 임금으로 요리에 대한 훈련을 받게 된다. 다른 요리사들이 승진하지 못하거나 해고당하더라도 접시세척 담당자는 재훈련을 받고 승진하게 된다. 이들이 진급할 때에는 시간당 5천 원 하루 5만 원의 임금을 더 지급받게 된다. 긍정적인 측면에서 볼 때 이와 같은 방식은 인건비 절약의 수준이 상당하다. 그러나 낭비, 도난 저조한 매상으로 인한 인건비 절약에서 얻는 수익을 벌충하게 된다. 고객들을 진정으로 만족시키기 위해서는 주방 직원들을 총동원하여 수준 있는 요리를 만들어내는 데 수개월의 시간이 소요된다. 그리고 직원들의 노력으로 음식 원가를 낮추기 위해서는 또한 수개월이 필요하다. 만약 기본적인 지식은 갖추고 있더라고 항상 새로운 직원일 경우에는 이들만으로 손님이 많은 시즌에 주문량을 모두 감당해낼만큼 충분히 경험 있는 직원들이 아닐 것이다.

A라는 주방도구는 그것이 망가지기 전에는 어떤 방식으로는 B라는 주방도구와 유사하게 작동할 것이다. 그러나 음식은 보다 즉각적인 평가를 받게 된다. 만약 음식이 맛이 없거나 제대로 제공되지 않는다면 고객들은 계산하기 전에 이미 쓸데없이 돈을 낭비했다고 생각하게 된다. 아마도 이런 고객들은 이 일에 대해 결코 말하지는 않지만 두 번 다시 같은 곳에서 식사를 주문하는 일은 없을 것이다. 직

원들의 근무 스케줄 작성에 있어서 주방장의 임무들 중 하나는 직원 개인별 능력의 한계를 파악하는 것이다. 일부 요리사들 및 식기세척 담당자들은 주간에 훨씬 더 일을 잘하는가 하면 다른 직원들은 야간에 더 잘한다. 어떤 직원에게는 6 shift 근무가 너무 힘들지만 다른 직원에게는 7 shift 근무도 충분하지 않을 수도 있다. 이것은 직원들이 자신의 일과 삶으로부터 추구하는 바가 다르기 때문이다. 만약 오너나 매니저가 주당 50시간을 근무할 요리사들을 직원으로 고용하고자 한다면 그 고용할 때 오너가 고려해야 할 주요사항은 책임감 있고 열심히 일할 직원을 발견하는 것이다. 이때 조리기술은 두 번째 고려사항이 될 것이다. 모든 직원이 함께 근무할 수 있으리라고는 예상하지 말아야 한다. 주방장의 임무들 중 주요 부문은 항상 좋은 직원고용과 조리사 재훈련으로 이루어 질 것이다.

8. 요점정리 및 토론

최소 인건비를 유지하기 위해 요구되는 두 가지 핵심요소는 조리사의 근로의지와 필요 노동력 예측방법이다. 주방장이 일하는 업무방식에 따라 주방 조리작업의 템포가 빠르거나, 보통 또는 느리게 된다. 개인적인 경험이나 충실한 매출 기록은 주방장에게 근무조 별로 라인 요리사, 조리 준비작업 요리사, 식기세척 담당자가 몇 명이나 필요한지를 정확히 예측하는 데 필요한 정보를 제공하게 될 것이다.

가장 위험스러운 근무 배치는 고객의 요구를 만족시킬 수 있을만큼 충분히 직원을 배치하지 않는 것이다. 인력 낭비는 음식낭비만큼 업장 운영에 손해인 것이다. 열심히 효율적으로 일하는 직원들에 의해 만들어진 음식이 맛있고 보기에도 좋은 요리가 적절한 숫자의 고객들에게 제공될 수 있도록 하는 것이 근무 스케줄 작성의 목적이다.

새로 개업한 레스토랑의 근무 스케줄은 다음과 같은 변수들에 따라 조절된다. 즉 주방 규모와 조리 작업구역의 수, 레스토랑의 좌석 수, 메뉴의 종류, 인접지역의 타 식당 매출예상고, 주방 인건비 예산, 휴일 및 시즌별 근무조 구성, 음식서비스 스타일 등이다. 날씨 상태가 레스토랑에 미치는 영향을 파악하는 최선의 방법은 업장 전방의 물리적 외장 환경을 분석하는 것이다. 훌륭한 요리로 명성을 얻은 레스토랑은 연중 매출상황이 서서히 개선되어 일정하게 유지될 것이다.

다양한 메뉴와 고난도의 조리기술이 요구되는 요리들은 간단한 몇 가지 메뉴만을 내놓는 레스토랑에 비해 근무 스케줄 작성을 훨씬 힘들게 하는 요인이 된다. 성수기의 스케줄은 일 년 가장 많은 직원들을 배치하게 되지만 직원들 또한 일년에 가장 바빠야 한다. 메뉴를 바꾸는 것은 조리기술을 지닌 조리사들에게는 스트레스를 줄여주게 되지만 주방의 업무속도는 느려질 수 있다. 필요한 직원의 수를 추정하는 최선의 방법은 1~2년 전의 특정 주간이나 특정일의 매출기록을 바탕으로 참고하는 것이다. 주방시설 노후화에 대한 대비책을 세우는 것처럼 수익을 내기 위한 근무 스케줄에는 예를 들어 직원 교체와 같이 영역부문별 정규 교체가 필요하다. 낭비, 도난, 저조한 매상으로 인한 수익 손실은 급료가 낮은 비숙련 직원을 고용함으로써 절약되는 인건비를 벌충하게 될 것이다. 주방장의 임무들 중 주요 부문은 항상 훌륭한 조리사 고용과 주방 재교육으로 이루어져 있다.

제15장 팀 리더인 주방장

연구 차례

1. 근무태도와 융통성
2. 업무와 조직구성
3. 일하는 주방장
4. 자부심
5. 창의적인 주도
6. 그릇된 환상
7. 요점정리 및 토론

연구 개요

호텔 주방에서 직장 동료들 간에 마음이 잘 맞는 것은 바람직한 일이며 하루 일과가 보다 쉽게 끝나게 된다. 그러나 어떤 주방장이라도 수 년간 한 마디 말도 없이 나란히 함께 서서 근무하는 주방의 라인 요리사들 간의 불화에 관한 끔찍한 이야기는 최소 한 가지 이상 경험을 가지고 있다. 손님이 아주 많고 근사한 레스토랑에서도 가끔 같은 공간에서 근무하더라도 함께 있지는 않는 요리사들이 많이 있게 될 것이다. 그러나 이상하게도 주방업무에는 아무런 영향을 미치지 않는 것처럼 보인다. 손님으로 들끓는 레스토랑의 주방과 홀은 시즌에 따른 음식의 품질을 엄격히 유지하기 위해 신경을 써야 한다. 그러나 주방 직원들 대부분은 서로 간에 화합하는 분위기를 필요로 하며 자신들이 잘 적응할 수 있는 근무 직장을 찾으려고 노력해야 한다. 언급되는 주방 팀워크와 자부심은 미식축구에서 보여주는 선수들 간의 몸체 쌓기와 같은 행동으로 보여지고 나타나는 것은 아니다. 그러나 주방의 작업 효율성, 고품질 그리고 수익을 내기 위해서는 직원들이 함께 일하는 것이 팀워크의 형성에 관한 것이다. 주방의 팀워크를 이루는 것은 주방 경영에서 어려운 부분에 해당된다. 음식 생산성을 이뤄내기 위한 최선의 방법이 바로 주방의 팀워크이다.

1. 근무 태도와 유연성

주방 팀을 구성하는 데 있어서 가장 중요한 요소는 팀 리더이며 그 주방의 경우에는 영역의 주방장에 해당된다. 주방 직원들인 오너나 매니저는 근무시간과 주방 업무에 대해서는 신경 쓰지 않는 분위기다. 그러나 주방장은 주방 팀의 조리사들의 근무시간, 조리 속도, 기술 수준은 변할 수 있으며 관찰의 대상이 된다. 요리사들은 자신들의 눈으로 보이는 것은 수행하지만 단지 말로만 한 것을 반드시 하지는 않는다. 주방장의 위치에서는 자신이 지시하는 일이 편하게 느껴져야 한다. 무리한 요구는 직원들을 매우 힘들게 하는 것이며 결국 불평하고 근무 저하까지 가질 수 있다.

레스토랑에 대한 직원들의 태도와 행동을 이해하는 것은 주방장이 자신의 명성과 캐리어를 쌓기 위해 이용할 수 있는 비밀무기가 될 수도 있다. 직원들 중에 베스트셀러 특선요리나 최저 푸드 퍼센트를 만들어 낼 수 있는지 또는 주방장이 오너의 인척관계인지에 대해서도 금방 알아차리고 그를 따르는 직원도 있다. 물론 주방장들은 대개 관련된 많은 경험한 일들을 해왔으며 자신만만할만큼 충분한 경험도 가지고 있다. 실력 있고 젊은 주방장은 전혀 새로운 환경의 레스토랑에서 근무하게 될 수 있다. 이 때 직원들은 주방장의 행동을 주의 깊게 살펴본다는 것을 예상하라. 최소한 직원들 중 한 명은 새로운 조리사가 일을 더 잘해낼 수 있을 것이라고 확신할 것이다. 팀의 일원이 되는 것을 주의하라. 의심스러운 것은 조금도 남기지 마라. 모든 요리사와 접시 세척 담당자들에게는 주방의 모든 부문에 공식적으로 조리와 관련함으로써 단순히 과시하려는 것이 아니라 열심히 일에 임하는 주방장의 실제 모습을 보여주도록 하라. 바쁜 시즌에는 직접 소스를 만들고 라인에서 일하는 모습을 보여주라. 음식을 만드는 각 과정마다 맛을 체크한 후 맛에 대해 최종적인 논의를 하도록 하라. 저장고를 검토하고 모든 재고품들을 관리하라. 그리고 직원들의 도움을 구하라. 만약 직원들이 너무 바빠서 고된 업무량으로 인해 힘들어 할 경우에는 그 방법을 찾아 이 문제를 해결해 주도록 하라. 현대적인 감각의 요리기술은 유지하고 부하직원들이 당신의 솜씨를 볼 수 있도록 하라.

만약 주방장의 주요임무가 당근 껍질 벗기기처럼 당신이 거의 신경쓰지 않고 있는 일과는 거리가 먼 주방업무 비즈니스 차원이라고 생각하고 있다면 당신은 팀원들로부터 고립될 것이다. 얼마 가지 않아 당신은 사무실에 앉아서 요리잡지만을 홀로 읽고 있으며 당신의 레스토랑과 음식 수준은 엉망이 될 것이다. 따라서 가끔씩 직원들과 유연하게 대처해야 한다. 만약 업무량을 조금만 줄이라고 부하 직원들에게 요청한다면 그들은 즉시 긍정적인 반응을 보여줄 것이다. 동료들과 함께 일하는 것은 고급 조리기술, 훌륭한 레시피, 그리고 시간을 절약하는 업무 방법들을 배울 수 있는 최상의 길이다.

어떤 직원이라도 할머니로부터 배웠던 요리방법이든, 타 식당에서부터 배웠든 간에 가치 있는 요리라면 존중할 줄 알아야 한다. 그러나 동료들과 따로 떨어져 주방업무를 하는 것은 당신의 경험을 더해 줄 최상의 기회를 막는 것이 될 것이다. "이것은 내가 할 일이 아니야" 라고 요리사들에게 양팔을 접는 태도의 말을 한다면 이것은 인건비를 낭비하는 것이며 또한 고객의 요구를 제대로 만족시키지 못하게 된다. 어떤 위치에서든 일하고자 하는 주방장은 일에 대처하는 주방장의 유연성에 대해 인건비를 유지할 수 있는 가장 중요한 요인들 중 하나이다.

물론 직원들의 일에 대한 효율성이 떨어질 경우에는 음식 품질 및 원가에 많은 영향을 미치게 된다. 비능률적인 직원들은 수익 손실의 주원인이 된다. 레스토랑이 망하게 되는 이유는 매출액과 수익을 끌어내릴 수 있는 이유들의 악순환 때문이다. 따라서 고객들은 종종 최악의 저질 요리서비스를 받게 된다.

기존의 미국식 컨티넨탈 레스토랑의 오너는 경우에는 최근 몇 달간의 매상 저조로 비상사태에 돌입했다. 10년 이상 수익을 낸 상황이지만 겨울 시즌에는 은행 대출을 받아야만 했다. 그는 봄철에는 매출액이 많이 오를 것이라 예상했지만 실제로 그렇지 못했다. 어느 날 자신의 레스토랑의 음식 수준이 엉망인 것을 알고 매우 충격 받았다. 가끔은 자신의 레스토랑에서 식사하기도 하였다. 주방장은 개업 당시부터 함께 있어 왔으며, 그의 주방 직원들도 5년 이상 근무해왔다. 그럼에도 고객들을 만족시키지 못하는 이유가 무엇일까? 어느 날 오후 오너는 레스토랑에서 점심식사를 하였다. 마침 이날 주방장은 휴무였으며 정식 메뉴 대신 살짝 대친

새우를 얹은 주방장 샐러드를 먹고 싶었다. 오너는 주방에 들어와 주문을 하고 요리사들을 지켜 보았지만 요리사들은 영어를 거의 할 줄 몰랐으므로 서로 간에 우두커니 쳐다보고만 있었다. 아무리 설명하더라도 요리사들은 알아듣지 못했다. 마침내 오너는 "도대체 주방장은 어디 있는거야?" 라고 외치고 말았다. 새우샐러드 주문은 포기해야 했다.

그날 밤 오너는 곰곰이 생각해 보았다. 그는 레스토랑이 망해가는 것을 상상하였다. 그가 주문 요청하는 것도 이해하지 못한다면 고객들의 요구는 어떻게 할 수 있을까? 오너는 실제로 주방 조사를 시작했다. 주방장는 하루 4시간씩 일주일에 6일을 근무하는 것으로 나타났다. 나머지 시간에는 주방 직원들 마음대로 운영되는 것이었다. 매니저와 여자 종업원들도 더 이상 주방 직원들과는 대화하지 않는 상태였다. 모든 의사 전달은 약자로 된 메뉴를 적은 주문표로만 가능하였다. 예를 들어 샌드위치는 화이트 토스트라고만 전달된다. 버터 바른 빵으로 만든 샌드위치를 먹는 것은 불가능하다. 왜냐하면 단순히 토스트만 제공되기 때문이다. 이와 같이 적절히 대처하지 못한 예가 말도 안 되는 것처럼 들리더라도 실제 있었던 일이다. 주방장을 위해 오너는 자신이 경영하는 레스토랑을 구입하였으나 오너는 레스토랑 영업에 손해를 미치지는 않았다. 오너의 계획은 주방장이 그를 해고할 때까지 급료를 계속 모으는 것이었다. 오너는 몰라던 사실을 알게 됨으로서 특정인뿐만 아니라 주방 전 직원들에게도 마찬가지로 고마워했다.

레스토랑의 매출액이 이전의 건실한 상태로 다시 돌아가기까지는 2년가량이 걸렸다. 레스토랑 사업은 소매업이지만 동시에 서비스업이기도 하다. 고객들은 자신이 원하는 것을 얻을 수 있도록 대접받기를 기대한다. 주방 직원의 최종 목표가 고객 서비스라야 한다. 고객이 원하는 바가 정규 메뉴 품목이든 치킨 요리 위에 녹인 땅콩버터이든 간에 고객이 원하는 그대로 서비스해야 한다.

2. 업무 구성

기존의 레스토랑의 업무패턴과 절차는 완벽히 효율적이든 그렇지 않든 그대로 이용해오고 있다. 기억할 것은 레스토랑 개장 당시 주방장의 생각대로 일처리 방식을 유지하면서 이후에 새로 들어온 주방장과 요리사의 뜻에 따라 개선해야 한다는 것이다. 주방장의 임무는 누가, 무엇을, 언제 할 것인가에 대한 결정이 포함된다. 현재 작업 과정을 장시간 유심히 살펴봐라. 시간적 효율성과 그 결과에 대해 분석하라. 그리하면 배울 수 있거나 당신의 스타이로가도 어울릴 만한 접근 방법을 찾을 수 있는 몇 가지 계책들이나 업무 정리를 위한 과제들이 파악될 것이다. 전체 업무체계는 가장 기초부터 평가하라. 주방업무는 그 본질상 3가지 유형으로 나뉜다. 즉 주방장의 경영 업무, 준비 업무, 그리고 식자재 공급을 포함한 라인 업무들이다. 주방장에게 위임되지 않은 업무들을 절대로 관여할 필요가 없다. 따라서 시간표라든지 목록은 여러 가지 잡일들로 인한 시간 낭비일 뿐이다. 조리준비업무는 완전히 다른 문제이다. 업무를 담당하는 직원들의 대부분은 고정적이지 않다. 이것은 근무조 변경 및 직원 교체와 같은 변수들이 유발되기 때문이다. 이런 상황에도 불구하고 주방업무는 매일 수행된다. 직원들의 업무가 지속적이며 생산적인 결과를 낳기 위한 한 가지 방법은 모든 잡일들을 포함하여 조리 준비작업 기본 목록을 만드는 것이다. 이 목록을 1~2년간 그대로 유지하다가 만약 메뉴에 주요 변화가 생겨 그대로 지킬 시에는 시대에 뒤떨어져 맞지 않는 것이 될 경우 수정하도록 한다. 이 목록은 새로운 조리 준비작업 요리사와 기존의 직원들의 일일 정규업무 검토에 이용될 것이다. 손님이 많은 레스토랑은 매일 아침 준비업무 목록을 작성할 필요성이 있다. 이를 통해 어떤 작은 일이라도 놓치지 않고 체크할 수 있는 하나의 지침서로서 중요하다.

음식 준비작업 담당자는 기본 목록을 실제 목록과 비교하여 목록을 작성한다. 이와 같은 일일 목록 점검을 바탕으로 주방장은 준비작업 상태 및 목록에 대해 담당 직원들과 논의한다. 당일 예상 매출액과 날씨에 관한 간단한 논의는 조리준비작업 요리사들의 일을 돕고 방향 설정을 위한 귀중한 자료가 된다. 이른 아침에 계획을 세우는 것은 주방장으로 하여금 당일 작업량을 규정하도록 한다. 즉 보조요리사나 식기세척 담당자가 필요할 경우 즉시 호출하게 된다. 조리준비작업 목록은 업무에 있어 너무 게으르거나 또는 너무 몰입하는 직원들을 지도하는 수단이 된다. 다시 말해 시간이 되면 일이 모두 끝나는 것이 아니라 목록대로 모두 준비되었을 때 작업이 완료되는 것을 보장한다. 준비작업 담당 직원들은 한 팀으로서 전문분야별로 감당할 수 있을만큼 작업량을 나누어 일을 수행하게 된다. 만약 개인별로 세분화한 작업 분량이나 작업 수준에 문제가 있을 경우 주방장은 책임자와 함께 문제를 해결하게 된다. 그러나 문제가 지속된다면 주방장은 특별한 해결방법을 취할 수도 있다. 가장 종류가 많은 메뉴를 갖춘 레스토랑의 경우 조리준비작업 기본 목록이 필요하다. 레스토랑 주방장의 주방 디자인 및 개업 시 주간의 음식제공에 대해 언급하였다. 새로운 직원에게 조리준비작업 기본목록은 해야 할 일들 중 당일에 할일들을 간단하게 보여준다.

3. 일하는 주방장

오너나 매니저들과 요리 전문가들을 흔히 '일하는 주방장' 이라는 말을 사용한다. 그렇다면 일하지 않는 주방장도 있단 말인가? 모든 주방장은 일한다. 심지어 특별한 고객과 메뉴에 대해 상의하기 위해 테이블에 앉아 있는 것도 일하는 것이다. 일부 오너들은 당근 껍질을 벗기고 있거나 주방라인에서 땀 흘리며 일하는 모습이 일하는 주방장의 모습이라고 생각하지만 저자는 그렇다고 생각하지 않는다. 그렇다고 요리에는 절대로 손도 쓰지 않는 주방장이라면 그는 더 이상 주방장이 아니다. 그는 레스토랑 오너나 매니저의 위치로 옮겨가야 하며 직위도 바뀌야 한다. 총주방장이라도 매일 요리하면서 특선요리들을 개발해 낸다. 경우에 따라 총주방장이 수석주방장일 수도 있다. 왜냐하면 총주방장이 수석 주방장을 한 명 이상 거느린 규모가 큰 업장을 제외하고는 직위가 동일하기 때문이다. 이럴 경우에 총주방장은 따로 라인 위치가 지정되지 않은 다른 주방장과는 구별된다. 총주방장은 자신이 원하지 않으면 절대로 요리에 참여할 필요가 없는 위치에 있지만 영리하다면 오히려 요리에 참여하려 할 것이다. 더 나은 직위를 얻기 위해 요리업무가 필요하기 때문이다. 모든 주방장들은 자신들만의 특기가 있다. 레스토랑 오너에게 큰 수익을 안겨주기 위해서는 이런 재능을 현명하게 사용해야 한다. 2가지 주요 전문 조리기술 부문으로 최고 수준의 요리와 최대 수익성 요인이 있다. 분명히 숙련된 요리사는 수익측면을 무시할 수 없다. 왜냐하면 어느 누구도 이전에 회계사였다고 해서 현재의 요리기술을 부하 직원에게 바로 전담할 요리사가 될 수는 없기 때문이다. 따라서 위의 두 가지 부문 모두 다 최상의 요리 생산방법을 요구하는 바이다. 모든 분야에서의 성공과 더불어 자신의 경력과 기본적인 욕구를 충족시킬 수 있는 일정표를 작성하기 위해 자신의 강점과 약점, 좋아하는 것과 싫어하는 것을 파악하라. 만약 당신이 업무조직과 수익마진에 대한 아이디어가 없다면 이에 대해 알만한 지식이 있는 하급직원을 고용하라. 다음은 각기 다른 욕구를 지닌 3명의 주방장들에 대한 이야기이다. 일과표를 작성하는 방식은 주방장이 주방장의 임무에 대한 유연성에 중점을 두고 있다. 주방장의 근무시간과 임무는 오너나 매니저에 의해 일부 결정되지만 그 기본은 항상 최고 수준의 요리 및 최대 수익이라는 목표에 따른 것이다.

예시 1) 수석주방장의 주간근무 일지. 하루 매출액의 2/3가 야간 영업으로부터 얻어지는 레스토랑인 주방장의 전형적인 근무 스케줄 사례.

9:00 오전 근무지 도착. Soup du jour 시작. 지난밤에 수령한 업무들을 검토한다. 나머지들은 제자리 위치 정돈한다. 런치스페셜 목록을 만든다. Soup du jour 끝냄. 런치스페셜을 위해 소스, 찬요리 영역 또는 부처영역 같은 조리준비작업들을 한다.

10:00 오전 재료주문 확인. 오늘 접수된 송장의 가격을 점검한다. 새로 도착한 상품들의 브랜드, 크기, 저장 상태를 눈으로 직접 검수 확인한다. 품목들을 일정한 곳에 계속 기록해 둔다. 주방 내 주방 설비에 문제가 없는지 주의해서 살펴본다.

11:00 오전 업무분담을 기록하고 정확한 단가를 확정하기 위해 조리준비 목록

을 검토한다. 그리고 디너 스페셜 목록을 만든다. 스페셜 요리들을 위한 조리준비작업 목록을 만든다. 스페셜 요리 조리 준비작업을 분담한다. 그 작업들 중 일부는 위임하고 주방장의 조리준비작업 목록에 따라 나머지는 계속 주방장이 수행한다.

12:00 오전 홀 직원들이 런치스페셜에 대해 알고 있는지를 확실히 확인한다. 서비스 라인구성을 익힌다. 가끔 식재료가 신선한지 직접 확인한다. 디너 스페셜을 위한 준비작업을 시작한다. 만약 점심 때 손님이 많을 경우를 대비해서 라인 요리사가 필요한지를 재검토하고 준비한다.

2:00 오후 스페셜 요리를 위한 준비작업과 필요한 대로 라인작업을 계속한다.

3:00 오후 일일 조리준비작업 목록의 진행상황을 체크한다. 갑작스런 런치 판매량의 변화에 대비해 적절하게 대응한다. 스페셜 요리를 위한 준비작업을 끝낸다. 구매량과 거래가격을 조정하여 구매한다. 음식 매출과 인건비 비율을 고려한다. 최근 모든 가격까지 기록한다. 음식원가는 지난 가격과 예정가격을 모두 분석한다. 현재 매출액과 작년 매출액을 비교한다.

4:00 오후 디너 스페셜 요리목록을 야간 주방장에게 간단히 알린다. 디너 서비스를 위한 준비를 시작한다. 런치 품목들 중 남은 것들을 정확하게 체크한다. 조리준비작업 담당 직원들의 업무 진행 상황과 처리 절차를 점검한다. 늦게까지 일하거나 일찍 돌아가는 직원들을 정리한다. 최종적으로 야간 주방장과 만나 의논한다. 그리고 난 후 퇴근한다.

예시 2) 수석 주방장의 야간근무, 야간업무가 많은 레스토랑 주방장의 전형적인 스케줄 사례.

3:00 오후 근무지 도착. 레스토랑의 주간매출에 관해 주간 주방장과 논의한다. 스페셜 요리를 위한 재료목록을 조정한다. 야간 스페셜 요리목록을 만든다. 일부 준비작업 업무는 위임한다. 개인별 준비작업 목록을 작성한다. 장시간 작업을 시작한다.

4:00 오후 재고목록과 주문 확인. 지난밤에 수령한 것을 체크한다. 최근까지 판매한 것과 구매한 것을 기록한다. 런치용으로 수령한 것을 점검한다. 당일 도착한

재료들의 브랜드, 크기, 저장상태가 정확한지 검사한다. 재료들은 모두 기록한다. 나이트라인 배치를 위해 점검한다.

5:00 오후 스페셜 요리를 위한 준비작업을 완료한다. 라인에서 작업을 준비한다. 야간 요리사들과 홀 직원들에게 이브닝 스페셜 요리목록을 알려준다. 디너 매출이 피크에 이를 때까지 근무조, 메뉴계획, 원가체계는 그대로 유지한다.

6:00~10:00 오후 식재료 공급 및 스페셜 요리를 위해 라인작업을 한다. 대부분의 스페셜 요리가 준비될 때까지 작업을 계속한다.

10:00 오후 주방설비 문제에 관한 서비스 담당자를 호출한다. 자동응답기계나 메모를 통해 주방장에게 메시지를 남긴다. 미리 설정된 음식의 단가나 수준에 관한 문제를 고지하도록 한다. 런치 스페셜 요리를 위해 사용된 재료목록을 만든다. 그리고 난 후 퇴근한다.

숫자에 대한 감각이 없거나 더 나쁜 것은 구매나 조직구성에 관해 잘 모르는 수석 주방장에게 라인작업은 확실한 대안이 될 수 있다. 특히 이 주방장이 수년간 야간작업에 익숙해진 사람이라면 더욱 그러하다. 또한 이와 같은 방법을 통해 수석주방장은 최소한 레스토랑에서 최고 요리사의 위치에 오를 수 있을 것이다. 이처럼 실무에 임하는 주방장은 구매에 관한 통제보다 음식에 관한 통제를 더욱 강화하게 된다. 왜냐하면 대개 사람들은 수준 높은 음식이 가장 중요하다고 주장하므로 야간작업 여부를 결정해야 하는 주방장은 좋은 평가를 받게 될 것이다. 문제는 구매와 저장업무의 위임에 달려 있을 것이다. 만약 오너나 매니저가 정해진 수익 수준만을 고수하지 않을 경우에는 주방장이 과외의 시간을 더 일해줄 것을 요구할 것이다.

예시 3) 총주방장은 디너와 런치매출이 많은 대규모 레스토랑 주방장의 전형적인 스케줄 사례.

10:00 오전 근무지 도착. 지난밤 매출액 검토, 남은 재료들의 사용에 대해 주간주방장과 상의한다. 런치 스페셜 목록을 함께 만든다. 일일 준비작업 목록을 위임하고 목록의 상황에 대해 준비작업 주방장과 논의한다.

11:00 오전 수령물품의 브랜드, 크기, 저장 상태를 정확하게 조사한다. 판매자 시세와 송장가격을 확인한다. 당일 재고조사 및 물품을 주문한다. 대량구매 및 특가구매의 가능성을 고려해보고 이에 대해 구매부서와 협의한다.

12:00 정오 최근까지 판매 및 구매기록을 작성한다. 현재 추세를 검토하고 지난해의 추세와 비교한다. 근무조의 작업량을 조절하기 위해 직원규모를 조정한다. 특히 설비보수 및 청결에 관한 문제를 처리한다. 분실하거나 고장 난 주방기구들을 기록한다.

1:00 오후 런치에 제공되는 음식의 맛과 제공 방식에 대해 유심히 관찰한다. 디너 스페셜 목록을 작성한다. 스페셜 요리에 대한 준비작업을 위임한다. 한 두 가지 스페셜 요리는 직접 할 수 있도록 계획한다.

2:00 오후 오너, 매니저, 조합대표, 영업사원, 직원과의 만남의 시간을 줄인다. 매일 고용, 해고, 현재스케줄 작성업무를 검토한다. 디너 스페셜 준비작업을 검토한다. 준비된 모든 재료들의 저장 상태와 품질을 체크한다. 런치매출 상황을 검토한다.

3:00 오후 스페셜 요리와 정규 준비작업 및 런치매출의 최종상황을 감독한다. 사무실에서 차후 스페셜 요리에 대한 계획이나 수익 및 원가분석 작업을 마무리한다. 관련 조리잡지들을 세밀히 살펴본다.

4:00 오후 디너 스페셜 요리에 대해 야간 주방장과 만나 상의한다. 요리속도, 수준 또는 인사문제에 관해 논의한다. 이에 관한 얘기는 야간 매니저와 함께 논의한다. 런치에서 디너 작업구조로 전환한다.

5:00 오후 완성된 디너 스페셜 요리를 시식한다. 퇴근. 매니저들 중 한 명과 함께 시식해 본다.

총주방장은 주방과 식당인 무대의 주역이 아니다. 이들의 일은 분쟁의 혁신주의자나 조정자의 일과는 사뭇 다르다. 총주방장의 주된 임무는 모든 요리사들의 임무와 마찬가지로 신선하고 맛있으며 제대로 된 방식으로 고객에게 요리를 제공하되 수익성을 고려하는 것이다. 총주방장에게 있어서 이 일은 길쭉한 흰색의 모자를 쓰고 고객에게 열심히 서비스하는 것과 더불어 경험이 많은 전문가들로 팀을 구성하는 것을 포함하여 주방경영 절차를 엄격히 지켜나가는 극적인 재능도 갖춰야 한다. 특히 고급 레스토랑일수록 아마도 이 두 가지 재능을 평균 이상은 갖추고 있어야 할 것이다. 총주방장에게서 배울 수 있는 중요한 교훈은 이들의 임무는 요리가 개발하고 권한 위임하는 것이다. 총주방장이 매뉴얼한 주방업무를 간섭하는 것은 시간낭비이다. 오너는 시간을 보다 현명하게 사용하여 귀중한 결과를 얻을 기회를 상실하게 되는 것이다. 총주방장은 매뉴얼한 요리에 자신의 재능을 입증할 필요는 있다.

4. 자부심

주방장의 위치에서 가장 힘든 일들 중 하나는 음식이 엉망일 때, 모든 사람들이 그에 대해 이미 알고 있는 레스토랑 주방을 책임져야 한다는 것이다. 이런 상황은 매우 당황스러우며 그 수준을 개선하기 위해서는 매우 힘들면서 지속적인 노력이 요구된다. 그러나 우스운 것은 이와 같은 상황을 변화시키기 위해 가장 어려운 것은 여론이며 그중에서도 문제를 더욱 악화시킬 수 있는 사람은 바로 직원들 자신이라는 것이다. 직원들의 이와 같은 부정적인 태도는 조리 개선작업이 시작된 이후에도 요리가 실제보다 더 나쁘게 보이도록 작용하게 된다. 이것은 주방에서 일하고자 하는 의욕의 문제이다. 만약 바텐더가 레스토랑의 음식 수준이 낮다고 생각한다면 음식들을 우습게 보게 될 것이다. 예를 들어 주방장이 근무를 마친 뒤 집으로 돌아가기 전에 와인 한 잔을 하기 위해 바에 들른다. 주방장은 아직 업무를 인계받은 지 얼마 되지 않아서 직원들을 잘 모르기 때문에 웨이터 구역 곁에 있는 바의 끝자리에 앉는다. 손님은 거의 없다. 지난번 주방장은 해고되었으며 새 주방장은 신임이다. 디너 고객들이 서서히 들어오기 시작한다. 양복을 차려입은 한 남자손님이 주방장에게 2칸 건너 자리에 앉아서 음식과 음료를 주문한다. 그는 스페셜 목록 보드를 보고 난 후 메뉴를 가져다 달라고 요청한다. 몇 분 후에 고객은 바텐더에게 묻는다. “오늘밤에는 무엇이 좋습니까?” 바텐더가 웃으며 대답한다. "글쎄요. 피자를 만들기 위한 재료는 모두 없다." 그리고는 웨이터를 쳐다보며 함께 웃는다. 남자손님은 황당하다는 듯이 메뉴를 쳐다보고는 햄버거 하나를 주문했다. 이것은 직원들의 음식에 대한 태도가 얼마나 나쁜지를 보여준다. 주방장은 훌륭한 음식을 만드는 것뿐만 아니라 음식이 훌륭하다는 것에 또한 입증해야 한다. 시작은 매우 어렵다. 왜냐하면 주방 직원들이 일에 임하는 수준이 각기 다르며 게으르거나, 서툴거나, 아예 수준 이하인 요리사들도 한 명 이상 있을 수 있기 때문이다. 이런 직원들은 해고하거나 그만둘 것을 요청할 수 있다. 홀 직원처럼 서빙하고 있는 음식에 대해 관심을 가지지 않는 요리사들도 있을 수 있다. 이와 같이 나쁜 업무태도는 고려대상이 아니다. 최고를 향한 새로운 기준은 정직한 노력의 결과로 이루어지는 개선된 업무습관으로 시작되어야 한다. 자부심이란 개인의 삶에서 근무지로 이동된 삶에 대한 태도이다. 또는 그 반대의 현상도 생길 수 있다. 즉 자부심은 개인의 업무로부터 생겨나 개인적인 삶으로 옮겨 갈 수도 있다. 대부분의 사람들은 무언가에 대해 자부심을 가지고 있으나 모든 사람이 모두 그런 것은 아니다. 새로 온 주방장은 자부심을 주입시킬 만한 위치에 있다. 다음의 프로그램들은 이와 같은 상황을 도와줄 수 있을 것이다. (1) 직접 실행하는 주방전문가가 되라. (2) 고객과 직원들의 불평사항에 대해 주의 깊게 들어보라. (3) 모든 변화에 대해 고심하라. (4) 음식과 주방작업장의 수준을 한 단계 높여라. (5) 조리사 급여상승과 진급을 통해 충성스런 직원들로 구성된 팀을 만들어라.

1) 직접 실행하는 주방전문가가 되라.

만약 흰 모자를 쓰고서 냉방장치가 갖춰진 사무실에 앉아 요리잡지나 보기 위해 주방장이 되고자 한다면 당신은 이 분야를 잘못 선택한 것이다. 주방장은 요리하고, 요리법을 다른 사람들에게 가르치고, 사람들이 먹을 것을 맛보는 일을 하루 종일 해야 한다. 요리사들은 자신들의 주방장이 요리하는 모습을 보고자 한다. 이런 방식을 통해 요리사들이 원했던 것을 배울 수 있도록 하고 주방 일에 열중하도록 만든다. 하루 종일 즐거운 마음으로 일에 임하는 주방장은 그와 똑같은 태도로 일하는 직원을 데리고 있게 된다. 주방장은 주방현장에서 틀린 것을 지적할 수 있어야 한다. 열심히 업무에 임하는 것만이 주방장이 부하 요리사들을 지적할 수 있는 권한을 가질 수 있는 방법이다. 그 이후에는 더 나은 결과를 가져올 것이다. 주방장은 최소 한 번은 달성 가능한 최고요리의 기준을 만들어야 하며 그 이후에는 지속적으로 그 기준을 일관되게 지켜나갈 수 있어야 한다.

2) 모든 직원들의 불평사항들에 대해 주의 깊게 들어보라.

아침에 시작되면 오후에 끝나는 사소한 것들부터 결코 잊을 수 없을 정도로 심각한 증오에 이르기까지 해결해야 할 많은 문제들이 있을 것이다. 바로 옆자리에서 근무하면서 서로 간에 한마디도 하지 않는 요리사들을 흔히 볼 수 있다. 개인적인 문제들에 관심을 가지고 들어준 후에 그 문제들에 대한 생각을 요리와 업무에 대한 생각으로 전환시킬 수 있는 수완을 발휘하라. 레시피나 음식제공 방식에 대한 정당한 불평사항들은 아이디어를 바꿀 수 있는 중요한 원천이다. 오너, 바텐더, 웨이터, 고정고객들 모두가 메뉴에 대해 애정 어린 불평을 하게 마련이다. 이들이 불평을 호소하기 위해 마구 밀어닥칠 때까지 기다리고 있지는 마라. 긍정적인 자세를 갖춘 주방장은 성실하게 대함으로써 이들의 불만을 삭힐 수 있어야 한다. 이와 같은 태도는 홀 직원들에게도 갖추어야 할 태도변화의 시작을 의미한다. 이들은 개선되어 가는 모습을 지켜보고 있으면서 수준이 떨어지면 주방장에게 곧 알려줄 것이다.

3) 모든 변화에 대해 고심하라.

어떤 주방장은 부주방장에서 식기세척 담당자까지 모든 사람을 해고하고, 메뉴를 바꾸고, 새로 대형 냉장고를 들여 놓고 싶어 할 수도 있다. 그러나 이 모든 것을 한꺼번에 주장하는 것은 주방경영의 실패요인이 될 뿐이다. 개인적인 과오들을 고치려고 노력 중인 주방장은 극적인 변화를 요구하기 전에 여러 가지 개선사항들을 손수 보여주어야 한다. 주의 깊이 생각한 후에 단계별 절차를 갖춘 세밀한 계획을 세우고 한 단계씩 진행해 나아가라. 단계가 올라갈수록 성취 속도는 더 빨라질 것이다. 그리고 꼭 기억하라. 주방의 변화란 재훈련 즉, 시간과 에너지가 재충

전되는 과정을 의미하는 것이다.

4) 음식 및 주방작업장의 수준을 한 단계 높여라.

변화가 생기면 요리사들은 자신의 일에 대해 호의적인 생각을 갖게 되며 누적효과가 생길 것이다. 주의를 기울여 업무에 임함으로써 기본적인 레시피, 준비작업 방식, 메뉴 품목들의 라인절차를 바꾸어라. 반전이나 추가적인 변화를 통해 서서히 나타나는 올바른 방향으로의 변화가 매우 중요하다. 이와 같은 변화는 오히려 적게 발생하는 것이 더 낫다. 주방장은 대개 자문을 해주거나 정보를 알려주는 한두 명의 상급자가 있다. 결코 이들을 무시하지 마라. 주방장은 요리에 대해 아는 것이 없는 사람이나 취향이 특이한 사람들의 말에 주의할 필요는 없다. 변화란 고객 중심 및 수익 중심과 같이 보다 대중적인 레스토랑을 만들어 가는 것이다. 제대로 사용할 수 없는 도구들을 가지고 작업에 임하는 것보다 주방장을 더 실망시키는 것은 없다. 어떤 도구든 고장 날 경우에는 적임자에게 알리고 서비스 맨을 호출했다는 것을 요리사들에게 말해줘라. 특히 손님이 많은 레스토랑의 경우 주방에 임시보관소가 있다. 이곳에서 청소작업부터 수리작업까지 가능해야 한다. 작업장은 현재 작업량을 기준으로 파악되어야 한다. 선반, 냉장고, 식기시렁, 도구, 냄비, 팬, 스토브를 보충하는 것과 더불어 주방을 보다 유연하게 운영할 수 있는 방법들이 있다. 주방장은 이런 것들을 개선해야 하며 이와 같은 개선의 효율성에 대해 입증할 준비도 해야 한다. 직원들은 개선된 작업환경에 대해 고마워 할 것이며 작업에 보다 생산적으로 임하게 될 것이다.

5) 조리사의 임금상승과 진급을 통해 충성스런 직원들로 구성된 팀을 만들어라.

극소수의 요리사들만이 즐거운 마음으로 자신의 업무에 임한다. 이들은 자신들이 하는 업무의 양, 기술 수준, 업무 시간에 따라 대우받기를 원한다. 만약 주방 직원들의 급료가 형편없다면 어느 누구도 더 열심히 일하려는 열정을 가지지 않을 것이다. 주방장은 개별 요리사들의 급료를 알고 있어야 하며 그들과 솔직하게 이야기 할 수 있어야 한다. 최대 급료는 어느 정도인가? 주방장이 급료를 올리거나 직원들 간에 직무를 바꿀 수 있는가? 오너는 보너스를 지급한 적이 있는가? 아마도 지금까지 해 온 것보다 더할 수 있는 것이 없을지도 모른다. 부정적인 요리사를 해고하거나 퇴출시킴으로써 진급의 기회를 개방하라. 그리고 난 후 새 주방정책과 새 주방장의 지시를 따르는 직원들 간의 작업라인을 조정하여 진급시키라.

5. 창의적인 주도

주방장은 긍정적인 태도와 기존의 방침을 그대로 유지하되 경험이 많고 책임감 있는 요리사들이 창의력을 발휘할 기회를 만들어 줌으로써 일에 대한 의욕을 증대시킬 수 있다. 자부심과 창의력이 요리에 대한 보상의 주요원천이다. 수년 동안 동일 레스토랑에서 근무해온 직원들에게는 자부심과 창의력이 유일한 배출구이다. 주방장은 직원들의 창의성을 장려하여 스페셜 요리개발 및 준비작업을 위임함으로써 레스토랑의 인기를 끌어올릴 수도 있다. 비록 이런 계획의 세부사항들은 일의 종류 및 가용시간에 따라 달라지지만 주방장이 휴무일 경우 라인을 책임져야 하는 요리사들은 대개 창의적인 역할까지도 해야 한다. 즉 어떤 방식으로든 스페셜 요리를 만들어내야 할 책임이 있는 것이다. 왜 전 과정에 관련하지 않는가? 이들이 만들어낸 결과물은 산뜻하면서도 개인적인 취향이 잘 나타날 것이다. 라인별 요리사들은 개개인이 만들어낸 스페셜 요리의 판매량을 정확하게 카운트하여 성공 및 실패여부를 평가함으로써 수익 및 인기도와 훨씬 더 연관되어 있을 수 있다. 디너 총판매량으로 나눈 스페셜 요리의 총판매량 비중은 주방장의 스페셜 판매의 성공여부를 어림잡을 수 있다. 스페셜 요리는 인기메뉴들과 경쟁한다. 개별 주방장의 작업은 기본적인 규정에 따르며 특정 조의 성공여부는 논의된다. 창의적인 성과에 대한 자부심은 팀 구성 원들 간의 선의의 경쟁을 불러일으키는 좋은 인센티브 요인이 된다. 즉 요리사가 최선을 다하도록 독려할 것이다. 주방의 전반적인 분위기는 결국 품질향상에 이바지하게 될 것이다.

6. 그릇된 환상

일에 대한 자부심이 갖는 또 다른 중요한 측면은 최고급 식당에서 패스트푸드점에 이르는 연속선상에서 레스토랑이 어디에 위치하고 있는가를 알고 있는 것과 관련된다. 주방장이 고객들과는 완전히 다른 사고방식으로 요리에 관해 그릇된 환상에 빠져있는 것은 시간낭비이다. 사기를 충전시킬 수 있는 최상의 것은 성공이다. 성공할 수 있는 최상의 방법은 고객들이 원하는 것을 정확하게 알아내어 그것을 고객에게 전달하는 것이다. 고객이 세퍼드 파이(다진 고기와 양파, 감자를 이겨 구운 것)를 원한다면 누벨요리를 억지로 먹이려 들지 마라. 주방장은 레스토랑의 분위기, 장식, 서비스, 고객, 메뉴에 대해 정직하게 평가할 수 있을만큼 매우 공정해야 한다. 다음은 그릇된 환상이 어느 정도로 해를 끼칠 수 있는 지를 보여주는 좋은 예이다.

주방장은 아주 좋은 조건으로 새 레스토랑의 주방을 인수할 것을 제안 받았다. 옛날 방식으로 지어진 스테이크 하우스인 이 영업장은 40년간 그 명성을 유지해왔으나 최근에 운영이 매우 어려웠다. 새 오너들은 리모델링하고자 하였다. 주방장은 새 메뉴디자인을 요청받았다. 가격이나 스타일에 있어 어떤 제한도 언급하지 않았다. 즉 모든 것이 주방장의 손에 달려있었다. 바로 이것이 이와 같은 제안의 매력요인들 중 하나였다. 이 새 주방장의 약점은 초봉과 주방 자체에 있었다. 둘 다 거의 기준 수준 이하였지만 계약은 명확히 하였다. 즉 영업매출이 올라가면 주방장의 월급도 올려주고 새로운 주방설비들도 갖춰주는 것이었다. 리모델링을 통해 업장 내부는 깨끗해졌지만 외관은 전혀 바뀌지 않았다. 새 오너들은 옛 상호명과 로고를 그대로 사용하기 위해 큰 액수를 지불하였다. 주방장의 기술은 완벽했으며 그의 직무는 총주방장이었다. 그는 젊은이들에게 인기 있는 클럽에서 수년간 경력을 쌓아왔다. 그는 일정한 주제나 강조하는 바가 전혀 없는 샐러드, 파스타, 해산물, 오리고기, 닭고기, 육류들을 절충한 20여 가지에 이르는 미국식 컨티넨탈 누벨요리들을 메뉴로 내놓았다. 가격은 이전에 근무했었던 2곳과 유사하게 구성함으로써 비교적 합리적이었다. 처음 개업 3주간은 다소 손님들이 들어찼으나 그 이후에는 런치가 하루에 15인분, 디너는 50인분으로 매출이 계속 하락하였다. 6개월도 견딜 수 없을만큼의 지루함과 내분 끝에 주방장은 해고되었다. 뭐가 잘못이었나?

레스토랑의 분위기와 메뉴 간에 뛰어넘을 수 없는 벽이 너무 높아서 고객들은 흥미를 잃게 되었다. 주방장은 고객을 위한 메뉴가 아니라 자신을 위한 메뉴를 만든 것이었다. 그의 경력은 실패로 끝을 맺었다. 자신의 일이 가치가 없는 것이라고 생각하는 주방장이나 라인 요리사들에게 그릇된 자부심 또한 레스토랑 운영에 손해를 끼치게 된다. 이들은 레스토랑의 요리수준이 자신들의 감각에 비해 형편없기 때문에 업소에서의 경험과 전문기술이 아무 소용없다고 믿고 있다. 그러나 우습게도 이와 같은 태도를 지닌 요리사들이 가장 일을 못하는 경향이 있다. 이런 요리사들은 모든 일에 경솔하기 때문이다. 자부심의 강도는 업장 매상에 방해나 도움이 됨으로써 레스토랑의 수준과 명성에 영향을 미치기 때문에 주방에서는 심각하게 다루어야 할 문제이다.

7. 요점 정리 및 토론

주방의 팀워크는 식당운영에 있어서 어려운 부분이다. 팀워크는 생산성을 높일 수 있는 최선의 방법이다. 팀 구성에 있어서 가장 중요한 요인은 팀 리더이다. 주방장의 시간, 속도, 수준은 지속적으로 수행되며 유심히 지켜보게 된다. 직원들은 유연성이 요구되는 주방장의 직무에 대해 이해하기 때문에 어떤 구역에서든 일할 수 있다. 주방 직원의 최종목적은 고객에게 좋은 서비스하는 것이다.

주방 핵심임무는 그 본질상 주방장의 경영 업무, 요리준비작업 그리고 재료공급을 포함한 라인작업의 3가지 유형으로 나눠진다. 총주방장의 권한으로는 자신이 원하지 않을 경우 직접 요리하지 않아도 되지만 영리한 주방장은 오히려 자신이 원한다. 총주방장은 식당인 무대의 주역이 아니다. 분쟁 해결사나 혁신가의 일과는 업무내용이 사뭇 다르다. 새로운 주방장은 자부심을 불어 넣어 주기에는 완벽한 식당위치이다. 주방 조리사 임금상승과 진급을 통해 충성스런 직원들로 구성된 팀을 만들어라. 조리사 자부심과 창의성은 요리에 대한 요리의 주요원천이다. 주방장이 휴무일 때 조리라인작업을 책임지는 요리사들은 대체로 창의적인 과정에 참여해야 한다. 조리사 사기충전을 위한 최상의 방법은 식당성공이다. 주방장이 고객과는 완전히 다른 사고방식으로 요리에 대해 임한다면 그릇된 환상에 빠져 있는 것은 시간낭비이다. 자부심의 강도는 식당 매장에 방해나 도움이 됨으로써 레스토랑의 수준과 명성에 영향을 미칠수도 있기 때문에 주방에서는 심각하게 다루어야 할 문제이다.

제16장 직원 변동과 스케줄 대책

연구 차례

연구 개요

요리경력이 짧은 주방 직원은 주로 주말에 배치되고 있으며 최대 수익을 남길 수 있는 높은 수준의 요리기술을 만들어 내는 것은 불가능하다. 어떤 직원이 하루 동안 휴무하고자 한다면 주방장과 합의만 되면 문제가 되지 않는다. 미리 알려줌으로써 조직체계를 제대로 갖추지 못한 주방장이라도 그 부분을 감당할 직원을 찾아 그 빈자리를 채울 수 있다. 최상위 주방장으로부터 최하위 식기체척 담당자에 이르기까지 주방 직원들의 이동 변동으로 인해 이와 같은 문제들이 생겨난다. 이 분야는 직원들의 이동성으로 인해 매우 힘든 상황이다. 지혜로운 주방장은 직원과 스케줄의 일상적인 이동 변동을 처리할 만반의 준비가 갖춰져 있어야 한다. 그렇지 않으면 그는 무능한 주방장이 될 수도 있다. 주방장 능력의 일부는 주방업무가 힘들어지지 않도록 주방인원을 재구성하는 데 사용될 것이다. 때로는 그 노력이 거의 주방경영의 예술적인 경지에 이를 수도 있다.

1. 직원 변동과 레스토랑 경영

여러 가지 이유들로 레스토랑에서 근무하는 직원들은 시즌변동에 따라 이동하는 것을 자연스레 여긴다. 아마도 이 일이 모든 일들 중에서 가장 직원 변동량이 많을 것이다. 예를 들어 고급 빌리지에 있는 한 레스토랑은 직무영역은 15개 부서도 되지 않지만 일 년 동안 300명 이상의 남녀 종업원들을 고용했었다. 말이 되는가?

주방 직원은 변덕스럽기 짝이 없다. 이유는 경제적인 것과 사회적인 관점 둘 다 해당된다. 일부 사람들은 자신들의 업무능력이 기준 이하라서 해고당하여 레스토랑을 이곳저곳 옮겨 다니게 된다. 이들에게는 결근, 알코올 중독, 마약 같은 문제들이 있다. 날카로운 성격으로 인해 대수롭지 않은 무례한 언동에도 일을 그만두게 되며, 주방장의 성격 또한 그러한 이유가 된다. 대게 레스토랑의 임금수준은 아주 낮다. 요리사들은 임금이나 시간조건이 더 나은 곳으로 옮겨간다. 승진, 책임 부과, 색다른 메뉴, 유명 레스토랑이라는 것이 요리사들의 이동을 부추기는 또 다른 이유들이다. 세계 곳곳으로부터 한국으로 이주해 온 근로자들은 레스토랑에서 허드렛일을 하려는 생각을 한다. 이런 근로자들은 계속해서 떠돌아 다니게 된다. 이런 모든 요소들이 레스토랑 경영의 본질인 것처럼 보인다. 주방장은 장기간 일할 사람과 일주일간 일한 후 사라질 사람을 어떤 방법으로 구별할 수 있을까? 어떤 직원이 얼마나 오랫동안 함께 근무할지 또는 누가 말도 없이 사라질 것인지를 알아낼 길은 없다. 그러나 분명한 것은 변동은 있을 것이라는 사실이다.

2. 스케줄 대책방안

분명한 것은 단기간의 질병이나 휴가로 인해 만들어진 임시 근무조는 긴급 상황을 유발하지는 않는다는 것이다. 긴급 상황이란 상당수의 직원들이 어떤 이유들로 나타나지 않을 때 발생한다. 만약 주방작업을 문제없이 해낼 수 있는 직원수보다 자리를 비운 직원의 수가 더 많다면 필요한 주방인원을 보충하기 위해 외부로부터 불러와야만 한다.

직원들의 임금이 제때에 충분히 지급되는 최상의 환경에서도 일 년에 한 두 번은 문제가 생긴다. 고급 스테이크하우스이지만 심각한 직원문제를 겪고 있는 기존의 식당문제는 비수기가 끝나갈 무렵인 2월 둘째 주에 발생하였다. 대체로 이 기간은 매출이 낮아 비교적 조용한 시기이므로 주방장은 직원 2명은 휴가를 보낸 상황이었다. 그런데 남은 직원들에게 생각지도 않은 몇 가지 일들이 발생하였다. 직원들의 휴가나 결근으로 인해 그 자리를 채울 근로자를 고용해야 할 필요성이 생기기 이전에 직원들의 정규시간을 보여준다.

2월 쯤에 식기세척 담당자인 직원은 그의 고향으로 5주간의 휴가를 떠났다. 그 자리를 대신한 새 직원이 첫인상은 좋았지만 야간 매니저는 더러운 컵과 은식기류들에 대해 불평하기 시작했다.

2월 14일 다른 직원은 한 달간의 휴가가 2년 만에 처음 시작되었다. 근무 스케줄을 재작성할 시간만 충분하다면 직원들은 원하는 때에 언제든지 쉴 수 있도록 허용하는 것이 주방장의 방침이었다. 직원의 휴가는 처음에는 아무런 문제가 없었다. 그러나 나중에는 문제를 유발하는 요인이 되었다. 문제들이 동시에 생겨나기 시작했다. 2월 6일 한 직원은 재활 프로그램에 참여하러 갔다고 전화로 말하였다. 이것이 최근 그의 장기결석의 이유였다. 그는 되돌아오지 않았다.

2월 19일 금요일 또 한 직원은 병원에서 전화했다. 그의 증세는 탈장과 고혈압이었다. 의사는 19일과 20일 이틀간의 휴무를 지시하였다. 그의 정규 근무 스케줄 또한 조정되어야 했다. 그는 혈압이 정상이 될 때까지 주당 5일만 근무하였다.

2월 21일 집에 있던 직원부장의 전화를 받았다. 고국에 계신 그의 모친의 병세가 심각하다는 것이었다. 그는 아침에 지방으로 떠났다. 얼마나 오랫동안 머물 것인지에 대해서는 알 수 없었다.

16명의 정규직원들 가운데 25%인 4명이 현재 결근 중이다. 만약 어느 누구라도 독감에 걸리거나 약으로 인한 부작용이라도 생긴다면 남은 인력만으로는 일을 처리해나갈 수 없을지도 모른다. 남은 직원과 요리사의 휴가에 대한 대책으로 만든 임시 근무 스케줄이다. 그러나 믿고 있던 직원의 결근으로 생긴 총 12개의 근무

영역이 비어 있는 근무시간을 포함하고 있다. 주방장은 이와 같은 근무 스케줄 딜레마를 어떻게 해결할 수 있을까? 이런 상황을 해결하기 위해 그가 할 수 있었던 일은 어떤 것일까?

어느 직원의 고향방문으로 생겨난 문제들은 모두 사전예고 없이 동시에 발생한 것처럼 보인다. 그러나 이것은 잘못된 가정이며 문제에 대한 장기적인 해결책은 이들의 약점을 찾아내는 것이다. 이런 일이 발생한 주간에 신속한 대응조치로 인하여 음식 수준 저하, 메뉴품목 부족, 비위생적인 환경과 같이 주말 직원들로 인해 유발될 수 있는 문제를 줄이는 대처방안이 필요하다. 주방장의 주요 임무는 직원들의 직무를 줄여주는 것이 오너나 매니저의 일도 줄여주는 것이다. 만약 직원이 갑자기 결근하게 되면 즉시 재치 있게 그 자리를 채워 넣어야 한다. 잘 훈련받은 근로자나 지원자들로 비어있는 근무시간을 대체할 수 있도록 임시 근무 스케줄을 작성하라. 그러나 여기서 끝나는 것은 아니다. 다음의 2가지 방법들을 통해 주방장은 직원들의 상황을 내내 주의해야 한다. (1) 근무조를 운영할 주방장 자신의 능력과 (2) 요리사나 식기세척 담당자의 즉각적인 고용이다. 최선의 노력을 다해 이 두 가지 방법들을 유지하도록 노력하는 것은 매우 중요하다.

주요 직원이 주간 근무시간에 나타나지 않았을 때 주방장은 대체 직원을 근무시킴으로써 4시간 동안은 문제를 덜 수 있었다. 그러나 다음날이 또 문제였다. 그 직원이 과연 돌아올 것인가? 그 직원의 해명전화를 기다려야 하는가? 그렇기도 하고 그렇지 않기도 하다. 주방장은 전화를 기다려야 했지만 그날 밤 즉시 지원자에게 주방업무훈련을 지시했다. 인적자원에 관한 보다 자세한 내용을 살펴 보도록 하자. 주방장의 안오는 직원의 전화에 대한 대체는 처음에 어떤 방식으로 처리하는가를 이해하는 게 중요하다. 그러나 직원은 전화하지 않았으므로 그 부분은 논의할 여지가 있다. 주방장은 즉각 대체 직원을 투입 시행함으로써 자신의 과오가 입증되었다. 보통 수준의 요리사는 장기적인 해결책으로서 고용할 만한 사람이 되지 못할 수 있지만 정규 직원들의 업무를 도울 추가인력으로 보충될 것이다. 다행스럽게도 그 직원은 라인에서 최하급 요리사였다. 만약 대체 직원의 결근으로 정규 직원들에게 6-7 shift 근무를 만들지 않았다면 주방장은 레스토랑 내부 직원들만으로 채울 수 있었을 것이다. 이제 요리사들은 8-9 shift 근무를 해야 할 것이며 그 결과는 비생산적일 것이다. 주방장은 후보자 3명을 정하였으며 분명하게 근무 계약한 것은 아무것도 없었다. 그들 중 한 명은 나타나지 않았으며, 다른 한 명은 거의 일을 해 본 경험이 없었고, 나머지 한 명은 이전에 하던 라인작업 업무를 좋아하지 않았다. 주방장은 4시간 동안 점심 식사 업무를 도울 수 있도록 다른 직원을 긴급 배치하였고 다른 라인작업을 위해 후보자들을 계속하여 스케줄에 배치하였다. 일요일은 그의 휴무일이었지만 근무해야 할 것 같았다. 그는 매우 싫었지만 다른 방안이 없는 것 같았다.

조리작업을 하던 직원의 업무를 대신한 대체 직원이 신속하면서도 깔끔하게 일을 처리하였다면 근무시간을 더 연장하고 그에게 조리준비작업 근무시간을 2개 더 하도록 만드는 것이 간단했을 것이다. 그러나 대체 직원의 업무 속도는 느리고 식기는 매우 더러워 기본적인 업무도 제대로 해내지 못했다. 그러나 주방장은 그에게 근무시간을 더 연장시키는 분별없는 조치를 취하고 말았다. 주방장은 다른 직원에게 일요일 준비작업을 위해 7번째 근무조를 맡아줄 것을 요청했다. 그는 그의 일요일 근무시간을 7시부터 3시까지 준비작업으로 바꾸었으며, 다른 직원은 식기세척 담당자로서 10시부터 1시까지 일을 2배나 하게 되었다. 새로 작성된 스케줄대로 이행하던 첫 일요일에 직원이 또다시 주방장에게 전화하여 그가 고향으로 떠난다는 소식을 알렸다.

와인작업의 후보자로 금요일 야간에 근무했던 직원은 일을 매우 잘했으므로 주방장은 그를 고용하여 토요일부터 일을 시작하였다. 그러나 한 번의 위기를 해결하고 난 후에는 또 다른 위기가 기다리고 있었다. 주방장은 서둘러 2명의 새로운 식기세척 담당자를 배치하였다. 주방장은 근무작업에 따라 이들을 계속해서 근무시켰다. 어떤 때는 한 시간 정도 또 어떤 때는 일주일 동안이었다. 한 번에 두 명을 대체함으로써 일은 정확하게 진행되었다. 추가비용은 주당 100~200만 원 이내로 최소 임금수준이었다. 주방장은 이들이 식기세척, 찬요리 준비, 위생 청소와 같이 다른 부문의 일들도 해낼 수 있는지 검토하기 위해 다른 일에도 배치하였다. 주방장이 구하고 있는 사람은 모든 분야의 일, 특히 핵심 직원이였던 그 업무를 대신하여 잘 해낼 수 있는 사람이었다. 야간근무는 다소 쉬웠다. 그러나 다른 직원은 그것조차 잘 해내지 못했다. 주방장은 다른 식기세척 담당자를 새로 후임으로 생각하고 있었다.

3월 둘째 주까지 다시 잠잠한 듯 보였다. 한 주 내내 스케줄 변동이 없었다. 최종 작성된 근무 스케줄 대로 근무를 보여준다. 일주일간 91개 근무 스케줄 중에서 거의 40%인 38개가 바뀌었다. 훈련받지 않고 제대로 조정되지도 않은 근무자들로 인해 발생될 수 있는 문제점들을 생각해보라.

큰 변동이 생길 즈음 근무 스케줄을 조정하고자 하는 직원 요구 외에는 시행된 것이 없다. 방법에 따라 비용이 들 수도 있고 오히려 절약될 수도 있다. 근무조 배치를 위해 아래와 같은 추천 절차들을 고려하라.

1) 업무분야별 기술과 배치시키되 담당 근무조의 정규 임금보다는 낮은 수준의 임금을 받게 될 근무자를 배치하라(만약 당신이 훈련된 근무자를 배치할 수 있을만큼 운이 좋다면 훌륭하다).
2) 예산을 초과하지 않는 범위 내에서 정규시간 외 근무에 대해 임금을 지불하기 위해서는 8시간에서 6시간으로 근무시간을 줄여라.
3) 너무 많은 시간동안 근무하는 직원은 주방 요리업무의 질을 떨어뜨릴 수 있다. 과로는 또한 낭비의 원인이 된다. 직원들의 업무한계를 파악하라. 비상사태라 하더라도 직원들에게 일을 무리하게 시키지 마라.
4) 순간적이고 즉흥적인 생각으로 임금 결정에 영향을 미치도록 하지 마라. 평균 이상의 임금으로 고용된 새 직원은 다른 직원들과 임금 문제를 일으킬 수 있다.
5) 새로 온 직원의 업무수행 능력에 대해 걱정스럽다면 가장 낮은 임금수준으로 다른 근로자를 추가 고용하라.

크고 작은 근무 스케줄 차이에 관한 산발적인 문제들은 이에 관한 잠재적인 문제까지 지속적으로 주의할 필요성이 있다. 근무 계획은 일의 근무 질과 효율성에 미치는 영향을 완화시킬 수 있도록 만들어져야 한다. 만약 주방장이 직원 조정에 대해 미리 준비하지 못한다면 업무상의 다양한 도전들에 대해 대처하지 못할 것이다. 이와 같은 근무 스케줄 변동의 발생을 대처하고 줄일 수 있는 방법을 강구해야 한다.

3. 요점정리 및 토론

지혜로운 주방장은 직원과 근무 스케줄의 정규 변동을 처리할 준비가 되어 있어야 하며 그렇지 못한 주방장은 무능한 것으로 인식될 수 있다.

모든 직원들의 임금이 제때에 충분히 지급되는 최상의 환경에서도 일 년에 한두 번은 문제가 생긴다.

주방장의 주요 임무는 직원들의 불필요한 직무를 줄여주는 것이 오너나 매니저의 일도 줄여주는 것이다.

다음의 2가지 방법들을 통해 주방장은 직원들의 상황을 근무 내내 주의해야 한다.

1) 근무조를 운영할 주방장 자신의 능력과 대처방안은 무엇인가?
2) 작업라인 요리사나 식기세척 담당자의 결원시 즉각적인 고용 대책을 가지고 있어야 한다. 큰 변동이 생기면 재빨리 스케줄을 바꿔야 한다. 주방장이 직원 조정에 대해 미리 준비하지 못한다면 업무상의 주요 도전들에 대처하지 못할 것이다.

제17장 직원채용 및 해고

연구 차례

연구 개요

주방장의 임무들 중 주요 부분은 주방 근무자들의 고용 및 해고 문제이다. 이것은 때로는 어려운 일이며 사적인 경영임무일 수도 있다. 주방장은 요리사 직원을 해고하는 것이 특히 싫어하는 임무 중 하나이며, 많은 주방장들은 냉정한 사람이 되기 싫어하기 때문에 해고에 대해서는 최후에 능력을 배우게 되는 주방경영 기술이기도 하다. 해고 방법들 중에는 지혜로운 모든 과정을 통해 직무스트레스를 줄이거나 요리사들을 교체할 필요성을 줄여줄 수 있다. 이런 방법들을 이 장에서 배우게 될 것이다. 고용과 해고 과정에 영향을 미치는 여러 가지 개인적 요인들이 있다. 주방장은 특별한 기술을 지니고서 해당 업무에서 요구하는 직무라인 부문을 해낼 수 있는 직원을 찾게 된다. 특정 주방 직원의 조리기술과 목적이 긍정적이든 부정적이든지 변화하면 주방장과 직원은 서로간의 관계를 재평가하여 서로간의 관계를 마무리할 준비 태세까지도 갖추고 있어야 한다.

1. 직원 채용 과정

업무 담당자가 없는 초기에는 새로운 옵션들과 업무 조건들이 생겨난다. 첫 번째 방법은 떠난 사람과 같은 경험이 있는 직원을 찾는 것이다. 두 번째는 메뉴나 직원에 관한 장점은 강화하고 약점은 조정할 수 있도록 직원 임무를 재배치하는 것이다. 조직 내 직원 재구성은 매출액과 수익이 저조한 현존 레스토랑을 주요 대상으로 한다. 자질을 갖춘 신규직원을 채용하는 것은 매출액과 수익증대를 향한 첫 발걸음이 될 것이다. 주방 직원들은 뽑았다가 다시 박아 넣는 옷과 같은 존재가 아니다. 포괄적 고용 프로그램의 목표는 책임감 있는 개인들로 팀을 구성하는 것이다. 여기에는 이상적인 주방 직원에 대한 주방장의 생각에 약간의 유연성이 요구된다. 재고용시마다 각 팀별 구성원들의 성과를 평가하라. 현재 이 직원들은 레스토랑의 푸드 프로덕션 사이클을 위해 최선의 노력을 다하고 있는가? 도대체 개별 직원들의 이상적인 포지션은 무엇이란 말인가? 직원 교체의 목적은 단순히 비어있는 자리를 채우는 것이 아니라 현 상황을 개선시켜 나가기 위한 것이다.

아직 개업하지 않은 레스토랑의 직원 고용 또한 어떻게 하면 이상적인 직원들이 함께 어우러져 근무할 수 있을 것인지에 대한 생각들은 앞에서와 마찬가지 방식으로 시작하도록 한다.

2. 신규 직원 모집

지원자들을 모으는 것은 우선 보기에는 쉬운 것처럼 보인다. 특히 식기세척 담당처럼 하급직일 경우에는 더욱 그러하다. 신중하고 근실하며 열심히 업무에 종사하는 훌륭한 직원을 찾아내는 과정은 끝없는 것처럼 보일 수 있다. 비어있는 자리가 모두 채워지기 전에 지원자들에 관한 정보가 바닥날 수 있다. 과거에 가장 신뢰할 만한 것으로 입증된 지원자들을 우선 고용하도록 한다. 지원자 정보망을 구축함으로써 긴급 상황 시에는 즉각 새로운 종사원을 배치할 수 있다.

가장 효과적인 것으로 입증된 정보망은 훌륭한 자질을 갖추고서 오래토록 일할 직원을 구하는 것이다. 다음은 주방장의 직원 신규 고용 정보망도 포함되어야 할 것들이다. 즉, 현재 직원들의 수준 정도 이내에서 진급시킬 수도 있다. 자질을 갖춘 직원들의 친구들에 대해 필요하다면 알아두면 좋다. 오너는 주방장들과 고용정보를 공유해야 할 것이다. 또 다른 방법은 고용기관에 요청하는 것과 지방신문에 채용 정보에 관한 광고문을 싣는 것, 지원자의 전화번호를 모아두는 것 등이다.

직원모집 방법은 지역에 따라 그 효과가 다르게 나타난다. 일부 지역에서는 구인광고로 매우 높은 수준을 갖춘 지원자들이 대거 몰리기도 한다. 그러나 광고는 하루 내지 일주일이라는 시간이 지나야 반응이 나타나는 약점이 있다. 가끔은 직원을 구해야 하는 상황이 매우 긴박할 수도 있다. 몇 통의 전화 상담으로도 장차 최상의 신규직원이 될 가능성이 있는 현재 직원의 친구인 누군가를 찾아낼 수 있을 것이다.

지역 내에서 예전부터 가장 신뢰할 만한 직원 모집 방법으로 입증된 것이 어떤 것이든 간에 주방장은 항상 여기저기를 찾아다니며 이에 대해 모든 노력을 다해야만 한다. 최초의 전화를 받은 후 완벽한 지원지를 발견할 가능성은 몇 분 이내에 이루어진다. 가능한 많은 사람들을 빠른 시간 내에 만나봄으로써 훌륭한 자질을 갖춘 신규 직원들을 구할 가능성도 높아질 것이다.

3. 신원 보증인으로부터의 확인

지원자의 거주지가 어디든지 또는 외모가 얼마나 훌륭하든 간에 신원 보증인에게 확인해야 한다. 그러나 허드렛일을 한 경우나 지원자가 처음부터 신원 보증인과 함께 온 경우에는 예외일 수 있다. 그 외 모든 지원자들의 적격 여부를 심사해야 한다. 전화로는 특이한 사항들을 아무것도 보여줄 수 없다. 사실 지원자의 이전 직장상사들은 자신들이 해고한 지원자에 대해 열렬히 칭찬하게 마련이다. 얼마나 아이러니한가. 이것은 분명히 고려해야 할 문제이다. 일반적인 질문들로는 보증인에게 확인하여 목적을 이룰 수 없다. 지원자의 약점에 관한 진실을 알아내기 위해 특이한 질문들을 해야 한다. 예를 들어, "누구를 해고한 이유를 물어봐도 될까요?", "누구는 당신과 얼마나 오랫동안 일했습니까?", "누구는 월급은 얼마입니까?", "누구에게 성격, 마약, 음주, 무단결근과 같은 문제들이 있습니까?" 등이다. 가끔 오너나 매니저 또는 주방장은 불성실한 나쁜 직원들에 대한 진실을 말하도록 하는 데 주저할 수 있다. 만약 대답들이 명쾌하기보다 뭔가 숨기는 것처럼 느껴진다면 다른 보증인에게 전화해보아야 한다. 신원 보증인이 없는 지원자들은 위험성이 다분하다고 본다.

보증인에게 확인하는 목적은 2가지이다. 우선은 근로자들 중 10 내지 15% 가량은 매우 위험한 분류에 속하는 인격 장애, 마약중독, 범죄자이며 이들을 찾아내고 실격시키기 위한 것이다. 전화의 실제 주요 목적인 두 번째는 지원자의 요리 실력과 경험에 대한 최상의 칭찬을 하기도 한다. 면접 시 요리사들은 자신들이 갖춘 실제 실력보다는 한 두 단계 높이려는 성향이 있다. 대체로 요리사들은 주방장 옆에서 장기간 함께 일함으로써 주방장만큼의 실력을 갖추게 된다고 생각한다. 대부분의 요리사들은 기술을 완벽히 해내기 위한 연습을 필요로 한다. 따라서 지원자의 업무에 관한 이전 고용주의 설명이 이들의 실력을 평가하는 최상의 방법이 될 수도 있다.

4. 면접

면접시간은 아주 구체적으로 일정을 잡아야 한다. 면접일정을 하루나 이틀에 걸쳐 진행하기보다는 2시간 이내에 20명을 만나는 것이 훨씬 좋은 방법이다. 이력서나 자소서를 읽음으로써 주방장은 대부분의 지원자들을 즉시 솎아낼 수 있다. 그러나 지원자들에게 이력서를 남겨둘 것을 요청함으로써 가능성을 남기게 된다. 가장 효율적인 절차는 면접 시작 전에 이력서나 지원서를 읽어보는 것이다. 만약 이력서를 보고서 지원자의 자격이 수준급이라면 지원자에게 그대로 말하도록 하라.

그러나 그 이력서는 수준에 적합한 다른 포지션에 보관하도록 하라. 직원들과 잡담하면서 시간을 보내지 말라. 직원들은 당신이 정중하게 대할 경우에는 당신의 정직한 방식에 대해 인정할 것이다.

이력서가 없는 경험 없는 요리사들이 많기 때문에 지원서는 면접과정 시 매우 중요하다. 어떤 상황에서든 이력서로 판단할 것이다. 손이 닿는 가까운 곳에 이력서 양식을 보관해 두라. 만약 필요하다면 한 장의 양식을 만들어 놓아라. 고등학교, 중학교, 초등학교에 관한 항목은 삭제하도록 하라. 너무 많은 항목에 기록하도록 하는 것은 식당에서 판단하는 이력서 양식의 유일한 문제점일 수 있다. 용도에 맞추어서 만든 지원서는 주방장이 알고 싶어 하는 부분에 대해 즉시 알려준다. 당신이 직접 디자인한 후 복사해서 사용하라. 그러나 주의해야 할 점은 허용할 만한 합법적인 질문에 관해 지방 정부의 이력서 규정에 어긋나지 않는 지원서라야 한다. 이 이력서 양식에는 경력과 면담 기록 등 모두 기록해야 한다. 첨부 서류들을 검토하는 데 주의해야 한다.

업무를 설명하기 이전에 지원자의 과거 경험에 대해 질문함으로써 대충은 파악하도록 하라. 예를 들어, "당신의 임무는 정확히 무엇이었습니까?", "주간근무와 야간근무 중 어느 것을 더 좋아합니까?", "가장 최근의 직장을 떠난 이유가 무엇입니까?", "어떤 스타일의 요리에 대해 가장 잘 알고 있습니까?", "요리 이외 다른 것에 관심이 있습니까?" 등이다. 지원자들에게 이와 같은 질문들을 함으로써 지원자의 사항을 파악할 수 있도록 하라. 이 방법은 사람을 다루는 개인의 능력에 대한 당신의 첫 일견이 될 것이다. 머리를 낮추고서 조용한 목소리로 대답하는 지원자는 최상의 찬요리 담당자나 굽기 요리사의 자격이 될는지 모르지만 식재료 구매 공급자로서는 형편없다. 이와 같이 몇 분간의 면접만으로 인격을 알 수는 없지만 중요한 것은 요리 능력이다. 지원자는 식사를 준비하는 사람이면서 동시에 식사하는 사람으로서 음식에 관한 관심과 지식, 능력, 경험을 보여줄 수 있도록 하라.

주방조리 포지션은 레스토랑의 수준과 메뉴의 독창성에 따른 요리 기술적 솜씨와 창의력의 균형을 요구하고 있다. 패스트푸드점의 햄버거는 노력의 99%가 숙련된 기술에 관한 것이 아니다. 사실 독창성은 방해가 될 뿐이다. 독창적인 요리에 관심이 많은 지원자라면 행복하지 않을 수가 없을 것이다. 이런 지원자는 충분한 자격조건을 갖춘 사람으로서 고려되어야만 한다. 그러나 이런 상황과 반대로 최고의 숙련기술은 갖추었으나 독창적인 요리에는 거의 관심 없는 지원자라면 독창적인 메뉴개발이 요구되는 특선요리 창조와 관련된 포지션에는 적절하지 않을 것이다.

주방장은 레스토랑의 수준과 경영사업의 근본 목적에 대해 이해해야 한다. 일하고자 하는 의욕이 넘치는 직원들을 불러 모으고 계속 유지해 나가기 위해서는 실제로 종사원들이 주방업무에 공헌할 만한 분야에 배치되어야 한다. 즉 조리기술과 업무태도가 적절한 업무와 매치되어야 함을 의미한다. 레스토랑에서 다량의 클럽샌드위치를 판매한다든지 야채를 썰 사람이 필요하다든지 각 포지션의 업무에 대해 공개적으로 말해주라. 만약 가능성을 지닌 지원자라면 레스토랑의 강점으로서 성수기, 근무 조건, 창의성의 수준, 명성, 오너, 직원들에 대해 설명해 주어라. 근무환경 중 좋은 점에 대해서도 직접 말해주어라. 계속하여 포지션이 주방작업에 어느 정도 적합한지에 대해 현실적인 설명을 하되 사실이 아닌 것은 말하지 마라. 경우에 따라서는 면담 시 어려운 부문의 일은 다른 플러스 요소를 가져올 수도 있다.

예를 들어, 새벽 두 세 시까지 스테이크 샌드위치를 만들어야 할 정도로 일이 많은 브로일러 영역에 서 있어야만 하는 요리사는 다소 일이 적은 레스토랑에서 근무하는 소테 조리사만큼의 임금은 받을 수 있을 거라 예상할 수 있다. 만약 요리솜씨가 좋은 사람을 얻고자 한다면 이런 상황도 설명하여 소통을 하도록 하라. 혼란스럽게 생각하지 말며 일을 싫어하는 창의적인 조리사는 선택하지 마라. 그리고 만약 당신의 이름이 세상에 잘 알려진 유명인이라면 이를 잘 이용하라. 그리하면 현재 임금수준이나 그 이하에 재능을 갖춘 요리사들을 끌어들일 수 있을 것이다. 레스토랑의 조리기술 및 독창성의 한계에 대해 현실적으로 정확하게 이해하고 있는 조리사는 주방업무에 적합한 종업원을 고용할 최상의 위치에 있는 것이다.

말을 잘 한다고 해서 반드시 훌륭한 요리사는 아니다. "와서 일할 수 있도록 해

주십시오. 제가 할 수 있는 것을 보여드릴 것입니다. 만약 나를 좋아하신다면 고용하십시오. 좋아하지 않으시더라도 개의치 마십시오."와 같은 말을 하는 지원자를 오너는 선호한다. 잠재력이 있는 종사원들로 구성된 집단들 가운데에는 이와 같은 말을 하는 지원자들이 한 둘은 있을 것이다. 분명히 꽤 괜찮은 지원자지만 만약 그 지원자가 업무를 해낼 능력이 되지 않는다면 귀중한 시간만 놓치는 것이다. 비록 주방업무에 적합한 한 사람의 임금이 한 개 근무조 전원의 임금과 맞먹는다 하더라도 그런 이상적인 지원자를 찾아내는 것이 훨씬 나은 방법이다.

면접을 거치든 다른 어떤 과정을 거치든 간에 최상의 지원자들을 선택하도록 하라. 필요한 종사원이 많을수록 적합한 사람을 찾아낼 때까지 여러 과정을 거쳐라. 레스토랑 규정에 대해서는 분명히 말하라. 근무시간, 임금, 경쟁요소들은 구체적으로 언급되어져야 한다. 라인요리사들은 대체로 첫 근무 시에 한 시간 정도의 실기교육이면 조리업무를 해내기에는 충분한 시간이다. 따라서 준비작업 요리사나 식기세척 담당자의 주방업무 실기교육은 모든 것이 보다 훨씬 줄어든다. 이와 같은 실기교육 면접에 대한 임금은 정해진 규정이 없으며 각 레스토랑의 운영정책상의 문제이다. 일부 레스토랑들은 임금을 지급하지 않으며, 일부는 정규임금이나 그 반액을 지급하기도 한다. 일련의 규정들은 고정불변 성향이 강하다. 면접의 목적은 적합한 종사원을 구하고자 하는 것이다. 지원자들이 많은 노동시장의 경우에는 면접 실기교육에 대한 임금지급이 필수적이지는 않다. 그러나 한 해 중 어떤 경우에는 지원자가 단 세 명밖에 되지 않을 수도 있으며, 그 중 가장 나은 지원자가 급료를 받고자 한다면 당연히 지급해야 한다.

5. 장래성 있는 이상적인 직원

이런 일이 생길 수도 있을까? 어떤 지원자가 해당 직무에는 결코 적합하지 않을 것처럼 보이지만 실제로는 가장 이상적인 직원이라는 것이 입증될 수 있을까? 그 가능성은 매우 희박할 것이다. 만약 그 사람이 완벽한 경험을 갖춘 유능한 종사원이라면 면접이나 신원보증서 확인을 통해 사실을 알 수 있다. 주방 직원을 고용하는 것은 직관으로 할 수 있는 과정이 아니다. 지원자가 자신의 의견을 표현하는 중에 어물쩡 거리는 것만으로 면접 고려의 대상에서 제외시켜서는 안 된다. 뭔가 특이한 한 가지 사유로 지원자를 탈락시킨다면 그 사유거리는 매우 많다. 장래성이 있는 완벽한 직원들을 구하고자 한다면 다음의 요소들을 고려하라.

1) 현재 지원하는 레스토랑의 분위기와 메뉴가 과거 근무했던 레스토랑과 유사하며, 같은 포지션에서 최소 2년간 이상의 근무경력이 있는지의 여부
2) 현재 다른 식당에서 근무 중이지만 오너가 제안하는 근무시간, 포지션, 임금을 더 선호하는지의 여부
3) 근무 스케줄 조정에 대한 유연성의 여부
4) 한 레스토랑에서 최소 3년 이상의 근무경력이 포함되어 있는지의 여부
5) 지원자가 요구하는 임금이 해당 포지션의 정규 임금보다 낮거나 최소한 같은 수준인지의 여부
6) 불쾌한 개인적 습관이 있는지의 여부
7) 열심히 일하고자 하는 의욕이 있는지의 여부
8) 지각, 결근, 마약복용, 음주, 범죄사실 등의 문제성 여부

6. 채용의 순간

어떤 지원자가 면접과 실기테스트를 모두 성공적으로 통과했다면, 이제 당신은 그를 고용할 준비를 해야 한다. 지금이 레스토랑의 수준에 대해 인지시킬 수 있는 최상의 시기이다. 해당 분야의 구체적인 업무사항에 대해서는 분명하게 알려줘야만 새 직원이 처음부터 일에 대해 이해할 수 있다. 근본적인 목적은 주방 일을 수행하는 기준에 대해 전달하고 일의 결과가 검토될 것이라는 사실을 알리기 위한 것이다. 특히 결근 및 지각에 관한 처리를 포함한 모든 인사정책들에 대해 이 때 명확하게 전달해야 한다. 모든 고용정책들은 주와 시의 조례에 따른 것이라야 한

다. 그 직원은 가채용 기간을 거치며 위반사항이 있을 시 해고될 수 있다는 것을 분명히 밝혀라. 이런 사항들에 대해 고용 전에 기꺼이 받아들이고 따르게 될 것이다. 이 직원이 경험이 많은 노련한 주방 팀의 구성원이 되기까지 시간이 단축될 수 있다. 그러나 이와 반대로 앞에서 언급된 레스토랑의 목적에 제대로 부합되지 않는 직원들은 곧 해고되기 쉽다. 또한 직무에 대해 알려줌으로써 직원들 간에 증가하는 추세인 소송사건의 발생가능성을 막을 수도 있다. 주방의 관습은 어떤 직원이라도 고용한지 한 달까지는 하급동료로 대해야 경향이 있다. 이 기간 중 새 직원이 저지른 사소한 위반사항들은 일이년 정도 근무한 직원들이 저지른 것보다 훨씬 큰 의미를 지닌다. 주방 직원들의 행동은 대체로 보이는 그대로이다. 예를 들어, 출근한지 2주 동안 한 두 시간은 늦게 나타나는 새 직원은 앞으로도 이와 같은 행동을 취할 것으로 예상할 수도 있다. 레스토랑에 책임을 지우지는 마라. 경험상 처음 몇 주 동안 중요한 실수를 저지르는 신규직원을 처리하는 최상의 방법은 다른 직원으로 교체하는 것뿐이다. 바로 이것이 규정에 따라 정해진 근무기준 사항이나 기대사항들을 분명하게 전달해 줘야 하는 한 가지 이유이다. 오너는 어려운 상황에 부딪혀도 손실을 줄일 수 있을 것이다.

7. 오픈 레스토랑의 직원 구성

오픈 레스토랑의 경우 직원구성 시 면접, 신원보증서 확인, 그리고 고용절차의 과정에 대한 중요성이 더해진다. 현재 고용상태의 신규직원이 전혀 없다면 레스토랑 개업 시 책임감 있는 노련한 핵심직원 한 명의 중요성은 10배, 20배, 30배로 증가한다. 이 때 생기는 긴장감은 주위를 매우 혼란하게 만든다. 주방장과 기존 직원은 이런 압박감을 줄이기 위해 안전판이 준비되어야만 한다. 레스토랑 개업 첫날과 첫 일주일은 평일과는 다르다. 따라서 특이한 사항들을 완벽하게 준비해야만 한다.

개업 예정일로부터 4주 전에는 직원고용 절차를 수행하라. 사업상의 주위 연결망을 이용해 부주방장, 나이트 주방장, 또는 수석 조리사 같은 핵심직원들은 미리 고용할 수도 있다. 이 경우에는 추천을 통해서 가능하기도 하다. 또 다른 현명한 방법으로는 단지 개업 몇 주간만이라도 주방장을 존경하거나 같이 일하기 좋은 동료를 임시 고용하는 것이다. 이들은 현재 자신들이 근무하는 직장의 근무 외 시간이나 과외시간 근무조에 들어가기 원할지도 모른다. 고용절차는 개업과 함께 멈추어서는 안 된다. 즉 개업 몇 달간은 이직률이 높으므로 계속해서 직원들을 고용해야 한다. 직원들의 주방일의 수준이나 효율성이 예상수준 이상으로 이를 때까지 계속적으로 면접, 교용, 해고의 과정을 지속적으로 준비하라.

높은 이직률이 예상되므로 매출이 많은 주간 영업시간에는 필요 직원수의 1.5배수를 고용하라. 개업 후에는 자연적으로 직원들은 추려질 것이다. 무단결근하거나, 따지기 좋아하거나, 게으르거나, 업무가 느리거나, 조리 실력이 부족하거나, 잔 불평이 많은 직원들 개개인은 나름대로 그 이유나 변명거리로 선택을 하게 될 것이다. 새로운 후보자로 대체함으로써 필요 직원의 수를 항상 유지하고 현장실무교육이 진행되는 대로 재빨리 대체하여 불필요한 부분은 제거해 버려라.

현장 주방실무교육은 개업 2주전에는 시작해야 한다. 오너나 매니저가 수용하는만큼의 시간을 현장교육기간으로 정하라. 이런 현장교육이 개업 첫 주에 레스토랑을 방문하는 고객들에게 너무 느린 속도로 준비되는 음식제공이 엉망이 될 위험성을 처리할 유일한 완화 방안이 될 것이다. 똑같은 경험이 있는 요리사들에게조차 업무 개시를 위해 그들이 할 일과 레시피에 관한 설명이 여러 차례 필요할 것이다. 그리고 난 후에 수석주방장과 더불어 부주방장부터 식기세척 담당자에 이르는 각 부문별 주방 직원들의 팀별 업무를 구분해야 한다. 수석주방장이 레스토랑의 개업계획을 세웠던 것처럼 주방 직원들도 협력하여 업무를 구분해 낼 수 있어야 한다. 만약 주방장 단독으로 일하고자 한다면 레스토랑의 수준과 조화되지 않아 혼란을 유발할 수 있다. 유능한 조리사들도 주방구역을 나누어 라인 업무를 함께 사용하게 될 것이다. 기존의 직원들조차도 이처럼 함께 사용해야 하는 경우는 흔하며, 새로 구성된 팀일 경우에는 기존 갈등상황이 보다 더 심하다. 현장교육 세션은 메뉴의 수에 따라 2개 또는 그 이상으로 구성될 수 있다. 아침식사,

브런치, 런치, 디너 메뉴별로 현장교육 세션의 중심이 될 것이다. 예를 들어 애피타이저부터 디저트에 이르는 풀 디너 메뉴를 홀 직원들, 매니저들, 오너들에게 미리 시식 제공하는 것이 좋다. 그리고 레스토랑에서 제공될 런치메뉴와 다른 메뉴들도 제공하라. 직원들에게 메뉴들을 미리 제공해 보는 것은 레시피와 스타일에 관한 귀중한 의견 소통이며 수석 주방장부터 모든 요리사와 전 직원들에게 현장 상황을 전달해 주게 된다. 현장교육기간 동안 제기된 문제점들은 개업 이전에 해결될 수가 있다.

개업 첫 날은 첫 해 중 가장 바쁜 날이 되어야 한다. 그러나 더 바쁘게 만드는 상황은 첫 날 고객들의 대부분은 레스토랑 오너와 개인적으로 친분관련이 있는 사람들이라는 것이다. 이와 같은 상황에서 자화자찬하는 조급한 평가를 내리게 된다. 주방장이 할 수 있는 유일한 방어책은 최고 수준의 음식을 빠른 시간 내에 제공하는 것이다. 이 경우에는 거의 완벽한 개업이 가능해진다. 전문가들의 일정한 지시 하에 직무를 수행하는 노련한 프로급 조리사 종사원들로 구성된 침착한 직원들은 주방일을 훌륭히 해낼 수 있을 것이다.

8. 채용 + 해고 = 보스

직원 고용, 채용업무 담당자는 해고업무 또한 성실히 수행해야 한다. 직원들도 이에 대해서는 예상하고 있으며, 인사 채용결정권이 있는 이런 사람을 보스로 간주한다. 수석 주방장이 실제로 개별면접, 고용, 해고업무를 수행하는 권한이 없다면 최소한 최종 결정권한은 주어져야 한다. 권한과 더불어 책임감도 따른다. 주방장은 오너나 매니저에 대해 주방 직원을 대표하게 된다. 즉 임금 인상이나 특별혜택에 대한 조리사직원들의 요구를 옹호하고 홀 직원과 주방 직원들 간의 문제를 중재한다. 주방장은 직원들을 위해 경영진에게 의사를 전달할 핵심인물은 필수적이다. 만약 연결고리가 없을 경우에는 조리사직원들의 근무태도와 수준이 동시에 하락하게 된다. 보스와 가까운 주방장은 매우 바쁜 시간 동안이라도 영업장 운영을 위해 필요한 권한을 행사하게 해야 된다.

9. 레스토랑 수준, 규율, 계약 종결

주방장은 주방일을 효율적으로 해낼 뿐만 아니라 자리를 비우게 되더라도 항상 레스토랑의 기준 규정에 따라 높은 수준을 유지할 수 있는 여러 가지 방법들을 활용할 수 있어야 한다. 책임감 있는 직원을 고용하려는 진지한 노력만이 주방장이 취할 수 있는 가장 효과적인 조치이다. 그러나 나쁜 습관이나 무책임한 직원을 해고하는 것 역시 매우 중요하다.

직원들의 나쁜 습관은 사소한 일들로부터 시작된다. 예를 들면, 늦은 밤 근무 때는 피곤하기 때문에 요령을 피우기도 한다. 이런 행동은 그 방식이 훨씬 유용한 것으로 다른 사람들이 인정할 때까지 가끔 반복되지만 아무도 이것을 좋아하지 않는 듯하다. 레스토랑 음식의 맛이나 제공수준을 저하시키는 새로운 절차는 무엇이든 간에 즉시 중지시켜야 한다. 주방장의 끊임없는 관심거리들 중 하나는 레스토랑의 수준, 특히 원래 규정된 지침대로 준수해야 하는 조리방식이다. 기술상의 몇 가지 변화들은 필수불가결하며 시간절약 단계의 경우처럼 분명히 훨씬 더 나아질 수 있다. 그러나 게을러거나 요령을 피우는 것은 분명히 중지되어야 한다. 이 때 규율이 필요한 것이다.

직원들은 수석주방장만큼 규율에 적용받게 된다. 만약 주방장이 레스토랑의 수준저하를 막을 수 있는 신념이나 안목이 없다면 다른 어느 누구도 할 수 없을 것이다. 일을 적당히 하거나 요리솜씨가 엉망이거나 게을러거나 요령을 피우는 것과 같은 문제들은 즉시 주의를 주어야한다. 만약 주방장의 감시 하에 아무런 결점이 없는 접시들이 없어진다면 요리사들에게 주의를 줘라. 이런 위반행위들이 레스토랑 운영에 손실을 주기 때문에 주방장은 이에 대해 분명히 짚고 넘어가야 한다. 그 다음에는 계약종결의 순서만 남아 있을 것이다.

최종 방안인 계약종결은 주방장의 임의권한이다. 현명하게 이용할 경우에는 레스토랑의 이미지 수준을 끌어올릴 수 있다. 일부 직원들은 주방장이 아무리 잔소리를 하더라도 자기 마음대로 일할 수 있다. 너저분하고 게으른 직원들은 주방장의 지시에 거의 신경쓰지 않는다. 이런 직원들 중 가장 질이 나쁜 사람이 있으면 이 문제를 해결하기 위해 간단한 캠페인을 시작하라. 첫 단계는 작업이 진행 중인 작업라인에서 비난하는 것이다. 그러나 이 방법만으로 직원의 태도가 고쳐지지 않는다면 근무조가 바뀌는 시간 전후에 사무실에서 그와 면담을 하라. 그리고 레스토랑의 이미지 수준이 얼마나 중요한지에 대해 분명히 인식시켜라. 만약 그 직원이 화를 낸다면 아마도 당신이 없을 때 엉망으로 근무하리라는 것을 확신할 수 있다. 주방장은 권한의 해야 할 일을 하라. 그러나 계속해서 레스토랑 기준 이하로 일하는 요리사라면 누구를 막론하고 해고하라. 해고할 때는 주방 직원들이 그 사유에 대해 정확하게 이해하도록 하는 것이 중요하다. 해고의 가치 중 절반은 직원들에게 그 뜻을 전달한다는 데 있다. 즉 직원들은 당신이 레스토랑 수준에 관해 매우 심각하게 생각하고 있음을 알게 된다. 따라서 해고 이유를 분명히 함으로써 해고의 가치를 다할 수 있는 것이다. 또한 이를 통해 직원들이 몰인정한 자기중심주의자로 자기의 이미지를 만들어 가는 것을 막을 수 있다. 정당한 이유 없이 해고하는 것은 다른 직원들의 사기를 꺾는 것이며, 동시에 주방장에 대한 신뢰를 무너뜨리는 행위이다. 만약 자질 있는 요리사라면 주방장의 마음대로 해고될 수 있다는 느낌이 든다면 다른 직장을 찾아볼 것이다.

10. 해고 시기

대개 주방 직원들의 사소한 실수들은 해고 조치하는 것보다는 가벼운 규율로 처리될 수 있도록 한다. 때로 주방장의 기분 여하에 달린 것이기도 하다. 만약 어떤 직원이 게으르고 지각과 결근을 자주 한다면 주방장의 자체 권한으로 해고할 필요성이 있을 것이다. 비교적 조용한 시기라면 주방장의 마음이 좀 더 너그러워질 수도 있다. 주방에서 문제가 발생하면 그 결과로 인한 피해는 막심하다. 주방장은 직원들의 부족한 부분에 대해 화를 삭이거나 아예 폭발시키기보다는 그 부분을 메움으로써 문제가 더 확대되는 것을 최대한 막아낼 수 있다.

주방장의 의사와는 관련 없이 즉각적인 해고조치가 시행된다. 주방에서의 절도, 반항, 폭력행위는 변명의 사유가 되지 않는다. 이와 같은 위반행위들은 두 번 다시 발생할 수 없도록 해야 한다. 즉 두 번째 기회란 아예 주어지지 않는다.

결근 또한 규정상의 문제이며, 특히 마약과 음주행위와 같은 나쁜 습관들과도 관련된다. 경험상 전화도 없이 근무시간에 나타나지 않는 직원에게는 두 번 다시 기회를 주지 않는다. 이것은 주방장이 직원을 고용할 때 분명히 알려줘야 할 필요성이 있는 규정들 중 하나이다. 변명이 그럴싸하더라도 두 번 다시 기회를 주는 어리석은 행위는 하지마라. 아마도 그 직원은 해고당할 때까지 그 행위는 계속될 것이다.

지각의 경우에는 아주 가끔씩 발생한다면 그리 큰 문제는 아니다. 그러나 만약 매주 1시간 또는 30분씩 늦는다면 곧 다른 직원들의 불평이 쌓일 것이다. 규정으로 정하지 않은 경우에는 단지 시간상의 문제일 뿐이다. 자기 마음대로 할 수 있는 요리사들조차도 지각하는 것은 허용되지 않는다. 그 문제를 고치기 첫 단계는 상담하는 것이다. 그 직원에게 구체적으로 경고해야 한다.

만약 계속 고용하고 싶은 훌륭한 요리사에게 해고 의사를 전하는 것은 매우 중요하다. 그러나 그에게 여러 가지 문제가 있든지 음식준비라는 단 한 가지 문제가 있든 간에 위반사항은 어떤 종류라도 해고의 이유가 될 수 있다. 경우에 따라 간접적인 방식을 취할 필요성도 있다. 예를 들어 오너나 매니저가 칭찬하는 직원이 실제로 다른 직원들에게는 최악의 요리사로 평가될 수도 있다. 그러나 우스운 것은 대부분의 레스토랑들은 형편없는 요리 실력을 해고 이유들 중 가장 나중에 꼽는다. 이것은 결코 흔들리지 않는 해고의 이유가 되어야 하지만, 대개 이런 직원들은 그 문제를 해결하기 전에 다른 문제와 결부된다. 오너나 매니저는 "그렇지만 매일 정시에 출근하잖아요. 우리는 그에게서 결코 문제점을 찾아볼 수 없습니다."라는 말을 할 것이다. 비록 어느 누구도 동의하지 않는다 하더라도 자기 일을 제대로 해내지 못하거나 쓸모없는 직원은 해고해야만 한다. 수석 주방장은 이런 결정을 내리기 위해 최상의 의사결정의 과정을 받은 사람이다. 게다가 이 업무처리는 임금을 지급받는 이유이기도 하다.

11. 해고 방안

주방장의 직원해고 조치가 산발적이거나 너무 감정적인 것처럼 보일 경우에는 주방장이 얼마나 자주 해고하는가의 문제와 동시에 주방장의 직원 해고가 프로정신에서인지 단순히 감정 때문인지를 표현하는 방법에 대해서 오너나 매니저의 주요 관심사가 될 것이다. 해고는 인력 관리상의 문제이며 최소한 인력 관리 차원으로 그렇게 보이기라도 해야 한다. 그리고 보복성 해고라 하더라도 주방장은 초연하게 대처해야 한다.

주방장는 개인의 명성을 감안하여 드높이는 것 이외에 전문적인 절차를 통해 해고 방안을 얻을 수 있다. 항상 주방장은 피고용인의 기분이다. 직원은 주위로부터 편안하게 느낄 수 있도록 만들어 줄 때 어쩔 수 없는 상황을 기꺼이 받아들이게 될 것이다. 다른 직원들 근처에서 어슬렁거릴 수 있는 주방 내에서보다는 사무실에 앉아서 대화하는 것을 더 좋아하기 때문이다. 식당을 나가는 직원에게 어느 정도의 자존심은 인정해주라. 만약 가장 올바르면서도 가장 신사적인 방법이 전화일 경우에는 그 방법을 이용하라. 해고하려는 당신의 의도를 먼저 말로 전하라. 그리고 난 후 언제든 원할 때는 찾아오라고 친근하게 말하라.

가장 좋은 해고 시간은 해당 직원의 마지막 근무 이후에 가능한 빨리하는 것이 좋다. 머뭇거리거나 너무 바빠서 직원을 초조하게 만들지는 마라. 타인의 생계 원천에 대해 가볍게 취급하는 것은 나쁜 이미지를 얻을 뿐이다. 경험상 해고당한 이후에 굴욕감을 적게 느낀 사람일수록 주방장의 해고관리 기술에 대한 다른 직원들은 주방장의 방법에 대한 존경심은 더 커진다. 감정적인 해고가 두려움을 유발하고 규율을 만들어 낸다는 생각은 잘못된 것이다. 직원의 두려움을 유발하지만 동시에 현명한 직원들에게는 보다 편안한 환경을 만들어 가도록 한다.

주방장이 감정에 개의치 않는 태도를 취해야 하는 이유들 중 하나는 종업원의 변론을 고려하기 위한 최상의 방안이기 때문이다. 최후 직원변명의 시간으로 인하여 주방장의 결정을 바꾸기에 충분치 않은 정도라야 한다. 만약 그 변명들로 주방장의 마음이 흔들리게 되면 그 해고 사안은 제대로 처리될 수 없다. 왜 이 사람이 해고되는 지에 대해 정확히 알리도록 하라. 놀랍게도 대체로 그 해고 이유가 정확하지 않다. 그러나 윤리적으로 그리고 법적으로 주방장은 해고의 정당성과 그에 관한 명확한 말을 해주어야 한다.

해당 직원에 대한 해고, 임시해고, 퇴출, 면직, 통고 또는 해임결정을 분명히 전달하는 해고절차를 거쳐야 한다. 불필요한 논쟁이나 세밀한 과오 목록으로 당신의 결정을 정당화하려 들지 마라. 그리고 조용해지도록 기다려라. 그 사실을 알고 있는 직원들 10명중 9명은 이를 인정하게 될 것이다. 이 일은 직원들의 임금에 영향을 미치므로 매우 중요하다. 예전에 근무경험이 있는 직원들은 상당한 분열을 일으킬 수 있다. 차라리 이들은 되돌아올 아무런 이유도 남기지 않고 조용히 그만두는 것이 낫다고 인식시킨다.

어떤 직원의 경우에도 해고결정에 승복하지 않을 것이다. 따라서 해고 건에 대해 항상 방어할 준비를 갖추어라. 만약 그 직원이 성격이 급한 사람이라면 매니저와 자리를 함께 하는 것도 좋다. 어느 정도까지는 직원이 자신의 불평의사를 표현하도록 그대로 두라. 이것이 공평하다. 그러나 직원의 변론이 일단 표현되고 난 후에는 종료된다. 이것은 시험이나 청문회가 아니며, 주방장의 목적은 재빨리 해고하는 것이다. 이 사실을 명심하라. 감정이 고조된 사람들과 함께 있지는 마라. 긴급 상황이 발생하면 임시로 예전 근무 경험자들을 투입하더라도 결코 해고당했던 사람은 재고용하지 마라. 아무리 재고용하는 것이 가장 쉬운 해결책처럼 보이더라도 고용해선 안 된다. 예전 해고직원들은 과거 결점들을 그대로 답습하면서 주방 일에 임할 것이다. 결국 이들은 다시 해고하게 될 것이다. 직원을 해고하는 이유들 중 하나는 그 주방 일을 더 잘해낼 수 있는 새로운 조리사 직원을 고용하기 위해서이다.

12. 신임 주방장과 기존 직원들

기존 레스토랑의 직원들은 기술상의 좋은 점과 나쁜 점을 포함하여 주방업무를 유지해오고 있다. 레스토랑의 직원 고용실패에 관한 기록이 있으면 오너나 매니저는 새 주방장 영입에 적극적일 것이다. 자연스럽게 매출이 저조하고 수입이 낮은 레스토랑은 확고한 새로운 운영방안에 기대하게 될 것이다. 그러나 손님이 많고 수익성이 높은 레스토랑은 어떤 것이든 바꾸는 것에 대해 주저할 것이다. 열정, 비평, 아이디어들로 가득 찬 새 주방장을 영입하라. 저항은 어느 곳에서든 있기 마련이다. 첫 주는 근무테스트 기간으로 하라. 새 주방장과 주방 및 홀 직원들과 대화가 거의 없다. 새 주방장은 단지 그들 옆에 그냥 있는 주방장이라는 인식을 가지고 있는 직원들의 생각이 문제이다. 개인의 능력 및 자격 여부에 따라 주방장은 영원히 남을 수 있다. 경우에 따라 해고조치를 잘하는 권한을 가진 사람이라는 인식은 새 주방장의 처세에 달려 있음을 직원들에게 보여주게 될 것이다. 물론 해고와 채용의 절차는 지체 없이 순조롭게 시행되어야 하므로 특히 중요하다. 주방업무의 지원계획에 대한 특별한 배려가 이 절차의 일부이다.

새로운 주방장이 인수인계한 이후에 발생한 최초의 해고 안건이 발생되면 두 가지 변수들을 고려해야 한다. 즉 오너나 매니저와 새 주방장과의 관계가 해고 대상 직원의 해고 이유를 명확히 한다.

이때 대체로 새 주방장은 오너들과 매니저들을 처음으로 상대하게 된다. 이 경우에는 주방장의 주방 운영 역할을 알아내기 위해 신중히 접근하는 것이 현명하다. 항상 그렇듯이 주방장의 권한은 매출액을 증가시키고 이윤을 높일 수 있는 능력으로부터 나온다. 오너나 매니저들은 이에 관한 월별 매출통계 보고서를 확인할 때까지 현상 유지만 하고 있는 새 주방장 능력을 원하지 않을 것이다.

이와 같은 매출통계 결과가 나오기 전에 일반적인 해고 이유에 해당하는 여러 가지 사안들이 발생할 것이다. 만약 새 주방장의 권한에 대한 반항이나 도전행위들이 발생한다고 해도 오너나 매니저들이 주방장을 도와주리라는 예상은 하지 말아야 한다. 경우에 따라 열렬히 지원할 수도 있겠지만 그것을 기대하지는 마라.

오히려 주방장이 오너나 매니저들이 신뢰하는 직원들과 충돌을 일으키는 것만으로도 주방 일을 시작도 하기 전에 새 주방장을 해고하려 할 것이다.

주방장이 자신의 임무를 수행할 시에는 주방 일을 시작하고서 첫 일주일 동안 매우 중요한 역할을 하게 될 기본 원칙을 항상 세우도록 하라. 만약 오너나 매니저가 새 주방장에게 해고 및 고용 정책에 대한 확고한 의견을 말해줄 것을 요구하려면 얼버무리거나 망설임으로써 그들이 더 이상 신뢰하지 않는다고 믿으면 그 주방장은 곤경에 처할 수도 있음을 고려해야 한다. 즉 비협조적이거나 심지어 반항적인 직원이 주방장의 일거수일투족을 살필지도 모르는 일이다.

어떤 주방장이든 상황 여하에 관계없이 상급자의 전적 지지를 받아 해고할 수 있는 권한을 가져야 한다. 기존에 있던 주방장이든 새 주방이든, 일을 잘하건 못하건 상관없이 주방장의 고용조치는 주방규율의 방해를 받지 않아야 한다. 다음의 문제들에 대한 해고권한을 주방장에게 부여하기를 망설이는 오너나 매니저의 경우에는 아마도 자신이 더 많은 권한을 가지고 있을 것이다. 이것들은 충분히 발생할 수 있는 상황들이지만 새로운 주방장은 오너나 매니저의 전적인 신뢰를 받아야만 한다. 다음의 문제들이 발생되면 권한 여부를 불문하고 해고조치 해야 한다.

1) 절도　2) 무단 결근　3) 습관성 지각　4) 거친 반항 행위　5) 폭력 행위

13. 요점정리 및 토론

일부 고용과 채용방안들은 요리사들을 교체할 필요성을 줄이고 해고 과정상의 스트레스도 경감시킬 것이다. 자질을 갖춘 수준 높은 새 직원을 고용하는 것은 매출액과 이윤을 증가시키기 위한 첫 단계가 될 수가 있다. 개방 포지션으로 고용하는 궁극적인 목적은 단순히 모자라는 주방부문을 채우기 위한 것이 아니라 라인작업을 개선하기 위한 것이다. 채용 정보망을 개발함으로써 매우 급한 상황이 닥칠 경우에 새 직원을 적시에 배치할 수 있다. 당신의 주거지가 어디든지 지원자의 외

모가 얼마나 잘 생겼든지 간에 신원 보증서를 꼭 확인해야 한다.

최근에 고용주들은 지원자의 요리능력과 경력에 가장 중점을 두어 평가하고 있다.

채용 지원자는 음식 생산자이며 동시에 고객에게 음식에 대한 관심, 지식, 경험을 보여줘야 한다. 열심히 일하겠다고 하는 동기유발 된 직원들을 끌어들이고 유지하기 위해서이며, 직원들은 각자 공헌할 분야별로 선발되어야 한다.

레스토랑의 독창성과 조리 기술적인 한계를 정확하고 현실적으로 파악한 주방장이 해당 업무에 가장 적합한 직원들을 고용할 최상의 권한을 가지게 되는 것이다. 구체적인 주방업무는 새로운 직원이 처음부터 이해할 수 있도록 분명하게 전달해 주어야 한다. 레스토랑 근무 첫 날과 첫 주간은 평일과는 달리 모든 준비가 특별히 완벽하게 갖추어져야 한다. 새 메뉴들에 대한 교육은 레스토랑 개업 3, 4주 전에 시작해야 한다. 개업 첫 날에는 가장 바쁜 근무 일이 되어야 한다.

주방장은 오너나 매니저에게 있어서는 주방 직원들을 대표하게 된다. 레스토랑 경영에 관심을 가진 주방장은 업장이 몹시 바쁠 때 주방 운영 및 경영기회의 경험을 얻게 된다.

해고의 의미 중 절반은 지원들에게 경고를 의미한다. 주방장은 일손 부족으로 생겨나는 문제들을 뒤로 미뤄두기보다는 즉시 해결함으로써 충돌이 발생할 소지를 미연에 막을 수 있다.

주방업무에 있어 도난, 반항, 폭력 등은 변명의 여지없이 부적절한 행위이다.

만약 주방장의 통제행위가 일관성이 없거나 지나치게 감정적이라면 업장 오너나 매니저는 주방장을 해고할 수도 있다.

경험상으로 볼 때 특정 종업원의 해고처리에 대한 나머지 종업원들의 동정심이 적을수록 주방장의 조직 운영 능력에 대한 존경심으로 더 크게 나타날 것이다. 주방장의 권한은 매출을 증대시키고 지속적으로 수익을 상승시킬 수 있는 능력으로부터 생겨난다. 만약 새 주방장은 오너가 신임을 하고 있는 몇 명의 종업원들과 마찰이 생길 경우, 오너나 매니저는 그 주방장을 해고할 수도 있을 것이다.

제18장 인건비 계산방법

연구 차례

연구 개요

주방 운영에서 비롯하는 3가지 비용은 식자재 구입비, 인건비, 직·간접 운영비 등이다. 이들은 흔히 퍼센티지 혹은 pc's 로 불린다. 인건비는 대체로 식자재비 다음으로 가장 높은 주방 운영비용을 차지한다. 오너나 매니저가 식재료비에 많은 관심을 기울이고 있지만 인건비에 대해서는 그다지 중요시 여기지 않는 것은 이상할 뿐이다. 아마도 인건비는 다소 주방장의 권한 밖의 문제이기 때문인 것 같다. 그러나 종업원의 임금통제 방안들에 대해 살펴보았으므로 전문지식을 갖춘 현명한 주방장이라면 통제시스템의 한 부문인 인건비 산정에 대해 검토해야 할 필요성이 있다. 파악하고 있지 않은 인건비의 경우 특히 매출액이 하락하는 비수기에는 식재료비보다 더 많은 비용으로 지출될 수도 있으며, 그때서야 인건비가 주방 운영의 주요 이슈가 될 것이다. 높은 인건비는 주방장에게 부정적인 영향을 미치는 요인이 될 수도 있다. 만약 주방 인건비가 높아지면 주방장의 현재 위치와 능력과 경력을 위태롭게 만들 수도 있다.

1. 경영자로서 주방장

수석주방장은 단순히 명예로운 요리사의 위치인 것만은 아니다. 즉 이들의 역할은 요리와 경영이라는 두 가지 측면을 동시에 수행해야 한다. 따라서 주방장은 요리업무를 수행하는 것 이외에 경영자 본연의 전통적인 임무를 처리하거나, 비즈니스를 책임질 유능한 부하직원들도 두어야 한다. 대부분의 업장들이 이 두 가지 일을 담당하기 위해 여러 명의 수석주방장을 고용할 만한 여건은 되지 않는다. 즉 오너나 매니저는 한 명의 주방장이 두 가지 부문 모두를 적절하게 잘 해줄 것을 기대한다. 일부 뛰어난 주방장들은 군침이 도는 맛있는 독특한 요리를 만들어 낼 수 있을는지는 몰라도 주방조직 운영기법이나 비즈니스 트레이닝에 대해서는 잘 모른다. 바로 이러한 점이 주방장에게는 중요한 단점이 될 수 있으며 대체로 수석주방장으로서는 실격요건이다.

업장의 현황을 파악함으로써 월별 주방 운영 결과를 평가할 수 있도록 주간 및 월간 인건비를 산출하라. 이 비용을 최소화할 수 있는 한 가지 방법은 계획하는 것이다. 과거 기록들은 미래 인건비 예측에 도움을 줄 것이다. 이와 같은 기록들이 계획화의 시초가 된다.

주방의 현황 파악은 또한 방어수단이 될 수 있다. 필요한 경우 곧바로 비즈니스 현황을 평가할 수 있도록 파악하라. 재능 있는 야간 매니저라면 오너나 매니저의 관심을 지난달 인건비가 식자재 비를 훨씬 초과하여 38.1%에 이르는 상황으로 집중시킬 수 있다. 이런 관점에서 수석주방장은 월별 인건비를 지난해에 상응하는 월별 인건비를 정확하게 비교 분석해야 한다. 만약 연중 인건비가 현재와 일치한다면 분명한 결과를 알 수 있게 될 것이다. 과거와 비교하여 문제가 있다면 이 또한 문제점이 분명히 나타날 것이다. 따라서 적어도 수석주방장은 인건비 통제에 어떤 영향력을 미칠 수 있게 될 것이다. 그러나 야간 매니저는 "만약 인건비가 너무 높다는 것을 알고 있다면 왜 아무런 조치도 하지 않습니까?" 라고 물을 수 있다.

인건비를 포함한 비용 산정은 이윤증감을 파악하는 최상의 방법이지만 단지 하나의 현황일 뿐이다. 이 방법이 의미 있게 적용되기 위해서는 바로 실천되어야 한다. 단순히 수치상의 높고 낮음만으로는 문제를 해결할 수 없다는 말이다. 유능한 주방장이나 매니저라면 주방용품들만큼 손쉽게 이 방법을 임의대로 적용할 수 있어야 한다.

2. 인건비 비율 및 인상

인건비 비율의 확실한 한 가지 이점은 인건비 인상을 멈추어야 할 시기를 알려줄 수 있다는 것이다. 가장 성공한 레스토랑들조차도 종업원의 임금을 무제한 계속 올릴 수는 없다. 업장 운영 시 때로 종업원들은 단지 더 많은 돈을 벌기 위해서보다는 다른 이유들로 이직하려 한다는 것이다. 즉 이것은 지금까지 같이 한 팀과의 관계를 끝내고 보다 적합한 일자리가 발견될 때까지 새로운 동료들과 다시 일을 시작한다는 것을 의미한다. 종업원의 해고과정이 복잡한만큼 주방장과 오너나 매니저는 총 비용의 구성요소는 인건비의 한계선 및 개별 임금수준에 대해 논의해야 한다.

그러나 주방장의 임금도 주방 인건비의 일부로 산정되기 때문에 주방장이 이와 같은 논의에 대해 중간입장을 취해야 하는 것도 아이러니이다. 다른 요리사들의 최고 임금한도를 낮게 책정함으로써 자신의 임금인상을 용이하게 할 수도 있다. 그러나 만약 탐욕스러운 주방장이나 앞서 논의했던 계획된 이직률을 따르는 주방장의 의도대로 최고 임금한도 수준이 낮게 책정될 경우 엄청나게 높은 수준의 이직률이 발생될 것이다(주방장은 현행 규칙대로 요리사에게 임금을 지불하지 않는 오너나 매니저를 경계하라. 이들은 주방장이 주당 40 내지 50시간 근무하면서 설거지 담당자가 소테나 브로일러 요리사가 되도록 훈련시키도록 기대할 것이다. 그러나 오너는 주방장이 임금인상을 요구할 시기가 되면 주방장이 교육시킨 그 종업원들 중 하나에게 주방장의 임무를 맡기게 될 것이다).

이와 같은 딜레마를 극복하는 최선의 방법은 현재 근무 업장과 유사한 수준의 매출을 기록하고 있는 다른 레스토랑의 포지션별 임금을 미리 파악하여 이를 공정하게 적용하는 것이다. 이것이 바로 이직률을 최소화하고 경쟁력 있는 인건비를 산정하는 결과를 낳게 될 것이다.

3. 인건비 산정 방법

주방 인건비 산정 계산법은 실제로 간단하다. 일정 기간 총 매출액을 동기간 총 종업원의 급료 총액으로 나누는 것이다. 다음의 예시들은 각기 다른 수준으로 운영되는 3개업장의 인건비 산정과정을 보여준다. 각 업장의 실제 수치가 산출된 근거에 대한 보완설명은 앞선 인건비 부문을 찾아 보아라. 종업원의 급료 총액에 관한 수치는 급료 담당 직원이나 오너 또는 매니저로부터 입수한 정보이다.

예시 A) A 레스토랑은 위치나 스타일에 있어 새로운 레스토랑이다. 이 업장의 성공요인은 세련된 분위기와 전원풍 시설, 메뉴에 대한 고객의 선호도 여부에 달려 있다. 개장 7개월 후 매출이 서서히 증가하고 있으나 약간 저조한 편이다. 저조한 매출 때문에 종업원들은 일정 기간 휴지기를 가졌다. 여기 최근 10월 달의 업소 현황이 제시되어 있다.

기 간	일 자	매출액	주방종업원 급료총액		주방인건비
1주	10/10	10,456	4,550	=	43.5
2주	10/17	10,711	4,496	=	41.9
3주	10/24	9,232	4,358	=	47.2
4주	10/31	11,062	4,508	=	40.7
10월 총계		W41,461	W17,912	=	43.2%

예시 B) B 레스토랑은 전국 기준에 의하면 중간 정도의 매출액을 기록하는 서퍼클럽이지만 지역 내에서는 가장 고급스럽고 성공한 레스토랑 중 하나이다. 이 업장의 주방장은 수익 마진에 대해 잘 알고 있는 공동 오너이기도 하다. 여기 7월 달 현황이 제시되어 있다.

기 간	일 자	매출액	주방종업원 급료총액		주방인건비
1주	7/3	21,334	7,817	=	36.6
2주	7/10	24,792	8,259	=	33.3
3주	7/17	25,543	8,473	=	33.2
4주	7/24	28,191	8,545	=	30.3
5주	7/31	27,687	8,614	=	31.1
7월 총계		W127,547	W41,708	=	32.7%

예시 C) C 레스토랑은 큰 대학 건너편에 위치한 250석 규모의 레스토랑으로서 금광이라고 말할 수 있을 정도이다. 매출액이 대단하기 때문이다. 이 업장이 성공하게 된 요인들 중 하나는 특별운영 정책이다. 수익성을 높이기 위해 높은 매출액과 회전율에 의존한다. 이 곳 직원들은 몇몇 책임자들을 제외하면 거의 최소 임금수준으로 근무하는 대학생들로 구성된다. 다음은 가장 매출액이 높은 4월의 업장 현황이다.

기 간	일 자	매출액	주방종업원 급료총액		주방인건비
1주	4/10	64,271	16,683	=	25.9
2주	4/17	68,990	16,455	=	23.8
3주	4/24	66,734	16,471	=	24.7
4주	5/1	67,255	16,669	=	24.8
4월 총계		W 267,250	W 66,278	=	24.8%

4. 인건비 분석

매출액에 따라 조정되는 식자재 원가와 달리 인건비는 매주 일정하게 유지된다. 모든 레스토랑들은 업장을 운영하는 데 필요한 최소 인원의 요리사와 식기세척 담당자를 고용한다. 만약 매출액이 너무 낮아 최소한도의 종업원 조차 유지할 수 없게 된다면 높은 인건비가 문제가 된다. 즉 3주차 매출액의 급강하로 47.2%라는 엄청난 수치의 인건비를 기록했던 것에 주목해야 한다.

고객이 많은 레스토랑은 직원들의 능력을 최대한 이용한다. 즉 인건비를 통제하는 유일한 요인은 아니지만 중요한 요인이 된다. 다음의 식당은 지속적으로 높은 매출액 뿐 아니라 높은 인건비를 기록하고 있다. 직원들이 레스토랑의 명성과 매출을 올리기 위해서 한 팀으로서 함께 노력하던 개업 초와는 달라졌다. 이제 직원들은 다소 휴식하면서 보다 많은 임금을 지급 받을 권리가 있다고 생각한다. 그 결과 인건비가 원래보다 2%~5%로 상승했다. 이것은 매월 2,550만 원 내지 6,375만 원 정도의 수익을 낭비하는 것과 같다.

가장 수익성이 높은 업장 운영방법은 레스토랑의 수준이나 매출액에 영향을 미치지 않으면서도 저임금 수준을 유지할 수 있도록 적정 수의 직원을 운영하는 것이다. 풀 서비스 레스토랑이면서도 인건비를 거의 환상적인 수준에서 운영하는 업장이다.

메뉴 가격, 좌석 수, 회전율, 요리 수준 등을 포함하여 레스토랑은 유형에 따라 인건비 비율이 25 내지 33%에 이른다. 거의 10% 정도의 차이는 금전적으로 수천만 원을 의미한다. 그렇다면 주방장의 업무성과 수준은 어떻게 판단해야 하는가. 주방장 인건비는 어느 정도라야 하는가.

레스토랑은 종업원의 적정 급료 총액에 대한 오너나 매니저의 추정치를 포함한 업무성과에 대한 기록을 보유하고 있다. 만약 특정 레스토랑의 운영이 성공적이며, 수익성이 높다면 추정치는 아마도 유효할 것이다. 그러나 만약 운영에 실패하여 도대체 돈이 어디에서 낭비되고 있는지에 대해 아무도 모르고 있다면, 모든 비용 특히 종업원 급료 총액이 너무 높다는 것을 고려해야 한다. 최소한의 주방을 운영하는 방법은 현재 종업원들의 임금을 초임수준으로 유지하는 것이다. 예를 들어, 위 식당은 주당 약 8,300만 원의 임금을 지급하고 있는 16명의 종업원들로 구성된다. 주방장은 16명의 직위 목록을 작성하여 만약 신참 직원으로 대체할 경우 절감되는 비용을 계산한 후 주당 종업원 지급 총액을 산정해야 하는 것이다. 그 차이는 아마 주당 거의 1,000만 원에 이르는 정도이다. 절감되는 월간 인건비는 3.7% 정도이다. 이와 같은 산정은 실제 수치로서 목표수치보다 낮아야 한다. 주방장은 이와 같은 사실에 근거한 인건비 산정을 오너나 매니저의 관심을 불러 모아야 한다. 이들 모두는 레스토랑 운영정책 특히 수익마진을 근거로 한 일관된 주방운영 정책을 함께 결정해야 한다.

5. 요점정리 및 토론

인건비는 대개 식재료비 다음으로 가장 많은 주방비용을 차지한다.

높은 인건비는 주방장의 업무성과 평가에 유일하게 마이너스 요인이 될 수 있다. 주방장은 조리업무 수행 이외에도 전통적인 매니저 업무까지 수행해야 하거나 업무를 도와줄 유능한 멀티테크 부하직원을 두어야 한다. 지난 주방 운영 기록들은 미래 인건비 예측에 도움을 줄 것이다.

인건비를 포함한 비용 산정은 손익을 파악하는 최상의 방법이지만 하나의 도구일 뿐이다. 보다 가치를 더하기 위해서는 비용 산정 결과에 대해 적절하게 적용해야 한다. 인건비 산정 시 분명한 것은 임금인상을 제한할 시기를 알려준다는 것이다.

따라서 주방 직원 고용 과정이 어려운만큼 주방장과 오너나 매니저는 총 비용을 구성하는 인건비의 한계선과 조리사 각 개별 임금에 대해 논의해야 한다.

주방 인건비 산정 시 실제 계산법은 간단하다. 일정 기간 총매출을 동기간 총 주방 종업원의 급료 총액으로 나누는 것이다. 수익성을 최상으로 유지하는 업장 운영 방법은 레스토랑의 수준이나 매출액에 영향을 미치지 않은 범위 내에서 저임금 수준을 유지할 수 있도록 적정수의 종업원을 운영하는 것이다.

만약 업장 운영에 실패 징조로 도대체 돈이 어디에서 새고 있는지에 대해 아무도 모르고 있다면, 모든 주방 비용 중 특히 조리사 종업원 급료 총액을 점검해야 할 것이다.

제19장 주방장 보수

연구 차례

연구 개요

총주방장의 근무에 대한 보상은 단순히 경제적인 가치로만 측정되는 것은 아니다. 어떤 직업이든 간에 보상에는 명성, 잠재력, 경력, 능력, 안전성, 내외부 환경, 근무 입지, 동료관계, 학습기회, 발전 가능성 등 여러 가지를 제공함으로써 만족시켜 준다. 이와 같은 보상 요소들에 대한 개별적 중요성은 주방장의 가치에 따라 다르다. 즉 개인에 따라 개별적 요구에도 차이가 있다.

임금 보상에도 여러 형태들이 있지만 현금으로 바꿀 만한 능력이 있는 것이 가장 일반적으로 수용되고 있다. 본 장은 총주방장의 요리 전문교육, 경영전략, 금전적 보상과 최고 임금수준 및 급여방법에 대해 알아본다.

1. 업무개요 및 정의

특급 호텔기업들이 총주방장 및 임원교육 과정을 강화하고 있다. 예전에는 총주방장으로서 갖춰야 할 기초 소양교육 정도만 연수형태로 간단하게 교육했지만 최근에는 호텔경영이론에서 리더십까지 특급호텔기업 총주방장으로서 갖춰야 할 모든 과정을 마치 사관학교 교육을 방불케 할만큼 높은 강도로 교육을 시키고 있으며, 교육내용도 이론형에서 실전형으로 탈바꿈하는 추세를 보이고 있다.

글로벌 경쟁이 치열해질수록 인재의 중요성이 높아지고 있지만 핵심인재를 스카웃하기는 갈수록 어려워지고 있는 상황이다. 따라서 검증 받은 인재를 총주방장으로서 최고 인재로 육성하기 위해서는 교육투자를 강화하는 방법 밖에 없다고 판단한다.

대기업 산하 특급호텔들은 총주방장도 임원으로서 리더십 교육을 지속하고 있다. 리더십 교육은 경영전략 수립, 자기관리 방안, 업무시스템 및 전문지식 교육과정 등으로 구성되고 있다. 예를 들어 경영정보관리 교육, 건강관리 교육, 소양교육, 감성교육 등으로 신 경영철학을 배운다. 그리고 대기업들은 호텔주방경영자로서 감성과 창의성을 키운다는 취지에서 도자기 굽기, 스타크프트, 난타 공연보기, DDR 배우기 등 신세대 문화를 체험하고 세상을 따라잡는 교육 프로그램이 인기를 얻고 있는 교육 프로그램이다. 또 호텔경영의 전략적 방향과 조직역량 배가방안, 노사협력 등 경영이슈에 대한 강의도 한다.

대기업 호텔기업은 사업가 육성 교육(EnDP : Entrepreneur Development Program) 프로그램을 운영하고 있다. 부서 책임 총주방장으로서 갖춰야 할 전략적 경영능력, 전문지식 등 10개 과정으로 나누어 모든 임원은 매년 1개 이상의 전문교육을 반드시 이수해야 한다. 다른 대기업 특급호텔은 총주방장 육성제도(EMD : Executive Management Development)를 도입해 운영하고 있다. EMD는 크게 총주방장 자격요건, 평가와 선발, 개발과 육성 등 세 부분으로 구성되어 있다.

총주방장이 자신의 동료들에 의해 평가되는 방식은 주방장의 실질적인 순 가치를 가장 잘 보여주는 것이다. 결국 다른 업계와 마찬가지로 이 분야로 수요를 근거로 한다. 수석주방장의 임금을 결정짓는 핵심요인은 같은 타입의 레스토랑에서 근무하는 주방장의 성과별 현행 이행율에 대해 오너나 매니저가 지각하는 수준이다. 비현실적인 수준의 높은 임금을 기대하는 주방장은 현실적으로는 일정 수준 이상이 불가능하다는 것을 깨닫고 실망할 것이다. 오히려 오너나 주방장에게 다음과 같이 말하고 싶어 할 것이다. 주방장들은 왜 자신의 업무 수준보다 높은 보상을 받길 기대하는지, 실제로 신참 직원이라면 훨씬 낮은 수준의 임금으로 고용할 수 있을 것이다. 그렇다면 주방장에게 힘을 실어줄 방법은 없는가?

주방장은 오너가 사용하고 있는 두 가지 기준과 동일한 것을 이용함으로써 자신의 업무성과를 평가해야 한다. 첫 번째 기준으로서 주방장에게 요구되는 조리 및 운영능력 등과 같은 업무난이도는 주방장이 고려해야 할 주요 사항이다. 오너의 입장에서 이것은 업무에 적합한 대체사원을 찾아내기 어려운 것과 마찬가지이다. 두 번째 기준은 주방장이 재정적인 성과 또는 식자재 및 인건비를 관리하여 오너에게 얼마나 많은 수익을 가져다주었는지를 고려해야 한다. 만약 주방장이 황금알을 낳는 거위라면 오너는 특별히 그에 합당한 임금을 제안할 것이다.

주방장의 업무 난이도 및 재무적인 능력은 다른 주방장들의 순 가치를 자신과 비교할 때 이용되는 두 가지 정의 요소들이다. 다음의 차트는 대규모 5성급 레스토랑에서부터 소규모 테이크아웃 업장들을 총망라하여 주방장의 업무 수준을 구분한 것이다. 이것은 주방업무 난이도 요소만을 보여주는 것이다.

1등급	상급수준 250석 이상	2등급	상급수준 100~250석
3등급	상급수준 0~100석	4등급	중급수준 250석 이상
5등급	중급수준 100~250석	6등급	중급수준 0~100석
7등급	하급수준 250석 이상	8등급	하급수준 100~250석
9등급	하급수준 0~100석		

1등급에서 9등급에 이르는 과정은 점차 낮아지는 주방업무 난이도의 수준을 나타내고 있으나, 5등급의 레스토랑이 3등급 레스토랑에 비해 훨씬 더 힘든 업무를

해야 하리라 생각할 수 있다. 본 차트를 작성한 목적은 레스토랑 간의 업무 수준을 단순 비교하려는 것이 아니다. 단지 같은 업무 수준의 다른 레스토랑 주방장이 임금이 어느 정도인지 파악하려는 주방장에게 가이드 역할을 할 뿐이다. 여러분의 레스토랑은 어느 수준에 위치하고 있는가. 전국 레스토랑의 평균은 5등급 정도에 위치할 것이다.

두 번째 요소는 주방장이 오너에게 수익을 발생시켜 주는 특별수익에 달려 있다. 오너는 주방장이 어떻게 돈을 벌어들이고 현명하게 지출하고 있는 지에 대해 정확히 알고 있다. 즉 150석 규모를 갖춘 중·하급 수준의 레스토랑 주방장이 매출과 수익이 저조한 같은 규모의 상급수준 레스토랑 주방장만큼 더 많은 돈을 벌 수 없을 수도 있다. 앞서 말했듯이 이것은 주방장이 순 가치를 결정하는 조리업무의 창의력과 비즈니스 업무에 대한 통찰력의 조화를 이룬 것이다. 다음 차트는 연간 총 매출액과 수익성 수준을 구분하여 제시하고 있다.

	연간 식 매출액(원)	수익성 수준		
1	2,000,000 이상	저조	평균	우수
2	1,500,000~2,000,000	저조	평균	우수
3	1,000,000~1,500,000	저조	평균	우수
4	750,000~1,000,000	저조	평균	우수
5	500,000~750,000	저조	평균	우수
6	0~500,000	저조	평균	우수

주방장 자신의 근로에 대한 대가로 최고 임금수준을 기대하는 수석주방장은 해당 업장의 연간 총매출액에 대해 알고 있어야 한다. 총 매출액을 매일 기록하는 한 가지 이유는 비용을 통제할 수 있는 좋은 방법이 되기 때문이다. 오너는 지난해의 총 매출액과 비교하여 현재 상황을 파악할 수 있다. 또한 주방장에게 업장 운영 규모에 대해서도 알려준다. 주방장의 업무능력을 파악할 수 있는 또 한 가지 방법은 매출액과 수익성 수준에 있다. 따라서 주방장이 자신의 업장뿐만 아니라 주변 식당들의 매출 및 수익성 수준에 관해 보다 자세히 알고 있을수록 급여수준도 높아질 것이다.

2. 전반적인 임금수준

지역 내 수석주방장들의 임금수준을 알 수 있는 최상의 방법은 이에 대해 잘 알고 있는 분야에서 근무하는 사람과 접촉하는 것이다. 예를 들어, 고용대행사, 에이전트, 헤드헌트 직원들의 정보와 대부분은 임금에 관한 문제를 논의하는 것이다. 이들은 지역 내 주방장들에 대한 많은 정보를 보유하고 있다. 수석주방장들은 자신이 노력하지 않더라도 자신과 같은 직종 동료들의 임금에 관한 수많은 루머나 억측들을 듣게 된다. 주위 정보들을 이용하여 신뢰할 만한 임금수준을 알아내는 데 겨우 한나절이면 충분하다. 다음 차트는 지역 단위로는 가장 큰 지역의 현재 임금수준을 보여준다.

	레스토랑 분류	평균연봉(원)
상급수준	250석 이상	100,000~250,000 이상
상급수준	100~250석	60,000~80,000
상습수준	0~100석	40,000~50,000
중급수준	250석 이상	50,000~80,000 이상
중급수준	100~250석	30,000~60,000
중급수준	0~100석	30,000~40,000
하급수준	250석 이상	40,000~60,000
하급수준	100~250석	20,000~30,000
하급수준	0~100석	15,000~20,000

특정지역의 임금수준을 조사하는 동안 우연히 몇 가지 흥미로운 사실들을 알게 되었다.

미국의 경우 맨해튼 북동부에 위치하며 곧 개장할 예정인 프렌치 레스토랑은 주방장에게 초임으로 150,000불을 지불할 것이다.

최근에 개업한 고급 디너 클럽의 총주방장은 연간 250,000불의 임금과 연회 매출의 1%를 포함한 총 10,000,000만 원에 계약을 했다.

레스토랑의 규모가 중상급인 업장에서 연간 50,000불 미만의 초임으로 근무할 주방장을 찾아낸다는 것은 거의 불가능하다.

전국 타 도시들과 비교할 때 뉴욕시는 거의 임금수준이 변하지 않는다. 대부분의 사람들은 자신이 거주하고 있는 지역과 뉴욕 간의 물가, 요리 스타일, 임금 차이 등이 어느 정도인지 잘 알고 있다. 물론 뉴욕시와 견줄만큼 레스토랑 방문객이 많은 큰 도시들 중에서 뉴욕시의 차트에서 보았던 최고 임금수준에 이르는 주방장도 있을 수 있지만 이것이 일반적인 상황은 아니다. 그러나 그 지역 경제나 고객수준, 음식 가격 등에 따라 임금수준도 변동할 것이다. 따라서 부동산 시세 및 실업률도 그 지역 임금수준에 영향을 미친다.

주방장 임금차트는 그 레스토랑의 수준을 측정하는 도구가 되며 이미지도 평균 임금수준으로도 알 수 있다. 즉 업장 수익이 저조한 주방장은 최저 임금수준인 반면, 큰 수익을 내는 주방장은 최고 임금수준에 해당될 것이다. 예를 들어, 최고 100석 규모를 갖춘 중급수준의 레스토랑 주방장은 30,000불의 초임수준에서 업장을 인계받아 업무에 임하게 되지만, 수익성이 높아지면 연말에는 40,000불을 받고, 2년 후에는 50,000불을 받게 될지도 모른다. 따라서 주방장이 자신의 순 가치에 대해 정확하게 파악하는 것과 수익성과에 따른 적정 임금수준을 유지하려는 끊임없는 노력이 지금까지 입증된 가장 유리한 방법들이다.

3. 생산성에 근거한 보상체계

총주방장의 임금은 대체로 한 장의 수표로 급여를 지급받기보다는 대략 상여금과 복리후생 등을 포함한 일괄적인 임금체계에 따라 지급받고 있다. 이와 같은 독특한 급여 방식이 가장 공정한 보상체계이다. 주방장의 업무에는 고객확보 부문까지 포함되기 때문에 고객 수에 따라 임금에 차이를 두는 것은 정당하다. 레스토랑 운영에 있어서 계절적인 특성을 고려 한다면 단 한 장의 수표로는 앞에서 언급한 사항들을 해결할 수 없을 것이다. 현명한 주방장이라면 오너가 이전부터 지급해 오던 상여금의 종류와 기타 보수에 관해 논의해야 한다. 임금인상에 관해 논의할 때마다 주방장은 융통성 있는 보상 항목들을 미리 준비해야 한다. 그러나 주방장이 원하는 방식이 오너나 매니저의 뜻과 맞지 않을 수도 있다. 바로 이 때 융통성이 요구된다. 즉 주방장이 미리 가능한 보상종류에 대해 잘 파악하고 있음으로써 가장 유리한 입장에서 임금을 체결할 기회를 포착할 수 있는 것이다. 다음은 임금보상 종류들은 주방장의 생산성이나 수익성과 연관된다.

시즌별 상여금. 연중 가장 바쁜 시기에 지급되는 상여금으로서 오너나 매니저가 주방장과 미리 결정 했던 10% 비율로 산정될 수 있다. 또한 오너의 수익상황에 따라 일정금액이 지급될 수도 있다.

연말 상여금은 주방장과 핵심직원들의 우수한 업무성과를 보상하기 위해 연말에 지급된다. 대체로 주방장의 근무연수에 따라 조금씩 인상되지만 지난해보다 많은 매출액과 수입이 주요 상승 요인이다. 고객 유치수당 상여금. 고급 레스토랑이나 새로 개업한 레스토랑은 고객 수에 따라 대략 고객 1인당 1불 정도의 상여금이 지급된다. 이 방식은 주방장의 능력이 레스토랑의 성공에 직접적인 관련이 있으며, 업장 매출액과 정비례하며, 업계 최고 수준의 임금을 오너나 매니저가 지급하도록 한다.

매출 또는 수익성 수당 등 주방장은 이와 같은 특별수당을 제안받기도 하지만, 이 제안을 받기 전에 확고한 명성과 능력뿐만 아니라 더불어 오너나 매니저와 좋은 인간관계를 유지해야 한다. 오너는 최고의 주방장들을 자신의 업장으로 데려오기 위해 이 특별수당을 이용하기도 한다. 주방장의 입장에서 이 방식은 만약 어떤 위험요소 없이 매출액과 수익이 높으면 업장의 지분을 소유할 수도 있는 멋진 계약조건이 될 수 있다. 이 수당은 총 매출액의 1%~3% 사이이며, 수익성의 2%~5% 수준이다.

비즈니스 판촉수당 및 금전적인 부문뿐만 아니라 일부 주방장들은 언젠가 자신이 직접 레스토랑을 소유하려는 목표를 지닌다. 이 수당은 오너의 비즈니스 능력과 주방장의 우수한 능력을 연계시키려는 의도에서 고안되었다. 레스토랑 개업과 더불어 부수적인 급여로 1%의 비즈니스 수당을 요구하는 주방장들에 관한 이야기는 흔히 있다. 불행히도 이런 이야기들의 대부분은 사실일 수도 있고 거짓일 수도 있다. 그러나 만약 주방장이 비즈니스 수당을 지급받고자 한다면 확고부동한 법적

계약서에 그 조건을 명시해라. 그리고 계약서에 싸인 하기 전에 명시한 조건에 관한 내용이 포함되어 있는지 확인해라. 대부분의 레스토랑들은 업장지분을 공개적으로 거래하지 않기 때문에 비즈니스 수당으로 업장지분을 요구할 경우 운영상 문제가 생길 수도 있다. 예를 들어 업장 오너가 적극적으로 추천하여 특정 주방장을 고용한 경우 그 주방장의 비즈니스 수당이 실질적으로 상당액에 이를 수가 있다. 그러나 세월이 흐른 어느 날 그 주방장이 업장을 그만 두게 될 경우 그가 가진 업장지분은 어떻게 되는가? 잘해 봐야 서류 한 장에 비용이 엄청 드는 지루한 법정 싸움만이 예상될 뿐이다.

스톡옵션 규모가 큰 회사라면 주방장에게 시장 매매가 이하로 회사 주식을 제공할 수도 있다. 이 경우 주방장은 자신의 수익을 증대시킬 수 있을 뿐만 아니라 동시에 소속 회사에도 충성을 다하게 되므로 매우 좋은 방법이다. 물론 주가가 하락할 수도 있다. 따라서 주방장이 직접 주주가 되어보거나 주식 전문가의 도움을 받는 것도 좋은 경험이 될 것이다.

4. 기본적인 임금 패키지

상여금은 생산성이 높은 수석주방장의 임금패키지에 부가로 지급되는 부수입에 해당된다. 상여금은 종류별로 구분되며, 기본급여와 상관없이 주방장의 임금내역에 포함될 수 있다. 임금은 총 급료라는 가장 간단한 방법에서 시작하여 총 급료와 부수입 또는 복리후생 부문까지 포함하게 된다. 일반적으로 주방장은 급여와 복리후생 부문을 합한 총임금 패키지를 기대할 수 있다. 다음은 주방장의 총임금 패키지에 포함되는 부문들이다.

- **급료** 이와 같은 형태로 지급되는 주방장의 급여와 관련된 조세 법안들이 다소 수정되었다. 요즘 주방장들은 총급여액보다는 세금 등을 제외한 실지급액에 대해 협상한다. 임금 협상 시 이 부문이 가장 먼저 합의되어야 하며 합의 금액은 최저 생활유지 임금수준에서 시작된다.

● **보험** 외식산업의 경우 개인과 가족을 적용대상에 포함하는 치료, 의학 및 치의학 프로그램을 일반적으로 시행하고 있으나 모든 업소에 해당되는 것은 아니다. 종업원 보상 제도를 갖추고 있는 레스토랑이라면 주방장은 이 부문에 대해 당연히 혜택을 받을 수 있다.

● **퇴직금** IRA(개인퇴직금 구좌), 기타 프로그램들은 주방장에게 단지 세금공제뿐만 아니라 다양한 혜택들을 부여할 수 있는 훌륭한 예금제도이다. 그러나 불행히도 대규모 레스토랑 기업을 제외한 소규모 일반 레스토랑에서는 거의 실시되지 않고 있다. 직장에서 안정된 위치에 있는 주방장이라면 사내 회계사의 도움으로 퇴직금에 대한 계획을 세울 수 있다.

● **기타 부수입** 아주 성공한 주방장이라면 오너나 매니저의 동의하에 혜택 받을 수 있는 것들이 많다. 예를 들어, 주방장이 본인, 가족 구성원, 친구의 식사 계산서에 사인함으로써 부가수입을 증가시킬 수 있다. 이외에도 업장 운영이 잘 되고 있다면 주방장이 혜택적용으로 음식재료를 집으로 가져가는 경우 오너는 음식을 도매가격으로 판매하거나 무료로 제공할 것이다. 이외에도 조리서적, 잡지, 나이프, 조리용구, 유니폼 등이 주방장에게는 수입이 된다. 수년간 혜택으로 모아진 이와 같은 품목들이 오너에게는 별것 아닌 적은 비용으로 여겨지더라도 주방장에게는 필요한 도구와 주방의 훌륭한 교육여건들을 제공하는 셈이다.

5. 임금 인상 협상

주방장은 항상 마지막 임금인상이 있는 다음날부터 다음번 임금인상을 요구할 준비를 시작해야 한다. 예를 들어 주방장이 한 달간 엄청난 금액의 임금인상을 요구하다가 2주 만에 갑자기 끝내버리는 것만큼 오너나 매니저와의 인간관계를 악화시키는 것은 없다. 주방장에 대한 불신과 과욕 중 어느 하나가 불리하게 작용하게 될 것이다. 임금인상은 주로 경영성과에 따라 결정된다. 따라서 주방장은 가능한 한 업무에 최선을 다하고 업장의 권한이 있는 사람들과 좋은 인간관계를 유지함으로써 임금인상이 가능하도록 연중 분위기를 유지하라. 오너나 매니저와의 줄다리기는 끝내라. 오너나 매니저의 주방장에 대한 분노는 임금인상 협상 시 그대로 드러날 것이다. 즉 임금인상은 당연히 때가 되면 이루어지는 것이 아니며 그 과정이 복잡해 질 수 있다.

주방장이 준비해야 할 다음 단계는 업종 시장의 현 상황을 철저히 조사하는 것이다. 적절한 능력을 갖춘 주방장에게 어느 정도 시장이 개방되어 있는 지를 파악하는 것은 매우 중요하다. 왜냐하면 사장은 수요와 공급이 이루어지는 곳이기 때문이다. 주방장 수요가 많은 경우 오너나 주방장은 임금 요구를 수락할 것이다. 그러나 이와 반대는 경우라면 임금인상에 관한 오너의 의지에 악영향을 미칠 수 있을 것이다. 시장은 주방장들을 구체적인 등급 별로 구분할 것이다. 직전 근무 업소를 기준으로 주방장의 직위와 임금수준을 상·중·하로 구분하고 있음을 명심하라.

임금인상을 요구하는 시기에 따라 그 시도가 실패로 끝나거나 아님 목적을 달성할 수도 있다. 주방장은 고용 당시에 임금인상을 언제쯤 검토할 것인지에 대해 오너나 매니저에게 분명히 말해두어야 한다. 경우에 따라 다르지만 대게 매년 또는 6개월마다 검토될 것이다. 그러나 사업 확장과 같은 특수상황일 경우에는 즉각 임금협상을 시도할 필요성도 있다.

주방장에게보다 많은 업무가 주어질 때마다 임금인상을 요구하라. 현재 충분한 임금이 지급되고 있지 않다는 사실을 알게 되는 즉시 임금인상을 요구하라. 임금인상 후 6개월 내지 1년 정도 되었다면 레스토랑이 성수기일 때 임금인상을 요구하는 것이 좋다. 타 업소로부터 스카우트 제의를 받게 되면 임금인상을 요구하라.

레스토랑이 비수기이거나 수익이 저조한 시기에는 절대로 임금인상을 주제로 한 이야기를 꺼내지 말라. 그러나 언제나 경제적으로 어려운 상황만을 핑계이유로 내세우는 오너는 경계해야 한다.

때로는 오너는 주방장을 설득하여 임금인상 요구를 무마 타협하려할 것이다. 타 업장 주방장과 비교하여 유사한 수준의 임금을 지급받지 못한 주방장은 이 사실을 오너에게 분명히 알리고 자신의 불만족 사항에 대해 강조해야 한다. 그리고 이에 대한 어떠한 보장 혜택 없이는 결코 업무에 동참해서는 안 된다. 낮은 수준의 임금에 대한 주방장의 강력한 요구나 주장으로 인해 오너나 매니저의 마음이 동요되는 일은 거의 없을 것이다. 따라서 주방장은 보스의 스타일이 어떠한지 미리 알아보아야 하며 보다 유리한 업소로 이직하는 것이 나을는지도 모른다. 일부 오너들은 낮은 임금을 지불하면서 주방장을 손아귀에 넣어 마음대로 주무르려 한다. 정상적인 상황에서 임금인상은 협상의 문제이다. 주방장은 당연히 가능한 한 많은 임금을 지급받게 되길 기대하지만, 오너나 매니저는 주방장의 업무성과와 근무 연수를 기준으로 임금인상 여부를 판단한다. 오너나 매니저는 주방장이 가능한 한 오랫동안 근무해주기를 바란다. 한 업장에 잠시 머물렀다 곧 다른 업소로 옮겨가려는 주방장에게 오너나 매니저는 업장 순수익의 일정비율을 주방장에게 지급하지 않을 것이다. 주방장은 업무성과와 근무연수 이 두 가지 특성들이 임금인상 요구 시 오너와 협상할 실질적인 요소이다. 이 두 요소들이 동시에 협의사항이 되기도 하며, 한 가지만 고려하기도 한다.

주방장과 오너 간의 관계가 성립될 초기에는 대략 낮은 임금 및 계약조건으로 주방장을 고용하게 된다. 그러나 주방장이 자신의 능력을 입증한 후에는 즉시 임금인상 요구를 실행해야 한다. 실적이 탁월한 주방장은 평균 또는 그 이상 수준의 초임으로 고용될 수 있지만, 임금인상 가능성은 언제나 존재하는 것이다. 오너와의 최초 임금계약에는 최저 매출 및 수익 등 업장 운영상 불황기에 관한 내용도 포함되어 있다. 일정기간 동안 훌륭한 업무실적을 기록한 주방장은 임금인상을 요구할 권리가 있다. 시장상황도 임금인상의 한계를 결정짓는 주요인이 된다. 만약 주방장의 능력으로 지역 내에서 가장 영업이 잘 되고 수익이 높은 레스토랑이 되었다면 그에 따른 적절한 임금이 주방장에게 지급되어야 할 것이다. 즉 이것은 주방장의 업무성과에 따라 임금인상을 결정하는 것이다. 근속년수가 임금인상의 주요 결정요인이 되기까지 주방장은 더 많은 돈을 벌어들이기 위해서는 자신의 업무능력 향상에 최선을 다해야 할 것이다.

임금인상을 요구하는 것은 자유이나 가능한 적정수준을 요구한다면 훨씬 더 수월하게 결과를 얻을 수 있을 것이다. 따라서 업무생산성 및 근속년수에 따른 몇 가지 후생복리 부문들을 제시하라. 예를 들어 장기간 업고 매출액과 수익에 많은 실적을 가져다 준 주방장은 그 수익의 일정비율을 요구할 특권을 얻은 셈이지만 원하는 바를 얻지 못할 수도 있으며(극소수의 오너들만이 이와 같은 복리후생 요구에 응할 것이다) 적어도 얻기 위해 노력은 할 수 있다. 오너들은 그런대로 괜찮은 대안을 제시함으로써 주방장의 요구에 맞설 준비태세를 갖추고 있을 것이다. 업무성과가 우수한 주방장이라도 건강보험이나 유급휴가 등과 같은 기본적인 복리후생 부문들을 요구하느라 시간을 허비할 수도 있다. 이와 같은 부문들은 일정기간 근무하게 되면 자동적으로 혜택이 부여된다. 따라서 가장 중요한 요인은 주방장의 매출 및 수익성 실적이며 이 실적은 가장 많은 보상을 약속하는 보증수표와 같은 역할을 할 것이다.

일반 기업체의 종업원과 사장간의 임금협상과 마찬가지로 주방장과 오너 간의 협상에서도 몇 가지 기본적인 협상전략들이 적용된다. 따라서 임금협상 경험이 거의 없거나 전혀 없는 주방장이라면 이에 관한 서적을 한두 권 읽어 보는 것이 도움이 될 것이다. 주방장은 오너나 매니저에게 자신이 의욕적이며 유능하지만 결코 과욕을 부리지 않는 사람이라는 인상을 심어주는 것도 좋은 방법이다.

6. 주방장의 임금을 인상하는 이상적인 방법

주방장의 최고 임금한도는 과거 임금수준을 기준으로 오너에 의해 정해진다. 오너들은 대체로 호봉제를 통한 점진적인 임금인상을 선호하므로 급격한 임금인상은 부적당하다고 생각한다. 이와 같은 한정된 방식으로 주방장의 실무경력이 만들어 지는 것이다. 지금까지 낮은 임금을 지급받아 온 주방장은 여전히 틀에 박힌 방식으로 임금을 지급받게 될 것이다.

현명한 주방장은 조리교육 및 직무권한을 침해하지 않는 범위 내에서 현재와 장래의 업무에까지 영향을 미칠 수 있는 것이 임금이라고 생각할 수 있다. 어떤 업무는 다른 업무에 비해 보다 많은 임금을 지급하는 경우도 있다. 근무환경이 그러하듯 다양한 기술이 요구된다. 그러나 가끔 많은 임금을 지급하는 업무라 하여 보다 낮은 임금을 지급하는 업무에 비해 더 어려운 일이 아닌 경우도 있다. 경력이 많은 주방장이라면 임금인상에 관한 규정을 미리 정하는 것이 현명하다. 그렇게 해야만 자신이 좋아하는 스타일의 레스토랑에서 원하는만큼의 임금을 지급받으며 근무할 수 있다.

주방장의 임금을 인상시킬 수 있는 주요 항목들에는 조리직업 훈련, 고급 레스토랑 근무경험과 노하우, 3가지 이상 정통 요리법 개발, 식당 매출관리, 신뢰성, 책임성 등이 있다. 다음의 직무별 단계를 신중히 살펴보라. 임금을 많이 지급받는 것이 주요 목적인 주방장에게는 이상적인 단계이다.

1) 입문 소문난 조리 프로그램을 졸업했거나, 유럽의 조리학교를 수료했거나, 유럽 특히 프랑스의 권위 있는 유명조리사 수하에서 근무한 경험이 없는 경우 최초 직위에 대한 연봉 협상 시 조건은 거의 없다.

2) 첫 번째 근무 중간 정도의 매출을 기록하는 중 상급 수준 이상의 레스토랑에서 야간 또는 주간 주방장으로서의 직위로 시작하라. 적어도 일 년 동안은 근무해야 한다. 임금수준은 많이 지급받는 퍼스트 쿡이나 적게 지급받는 야간 주방장의 수준에서 시작하지만, 야간 주방장의 평균 수준으로 인상된다.

3) 매출액이 높은 업장에서의 근무 높은 매출을 기록하는 중하급 수준의 레스토랑에서 부주방장부터 근무하라. 최소 3개월은 주방 현장근무한 후에 수석주방장의 약점을 파악하라. 당신이 출세지향자라면 6개월 후에 다른 식당으로 옮겨가거나 수석주방장이 되어 있을 것이다. 여하튼 높은 매출액 덕분에 적어도 아주 많은 임금을 받는 부주방장의 수준이 더 나을 것이다.

4) 고급업장에서의 근무 인기 있는 고급 레스토랑에서 부주방장 또는 야간 주방장으로 근무하라. 고급수준으로 끌어올리기 위해서는 임금삭감도 감수해야 하지

만 곧 주방장과 오너에게 당신의 가치를 인정받게 될 것이다. 승진평가나 임금인상이 있기 전까지 적어도 6개월은 근무해야 한다.

5) 주방장으로서의 첫 번째 근무 업장 운영이 어려운 고급레스토랑의 수석주방장으로서의 업무를 인계 받아라. 업장의 규모는 중요하지 않지만 위치는 좋은 곳이라야 한다. 초임 수준의 임금을 많이 받는 부주방장의 수준과 비슷하다. 매출을 증가시키고 수익성이 호전될 때까지 또는 업장의 주요 단점이 도저히 고쳐질 수 없는 것으로 판명 날 때까지 근무하라. 성공할 때까지 이 단계를 반복해야 한다.

6) 훌륭한 오너 구하기 이제 최고 수준의 임금을 받는 입장에서 주방장은 보다 완벽한 포지션을 추구해야 한다. 레스토랑의 규모나 수준이 보다 나아져야 한다. 오너는 개인적 또는 사업상의 이유로 레스토랑에 신경 쓸 여유가 거의 없다. 주방장의 임금에는 높은 수준의 기본급 및 수익수당이 포함될 것이다.

현명한 주방장이라면 교육기간을 마친 후 약 2년 이내에 최고의 위치에 오를 수 있을 것이다. 이상의 단계는 거칠고 힘든 업무이며 다른 모든 적응기간을 고려한 것이지만 충분히 실행가능 한 근무 스케줄이다. 사실 요리사들은 수석주방장으로서의 준비가 완벽히 되지 않은 상태에서 업무를 인계받아야 하는 기회가 생길 수 있다. 즉 주방 근무경력이 6개월도 채 되지 않은 상태에서 수석주방장의 직위를 수락하는 경우가 흔히 있다.

이런 경우 만약 준비가 되어 있지 않다면 아마도 주방업무에 관한 관리능력 부족으로 직위가 오래가지 못 할 것이다. 그러나 반드시 그러한 것은 아니며 어떤 주방장들은 오히려 천성적 능력으로 타고난 것처럼 잘 해낼 수도 있다. 자신의 능력에 맞는 임금수준을 깨달음으로써 주방장은 충분한 경제적인 보상을 받을 수 있다.

7. 요점정리 및 토론

근로에 대한 임금보수는 여러 형태로 지급되지만 가장 일반적으로 수용되는 방식은 현금으로 전환할 수 있는 유형적인 것이다. 수석주방장의 임금에 관한 핵심요소는 오너나 매니저가 같은 유형의 다른 레스토랑 주방장에 대한 현행 이행대로 인식하는 것이다.

주방장이 주방업무와 금전적인 부문 두 가지 모두를 성공하기 힘든 이유는 자신의 순 가치를 다른 주방장들의 순 가치와 비교하기 위해 이용해야 하는 두 가지 개념정의 요소이기 때문이다. 그 지역의 부동산 시세와 경제 수준, 실업률은 지역 내 임금수준을 잘 보여주는 지표이다. 주방장은 자신의 순 가치에 대한 자각과 수익성에 따른 적정 임금수준을 유지하려는 다부진 노력이 가장 유리한 것으로 입증된 방안이다. 임금인상 안건이 논의될 때마다 선택할 수 있는 다양한 보상제도들을 마련하라. 가능한 한 주방업무에 최선을 다하고 권한 위임자들과 좋은 인간관계를 유지함으로써 연중 인금인상의 가능성을 유지하라. 주방장은 채용 당시 임금협상이 언제쯤 있을 것인지에 대해 오너나 매니저와 분명히 논의해야 한다. 주방장의 주방업무 수행성과와 근속년수는 오너와의 임금인상 협상 시 논의할 실질적인 주요 핵심요인이다.

주방장의 임금을 인상시킬 수 있는 주요 평가 측정 항목들에는 조리직업 훈련, 고급 레스토랑 근무경험, 3가지 이상 정통요리법 개발, 식당 매출관리 능력, 신뢰성, 책임성 등이 있다. 주방 근무경력이 6개월이 채 되지 않은 상태에서 수석 주방장의 직위를 수행하는 경우가 흔히 있다. 자신의 능력에 맞는 적정 임금수준을 깨달음으로써 주방장은 충분한 경제적인 보상을 받을 수 있다.

제20장 레스토랑 내 인간관계

연구 차례

연구 개요

총주방장과 수석주방장은 레스토랑 경영진의 일부이다. 따라서 이들은 조리 현장업무뿐만 아니라 수익성까지도 책임져야 하며 이것이 주요 핵심 업무이다. 그러나 이들이 오너, 매니저, 동료, 하급자, 주방 내 이해관계자, 고객 등과의 탄탄한 인간관계가 없다면 주방장이 원하는 최상의 목표를 달성할 수 없을 것이다. 홀로 고립만 될 뿐이다. 주방장이 책임정도를 벗어나도 되는 시기는 이미 위상이 지나갔거나 빠르게 지나가고 있는 현상이다. 오늘날 주방장들 중 일부 능력이 특별난 소수들만이 자기 지위와 같은 여유를 누릴 수 있음을 알고 있다. 주방 내 여러 관점에서 인간관계가 부족하다면 유명한 주방장들이라도 그 명성은 결국에는 사라지고 마는 것이다.

1. 외로운 주방장

주방 직원들로부터 철저히 외면당하는 주방장은 주방업무상 위기에 직면한 것이나 다름없다. 그러나 불행히도 대부분의 주방장들은 자신에게 무슨 일이 진행되고 있는지도 깨닫지 못하고 경우도 있다. 따라서 주방장은 정신 차리고 스스로 자신을 잘 살펴야 한다. 비록 주방장이 직원들 중 누구라도 해고할 수 있는 권한을 가지고 있더라도 제대로 된 인사관리기법을 이용하지 않고 잔인하게 감정적으로 처리한다면 보스는 그와 같은 해고처리 방법에 대해 허락하지 않을 것이다. 만약 해고 처리한다면 주방 직원들은 오너나 매니저의 처사에 대해 불평할 것이기 때문이다. 해고된 직원은 분명히 서로 간에 그리고 홀 직원들에게도 진한 불평불만을 토로할 것이다. 그러나 모든 조리사 직원들이 하나같이 주방장이 화를 잘 내고 분별력이 없다고 평가하기 전까지는 그다지 문제가 되지 않는다. 그러나 이런 주방장의 명성에 대해 주방뿐만 아니라 홀 직원들까지 알게 되고, 결국 주방장의 행동이 동료들과 보스에게까지 전해진다. 동료와 보스는 주방장이 주방업무와 수익성 산출에 크게 기여하고 있는 경우에는 이와 같은 사실에 대해 믿고 싶어 하지 않겠지만, 직원한 두 명의 불평불만이 결국 전체 항의로 가득 찬 식당 영업장을 만들고 말 것이다.

어떻게 이와 같은 일이 발생할 수 있는 지를 잘 보여주는 예로서 최악의 주방장인 '해고 박사' 에 관한 이야기를 살펴보자. 어느 지역 맨해튼에 위치한 레스토랑의 유능한 주방장이었다. 그는 2년간 이 업장 주방을 지휘하였다. 그의 요리는 훌륭했으며, 매출과 수익성도 높은 편이었다. 오너는 도시 내 다른 지역에 거주하는 부동산 부자이었으며, 업장에 들러 식사하는 경우는 거의 없었다. 주방장과 한 명의 지배인 그리고 회계 담당자가 한 달에 한 번씩 전화로 오너에게 보고했다. 이들 3인이 식당업장 운영에 대해 책임지고 있었다. 오너는 레스토랑을 팔고싶어 했지만 팔릴 때까지는 업장 내 어떤 것도 바꾸기를 원치 않았다.

주방장은 적어도 환경이 변하기 이전까지는 매우 엄격하고 공정하여 감정에 치우치지 않는 사람이었다. 그러나 자신의 권한을 넘어 직원들을 해고하기에 이르렀다. 다른 조리사들은 열악한 근무환경 때문에 아예 일을 그만두고 떠나버렸다. 곧 조리사 직원들 중 2/3가 교체되었으며 이와 같은 과정은 계속되었다. 주방장은 상급직위 조리사 2~3명에게만 호의적이었으며, 나머지 직원들은 잔혹하게 다투었다. 수많은 조리사들과 식기세척 담당자들이 업장을 거쳐 갔다. 6개월 후 60명가량의 주방 직원들 중 20개 포지션의 직원들이 일을 그만두었다. 직원들은 주방장의 등 뒤에서 그를 비웃기 시작했다.

어느 날 회계 담당자가 주방장으로부터 매우 심한 말을 듣게 되었다. 주방장은 홀 직원들과는 괜찮게 지내왔지만 이들 중 누군가와 문제가 생기는 것은 처음이었다. 회계 담당자는 무척 화가 났으며, 결국 주방장을 해고할 계략을 세우게 되었다. 회계 담당자는 직원들과의 좋은 유대관계를 이용하여 주방장에 대한 평판을 폄하할 수 있는 모든 방법들을 동원하였다. 회계 담당자와 부주방장은 주방장의 직원 해고율과 관련하여 '해고 박사' 라는 별명을 지어냈으며, 모든 직원들이 그 별명을 알게 될 때까지 계속 사용하였다.

주방장은 주당 80시간을 근무하면서도 음식의 품질은 계속하여 적정수준으로 유지하였다. 그러나 그의 심한 욕설과 직원들의 이직은 계속되었다. 마침내 매니저와 회계 담당자의 불평이 오너에게 전달되었다. 그러나 오너는 주방장에게 아무런 조치도 취해지지 않았다. 정상적인 경우라면 대부분의 오너는 적어도 몇 시간이면 레스토랑의 실제 상황을 점검하기 때문에 주방장이 해고되었을 것이다. 회계 담당자의 의도대로 조치가 취해지지는 못했지만 여기서 의지를 꺾지는 않았다. 오너가 레스토랑을 새 오너에게 넘겼을 때 드디어 문제를 해결할 돌파구가 생겼다. 새 오너들은 주방장의 문제에 관해 직원들로부터 수없이 들어야 했다. 그러나 새 오너는 그 이야기들을 믿을 근거가 없었다. 오히려 오너는 주방장의 매출 및 수익성과가 좋다는 사실을 믿을 수 있는 근거자료가 있었다.(새 오너는 개선할 여지는 있다고 생각하였다) 이때 회계 담당자는 주방장의 수익성과를 무효화할 수 있는 증거자료를 제시하였다. 즉 주방 직원들의 높은 이직률로 인해 끔찍했던 지난 9개월 동안 1만 5천불 이상의 초과 실업세금을 부담해야만 했었다. 새 오너는 주방장을 세밀히 관찰하였으며, 한 달도 채 못 되어 그는 해고되었다.

주방장의 문제는 권한 남용의 문제에서 시작되었지만 교만하고 무지할 뿐만 아니라 조리기술 또한 형편없는 주방장이라 승산 없는 상황으로 빠져들어 가게 하는 것과 꼭 같은 모습이다. 대인관계는 하나의 인간관계 기술이지만 한편으로는 개인의 인생철학을 반영하는 것이기도 하다. 부정적이거나 비판적인 측면이 강한 주방장이라면 동료 직원들과의 인간관계를 유화하기 위해 부단히 노력해야 할 것이다.

2. 주방장의 이미지 및 능력 평가

이미지는 타인에 의해 형성되는 하나의 개념으로 정의되므로 주방장의 이미지는 오너, 동료, 하급자, 고객 등과의 관계로부터 대개 형성된다.

오너들은 수익성을 가져오는 고품질의 음식을 좋아한다. 이와 같은 성과를 이뤄낸다면 주방장은 어떤 오너에게든 좋은 인상을 심어주게 된다. 매출실적을 검토하면서 당신의 성과에 대한 오너의 의견을 평가해 보라. 매출이 상승했는가. 그렇지 않으면 하락했는가? 오너는 매출이 지속적으로 상승하길 기대하는가? 만약 당신이 이와 같은 질문에 대해 분명히 답할 수 없다면 당신은 오너나 매니저와의 인간관계가 매우 빈약한 것이다. 서로의 커뮤니케이션의 한계를 넘어서라. 커뮤니케이션을 통해 당신은 오너에게 당신의 포지션을 명확히 알려줄 뿐만 아니라 오너가 지닌 당신에 대해 다소 부정적인 인상들을 극복할 수 있을 것이다. 단지 관심을 표명하는 것만으로도 일을 더욱 잘해내려는 주방장의 마음을 표현하는 것이다. 어쩌면 오너와 매니저들은 당초부터 주방장은 나태하고 게으른 사람으로 생각하고 있을런지도 모른다. 이럴 경우 서로의 커뮤니케이션은 부정적인 측면을 전환시키는 역할을 한다. 그러나 마음을 활짝 연 상태에서 레스토랑의 수익, 음식의 질, 인사경영, 다른 주방장들의 임무 등에 관해 커뮤니케이션을 논의해야만 주방장에 대한 나쁜 인상들을 제거할 수 있다.

커뮤니케이션은 주방정책 수단의 하나로서 언제든 가능해야 한다. 그러나 주방장은 자신의 이미지뿐만 아니라 동시에 업무성과까지도 말쑥하게 해내야 하는 긴급 상황이 생길 수도 있다. 예를 들어 오너나 동료 직원들이 언제부터인지 당신에게 말을 건네지 않고 있다. 이런 상황에서 오너는 직원 해고의사를 밝혔으며 해당 직원을 찾아내기까지는 아무런 말을 하지 않고 있다. 오너, 동료, 하급자, 고객들 중 누구든 침묵한다는 것은 마음 속에 나쁜 이미지를 반영한다. 즉 이것은 저조한 업무성과에 대해 경고하는 것이다.

오너는 주방장의 임금을 삭감하거나, 상여금을 반납시키고, 휴무일을 없애 버림으로써 자신의 불만족을 표현할 수도 있다. 이런 오너는 일주일 내내 불평을 늘어놓다가 결국 이상할 정도로 침묵하거나 아니면 화를 분출하게 된다. 몇 가지 논의사항들이 아직 미결 상태라면 오너가 바라는 바를 만족시켜 줄 수 있도록 최선을 다하라. 만약 오너가 음식의 품질과 수익성에 관해 당신과 논의하는 것을 거절한다면 당신의 행동에 주의하라. 오너가 당신을 포기했을 가능성이 높기 때문이다. 당신은 불안한 느낌에 대해 주의하라. 다른 사람들이 당신에 대해 불만족하고 있다는 사실을 알아차릴 수 있는 유일한 방법일 수도 있다.

그러나 인색한 성품에 대한 논쟁, 숨겨진 루머, 악의적 가십 등은 그다지 문제꺼리가 아니다. 이런 부류들은 다른 방식으로 평가되어야 한다. 주방장의 이미지는 괴팍한 인성이 아니라 업무성과에 의해 가장 직접적으로 형성되기 때문이다. 즉 단순한 이미지와 인기는 동일선상에서 평가되어서는 안 된다. 주방장은 대개 무뚝뚝한 성격 때문에 홀 직원들에게 인기가 없을 수도 있다. 그러나 만약 레스토랑 이용고객이 많아 홀 직원들이 팁 또한 많아진다면 주방장이 주제 넘은 행동을 하더라도 그를 용서할 것이다.

주방장의 이미지를 측정하는 또 다른 방법은 정규적으로 레스토랑을 방문하는 단골고객의 반응을 살펴보는 것이다. 이 단골고객들은 주방장에게 칭찬해주거나 아니면 불평하려 할 것이다. 일부 단골고객들은 록그룹의 여성 팬들과도 같다. 즉 팬들이 록그룹의 측근들과 친해지고자 노력하듯이 이 단골고객들은 업장의 핵심 구성원들과 친해지기를 원한다. 어떤 단골고객들은 특별한 대우를 기대하면서 주방장에게 다가갈 것이다. 그런 후 결코 만족해하지 않을 것처럼 보여도 그 단골고객은 항상 매일 저녁 식사하러 레스토랑에 들를 뿐이다. 그러나 현명한 주방장이라면 단골고객들에게 유능한 주방장으로 보이도록 연출해야 하며, 고객의 특별한 요구와 의견에도 주의 깊게 경청할 것이다.

3. 영업장 내 인간관계

각 레스토랑의 근무 분위기는 주방장의 태도 등을 포함한 여러 가지 요소들에 따라 다르다. 즉 독재적인 스타일에서부터 느슨한 스타일에 이르기까지 다양하지만 가장 중요한 것은 오너와 직원 간의 인간관계이다. 엄격하고 권위주의적인 보스는 즉각적인 반응과 호의적인 행동을 기대할 것이다. 상대를 비웃는 행동 따위는 용서받을 수 없을 것이다. 주방장은 오너의 스타일을 명확하게 파악해야 하며, 어느 정도는 적응할 수 있어야 한다. 만약 느긋한 성격의 주방장이 권위주의적인 분위기의 업장에서 근무할 경우 주방업무 수행이 제대로 이루어지지 않을 것은 분명하다. 그러므로 당신은 성공할 가능성이 있는 업장을 찾거나 또는 적어도 살아남을 수 있는 근무환경을 갖춘 업장을 찾아라.

업장의 근무환경을 확인한 후에는 업장 내 사람들과의 인간관계를 고려해야 한다. 업장 사람들과의 인간관계는 완벽한 주방업무 수행 여부를 결정짓는 주요 요인이다. 주방장이 자신의 스타일과 어울리는 곳에서 근무하게 될 경우에는 업장 내 사람들과의 인간관계를 명확히 할 뿐만 아니라 그들과의 유대관계를 더욱 돈독히 해야 한다.

1) 오너와 관계

오너의 주요 관심사는 주방업무 성과에 관한 것이므로 주방장은 가능한 한 좋은 성과를 제시함으로써 오너와의 인간관계를 강화할 수 있다. 즉 긍정적인 자세로 오너의 지시에 즉각적으로 대응하는 반응성이 요구된다. 물론 오너에게 주방장의 의견을 제안하는 것을 두려워하지 말되 오너를 귀찮게 하여 민감한 사안으로 만들지는 말라.

변함없이 일관된 노력만이 오너로부터 긍정적인 답변을 얻어낼 수 있는 최선의 방법이다. 다른 방법으로는 주방장의 주방 운영 상황이 신뢰할 만한 것임을 보스에게 확인시키는 것이다. 무엇보다도 오너와는 훌륭한 업무성과, 즉각적인 반응, 존경, 신뢰성, 믿음성 등을 통해 좋은 인간관계를 유지하도록 하라.

2) 동료와 관계

업장 운영 작업라인 속도가 빠른 레스토랑에서 근무한다는 것은 개인의 원래 성격이 어떠하든 간에 종업원의 인내심을 테스트하는 것이다. 업장의 음식 품질과 서비스에 문제가 발생하는 이유들 중에는 주방과 홀 직원들 간의 사소한 충돌에서 기인하는 경우가 종종 있다. 이와 같은 사소한 충돌이 전면전으로 확대되지 않도록 미리 차단하는 한 가지 확실한 방법은 주방장, 동료, 매니저 간에 우호적인 인간관계를 유지하는 것이다. 업장 내 상호간에 협력적인 태도는 필수적이다. 주방장은 동료들로부터 음식의 품질과 종업원의 업무 등에 관한 의견을 청취하여 잘못된 부분에 대해서는 지속적인 피드백을 실시함으로써 동료 간 협력적인 태도를 유도할 수 있다. 잘못된 부분들을 고치지 않고서 숨길 수도 있지만 모든 일을 보다 완벽히 해내려는 주방장의 주요 임무는 오히려 이런 문제점들을 부각시킬 수도 있는 것이다. 동료들과 꼭 친해져야 할 필요성은 없다하더라도 보다 유연한 업장 운영을 위해 동료들의 업무까지 떠맡도록 하라. 그러나 결코 자신의 권한 범위를 넘어선 행동은 하지 말라. 새로 고용된 주방장들은 너무 빨리 너무 많은 일을 하려다 실수할 수도 있다. 당신의 행동에 대한 동료들의 반응을 평가해 보라. 즉 당신의 지시사항에 대한 동료들의 반응을 평가하고, 그 동료들의 행동이 오너의 지시방향에 따르는 것인지를 비교한 후 업무를 명확히 인지하라.

3) 직원과 관계

주방 근무자 조리사들은 주방장의 개인 소유물이 아니다. 즉 주방 직원들과 좋은 관계를 유지하는 최선의 방법은 주방업무에 관련된 행위를 하는 것이다. 대부분의 직원들은 당신이 유머감각이 없다고 평가하지만 업무방식에 대해서는 좋은 반응을 보일 것이다. 따라서 분별력 있는 정중한 태도로 계획화된 방식에 따라 업무방향과 절차에 대해 명확히 전달하라. 성격차이나 사소한 충돌은 어떤 비즈니스에서나 흔히 발생하는 일이다. 현명한 주방장이라면 불끈 화를 내는 것보다는 인사관리기법들을 이용하여 종업원의 부정적인 태도를 바꾸는 방법을 재빨리 익히는 것이 좋다. 하급자들은 대체로 자신의 상사가 권한을 남용하는 문제점을 지니고 있다고 생각하는 성향이 있다. 공정성에 관한 문제는 항상 이슈가 되고 있지만 업장 운영의 품질과 수익에 관해서는 대체할 수 없다. 곧 다시 말하자면 모든 직원들이 당신을 비협조적으로 좌지우지하는 상황이 되지 않도록 주의하라. 만약 이와 같은 상황이 발생한다면 결국 업장 운영이 힘들어질 것이다. 오너가 업장에 대해 신경을 곤두세우게 되면 당신이 친구라고 생각했던 모든 직원들은 터무니없는 불평불만으로 당신을 매우 공격하게 될 것이다.

4) 고객과 관계

식사경험을 보다 특별하게 할 수 있는 방법들 중 한 가지는 주방장이 단골고객에게 특별한 관심을 나타내는 것이다. 주방에서 근무하는 동안 웨이터가 고객들로부터 주문받은 원래 메뉴와는 전혀 다른 특별한 방식의 특별 메뉴로 고객을 이용해 보라. 레스토랑 운영은 하나의 서비스 산업이다. 따라서 주방장은 고객의 특이한 요구들을 포함하여 가능하다면 어떤 방식으로든 모든 서비스해야 할 의무를 지닌다.

어떤 고객들은 수석주방장에 걸 맞는 외모를 요구하기도 한다. 이것도 겉으로 보여주는 것 중 일부이기 때문이다. 업무량이 많은 오후나 저녁식사 시간이 끝난 후에는 앞치마를 벗고 캐주얼한 차림으로 단골고객들과 담소를 나누기 위해 과감히 메인홀로 나가 보라. 이와 같은 행동은 적극적인 홍보방법의 하나로서 고정 고객을 확보하는 가능성이 높다. 이때 고객이 주방장을 초청하지 않은 테이블 좌석에 앉거나 한 곳에 너무 오래 머무르지 않도록 주의하라. 고객이 주문한 식사의 맛과 품질에 대한 당신의 관심을 표현하라. 고객의 특별한 요구에도 당신은 귀를 기울여라. 일부 주방장들은 가능하다면 고객과 술을 한 잔 하기도 하지만, 이런 경우 단골고객과 주방장 간에 매우 친밀한 관계가 형성될 수도 있다. 어떤 고객은 주방장에게 한 잔 사겠다고 무례하게 제안하지만 곧 어색함을 느끼게 될 것이다. 주방장은 술자리가 끝날 때까지 가시방석에 앉은 것처럼 느껴질 것이기 때문이다. 차라리 단골고객이라면 주방장이 먼저 식후 주를 한 잔 제안하는 것이 낫다. 이와 같은 소통방법은 입소문을 통해 일반 대중에게 전달되므로 고객과의 유대관계가 잘 이루어지도록 하는 방법이 아주 좋다.

4. 상황별 이미지 만들기

대중의 여론이란 것이 얼마나 변덕스러운지 놀랄 정도이다. 수 년 동안 성실하게 활동해 온 정치인도 사소한 단 한 가지 사건으로 인해 망신당하고 면직될 수 있다. 이와 같은 경우는 주방장에게도 생길 수 있으며, 오로지 대중과 고객의 손에 달려있는 것이다. 단 한 번의 경솔한 행동으로 수년간 쌓아온 명성이 물거품이 될 수 있다. 현명한 주방장의 목표는 예측할 수 없는 것에 대한 직감을 지닌 능력을 가지면서 신뢰할 수 있는 사람으로서의 이미지를 만들어 내는 것이다. 간디가 말했듯이 "모든 일에 중용하라. 중용조차도 중용하라."는 명언을 기억하라.

1) 파티 참석 시

일부 레스토랑 오너들과 종업원들은 주방장의 직업병 중 하나로 알코올 중독을 거론하기도 한다. 새로 고용된 주방장은 자신의 이미지를 만들어 가는 것뿐만 아니라 일부 부정적인 선입견들을 없애기 위해 노력해야 한다. 모든 레스토랑 주방장들이 근무 중에 음주와 약물을 과용 복용하는 것이 아니지만 일부 사실은 존재한다. 윤리적, 도덕적 및 법적 문제 외에도 음주와 약물복용의 정도는 동료 근무자들에게 금방 알려질 것이다. 이와 같은 사실은 주방장의 조리능력에도 즉각적으로 해를 미치게 된다. 업장 내에서 근무 중이나 근무 후에 약물을 복용하는 정도가 심한 주방장은 모든 직원들에게 주방장에 대한 권한 및 존경심을 잃게 될 것이다. 이와 같은 행동 유형은 대개 삼류 레스토랑이든지 아니면 오너가 주방장과 함께 음주 및 약물을 복용하는 업장에서는 가능할 것이다.

연중행사인 크리스마스 파티나 야외 소풍은 별개의 문제이다. 즉 이와 같은 행사는 주방장의 보다 인간적인 모습을 보여줄 수 있는 좋은 기회를 제공한다. 그렇다고 주방장이 행사 때 지나치게 술을 많이 마셔 보스와 지나치게 친해져도 된다는 것은 아니다. 이런 정도의 실책이라면 영원히 오너와 멀어질 수도 있다. 따라서 크리스마스 파티도 다소 느슨하긴 하나 근무의 연장이라고 생각해야 한다. 업장 내 조직체계가 사라지는 것이 아니라 단지 약간 느슨해지는 것뿐이다. 당신은 근무할 때와 똑같은 모습으로 레크리에이션에 임하고 있음을 오너에게 보여주어야 한다.

점심이나 저녁식사 시간이 끝난 후에는 주방장에 대한 평가를 한층 높일 수 있는 더 좋은 기회를 가질 수 있다. 주방장은 자신의 근무가 끝난 뒤에 바나 직원용 테이블에 앉아서 잠시 시간을 보냄으로써 자신과 함께 열심히 근무했던 사람들과 더불어 휴식을 취할 수 있다. 이때 주방장은 근무조원들과의 사이에서 발생한 문제들이 있었다면 더 이슈가 커지기 전에 해결할 수 있으므로 중요한 시간이 될 수 있다. 현명한 주방장은 동료 직원들에게 관심을 표명함으로써 그들과 좋은 관계를 유지할 수 있는 능력을 길러야 한다.

2) 질책할 때

주방 직원들은 주방장, 부주방장, 라인별 조리사의 직업윤리에 따라 각기 다른 태도를 보인다. 즉 대부분은 보스의 행동강령에 따라 자신의 임무를 책임감 있게 할 것인지 아니면 적당히 할 것인지를 결정할 것이다. 그러나 어떤 업장이든 간에 대충대충 업무를 처리하는 직원은 있기 마련이다. 이런 직원들에게 업무성과가 자신의 근무기한과 직결되어 있다는 사실을 이해할 수 있도록 엄하게 충고해야 할 필요성이 있다. 그리고 업무 위반행위로 인해 언제든 해고될 수 있다는 사실을 가끔 인식시켜줄 필요성도 있다.

가차 없는 질책이 해고 인지 대안으로 이용되어야 한다. 이것은 자신의 업무수행에 다소 문제가 있지만 그런대로 괜찮은 직원을 통제관리 유지할 수 있는 효과적인 방법이다. 그러나 매일 그것도 하루 종일 직원들을 엄하게만 다룬다면 주방장을 싫어할 뿐만 아니라 불신하는 분위기가 조성되어 분명히 모두가 좋아하는 사람은 될 수 없을 것이다. 만약 어떤 종업원이 주방장으로부터 정기적으로 험한 말을 계속적으로 듣고 있다면 그 종업원의 업무능력에 의문시 될 것이다. 따라서 주방장이 필요 이상으로 긴장상태가 항시 지속된다면 유능하고 호의적인 직원마저도 혼란스러워할 것이다.

엄격하게 한다는 것은 오너나 주방장의 지침이 변함없이 지켜지는 것으로 이해될 수 있다. 음식의 품질과 인사관리 측면에서 가장 많이 언급되는 말이기도 하다. 주방장은 레스토랑의 여러 가지 운영정책들을 직원들에게 전달해야 하며, 이때 직원들이 기꺼이 받아들이기만 하는 것은 아니다. 따라서 주방업무의 규칙이나 기준에 대해 분명하게 전달해야 한다. 전달받는 사안이 그다지 중요하지 않다고 생각하는 직원들은 그에 대해 대충 얼버무리는 경우가 종종 있다. 심지어 들은 적도 없는 것처럼 행동하기도 한다. 만약 중요한 사안이라면 직원들에게 전달할 때 거친 언변을 조금만 통제한다면 오히려 직원들이 더 빨리 이해하게 될 것이다. 다양한 메시지를 전달할 때는 전달 강도를 약간 다르게 하라.

3) 화가 날 때

주방장이 화를 내는 것은 문제에 대응하는 최후의 방법이다. 즉 소리를 지르거나, 때리거나, 접시를 날리거나, 칼을 던지는 등 몇 가지 형태로 나타난다. 한 번은 어떤 주방장이 조리사의 목을 조르며 그의 머리를 뜨거운 프라이팬으로 박으려는 모습을 본 적이 있다. 그 조리사가 햄버거 접시에 고명을 미리 올려 놓지 않은 것이 화근이었다. 주방장은 조리사에게 장황한 욕지거리를 늘어놓으면서 손으로는 조리사를 내리칠 태세였을 것이다. 이와 같은 행동은 주방장이 아마추어이거나 피로하여 자기감정을 통제하지 못하는 경우에 발생할 수 있다. 그러나 주방장이 이런 방식을 사용하는 유일한 궁극적인 목적은 조리사들에게 충격을 주어 그들과의 긴장감에 간격을 두기 위함이다. 주방장이 지속적으로 이 방식을 이용하는 이유는 어느 누구도 이를 막을 수 있을만큼 권한을 지닌 사람이 없기 때문이다. 레스토랑에 대한 일부 소유 권한을 가진 주방장의 경우 독재적 성향이 강할수록 격한 성미를 분출할 가능성이 높다. 예를 들어 유럽의 주방장은 직원들에게 독재자로 군림하고 있는 경우가 종종 있다. 즉 주방장의 말이 곧 법이므로 직원들에게 종종 화를 내거나 무리하고 잔혹하게 다루기도 한다.

장황한 욕설이 효과적인 방법이 될 수도 있지만 그런 경우는 한계가 분명 있다. 분노로 가득 찬 주방장이라면 종업원의 단 한 번의 실수도 용납하지 않으며 종업원의 사기를 꺾어 놓으려 할 것이다. 그러나 신참 주방장들은 불량스런 태도로 주방업무를 수행하는 일반 조리사들을 마음대로 해고할 수 있는 권한이 없는 경우도 있다. 대개 해고 및 고용의 권한은 수개월 또는 수년이 지난 후에 주어진다. 이런 경우 어떤 주방장은 자신이 싫어하는 직원의 근무환경을 매우 힘들게 만듦으로써 스스로 포기하도록 만들 수도 있다. 특정인에게 지속적으로 무뚝뚝하게 대하거나 심한 말을 해대는 것도 바로 이와 같은 연유에서일 것이다. 그러나 이런 계략이 좋은 방안이 되지 못한다는 것에 또한 주의해야 한다. 화를 내는 것은 어리석은 인사관리기법이다. 만약 오너가 주방장의 업무성과 이외 다른 부문들에 대해 만족하지 못한 경우, 특히 주방장에 대한 반대의견으로 직원들이 똘똘 뭉친 경우에는 오히려 주방장의 과격한 행동을 이유로 해고당할 수 있다.

화를 잘 내는 주방장과 함께 근무하는 조리사들은 어느 선까지 참을 것인지에 대해 미리 생각해 두어야 한다. 한때 파리의 고급 레스토랑에서 조리사로서 근무할 때 나는 주방장에게 소리치거나, 때리거나, 주방장이 보는 앞에서 업장을 걸어나와 버리는 당당한 나의 모습을 상상하며 근무시간의 대부분을 보냈다. 나는 16년간의 주방의 공동생활 동안 주방장이 기물들을 내던지며 직원들을 울려서 내보내는 모습을 무수히 보아 왔으며 내게도 닥칠 경우에 대비하고 있었다. 그러나 이상하게도 내게는 접시들은 던지지 않았고 주방장으로부터도 무사하였다. 나는 주방장이 내게 공격할 기회를 주지 않았다. 주방장이 화를 내야 한다면 직원들은 반응에 대한 준비태세를 미리 갖추어야 한다는 것이 중요하다. 즉 주방장이 화를 낼 때 어떤 직원은 폭력적으로 돌변하거나, 욕설을 퍼붓거나, 업장을 걸어 나가 버릴 수도 있기 때문이다.

4) 험담할 때

친구를 사귀는 확실한 방법은 주방에서도 유머스럽고 재치 있게 대화하는 재간을 보이는 것이다. 업무시간이 끝날 무렵이면 홀 직원과 라인 조리사들은 다소 야유 섞인 농담들을 나누길 좋아한다. 그러나 불행히도 좋은 것도 지나치면 화가 될 수 있다. 즉 농담속의 당사자는 분노를 삼키고 있지만 곧 이에 대한 무언의 반발이 생기기 마련이다. 그 순간에는 아무리 즐거운 듯이 하더라도 오너, 동료 또는 하급자에 대한 농담은 그다지 좋은 주제가 아니다. 농담 속의 당사자는 다른 사람들을 적대시하게 될 것이 분명하기 때문이다. 한편으로는 재미있는 얘깃거리가 되더라도 일불 사람들에게는 냉소적인 주방장의 성격, 업무스타일, 인격 등에 대해 험담하거나 악의에 찬 공격방법이 될 수 있을 것이다. 누구나 주방안에서 타인을 야유하는 중상모략은 권한 이상의 행동이다.

주방장이 특정 조리사의 업무, 속도, 수준 등에 대해 험담하는 사실이 직원들 모두에게 알려질 경우 나쁜 영향을 미치게 되며, 특히 험담의 당사자가 부재 시 이런 일이 생긴다면 더 큰 화를 가져오게 된다. 주방장의 입장에서는 별 다른 의미 없이 내뱉은 말이라 하더라도 당사자에게는 매우 심각한 문제가 될 수 있다. 주방장이 직원의 등 뒤에서 험담한다는 사실을 알게 되면 매우 당황할 것이다. 직원들에게 중상모략은 비열한 행위이다. 이와 같은 행동을 행하는 사람의 이미지는 정신상태가 불안정하거나 경박한 사람으로 보이게 한다.

5) 계산할 때

주방장이 선의의 행동으로서 단골고객에게 술을 한잔 사거나 계산서에 사인하는 것은 칭찬할 만하다. 그러나 이와 같은 주방장의 행동이 지나친 경우가 많다. 왜냐하면 고객들은 자신의 식음료 비용을 주방장이 대신 지불해 주리라 기대하면서 그 레스토랑을 방문하기 때문이다. 업장의 서비스나 음식에 문제가 발생할 경우에는 오너나 매니저가 해결하므로 주방장이 고객의 식대를 지불하는 것은 다른 이유가 있을 때만 가능하다.

주방장이 식재료 납품업자나 동료 주방장 등과 같이 업무 상 관련인에게 접대하는 것은 당연하다. 주방장을 대신하여 웨이터가 술을 한 잔 권하도록 지시하라. 레스토랑을 자주 방문하는 단골고객이라면 이들을 잘 알고 있는 웨이터가 무료로 몇 가지 메뉴들을 제공하게 된다. 주방장은 이런 고객들에게 많은 것을 제공할 필요성은 없을 것 같다. 그러나 만약 주방장이 단골고객과 함께 테이블에 앉게 된 경우라면 한 잔 하는 것도 좋을 것이다.

주방장이 고객에게 무료로 식음료를 제공하도록 업소규정으로 정해진 것은 아니다. 사실 오너는 이와 같은 경우를 대개 허용하지 않으므로 종종 논쟁거리가 된다. 대부분의 오너들은 주방장이나 직원이 고객의 식대를 무료로 계산하는 관행을 제한하고 있다. 주방장의 입장에서 만약 가족이나 친구 또는 본인의 계산서에 사인할 수 없다면 다소 상황이 어색할 것이다. 오히려 가까운 가족들을 초대하고 적어도 한 달에 한 번은 친지나 친구들을 초대한 다이닝 파티를 가져야 한다고 생각한다. 저녁 디너식사보다는 식사 단가가 낮은 점심식사 계산서에 사인하는 것이 훨씬 유리할 것이다. 오너에 의해 승인된 한도액 이내에서 자신의 재량껏 사용하라. 만약 한도액을 초과 사용한 경우 처벌받게 되는 징계나 그에 과한 규정들에 대해 알아두라.

영업담당자나 납품업자 등이 업장을 방문한 경우 주방장이 점심식사를 무료로 제공하는 것은 당연하다. 이들은 샌드위치나 수프 한 접시 이상 먹을 시간이 없으므로 주방장은 다른 메뉴들이 포함된 계산서에 사인할 일이 거의 없다. 어쨌든 당신의 사인으로 보스의 돈이 사라진다는 것을 명심하라. 따라서 주방장이 계산서에 사인하는 것은 단순히 개인적인 이미지보다는 보다 중요한 비즈니스적인 차원이라야 할 것이다.

6) 사내 직원 연애 시

일부 회사들은 종업원들 간의 데이트나 결혼을 금지하는 규정을 강제하고 있다. 이는 사내 커플관계가 생산성을 저하한다는 이론에서 기인한다. 이와 같은 일반 기업체의 규정에 비해 레스토랑은 다소 덜 엄격한 편이므로 사내 커플관계가 흔하다. 사내 커플인 주방장은 근무 중에 가끔 로맨틱한 감정에 사로잡힐 수도 있겠지만 그렇다고 반드시 업무성과에 해를 끼치는 것은 아니다. 연애상황에 따라 주방장의 다양한 성격들이 표출될 것이다.

레스토랑의 커플들 대부분은 업장 내 공식적인 위치를 잘 지키고 있으며 서로 관계없는 사람들인 것처럼 행동한다. 만약 분별력 있는 커플이라면 혹시나 별거나 이혼이 이들의 자기업무성과에 영향을 미치지 않도록 할 것이다. 장기간 서로 간에 미워하는 관계로 지내온 경우에는 둘 중 누군가가 업장을 떠나야 하는 경우도 있다. 그러나 이때 둘 중 보다 높은 지위에 있는 사람이 대개 업장에 남아 있게 될 것이다. 어쩌면 약한 상대방만 해고될 수도 있다. 만약 당신이 오너나 매니저와 연인관계라면 상당히 조심해야 한다. 왜냐하면 당신에게 불만족한 연인의 횡포로 직장에서 해고될 수도 있기 때문이다. 이와 같은 관계는 비즈니스적인 관계가 아닐뿐더러 문제점을 예측할 수도 없다.

주방장의 개별적인 대중적인 이미지와 레스토랑의 이미지는 특정 동료와의 특별한 관계로 인해 영향 받지는 않는다. 다만 지나친 로맨티시즘은 문제가 전혀 다르다. 근무하는 업장을 개인의 연애장소로 착각하지 마라. 당신의 손아귀에 넣을 수 있는 상대는 많겠지만 결국 당신의 라이프 스타일에 대한 직원들의 입방아로 당신의 업무성과에까지 왜곡될 것이다. 직원들의 주방장에 대한 악평은 주방장의 권한에 해를 끼칠 것이다.

5. 요점정리 및 토론

주방장이 보스, 동료, 하급자, 고객들과 확고한 인간관계를 맺지 못한다면 궁극적인 최종 목표를 달성할 수 없을 것이다. 개인의 이미지란 다른 사람들에 의해 형성되고 개념이 정의되므로 주방장의 이미지는 오너, 동료, 하급자, 고객 등과의 관계성이 전체 이미지를 형성하는 주요 요인이다.

주방장에 대한 나쁜 인상이 더 굳어지기 전에 레스토랑의 수익성, 음식의 품질, 인사관리, 주방장의 임무 등에 관해 진실하게 논의해야 한다. 오너, 동료, 하급자,

고객들 중 누군가의 침묵은 주방장의 나쁜 이미지를 암시하는 것일 수도 있다.

주방장의 강한 이미지는 개인적인 특성보다는 업무성과에 의해 직접적으로 형성된다. 현명한 주방장이라면 고객에게 필요한 사람이 되어 고객의 특별한 요구와 의견에 대해 주의 깊게 경청해야 한다.

주방장은 훌륭한 업무성과, 즉각적인 반응, 존경심, 신뢰성 등을 통해 오너와의 특별한 업무관계를 유지해야 한다. 당신의 지시사항에 대한 다른 동료들의 반응을 평가하고, 동료들의 행동이 오너의 지시방향을 따르는 것인지 비교하여 중복되거나 분명하지 않은 업무는 명확히 하라.

직원들과 좋은 인간관계를 유지하는 최선의 방법은 비즈니스적인 태도로 일관되게 행동하는 것이다. 레스토랑 사업도 하나의 서비스 산업이다. 즉 주방장은 단골고객의 특별한 요구에도 가능한 모든 방법을 동원해서 서비스 대응해야 할 임무가 있다는 것을 의미한다. 현명한 주방장의 목표는 불확실한 미래의 예측력을 지닌 침착하면서도 신뢰할 만한 사람으로서의 자기 이미지를 형성하는 것이다. 현명한 주방장은 동료 직원들에게 관심을 항상 표현함으로써 좋은 근무관계를 유지하려는 능력이 있어야 한다. 직원에게 엄하게 질책하는 방법은 해고의 대안으로만 이용되어야 한다. 만약 중대한 사안이라면 직원들에게 전달할 때 거친 언변을 조금만 통제한다면 오히려 직원들은 더 빨리 이해하게 될 것이다.

화를 자주 내는 것은 좋은 인사관리방법이 아니다. 주방장이 특정 조리사의 업무, 속도, 수준 등에 대해 험담하는 사실이 직원들 모두에게 알려질 경우 모두에게 나쁜 영향을 미치게 되며, 특히 험담의 당사자가 부재 시 이런 일이 발생한다면 더 큰 화를 가져오게 된다.

주방장이 선의의 행동으로서 고객에게 술을 한 잔 사거나 계산서에 사인하는 것은 칭찬할 만하다.

주방장이 식료품 납품업자나 동료 주방장들에게 사업상의 동료로서 한잔 접대하는 것은 당연하다. 만약 업장 네에서 당신이 오너나 매니저와 연인관계라면 상당히 조심해야 한다. 왜냐하면 당신에게 불만족한 연인의 횡포로 돌변하여 직장에서 해고될 수도 있기 때문이다.

제 2 부

호텔주방관리의 총론

제1장 호텔조리의 이론적 배경

1. 호텔조리의 의의
2. 호텔조리의 개념
3. 호텔조리의 목적
4. 호텔조리사의 개념

1. 호텔조리의 의의

호텔조리는 모든 다양한 식재료를 전문조리사가 위생적으로 처리한 후 먹기 좋고 소화흡수가 용이하도록 하며, 맛있고 보기 좋게 하여 식욕이 나도록 하는 과정을 말한다. 우리들이 먹고 있는 식품은 300~500여 종류에 달하며 이러한 수많은 식재료들은 각각 재료의 조리상 특성을 가지고 있으므로 식재료의 영양면에서 뿐만 아니라 맛, 향기, 색상, 외양 등을 가장 효과적으로 나타내도록 해야 한다. 대부분의 식재료는 생으로 먹을 수 없으며, 가열하므로써 식재료를 연하게 하며 소화작용을 도와 충분한 영양섭취를 용이하게 하는 한편 그것들이 가지고 있는 독특한 맛과 향기와 색상을 잘 나타내도록 한다. 주방조리의 가열은 식재료에 붙어있는 이물질, 세균, 기생충 등 음식에 유해한 것들을 제거하여 위험을 방지하여 준다. 소화 작용을 돕는 방법으로 식재료를 알맞게 자르고 다지고 섞고하여 소화 작용을 쉽게 하는 것이다.

호텔조리는 영양학적 변화인 조리를 과학적으로 검토하여 식재료에 물리적, 화학적 조리조작을 가하여 합리적인 음식물 요리로 만드는 과정이다.

그리고 조리에 있어서 그 방법은 일정하게 정하여져 있는 것은 아니다. 호텔조리는 과학적 접근 또는 예술적 접근이라고 말할 만큼 조리하는 자체가 그만큼 세밀하며, 계수적이고, 합리적이며, 능률적이며, 생산적이며, 또한 전체적인 요리모양 및 어울림 조화에서 예술적 감각이 가미되어야만 한다는 것을 뜻하며, 호텔조리의 현장실무와 조리이론이 병행되어 지속적인 발전 및 변화를 추구하여야만 한다는 것을 의미한다.

따라서 호텔조리의 의미는 식재료를 사용하여 요리를 조리 및 생산을 하기 위한 모든 시설 및 인력을 포함한 일체의 행사를 일컫는 말로서 이러한 개념들을 정의하면, 호텔조리란 요리생산 활동을 위해 제공되는 각종 주방 시설물 및 조리기술, 수단에 의하여 판매가 가능한 음식을 생산하는 모든 행위를 말한다.

2. 호텔조리의 개념

호텔조리에 있어서 그 조리방법이 일정하게 정하여져 있는 것은 아니다. 그러나 조리기술은 다양한 전문가들의 오랜 요리연구와 전통적 경험에 의해 거의 이상적인 조리방법에까지 도달된 것도 많아서 이것을 그대로 전수받아 익히는 방법도 조리기술의 숙달을 위한 첩경이 될 수 있다.

그러나 모든 요리의 조리방법을 일정불변한 것처럼 간주해 버린다면 호텔조리 분야의 발전은 기대할 수 없게 될 것이다. 따라서 각자의 지속적인 연구와 함께 독창력, 창의력의 경주로 더 좋은 조리기술을 배양하도록 노력하여야 한다.

현대적인 주방설비의 대규모 주방을 갖춘 조건에 있어서는 조리기술의 전문화, 세분화, 고도화를 추구하며 새롭게 도입된 조리기술의 소화, 축적 등에 더 많은 연구와 노력이 요청된다고 하겠다.

3. 호텔조리의 목적

호텔조리는 식재료가 함유하고 있는 각각의 영양소를 미각적으로 맛있게, 위생적으로 안전하게, 시각적으로는 보기 좋게, 영양적으로는 손실이 적게 섭취할 수 있도록 하는데 그 목적이 있다고 하겠다.

맛이 있다는 것은 요리가 이와 같이 합리적인 조리조작으로 이루어졌다는 것을 말하는 것으로 그 구체적인 핵심요소는 다음과 같은 목적을 달성하도록 한다.

1) 맛 요소 식재료의 외관을 손질하여 맛있게 한다.

① 각종 향신료를 첨가함으로써 풍미를 더해준다.

② 향신료 및 허브를 첨가함으로써 식재료 본질에서 나는 맛과 향기를 풍미있게 한다.

2) 영양 요소 소화를 용이하게 하며 식재료의 영양효율을 높이도록 한다.

조리과정에서 파괴될 수 있는 영양소나 단일식품에서 얻을 수 없는 영양소를 타 식재료와 함께 배합함으로써 이상적으로 섭취할 수 있다.

3) 위생 요소

모든 식재료는 위생상 안전한 음식으로 만든다.

① 세척, 손질, 가열과정 중에 이물질, 충란과 세균의 감염을 예방한다.

② 각종 식품이 함유하고 있는 독성분을 제거하며 식중독을 방지한다.

4) 물리적 형태 요소

① 여러 가지 형태의 모양을 만들어 조리함으로써 시각적 효과를 높여 식욕을 촉진시킨다.

② 먹기에 편리하게 자름질하여 조리함으로써 먹는 데 불편함이 없도록 한다.

5) 미각적 요소

여러 가지 식재료를 혼합함으로써 단일 식재료로는 낼 수 없는 아름다운 색상의 본질을 얻을 수 있도록 한다.

6) 음식의 색상 효과 요소

식품 자체가 지니고 있는 색상을 보존해야 할 뿐만 아니라 여러 가지 식재료를 혼합함으로써 단일 재료로는 낼 수 없는 아름다운 색상과 맛을 만들어 낼 수 있도록 해야 한다.

7) 음식의 편의성 요소

음식물의 보관성 및 편리성, 저장성, 이동성 등이 가능하도록 하고 품질을 높인다. 그리고 가열로 인하여 삭품의 수분을 제거하고 효소의 활성을 약화시켜 식품의 부패를 방지하고 식품에 부착되어 있는 병원균을 살균하여 식품을 저장할 수 있게 한다. 그 밖에 휴대에 편리하도록 한다.

4) 호텔조리사의 개념

호텔조리란 다양한 식재료를 이용하여 기본적 조리방법에 맞도록 하며 요리는 창의성, 독창성을 잘 맞추어 요리하는 것을 말한다. 즉 판매를 목적으로 음식을 만드는 과정을 전문적으로 행하는 것을 말한다. 이와 같은 측면에서 볼 때 조리사란 음식을 잘 만드는 사람이라고 할 수 있다. 가정에서 가족과 함께 먹을 음식을 만드는 것도 조리라고는 하지만 그러한 음식을 만드는 사람을 조리사라고 하지는 않는다.

이러한 관점으로 비추어 볼 때 조리사란 영리를 목적으로 하는 레스토랑, 호텔 등과 비영리라 할지라도 대규모의 단체 급식, 일정시설의 주방에서 소정의 요리전문교육을 이수하여 조리자격을 구비한 후에 음식을 만드는 분야에 종사하는 사람을 말한다.

과거 조리에 대한 일반적 인식은 어두컴컴한 주방에서 조리기초 이론과 기본 행위 및 위생 따위는 염두에 두지 않고 음식을 만드는 것이었다. 그러나 근래 글로벌 시대 관광산업의 발달로 인한 외래 관광객의 급격한 증기와 이를 수용하기 위한 대규모 관광호텔의 건립에 따라 그 부대시설로써 초현대적인 시설물의 주방이 출현하게 되었으며 또한 호텔 외식산업의 발달로 인해 대규모의 고급식당들이 출현함으로 조리사의 수급부족 현상이 나타나 있다. 현상에 맞추어 조리사를 양성하는 전문교육시설이 등장하였고, 또한 각 관련기업이 자체에서 조리사양성교육에 힘씀으로써 조리사의 능력과 자질이 더욱 향상되게 되었다.

여기에 개개인의 피나는 노력과 새로운 조리방법과 기술의 도입이 부가되어 현대사회에 이르러서 호텔조리사는 전문기능인으로 인정을 받게 된 것이다.

제2장 호텔조리의 직무

1. 호텔조리의 직종 체계
2. 호텔조리의 중요성
3. 호텔주방 조리기능 업무의 본질
4. 호텔조리의 원리
5. 주방조리의 전통 및 방법
   1) 조리의 시대적 배경
   2) 호텔주방 조리의 업무분담
   3) 주방의 안전관리
   4) 서양요리 기초 조리용어 해설

1. 호텔조리 직종 체계

★ Executive CHEF → Executive Sous CHEF → Sous CHEF → CHEF de parties → Demi CHEF → Commis Ⅰ · Ⅱ → Cook Helper or Pantry.

특급호텔 주방업무의 일반적 직무내용

<table>
<tr><th rowspan="2">직무 내용</th><th colspan="2">직무 요건</th></tr>
<tr><th>관련 직무</th><th>정신적 요건</th></tr>
<tr><td>1. 영업장 관리
시설관리, 기물관리, 문서관리, 준비업무, 팀워크</td><td rowspan="5">구매
원가관리
교육훈련
스튜어트
식당영업
안전사고관리</td><td rowspan="4">– 성격 –
창의성
지도력
지구력
신중성
협조성
– 능력 –
통솔력
업무조직관리 능력
이해판단능력
외국어 능력</td></tr>
<tr><td>2. 인력 관리
인원관리, 교육훈련, 안전관리, 근태관리</td></tr>
<tr><td>3. 원가 관리
식자재 검수 및 재고관리, 재료비율, 인건비, 경비관리, 식재료 관리</td></tr>
<tr><td>4. 메뉴개발
고객관리, 상품개발 및 관리, 메뉴작성, 생산액관리, Recipe 정비, 요리상품 관리</td></tr>
<tr><td>5. 위생 관리
식품위생, 개인위생, 환경위생</td><td>청결성</td></tr>
<tr><td>6. 지능 및 지식
추리능력, 언어이해력</td><td>요리창의성
아이디어</td><td>인내성</td></tr>
</table>

호텔조리 직무내용

① 업장관리 : 시설, 기물, 문서관리

② 인력관리 : 인원관리, 교육훈련, 안전관리, 근태

③ 원가관리 : 식자재 검수 및 재고관리, 재료비율, 인건비, 경비관리

④ 메뉴개발 : 고객관리, 상품개발, 메뉴작성, 생산액 관리, Recie정리

⑤ 위생관리 : 식품위생, 개인위생, 환경위생

실무 부가 지식	전문 부가 지식
• 식품위생	• Hotel management
• 공중위생	• 조직관리기법(업무조직관리능력)
• 조 리 법	• 고객관리기법
• 영 양 학	• O. J. T.기법
• 식자재 관리	• 외국어 능력
• 상 품 학	• 적정재고 책정 요령
• 요리역사	• 제 예산수립 요령
• 제과제빵학	• 자재구매, 기물별 특성 구입계획 요령
• 원가관리	• 통솔력, 이해 판단력

2. 호텔조리의 중요성

호텔조리의 중요성은 인간의 기본생활을 이루는 의식주 삼대요소 중의 하나로 아무리 요리사의 조리기술이 우수하다 하여도 그 요리가 기술적으로, 위생적으로 처리가 잘못되거나 사회적 환경을 무시한다면, 그것은 모든 사람의 생명을 위태롭게 하고 말 것이다. 지난 '07년 도시기구 월평균 외식비는 2,871천 원에서 '17년에는 무려 37,917천 원으로 증가했고, 앞으로도 계속 증가 추세에 있다. 따라서 인간의 생명을 유지하고 영양을 섭취하여 생활을 향유하는 것도 중요하다고 하겠다.

1) 위생적 측면

인류의 질병 80%가 소화기 질환으로서 직·간접으로 식생활과 관련이 되어 있기 때문에 조리와 위생과의 관계는 절대적으로 중요하다.

개인위생, 환경위생, 보건위생, 식품위생, 공중위생 등은 사회 전반의 문제로 각 개개인이 올바른 지식을 갖고 이것을 주체적으로 행동에 옮길 수 있어야 한다.

호텔주방이 대규모, 고급화 되어가고 있는 있으며, 이러한 추세는 청결하고 위생적인 면을 고려하는 현대인들의 욕구에 부응하는 상당한 개선을 요구받고 있다. 따라서 개인위생교육 훈련이 철저히 이루어져야 한다.

2) 사회적 측면

국민경제의 급속한 발전으로 인해 국민소득의 향상을 가져옴에 따라 외식 음식 섭취가 많이 이루어지기에 그 부산물의 하나로 성인병이 나날이 증가하고 있는 추세에 있다. 따라서 호텔조리를 담당하는 조리사도 전근대적인 조리방법을 지양하고 국민건강 향상 및 웰빙요리를 만들어 사회에 능동적으로 대처해야 할 범사회적인 책무를 다한다고 볼 때, 그 책임은 막중하다고 하겠으며, 그에 따라 사회변화의 흐름을 정확히 파악하고 그 시대·환경에 부합되는 조리가 되어야 한다.

따라서 미래의 조리에 대한 기대는 국민 웰빙 생활을 개선하고 대외적으로 건강하고 특징 있는 조리를 하여야만 한다.

3) 영양적 측면

최근 호텔 레스토랑을 찾는 많은 고객들이 영양가의 건강메뉴 품목에 큰 관심을 보이고 있으며, 호텔 고객들의 욕구를 충족시키기 위해서 고객니즈 메뉴계획에 영양적인 배합을 하지 않을 수 없다. 따라서 연령별, 성별 직업별에 알맞은 음식의 양과 품질을 고려하여 국민 건강을 지키는 열량 공급을 충족시켜 주어야 한다.

3. 호텔주방 조리기능 업무의 본질

효율적인 호텔조리란 합리적·효율적으로 호텔주방을 운영하여 요리생산 업무를 수행하는 것이며, 과학적인 조리기술에 대한 전문지식과 오랜 현장경험을 갖추어야 하는 숙련된 특수 업무를 말한다. 호텔조리 기능을 정의한다면, 전문요리 생산 및 조리활동을 효율적으로 관리하는 조리기술이라고 할 수 있다.

조리상에 있어서 필요불가결한 기본업무는 다음과 같은 순서로 진행된다.

주방계획은 음식생활을 준비하는 기초단계로서 어떤 종류의 음식을 생산할 것인지, 소모될 식재료 및 기타 생산에 필요한 수요와 공급을 적절히 맞추는 생산계획의 일부를 이루며 기능적으로 검수업무도 포함이 된다. 이때 영업의 형태에 따라 수요예측과 구매할 식재료의 가격동향 등 정밀한 조사를 통하여 주방계획을 완전하게 수립하여야 한다.

식재료 구매에서부터 음식상품이 되기까지의 모든 과정에서는 계획된 예정 메뉴에 대한 해박한 지식과 경험이 복합적으로 작용, 고객이 요구하는 요리의 진정한 맛에 대한 욕심을 채워 줄 수 있는 것이므로 이에 대한 주방 운영계획 연구 및 개발 또는 개선이 부진한 경우 상대적으로 고객이 감소하는 경우가 필연적으로 발생하므로 음식상품 가치의 극대화 및 고객만족에 부응하기 위하여 준비단계에서부터 요리작품 완성 시까지 음식품질관리를 체계적으로 하여 궁극적인 이익을 창출할 수 있다는 점을 충분히 인식하여야만 한다.

호텔주방 영역 분류 대규모 호텔에서는 다양한 주방을 갖추고 있어 각 영역별 분류와 주방업무의 계획 준비를 하여야 한다.

특급호텔 대규모 주방업무 영역

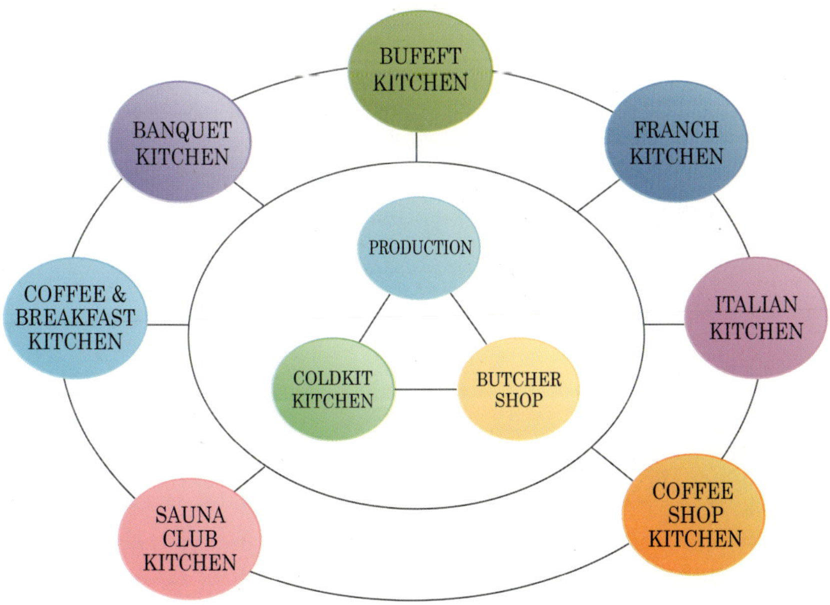

특급호텔의 주방 영역을 분류하는 체계를 이루고 있다

특급호텔 대규모 주방 조직표

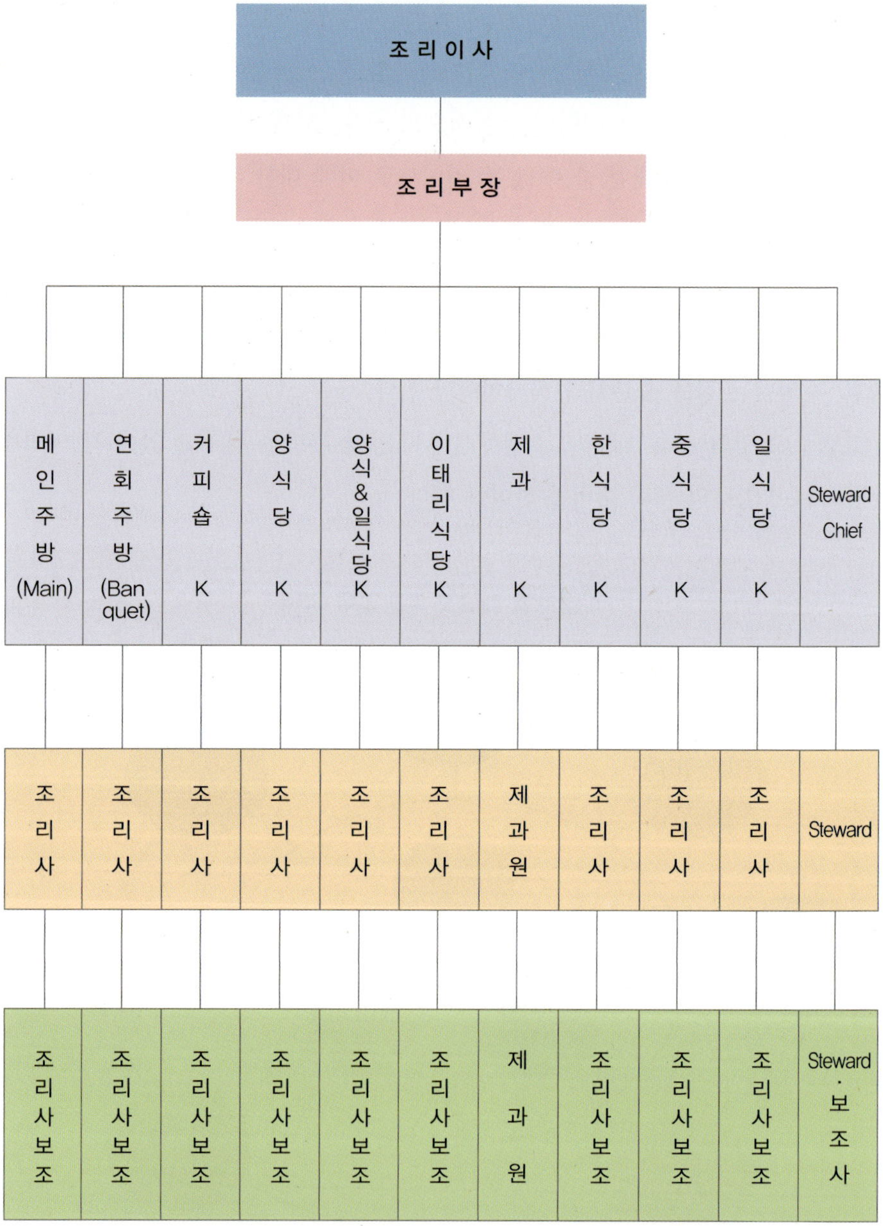

특급호텔 대규모의 주방조직 구성 체계를 이루고 있다

호텔조리 직급별 조리기술 단계

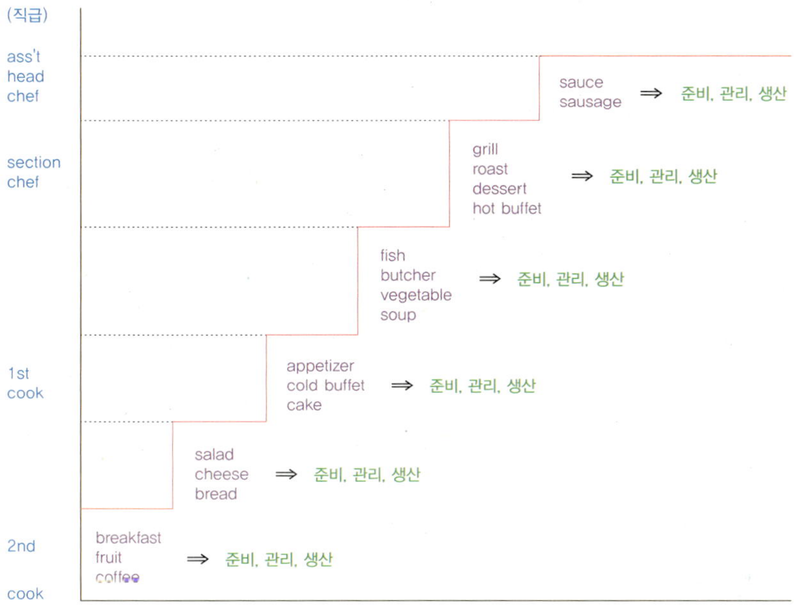

호텔주방의 조리사 직급별 조리 담당 작업 업무를 분류 체계 모델을 이루고 있다

첸트럴의 공학적 조리지식과 실기의 구성비

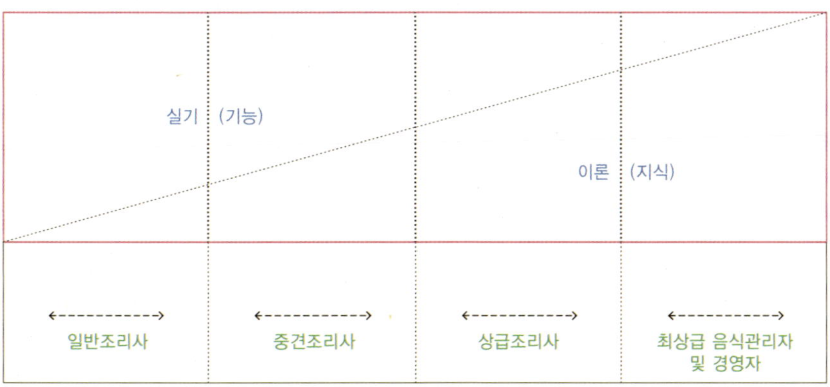

전문조리사는 직급이 낮은 사람은 직접 실무적 요리를 만드는 것이 주 업무이며, 조리직급이 상위로 올라갈 경우에는 조리실무뿐만 아니라 이론적 지식을 제시하며 주방 운영경영관리 능력을 두루 갖추어야 한다.

호텔조리사 승격·승진 기준표

이상 직급		2年	2年							
sous chef	↑	2年	2年				0	0	0	
head chef	↑	2年	2年			0		0	0	
ass't head chef	↑	2年	2年							
section chef	↑	2年	2年			0	0	0		
1st cook	↑	2年	2年	0	0			0		
2nd cook	↑	2年	2年	0	0			0		
cook helper	↑	1年	3O月	0				0		
OOOO										

호텔조리부서의 승진 부문에서 기준표를 만들어서 호텔조리업무 영역에 능력을 갖추도록 교육과 실제 평가를 실시하고 있으므로 기준표를 참고를 해야 한다.

호텔조리부서는 전문요리별 상품 특성에 따라 영업장소별로 분화되어 있다. 따라서 직무의 특성에 대한 사실을 간단하게 정리한 것이 직무 기술서를 기초로 하여 직무의 내용과 직무에 요구되는 조리 인적요건을 기술한 것이 직무명세서이다.

조리사들은 어느 특정업무에만 치중시키지 말고 모든 업무를 분야별로 숙달할 수 있도록 균등한 기회를 주고, 정기적으로 Rotation을 시켜야 한다.

따라서 각 영역 분야의 조리사들은 전문적인 조리훈련 프로그램의 메뉴개발 연구를 통하여 모든 분야의 주방업무내용 및 조리방법을 필히 숙지하여야 한다.

다음은 특급호텔 주방직급에 따른 담당 핵심 주요업무를 기술하고 있다.

1) Executive(총주방장)

지휘계통은 F&B Director 또는 General Manager이며 주방업무의 총괄적 관리자로서 회사정책에 적극 참여하여 이익극대화 창출에 기여하여야 한다. 경쟁력 있는 새로운 요리의 개발을 위해 부단히 연구하는 동시에 음식생산성 제고를 위한 주방업무 효율화에 적극 참여하고 관리해야 한다.

2) Executive Sous Chef(부총주방장)

지휘계통은 총주방장이며, 총주방장을 보좌하며, 부재 시에는 그의 직무를 대행하며 각 주방의 메뉴계획을 수립하고 주방인원 적재적소 배치와 현장 실무적 측면에서 조리교육, 훈련 등을 지시하고 지휘감독 한다. 총주방장과 마찬가지로 모든 주방관리업무를 수행해야 한다.

호텔경쟁사 및 시장조사 실시, CHEF Suggestion MENU, EVENT MEUN 작성, 주방 안전점검, 전문조리 교육을 담당한다. 그리고 신입사원 채용 및 신입사원의 조리교육과 현장 주방업무 적용을 위한 O. J. T 교육계획을 수립하여 이를 실기와 평가를 한다.

3) Sous CHEF(섹션 주방장)

지휘계통은 부총주방장이나 총주방장의 지시를 받는 단위 주방부서의 부서장이며, 주방업무와 관리에 관련된 제반 업무책임을 지는 관리자 역할을 수행하고, 훌륭한 요리를 고객에게 제공되도록 적극 노력해야 한다.

① 각종 A LA Carte메뉴 및 주간단위의 주방장 추천메뉴를 구성 및 작성하여 요리의 다양화를 꾀한다.

② 식재료 주문 및 검수하여 식재료의 적정관리를 도모한다.

③ 주방인원을 적정수준으로 유지관리 및 근태관리를 통해 인력효율화를 제고한다.

④ 재고관리상의 제반 손실을 예방하고 표준조리법의 몫을 정확히 유지하여 원가관리를 반드시 해야 한다.

⑤ 고객의 기호나 식성에 맞는 신상품 음식개발에 부단한 노력과 연구해야 한다.

⑥ 사전 예방점검에 중점을 둔 소화기 및 안전관리에 대한 주방교육을 부단히 실시한다.

⑦ 주방 내에 설치된 모든 시설물에 대한 기본관리 지식을 갖고 정상적으로 항상 유지 되도록 주의 깊게 관찰한다.

⑧ 이벤트 메뉴개발에 대한 관리 전문교육을 실시한다.

4) CHEF DE PARTIE(부 주방장)

지휘계통은 부서 주방장이며, 맡은 부서의 주방장을 보좌하여 조리기술과 현장 실무적인 면에서 조리사의 작업을 지휘 감독하여 부하 직원간의 중개자 및 조정자 역할을 담당한다. 또 해당부서의 주방장 부재 시 그의 대행 업무를 한다. 각종 주요 업무는 다음과 같다.

① 완성된 요리를 점검하여 고객의 불평을 극소화시킨다.

② 주방의 제반 운영관리로서 육류, 냉동품류, 생선류, 청과물, 유제품, 제과, 음료, 소모품 등을 청구 및 수령, 검수를 지시하고, 모든 전표와 서류양식 업무를 관리한다.

③ 근무조의 편성, 감독, 지도를 하고 능률적인 주방업무로 생산성을 최대한 도모한다.

④ 주방장 업무지침을 조리사들에게 세부적으로 지시하며 상황 숙지 및 이행여부를 확인하다.

⑤ 주방기기 및 기물관리를 철저히 점검한다.

⑥ 각종 파티메뉴에 의한 해당 연회장의 최종 확인과 그에 따른 각 부문의 준비상태를 점검한다.

⑦ 서비스 부문 인원과 업무 고객 서비스 연계체계를 확립한다.

5) Demi CHEF(전문담당 주방장)

지휘계통은 부주방장이며, 그를 보좌하고, 각 부서의 팀장으로서 조리업무의 실무측면에서 전문조리기능을 소지하고, 조리과정에서 요리업무의 노하우를 가장 많이 알고 있으며, 주방장이 작성한 MEUN의 준비과정 및 조리업무를 담당하며, 부주방장 부재 시에는 그의 업무를 대행한다. 각종 주요 업무는 다음과 같다.

① 담당 부서의 주방업무 총괄을 한다.

② 해당 조리사에게 요리에 대한 필요한 준비사항을 지시하며 준비상태를 확인

한다.

③ 메뉴에 의한 요리별 기본 소스 종류 확보 및 식재료를 파악하고 청구한다.

④ 완성된 요리의 최종 마무리 정리하고 점검한다.

⑤ 담당 부서의 주방의 소도구 및 기물관리를 한다.

⑥ 담당부서의 식재료 관리 유지 및 감독을 한다.

6) 숙련조리사(1st·2nd Cook)

소속 부서에서 Demi CHEF을 보좌하며, 그의 지시를 받아 식재료의 제반 준비 확인 및 조리업무를 담당하여 조리기능사의 풍부한 주방업무 경력으로 하위 조리사와 실습생(Appentice)의 업무를 지도하며 요리 제조과정 중 중요한 부문을 취급한다. Demi CHEF 부재 시 그의 업무를 대행 한다. 각종 주요 업무는 다음과 같다.

① 상급자의 지시를 받아 메뉴의 조리과정을 준비한다.

② 소속 부서의 냉동, 냉장고를 관리한다.

③ 자기 전문 고유 업무를 유지시킨다.

④ 하급자 조리사의 기술 지도를 공유한다.

⑤ 식재료 재고 파악 및 필요한 식재료를 신청한다.

⑥ 기본 베이스(소스 포함)류의 제조 및 관리를 한다.

7) 일반조리사(1·2 Commis)

상급자를 도와 조리에 필요한 기초과정을 준비하며, 상급자 지시에 의해 조리업무를 한다.

① 현장에 도착된 육류 및 생선, 야채 등을 1차 손질하여 영역 부문별로 조리할 수 있도록 완벽한 준비를 한다.

② 상급자 지시를 받아 당일 및 익일에 사용될 모든 식재료를 준비한다.

③ 상급자의 조리 실무를 보조한다.

④ 주방의 청결을 유지한다.

⑤ 주방의 기계 및 기물의 청결 유지 관리를 한다.

8) 조리보조(Appentice : Helper)

상습자들을 도와 조리의 기초과정을 준비하며, 주방에서 필요로 하는 각종 식재료 조달 및 기계류의 청결, 환경, 마무리 정리 등을 담당한다.

① 청구된 기본 식재료 수령 및 주방 창고 내 보관하고, 각종 소모품을 주방현장에 조달한다.

② 주방의 청결 유지 및 위생적인 작업장이 되도록 청결을 담당한다.

4. 호텔조리의 원리

조리는 재료의 특성에 따른 효소를 살려 조리한 음식을 식탁에 올려 놓기까지의 과정으로서 식품을 맛있게 영양의 손실이 없이 안전하게 요리하는 것을 말한다. 우리는 식품에서 유해한 부분이나 불가식 부분을 제거하고, 수세·가열·조미 등의 방법으로 조리하고 있다. 그런데 우리의 식생활을 보다 과학적으로 만들기 위하여, 이와 같은 조리과정에서 일어나는 물리적·화학적·영양학적 변화를 검토하여 합리적인 조리방법을 연구해서 음식물을 만드는 것이 곧 조리학(Science of Cookin)이다.

따라서 영양상으로는 완벽하게 짜여진 메뉴라 할지라도 미흡한 지식과 기술로써 조리한다면 그 식품의 영양 가치는 무의미하게 될 것이다. 그러므로 조리에 있어서 영양상의 문제 못지않게 이론을 토대로 한 조리의 과학화가 중요한 것이다.

이러한 조리의 과학화를 위해서는 우선 개개 식품의 화학적 성분뿐만 아니라, 물리적·생리적 특성을 충분히 알아야 한다. 이 이유는 조리작업 시에 이런 요소들이 단독 혹은 상호간에 작용을 하기 때문이다.

음식은 이관, 색, 향, 미, 감촉, 연화, 용량, 온도 등이 변하여 먹기 좋은 상태로 된다. 종래에는 조리사의 경험에서 나온 개인적 습성 또는 비결로서 조리가 행해지고, 조리기술이 전수되어 있으나 이것만으로 조리에 있어서의 미묘하고도 복잡한 변화를 설명할 수도 없었으며, 기술의 전수도 어렵다. 그러나 최근에는 식품 조리학의 발전으로 조리 상의 기본적인 문제는 기초적 이론과 실습으로써 파악하고 또 여기에서 얻어진 결과를 기초로 하여 조리기술을 이론화·체계화함으로써 상당한 조리 분야에 있어 부분적이나마 과학화에 한걸음 접근하게 되었다.

따라서 좀 더 효율적이고 안전하게 맛있는 조리를 만들기 위해서는 이와 같은 조리의 이론을 바탕으로 영양의 보충과 좋은 맛의 추구, 그리고 조리 능률성의 증진과 비용 등을 생각하지 않으면 안 된다. 이 모든 점을 고려할 때 조리 과학화가 더더욱 절실하게 요청되는 것이다.

1) 주방조리 상에 있어서 가열원리 기초지식

조리에 있어서 식재료를 가열한다든지 냉각시키는 등 여러 가지로 열이 이용되고 있다.

열의 이동 방식에는 전도·대류 및 방사의 3종류가 있다. 대체로 열은 온도가 높은 곳에서 낮은 데로 전해지며 이동한다.

① 전도란 쇠젓가락을 불에 올려 놓으면 쇠젓가락의 일부분에서 점차 다른 부분으로 열이 옮겨가면서 뜨겁게 된다. 이것을 전도원리라고 한다.

② 대류란 공기나 물을 가열하면 가벼워져서 물질이 상승하여 위에 있는 찬 공기나 물은 아래로 내려간다. 아래로 내려간 공기나 물은 곧 가열되어 또 상승하며 이 운동이 계속되는 동안 전체 공간의 공기나 물은 따뜻해지면서 기체나 액체에 일종의 흐름이 생기는데 이처럼 열이 물질의 운동에 의해 운반되는 현상을 대류 원리라고 한다.

③ 방사란 햇빛이 비치는 것에 있으면 주위의 공기가 차가와도 따뜻해지고, 난로에 가깝게 있으면 얼굴이 뜨거워진다. 이것을 방사원리라고 한다. 이와 같이 태양이나 난로의 열이 사방으로 변해지는 현상을 방사 또는 복사 원리라고 한다. 가스 열은 방사열이 작기 때문에 고기나 생선 등을 구울 때는 금속에 놓아 열을 흡수시켜 거기에서 나오는 반사열로 구우면 타지 않고 잘 구워

진다. 일반적으로 전기열이나 연탄불은 방사열이 풍부하다.

④ 비열은 어떤 물질 1g을 얼리는데 1℃ 상승시키는데 드는 열량과 물1g의 온도를 1℃ 상승시키는데 드는 열량(1kcal)을 비교한 수치를 그 물질의 비열이라 한다.

⑤ 잠열은 고체가 액체로, 액체가 기체로 바뀔 때에 온도의 상승을 나타내지 않고 다만 물질의 상태를 바꾸기 위하여 소비되는 열을 잠열이라고 한다. 이것은 수프를 접시에 담아 놓으면 잘 식는 원리와 같고, 또 식품들을 냉각시킬 때도 이 원리이다.

⑥ 빙점은 물이 얼기 시작할 때 또는 얼음이 녹기 시작할 때의 온도를 빙점이라고 하는데, 1기압일 경우의 빙점은 0℃이다.

⑦ 비점은 액체가 끓기 시작하는 온도를 비점이라고 한다. 순수한 물은 1기압일 경우에 100℃에서 끓지만 기압의 변화에 따라 비점은 이동한다.

⑧ 점도란 물체의 끈끈한 성질을 점성이라고 하고 점성의 정도를 점도라고 한다. Consomme는 점도가 낮고 Cream Soup은 점도가 높은데 점도에 따라서 음식의 맛이 달라진다.

⑨ 산화라는 작용은 요리의 맛과 향기를 변화시키며 영양가의 손실을 가져오기도 한다. 지방류는 특히 산화되기 쉬우며, 유지류는 공기 중에 오래 방치하면 산화된다. 또한 생선류에는 상당량의 불포화 지방산이 포함되어 있기 때문에 공기와 오랫동안 접하면 산화되어 불쾌한 냄새가 나기 쉽다. 비타민A와 비타민C도 산화에 의해 파괴되며 각종 식재료 색소도 산화하면 변색된다.

2) 조리 상의 음식의 맛

사람은 기호적인 요소 중에서 가장 예민한 음식의 맛을 느낄 수 있고 필요·불필요한 음식을 분별할 수 있는 미각을 가지고 있다.

혀의 각 부위에 따른 각종 맛의 가장자리 혀에서는 신맛, 혀의 속 부분에서는 쓴맛, 혀의 전체부분은 짠맛, 혀의 맨 앞부분에서는 단맛에 예민하다.

인간에 있어서 미각 느낌은 입에 국한되어 있으며 또 입 전체가 아닌 특정 환경과 장소에서도 느끼게 된다.

음식의 미각은 Henning이 발견한 4가지 맛(단맛, 신맛, 짠맛, 쓴맛)의 본래 미각 외 통각, 온도감각 등의 복합감각과 떫은 맛, 매운 맛, 맛난 맛 등이 있다. 또 맛의 체계는 표와 같이 분류하기도 한다.

맛의 분류

화학적인 맛	수용액에 의한 미각신경의 자극	단맛, 신맛, 짠맛, 쓴맛, 매운맛, 떫은맛
물리적인 맛	구강 내에 주는 물리적 자극	온도, 연하고 딱딱한 것, 점탄성, 촉감
생리적인 맛	신체조건에 의한 자극 느낌	공복감, 갈증, 피로감, 건강상태
심리적인 맛	심리적 요인의 미각에 영향	외관, 색, 냄새, 환경, 개인적 기호

3) 조리상 맛의 온도

맛은 자극 물질의 온도에 따라서 어느 정도 좌우된다. 신맛은 온도의 변화에 따라서 전혀 변화되지 않는다. 이와 반대로 짠맛과 쓴맛은 온도가 높아지면 맛을 느끼기가 어려워지는데 특히 쓴맛은 37℃ 이상이 되면 급격히 느낌이 좋지 않다.

음식이 온도의 느낌은 체온의 기준으로 되는데 체온에 가까우면 불쾌해지고 이보다 차거나 또는 뜨거운 편이 기분이 좋으며, 80℃ 이상 또는 0℃ 이하가 되면 통각으로서 느끼게 된다.

음식의 적정 온도는 대략 체온을 중심으로 해서 25~30℃의 범위에 있다. 일반적으로 농후하고 복잡한 맛이 있는 것(수프, 소스, 우유 등)은 따뜻하게 한다.

5. 주방조리의 전통 및 방법

1) 조리의 시대적 배경

호텔조리는 요리를 만드는 조리사들이 고객의 사회적 가치관과 그 시대적 환경의 흐름에 바탕을 두고 발전했다고 할 수 있다. 따라서 그 시대적 인간교류와 문화교류가 빈번하게 이루어짐으로써 요리전통의 배경으로 발전해 왔다고 할 수 있다.

조리사는 요리의 예술과 조리의 시각적인 측면에 관한 많은 지식을 갖추어야 하고 다양하고 풍부한 음식의 지식수준으로 미각·후각·색상, 감각 등 완벽한 조화가 되도록 각 식재료 종류의 요소를 자연스럽게 결합시키는 음식 감각을 갖추어야 한다. 호텔조리의 요리예술은 최고 품질의 음식으로 모든 고객을 만족시키는 최대의 기술이다.

① 고전적 요리감각(The Art of Classical Cooking)

고전요리는 17~18세기에 루이 왕권 절정기에 궁중에서 성행했던 프랑스 요리를 말한다. 프랑스 요리는 계속적인 변천을 해왔는데, 다른 문화예술 형태에서 일어났던 변화와 밀접한 관계가 있다.

특히 음식의 이름이 요리에 실제로 사용한 식재료와 일치하면 고전요리라고 할 수 있다. 이것이 그 시대의 특징적인 요리라고 할 수 있다.

② 일반적 요리

고전요리와는 대조적으로 일반요리는 개인주방에서 시작되었다고 볼 수 있다. 일반 음식은 간단하고, 영양분이 충분하도록 정성스럽게 차려진다.

음식의 습관과 선호경향은 많은 지역과 지방 등 그들 고유의 독특한 요리방법을 가지고 있으며, 지형학적 조건과 기후, 사람들의 성장배경과 전통, 그리고 그 지역의 관습은 식생활의 양식과 종교적인 전통에 제한을 받고, 사람들의 영양의 필요성에 영향을 끼치고 있다.

따라서 특정한 지역에서 많은 특이한 음식들은 사람들의 영양적인 필요성과 건강의 욕구를 더욱 강조함으로써 여러 지역에 널리 인정을 얻었다.

③ 식이요법의 요리(Dietary Cooking)

특정한 식이요법은 보통 식이요법의 영양적인 요소를 조절하는 데 그 기초를 두고 있다. 이들 변화에 포함된 것은 칼로리 열량의 조절, 영양성분(단백질·지방·탄수화물·비타민·무기질)의 적당한 조절, 질감(유동감·연질감·촉압감)의 조절 등이라고 할 수 있다. 대부분 정상적인 음식을 제공하더라도 개인의 필요성에 따라 만족시킬 수 있도록 만들어야 하고, 또 그 음식이 특별한 병을 치료하거나 예방조치를 위해 음식조절을 하는 것인데, 병에 따라 영양소를 증감하는 제약이 필요하고, 절대로 몸의 신진대사의 리듬을 깨서는 안 된다.

④ 채식가 요리(Vegetarian Food)

대체로 야채 식이요법은 고기를 섭취하지 않을 뿐만 아니라 동물성인 우유나 유제품·달걀과 심지어는 비슷한 동물성 음식도 기피하는 것이다. 이 식이요법의 주요 요소는 야채·두과류·견과류·씨앗·빵과 곡류제품·과일들은 식물성 음식이고, 올리브유나 식물성 지방유를 사용하여 조리를 해야 한다. 야채요리는 다이어트나 저칼로리로써 몸의 균형과 건강을 제공해주고 있다고 서양사람들은 믿고 있다. 경우에 따라서는 이런 형태의 음식이 특수한 식이요법의 목적으로 사용될 수도 있다. 주의할 것은 단백질이 식물성 음식에는 약간 결핍되어 있어 보충할 필요가 있다.

⑤ 현대적 요리(Modern Cooking)

고전요리는 모든 혁신에 기본을 두고 구성되었지만, 오늘날 요리의 경향은 안전과 효율적 저장, 음식 준비방법과 서비스의 단순화 흐름, 그리고 개선된 영양에 주안점을 두고 있다고 할 수 있다. 고전과 현대 요리방법은 서로 상호의존 관계에 있는데, 음식 준비방법과 식재료에 의한 기본적인 영양·규칙들이 다르다.

현대요리는 영양가와 영양소에 관심이 높아져 요리선택에 큰 영향을 끼쳐왔고, 이러한 선택은 영양소가 풍부하고 저칼로리·인공 첨가제가 없는 요리들에 그 바탕을 두고 있다. 그리고 생선, 신선한 야채들이 더욱 많이 소비되어지고 있고, 칼로리가 높은 디저트 대용으로 과일들이 소비되고 있는 경향이다. 무엇보다도 오늘날 요리는 총체적인 고전요리가 현대적 요리의 기본바탕이 되었고, 또 현대적 요리는 조리사의 독창성, 창의력과 아름다운 음식 외양에 있다고 하겠다.

2) 호텔주방 조리의 업무분담

특급호텔 주방은 영업장이 다양하게 이루어져 있어 각 주방 영역별로 음식의 종류와 주방 내에서 조리업무 분담 및 역할이 각기 다르다. 특급호텔 주방 조리분야는 세분화된 영역을 분류하고 있다. Garde manger, Saucier, Rotisseur, Entremetier, Patissier, Butcher, Steward 등으로 전문성 7가지 분야로 세분화로 구분해야 한다. 그리고 미숑 프라스를 철저히 준비해야 한다.

(1) Mise en Place란 무엇인가?

주방의 조리작업에 필요한 식재료 및 소도구들을 사전에 준비하는 행위로 우리말로는 적재적소 배치라고 할 수 있는데 구체적으로 그날의 조리준비 작업을 위하여 필요한 식재료들을 완벽하게 챙긴다. 즉 기본 식재료 준비, 음식그릇 준비, 요리도구들을 요리하는 데 편리하도록 잘 집합시키고 제자리에 설치하는 것을 의미한다.

① Mise en Place의 목적

각 주방에서 실제로 영업장에서 요리가 시작되기 전에 모든 식재료 준비활동을 완벽하게 하는 것으로 하여 조리과정은 단순화되고 손님 주문에 따른 음식제공 속도 및 과정 절차를 무리없이 이루어질 수 있는 것이다. 따라서 조리업무가 시작되기 전에 전문조리사 각자는 완전히 조리 준비 작업이 끝났는지를 점검할 수 있는 충분한 시간을 가져야 할 필요성이 있다. 특히 주방이 능률적으로 조직화 되어 있는 곳에서는 각 Section의 조리준비 작업이 도식화 체계화 되어 있다.

② Mise en Place의 필요성

각 주방에서 요리를 만들 수 있는 준비작업이 완벽히 이루어지면 영업시간에 맞춘 요리는 이미 절반은 완료되었다고 볼 수 있을 만큼 준비를 하는 것이 조리업무를 능률적, 생산적, 효율적으로 수행할 수 있는 최소한의 기본 요건이다.

이 기초 준비의 작업은 큰 규모의 주방에서부터 작은 주방에도 해당이 되는 작업으로 조리사 개개인의 능력이 한눈에 평가될 수 있는 평가방법이기도 하다. 특히 주방 간부들 중에서 여러 부문의 조리사들의 작업을 주시하여 보면 정확한 조리 작업 준비와 관련하여 그의 요리업무를 구체적이고 조직적으로 쉽게 소화해 내는 능력을 가진 조리사를 발견할 수 있다고 본다.

예를 들어 혼자하기 어려운 조리작업도 누구의 도움을 청하지 않고 스스로 쉽게 해결하는 능력을 가진 조리사로 판명된다. 이런 부지런하고 능력 있는 조리사들은 준비 작업을 하기 전에 필요한 도구 및 기자재, 식재료 준비를 완벽하게 해결하는 사람으로서 헬퍼(Helper)가 필요 없는 사람이다. 주방에 들어가서 요리를 하다 보면 간혹 "도움을 요청 한다"든지 또는 부하 조리사에게 재료를 가져오라고 시킨다든지 하는 조리사들은 Mise en Place를 철저히 이행하지 않는 사람들이다. 이러한 조리사들은 일반적으로 Mise en Place를 철저히 준비한 사람에 비해서 능률이 떨어지고 업무 집중 역시 떨어지게 마련이다.

따라서 모든 조리사들은 자기가 맡은 조리업무에 대한 Mise en Place가 항상 존재하기에 요리에 집중해야 한다. 그리고 주방장에서 부터 Cook Helper까지 지위고하를 막론하고 완벽한 요리생산을 위한 Mise en Place는 주방운영을 위해서는 절대적으로 필요한 작업이다.

③ 기본적인 지속적 식재료 배치

기본적으로 4개의 구분으로 나누어서 준비하면 능률적일 수 있다.

- **어떠한 준비도 필요하지 않은 식재료 또는 물품 준비하기** 오일, 식초, 소금, 후추, 향신료, 허브, 녹말가루, 포도주, 꼬냑 등 전혀 가공이 필요치 않은 식재료를 준비하는 것.
- **몇 가지 손질이 필요한 식재료 또는 물품 준비하기** 잘게 다진 파슬리, 다진 마늘, 계란물, 정제 버터, 다진 양파, 장식용 레몬, 장식용 허브 꽃 등 요리를 만들기 위해 부수적으로 사용되는 일차 가공이 필요한 것을 준비하는 것.
- **여러 가지 필요한 소도구 및 용기 준비하기** 스푼, 젓가락, 집게, 포크, 밀러, 여과기, 채 등 요리를 만드는 데 필요한 소도구를 준비하는 것.
- **요리하는 가스렌지 오븐 위의 각종 용기통 준비하기** 주걱, 국자, 거품기, 나무젓가락 등 물이 담긴 둥근 통 속에 넣어 두고 항상 사용할 수 있도록 준비하는 것.

(2) Sauce Section

CHEF 및 Asst. CHEF의 지시를 받아 가금류, 육류, 야채류 및 생선류, 구이 등에 필요한 Mise en Place를 담당하고 기본 Sauce를 만들고 그에 관계되는 모든 식재료를 준비하고 영업에 완벽하게 육류, 가금류, 생선류, 야채류와 관련되는 Sauce를 만든다.

① Roti(Roast) ⇒ Boeuf, Agneau, veau, Porc, Dindonneau(딘도뇨), Turkey 새끼, Canard, Valoille 등의 가금류를 Oven에서 굽는다.

② Sauter ⇒ Chateaubrian, Tournedos, Entrecote 등의 육류를 Saute Pan에 굽는다.

③ Griller ⇒ Fillet, Entrecote, Poisson 등을 Char Broiler에서 굽는다.

④ Sauce ⇒ 기본이 되는 Fond de Veau를 만든다. Fond de Veau에서 파생되는 각종 육류 Sauce와 생선 소스, 가금류 소스 등도 준비하고 만든다.

⑤ Horsd' Oeuvre(Hot Appetizer) ⇒ Hot Horsd' Oeuvre를 만든다.

(3) Hot Sestion

CHEF 또는 Asst. CHEF의 지시를 받아 모든 Potage와 생선요리 및 관련된 Sauce를 만들고 각종 곁들임 야채와 비축 야채를 준비하고 메뉴에 따라 관리한다.

① Potage의 Base ⇒ Bouillon, Stock, Consomme, Veloute de Volailles, Tomate Soup, Mays Soup, Vichyssois 등 기본 Base류를 준비하고 만든다.

② Sauce의 Base ⇒ Fumet de Poisson, Veloute' de Poisson, Curry sauce, Tomate sauce, Tomate Fondue, Tomate Couli 등을 준비하고 만든다.

③ Poisson ⇒ 각종 생선 요리의 조리를 준비하고 만든다.

④ Garniture ⇒ 각종 곁들임 야채의 준비 및 조리한다.

⑤ 계절 야채의 비축 저장 ⇒ Tomate Fondue를 비축, Broccoli, Cauliflower, String Beans, Pignon(Glatine용) 등을 준비하고 만든다.

(4) Cold Section

Chef 또는 asst.Chef의 지시를 받아 모든 찬요리의 조리를 담당하여 전채, Salade, 후식, 음료 등을 준비하고 관리한다.

① Hors d' Oeuvre ⇒ Canape, 냉·전채류 등 모든 애피타이즈를 준비하고 만든다.

② Salade 및 찬 소스류를 만든다.⇒ 각종 계절 Salade를 준비하고 만든다.

③ Dessert ⇒ 각종 고급디저트, 후식류 등

④ Beverage ⇒ 각종 음료 등

(5) Butcher Section

Chef의 지시를 받아 육류, 가금류 및 생선류의 1차 조리를 담당하며 Hot Section 및 Sauce Section을 위한 모든 준비를 한다.

① 각 주방별 소요 육류 및 생선류의 청구를 수령한다. 주방업장에서 사용되는 육류 및 생선류의 사용량을 전날 Main Butcher에 청구하여 다음날 수령한다.

② 육류 및 생선류의 손질 및 보관한다. 수령된 육류와 생선류를 손질하여 1차

조리한 후 Hot section 및 Sauce section 부문에서 사용할 수 있도록 준비 보관한다.

③ 각종 Terrine 과 Pate, Mousse의 제조한다. 당일 혹은 다음날의 MENU에 의거하여 소요 Terrine류와 Pate, Mouss를 만든다.

3) 주방의 안전관리

(1) 안전관리 개요

현대시설의 주방에 있어서 안전관리는 어떤 주방, 어떤 시간을 막론하고 주방의 업무 중 매우 중요한 개념이 되었다. 특급호텔 주방에서 일어나는 안전사고는 아주 작은 부주의에서 비롯되고 있으며, 그 안전사고는 한 개인의 일이 아니라 주방에서 근무하는 모든 사람들에게 해당되는 것이므로 주방 안전관리에 더욱 세심한 주의를 기울여야 마땅하다. 대체로 주방 요리사는 안전한 직종으로 분류되고 있지만 안전 위험은 요리작업을 하는데에만 국한하는 것이 아니고 업무와 관련된 주방 여러 곳에 위험이 산재해 있다. 따라서 주방에서 발생되는 골절상, 화상, 절단, 타박상 등의 흔한 안전사고는 요리 작업 시에 개인의 부주의나 주방의 소란으로 인하여 발생함을 볼 때 호텔 전문 주방에서의 조리사의 부주의나 장난은 어떠한 경우에도 정당화될 수가 없으며 절대로 허용될 수도 전혀 없는 일이다.

(2) 주방의 안전 수칙 기준

① 주방 조리과정에서 발생되는 주의사항

- 뜨거운 프라이팬이나 냄비 굽기용 프라이팬 등을 취급할 때에는 마른 키친타월을 꼭 사용한다. 젖은 수건으로는 냄비나 프라이팬 열의 전도가 빠르기 때문에 쉽게 뜨거워진다.
- 주방의 모든 가열된 냄비 등의 뚜껑을 열 때는 약간 거리를 둘 필요성이 있다. 공기가 한꺼번에 새어나와 신체에 화상을 입기 매우 쉽기 때문이다.
- 주방의 요리 중 뜨거운 용기를 옮길 때에는 더욱 세심한 주의를 기울이도록 해야 한다.

- 주방의 요리 중 뜨거운 음식이 들어있는 냄비를 다룰 때에도 음식의 내용물이 넘치지 않도록 항상 조심해야 한다.
- 소스 팬이나 프라이팬의 요리 중에 긴 손잡이는 좁은 통로쪽으로 향하지 않도록 한다. 혹시 손잡이를 건드리거나 부딪치면 가스렌지 오븐 위에 엎어질 우려가 대단히 높기 때문에 위험하다.
- 주방 내의 어떠한 냄비나 프라이팬이 불꽃 쪽으로 향하지 않도록 주의한다.
- 뜨거운 기름에 음식을 넣을 경우에는 요리 중에 시차를 두고 천천히 팬에 미끄러뜨리듯 넣어 기름이 바닥으로 튀지 않도록 주의한다.
- 냄비의 소스나 프라이팬의 자루를 잡을 때 손에 가진 마른 수건이 난로 불꽃에 닫지 않도록 주의한다.
- 주방 내의 요리를 취급하는 모든 상황에 항상 세심한 신경을 집중해야 한다.

② 칼 사용 시의 주의 사항

- 조리작업에 적합한 칼을 사용한다.
- 칼을 바닥에 떨어뜨렸을 때에는 재빨리 뒤로 물러나야 안전하다. 도마 위에 떨어지는 칼을 잡으려 한다면 매우 위험하다.
- 도마 위의 칼은 항상 바닥으로 향하게 하고 칼날은 몸의 반대 방향으로 소지하도록 한다.
- 칼을 손에 들고 이야기나 잡담을 하는 행동은 절대로 삼가한다.
- 칼로 어떤 물건을 자름질할 때에는 자신의 몸쪽에서부터 자른다.
- 칼은 뜨거운 물에 담그지 않아야 한다. 칼 손잡이가 균열이 생겨 세균이 번식하기 쉽다.
- 칼은 항상 도마 위에서만 요리작업을 하며 절대로 금속판 위에서는 자름질하지 않는다.
- 칼을 깨끗이 닦거나 씻을 때에는 몸에서 멀리 떨어지게 한다.
- 칼을 보관할 때에는 항상 칼 보관 선반 안에 넣어야 안전하다.
- 주방의 칼날은 항상 날이 잘선 칼을 사용한다. 칼날이 무딘 칼은 작업 중에

사고의 위험성이 있기 때문이다.

- 칼은 원래 요리기능에 맞는 목적에만 사용한다. 칼을 지렛대로 사용하거나 병뚜껑을 여는데 사용하는 등 기타 다른 용도로 절대로 쓰지 않도록 한다.
- 칼은 항상 손잡이를 꼭 잡고 사용하도록 하며 손잡이에 기타 미끄러운 물질이 묻지 않도록 한다.
- 양파나 당근 등 둥근 식재료를 자를 때에는 넓은 도마 위에 잘 고정시켜 뒤틀리지 않도록 한다.

③ 주방의 고정 장비 사용 시 주의사항

- 주방 기기에 고기, 식재료를 그라인더에 집어 넣을 경우에는 나무 스텀퍼(Stumper)를 사용한다.
- 주방 기기류나 기계를 청소하거나 조정하기 전에는 항상 전기 스위치를 끄고 플러그를 뽑는다.
- 주방 내 전기 설비를 사용하는 작업 시에는 반드시 반지, 시계, 넥타이 등을 절대로 착용하지 않아야 한다.
- 주방의 기계의 모든 부착물이 제자리에 있는 것을 확인하기 이전에는 기계를 절대로 작동시키지 않는다. 만일 기어로 작동시키는 기계인 경우에는 기어의 위치를 꼭 확인한다.
- 주방 내 모든 전기로 된 고정 장비는 고정시킨다.
- 식재료 커트 작동 시 회전하는 기기의 정면에 손을 대어서는 안 된다. 주방 내에서 사용되는 위험한 기계장비의 하나이므로 항상 주의한다.
- 주방 기기의 정확한 사용용도를 익히기 이전에는 어떠한 기기의 작동도 안 되며, 그 기기의 안전 특성과 긴급 사태에 대비하는 기능을 필수적으로 익히도록 한다.
- 주방 내 전기 설치된 기기를 사용 시에는 항상 전기담당자나 전문가의 주의사항을 준수한다.

④ 주방 유니폼 복장 착용 시 주의사항

- 요리사 유니폼 상의는 항상 긴 소매를 착용한다. 조리작업 시 뜨거운 기름이나 물에 화상을 방지할 수 있기 때문이다.
- 조리 작업 시 각종 기기 장비에 유니폼이 걸릴 우려가 있으므로 옷은 자기 몸에 꼭 맞는 유니폼을 착용하는 것이 바람직하다.
- 앞치마의 끈이 필요 이상으로 늘어지지 않도록 주의한다.
- 조리사의 모자는 머리에 꼭 맞는 것을 착용하며 모자가 작으면 떨어지기 쉽고 너무 크면 눈을 가릴 우려가 있기 때문이다.
- 조리사 작업구두는 작업 규정에 맞는 완전 안전화를 꼭 착용한다.

4) 서양요리 기초 조리용어 해설

- Abaisser(아베세) : 파이지를 만들 때 반죽을 방망이로 밀어주는 것.
- Ail en chemise(아일) : 마늘 한쪽을 둘러싸고 있는 얇은 껍질을 벗기지 않고 손질한 것.
- Ajouter(아주떼) : 더하다, 첨가하다.
- Appareil(아빠레이) : 조리 시 필요한 여러 가지 재료를 미리 밑장만하여 혼합해 준비해 두는 것.
- Arroser(아로제) : 볶거나 구워서 색을 잘 낸 후 그것을 찌거나 익힐 때 재료가 마르지 않도록 구운 즙이나 기름을 표면에 끼얹어 주는 것.
- Assaisonnement(아세조느망) : 요리에 소금, 후추를 넣는 것.
- Assaisonner(아세조네) : 소금, 후추, 그 외 향신료를 넣어 요리의 맛과 풍미를 더해주는 것.
- Appareil(아빠레이) : composition과 같은 뜻의 요리용어로 여러 가지 재료를 미리 준비해 두는 것.
- Barde(바르드) : 얇게 저민 돼지비계 재료.
- Barder(바르데): 돼지비계나 기름으로 싸다. 로스트용의 육류나 파테를 얇게 저민 돼지비계에 싸서 조리중에 마르는 것을 방지하다.
- Battre(바트레): (1) 때리다, 치다, 두드리다. (2) 계란 흰자를 계란 거품기로 쳐서 올리다.
- Beurrer(뵈르): (1) 소오스와 수프를 통에 담아 둘 때 표면이 마르지 않게 버터를 뿌린다. (2) 버터 라이스를 만들 때 기름 종이에 버터를 발라 덮어준다. (3) 냄비에 버터를 발라 육류, 생선, 야채를 요리하는 방법.
- Blanc(브랑) : 약간의 물에 한 스푼의 밀가루를 풀고 레몬주스, 소금을 넣어 끓인 흰색의 액체를 말한다.
- Blanchir(브랑쉬르) : 재료를 끓는 물에 넣어 살짝 익힌 후 건져 놓거나 찬물에 식히는 것(데친다).

- Blanchir(브랑쉬르) : 100℃ 물에 재료를 몇 초간 넣었다 꺼내어 식히는 것. (1) 야채의 쓴 맛, 떫은맛을 빼거나 장기간 보존하기 위해서 살짝 데친다. (2) 흰 부용을 얻기 위해 1차로 고기의 뼈를 끓는 물에 데친다. (3) 베이컨의 소금기를 빼기 위해 잘게 썰어 데친다.
- Braiser(브레제) : 야채, 고기, 햄을 용기에 담아 혼도부, 부용, 밀포아, 월계수 잎 등을 넣고 천천히 오래 끓이는 것.
- Bouquet-Garni(부케가르니) : 샐러리 줄기 안에 다임, 월계 잎, 파세리 줄기 등을 넣고 실로 묶은 꽃다발 형태.
- Brider(브리데) : (닭, 칠면조, 오리 등) 가금류나 야조류의 몸, 다리, 날개 등의 원형을 유지하기 위해 실과 바늘로 꿰매다.
- Brunoise(브루노아즈) : 당근, 무, 양파, 야채를 작은 주사위 모양으로 썬 것.
- Canneler(까네르) : 장식을 하기 위해 레몬, 오렌지 등과 같은 과일이나, 야채의 표면에 칼집을 넣어 모양을 유지하는 것.
- Chiqueter(시끄떼) : 파이생지나 과자를 만들 때 작은 칼끝을 사용해서 가볍게 칼집을 낸다.
- Ciseler(시스레) : (생선, 육류 등에) 열기와 모양, 양념이 고루 들어가 골고루 익혀지도록 칼집을 넣는다.
- Citronnner(시뜨로네) : 조리중 식재료(사과, 생선 등)가 변색되는 것을 방지하기 위해 레몬즙을 섞어서 표면의 색상과 모양을 유지한다.
- Clarifier(끄라리페) : 수프나 버터를 맑고 깨끗하게 유지하는 것. (1) 콘소메, 부용 등을 만들 때 기름기 없는 고기와 야채와 계란 흰자를 사용하여 투명하게 하는 것. (2) 버터를 약한 불에 끓여 녹인 후 거품과 찌꺼기를 걷어내어 맑게 준비하는 것.
- Clouter(끄루떼) : (1) 향기를 내거나 장식하기 위해 고기, 생선, 야채에 못 모양으로 재료에 찔러넣다. (2) 양파에 크로브, 통후추 등을 질러넣다(베사멜 소스 만들 때).

- Coller(꼬레) : (1) 파테나 테린에 젤라틴을 넣어 재료를 응고시킨다. (2) 찬 요리의 표면에(피망, 제리, 올리브 등) 잘게 모양낸 장식용 재료들을 젤라틴으로 붙인다.
- Coucher(꾸쉐) : (1) 감자 퓨레, 시금치 퓨레, 당근 퓨레, 슈, 버터 등을 여러 가지 모양의 짜 주머니에 넣어서 짜내는 것. (2) 냄비 용기의 밑바닥에 야채 재료들을 깔아 놓는 것.
- Cuire(뀌이르) : 재료에 열을 통하게 하다. 삶다, 굽다, 졸이다, 찌다 등.
- Canneler(까네르) : 기구를 이용하여 야채나 과일 표면에 칼집을 넣은 것.
- Chemise(슈미즈) : 몰드 모양 틀 안쪽에 버터나 얇은 기름막을 붙인 것.
- Ciseler(씨즐레) : (1) 육류나 생선 등에 얇은 칼집을 넣어 잘 익도록 하는 것. (2) 샐러드 또는 푸른 야채를 가늘게 썬 것.
- Clarifier du liquide : 액체나 폰을 보다 맑고 투명하게 하는 것.
- Clarifier du beurre : 버터를 용해시켜 윗부분을 제거하는 것.
- Clarifier des oeufs : 계란 흰자와 노른자를 구분하는 것.
- Concasser(콩까세) : (1) 토마토를 작은 입방체로 썰어 정리한 것. (2) 뼈를 잘라낸 부스러기, 잔뼈를 작게 만드는 것. (3) 후추 알갱이를 부수는 것.
- Décanter(떼깡떼) : 소스나 육류 등을 끓인 것을 앙금을 없애고 마무리를 위해 살짝 옮겨 담는 것.
- Déglacer(데그라세) : 스톡, 백포도주, 리큐르 등의 액체를 육류, 가금류, 생선류 등을 조리한 냄비, 후라이팬에 액체를 넣어 자체 소스를 만드는 것.
- Degraisser(데그레세) : (1) 조린 국물, 폰, 소스, 콘소메 수프 등의 표면에 뜨는 불순물을 제거하는 것. (2) 육류나 가금류 등의 너무 많은 기름을 제거하는 것.
- Débrider(데브리데) : (닭, 칠면조, 오리 등) 가금이나 야조를 꿰맸던 실을 조리 후에 모양을 유지하면서 풀어내는 것.
- Décanter(떼깡떼) : (삶아 익힌 고기들을) 마지막 마무리를 위해 건져 놓다.
- Déglacer(데그라세) : 야채, 가금류, 엽조류, 육류 등을 볶거나 구운 후에 바닥에 눌어붙어 있는 것을 와인이나 꼬냑, 마데라 주, 액체를 넣어 끓여 녹이는 것, 주(jus)나 소스가 얻어진다.

- Dégorger(데고르제) : (1) 생선, 고기, 가금의 피나 오물을 제거하기 위해 흐르는 물에 담그는 것. (2) 오이나 양배추 등 야채에 소금을 뿌려 수분을 제거하는 것.
- Dégrasser(데그레세) : 지방을 제거하다. (1) 쥬, 소스, 콩소메를 만들 때에 기름을 걷어내는 것. (2) 고기 덩어리에 남아 있는 기름을 조리 전에 제거하는 것.
- Délayer(데레이예) : (진한 소스에) 물, 우유, 와인 등을 액체를 넣어 묽게 하다.
- Dépouller(데뿌이예) : (1) 장시간 천천히 끓일 때 소스의 표면에 떠오르는 거품과 불순물을 완전히 걷어 내는 것. (2) 토끼나 야금류의 껍질을 손질하여 벗기는 것.
- Dorer(도레) : (1) 파테 위에 잘 저은 계란노른자를 솔로 발라서 구울 때에 색이 나도록 하는 것. (2) 요리 표면에 금색이 나게 하다.
- Dresser(드레세) : 접시에 요리를 아주 모양 있게 담아내다.
- Désosser(데조세) : (소, 닭, 돼지, 야조 등의) 뼈를 발라내다. 뼈를 제거해 조리하기 쉽게 만든 간단한 상태를 말함.
- Désécher(데세쉐) : 건조시키다, 말리다, 냄비를 센 불에 달궈 재료에 남아 있는 수분을 증발시키는 것.
- Ebarber(에바르베) : (1) 생선 지느러미나 조개의 불순물을 제거하는 것. (2) 가위나 칼로 생선의 지느러미를 잘라서 빼는 것. (3) 조리 후 생선의 잔가시를 제거하고, 조개 껍질이나 불순물을 제거하는 것.
- Écailler(에까이예) : 생선의 비늘을 깨끗하게 벗겨 조리를 준비하는 것.
- Écaler(에카레) : 삶은 계란 혹은 반숙 계란의 껍질을 벗기다.
- Écumer(에꾸메) : 수프나 소스의 불순물이나 거품을 걷어내다.
- Écumer(에꾸메) : 거품제거기를 이용해 소스, 조린 국물, 설탕시럽 등이 끓어오를 때 표면에 떠오르는 거품이나 엷은 막을 제거하여 깨끗하게 하는 것.
- Éffiler(에퓌레) : 종이 모양으로 얇게 썰다.(아몬드, 피스타치오 등을) 작은칼로 얇게 썰다.
- Égoutter(에구떼) : 물기를 제거하다. 물로 씻은 야채류를 데쳤던 재료의 물기를 제거하기 위해 짜거나 받쳐두는 것.

- Émincer(에망세) : 해당 식재료를 아주 얇게 썬 것.
- Émonder(에몽데) : 토마토, 복숭아, 아몬드, 호두의 얇은 껍질을 벗길 때 끓는 물에 몇 초만 담궜다가 건져 껍질을 벗기는 것.
- Émonder ou monder : 과일이나 야채 껍질을 벗기기 쉽게 하기 위해 끓는 물에 살짝 데쳐내는 것.
- Énrober(앙로베) : 싸다, 옷을 입히다. (1) 재료를 파이지로 싸다, 옷을 입히다. (2) 초콜렛, 젤라틴 등을 입히다.
- Éponger(에퐁제) : 물기를 닦다, 흡수하다. 씻거나 뜨거운 물로 데친 재료를 마른 행주로 닦아 수분을 제거하는 것.
- Étuver(에뚜베) : 이중탕 냄비에 천천히 오래 찌거나 굽는 것을 말한다.
- Évider(에비데) : 파내다, 도려내다. 과일이나 야채의 속을 파내다.
- Exprimer(엑수프리메) : 짜내다. 레몬, 오렌지의 즙을 짜다. 토마토의 씨를 제거하기 위해 짜다.
- Farcir(파르시르) : 속에 채울 재료를 만들다. 고기, 생선, 야채의 속에 채울 재료를 퓨레하여 준비된 재료에 다시 넣어 채우다.
- Ficeler(피스레) : 끈으로 묶다. 로스트나 익힐 육류를 조리 중에 모양이 흐트러지지 않게 실로 묶는 것.
- Flamber(후랑베) : 음식의 맛과 향을 좋게 하기 위해 불꽃을 태우다. (1) 가금류나 야금류에 남아 있는 털을 제거하기 위해 불꽃으로 태우는 것. (2) 바나나, 그레프 슈제뜨 등을 디저트 만들 때 꼬낙과 리큐를 넣어 불을 붙인다. (3) 아메리칸 소스나 육류의 소스를 만들 때 냄새 제거를 위해 꼬낙을 붓고 불을 붙인다.
- Foncer(퐁세) : 밀가루 반죽으로 모양 부분을 틀에 배치해 넣은 것(생지). (1) 냄비의 바닥에 조리를 위해 야채를 깔다. (2) 여러 가지 형태의 몰드 바닥이나 벽면에 파이의 생지를 깔다.
- Fondre(퐁드르) : 녹이다, 용해하다. 야채를 기름과 재료의 수분으로 색깔이 나지 않도록 약한 불에 천천히 볶는 것을 말한다.
- Fouetter(포우떼) : 치다, 때리다. 계란흰자, 생크림을 거품기로 강하게 치다.
- Frapper(퓨라뻬) : 술이나 생크림을 얼음물에 담궈 빨리 차게 한다.

- Fremir(푸레미르) : 수프나 소스가 끓기 직전 표면에 재료가 떠오르는 때의 온도로 넘치지 않게 차분하게 끓인다.
- Frotter(푸로데) : 문지르다, 비비다. 마늘을 용기에 문질러 마늘 향이 나게 하다.
- Fouler(포우레) : purée(퓨레) 등을 여과기에 넣어 나무주걱으로 강하게 눌러 거르는 것.
- Fraiser(퓨레이제) : 손으로 물을 첨가한 밀가루를 잘 눌러 반죽하여 완전히 혼합시킨 것.
- Glacer(그라세) : (1) 요리 윗부분에 깨끗한 갈색을 내기 위해 오븐에 넣거나, 구운 과자에 슈가 파우더를 뿌려 카라멜 상태의 갈색을 내기 위해 오븐에 넣는 것. (2) 요리의 표면에 광택이 나게 하다. 설탕을 입히다. (3) 요리에 소스를 쳐서 뜨거운 오븐이나 사라만다에 넣어 표면을 구운 색깔로 만든다. (4) 당근이나 작은 양파에 버터, 설탕을 넣어 수분이 없어지도록 익히면 광택이 난다. (5) 찬 요리에 젤라틴을 입혀 광택이 나게 한다. (6) 디저트의 표면에 설탕을 입히다.
- Gratiner(그라띠네) : 그라틴 하다. 흰 소스나 체로 친 치즈를 뿌린 후 오븐이나 사라만다에 구워 표면을 완전히 막으로 덮이게 하는 요리법.
- Griller(그리에) : 육류나 생선류를 석쇠에 굽다.
- Habiller(아비예) : 조리 전에 생선의 지느러미, 비늘, 내장을 꺼내고 씻어 놓는 것.
- Hacher(아쉐) : (파세리, 야채, 고기 등을) 칼이나 기계를 사용하여 잘게 다지는 것.
- Incorporer(앵코르포레) : 합체(합병)하다. 합치다. 밀가루에 계란을 혼합하다 등.
- Larder(라르데) : 지방분이 적거나 없는 고기에 비늘이나 꼬챙이를 이용해서 가늘고 길게 썬 돼지비계를 재료 가운데 찔러 넣는 것.
- Lever(러베) : 혀가자미 필레용이라 부르는 얇은 칼로 생선살을 필레하는 것.
- Lever(러베) : 뜨다, 일으키다. 발효시키다. (1) 혀넙치 살을 뜰 때 위쪽을 조금 들어올려서 뜨다. (2) 파이지나 생지가 발효되어 부풀어 오른 것을 말한다.
- Lier(리에) : 소스, 수프, 스톡에 농도를 만들어 주는 작용.

- Lier(리에) : 볶다. 연결하다. 소스나 끓는 즙에 밀가루, 전분, 계란, 노른자 등을 넣어 농도를 맞추는 것을 말한다.
- Limoner(리모네) : 더러운 것을 씻어 흘려 보내다. (1) (생선머리, 뼈 등에 피를) 제거하기 위해 흐르는 물에 담그는 것. (2) 민물생선이나 장어 등의 표면의 미끈미끈한 액체를 제거하다.
- Lustrer(뤼스뜨레) : 광택을 내다. 윤을 내다. 조리가 다 된 상태의 재료에 맑은 버터를 발라 표면에 윤을 내다.
- Manier(마니예) : 가공하다. 사용하다. 버터나 밀가루가 완전히 섞이게 손으로 이기다. *수프나 소스의 농도를 맞추기 위한 반죽 재료.
- Mariner(마리네) : 담궈서 절이다. 고기, 생선, 야채를 조미료와 향신료를 넣은 액체에 담궈 고기를 연하게 만들기도 하고, 또 냄새나 맛이 스미게 하는 것.
- Masquer(마스꿰) : 가면을 씌우다. 숨기다. 소스 등으로 음식을 덮는 것. 불에 굽기 전에 요리에 필요한 재료를 냄비에 넣는 것.
- Mijoter(미조테) : 약한 불로 천천히, 은근히 오래 끓인다.
- Mire Poix(미르뽀아) : 야채(양파, 당근, 샐러리 등)를 작은 주사위 모양 또는 어슷하게 써는 것.
- Monder(몽데) : 아몬드, 토마토, 복숭아 등의 얇은 껍질을 끓는 물에 수초간 넣었다가 식혀 껍질을 벗기는 과정.
- Mortifier(모르띠피에) : 고기를 연하게 하다. 고기 등을 연하게 하기 위해 시원한 곳에 수일간 그대로 두는 것.
- Monter(몽테)(au beurre) : 완성된 소스에 윤을 내고 매끈함과 맛을 증가시키기 위해 작은 조각 버터를 첨가한 것.
- Mouiller(무이예) : 소스 등의 액체를 첨가하는 것.
- Mouiller(무이예) : 적시다, 축이다, 액체를 가하다. (조리중에) 물, 우유, 즙, 와인 등의 액체를 첨가하는 것.
- Mouler(무레) : 틀에 넣다. 각종 준비된 재료(파르시 등)를 틀에 넣고 준비하다.
- Napper(나뻬) : 요리 전체가 덮히도록 소스를 충분히 부은 것.
- Napper(나뻬) : (1) 소스르 앙트레의 표면에 씌우다. (2) 위에 끼얹어 주는 것을 말한다.

- Paner(빠네) : 여러 가지 재료에 빵부스러기나 빵가루를 묻히는 것.
- Paner(빠네) : 옷을 입히다. 튀기거나 소태하기 전에 빵가루를 입히다.
- Paner á L'anglaise(빠네 아랑그레즈) : (고기나 생선 등) 밀가루 칠을 한 후 소금, 후추를 넣은 계란물을 입히고 빵가루를 칠하는 것.
- Parsemer(빠르세메) : 재료의 표면에 고운 치즈와 빵가루를 뿌린다.
- Passer(파세) : 걸러지다. 여과되다. 고기, 생선, 야채, 치즈, 소스, 수프 등을 체나 여과기, 시노와, 소창을 사용하여 거르는 것.
- Peler(뺄레) : 껍질을 벗기다. 생선, 뱀장어, 야채, 과일의 껍질을 벗기다.
- Pétrir(빼뜨리르) : 반죽하다. 이기다. 밀가루에 물이나 액체를 넣어 알맞게 반죽하다.
- Piler(삐레) : 찧다, 갈다. 부수다. 방망이로 재료를 가늘고 잘게 부수다.
- Pincer(핀세) : 지방질(베이컨) 같은 것으로 가볍게 색을 내는 것.
- Pincer(핀세) : 세게 동여메다. 요점을 뽑아내다. (1) 새우, 게 등 갑각류의 껍질을 빨간색으로 만들기 위해 볶다. (2) 고기를 강한 불로 볶아서 표면을 단단히 동여매다. (3) 파이 껍질의 가장자리를 파이용 도구로 찍어서 조그만 장식을 하는 것.
- Piquer(삐꿰) : 찌르다. 찍다. (1) 기름이 없는 고기에 가늘게 자른 돼지비계를 찔러 넣다. (2) 파이 생지를 굽기 전에 포크로 표면에 구멍을 내어 부풀어 오르는 것을 방지하는 것.
- Pocher(뽀쉐) : 뜨거운 물로 삶다. (1) 끓기 직전에 액체에 삶아 익히는 것. (2) 육즙이나 생선즙, 포도주를 첨가하여 천천히 끓여 익힌다.
- Poêler(쁘와레) : (냄비에) 찌고 굽다. 냄비 바닥에 깐 야채 위에 놓은 재료에 스톡이나 액체를 가해 압력 통처럼 재료가 가진 수분으로 쪄지도록 천천히 익히는 조리방법.
- Presser(쁘레세) : 누르다, 짜다. (오렌지, 레몬, 등의) 과즙을 짜다.
- Rafraîchir(라후레쉬르) : 냉각시키다. 흐르는 물에 재빨리 식히다.
- Raidir(레디르) : (모양을 그대로 유지시키기 위해) 고기나 재료에 끓고 타는 것에 기름을 빨리 부어 고기를 뻣뻣하게 하다. 표면을 단단하게 하다.

- Reduire(레뒤이르) : 축소하다. (소스나 폰, 스톡 등을 농축시키기 위해) 수분을 증발시켜 끓여서 졸이다.
- Revenir(레베니르) : (찌고 익히기 전에) 강하고 뜨거운 버터, 오일기름으로 재료를 볶아 표면을 색깔이 나게 하다.
- Rissoler(리소레) : 쎈불로 색깔을 내다. 뜨거운 열이 나는 기름으로 재료를 색깔이 나게 볶고 표면을 두껍게 만든다.
- Rôtir(로띠르) : 로스트하다. 재료를 둥글게 해서 크고 고정된 오븐에 그대로 굽다. 혹은 꼬챙이에 꿰어서 불에 쬐어가며 굽다.
- Saisir(세지르) : 강한 불에 볶다. 재료의 표면을 단단하게 구워 색깔을 내다.
- Saler(싸레) : 소금을 넣다. 소금을 뿌리다.
- Saupoudrer(쏘뿌두레) : 뿌리다. 치다. (1) 빵가루, 고운 치즈, 슈가 파우다 등을 요리나 피자에 뿌리다. (2) 요리의 농도를 위해 밀가루, 빵가루를 뿌리다.
- Sauter : 팬에 버터나 기름을 넣어 재료가 눌러 붙지 않도록 강한 불에서 볶는 것.
- Sauter(쏘테) : 볶다. 색깔을 내기 위해 굽다. (1) 달아오른 냄비에 기름을 넣고 야채를 잘 저어가며 볶는다. (2) 붉은 색의 쇠고기를 잘라, 양쪽을 구워 색깔이 나게 한다. (3) 흰색 고기(닭, 산토끼 등)를 볶거나 구운 뒤에 소량의 액체에 가볍게 익히거나 완전히 익히는 것을 말한다.
- Singer(씽제) : 오래 끓이는 요리의 도중에 농도를 맞추기 위해 밀가루를 뿌려 주는것.
- Sucrer(슈끄레) : 설탕을 뿌리다. 설탕을 넣다.
- Suer(슈에): 뚜껑을 덮고 조리하는 대표적인 방법으로 버터나 다른 유지만으로 육류나 닭고기의 표면에서 육즙이 배어나올 때까지 졸이는 것.
- Suer(슈에) : 즙이 나오게 한다. 재료의 즙이 나오도록 냄비에 뚜껑을 덮고 약한 불에서 색깔이 나지 않게 볶는 것.
- Tailler(타이에) : 식재료들의 모양을 일치하게 자르다.
- Tamiser(타미제) : 체로 치다. 여과하다. 체를 사용하여 가루를 걸러다.
- Tamponner(탐뽀네) : 마개를 막다. 버터의 작은 조각을 놓다. 소스의 표면에 막이 넓게 생기지 않도록 따뜻한 버터 조각을 놓아 주는 것을 말함.

- Tapisser(타피쎄) : 넓히다. 돼지비계나 파이 생지를 넓히는 것.
- Tomber(톰베) : (1) 떨어지다. 볶는다. (2) 연해지게 볶는다.
- Tomber à beurre(톰베 뵈르) : (수분을 넣고) 재료를 연하게 하기 위해 약한 불에서 버터로 볶는다.
- Tourner(토르네) : 야채를 둥근 모양으로 가지런히 깎는 것.
- Tourner(토르네) : 둥글게 자르다. 돌리다. (1) 장식을 하기 위해 당근, 양송이를 둥글게 돌려 모양내다. (2) 계란 거품기, 주걱으로 돌려서 재료를 혼합하다.
- Tremper(뜨렘페) : 담그다. 잠그다. 적시다. (건조된 콩을) 물에 불리다.
- Trousser(트루쎄) : 고정시키다. 모양을 다듬다. (1) 요리 중에 모양이 부스러지지 않도록 가금의 몸에 칼집을 넣어 주고 다리나 날개 끝을 가위로 잘라 준 후 실로 묶어 고정시키는 것. (2) 새우나 가재를 장식으로 사용하기 전에 꼬리에 가까운 부분을 가위로 잘라 모양을 낸다.
- Vanner(바네) : 소스의 매끈함을 증가시키기 위해 표면에 막이 생기지 않도록 버터를 넣으면서 섞는 것.
- Vanner(바네) : 휘젓다. 소스나 식은 동안 표면에 막이 생기지 않도록 하며, 또 남아 있는 냄새를 제거하고 소스에 광택이 나도록 천천히 계속 저어 주는 것.
- Vider(비데) : 닭이나 생선의 내장을 뽑아 내다.
- Zeste(제스트) : 오렌지나 레몬의 껍질을 얇게 껍질을 벗겨 이용하다.

식재료를 자르는 용어

- Allumette(알뤼메뜨) : 감자, 무 등을 성냥개비 형으로 자르는 것.
- Bâtonnet(바토네) : 당근, 무 등을 작은 막대기 형으로 자르는 것.
- Brunoise(브뤼노아즈) : 감자, 당근을 가로, 세로3mm의 주사위 형.
- Chateau(샤또) : 당근, 감자의 6cm 길이의 둥근형.
- Cheveaux(쉬뷔) : 야채류의 머리카락 형.

- Chiffonnade(쉬호네드) : 야채류의 가는 실의 형.
- Concasser(꽁까세) : 토마토 가로, 세로 5mm~1cm의 주사위 형.
- Cornet(꼬르네) : 당근, 오이, 무 등 나팔 형의 모양.
- Cube(뀌브) : 감자, 당근, 무 등 가로, 세로 1.5cm의 주사위 형.
- Émincer(에멩세) : 양파, 파 등을 얇게 써는 것.
- Éscalope(에스카로쁘) : 고기류를 얇게 써는 것.
- Hacher(아쉐) : 양파 등을 잘게 다지는 것.
- Julienne(쥐리앙) : 샐러리, 당근 , 야채류를 가늘고 길게 써는 것.
- Macedoine(메세도앙) : 과일류를 작고 둥글게 써는 것.
- Noisette(노아제뜨) : 감자, 무 등을 4cm 길이로 둥근형.
- Olivette(오리베뜨) : 감자, 무 등 올리브 형.
- Parisienne(빠리지앙) : 당근, 감자 등 둥근 구술 형.
- Paysanne(뻬이장) : 야채류를 가로, 세로 1cm로 얇게 써는 것. 혹은 삼각형이나 장방형으로 써는 것.
- Pont–neuf(뽕느프) : 감자 등 가로, 세로 1.5cm 길이 6cm의 다리 형.
- Printanier(쁘렝따니에) : 가로, 세로 3.5mm의 주사위형, 다이아몬드 형.
- Quartier(꽈르띠에) : 양송이 등 1/4등분 하는 것.
- Rondelle(롱델) : 오이, 무 등을 둥글고 얇게 자르는 것.
- Russe(루스) : 당근, 오이 등을 가로, 세로 0.5cm 길이 3cm.
- Salpicon(쌀삐꽁) : 육류나 생선의 작은 정사각형.
- Tourner(토르네) : 타원형 모양으로 돌리면서 깎는 것.
- Tranche(뜨랑쉐): 사각형 토스트 등의 자르는 방법.
- Tronçon(뜨롱숑) : 생선류를 토막으로 자르는 것.

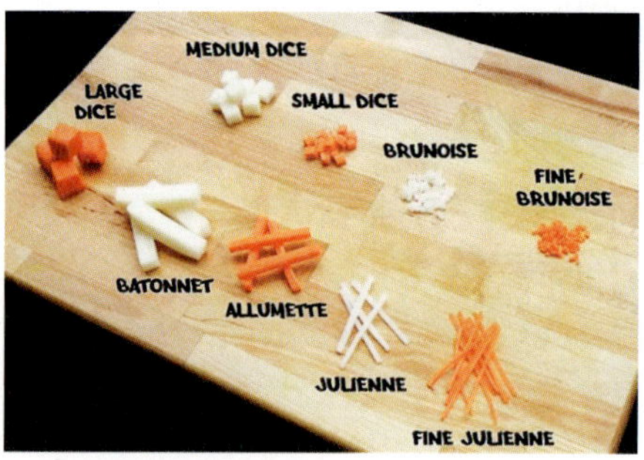

생선류의 명칭(프랑스어-한국-영어)

불어	한국어	영어
Anchoi(앙소아)	멸치	Anchovy
Anguille(앙귀이여)	뱀장어	Eel
Bar(바르)	농어	Sea-bass
Barbue(바르뷔)	넙치의 일종	Brill
Blanchaille(브랑샤이여)	뱅어	White Bait
Cabillaud(까비요)	대구	French cod
Calmar(깔마르)	오징어	Calamary Cuttle-Fish
Carangue(까랑귀)	전갱이	Horse mackerel
Carpe(까르쁘)	잉어	Carp
Carrelet(까르레)	가자미	Flounder
Congre(꽁그르)	붕장어, 아나고	Congereel
Coquille Saint-Jacque (꼬뀌여 생쟈뀌)	관자, 가리비	Scallop
Crabe(끄라브)	게	crab
Crevette(끄레베뜨)	새우	Shrimp
Daurade(도라드)	도미	Sea-Bream
Ecrevisse(에끄러비스)	가재	Crayfish
Eperlan(에뻬르랑)	빙어	Smelt
Escargot(에스카르고)	달팽이	Snail
Flétan(프레당)	광어	Hali-But
Grenouille(그러누이여)	개구리	Frog
Haddock(아독크)	훈제대구	Haddock
Hareng(아랑)	청어	Her-Ring
Huitre(위뜨르)	굴	Oyster
Langouste(랑구스뜨)	바다가재	Rock-Lobster
Loche(로쉬)	미꾸라지	Loach
Maquereau(마꿰르)	고등어	Machkerel
Mérétrich(메레뜨리스)	대합	Clam
Merlan(메르랑)	명태	Whiting
Morue(모뤼)	마른대구	Salt-Cod
Mulet(뮈래)	숭어	Mullet
Ormeau(오르모)	전복	Abalone
Oursin(우르생)	성게	Sea-urchin
Raie(래)	가오리	Skate

Rouget(루제)	성대	Gurnard
Sardine(사르댕)	정어리	Sardine
Saumon(소몽)	연어	Salmon
Sole(솔)	혀넙치	Sole
Thon(똥)	다랑어	Tunny-Fish
Turbot(뛰르보)	유럽산 가자미	Turbot
Tripan(트리빵)	해삼	Sea-Cucumber
Truit(뜨뤼잇)	송어	Trout

야채류의 명칭(프랑스어-한국-영어)

불어	한국어	영어
Ail(아일)	마늘	Garlic
Artichaut(알띠쇼)	아티촉	Artichoke
Asperge(아스뻬르즈)	아스파라거스	Asparagus
Avocat(아보카)	아보카드	Avocade
Betterave(베뜨라브)	비트, 설탕 무	Beetroot
Brocori(브로코리)	브로콜리	Broccori
Carotte(까로뜨)	당근	Carrot
Celeri(샐러리)	샐러리	Celery
Cépe(세쁘)	표고버섯	Boletus
Champignon(샤삐뇽)	양송이	Mushroom
Chicorée(쉬꼬레)	풀상치의 일종	Endive, Chicory
Chou(슈)	양배추	Cabbage
Chou Fleur(슈 프뢰르)	꽃양배추	Cabbage
Ciboule(시불)	파	Welsh-Onion
Ciboulette(시부레뜨)	실파	Chives
Concombre(꽁꽁브르)	오이	Cucumber
Courgette(꾸르제뜨)	긴 호박	Pumpkin
Cresson(크레송)	물미나리	Cress
Epinard(에삐나르)	시금치	Spinach
Féve(패브)	잠두콩	Lima Beans
Gingembre(쟁장브르)	생강	Ginger
Haricot Vert (아리꼬드베)	그린 빈스, 줄기 콩	String Beans

Jeune Pousse de bambou (잰뿌스드방부)	죽순	Bamboo-Shoots
Laitue(레뛰)	상치, 양상치	Lettuce
Lotus(로뛰스)	연 근	Lotus
Maïs(마이스)	옥수수	Corn
Marron(마롱)	밤	Chestnut
Navet(나베)	무 우	Turnip
Oignon(오뇽)	양파, 옥파	Onion
Persil(베르시)	파세리	Parsley
Petit Pois(쁘띠포아)	완두콩	Green Peas
Piment(삐망)	고추	Pimento
Poireau(쁘와로)	부추의 일종	Leek
Poivre(쁘와브르)	후추	Pepper
Pomme de Terre(뽐드테르)	감자	Potato
Potiron(뽀띠롱)	호박	Pumpkin
Radis(라디)	래뒤시, 무의 일종	Radish
Tomate(또마뜨)	토마토	Tomato
Truffc(뜨뤼프)	도리후(검은버섯의 일종)	Truffle
Truit(뜨뤼잇)	송어	Trout

제3장 식재료 영양학적 관리

1. 기초 영양학 이론

식재료 영양학은 음식물이 인체의 유지, 성장, 세포조직 재생을 위해 소화되는 것과 상호 관련된 일련의 영양단계들로서 인체가 음식물을 어떻게 이용되는지에 대한 기본적인 식품 학문분야이다.

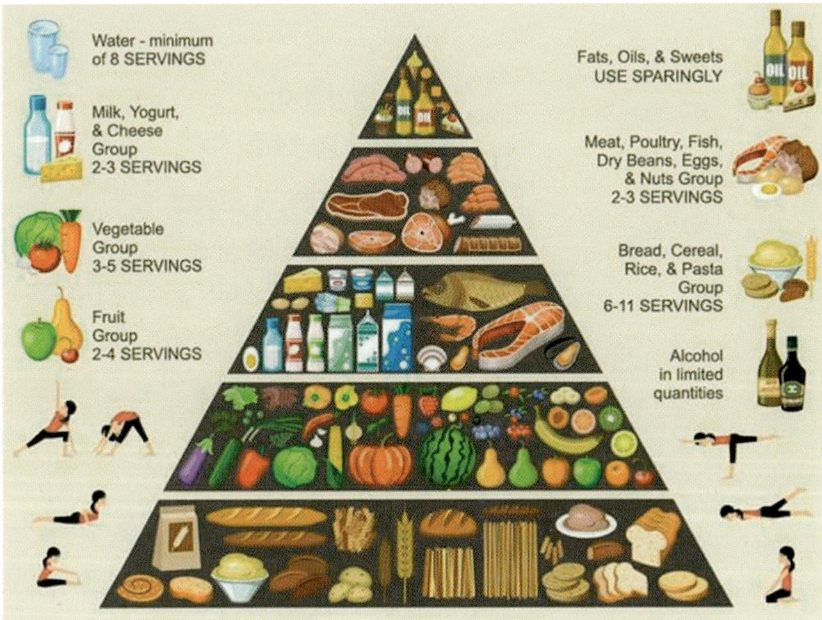

1) 기본 영양소들

기본 영양소들은 단백질, 지방 탄수화물, 비타민, 미네랄, 수분의 6가지로 나뉜다. 영양소는 인체가 생명을 유지하기 위해 필요한 식품으로부터 제공되는 화합물이다. 인체는 탄수화물, 단백질, 지방을 열의 형태인 에너지로 바꾸어 많은 기능을 하게 된다. 에너지는 칼로리로 알려진 단위로 측정된다. 1칼로리는 물 1그램의 온도를 1℃ 올리는데 필요한 열량이다. 단백질과 탄수화물은 그램당 4칼로리이며, 지방은 8칼로리이다. 비타민과 미네랄은 에너지원은 아니나 신진대사에 구체적인 역할을 담당한다. 수분은 때로 영양소로 기억되지 않기도 하지만 신체대사 작용을 유발하는 데 필수적이다.

① 탄수화물

탄수화물은 개별 당 분자단위로 구성되며 단일물이나 복합물로 분류된다. 단일 탄수화물(단당)은 monosaccharides나 disaccharides로 알려져 있다. 정제된 설탕, 단풍당, 당밀뿐만 아니라 우유와 과일에서 자연적으로 생겨나는 당들도 포함된다. 복합 탄수화물(다당)은 polysaccharides이며 녹말과 섬유질에 포함된 당처럼 긴 사슬형 당 조직도 포함된다.

감자와 씨리얼에서 볼 수 있는 전분은 귀중한 에너지원이며 비타민과 미네랄도 풍부하다. 실제로 전분은 식물이 탄수화물을 저장하는 방법이다. 동물과 인간에게 있어서 간과 근육에서 글리코겐이라 불리는 복합 탄수화물을 저장하는 것은 제한되어 왔다. 섬유질은 식물조직의 틀을 이루며 가용성과 불용성의 두 가지 식이섬유를 제공한다. 이 둘 다 매우 중요하다. 가용성 섬유질의 예로 펙틴은 암을 방지하고 콜레스테롤 수준을 낮추며 당뇨환자의 혈당수치 조절을 돕는다. 불용성 섬유질인 셀룰로오즈는 적절한 배설로 소화를 돕는다.

② 단백질

단백질은 아미노산이라 불리는 질소가 포함된 화학 복합물로 구성된다. 인체는 적절한 기능을 수행하기 위해 대략 22가지 아미노산을 필요로 한다. 그 중 14가지는 사실상 체내에서 생성되나 필수 아미노산으로 알려진 8가지는 음식을 통해서만 섭취된다.

육류, 계란, 치즈, 우유와 같은 동물성 식품은 8가지 아미노산 전부를 제공하므로 완전 단백질 식품으로 간주된다. 식물성 식품은 이들 필수아미노산 중 한 가지 이상이 부족하거나 그 양이 극소하여 신체활동을 유지할 수 없으므로 불완전 단백질 식품이다. 식물성 식품만으로 단백질을 충분히 공급받기 위해서는 곡류, 콩류, 씨앗, 견과류와 같은 다양한 식품들을 섭취할 필요성이 있다. 인체는 여분의 단백질을 저장하지 않고 탄수화물과 지방으로 바꾸어 버리기 때문에 하루 분량의 8가지 필수아미노산을 필요로 한다. 단백질은 에너지 공급 이외에 새로운 조직을 만들고 노화되거나 상처 난 조직을 재생시키는 등 여러 가지 기능들을 한다. 또한 면역체계에 필수적인 부분일 뿐만 아니라 효소와 호르몬의 주성분이다. 더욱이 단백질은 인체 유동체를 조절하는 역할을 한다.

③ 지방과 기름

지방은 대개 상온에서 고체의 형태이며 일반적으로 동물성 식품으로부터 생성된다. 반면에 기름은 대개 상온에서 액체이며 식물성 식품으로부터 생성된다. 주요 식이기능으로는 음식의 맛을 내며, 포만감을 주고, 에너지를 저장한다. 포만감을 주는 지방의 기능의 예로 지방성분이 전형적으로 낮은 음식을 제공하는 동양식 식당에서 음식을 충분히 먹고 난 후에도 배고픔을 느끼는 경우를 흔히 볼 수 있다.

소량의 지방과 기름은 지방산으로 알려진 것을 신체에 제공하기 위해 소비된다. 필수 지방산 중 하나 이상은 체내에서 생성되지 않는다. linoleic산은 필수 지방산 중 하나이다. 또한 지방산은 콜레스테롤과 가장 유사한 스테롤을 신체에 제공한다. linoleic산과 달리 신체는 음식물을 섭취하지 않고서도 필요시에는 모든 콜레스테롤을 완벽하게 생산해낼 수 있다.

지방과 기름은 화학 구조상 수소의 양이나 포화상태에 따라 분류된다. 즉 포화, 단순불포화, 다중불포화의 3가지로 분류된다. 포화 지방산은 탄소 원자들 간에 이중결합은 하지 않는 대신에 결합 가능한 곳은 모두 수소원자와 연결되어 있다. 단순불포화 지방은 하나의 이중 탄소결합구조이며, 다중불포화 지방은 이중탄소 결합을 많이 가진다. 대부분의 식이지방은 다양한 포화상태를 이루며 전체 포화상태에 따라 분류된다. 섭취된 기름유형은 체내 콜레스테롤 수준과 관련이 크다.

- 포화지방은 주로 동물성 지방이지만 코코넛유와 야자유는 제외된다. 경화유도 포화될 수 있다(포화지방의 예로 버터, 치즈, 초콜릿, 코코넛과 코코넛유,

계란 노른자, 라드, 육류, 우유, 야자유, 가금류, 쇼트닝을 들 수 있다).

- 단순 불포화 지방은 식물과 생선으로부터 생성된다. 예를 들면 아보카도, 올리브와 올리브유, 견과와 견과유, 견과류 버터가 있다.
- 다중 불포화 지방은 주로 식물로부터 생성되며 생선에서도 소량이 생성된다. 예를 들면 옥수수유, 면실유, 마요네즈, 홍화유, 샐러드 드레싱, 대두유, 해바라기유를 들 수 있다.
- 콜레스테롤은 육류, 계란, 버터, 라드, 치즈와 같은 동물성 식품에서만 발견된다. 야자유와 코코넛유와 같은 식물로부터 생성된 포화지방은 콜레스테롤을 포함하지 않는다.

동물이든 식물이든 어떤 종류의 포화지방은 혈중 콜레스테롤 수준을 증대시키는 경향이 있으나, 다중 불포화 지방과 단순 불포화 지방은 낮추거나 아무런 영향을 미치지 않는다. 나이, 성별, 운동이나 활동 수준, 스트레스, 콜레스테롤이 높은 음식물의 섭취, 포화지방, 섬유질은 혈중 콜레스테롤 수준에 영향을 미치는 요인들이다.

④ 비타민

비타민은 소량이지만 필수적이며 칼로리가 없는 영양소이다. 비타민은 생체작용의 조절을 도우며 칼로리가 있는 영양소들의 에너지 방출에 필수적인 역할을 한다. 비타민은 용해성에 따라 분류된다.

지용성비타민 A, D, E, K는 체내에서 지방으로 저장될 수 있다. 수용성 비타민 C와B는 체내에서 충분한 양을 저장할 수 없으므로 일상 음식물로부터 적당한 양을 섭취해야 한다. 그러나 지용성 비타민은 체내에 저장되면 독성을 증가시킬 가능성이 있으므로 일일 권장량을 다량 초과해서는 안 된다(특히 비타민 보충량을 대량 투여함으로써).

⑤ 미네랄

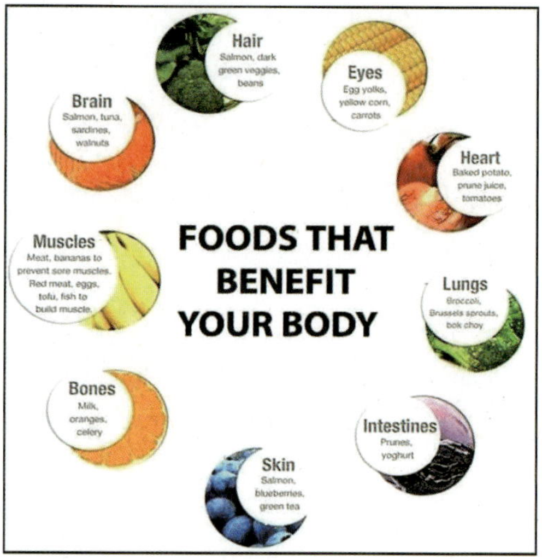

미네랄 또한 칼로리가 없는 필수 영양소이며 가장 극소량만이 필요한 영양소이다. 다른 영양소들의 일일 필요량은 그램 수로 측정되나 많은 미네랄들은 1그램의 1000분의 1 또는 백만분의 1 정도의 양만이 필요하다. 미네랄도 골격과 근육조직의 형성 및 유지, 심장 박동과 유동체 균형의 조절, 산소공급, 그리고 신경자극을 전달하는 역할을 한다. 미네랄은 주 미네랄과 소량 미네랄의 두 가지로 분류된다. 이와 같은 명칭은 미네랄의 중요성이 아니라 체내 필요량에 따른 것이다.

2. 식재료 영양학적 조리법

영양학적 조리법은 영양학적으로 완벽한 식사나 식이요법 방식을 제공하기 위해 식품을 준비하고 다양한 요리들을 결합시키는 방법이다. 영양학적 조리법의 목적은 매력적이고 맛있는 식사지침과 일치하는 음식을 만들어 내는 것이다.

고객에게는 음식의 영양소를 유지하는 것이 이로우며 요리사에게는 하나의 도전인 것이다. 풍부한 맛을 더해주는 생크림과 버터, 맛을 내는 소금, 식초 등 그리고 디저트에 사용되는 설탕에만 의존할 수는 없다. 맛있고 정성들인 소스나 음식의 내용물을 숨길 수는 없다. 음식의 맛은 그 자체로 매력적이어야 한다.

즉 육류, 생선, 그리고 야채의 새로운 조리기술, 그다지 익숙하지 않은 곡류와 콩류의 다양한 조리방법 이용, 소금대용으로 향신료와 허브의 이용가치를 증가해야 한다.

1) 긍정적 영양중심 요리

음식은 최고의 영양을 가능한 많이 제공해야 한다는 말을 다소 인상적으로 표현한 것이다. 앞에서 거론한 영양과의 관련성이 진부한 식당의 경우에는 해당되지 않는 슬로건이다. 그리고 콩 싹, 두부, 현미와 같이 소위 '건강식' 으로 불리는 것과도 관련성이 없다.

영양적 조리법의 주요임무를 충족시키기 위해 조리사는 지방, 설탕, 소금의 사용량을 줄이는 대신 섬유소와 복합 탄수화물을 증가시켜 여러 가지 식재료를 신선하고 건강에 유익한 식품들이 필요하다는 것을 인식해야 한다. 따라서 조리사는 이와 같은 식품들을 잘 결합한 메뉴를 계획하여 필요한 품목들을 구매하는 것으로 작업을 시작하게 된다.

일단 구매한 식재료는 영양 손실이 가장 적은 적절한 방법으로 다루어야 한다. 식사 제공시간에 더욱 근접하여 1회분의 조리양을 정확하게 준비하는 것을 익히거나, 전자오븐이나 눌러 붙지 않는 후라이 팬과 같이 특별한 조리기구들을 구매하는 것을 구성하는 것을 의미할 것이다. 조리사는 건강에 유익한 조리방법이 무엇인지 그리고 다소 덜 유익한 조리법을 바람직한 결과로 얻도록 성공적으로 바꿀 수 있는 방법도 알아서 습득해야 할 필요성이 있다. 음식을 적절하게 다루고 준비하는 또 다른 방법은 최선의 조리법을 선택하고, 메뉴식단의 균형을 맞추기 위해 전통요리와 최신요리를 조화시키며, 식재료나 기술의 대용으로 조리법을 바꾸어 보는 것이다.

마지막 단계는 적합하면서 가장 소구력 있는 방식으로 음식구성을 제시하는 것이다. 조리사가 칼로리, 지방, 콜레스테롤의 양을 규제하여 1인분의 식사량을 조절할 수 있기 때문에 고객의 마음과 눈을 즐겁게 하는 것이 중요하게 되었다. 미국인은 큰 스테이크, 많은 양의 갈비살, 건강에 유익할 정도의 생선과 가금류를 기대하는 것이 조건화 되었다. 예를 들어 돼지고기를 고객에게 제공할 때 정해진

3온스 내지 4온스를 유지했을 경우 단순히 고기조각이 아니라 매력적이고 만족스런 식사로 보이기 위해 조리사가 접시를 풍만하게 하지 않는다면 그 양이 불충분해 보일 수도 있다.

2) 식재료 구매 관리

지방과 콜레스테롤이 풍부한 식재료에 대한 많은 대안들은 건강에 유익한 것들이다. 요리에 있어서 측면은 더욱 강조하고 지방, 나트륨, 설탕의 성분이 높은 것은 강조하지 않는 방법도 있다.

예를 들어 민족 특유의 음식에 대해 증가하는 관심은 주 요리의 쿠스쿠스, 필래프(pilaf), 이탈리아 리소토(risotto)와 같이 주로 곡류를 바탕으로 한 다양한 특별식으로 특징지을 수 있다. 식재료 구매시 올바른 선택은 최종 요리의 영양소 함량에 큰 영향을 미칠 수가 있다. 식재료의 자연적 특성뿐만 아니라 배양, 재배, 가공방식까지 꼼꼼히 체크 고려해야 한다.

▣ 농산물은 신선할수록 좋은 것이다. 가능하다면 장래성 있는 구매시장이 될 특수품목을 재배하고자 하는 지역생산자로부터 구매하라. 유기 비료로 재배된 야채와 과일은 인간에게 유용하다. 이것들은 영양학적으로 우세한 가치성을 지니지 않더라도 인체에 해로운 살충제, 제초제, 화학비료를 사용하지 않고 재배된다. 그러나 여기서 '유기적 식재료' 라 칭할 수 있는 전국적 기준은 없다.

▣ 유제품은 칼슘뿐만 아니라 뛰어난 단백질 공급원이다. 불행히도 많은 유제품들은 포화지방과 콜레스테롤 함량도 높다. 가능하다면 저지방, 저유지방, 무지방성 제품을 선택하라. skim ricotta는 소스와 요리 소부터 디저트에까지 요리용 생크림이나 크림치즈를 대신해서 사용할 수 있다. 무지방 요구르트는 씹히는 느낌을 더 좋게 하기 위해 치즈를 싸는 천에 하루 동안 걸러 Cheese blanc, 산패유, creme fresh를 대신해서 사용된다.

▣ 육류와 가금류. 육류등급 기준이 최근에 몇 번 개정되었으며, 그 결과 지방은 더 적으나 건강에는 더 유익한 육류가 지방이 높은 육류를 대신하여 사용되고 있다. 우리는 여러 종류의 육류들의 지방함량을 알아야 한다. 예를 들어, 눈에 보이는 지방들을 잘라낸 후에 돼지고기의 등심과 안심에는 지방이 극히 적을 것 이다. 햄의 경우에는 지방 함량의 수준이 훨씬 높을 것이다. 스테로이드는 일부 동물과 가금류의 성장발육에 사용되어 크기를 증대시키므로 성장기간을 줄일 수 있다. 가금류에 있어 특히 항생물질은 사료의 일부로 종종 사용되기도 한다. 그 결과로 먹이사슬 특히 최종 소비자에게 어떤 영향을 미치는 지에 대한 관심이 증대하고 있다. 그 예로 스테로이드는 체내에 영원히 잔존하므로 소비자와 사육자는 방목을 하거나 유기사료로 사육된 가금류와 육류에 대한 관심이 증대되어야 한다. 사육에 관한 어떤 엄격한 표준기준이 없다. 소시지와 저장하거나 보존처리한 육류는 종종 나트륨을 많이 포함한다. 또한 이들 중 대부분은 질산염과 아질산염을 포함한다. 이에 대한 대안으로서 아질산염이 없는 제품을 구매하거나 실제로는 연기에 그을리거나 보존처리 하지 않고서 연기 냄새만 첨가하는 조리기법을 사용한 훈제구이 제품을 구매 할 수도 있다.

▣ 기름은 다중 불포화 지방이나 단순 불포화 지방을 조리특성에 맞도록 선택하여 사용하며 고품질인지 확인해야 한다. 처음 짜낸 기름이나 견과류(호두, 땅콩, 참깨, 개암나무 열매) 기름은 독특한 향을 내며, 적정량만 사용한다면 음식 전체의 영양학적 측면에 악영향을 미치지 않는 좋은 향을 낼 것이다.

▣ 가루분말, 곡류, 콩류. 이들은 최근에 재 인기를 얻어 여러 가지 방식으로 이용되고 있다. 퀴노아, 아마란스, 기장, 그리도 여러 종의 벼들은 더 이상 외래 작물로 간주되지 않는다. 곡류가공이 적을수록 영양함량은 더 높아진다.

▣ 어류와 조개류. 메뉴에 생선 앙트레의 수를 늘리는 것은 영양학적으로 완벽한 음식을 늘리기 위한 비교적 간단한 방법이다. 농산물처럼 어류는 특히 신선해

야 한다. 어류의 출원지가 어디인지 아는 것은 중요하다. 예를 들어 양식어류는 안전한 것으로 추정된다. 지역별로 식용 가능한 종류, 특히 식용중인 어류와 조개류에 대해 가능한 많이 체크하라.

▣ 식용식물과 향신료. 허브, 신선한 식용식물의 이용가능성을 증대시키는 것과 다양한 종류의 향신료를 통한 소금 사용량을 줄이려는 시도는 조리사에게 매우 유익하다.

▣ 첨가물은 넓은 의미로 음식의 향을 강화하거나 특성을 유지하기 위해 부가된 첨가물이다. 예를 들어 소금과 설탕이 식품 첨가물이라 불릴 수 있다. 그러나 대부분의 경우에 이 용어는 부정적인 의미로 사용된다. MSG, 그리고 포도주의 아황산염과 아질산염과 같은 강화제가 이 경우에 해당된다. 식품이 가공처리과정에서 바람직하지 않은 화학적 첨가물(MSG, BST, BHTA 등 일부)로 처리되지 않았다는 것을 확인하기 위해 냉동식품이나 통조림식품의 라벨을 읽어보는 것은 특히 중요하다. 만약 어떤 성분이 들어갔는지 의문시 된다면 최신 첨가물 참고서적을 찾아봐야 한다.

▣ 특제품 식품에 만족스런 맛을 내는 특수 성분들이 있다. 방향성이 있거나 약초 향을 내는 특수제조는 소스에서 소금 대용에 이르기까지 다양하게 적용된다. 또한 살구, 체리, 바나나, 토마토와 같은 건조 과일들은 특유의 맛과 향을 더한다. 유럽, 중동, 이탈리아, 일본, 중국식 음식에 사용되는 민족 특유의 음식 맛은 종종 각기 다른 특별한 조리법으로 사용될 수 있다.

3) 요리 준비 과정

만약 첫 번째 단계가 영양가 있는 식품을 구매하는 것이라면, 두 번째는 적당하게 저장하고 다듬고 준비하는 과정을 통해 이들 식재료의 영양소를 보존하는 것이다.

조리 바로 직전까지 공기, 열, 수분에 노출되는 것을 최소화해야 한다. 이를 위해 식재료를 적절히 포장하고 다듬고 껍질을 벗기며 자르거나 필요에 따라 나누어 조리작업을 해야 한다. 적절한 조건하에 저장된 식품은 대부분의 영양소를 보존한다. 그러나 식재료를 구매한 이후에는 가능한 빨리 사용하여 조리하는 것이 역시 현명하다. 음식을 준비함에 있어 다음의 사항들을 주의해야 한다.

▣ 정확한 음식의 양을 정할 것. 대개의 세계인들은 많은 양의 육류, 어류, 조개류와 같은 고단백 음식에 익숙하다. 따라서 야채, 곡류, 콩류의 양을 증가시켜 육류의 양을 줄여야 한다.

▣ 채소류는 소량의 물로 단시간에 조리할 것이 좋다. 특히 1회분이나 1인분을 준비할 때 전자레인지는 채소의 영양소를 최대한 보존하여 준비하는 데 종종 이용될 수 있다. 찜 냄비 또한 효과적이다. 야채를 굽거나 석쇠를 이용하면 맛이 더해지므로 여러 가지 요리방법에 효과적으로 이용 할 수 있다. 예를 들어 껍질 채 구운 감자, 고구마, 옥수수는 매우 반할만큼 육류나 엽조류의 소스에 곁들이기에 훌륭하다. 구운 마늘은 기름에 살짝 튀긴 sauteed 마늘과 같은 맛을 낼 수 있다.

▣ 지방과 기름에 안심할 수 없는 조리법에 대해 체크할 것. 삶기. 찌기. 굽기. 석쇠에 굽기와 같이 지방을 필요로 하지 않는 조리기법들이 최선이다. 기름에 살짝 튀긴 후 오랫동안 끓이는 것(braising)과 약한 불로 끓이는 것(stewing)은 음식의 영양소가 요리의 일부로 제공될 소스 속에 남아 있기 때문에 또한 현명한 조리방법 선택이다. 훈제구이(smok-roasting)는 소금물, 질산염, 아질산염, 또는 지방성분 없이 훈제한 것과 같은 맛을 낸다. 활엽수 나무토막들을 이용함으로써 음식은 독특한 맛을 내고 적갈색을 띄게 된다.

전통적으로 지방이 많이 필요한 일부 조리법들은 수정되거나 다른 조리법으로 유사한 결과를 얻기 위해 이용될 수 있다. 예를 들어 닭 가슴살을 기름에 튀겨내는 대신에 적당하게 준비된 단단한 후라이 팬이나 눌러 붙지 않는 팬에서 기름을 두르지 않고 조리할 수도 있다. 음식을 제공하기 전에 마무리 작업으로 야채에 버터를 넣어 버무리기 보다는 소량의 맛 좋고 잘 익은 식재료를 살짝 튀겨야 한다.

▣ 요리의 가치성을 더할 수 있는 소스를 선택할 것. 생크림과 버터 중심의 소스들이 야채 중심의 소스들로 대체되고 있다. 루(Roux)는 갈분(arrow root)과 같은 소량의 변형전분으로 대체될 수 있다. 소스는 양파나 옥수수 맛을 내는 설탕에 절인 과일(compote), 살사(salsa), 끓인 렌즈콩(stewed lentil)과 같은 향(relish)으로 대체될 수 있다. 전통적으로 생선을 삶거나 쪄서 홀랜다이즈나 beurre blanc과 같은 버터 소스와 함께 제공해왔으나, 그 대신 야채 Coulis와 결합된 조리액체를 농축시킨 소스와 함께 제공함으로써 맛과 수분을 더할 수 있다.

4) 탁월한 조리방법 분석

영양학적으로 완벽한 조리방법을 검토하는 3가지 방법들에는 다음과 같은 것이 있다.

▣ 영양학적 조리방법을 익혀라. 고전적인 음식조리 중 모든 조리방법이 다량의 지방, 설탕, 소금을 사용하는 것은 아니다. 예를 들어 콩소메, 맑은 야채수프, 콩퓨레, 갈색소스를 만들기 위해 사용된 식재료와 조리기법들을 개선시키기는 어렵다. 식재료 목록과 조리기법들에 주의 깊게 검토하라.

▣ 현재의 조리기법들을 수정하라. 지방은 종종 그 양을 줄이거나 완전히 제거될 수 있다. 또는 생선조각을 튀기는 대신 석쇠에 굽는 것과 같이 다른 기법을 이용할 수 있을 것이다. 조리시간이 많을 필요는 없을 것이다. 음식은 알맞게 조리된 시점에서 가장 많은 영양소를 보존할 수 있다. 식재료들을 현명하게 대처해야 한다. 다음의 제안사항들로 시작해야 한다.

- 수프와 소스는 조리에서 생크림 대신 무가당 탈지 우유를 사용하라.
- 단맛을 가하기 위해 설탕 대신 건조 과일을 사용하라.
- 고칼로리, 고지방, 고 나트륨 재료는 최소의 양만 사용하라. 예를 들어 소금 대신 소량의 파르메산 치즈를 사용할 수 있다. 소량의 휘핑크림을 직접 수프에 넣기보다는 곁들여 낸다면 더욱 인상적일 것이다.
- 전통적인 고지방성의 다진 고기보다는 곡류, 야채류, 콩류를 사용해 요리속을 채운다.
- 또는 이 식품들을 대신해 석쇠에 구움 생선과 함께 제공될 수 있다.
- 계란은 가능한 흰자만 사용하라. 노란자는 유상액를 형성하는 특수 작용을 하기 때문에 완벽하게 제거하는 것이 불가능할지도 모른다. 그러나 가끔 카스타드나 오믈렛에 사용하는 노란자는 줄일 수 있다. 흰자위는 반죽을 차지게 하는 역할을 하므로 신선한 국수 반죽을 준비하는 데 있어 노른자를 대신할 수 있다.

▣ 새로운 조리법을 개발하거나 조리사가 새롭거나 수정된 기법들을 시도할 때 음식 특유의 맛, 씹히는 느낌, 모양의 새로운 조합이 제시될 것이다. 익숙하지 않은 야채는 새로운 아이디어를 창출하며, 고전적 요리를 바꾸어보려는 노력은 새로운 요리를 낳게 될 것이다.

식재료의 특성을 익히고 조리기법이 음식의 맛과 씹히는 식감 느낌에 미치는 영향에 대한 연구는 지속적인 조리사 교육의 일부이다. 다른 조리법으로 새로운 식재료나 요리를 실험해 보는 것은 창조를 고무시키는 또 다른 방법이 된다. 요리대가들은 "새로운 요리의 발견은 새로운 별을 발견하는 것보다 인류의 행복을 더욱 진보시켰다"고 하였다. 영양학적 조리 스타일을 개발하는 것보다 더 진실한 것은 없다.

5) 음식 외양 및 프레젠테이션

대중은 음식의 외양상 건강식에 대한 시도를 꺼려왔기 때문에 영양가가 풍부한 음식에 대한 적절한 인식은 중요하다. 흔히 식사하려는 사람은 거의 자동적으로 음식의 맛이 없고, 불만족스러우며, 배를 채우기에는 너무 적은 양일거라 기대하게 된다. 만약 음식을 담아낸 접시에 빈 공간이 많거나 색깔이 칙칙하다면 고객은 이미 속았다고 느끼게 된다. 멋진 색깔과 좋은 질감의 접시가 대조를 이루고, 약간 많은 듯 하면서 완벽해 보이는 음식은 맛이 좋을 것이라는 메시지를 내포하고 있다. 음식 외양에 관해 보다 자세한 사항은 '메뉴개발과 식기류' 의 참고 서적들을 탐색하는 것이 좋다.

6) 영양학적 조리작업

수많은 조리기구들을 통해 영양학적 조리작업이 용이해진다. 저울은 작업 중 음식의 양을 조절하고 조리를 마친 요리의 식재료 목표 충족여부를 결정하는 데 필수적이다. 찜기, 석쇠, 눌러 붙지 않는 팬 등은 지방 없이도 음식을 준비할 수 있도록 한다. 아이스크림 제조기는 아이스크림과 같이 다양한 저지방 디저트를 준비하는 데 이용될 수 있다. 많은 주방에 있어서 컴퓨터는 중요한 도구이다. 운영상의 문제 적용이나 주문기록에 더불어 적절히 선택한 프로그램은 조리사가 직접 조리하기 이전에 현재의 조리법을 평가하거나 개발 중인 조리법을 미조정하기 위해 이용된다. 시간, 노력, 돈, 식재료 절약은 분명히 이익이 될 것이다.

7) 주방운영상 고려할 사항들

영양학적 조리법은 신체의 건강뿐만 아니라 영업장 운영의 관점에서도 유형적인 이익을 남긴다. 소비자의 욕구를 충족시켜주는 음식에 대한 요구가 증대되고 있다. 일부 소비자들은 심장질환이나 당뇨병과 같은 질병 때문에 특별한 식사를 요구할 것이다. 또는 일부 사람들은 야채식을 더 선호할 것이다. 고객의 특별한 요구에 적절히 맞춰 제공된 메뉴는 고객에게는 도움이며 또한 효율적인 영업장 경영의 한 가지 방법이며 식당 이미지, 메세지나 상징 등으로 나타날 것이다.

따라서 영양학적 조리방법은 조리사의 성공적인 조리기술과 영양학적 이론에 대한 기본적 지식의 결합이다. 이는 점차 조리방법의 주류가 되고 있다. 고객들은 음식과 건강식에 대해 점차 많은 지식교육을 받으며, 한때 이상하거나 반문화적인 것으로 간주되었던 다양한 음식들도 점차 받아들이고 있다. 영양학적 조리와 훌륭한 조리의 목표 간에는 대체로 거의 차이가 없다. 라벨에 표시되었든지 간에 신선한 식재료를 선택하고 음식의 품질을 높일 수 있는 조리기법으로 준비하는 것이 그 목표가 되어야 한다.

3. 소고기 육류의 구성

육류는 도살육의 전체구조와 전체 고기는 살코기, 근육 조직, 지방질, 근육, 뼈, 연결부위, 연골근육, 섬유질, 연결 조직 등으로 구성된다. 이 근육살 조직은 가장 중요한 고기 구성원으로 수분 70%, 단백질 20%, 지방9% 등으로 되어 있다.

동물이 살이 찔 때 약간의 수분과 살코기의 단백질이 지방으로 변하여 마블링(Marbling) 형태로 침착이 된다. 이 마블링은 근육 섬유질에 지방 줄무늬나 섬세한 그물조직인데 고기의 맛, 육즙, 연한 맛을 증가시켜 준다. 연결조직은 고기의 질긴 부위로 이 부분이 많을수록 고기는 질기다. 고기는 수분 함량이 높기 때문에 높은 수준의 위생, 청결, 온도, 습도, 저장관리가 유지되지 못하면 미생물이 쉽게 번식할 수 있다.

1) 육류 검사와 등급

미국연방정부의 검사와 등급은 소비자, 농부, 가공업자, 소매업자들의 이익과 보호를 위해 실시된다. 육류검사는 미국 내의 모든 포장 공장, 가공공장에서 필수적으로 연방 정부에게 받아야 하고 위생시설에서 엄격한 가공처리 기준을 지켜야 한다.

▣ 쇠고기의 품질 등급에는 8가지 등급이 있는데 각각의 품질은 뚜렷한 차이를 나타낸다.(U.S Department of Agriculture : USDA)

▣ USDA Prime, USDA Choice, USDA Good, USDA Standard, USDA Commercial, USDA Utility, USDA Cutter 그리고 USDA Canner 등이 있다.

① USDA Prime은 최상급의 등급으로 최고급 호텔, 식당, 고급 스토어에서 이용되고 그 양이 제한되어 생산된다. 이 고기 부위 육질은 맛과 육즙을 더해주는 좋은 그물조직으로 되어 있다.

② USDA Choice 소매시장에서 가장 인기 있는 등급으로 그 육질이 연하고 육즙이 많고 Prime보다 지방질이 적으나 좋은 그물조직으로 되어 있다.

③ USDA Good과 Standard는 모두 경제적인 쇠고기로 알려져 일부시장에서는 USDA 등급보다는 유명 브랜드 상표를 달아 판매하고 있다. 이것은 지방 함량이 낮기 때문에 덜 수축된다. Good 등급은 꽤 연하지만 Prime과 Choice의 연질과 맛에는 떨어진다.

④ USDA Commercial은 성숙한 소 동물에서 생산되는데 맛은 풍부하지만 질기기 때문에 연해지도록 천천히 요리하거나 오래 익히는 것이 요구된다.

⑤ USDA Utility, Cutter 그리고 Canner 등급은 위의 등급보다 일반적인 것으로 맛의 특성이 떨어지는데 경제적, 영양적 규모적 등으로 유리하고 제조 가공하거나 갈아서 사용하기에 적합하다.

2) 쇠고기 육질의 결정

나이가 어리고 제일 질이 좋은 소의 살코기 색깔은 밝은 체리의 붉은색이다. 그보다 좀 더 성숙한 쇠고기는 조금 검은 붉은색이다. 제일 좋은 쇠고기는 연한 근육질에 밝은색 지방에 그 중심에 그물조직으로 섬세하여야 한다. 소고기는 요리하기 전에 대략 10~14일 동안 성숙시키는 것이 좋은데 로스트(Roast)나 스테이크(Steak)로 사용하는 소고기에 필요하다. 삶아서 사용할 고기는 대략 4~8일 동안 성숙시키면 좋다.

▣ 소고기 가공육

소고기 저장 가공육은 기간 연장, 훈제, 건조, 로스팅, 삶은 것, 통조림과 같이 조리되거나 저장을 위한 여러 방법을 거친 것을 말한다.

- 육가공 저장품 ⇒ 동물의 종류(소), 동물 먹이의 질(소), 동물의 건강상태(소), 도살하기 전에 처리법, 도살장, 포장공장, 식품 서비스 설비의 위생, 피와 가죽 처리과정, 도살육의 냉장 과정, 고기분해와 가공지역의 상태, 온도, 위생문제, 장비, 도구의 위생상태, 고기 분류 시스템의 상태, 모든 작업, 분배, 저장 지역의 습도 온도조절 등의 처리 방법이 필요하다.

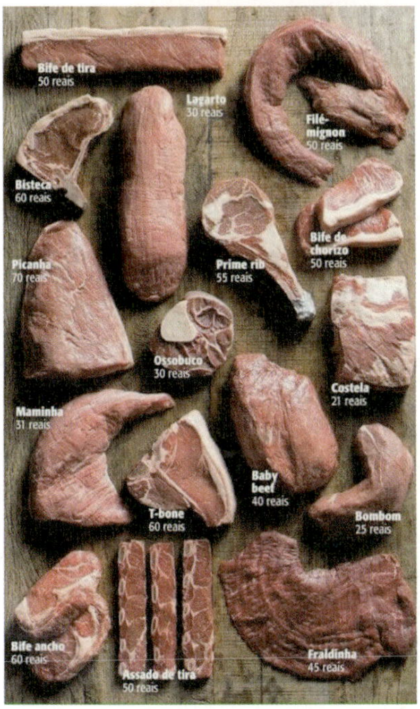

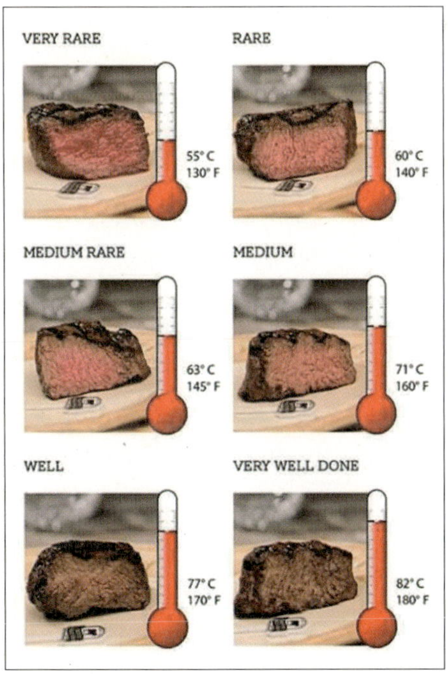

4. 기본 조리 방법

1) Blanching – Blanchir(데침)

식재료와 물 또는 기름이 1:10 정도의 비율로 끓는 물에 짧게 조리하는 방법과 찬물에 서서히 끓여 짧게 조리하는 것이 적당하다.(야채류, 감자, 고구마, 생선 등)

2) Poaching – pocher(삶기)

생선이나 계란을 조리 할 때 쓰이는 방법으로 생선, 고기, 육수(Stock)나 백포도주를 사용하여 비등점(100℃) 이하로 삶아내는 방법은 덤브링(Dumpling), 고기류, 훈제 햄, 소시지, 계란 등을(이중탕) 물중탕으로는 Mould에 고기 같은 것을 넣고 조리하는 데 푸딩, 계란 로얄 등 포칭의 중요한 것은 86℃를 넘지 않게 조리해야 단백질 유실을 막고 건조하고 딱딱함을 방지한다.

3) Boiling – Bouillir(끓이기)

물이나 Stock으로 요리하고자 하는 재료를 넣고 끓이는 방법으로 재료에 따라서 찬물로 끓이느냐 더운물로 끓이느냐, 뚜껑을 덮고 끓이느냐 뚜껑을 열고 끓이느냐 하는 방법이 있다.

- 감자, 뼈, 건조한 야채 등은 찬물에 뚜껑을 덮고 끓인다. 이것들은 물을 흡수하여 표면상의 질감을 막고 골고루 조리하는 데 있다.
- 끓는 물에 뚜껑 없이 빨리 끓이는 방법. 스파게티, 마카로니 등이 있다.
- 더운물이나 Stock에 뚜껑 없이 천천히 끓이는 것은 Beef, veal, Lamb, Chicken 등이 있다.

4) Steaming – Cuire a vapeur(증기에 찌기)

훈기를 사용하여 조리하는 방법으로 야채류를 조리할 때 많이 사용한다. 물을 끓여서 나오는 훈기를 음식을 익히는 방법은 물로 삶는 것보다 영양적으로 우수한다. 이 방법에는 압력을 가하는 방법과 압력없이 찌는 두 가지 방법이 있다. 압력

없이 찌는 방법은 물을 끓여서 나오는 훈기로 익히는 방법인데 물 온도는 200℃~220℃가 적당하다. 또 고압쿠커가 있다.

5) Deep Fat Frying – Frire(튀김)

이 방법은 기름에 음식을 튀겨내는 방법으로 생선, 고기류, 가금류, 야채류, 감자, 도너츠 등 조리할 때 사용한다. 쇼팅(Shortening), Butter, oil과 같은 지방 속에 담궈서 조리하는 방법으로 조리속도가 매우 빠르다. 일반적으로 Shortening 등 기름을 넣고 93℃를 유지하다가 용해된 후 튀김에 맞는 온도로 상승 유지시킨다. 식재료에 따라 튀김 온도는 약간 차이는 있으나 일반적으로 160℃~180℃가 적당하다.

6) Sauteing – Sauter(살짝 튀김)

후라이 팬에 소량의 기름이나 Butter를 넣고 160℃~240℃에서 살짝 빨리 조리하는 방법이다. 요리하는 데 제일 많이 사용하는 방법 중에 하나이다. 잘게 썬 고기류, 야채, 생선, 감자 등은 팬을 자주 흔들면서 조리하고, Steak, chops, cutlet, whole fish 등 흔들지 않고 색깔이 날 수 있도록 한다.

7) Broiling – Griller(석쇠에 굽기)

Broiling은 석쇠 위에서 직접 불에 굽는 방법이고, Grilling은 간접적으로 가열된 급속의 표면에 굽는 방법이다. 처음에는 220℃~250℃의 높은 열을 올려서 굽고, 차츰 150℃~200℃의 낮은 온도에서 조리한다. 가열 방법은 3가지가 있다. Under heat(하부가열) : 석쇠위에 직접 굽는 것, Over heat(상부가열) : Salamander같이 위에서 열이 나와 굽는 것, Between heat(중간가열) : Toaster와 같은 방법 등이 있다.

8) Gratinating – Gratiner(그라탕)

이 방법은 조리해야 할 음식물 표면에 Butter, cheese, cream, Egg Yolk, Sauce, Crust, Sugar 등을 올려서 salamander나 Broiler, Oven 등에서 열을 가해 색깔을 내는데 주로 사용하는 조리 방법이다. 불의 온도는 250℃~300℃가 적당하다.

9) Baking – Cuire on Four(오븐 굽기)

Oven에서 140℃~250℃의 건조열로 굽는 방법으로 Bread류, Pastry pie, Cake 등 Bakery류, Pasty pie류 Cake류 등 Bakery에서 많이 사용한다. 오븐 Rack 위에서 굽울 때는 보통 180℃~250℃로 온도 조절을 한다.(Convection oven 등)

10) Roasting – Rotir(굽기)

이 방법은 육류, 가금류 등을 통째로 조리하거나 큰 덩어리 고기를 구울 때 쓰는 방법이며, 지방이 덮어진 채로 처음엔 보통 250℃~280℃ Oven에서 나중에는 차츰 150℃~177℃에서 굽는다.

쇠꼬챙이를 사용해서 바비큐처럼 하는 조리방법도 있다. 조리는 Prime Rib, sirloin, Lamb, Duck, Turkey, Chicken, Pork 등을 조리하는 데 많이 사용한다.

11) Braising – Braiser(서서히 끓이기)

이 방법은 뚜껑을 덮어 Oven 속에서 적은 양의 고기즙을 넣고서 고기를 연하게 하기 위해서 낮은 온도의 열을 가해서 조리한다. 온도는 약 200℃가 적당하다. 특히 액체를 계속 끼얹으면서 서서히 익혀야 한다(브라운 스톡, 스톡, White wine, 액체소스 등을 조금씩 넣는다).

12) Glazing – Glacer(마무리 윤택내기)

이 방법은 설탕이나 버터, 고기즙 등을 조려서 코팅시키는 조리 방법으로 야채를 조리하는 데 주로 사용한다. 낮은 온도의 냄비에 액체, 버터, 야채를 넣고 굴리다가 골고루 익히고 윤을 내기 위해서 사용하는 방법, 앙트레 야채 가니쉬로 곁들인다.

13) Poeler – Poelage(뽀왈레)

이 방법은 Oven의 온도를 조절해 가면서 많은 양의 버터 속에서 고기를 조리하는 방법으로 Oven 속에서도 계속적으로 고기 위에 Butter를 발라 가면서 굽기 조리하다가 뚜껑을 벗겨 색깔을 낸 다음 고기와 Brown stock, wine 등을 따로 분리시켜 졸인다. 대체로 사용되는 고기는 Poultry(chicken, Turkey, Goose, Duckling), Veal(Loin, Sirlon), Beef(Tenderloin, sirlon) 등. Oven 온도는 140℃~160℃가 적당하다.

14) Stewing/ Simmering – Etuver(장시간 천천히 익히기)

이 방법은 고기, 야채 등을 자른 다음 기름에 Saute한 후 Demi-glace Sauce나 Brown stock을 넣어 걸쭉하게 끓여내는 방법이다. 주로 작은 고기 덩어리, 생선, 야채, 과일 등을 익힐 때 사용한다. 이때 온도는 120℃~140℃가 적당하다.

15) Microwave cooking(전자레인지 쿠킹)

이 방법은 초단파 전자오븐으로 고열을 가하여 짧은 시간에 조리하는 방법이다. 금속재료를 함께 넣으면 전자열이 반사되어 인체에 매우 해롭다. 절대로 사용하면 안 된다.

제4장 식품위생과 식중독

1. 식품위생 관리

1) 식품규정, 검사, 그리고 증명
2) Food-born Illness 식중독
3) 식재료 오염원 발생원인
4) 식재료 잠재성 위험 식품
5) 식중독의 분류
6) 식품 박테리아 분류

2. 음식 식중독 예방

1) 식재료 교차오염 예방
2) 식재료 적절한 냉장법 및 저장법
3) 소독
4) 해충 예방

3. 주방 안전 관리

1. 식품위생 관리

호텔주방의 식품위생은 위생적인 식재료 납품업자들에 의해 청결한 환경상태로 음식을 준비하고 전달하는 것이다. 호텔주방 위생교육의 목적은 음식물로 인해 발생하는 가능성 질병들로부터 고객이 보호될 것이라고는 확신을 주기 위한 것이다. 문제발생 시 호텔 영업장의 명성에 해를 끼칠 뿐만 아니라 발병으로 인해 값비싼 대가를 치를 수 있다. 업장의 수익 손실과 더불어 문제를 해결하기 위한 법적비용은 호텔업장의 존폐에 위협적일 수도 있다.

1) 식품규정, 검사, 그리고 증명

정부나 지방자치단체의 위생 규정들은 대중이 접하는 모든 식품의 위생을 예방하고 보증한다. 새로 개업하는 업장은 필요한 법적 요구사항들을 확인하기 위해 개업 이전에 지역 보건위생당국에 알려야 한다. 새로운 근무지로 이동하는 조리사는 그 지역 지자체의 특수 조령과 위생규정을 알아야 한다. 일부 지역에서는 위생 증명 제도를 시행하고 있다. 그 규정과 기준은 지역별로 매우 다양하다. 경우에 따라 주방에는 공인된 근무자가 최소 한명이 되어야 한다는 규정도 있다. 증명제도는 종종 교육학습기관을 통해 취득할 수 있다.

2) Food- born Illness 식중독

음식의 다양한 질병들의 잠재적 매개체가 될 수 있다. 식중독의 병세는 오염된 음식의 섭취량과 대개는 개인에 따라 병에 감염될 용이성의 정도에 달려 있다. 어린이, 노인, 그리고 면역체계가 이미 파괴된 사람의 경우 건강한 성인에 비해 식중독을 이겨내기가 힘들다. 식중독의 가장 흔한 증상들은 열을 동반한 복통, 메스꺼운, 구토, 설사이다. 이와 같은 증상들은 경우에 따라 발병 이전에 하루나 이틀가량 경과하기도 하나 대개 몇 시간 이내에 나타날 것이다. 식중독의 발생을 공식적으로 고지하기 위해서는 같은 음식을 먹은 사람이 2인 이상이라야 하며, 보건당국에 의해 확인되어져야 한다.

식중독과 그 증상들

식중독 균	증 상	균의 특징	함유식품	주의할 점
살모넬라 6~48시간	두통, 설사, 복통, 고열, 관절염, 내막염, 장티푸스를 일으키며 사망할 수 있음.	살모넬라균: 인간의 내장, 동물, 새, 곤충에 기생하는 호기성 세균	계란, 가금류, 조개류, 육류, 수프, 소스, 고기국물, 유제품, 재가열한 음식물	음식을 2시간 이상 불결한 곳에 두지 말 것, 남은 음식은 85℃ 이상으로 가열할 것, 살모넬라균은 고온에 멸균되므로 적당한 온도에서 조리할 것, 설치류와 파리는 박멸하고, 화장실 사용 후 손을 씻고, 조리된 음식의 교차오염을 피할 것.
세균성 이질 12~48시간	설사, 복통, 고열, 탈수	Shigella sinnei와 다른 종들은 감염된 인간의 배설물, 음식물, 물에서 발견된다.	콩, 오염된 우유, 참치, 칠면조, 마카로니, 샐러드, 사과술, 물기가 많은 혼합물	수원(水原)을 안전하게 하며, 곤충 설치류를 엄격히 통제하며, 개인위생을 철저히 할 것.
간상균 8~16시간	복통, 설사, 메스꺼움, 구토	Bacillus cereus : 포자를 형성하며 토양이나 음식물에서 오염되는 무기성 세균	곡류제품, 옥수수, 녹말, 쌀, 카스터드, 소스, 고기 덩어리	포자는 가열해도 생존할 수 있으므로 165℉로 재가열하고 음식을 불 한 곳에 두지 말 것.
연쇄상 구균 1~4일	메스꺼움, 구토, 설사	다양한 연쇄 상구균은 환경적응력이 강한 무기성 세균. 동물이나 인간의 오염된 배설물이나 감염된 인간의 코와 목을 통해 전염된다.	우유, 푸딩, 아이스크림, 계란, 육류, 파이, 계란(감자)샐러드, 가금류	음식을 철저하게 조리하고 급속냉동 시킬 것, 개인위생을 지킬 것, 저살균 유제품을 이용할 것.
선모충 4~28일	고열, 설사, 발한, 근육통, 구토, 피부손상	Trichinella sporalis : 내장에 기생하며 알을 낳은 후에 근육조직에 침투하는 나선형 기생충. 감염된 돼지와 쥐를 통해 전염	부적절하게 조리된 돼지고기에 유충이 기생할 수 있다.	돼지고기는 150℉에서 조리할 것, 고기의 재 오염을 피할 것. 170℉에서 튀길 것.
전염성 간염 10~50일	황달, 고열, 복통, 메스꺼움, 혼수상태	A형 간염바이러스 : 전염된 사람과 보균자의 배설물에 기생. 물과 대인접촉에 의해 전염되며 간을 손상시킨다.	오염된 조개류, 우유, 휘핑크림, 냉장된 고기 덩어리, 감자샐러드	바이러스가 음식물 내에 기생하지 않으므로 오염을 막는 유일한 통제법은 조개 등을 150℉ 이상의 온도에서 완전히 조리하는 것. 열 살균과 독 처리한 물과 우유도 용인하지 않을 것, 특히 화장실 사용 후 개인위생 철저할 것.

페프린젠 9~10시간	설사, 메스꺼움, 복통, 고열, 구토	클리스트리듐 페프린젠: 대부분의 조리온도에 내성이 있으며, 토양, 먼지, 동물 내장에 기생하여 포자를 형성하는 무기성세균	재가열 육류, 날 육류, 생 야채, 수프, 고기국물, 스튜	냉장육류는 재빨리 처리하며 165℉에서 재가열할 것, 날 육류와 조리 육류간의 교차오염을 피할 것, 포자를 멸균하는 유일한 방법은 250℉에 이르는 증기압력 15파운드로 조리압력을 가하는 것.

*잠복기간은 전염과 증상 발생간 시기이다.

주: Basic Food Sanitation, The Culinary Institute of America, 1986.

질병과 잠복기간*	증 상	균의 특징	함유식품	주의할 점
보툴리즘 12~36시간	인후염, 구토, 시각장애, 복통, 설사, 호흡곤란, 중추신경계 손상(마비) 사망률 70%	클로스트리듐 보툴리누스균: 열에 강한 저항성 포자를 형성하는 무기성 미생물 동물위장, 물, 토양에서 오염	냉장식품, 약산성식품 또는 불완전하게 가공된 통조림식품(시금치, 참치, 완두콩, 사탕무, 발효식품, 훈제식품), 익히지 않은 통조림식품	독소가 열에 민감하므로 통조림화 하는 동안 고열을 유지하고 출하 전 20분간 끓인다. 캔일 불룩하거나 가정에서 판매용으로 만들어진 것은 이용하지 말 것.
포도상 구균 2~4시간	구토, 메스꺼움, 설사, 복통	포도상구균 아우레우스: 인간의 코, 목, 피부감염으로 발병되며, 환경적응성이 강한 세균	고단백, 고수분, 손이 많이 가고, 불결한 상태의 음식물, 우유, 계란 카스터드, 칠면조속, 닭고기, 참치, 감자 샐러드, 고기국물 재 가열 식품	독소가 열에 의해 살멸되지 않으므로 음식물은 40℉이하에서 저장하고 165℉에서 철저하게 가열시킨다. 절상, 화상 또는 감염된 사람은 음식물을 만져서는 안 되며, 음식을 다루는 모든 사람은 제한되어야 한다. 음식물은 불결한 곳에서부터 멀리 보관할 것.
맥각 중독 변종들	환각, 경련, 팔·다리의 회저	맥각: 밀과 호밀에서 생장하는 곰팡이	밀과 호밀	곰팡이 핀 밀과 호밀을 이용하지 말 것.
화학적 중독 분-시간	다양함	과일과 야채의 살충제, 은 광택제의 시안(청산), 통조림 내부의 아연, 구리 솥 등		과일과 야채를 이용하기 전에 씻을 것, 시안성분이 포함된 광택제는 사용하지 말며 광택을 낸 후에는 그 기구를 씻을 것,

				음식물의 살충제를 제거한 후 보관할 것, 아연은 산성음식물에 의해 주석이 여과되고 유독성을 띄게 되므로 통조림음식의 조리와 저장을 피할 것, 음식이 구리와 닿지 않도록 할 것.
동·식물성 중독 다양함–가끔 바쁨	다양함	Aklaloid : 유기산 물질		버섯은 분별해서 먹을 것, 대황 잎사귀, 많은 양의 육두구, 초록빛 감자, 잠두, 날 대두, 복어, 곰치, 상어간은 섭취 시 주의할 것.

3) 식재료 오염원 발생원인

식품 공급에 영향을 미치는 오염원은 화학적, 물리적, 생물학적 원인으로 나눌 수 있다.

살충제와 세제 화합물들이 음식물에 축적되어 발병하는 것이 화학적 오염의 예이다. 물리적 오염원은 유리조각, 설치류의 털, 페인트 조각과 같은 이물질들을 포함한다. 음식물을 부주의하게 다루게 되면 귀걸이나 안대까지도 음식물에 빠트려 병이나 해를 입게 될 수 있다.

생물학적 오염원은 식중독 대부분의 원인이다. 이들은 일부 야생버섯, 대황 잎사귀, 감자 기타 여러 식물들에서 발견되는 독소로 알려진 성분을 자연적으로 포함하고 있다. 그러나 가장 위험한 생물학적 오염원은 모든 식중독의 원인 중 95%에 이르며, 병원균으로 알려진 질병 유발성 미생물이다. 여러 종류의 미생물들이 실제 어느 곳에나 존재하며 대부분 필수적이지 않더라도 유익하다. 사실상 질병을 유발하는 원인이 되는 미생물은 몇 퍼센트 되지 않는다.

4) 식재료 잠재성 위험 식품

미생물은 단백질원, 신속히 이용할 수 있는 수분, 그리고 적절한 PH의 세 가지 기본적 생장조건을 필요로 한다. 많은 식품들이 이와 같은 생장조건들을 제공함으로써 잠재성 위험을 내포한 것으로 사료된다. 산소와 저장온도와 같은 요소들도 미생물의 성장과 번식에 영향을 미치나, 그 필요성은 아래와 같이 미생물의 유형에 따라 다양할 것이다.

음식물의 경우 단백질을 함유한 동물성 식품일 필요는 없다. 야채와 곡류들도 단백질을 함유하고 있다. 음식물의 단백질 함유량이 높을수록 식중독의 매개체로서의 잠재성은 더욱 커진다. 육류, 가금류, 해산물, 그리고 일부 하드 치즈를 제외한 유제품들은 모두 잠재성 위험 식품으로 분류된다. 커스터드, 홀랜다이즈 소스, 마요네즈와 같은 소스들은 특히 계란 노란자에 위험성이 높으므로 항상 신중한 태도로 위생적인 조리방식을 취해야 한다.

식품의 산도나 알칼리도는 PH도에 의해 측정된다. 박테리아 성장에 대한 PH도의 영향을 보여준다. 알칼리도가 1에서 14까지 범위 중 4.6에서 10사이의 중간 PH도에서 박테리아가 가장 잘 번식하며, 대부분의 식품들이 이 범위 내에 포함된다. 염장, 육류 내장, 절임은 PH 10이상의 알칼리성 식품으로 변화시킬 것이다. 따라서 이 식품은 더 이상 식중독에 감염되지 않을 것이다.

식품을 훈제하거나, 절이거나, 통조림처리 하는 보존방법은 박테리아의 성장 잠재성을 줄일 수 있는 또 다른 방법이다. 겨울 내 저장을 위해 육류를 냉동하기 전에 소금을 쳐서 절이거나 훈제하거나 통조림처리 하여 이용하는 곳도 이와 같은 이유 때문이다. 여러 가지 식품의 PH도는 PH7 이하는 산성 식품이며 PH7 이상은 알칼리성 식품이다.

5) 식중독의 분류

식중독은 식품에서나 사람들에서 중독과 전염으로 하위 분류체계이다.

- **중독** 식품 중독은 병원균의 라이프 사이클에서 생성된 독소를 포함한 식품을 섭취한 경우에 발생한다. 일단 체내에서 이 독소들은 유독성분으로 작용한다. 연쇄 상구균 중독과 보툴리즘은 식품 중독에 속한다.
- **전염** 전염으로 섭취된 식품은 살아 있는 수많은 병원균들을 포함하고 있다. 이 병원균 들은 체내에서 증식하며 대개 내장을 공격한다. 살모넬라는 전염의 경우에 해당된다.

패소젠스(Pathogens) 병원균은 식중독의 원인 병원균의 구체적인 유형은 균류, 바이러스, 기생충, 그리고 가장 중요한 박테리아로 분류된다. 곰팡이와 효모를 포함한 균류는 다른 미생물에 비해 적응력이 더욱 강하며 산성조건에서도 내구력이 높다. 균류는 질병을 유발하기보다는 음식물의 부패에 더 직접적인 원인이 된다. 균류는 치즈, 빵, 포도주, 맥주와 같은 식품 산업에 중요하다.

바이러스는 실제로 식품 내에서 증식하지 않으나 만약 위생상태가 불결하여 식품이 오염될 경우 그 식품을 섭취함으로써 질병을 유발하게 된다. 불법적인 관행으로 오염된 물에서 채취된 조개를 섭취함으로써 유발되는 전염성 간염이 그 예이다. 따라서 조리사는 구매된 조개의 원산지를 확인해야 한다. 안전한 물에서 채취된 조개는 그 자체로 가치가 부가될 것이다.

바이러스는 무성 생식을 한다. 살균 바이러스(박테리아 파지)로 알려진 이 과정은 하나의 바이러스가 하나의 세포에 침투하여 많은 바이러스를 증식시킬 때 발생한다. 새로운 바이러스는 죽은 세포를 떠나 새로운 세포에 계속해서 침투한다.

기생충은 숙주라 불리는 다른 유기체에 기생한다. 실제로 숙주는 기생충으로부터 어떤 이득도 얻을 수 없으며 오히려 해를 입거나 심지어 죽을 수도 있다. 돼지고기와 관련된 선모충과 같은 아메바와 기타 여러 기생충들은 식품을 오염시키는 기생충들에 해당된다. 다른 기생충들은 또 다른 방식으로 증식한다. 유충상태로 육류에 기생하는 기생충들이 그 예이다.

일단 섭취되면 기생충의 라이프 사이클과 증식 사이클은 지속된다. 유충이 성장하여 수정된 암컷은 더 많은 유충들을 방출하여 숙주의 근육조직을 돌아다니게 되며 이 과정은 지속된다. 박테리아는 대부분의 생물학적 식중독의 원인이다. 식품의 저장, 준비, 서비스 제공하기까지의 보호를 위해 박테리아의 분류와 유형을 이해하는 것은 매우 중요하다.

6) 식품 박테리아 분류

박테리아는 산소 요구량, 최적 성장 온도, 그리고 포자 형성력에 의해 분류된다. 산소 요구량. 호기성 박테리아는 생장을 위해 산소가 필요하다. 무기성 박테리아는 산소가 필요 없으며 오히려 산소에 노출되면 사멸할 수 있다. 환경적응력이 강한 박테리아는 산소의 유무에 관계없이 생존할 수 있다. 온도는 박테리아의 생장에 있어서 온도뿐만 아니라 시간의 영향을 보여주고 있다. 온도에 대한 민감도에 따라 박테리아를 다음과 같이 분류할 수 있다.

- 중온균 박테리아는 60°F와 100°F(16℃~38℃) 사이에서 가장 잘 생장한다. 업장의 주방뿐만 아니라 신체 온도도 이 범위에 속하기 때문에 중온균 박테리아가 가장 잘 증식하고 위험하다.
- 고온균 박테리아는 110°F에서 171°F 사이에서 가장 급속히 생장한다.
- 냉온균 박테리아는 32°F에서 60°F(0°~15℃) 사이의 차가운 온도에서 잘 생장한다.

포자 형성력 일부 박테리아는 고온이나 탈수와 같은 열악한 환경에 대한 보호방법으로 내부포자를 형성할 수 있다. 이 내부포자는 생식방법은 아니지만 좋은 환경을 만들고자 한다면 박테리아의 라이프 사이클을 재개할 수 있다.

하나의 박테리아는 생장하여 같은 크기의 박테리아 2개로 분열되는 2분열법에 의한 무성 생식을 한다. 이 박테리아들은 다시 4개로 분열되며, 4개는 16개로 계속해서 분열된다.

이상적인 환경조건 하에서 박테리아는 병을 유발하기에 충분한 숫자인 720억 개 이상으로 증식할 수 있다.

- 박테리아 생장단계. 박테리아의 생장 4단계는 다음과 같다.
  - (a) 잠재기 : 새로 이식된 박테리아는 환경에 적응하게 된다.
  - (b) 가속 생장기 : 이상적인 환경 조건 하에서 급속히 증식한다.
  - (c) 정체기 : 생장률이 사멸률과 같으며 수적 증대는 없다.
  - (d) 쇠퇴기 : 박테리아의 생존을 위해 필요한 요소들이 고갈되어 사멸률이 성장률을 초과한다.

2. 음식 식중독 예방

병을 유발하기에 수적으로 충분한 병원균을 내포한 음식물이라도 외양과 냄새는 정상일 수 있다. 질병을 유발하는 미생물은 너무 미세하여 육안으로 볼 수 없으므로 대개 외관상 음식물이 불순하다(인간이 섭취하기에는 부적당하다)고 확인하는 것은 불가능하다. 음식물을 부패시키는 미생물 특히 박테리아는 식중독을 일으키는 박테리아와 다르기 때문에 음식물이 불순하게 될 수 있으나 조리후의 부주의한 관리로 오히려 경쟁상대가 없기 때문에 더욱 빨리 생장하며, 변질된 미생물과 어느 정도의 거리를 둔 병원균이 재침입할 수 있다.

비록 부주의한 조리가 항상 식중독을 유발하는 것은 아니나 소소한 것에 대한 부주의는 심각한 질병이나 질병으로 인해 사망에까지 이를 수 있는 위험으로 증대된다. 영업장이 식중독의 발생으로 입게 될 여러 가지 손해들은 업장의 운영에 큰 영향을 미칠 수 있다. 더욱이 부정적인 홍보, 광고와 명성의 손실은 많은 호텔 영업장들이 결코 회복할 수 없는 큰 타격이 된다.

1) 식재료 교차오염 예방

대부분의 식중독들은 주방에서 비위생적으로 식품을 취급하기 때문에 발생한다. 식중독 유발 인자들이 오염된 음식물의 표면에서 다른 곳으로 옮겨갈 때 교차오염이 발생하며, 이는 아래의 항목들을 준수함으로써 피할 수 있다.

- **개인청결** 철저한 개임위생은 교차오염에 대한 최선의 방어책이다. 전염성 질병이나 손에 감염된 상처가 있는 종사자들은 모든 고객을 위험에 빠트린다. 식품 취급자는 내규에 내포된 지침서를 따라야 한다. 손은 언제나 오염원, 특히 얼굴, 머리, 눈, 입과 접촉할 가능성이 있으므로 작업을 계속하기 전에 철저하게 손을 씻어야 한다.
- **철저한 준비와 저장** 식품은 대개 준비단계에서 교차오염의 위험이 가장 크다. 이상적인 방법은 날 음식과 조리된 음식을 각각 분리된 작업구역과 도마에서 조리하는 것이다. 조리기구들과 도마는 항상 청결해야 하며 사용할 때마다

철저하게 소독해야 한다. 예를 들어, 닭고기를 자르기 위해 사용되었던 기구는 돼지고기를 자르기 전에 깨끗이 하고 소독하는 것이 중요하다. 이러한 목적으로 사용되는 행주는 두 배로 강력한 살균력을 지녀야 하며, 사용 인식을 고무시키기 위해 각 작업구역의 근처에 두어야 한다. 모든 음식물은 날 것과 조리된 것의 접촉을 방지하기 위해 주의해서 저장해야 한다. 날 음식물 밑에는 액체 받침을 두어 분비물이 튀거나 떨어지는 것을 막아야 한다.

식재료 취급업자 및 조리사를 위한 점검목록

- 철저한 개인위생 원칙의 준수
- 건강유지 : 내과와 치과검진. 질병에 걸렸을 시에는 음식물을 다루지 말 것.
- 즉시 자르고 구울 것. 피부에 어떤 화상이나 상처도 깨끗한 방수 붕대로 막으며 필요 시마다 교체할 것.
- 깨끗하고 단정한 유니폼을 입고서 근무를 시작할 것. 근무 시와 수업 시에 입는 유니폼은 구별할 것. 유니폼 및 관련 소품들은 깨끗한 보관함에 둘 것.
- 청결하고 단정하고 필요하다면 절제 있는 머리 스타일을 유지할 것.
- 손톱은 짧게 에나멜을 칠하지 말 것.
- 신체에 해를 입히거나 교차오염의 위험을 줄이기 위해 시계나 단순한 끈 이상의 보석류는 착용하지 말 것.
- 조리 중 담배를 피우거나 껌을 씹지 말 것.
- 생닭과 같은 날 식품을 다룬 후, 식품 이외의 품목을 다룬 후, 그리고 주방으로 돌아와 일을 시작할 때 손을 거품이 충분히 일 정도로 철저히 깨끗이 씻을 것.
- 조리 중 손을 머리카락이나 얼굴에 대지 말 것.
- 기침이나 재채기가 날 때 휴지로 얼굴을 막으며, 이후에는 손을 꼭 씻을 것.
- 근무 시작 전이나 경우에 따라 서비스 중이라도 사이드 스텐드(카트), 쟁반, 쟁반 스텐드를 청결히 할 것.
- 크로스나 종이 냅킨은 가능한 작게 그리고 항상 깨끗한 곳에서 접을 것. 테이블 린넨은 한 번만 사용할 것.
- 접시, 유리컵, 쟁반의 표면에 음식물이 닿지 않도록 할 것.
- 모든 음식물은 적절한 기구를 사용하여 제공할 것. 즉 얼음과 롤빵은 집게를 사용하며 절대 손을 사용하지 말 것.

2) 식재료 적절한 냉장법 및 저장법

병원균에 대항하는 방법은 시간과 온도조절을 엄격히 준수하는 것이다. 음식보관소 부분은 음식물이 가장 오염되기 쉬운 온도 범위를 보여준다.

냉장고나 Walk-in냉장고는 모든 작업의 마지막 순서에 놓여져야 한다. 냉장고에 보관되기 전에 음식물은 적당하게 냉각되어 깨끗한 용기에 담아 포장한 뒤 내용물과 날짜를 분명하게 기록한 라벨을 부착한다. 조리하지 않은 생 식재료의 분비물에 의한 교차오염을 방지하기 위해 조리된 음식물의 밑이나 멀리 떨어진 곳에 보관한다. 공기순환은 효율적인 냉각을 위해 필수적이기 때문에 상자들을 과적하지 말며 환풍기가 차단되지 않도록 해야 한다.

음식물 바로 위에 쟁반을 두지 마라. 순환하는 공기의 양을 줄임으로써 교차오염을 유발할 수 있다. 오래된 식자재를 먼저 사용하기 위해 음식물을 저장 관리할 때 선입선출(First-in, First-out) 원칙을 준수해야 한다.

건조저장은 냉장이 필요 없고 부패정도가 덜한 일부 야채나 과일뿐만 아니라 통조림, 향신료, 조미료, 씨리얼과 같은 식품들이나 밀가루나 설탕과 같은 기본 식료품에 이용된다. 다른 저장고와 마찬가지로 청결하고 통풍과 공기순환이 적당한 곳이라야 한다. 음식물을 바닥이나 벽 가까이에 보관해서는 안 되며, 음식물이 기득차지 않는 알맞은 선반이 있어야 한다. 앞에서 언급한 선입선출 원칙을 준수하고 모든 용기들은 날짜를 기록하여 라벨을 부착한다. 세척도구들은 다른 장소에 보관한다.

3) 소독 – 개인소독, 환경소독, 주방소독 등

세척(Cleaning)과 소독(sanitizing)의 차이점에 주의하는 것은 중요하다. 세척은 오물이나 음식물 찌꺼기를 제거하는 것인 반면에, 소독은 병원균 미생물을 살균하기 위해 증기나 화학약품을 사용하는 것이다. 식품의 조리를 준비하는 중에 싱크대의 물에 잠기지 않는 기구는 2중 강화 소독액을 묻힌 행주를 사용한다. 작은 기구들, 도구들, 냄비류, 식기류들은 식기세척기를 이용하거나 세가지 부분으로 구분된 싱크대에서 손으로 씻는다.

여러 종류의 식기 세척기들은 모두 매우 뜨거운 물(대개 180°~195°F/82°~91°FC)이나 화학약품을 사용한 소독법을 실시한다. 접시와 냄비를 직접 손으로 씻기 위해 적절하게 구분된 3단계 씽크대의 구분구조를 보여주고 있다. 1단계는 씻는 것이며, 2단계는 헹구기, 그리고 3단계는 170°F(77℃)의 물에 30초간 담그거나 화학 약품에 1분간 담구어 소독하는 것이다. 요오드, 염소, 제4기 암모늄 혼합물은 모두 일반적인 소독제이다. 약품 제조업자의 지시문에 따라 사용해야 한다.

● **3단계 싱크대의 적합한 구조** 식기세척을 손으로 직접 하는 경우 조리준비 작업대와는 떨어져 있는 3단계로 구분된 싱크대(씻기, 헹구기, 소독하기)에서 실시한다. 먼저 접시들을 분류한 후 문지르며 큰 음식물 찌꺼기를 제거하기 위해 초벌 헹구기를 한다. 접시는 최소 120°F(49℃)의 물에 세제액을 넣은 1단계 싱크대에서 씻겨진다. 2단계 싱크대의 약 130°F(54℃)물에서 헹궈지고, 3단계는 170°F(77℃)의 물이나 화학약품이 들어간 물에서 약 2분간 소독된다. 그 후 접시들은 건조되고 보관된다.

철, 마그네슘의 함유량이 많은 경수는 세제와 소독제의 작용을 방해하며 기계 고장의 원인이 되는 침전물을 생성할 수도 있다. 물을 연성화 하는 첨가물은 이와 같은 문제점을 방지할 수 있다. 소독 후 기구와 식기류는 종이나 행주를 사용함으로써 교차오염을 유발할 수 있으므로 공기로 완전히 건조시켜야 한다. 전체 주방의 일별과 주별 세척 임무 목록이다.

이것들은 주의해서 준수해야 한다. 주방에 오물과 유지가 쌓이는 것은 불결하며 보기에도 흉할 뿐만 아니라 기타 잠재적인 위험의 원인이 될 수 있다. 미끄러운 바닥에 넘어져 상처를 입을 수 있다. 부적절한 방법으로 세척된 기구는 제 기능을 다 하지 못할 수도 있다. 따라서 각 주방은 그 나름대로의 세척 일정을 개발해야 한다.

분류하기 → 문지르기 → 초벌 헹굼 → ① 120°F(55℃) 물에서 세재로 씻기 → ② 뜨거운 물에서 헹구기 → ③ 170°F 물에서 화학약품으로 2분간 소독하기 → 건조시키기 → 보관하기

주방 점검목록

- 도마는 조리된 식품용과 날 식품용을 사용하며 사용 후 소독할 것.
- 날 식품을 다룬 후에는 철저하게 손을 씻을 것.
- 시식스푼을 사용할 것. 손가락이나 주방기구로 음식을 시식하지 말 것.
- 세척제나 살충제와 같은 유독성 화합물들은 교차오염을 방지하기 위해 식품과 멀리 떨어진 곳에 보관할 것.
- 위험 잠재성 식품은 급속냉장을 위해 깊이가 4인치 이상 되지 않도록 고체나 반고체 상태로 보관할 것.
- 싱크대는 손으로 비누와 종이 타올을 쉽게 잡을 수 있도록 할 것.
- 재고목록의 날짜를 기록하여 사용하며 선입선출 원칙을 준수할 것.
- 냉장고나 냉동고에 저장되는 식품들은 포장하여 라벨을 부착하고 날짜를 기록할 것.
- 식품의 불필요한 부분을 잘라낼 때에는 기구를 사용할 것.
- 주방작업대, 도마, 기구의 사용 전후로 표면을 닦아낼 때 행주와 소독제를 사용할 것. 행주는 경우에 따라 교체하며, 소독제에 담궈 보관할 것.
- side towel은 뜨거운 것을 다룰 때만 사용할 것.
- 위험 잠재성 식품은 45°~145℉(7℃~60℃)의 온도대에 2시간 이상 두지 말 것.
- 음식은 가능한 제공시간과 가깝게 준비할 것. 미리 준비했을 경우 가능한 빨리 45℉(7℃) 이하로 냉장시킬 것.
- 음식을 재가열시 165℉(74℃)로 가능한 빨리할 것. steam table, 온열장치(warmer), 기타 유사 기구들은 재 가열에 적절치 않음.
- 적정온도를 알아보기 위해 즉시 알아볼 수 있는 온도계(사용 후 소독)를 사용할 것.
- 음식은 냉장고, 70℉(21℃) 이하의 물, 또는 전자레인지(식품 해동 후 즉시 조리할 수 있도록)로 해동할 것.

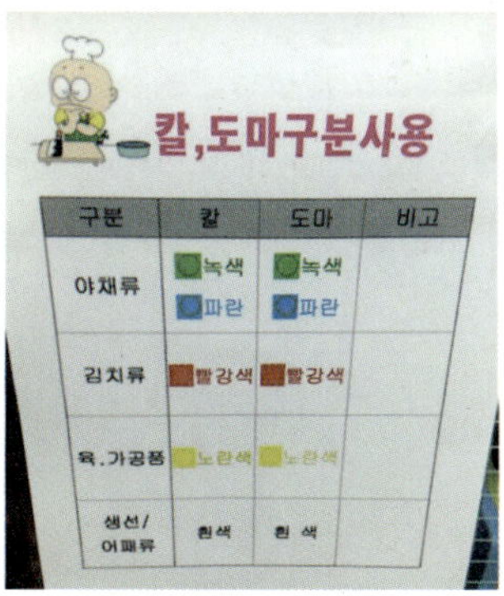

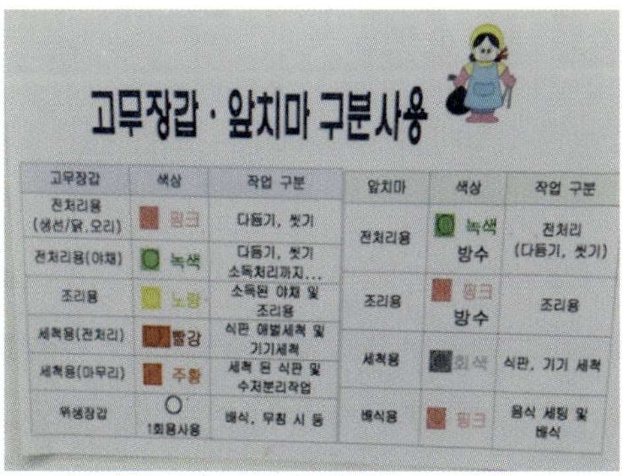

4) 해충 예방

주방에서는 주의를 기울인 위생 절차나 식품을 적절히 다루고 잘 관리된 시설들은 모두 해충의 침입을 방지한다. 해충은 해를 끼치고 불쾌하게 만들뿐만 아니라 쥐, 바퀴벌레, 파리에는 여러 가지 병원균이 잠복해 있을 수 있다. 해충의 침입을 방지하기 위한 점검목록이다.

해충 침입 방지

- 모든 구역과 외부 공간은 철저히 청소할 것. 엎지른 것은 즉시 닦아내고 부스러기는 쓸어낼 것.
- 쓰레기통은 뚜껑을 덮어두며 4시간마다 비울 것.
- 시멘트 블록 위에서 쓰레기 컨테이너는 들어 항상 올릴 것.
- 식품은 포장하거나 냉장시킬 것
- 입수된 모든 상자는 해충 유무를 점검하고 상자를 개봉 하자마자 품목들을 꺼낼 것.
- 식품은 벽과 바닥에서 떨어진 곳에 보관하며, 냉장 온도와 환기상태를 유지할 것.
- 자동으로 닫히는 문과 창문에 방충망을 설치하여 해충의 접근을 방지할 것.
- 갈라진 틈과 금을 메우고, 낡은 콘크리트를 보수하고, 통기공·지하창틀·배수관을 포함한 건물의 어떤 틈도 막을 것.
- 경우에 따라 살충제, 덫, 독극물, 초음파 장치, 기타 해충 살균법을 이용할 것. 지시문을 주의 깊게 읽고 따르거나 해충 전문가에게 자문을 구할 것.

3. 주방 안전 관리

식중독을 예방하기 위해 요구되는 신중한 행동과 더불어 주방의 안전사고를 피하기 위해 직원과 고객에 대한 보호조치가 시행되어야 한다. 다음의 주방 안전조치들이 준수되어야 한다.

1) 음식물을 엎지르거나 유지가 생겼을 경우에는 깨끗이 제거한다. 소금이나 옥수수가루를 이용해 유지를 흡수시켜 그 부분을 깨끗이 한다.

2) 석쇠불을 조심한다. 물로 불을 소각하려해서는 안 된다. 기름기를 제거하고 음식물을 석쇠의 구멍에서 제거하여 불길이 확 타오르는 것을 방지할 수 있다.
3) 기름이 많은 프라이팬의 기름을 바꿀 때 주의해야 한다.
4) 소화기는 적절한 작업장에서 보관하며 주방에서 가장 필요로 할 만한 장소에 두어야 한다,
5) 증기 화상을 피하기 위해 증기 구멍을 얼굴에서 멀리하며 냄비 뚜껑을 제거해야 한다.
6) 주방에 응급처치 장비들을 준비하고 절상과 화상에 대해 알아야 한다. 다음은 주방 응급처치 물품목록이다.

응급처치 물품들

- 크기별로 구분된 부목
- 압박붕대
- 개별 포장된 살균거즈
- 감을 거즈붕대
- 응급처치용 반창고
- 면봉(소독이나 눈의 분비물 제거용)
- 지혈대
- 압설자(작은 부목)
- 가위
- 핀셋
- 바늘(가시 제거용)
- 소독용 알콜 (도구 살균용)
- 저자극성 소독제
- 항생크림
- 토근 시럽(구토감소)
- 석유
- 해열제

7) 모든 식당과 주방 직원들이 소화기를 작동할 수 있도록 해야 한다. 지시문은 주방과 식당에서 가장 잘 보이는 위치에 부착한다.
8) 만돌린, 슬라이스, 분쇄기, 띠톱, 기타 날카로운 날이 있는 기구들은 특히 주의해서 다루어야 한다.
9) 알콜이나 마약을 복용할 시에는 작업을 금지한다.
10) 모든 전화기 옆에는 응급차, 병원, 소방서의 비상 전화번호를 부착해 두어야 한다.

직원과 고객이 다치거나 병에 걸리지 않도록 하는 것은 모든 종사원들의 책임이다. 위생과 안전절차를 준수하지 않음으로 인해 다음과 같은 결과를 초래할 수 있다.

- 고객이나 종사원의 건강을 해친다.
- 업소의 명성이 떨어진다.
- 법적 소송에 이른다.
- 보험료가 증가한다.
- 결근을 유발한다.
- 근무자의 사기가 저하된다.

주방전문 조리사는 대충 건강, 명성, 또는 엄청난 자원 투자와 같은 어리석은 기회에 감히 도전하지 않는다. 조리사가 업장의 청결과 안전을 유지하기 위해 필요한 사항들에 관심을 기울이는 것은 식당과 고객이 헌신적이고 책임감 있는 전문조리사의 손에 달려 있다는 것에 대한 가장 가시적인 증거를 제공한다.

제5장 외식산업의 역사적 배경

1. 외식산업의 역사적인 주요 영향들

1) 정복, 여행 그리고 탐험

인간은 익숙한 모국의 음식을 먹고자 하는 경향이 있으나, 여행은 그 음식이 익숙하든 그렇지 않든 종류나 조리방법에 폭넓은 영향을 미치게 된다. 많은 사람들은 대대로 한 지역에 정착해서 생활해 왔으나, 또 다른 사람들은 넓은 바다로 나아가 모험을 하며 새로운 땅을 발견하기 위해 대륙의 한쪽 끝에서 다른 쪽 끝까지 유랑생활을 해왔다. 요리의 발달과 성장에 가장 영향을 미친 요인들 중 하나는 이국을 정복하기 위한 탐험 여행이라 할 수 있다.

그리스인과 로마인은 대개 서구인의 식습관에 변화를 초래할 정도로 가장 영향력이 컸다. 교전으로 정복된 나라의 모든 훌륭한 음식들과 최고 전리품들은 이들의 소유물이 되었다.

이집트, 페르시아, 바빌로니아, 인도와의 전쟁 이후 발효 빵(leavend breads), 포도주(sweet wine), 가늘게 저며 조린 고기(force meats), 소스(sauces), 그리고 여러 가지 요리들(composed dishes)은 모두 그리스의 소유물이 되었다. 로마인은 유럽과의 전쟁 후 양념, 피클, 치즈, 케이크, 빵과 같이 다양한 조리법을 보급하였다. 이와 같은 영향은 오늘날에도 이탈리아 소스(sweet–sour sauce)와 독일의 소금에 절인 양배추(sauerkraut)나 식초에 절인고기(sauerbraten)에서 찾아볼 수 있다.

여행정복이 요리에 미친 영향 중 또 다른 예는 스페인을 지배한 무어인에게서 볼 수 있다.

스페인과 포르투칼에서 시럽(sweet syrups), 케이크류(pastries), 아몬드(almonds)와 같은 정형적인 무어식 음식 재료를 사용하는 것은 수세기 동안의 지배의 증거로 지금까지 남아 있는 것이다.

중세 암흑기로 접어들면서 여행은 점차 줄어들기 시작했다. 11세기부터 13세기까지 십자군은 성지로의 여행을 계속하였으며, 독실한 신도들도 여전히 여러 성지를 순례하였다. 당시 대부분의 화려한 요리 양식들과 음식이나 조리법에 관한 서적들이 수도원에서 보호되는 동안 일반 대중들은 여러 세대를 유지해온 검소한 요리를 하였다.

새로운 세계로의 탐험이 다소 느려져 기존의 유럽요리에 영향을 미치기까지 수십 년이 걸렸다. 유럽인은 마침내 미국과 서인도 제도로 여행하기 시작하여 처음에는 대부분 유독한 것으로 간주되었던 초콜릿, 칠레고추, 콩, 옥수수, 토마토, 감자와 같은 그 지역 고유의 음식들을 들여왔다.

프랑스의 유명한 농경제학자인 Antoine-August Parmentier(1739-1813)는 1774년에 식재료에 대한 만성적인 두려움을 극복하기 위한 캠페인을 실시하였다. 1789년 프랑스 대혁명이 발달한 당시 이와 같은 음식들은 빵만큼 익숙해져 있었다. 낯설지 않은 음식들이나 칠면조 요리와 같이 이미 그 외형이 익숙한 음식들도 즉각 유럽인의 마음을 열광적으로 끌어들였다.

암흑기의 말엽에는 풍요로운 부로 인해 여행이 활발해졌다. 우선 여행은 시간낭비이며 위험천만한 일이었다. 그러나 긴 항해가 가능한 배를 이용한 여행방식은 가족들에게 더욱 자유로운 여행을 가능하게 함으로써 새로운 음식과 조리법에 접할 뿐만 아니라 발견한 음식으로부터 영향을 받게 되었다. 18세기와 19세기에 러시아에 거주한 프랑스인 조리사의 수는 당시 조리사들이 한 지역에서 다른 지역으로 여행하는 경향이 있었음을 입증해 준다. 그리고 Thomas Jefferson의 여러 차례 유럽여행은 마카로니(macaroni), 아이스크림(ice cream), 그리고 새로운 과일과 야채들은 미국에 소개하는 계기가 되었다.

종교적 박해를 피하기 위해서는 더 나은 생활을 추구하기 위해서든 간에 한 나라에서 다른 나라로의 이주여행은 전통적인 요리와 조리법을 동반하였다. 미국으로 이주한 사람들은 특별한 음료, 빵, 케이크, 기타 음식들을 들여와 이전 이주자들이 음식이나 지역 토착음식들과 융화시켰다.

세계대전에 참전했던 미군들은 프랑스, 이탈리아, 독일의 전통음식들의 새로운 맛을 체험하고서 고국으로 돌아왔다. 20세기에 접어들면서 마침내 중산층의 외국 유락여행이 가능해졌다. 오늘날 여행은 레스토랑의 특징이 요리방식에 영향을 미친다. 세계가 점차 지구촌화되면서 카리브, 중동, 프랑스와 이탈리아의 잘 알려지지 않은 지역의 음식들도 익숙해지게 되었다. 이제 조리사와 레스토랑의 손님도 포르트칼,

태국, 뉴질랜드와 같은 여러 나라의 음식 맛에 대해 알아가고 있다. 그리고 여행은 음식을 더욱 용이하게 먹을 수 있도록 할뿐만 아니라 세계 어느 곳의 음식이든 간편하고, 더 빠르고, 더 싼값에 고급 요리를 먹는 것이 가능하게 하였다.

2) 중산층의 등장과 왕족

유럽 왕가들은 국가의 존재나 정치적 동맹관계를 형성하기 위해 혈족간에 결혼하였다.

이와 같은 가문의 병합은 국가 간의 관습을 융화시켜 요리양식과 특별한 요리들을 보급했을 뿐만 아니라 사회적 예법까지도 변화시켰다. 예를 들어 왕족 간 동맹에 의해 프랑스로 가게 된 16세기 이탈리아 공주인 카드리나드 메디시(Caterina de Medici(1519−1589))는 피렌체에서 자신의 조리사를 동반하였다. 이는 전통 프랑스음식에 있어서 피렌체식 요리들의 영향을 입증하는 근거인 것이다.

군주정치와 봉건제도가 쇠퇴할 무렵 하나의 변화의 기운이 사회적 구조상에 나타나기 시작했다. 한 때 왕가에서 일했던 조리사들이 새로운 부를 축적한 비귀족계층으로 자리잡게 되었다. 그 결과는 귀족요리의 확산과 대규모 중산층의 성장으로 나타났다.

엄격한 계층제도의 와해와 하류층의 중류 또는 상류층으로의 이동으로 고급요리(haute cuisine)로 알려진 귀족과 상류층의 요리가 일반 가정요리인 중산층 요리(cuisine bourgeoise)와 융화되었다. 각 국가마다 잘 훈련된 전통조리사와 가정조리사 간의 변화는 많은 개혁과 개선을 초래하였다. 그 영향으로 요리성장과 변화에 박차를 가하며 동시에 진부하고 침체하기 시작한 전통요리를 유지하게 되었다.

3) 기술 발전과 요리의 상관 관계

인류가 최초로 불을 통제하는 방법을 배운 시기부터 과학과 기술의 진보는 식량생산과 준비에 직접적인 연관성을 맺어왔다. 농업기술의 진보는 생산량을 증대시켰으며 그 품질과 그 유용성을 개선하였다. 동물사육의 경우 바람직한 특성은 양육하고 그렇지 않은 특성은 제거함으로써 더 나은 품종을 기를 수 있게 되었다.

요리기구의 경우 초보적인 절단기와 액체 상태의 음식을 요리할 수 있도록 한 최초의 용기들로부터 오늘날의 전기스토브, 전자오븐, 그리고 컴퓨터화된 주방기구들에 이르기까지 유사한 발전을 겪어왔다. 냉장고는 식품 품질의 유의한 손실 없이 장기간 보관, 수송 편리성이 가능하다.

과학의 발달로 식품의 위생과 저장 수명은 증대시키고 부패나 오염, 중독은 낮추는 식품 저장방법이 개선되었다. 이와 같은 기술적인 진보의 예로 저온살균법, 냉동건조법, 진공포장, 자외선 등이 포함된다. 운송방법의 발달로 타 지역에서 산출된 식품들을 활용하거나, 제철이 아닌 식품들도 이용할 수 있게 되었다. 그리고 고품질의 농산물을 연중 이용가능하며, 생산지에서만 유용했던 품목들도 전 세계 어느 곳에서든 이용할 수 있다.

비교적 신과학 분야인 영양학 또한 중요한 영향을 미쳤다. 섭취된 음식물이 에너지원으로 환원되어 신체에 영향을 미치는 과정에 대한 지속적인 연구로 구식 요리기술들이 개선되어 새로운 기술로 발전되었다. 따라서 푸드 서비스산업은 건강과 식사에 중요성을 부여하는 사회 현상과 발맞추어 진보해 나아갈 수 있다.

2. 레스토랑의 역사와 변혁

오늘날 우리가 레스토랑의 개념으로 인식하는 최초의 레스토랑은 1765년 파리에서 개장되었다. 술집 경영주인 블랑커(Boulanger)는 건강 회복식 소스와 양이나 돼지의 발을 요리한 음식을 제공하였다. 비록 독점법 위반으로 재판에 회부되기도 하였으나 승소하여 레스토랑을 계속 운영할 수 있었었다. 그 영향은 즉시 타 레스토랑으로 급파되었다.

프랑스혁명(1789–1799)은 레스토랑의 확산에 특히 중요한 영향을 미쳤다. 이전에 군주나 귀족을 위해 일했던 많은 조리사들은 단두대형을 피하기 위해 프랑스로부터 도피하였다. 그 중 일부는 귀족에게 고용되었으나, 대부분은 자신의 가게를 운영하기 시작했다. 레스토랑의 운영방법이 점차 개선되고 사람들의 출입이 증가하면서 세상이 변하는 만큼 사회와 푸드 서비스업도 변해갔다.

La Cuisine Classique(1856)과 여러 책에서 다양한 요리와 소스를 상세히 설명하고 있는 Antonine Careme(1784－1833)에 쓰여진 Grand Cuisine은 귀족의 주방에 비해 훨씬 늦게 레스토랑과 접하게 되었다. 당시 대부분의 호텔과 레스토랑의 식단은 거의 선택의 여지가 없는 간단한 정식만이 제공되었다. Grand Cuisine은 주방에서 요리 가능한 추천식당을 제공하였다. 이와 같은 a la carte 레스토랑은 전통적인 남성 전용 레스토랑과 바의 분위기를 침식하기 시작했다.

1898년 Ceasar Ritz와 Auguste Escoffier(1847－1935)의 감독 하에 사보이 호텔이 런던에서 개장될 당시에도 Grand Cuisine은 특별한 것이다. 이들은 최상의 a la carte를 제공하며, 최상의 서비스와 최상의 식기로 제공할 것을 보장하는 성공적인 캠페인을 벌렸다. 그 결과 영국, 프랑스, 유럽 그리고 어느 곳의 레스토랑에서도 귀족 신분의 고객을 볼 수 있게 되었다.

오늘날의 다양한 레스토랑 등 주류 판매 레스토랑(brasseries), 바 레스토랑(bistros), 정찬식당(white tablecloth places), 민족 특유의 레스토랑(ethenic restaurants), 즉석요리 전문식당(fast food spots), 가지고 가서 먹는 음식전문점(takeout companies), 호텔의 정찬식당(Hotel dining room), 연회장(banquet halls), 기타 식당은 고객의 흥미나 라이프 스타일 그리고 현대사회의 사람들의 욕구를 반영한다.

3. 요리발전의 주요 인물들

아래에 거론된 주요 인물들은 완벽한 것이 아니므로 영향력이 큰 인물들에 대한 조리사(history of cooking) 전반에 걸친 더 깊은 이해가 요구되는 바이다. 이를 위해 이 책의 말미에 추천 서적들을 언급하였다.

- Anne of Austria(1601－1666), 스페인 합스부르크 가문 출신이며 루이 13세의 부인이다. 그녀의 수행원들 중 스페인 출신 조리사에 의해 Espagnol 소스와

소스 농축제인 roux가 도입되었다.

- Caterina de Medici(1519–1589), 유명한 피렌체 가문 출신으로 이탈리아 공주이며 후에 프랑스 헨리 2세 왕이었다. Ducd' Orleaes와 결혼했다. 포크와 나이프 사용법을 포함하여 보다 세련된 정찬 양식을 도입하였다. 피렌체 출신 조리사는 특히 시금치 이용에 있어서 큰 영향을 미쳤다.
- Pierre Francois de la varenne(1615–1678), 프랑스 귀족의 요리 관습을 간추린 최초의 요리책 저자로서 1651년 La Vrai Cuisinier Francois를 발간하였다.
- Marie– Anthelme Careme(1784–1833), Grand Cuisine의 저자로서 조리기술을 체계화하였다. Escoffier의 후기 저술에 지대한 영향을 미쳤으며. '왕들의 조리사, 조리사들의 왕' 으로 알려졌다.
- Jean– Anthelme Brillat–Savarin(1755–1826), 프랑스 정치가이자 미식가이며 유명한 작가이다. La Physiologie de Gout(The Physiology of Taste)를 저술하며 매우 주목을 받았다.
- Georges Auguste Escoffier(1847–1935), 유명한 조리사이자 교사이며 고전조리법을 성문하한 La Guide Culinaire의 저자로서 지금도 널리 이용되고 있는 저술 요리책이다. 다른 주요 업적으로는 Careme에 의해 주장된 원칙들대로 고전적 메뉴를 간소화하고 여단 체제(brigade system)를 실시하였다.('The Kitchen Brigade System' 절). 푸드 서비스산업에 있어서 Escoffier의 영향력은 매우 크다.
- Charles Rnaofer(1836–1899), 미국 소재 레스토랑 델모니코스의 조리사로서 국제적으로 유명했던 최초의 조리사이며 미식가(The Epicurean)의 저자이다.
- Ferand Point(1897–1955), 프랑스 빈의 La Pyramide 레스토랑의 소유주이자 조리사였다. 요리양식의 변화에 있어 Escoffier보다 더 깊은 영향을 미쳤으며, 새로운 저서 프랑스 요리(nouvelle cuisine)의 시초가 되었다.
- Paul Bocuse, Point의 제자인 Jean Troisgros, Roger Verge, 그리고 'Band a Bocuse' 로 알려진 Michel Guerard는 개혁가들이며 Nouvelle Cuisine을 대중화시켰다. 서로간의 활동과 사상은 당시 조리법의 성장과 발전에 기여하였다.

- 현대의 조리사들과 주요 인물들 : 유명하고 영향력이 큰 조리사들, 교사들, 작가들은 항상 존재해 왔으나, 오늘날 이 분야에서 탁월한 위치에 있는 사람들은 예전보다 훨씬 많다. 프랑스의 Paul Bocuse, 스위스의 Fredy Girardet, 영국의 Roux gudepemp, 그리고 미국의 Andre Soltner와 같은 사람은 신문과 잡지에 기고하거나 텔레비전에 출연하면서 획기적인 요리 서적들을 저술하였다.

4. 오늘날의 음식 추세와 경향

푸드 서비스산업은 대개 음식문화에 영향을 미치는 변화들로부터 영향 받기 쉽다. 즉 라이프스타일, 경제상황, 오락, 저축, 그리고 소비 형태가 변하는 것처럼 푸드 서비스산업도 변화한다.

1) 가족구조의 변화

맞벌이 부부와 독신의 전문직 종사자의 수적 증대는 푸드 서비스산업의 큰 성장을 이룩하였다. 가정의 가처분 소득이 높을수록 요리시간은 줄어들게 되어 더 자주 외식하게 되는 경향이 있다. 또한 이와 같은 상황은 일반 레스토랑이나 미식가 식당에서 주문한 음식을 가정에 가져가서 먹게 되는 takeout 성장에 박차를 가하였다. 조부모, 부모, 자녀, 삼촌, 숙모, 그리고 사촌이 모두 함께 생활하는 확대 가족은 이제 거의 찾아 볼 수 없다. 직장에서 근무하는 아버지, 가사를 돌보는 어머니, 그리고 학교에 다니는 두 아이들로 이루어진 전통적인 핵가족이다. 오히려 부모 중 양쪽 모두가 일을 하거나 홀부모로 이루어진 가정이 훨씬 많을 것이다.

독신의 전문직 종사자와 은퇴자들의 양적 증대는 국가의 인구통계를 크게 변화시켰다. 그리고 이 두 집단의 요구가 같지는 않더라도 모두 자신들의 특별한 요구에 부응하는 푸드 서비스산업을 찾고 있다.

2) 매체 및 광고 활용

인쇄매체, 라디오 영화, 텔레비전은 일상생활의 주요 부분으로서 대중으로 하여금 새로운 개발의 흐름에 뒤떨어지지 않게 한다. 사회가 변화를 수용해 감에 따라 소비자를 위한 제도와 산업 또한 변해야 한다. 유행은 급속히 성장하고 사멸한다. 사실상 유행과 실제 추세를 구별하는 것이 쉬운 일은 아니다. 전적으로 부정적이거나 긍정적이지는 않으나 매체의 영향력으로 고객의 기대는 변화하였다. 따라서 푸드 서비스 사업은 더욱 정보화된 고객의 요구를 충족시키기 위해 이와 같은 변화에 적응해야만 한다.

3) 세계적 스타 셰프들

한때 요리하는 것이 그다지 선호되는 직업은 아니었으나 오늘날 조리사는 자신만의 기술, 수련된 기능, 독창성, 그리고 예술적 기교로 인해 존경받고 심지어 숭배되는 새로운 직업이다. 일부 조리사들은 자신의 이름이 가사 용어라는 자체에서 심한 압박감을 느껴왔다. 그러나 조리사의 사회적 지위 상승으로 영리하고 재능 있는 많은 사람들이 푸드 서비스산업으로 유입되었으며, 새로운 전문직 종사자들을 부단히 공급하게 되었다. 이러한 경향은 푸드 서비스산업분야의 수련된 종사자에 대한 요구를 수용하기 위해 중요하다.

4) 세련된 고객들의 증대

오늘날의 식당 고객은 예전에 비해 여행 경험이 더 풍부하다. 이들은 다른 나라의 음식과 레스토랑을 경험했기 때문에 가정에서도 그러한 요리들을 먹고자 한다. 그 결과 이전에는 알려지지 않은 음식들을 특성화한 레스토랑들이 증가하였다.

음식에 대한 지식이 있는 사람들은 특산품처럼 토산품이든 수입품이든 간에 음식의 유형에 직접적인 영향을 미쳤다. 많은 슈퍼마켓들은 미리 준비되어 포장된 미식가를 위한 음식 품목들을 판매한다. 특산품, 치즈, 밀가루 등을 생산하는 작은 농장이나 제과점들은 더 널리 알려져 높이 평가되고 있다. 이와 같이 음식에 대한 지속적인 욕구는 푸드 서비스산업 성장의 한 가지 방법이 될 것이다.

동물성 지방, 단백질, 나트륨의 과잉 섭취를 줄이려는 욕구와 더불어 곡류, 콩류, 생선, 야채, 과일에 대한 대중의 관심 증대는 '영양적 요리(nutrional cooking)'의 대중화에 도움을 주었다. 또한 전통요리에 대한 마음의 자세와 인식에 근본적인 변화를 가져왔다. 전통적이든 대중적이든 일류요리는 지방, 나트륨, 콜레스테롤의 감소나 제거를 위해 재평가되고 있다.

5) 새롭고 신기한 세계적 식재료들

세계적으로 색다른 조리기법에 대한 지속적인 연구로 인하여 새로운 식재료들이 나타났다. 전통적인 농사방법은 새로운 기술과 기구를 이용하면서 변화하여 생산량이 증가하고 경우에 따라서는 교배를 통해 새로운 식품들을 창조하였다. 동시에 특별한 식품에 대해서는 새로운 관심이 재개 되었다. 이러한 식품들은 엽조류와 야생버섯과 같이 농가에서 생산된 전통적인 자연식품들을 포함한다. 물고기와 해산물 양식업은 전 세계적으로 바다와 호수, 강이 오염되어 물고기의 생존이 어려워져 품질이 우수하고 안전한 식품으로 인정받고 있다. 특산품 공급업자들은 또한 치즈, 훈제고기, 곡류, 그리고 빵들을 손수 만드는 전통적인 방법을 재생하고 있다. 결과적으로 증대하는 대중의 관심의 초점은 현대요리의 초석이 된 새로운 식재료들에 있다.

6) 발달된 식재료 농사법의 개선

새로운 동물 사육법은 육류의 특성을 변화시켜 가금류, 송아지, 양고기, 엽조류의 경우 과거에 비해 기름기가 훨씬 줄어 들고 더욱 부드럽고 더 많이 이용할 수 있게 되었다. 이 방법들은 대중의 철저한 검증 하에 실시되고 있으며, 식량 증산을 위해 더 적은 화학약품을 사용할 것을 요구하는 변화의 징조를 보여주고 있다. 생물공학은 이러한 요구들에 대한 한 가지 해답이 될 수 있다. 일정한 질병이나 해충의 유형에 저항하도록 하는 유전자 조작으로 야채, 과일, 곡류를 창조해 냄으로써 화학 비료, 살충제의 사용을 많이 줄일 수 있을 것이다. 그리고 유기농업, 퇴비 사용, 기타 여러 가지 토양 운영법들은 많은 화학약품을 사용하지 않아도 식재료의 성장에 도움을 준다.

또한 각 사회에서 산출되는 거대한 쓰레기 더미를 분해하는 데 도움을 주는 중요한 방법들이 된다.

많은 농작물들의 수경재배가 널리 시행되고 있다. 야채류, 나물, 상추, 과일 등 여러 가지 야채들이 성공적으로 연중 재배될 수 있다. 그 뿌리는 영양물이 풍부한 수로에 노출되어 있으며, 수확량을 최대화하고 성장을 가속화 시키기 위해 조절된 상황 하에서 재배된다. 농작물들은 기상조건이나 계절에 관계없이 완전히 자랄 수 있다.

7) 만찬 여흥으로서의 정찬 식사메뉴

요즘 사람들은 정찬을 위한 외출은 여흥의 한 형태가 되었고 레스토랑은 단지 활동을 위해 이동하기 전에 잠시 들러 식사하는 장소가 아니라 '목적지' 의 개념으로 인식되었다. 극장에서 저녁시간을 보낸 후 야식을 먹거나 춤추러 가기 전에 가벼운 저녁식사를 하기 보다는 저녁시간 내내 레스토랑에서 미식가적 시간을 보내게 되었다.

5. 호텔주방장의 새로운 기회

호텔주방장, 부주방장, saucier, 그리고 주방과 관련된 여러 직업들과 같은 전통적인 직업들이 인기를 끌게 되었다. 푸드 서비스산업이 지속적으로 성장할 수 있도록 그 직업에 적합한 잘 훈련된 사람에 대한 요구도 지속되었다. 주방과 관련된 여러 작업들도 매우 중요하며, 그 중요성이 분명해질수록 잘 훈련되고 사기가 충만하고 진작된 조리사를 구할 수 있게 되었다.

1) 새로운 주방시설의 시스템

에스코피에(Escoffier)에 의해 유선형으로 제도화되었으며 호텔주방의 일들을 단순화시켰다. 이 시스템은 근무자의 책임이 뚜렷하게 정해져 있지 않을 때 초래할 수 있는 일의 혼잡성과 중복성을 제거할 수 있다. 다음과 같이 언급한 대로 이 시스템 하에서는 지위에 따라 작업 위치와 임무가 정해진다. 작은 업장의 경우 대체로 전통적인 체계가 단축되며, 그 임무들은 작업 공간과 능력을 효율적으로 사용하기 위해 조직화된다. 새로운 주방 시스템의 도입으로 주방이 작은 업장의 직원들이 문제를 줄이는 일부를 완화할 수 있었다.

- 주방장(chef)은 주문, 부서감독, 메뉴개발을 포함한 모든 주방운영의 책임자이다. 주방장은 또한 chef de cuisine이나 총조리부장(executive chef)으로도 알려져 있다.
- 부주방장(sous chef)은 두 번째 서열이며 스케줄을 작성할 책임이 있으며 총주방장에게 보고하고 필요한 경우에는 부서별 조리장을 돕는다. 작은 업장에서는 없을 수도 있다.
- 부서별 조리장(station chef)은 직계 조리사들이며(line cooks)이며 아래와 같다.
- Saute station은 기름에 살짝 튀긴 모든 음식들과 그 소스들에 대한 책임이 있다. 같은 계열 중에서도 흔히 가장 큰 노력을 요구하며 책임이 무거우면서도 매력 있는 부서로 간주된다.
- Fish station은 생선요리들과 그 소스들에 대한 책임이 있으며 때로 saute 부서와 결합하기도 한다.
- Roast station은 모든 구운 음식들과 그에 관련된 jus 또는 소스들에 대한 책임이 있다.
- Grill station은 석쇠로 구운 모든 음식들에 대한 책임이 있으며 roast 부서와 결합되기도 한다.
- Fry station은 기름에 튀긴 모든 음식물들에 대한 책임이 있으며 roast 부서와 결합되기도 한다.
- Vegetable station은 뜨거운 전채요리, 수프, 야채, 전분, 파스타, 달걀요리들에 대한 책임이 있다(더 상세히 살펴보면, 전통적인 brigade system에서 수프는

soup station이나 potager에서 준비하며 야채들은 legumier에서 준비한다).

- Roundsman은 swing cook으로 알려져 있으며 주방 모든 분야에서 필요한 경우에 따라 일한다.
- Pantry chef는 샐러드. 차가운 전채요리, 파이 등을 포함한 냉장식품을 준비해야하는 책임이 있다. 이 부서는 주방 작업 중 다른 범위에 속한다.
- Butcher는 육류, 가금류, 때로는 생선류를 가공하는 책임이 있다. 또한 육류와 생선에 빵가루를 묻히는 일에 대한 책임이 있을 수 있으며 흔히 garde-manager 부문으로 간주된다.
- Pastry chef는 구운 요리, 빵, 디저트에 대한 책임이 있으며 큰 업장에서는 흔히 주방을 분리하거나 매장을 감독한다. 이 부서는 다음과 같이 분화될 수 있다. 사탕이나 작은 케이크을 준비하는 confiseur, 당분을 가미하지 않은 빵을 준비하는 boulanger, 냉동이나 냉장된 후식을 준비하는 glacier, 그리고 특별케이크을 준비하는 decorateur로 나뉜다.

또 다른 brigade sysrem이 있다. 원료 공급지나 식단으로부터 주문을 접수하여 각 부서의 조리사들에게 중계한다. 각 부서의 조리사들은 요리가 주방을 떠나기 전에 볼 수 있는 마지막 사람이 된다. 일부 업장에서는 부주방장이나 주방 스튜어드(kitchen steward)가 되기도 한다. communard가 직원을 위해 요리한다. commis(견습생)는 부서와 그 부서의 임무를 배우기 위해 각 부서의 조리사 밑에서 근무한다.

2) 고급 정찬주방의 직급 체계

푸드 서비스산업 직급체계의 또 다른 전형적인 유형은 주방을 제외한 식당 내에서 분류할 수 있다. 식당의 전통적인 체계는 다음과 같다.

- 식당지배인은 미국식 서비스의 경우 정찬식당의 지배인이나 식음료 부서의 지배인으로 알려져 있으며 식당 운영상 가장 큰 권한을 지닌다. 모든 종사자들을 훈련시키며, 포도주 담당부서를 감독하고, 주방장과 메뉴를 결정하며,

식당 전체의 좌석을 편성한다.

- 와인 스튜어드는 포도주의 구매와 목록을 준비하며 고객의 포도주 선택을 도와 적절하게 제공하는 것을 포함한 레스토랑의 포도주 서비스에 관한 모든 부문에 대한 책임이 있다. wine steward가 없을시 대개 식당 지배인이 맡게 된다.
- 수석 웨이터는 식당 전 부문의 서비스에 대한 책임이 있다. 주로 캡틴이나 지배인의 권한에 포함된다.
- 캡틴은 일단 고객이 착석하면 가장 직접적으로 대하게 된다. 메뉴를 설명하고, 질문에 답하며, 주문을 받으며, 테이블 가장자리의 음식을 준비한다. 캡틴이 없을시 front waiter가 맡게 된다.
- Front waiter는 테이블이 각 코스에 맞게 잘 차려져 있는지, 음식은 테이블로 잘 전달되는지, 손님들의 요구사항이 즉각적으로 정주하게 이행되는지에 대한 책임이 있다.
- Back waiter나 busboy는 전찬식당의 신참에게 부여되는 첫 임무이다. 코스별 식기를 나르며, 모자라는 물과 빵을 채우며, 재떨이를 비우고, 필요한 경우에 따라 front waiter나 캡틴을 보조한다.

3) 비전통적 직급 체계

호텔 주방과 식탁의 직급체계와 더불어 실제로 많은 부분들이 음식 제공이나 요리와는 관련이 없는 다소 덜 전통적인 체계들이 증가하고 있다.

- 상담 전문가와 디자인 전문가는 레스토랑이 개장하기 전에 메뉴를 개발하고, 식당 전체의 설계와 분위기를 고안하며, 주방의 작업형태를 결정하기 위해 소유주와 함께 작업할 것이다.
- 정보를 갖춘 판매원은 주방장이 음식과 제품에 대한 요구를 최대한 충족시킬 수 있는 방법을 결정하도록 도우며, 현대식 주방의 효율적인 운영을 위해 필수적인 새로운 장비의 사용법을 설명한다.
- 교사는 전국의 수많은 요리학교에 필수적이다. 교사 대부분은 자신의 경험을

학생들과 함께 공유하는 요리사들이다.

- 요리작가와 비평사들은 음식의 추세, 레스토랑, 조리사들에 대해 논의한다. 물론 작가가 요리예술에 조예가 깊다면 더욱 의미 있을 것이다.
- 음식 디자이너와 사진작가는 잡지, 서적, 카탈로그, 홍보와 광고물들을 포함한 다양한 출판물들과의 작업을 위해 요구된다.
- 주방연구와 개발부서는 많은 조리사들을 고용한다. 새로운 제품이나 음식종류를 개발하고 있는 식품 제조업자나 제품의 판매를 촉진하고자 하는 자문위원회에 의해 운영되기도 한다. 주방 테스트는 다양한 소비자 출판물이나 고객에 의해 실시된다.

6. 현대적 호텔주방 시설물

조리사는 호텔식당과 정통 레스토랑뿐만 아니라 공공기관, 가정, 소비자 단체, 그리고 비영리 목적의 기관에서 필요시 된다. 영양, 세련미, 가격, 음식 품질 등의 통제에 대한 강조의 증가는 레스토랑에서 패스트푸드점에 이르기까지 모든 사람들의 흥미로운 도전이다.

호텔은 대개 훌륭한 정찬 레스토랑, 룸서비스, 연회장을 포함한 여러 가지 식당시설을 갖추고 있다. 주방들은 대개 육류가공 부서, 케이터링 부서, 제빵 부서로 나누어진다. 풀 서비스 레스토랑은 bistro, white tablecloth, 패밀리 레스토랑처럼 풀 메뉴를 제공하며 고객은 잘 훈련된 웨이터로부터 시중 받게 된다. 사설클럽(private club)은 대개 푸드 서비스 중 일부만을 제공한다. 샌드위치를 판매하는 작은 간이식당처럼 간소한 것일 수도 있으며, 완벽한 정찬식당일 수도 있다. 고객은 회원제이며 음식 값이 대개 대중 레스토랑과는 다르게 계산되는 것이 차이점이다.

기업적 운영식당(executive dining room)은 많은 기업들에 의해 운영이 된다. 특정기업이 요구하는 간소함과 간결함의 정도는 어떤 유형의 음식이 준비되며, 어떻게 준비하며, 어떤 유형의 서비스가 적당한지를 결정할 것이다. 단체 음식 전문업체(institutional catering–학교, 병원, 대학교, 항공사, 교도소)는 대개 고객 스스로 제공된 음식들을 선택하여 셀프서비스를 실시할 수 있는 식당과 단일 메뉴를 요구하다. 메뉴선택의 폭은 대개 단체의 요구사항, 운용자금, 식당운영 욕구에 달려 있다. 출장음식제공자(caterer)는 대개 결혼, 칵테일 리셉션, 화랑 개장과 같은 특별한 행사에 대한 고객의 요구사항들을 직접 충족시키기 위해 만들어져 특별한 서비스를 제공한다.

On–site서비스(고객이 caterer에게 오는 것)나 Off–site(caterer가 고객에서 오는 것) 또는 둘 다를 제공할 수 있다. Carry–out 푸드 서비스는 부부, 독신기업인, 또는 가족들이 식사준비에 시간을 보내지 않고 가정에서 식사를 즐기려는 경향이 강해지면서 그 중요성도 증대되었다. 이 업장들은 주 요리에 곁들이는 요리, 샐러드, 후식을 준비한다.

2005년에 푸드 서비스산업 분야의 직업은 실제 그 일을 하게 될 숙련된 종사자보다 많은 삼백 만 명에 이를 것이라 추정되고 있다. 이와 같은 푸드 서비스산업의 발전은 지속적인 성장, 다양화의 증대, 기회의 확대로 이루어 졌다. 여러 시대와 사회집단의 전통과 관습으로 결합된 음식과 식사의 새로운 경향에 대한 상호작용은 새로운 요리양식, 새로운 요리, 새로운 유형의 식사시설을 창조하였다. 조리사와 관련분야의 영향력 있는 사람들 간의 친밀한 관계는 푸드 서비스산업의 성장을 자극하여 새로운 가능성을 드러내었다.

지속적인 성장으로 이끄는 방법을 통찰하기 위해 이 산업이 어떻게 성장해 왔는지를 이해하는 것은 중요하다. 푸드 서비스산업의 역사적인 몇 가지 요소들에 대해 간략히 언급하였다. 조리사는 새로운 현대사상에 뒤떨어지지 않으면서, 이미 익숙하며 또 그렇게 해야만 하는 요리의 역사성에 대해 주의를 기울여야 한다.

7. 전문외식조리 전문가

1) 요리전문가가 되는 과정

(1) 정규교육과 훈련

견실하고 철저한 요리교육은 푸드 서비스 분야에서 성공하기 위한 첫 단계이다. 튼튼한 기초를 쌓고 고급 요리 기술을 익히며 이 분야의 언어를 유창하게 구사할 수 있도록 하기 위해 포부를 지닌 조리사라면 공인된 학교에서 정규훈련을 받으며 멋진 출발을 할 것이다. 견습제와 직장 내 훈련(OJT)은 일부 사람들에게는 정규훈련 장소로서 유용하며 훈련 중인 모든 조리사들 또한 바라는 바이다. 학습은 지속적인 과정이어야 하며 다양한 방법으로 습득되어 한 사람의 일생에 있어 가장 중요한 단계이다. 경험을 대신할 만한 것은 없으며 많은 실습을 통한 학습 이론만이 완벽할 수 있다. 지속적이면서도 중요한 관심을 결부시켜 계속해서 익혀 나간다면 결국 전문적인 기술을 얻게 될 것이다.

① 지속적인 교육

일단 기초적인 훈련을 마친 후 지속적인 교육이 중요한 이유는 푸드 서비스산업이 지속적으로 발전하기 때문이다. 수업, 워크 샵, 세미나에 참석함으로써 조리사와 주방장은 새로운 요리방법이나 양식에 맞추어 기술을 유지할 수가 있으며 전문분야에서 자신의 기술을 연마하도록 도움을 주게 된다.

② 조리사들과의 공동 조리작업

정보와 지식을 공유하기 위해 여러 조리사들과의 작업은 성장을 위한 또 다른 방법이 된다. 항상 마음을 열어놓은 채 새로운 조리 개념과 접함으로써 조리사는 새로운 독창적인 아이디어를 자신의 일에 주입시킬 수 있다. 이와 같은 맥락에서 전문기관들과 제휴하고, 박람회나 대회에서 경쟁하고, 전문 잡지와 저널들을 읽고, 여행하고 여러 레스토랑에서 식사하고, 사회의 주류 잡지나 신문들을 읽음으로써 현실감각을 유지하는 것이 가장 중요하다.

(2) 조리사의 전문적인 직무 속성들

교사, 법률가, 의사, 조리사 등 누구이든 간에 전문직에 종사하는 사람은 그 직업의 이미지에 대한 사회적 책임이 있다. 다음은 직업과 일관된 행동을 하도록 조리사에게 요구되는 몇 가지 항목들이다.

① 레스토랑 서비스의 개념

푸드 서비스산업은 음식서비스에 근거한다. 따라서 조리사는 이 말이 암시하는 의미의 견지를 결코 망각해서는 안 된다. 훌륭한 서비스는 양질의 음식을 제공하고, 적절하게 요리하고, 적절한 맛을 가미하고, 유쾌한 분위기에서 흥미를 돋우며 제공되는 것을 포함하므로 한마디로 고객을 행복하게 만드는 것이다. 식당이 고객에게 만족을 제공하는 만큼 훌륭한(이상적인) 서비스를 제공하는 것으로 이어질 것이다. 고객이 항상 우선시 되어야만 한다.

② 책임감

자기 자신, 동업자, 레스토랑, 그리고 고객에 대한 책임감은 관련되는 모든 것들을 포함해야 한다. 고객과 종사원들이 자신의 요구에 대해 정당한 대우를 받게 될 때 몇 가지 중요한 일들이 생기게 될 것이다. 즉 종사원들의 자존심이 좋아져 업장에 대한 태도가 개선될 것이며 이로 인해 생산성이 향상되고 결근은 줄어들 것이다. 고객은 자신의 식사경험을 즐길 것이며 소비한 비용에 대해 높은 가치를 얻고 있다는 확신을 가지게 된다.

주방음식, 주방기구, 모든 직원, 그리고 주방 시설물들은 조심스럽고 소중히 다루어야만 한다. 이와 같은 행동은 모든 직원들에게 하나의 규범으로서 명백해 질 것이다. 어떤 상품이든 낭비, 오용, 남용은 허용될 수 없다. 사적인 행동은 해명될 수 있다. 욕설, 인종 비방, 신성 모독과 같은 것들은 호텔 전문주방에는 있을 수 없다.

③ 판단력

비록 요리 배우는 것이 쉽지는 않으나 요리에 어떤 재료들을 함께 넣어야 하고, 메뉴항목을 선택하고, 제품이나 완성된 요리의 품질을 평가하는 데 있어서 어느 것이 옳은 것인지에 대한 판단력은 요리전문가가 되기 위한 필수조건이다. 적합한 것에 대한 판단력은 일생동안의 경험을 통해 습득된다. 훌륭한 판단력은 결코 완벽하게 숙달되지 않는다. 오히려 그것을 위해 지속적으로 노력해야 하는 하나의 목표이다.

④ 주방 유니폼

조리사의 제복은 조리사 직업에 대한 외형적 상징이다. 전문가처럼 보이게 함으로써 직업의식을 형성하게 한다. 조리사 제복의 역사는 다소 공상적인 측면만이 아니라 실제로 실용적인 측면까지 반영하는 흥미로운 것이다.

조리사의 체크무늬 바지는 일하는 동안 생기는 부득이한 얼룩들을 감추기 위해 이용된다. 흰 재킷은 더블 버튼 상의이기 때문에 만약 서비스 중에 옷을 더럽히게 되면 그 부분을 가려서 반대 단추를 채울 수 있다. 또한 두 겹으로 이루어져 화상으로부터 보호할 수 있다. 결국 유니폼 재킷은 조리사라는 명칭이 적혀 있어 모든 직급을 알 수가 있으며, 국내에서는 성(gender)을 상징하는 것이 아니라 남성이나 여성에게 동등하게 적용된다는 사실을 반영한다.

목에 감는 스카프는 안면의 땀을 흡수한다. 넥타이나 완벽한 정장차림에 어울리듯 스카프는 조리사 제복의 완성된 외형을 이룬다. 앞치마는 엎질러진 음식물들로부터 유니폼을 보호하며 화상으로부터 신체를 보호한다.

제복 가운데 가장 눈에 띄는 부분은 toque blanche 또는 모자이다. 모자의 모양에 대해 여러 가지로 설명할 수 있다. 예를 들면 긴 흰 모자는 제국이 이방인들의 공격을 받는 상황 하에서 기원했다고 일부 사람들은 믿고 있다. 박해를 피해 많은 사람들(철학자, 예술가, 조리사)이 보호받기 위해 그리스 정교회의 수도원으로 피신하였다. 수도원 내에서 이들이 쓰고 있었던 모자는 사제복의 긴 검은 모자와 같은 것이었으므로 발각되지 않았다. 박해의 위협이 줄어든 후에 사제로 서품된 사람들과 자신들을 구분하기 위해 흰 모자를 썼다. 모자의 주름 또한 그 나름의 역사를 지닌다. 즉 백 개의 주름들은 그 모자를 쓴 조리사가 만들 수 있는 달걀요리 백가지를 뜻한다고 전해진다.

2) 음식사업가로서 조리사

(1) 구매, 원가 및 회계 관리

구매는 원가관리 조절에 직접적인 영향을 미친다. 식재료 공급 물품을 구매하는 곳의 가격이 적힌 원가는 레스토랑을 효율적으로 운영할 수 있다. 이것은 단순히 식재료만이 아니라 소모용품들이나 작은 소기구나 소도구들과 같이 식품이 아닌 소모물품들도 포함한다. 한편 적당한 시간 내에 사용할 만한 물량을 초과하거나 불필요한 도구와 기구들을 구매하는 것은 낭비이다. 식품, 물품, 도구들을 다음의 9가지 단계에 따라 구매한다면 현명하고 효율적인 구매가 될 것이다.

① 메뉴개발 주방에서 사용하기 위해 모든 음식과 기구들은 메뉴와 직접적인 관련이 있어야 한다. 우선 메뉴를 개발해라. 만약 기존의 메뉴라면 주의해서 그것을 세밀히 분석해야 한다.

② 식재료 품질과 구매명세서 작성 거래처나 공급업자의 이름, 컨테이너의 유형, 상표명이나 등급, 그리고 가격이 매겨지는 단위(그램, 파운드, 케이스, 다발, 캔 등)에 대한 정확한 설명서이다. 또한 육류를 숙성시켜야 하는지의 여부와 같은 명세서들도 포함시켜야 한다.

③ 식료품 납품업자 선별 한 가지 구매할 품목에 대해 최소한 두 명의 납품업자와 관계를 가지는 것이 최선의 방법이다. 잘 선택된 납품업자는 제품 품질의 일관성을 유지하며 납품 일정을 정하는 데 도움을 줄 수 있을 것이다. 좋은 납품업자를 선정하기 위해 거래 관계협회와 기타 여러 레스토랑 소유주들에게 검토해 볼 수 있다. 판매직원에 의해 시세가 정해진 가격은 상품 수납 시 지불된 가격과 일

치해야 한다. 납품차량은 반드시 청결해야 하며 필요하다면 적절한 냉장온도도 요구된다.

④ **식재료 납품일정의 편성** 일정한 납품일정은 조리사의 시간 절약과 금전낭비를 막아준다. 일정하지 않은 식재료 납품은 조리사로 하여금 납품 지연의 경우에 대비한 구매 과잉을 유도하게 된다. 너무 잦거나 일정보다 이른 납품은 제품의 품질이 떨어지는 시점에서야 사용 기회가 주어지므로 결국 낭비로 인한 원가상승을 유도하게 된다.

⑤ **표준재고량의 작성** 표준재고량은 기간 내 운영에 필요한 총 재고량이다. 재고 과잉은 오히려 재고 부족만 못할 수 있다. 만약 재고 과잉 상태라면 유용한 금전과 공간을 쓸모없게 만드는 것이며, 재고가 부족하다면 메뉴항목의 음식을 만들어 내는 것이 불가능할 것이다.

⑥ **구매목록의 작성** 조리이용 가능한 식재료에 대한 물리적 총계이다. 표준 재고량에 의해 설정된 수준에 맞도록 식재료 품목당 충분히 검토하여 주문함으로써 표준량을 맞추게 된다.

⑦ **긴급 상황의 예시** 주방업무의 자세하고 완벽한 주방운영 기록을 유지하는 것은 어느 해나 어느 달, 또는 주중 언제가 더 바쁠지를 예상하는 데 도움을 줄 수 있다. 따라서 성수기에 대비해 물품을 추가 주문할 수 있다. 처음 업장을 운영하는 소유주나 조리사는 다른 지역의 소유주나 조리사들과 접촉함으로써 이러한 관련 정보들 중 일부를 얻을 수 있다. 또한 파티, 연회, 그리고 지역축제와 같은 특별한 업장 이벤트들은 고려해야 할 요소들이다.

⑧ **시장가격의 조사** 현재 식재료 시세와 납품업자들의 지속적으로 관계를 유지하는 것이다.

⑨ **구매기록의 유지** 식재료 주문품 송장과 가격 목록에 대한 모든 구매기록들을 잘 유지하는 것은 주문, 수령, 저장, 생산 절차가 보다 효율적이도록 돕는다.

(2) 식재료 저장 관리

주방의 아무리 작은 저장 창고라도 잘 관리 유지하고 식재료에 관찰주의를 기울인다면 낭비와 부패로부터 낭비되어지는 비용은 자동적으로 줄어둘 것이다.

(3) 식재료 원가 관리

고객에게 제공되는 식음료는 푸드 서비스의 원재료이다. 조리사가 식음료의 실제원가에 대해서 알고, 재료 사용을 최소화 하도록 조치를 취하는 것은 매우 중요하다. 총체적 합리적인 사용이 그 원가관리의 목표이다. 사용될 많은 식재료들은 썩기 쉬우므로 부패와 낭비를 통제하는 것이 급선무이다. 식재료 원가를 유지하는 것은 조리사의 주요 임무이며, 실제구매는 다른 사람에 의해 이뤄지더라도 식음료 가격에 대해 잘 알고 있어야 한다.

조리사는 또한 음식의 양에 대해서도 잘 알아야 한다. 예를 들어 브로콜리를 다듬어 껍질을 벗겨 적당한 크기로 잘라서 요리할 때 몇 끼 분이 될지를 알아야 하는 것이다.

구매가격은 주방에 납품된 모든 식재료 품목에 지불된 총액을 나타낸다. 품목 중 요리에 적합하지 않거나 사용하지 않은 부분을 제거하면 가용부분 비용은 구매가격을 가용식 재료 양으로 나눔으로써 결정될 수 있다.

(4) 메뉴 가격결정

일단 조리사가 식재료 원가를 정확하게 결정하게 되면 음식판매가를 계산하기 위해 여러 가지 방법들이 이용된다. 이 방법들은 많은 변동사항들이 있으며, 메뉴 가격결정에 대한 여러 가지 접근 방법들은 주방관리에 잘 적용된다. 음식가격 결정에 있어서 가장 많이 사용되는 두 가지 방법이 다음과 같이 설명된다.

식품원가 비율은 구매된 식재료의 원가가 판매액 중 특정 비율의 범위 내에서 저하되어야 한다는 것을 의미 한다. 예를 들어, 식품원가 비율이 25%라고 정한다면 음식품목 개당 비용 1만 원짜리가 4만 원에 판매되어야 한다. 가용식 재료 비용은 적절한 식품 원가비율로 나누어진다.

이와 유사한 방법으로 판매가를 나타내는 100%를 식재료 원가로 나타내는 25%로 나누면 4가 된다. 또한 이 숫자를 식재료 원가에 곱함으로써 판매가격 계수가 된다. 비율법의 비율이 80:20 규칙은 식재료 원가의 80%가 판매량의 20%로부터 산출되도록 정하였다. 이 두 가지 방법으로 판매 수입의 75내지 80%를 유지함으로써 인건비, 설비비, 임차료, 유지비와 같이 업장운영에 지출되는 여러 비용들을 감당할 수 있을 뿐만 아니라 이윤 창출도 남겨야 한다.

선두업체를 따른 가격결정인데 이 방법에 의하면 해당 지역에 소재하는 비슷한 수준의 레스토랑 판매가와 같은 판매가를 책정하게 된다.

메뉴 가격결정은 다소 복잡한 과정이며, 어떤 방법이 업장운영에 적절한지 그리고 선택한 방법을 어떻게 이용할 것인지를 결정하는 데 도움을 줄 수 있는 많은 전문정보들이 있다.

(5) 주방시설의 컴퓨터화

식재료 가공기(절단, 분쇄용 전동기구)와 같은 대부분의 노동절약 기구들은 최근 주방에서 볼 수 있는 가장 유용한 도구들로 음식 자체와는 직접적인 관련이 없다는 것으로 인식되고 있다. 그러나 오늘날 컴퓨터는 업장을 성공적으로 운영하기 위해 주방과 조리사에게 거의 필수적인 물건이다.

컴퓨터의 가장 기초적인 기능들 중 하나는 주방기록관리, 재고조사, 그리고 원가계산에 도움을 주는 것이다. 다른 기능들로는 표준화 또는 경우에 따라 요리 원가계산, 쉽고 빠른 영양가 분석, 그리고 메뉴 구성의 작성과 인쇄로 잦은 변화에 대응하도록 돕는다. 이로 인해 조리사는 단기간 도안하여 판매되는 메뉴품목들이나 예외적으로 단가가 높은 스페셜 메뉴품목들을 이용할 수 있다. 외식업체의 운영에 있어서 컴퓨터를 통한 여러 가지 이점 때문에 컴퓨터에 대한 광범위한 지식은 조리사의 주요 부분의 요체가 되었다.

(6) 음식마케팅과 고객과의 관계

외식업체가 고객들에게 보답하는 방법은 그 업체의 성공여부에 명확한 영향을 미치게 된다. 다음에 거론된 영역들은 조리사의 영역과 직접적인 연관은 없으나 주시해야 할 부분들이다.

메뉴 디자인과 지면 배열, 메뉴는 영향력이 강한 광고지이며 또한 그렇게 다루어져야 한다.

일부 업체들은 양질의 종이에 전문기술로 인쇄된 전문디자인을 선호할 것이다. 다른 업체들은 잦은 변화에 대응하기 위해 일회용 종이를 이용한 메뉴를 선택할 것이다. 고객이 가져갈 수 있도록 컴퓨터에서 출력된 메뉴나 영구 전시용 게시판, 심지어 아크릴 판들도 몇 가지 방법들이 된다. 이런 갖가지 유형들은 고객에게 메시지를 전달하여 어떤 기대를 형성 시키게 된다. 어떤 디자인 유형을 선택하든 간에 그것은 업체의 음식과 서비스 유형을 반영하게 된다.

메뉴품목의 대부분에 대해 불확실해 하거나 나름대로 암시하도록 하는 방식으로 메뉴를 작성하는 것은 좋은 생각이 아니다. 레스토랑의 디자인과 분위기, 우선 외식업체는 고객의 눈과 코를 즐겁게 해 주어야 한다. 즉 보이는 모든 지면이 청결하고, 조명상태가 좋고, 유지관리가 잘되는 것을 의미한다. 그러나 추가적으로 몇 가지 고려할 사항들이 있다. 조명은 메뉴를 쉽게 읽을 수 있을 정도로 적절하고 적당해야 한다. 고객이 즐거운 기분을 느끼도록 음식이 실물 이상으로 더 나아 보이도록 해야 한다. 의자는 편안하고 식탁은 음식이나 레스토랑의 분위기와 어울리는 접시류나 도자기류들을 잘 갖추어야 한다. 음악은 업장의 스타일에 적합해야 한다. 식사나 대화를 방해할 정도로 시끄럽지 않은 듣기 편한 수준이라야 한다.

결국 제공된 음식서비스는 그 업장 특유의 이미지나 이상뿐만 아니라 고객의 요구에 적합해야 한다는 것을 기억해야 한다. 호텔 식당이나 그릴 룸은 비스트로 식당 나름대로의 기분을 느낄 수 있어야 하며, 레스토랑은 좀 더 정형적인 분위기가 필요시 된다.

호텔조리사는 판매원, 웨이터, 주방직원, 고객 등 많은 사람들과 매일 접촉한다. 성공적인 관계를 위해 조리사는 마음속에 '전문적 직업의식' 이라는 한 가지 핵심요소를 지속적으로 유지해야 한다. 이 개념은 쉽게 정의 내릴 수 없으며 오히려 그것이 없는 경우를 설명하는 것이 더 쉽다. 즉, 외식산업의 수용기준 이하로 행동하는 경우로 인식될 수 있다. 지속적인 조리교육과 실습이 이 조리 산업분야의 바탕이 된다. 전문 직업의식이 무엇인지 그리고 그것을 조리사 직원들과 고객들에게 나타내 보이는 방법은 다른 전문가들과 일상적으로 소통함으로써 익힌 요리학습은 조리사의 이미지를 한층 부각시킬 것이다. 전문적 직업의식을 모든 주방 부분에 투입하는 것이 조리사의 임무이다.

제 3 부

세계 명품요리의 역사적 배경

제3부 세계 명품요리의 역사적 배경

1. Grenouille Sauteed a la Provencal
2. Papillote de Truite au Poivre Rouge
3. Escargots a la Bourgougne
4. Consomme Soup
5. Huitre Frappe au Citron
6. Langouste en Gratin a la Mathurini
7. Insalata di Riso Con Frutti di Mare
8. Tartar Steak
9. Filet de Sole Belle Meunier

1. Grenouille Sautees a la Provencal(그러뉴 소테 아 라 프로방샬)

인간의 욕망 중에 강장식에 대한 맹신은 동서고금을 막론하고 공통적인 것 같다. 우리나라에서는 예로부터 개구리가 보양, 강장에 큰 이로움으로 여겨져 왔는데 이러한 개구리에 대한 인식은 프랑스에서도 마찬가지다. 특히 다른 점이 있다면 우리가 야생의 개구리를 포획해서 먹었는데 반해 프랑스에서는 고급 식재료로 식용 개구리를 사육해서 먹는다는 것이다. 또 우리의 개구리 요리는 튀김이나 구이, 탕 등 비교적 간단한 것이나 프랑스에서는 다양한 메뉴로 기교를 부린 요리를 만들어 먹는다는 점에서 차이가 있다. 따라서 프랑스의 다양한 개구리 요리 중 가장 대표적인 것은 Grenouille Sautees a la Provencal로 이것은 프로방샬 지역풍의 개구리 뒷다리 튀김이라는 뜻이다. 지구상에는 약 2000여종의 개구리가 서식하고 있는 프랑스의 대표적인 개구리는 초록색 개구리, 붉은색 개구리, 식용 개구리, 벙어리 개구리 등의 종류가 있다.

이들 야생 개구리 가운데 식용 개구리만은 식용으로 이용하고 있다. 2천여 종의 개구리 중 식품으로 쓸 수 있는 것은 식용 개구리와 미국이 원산지인 황소개구리 정도이다. 결국 우리나라에서는 마구잡이로 잡아먹는 개구리는 음식 재료로 적당한 것이 아니다.

유럽 전역에 걸쳐 폭넓게 서식하고 있는 식용 개구리는 특히 유고슬로비아에 가장 많이 자생하고 있으며 프랑스와 영국에서도 많이 사육되고 있다. 프랑스에서는 브레뉴 지방의 동브르와 솔로뉴 지방에서 주로 사육한다. 사육되는 개구리는 성대를 제거해 울지 못하도록 하여 인위적으로 살을 찌운다. 개구리의 살은 맛이 닭고기와 비슷한데 살에 지방질이 적고 단백질이 많으며 소화흡수가 잘되는 것으로 밝혀져 있다.

프랑스인들이 개구리를 잡을 때에는 막대기에 붉은색 모직실로 덫을 만들어 묶어 두었다가 그 안에 개구리가 들어오면 덫을 잡아당겨 잡는다. 잡힌 개구리를 꼭 잡아맨 뒤 마치 꼭 끼는 바지를 벗기듯이 뒷다리 껍질을 벗겨 허리 아래만을 잘라내 요리 재료로 이용한다. 개구리 다리 요리는 육류 요리로 생각하기 쉬우나 살이 연한 까닭에 프랑스 요리에서는 이를 생선 요리로 분류한다. 그러뉴 소테 아라 프로방샬은 프로방스 지방 사람들이 즐겨 만들어 먹는 요리로 풀코스의 애피타이저로 메뉴로 쓰이기도 하지만, 이런 경우는 별로 흔치 않으며 주로 일품요리로 먹는다.

개구리 요리는 뒷다리를 찬 포도주로 담궜다가 밀가루를 묻혀 기름에 5~6분 동안 튀겨 수분을 없앤다. 기름은 올리브 오일과 버터 녹인 것을 반반씩 섞어 사용한다.

튀긴 개구리 다리에 마늘 다진 것, 토마토 다진 것, 딜 등 향신료 다진 것, 파슬리 다진 것과 레몬 주스, 화이트 와인을 약간 넣어 프라이팬에 살짝 볶는다. 이것을 레몬으로 장식한 뒤 서브한다. 1인분을 6마리로 만드는 이 요리는 값이 꽤 비싼 편이다. 우리나라 고급 호텔 레스토랑에서는 2~3만 원 정도 넘는다. 프랑스 레스토랑에서는 계절에 구애 받지 않고 메뉴 주문을 받는다.

이 요리를 먹을 때는 손으로 먹어도 실례가 되지 않는다. 특별히 곁들여야 할 음식은 따로 없으며 식사주로 포도주를 곁드려 마시면 제격이다. 그 밖에 그러뉴 아라 크렘 시부레트(Grenouille a la Creme et Ciboulette)라 하여 더블 생크림과 실파를 넣은 개구리 다리 요리도 유명하다. 이 요리는 개구리 뒷다리에 밀가루를 뿌린 다음 소금, 후추로 양념을 한다. 이것은 버터에 튀긴 다음 건져서 에샬로트(옥파의 일종)을 넣어 잠시 재워둔다. 그 다음 더블 생크림을 넣어 끓인 후 개구리 다리는 건져내고 국물에 실파 다진 것, 레몬 주스, 화이트 와인을 넣어 졸인다. 개구리 다리 위에 소스를 얹어서 내놓는다. 실파와 생크림을 넣은 이 개구리 요리는 다소 느끼한 맛이 있으나 그러뉴 소테 아라 프로방샬은 마늘, 파슬리, 토마토, 와인, 향신료 등이 많이 들어가서 조금도 느끼하지 않아 한국인의 입맛에도 맞는 세계적 명품요리이다. 담백하고 쫄깃쫄깃한 개구리 다리의 맛이 한껏 살아나는 프랑스 요리라 할 수 있다.

2. Papillote de Truite Au Poivre Rouge(파피요드 드 트루위트 오 프와브르 루지)

이 요리는 분홍후추를 곁들인 송어 찜으로 두툼하게 포를 뜬 송어에 색색이 야채를 넣고 찜을 한 생선요리이다.

시각적 효과가 뛰어난 이 송어 요리는 분홍후추를 뿌린 후 알루미늄 은박지에 싸서 찜을 한 것으로 월계수 잎, 향신료의 그윽한 향기와 더불어 분홍후추의 독특한 맛이 특징이다. 프랑스에서는 최근 들어 생선요리가 차지하는 비중이 부쩍 높아지고 있다. 프랑스인들의 식습관은 점차 간편화 되고 있을 뿐만 아니라 소량의 음식을 섭취하려는 경향 때문이라는 것이다.

프랑스에서 주로 쓰이는 생선들은 혀넙치, 송어 연어, 도미, 대구, 숭어 등 비교적 고급 어종들이다. 송어(Truite)는 청어목 연의과에 속하는 것으로 몸길이가 50~60㎝ 정도 되는 바다 생선이다. 바다에서 자라다가 3~5월이 되면 강으로 올라와 8~9월에 산란한 후 다시 바다로 내려가는 독특한 생태적 특징을 지니고 있다. 외관상 연어와 큰 차이가 없는 송어는 등쪽이 담갈색이며, 배 부분은 은백색으로 빛이 비치면 무지개색으로 반짝거리는 것이 특징이다. 그래서 무지개 송어라고도 한다.

살색은 흰색으로 맛이 좋기 때문에 담백한 음식을 좋아하는 세계 미식가들의 사랑을 받는다. 송어를 비롯한 생선들은 다양한 조리 방법으로 요리되고 있다. 그 가운데 가장 대표적인 것은 소금, 후추로 간을 하면서 불에 굽는 방법이다. 우리의 소금구이로 굽는 방법과 거의 비슷하나 생선의 표면에 직사각형의 무늬를 만들어 볼품 있게 굽는 것이 다른 점이다. 그 밖에 밀가루와 달걀을 묻혀 지져내는 생선전과 흡사한 뮈니에르, 물에 삶거나 중탕을 해서 찌는 포세, 기름에 튀기는 튀김요리들이 주류를 이루고 있다. 파피요트 드 트루위트 오파와브르 루지는 찜의 일종이기는 하나 기름종이나 은박지에 싸서 간접적으로 찐다는 것이 특징이다.

파피요트(Papillote)란 원래 종이라는 말로 요리에서는 기름종이나 은박지에 싸서 요리하는 요리법을 총칭하는 것이다. 파피요트를 쓰는 것은 생선요리를 할 때 야채나 향신료의 향, 향기와 자체 맛의 유출을 방지하기 위한 목적으로 쓰인다. 파피요트 드 트루위트 오 프와브로 루지는 보통 2백~2백50g짜리 송어 1마리를 1인분으로 만든다. 송어의 머리를 떼어내고 껍질을 벗겨 낸 다음 등뼈를 발라내고 그 살을 포로 떠낸다. 생선을 준비한 후에는 당근, 애호박, 버섯, 양파, 샐러리, 대파를 가는 채로 썰어 월계수 잎을 가미해서 버터에 볶는다. 딜, 월계수 잎은 서양음식에서 널리 사용되는 향신료로 지중해 연안이 원산지이며 모로코, 프랑스, 멕시코, 벨기에 등에서 나는 식물이다. 육류나 어패류의 소스에 주로 사용되는 월계수 잎은 잎사귀를 통째로 사용한다. 서양요리에선 때때로 낙엽과 비슷한 건더기가 건져져 불쾌하게 여기는 경우도 있으나, 이는 향신료로 사용된 월계수잎이기 때문에 불쾌하게 생각할 필요는 없다. 이렇듯 월계수잎으로 향을 낸 색색의 야채와 포를 뜬 송어살 사이에 넣은 다음 소금과 후추로 간을 맞춘다. 그 다음에는 지중해 연안에서 재배되는 분홍후추 10알 정도를 넣는다.

프랑스 요리에 사용되는 후추로는 흰색 통후추, 검은색 통후추, 그린 통후추, 레드 통후추, 핑크 통후추 등 5가지 색상이 다양하게 사용되고 있다.

그 중 흰색 통후추는 후추열매가 완숙되기 전에 따서 소금과 석회수에 담가 탈색시킨 것이고, 그린 통후추는 후추열매의 막이 생기기전에 따서 만든 것이며, 검정 통후추는 완숙된 후추열매로 가공된 것이다. 레드 통후추는 아주 잘 익은 후추열매이다. 그러나 핑크 통후추는 식물학적으로 후추의 범주에 넣지 않는 독특한 것으로 지중해 연안에서 자생하는 껍질이 산호색인 식물의 열매이다. 송어에 분홍색 통후추를 뿌려 이를 기름종이나 은박지로 잘 싼 다음 백포도주를 섞은 액체가 들어 있는 오븐에 이것을 약 10분 동안 넣어둔다. 이 송어요리는 간접열로 익히면 영양과 맛의 손실을 적게 해준다. 완전한 요리가 되면 은박지에 싸여진 채 웨이터가 가지고 나와 손님 앞에서 은박지를 벗기고 접시에 담아 서브한다. 생선요리의 곁들이는 가니쉬로는 찐 감자나 으깬 감자가 곁들여진다. 생선용 포크와 나이프로 먹으면 되는데. 생선살 결을 거슬러 자르면 살이 부스러지기 쉽다. 이 요리에는 백포도주를 곁들여 먹으면 담백한 맛이 아주 환상적이다.

3. Escargots a la Bourgougne(에스카르고 아 라 부르고뉴)

단단한 달팽이 껍데기 안의 속살에 버터와 갖가지 향신료로 양념해 껍데기째로 구워낸 것이 에스카르고 아 라 부르고뉴라는 긴 이름을 가진 세계 명품 달팽이 요리이다. 쫄깃쫄깃하면서 향기로운 맛도 맛이려거니와 허브 향의 푸른 빛깔이 입맛을 돋구어 준다.

프랑스의 대표적인 오르되브르(Hors d' Oeuvre)중의 하나 오르되브르란 수프가 나오기 전에 입맛을 돋우기 위해 먹는 음식으로 보통 야채, 연어, 새우, 관자살 등 담백한 식재료를 써서 시각적으로도 보기 좋게 만드는 음식을 말한다. 여러 가지 오르되브르 중에서도 특히 달팽이 요리인 에스카르고 아라 에스카르고 아 라 부르고뉴는 「부르고뉴식의 달팽이」란 뜻이다.

지구상에는 2만 여종의 달팽이가 서식하고 있다. 그중에는 독을 품고 있어 절대로 먹어서는 안 되는 달팽이가 있기도 하지만, 헬릭스 포마티아(Helix Pomatia) 등 몇몇 종류는 식용으로 사용되고 있다. 식용 달팽이들을 '에스카르고' 라고 부르며 오래 전부터 세계 명품요리의 식재료로 사용해 왔고, 세계 미식가들을 즐겁게 해왔다.

달팽이 요리가 알려지기로는 BC 50년께 이미 식용달팽이가 양식된 바 있으며, 고대 로마 제국에서도 식도락가들이 달팽이 요리를 즐겨 만들어 먹었다는 기록이 전해온다. 로마제국에서 프랑스로 전해져 프랑스 궁중요리로 발전했는데, 유럽지역 중 영국, 이탈리아, 독일, 스위스, 오스트리아 등지에서도 달팽이 요리를 먹기는 하지만 프랑스만큼 성행하고 있지는 않았다. 달팽이로 만든 여러 가지 요리 중 가장 널리 알려진 것이 바로 에스카르고 아 라 부르고뉴 요리이다. 부르고뉴 지방의 달팽이 요리가 유명한 데에는 특별한 이유가 있었다. 부르고뉴란 프랑스 동부의 샤블리(Chabis), 디종(Dijon), 리용(Lyons) 일대를 일컫는데 이곳은 포도의 집산지이며 포도주의 명산지로 유명한 곳이다. 19세기 부르고뉴 지역 포도밭에 포도의 잎을 갉아 먹는 달팽이들의 극성으로 농민들이 골치를 앓은 적이 있었다. 껍데기가 단단해 약물을 써도 박멸되지 않아 궁리 끝에 요리의 식재료로 썼다고 하는데, 이 덕분에 포도나무는 달팽이의 폐해에서 벗어 날 수 있게 되었고, 달팽이 요리는 궁중음식으로 대우를 받았며 대중들에게는 접근할 수 없었던 달팽이 요리가 점차 대중음식으로 격하되었다고 한다.

그 이유 때문에 전 세계적으로 유명한 에스카르고 아 라 부르고뉴를 요즘도 리용이나 디종에 가면 싼값으로 즐길 수가 있다. 이 달팽이는 동면하기 전에 특히 맛이 좋다고 해서 동면하기 1개월 전부터 1주 동안 양상추만을 먹인 뒤 3주 동안 굶긴 다음 요리하는 것이 특징이다. 소금과 식초를 섞은 물에 1일 동안 담가 놓으면 뱃속의 배설 물질을 모두 토해내 깨끗해진다. 이 달팽이를 껍데기째 삶은 뒤 살만 빼내어 백포도주, 닭고기 육수, 향신료, 마늘 등을 넣고 다시 2시간 정도 끓인다. 껍데기는 껍데기대로 소다를 넣어 삶아 놓는다. 끓여 놓은 달팽이 살은 다시 부르고뉴 버터(일명 허브 버터)를 만들어 요리한다.

부르고뉴 버터는 피네제르(Fines-herb) 파슬리, 에스트라곤, 샐피유, 에샤로트 등 허브를 다져 만든 향신료와 마늘, 딜, 실파의 일종인 에샤로트(Ehalote) 등을 섞어 만든 녹색 빛깔의 버터이다.

달팽이 껍데기에 이 부르고뉴 버터를 약간 넣은 다음 부르고뉴 버터와 백포도주를 넣어 맛을 낸 다음 달팽이 살을 다시 채워 놓는다.

달팽이 요리에는 특별히 6개씩 담기도록 둥근 홈이 파인 특별 접시가 쓰인다. 이 접시에 달팽이 6개를 담고 사라만더에 넣고 버터가 녹을 때까지 굽는다. 달팽이 껍데기 안의 버터가 녹아 부글부글 끓어 오르면 코냑을 부어 불길이 치솟게 하는 플랑베를 해야 한다. 먹기 전에 플랑베(flamber)를 하면 시각적 효과로 식욕이 증진될 뿐만 아니라 코냑의 향미가 달팽이 살에 배어들어 맛이 더욱 좋아지기 때문이다. 에스카르고 아 라 부르고뉴를 먹을 때는 날이 두 개 달린 2지창과 달팽이 전용 집게 '펭스(Pence)' 를 사용한다. 왼손에 집게를 잡고 달팽이 껍데기를 고정시킨 다음 2지창으로 찍어 먹는다. 달팽이 살을 먹은 다음에는 껍데기 안의 국물을 접시에 쏟아 붓고 껍데기는 다른 빈 접시에 담는다. 달팽이 살을 모두 먹은 다음에는 프랑스 고유의 빵인 바케트(baguette)를 국물에 찍어 먹는다. 보통 1인분은 달팽이 6개로 파리의 중급 레스토랑에서는 자주 맛 볼 수 있다. 국내 특급호텔에서는 매우 비싼 편이다. 마늘, 실파, 허브 등이 들어가 비교적 우리나라 사람의 입맛에 잘 맞는 이 에스카르고 아 라 부르고뉴를 주문하면서 잊지 말아야 할 식사 매너는 식사주로 부르고뉴 백포도주를 주문하는 일이다. 에스카르고와 바케트, 부르고뉴 백포도주가 삼위일체가 되어야 비로소 제 맛을 내기 때문이다.

4. Consomme Soup(콩소메 수프)

프랑스 요리 코스에는 식욕을 증진시킬 목적으로 정찬의 에피타이저 다음 코스에 서브되는 것이 수프다. 수프는 각 나라마다 다양한 종류가 있으나, 특히 프랑스의 수프 Consomme는 맛이나 영양면에서 세계 최고의 수프로 꼽힌다. 에피타이저나 메인요리는 향신료나 조리법에 의해 얼마든지 맛을 낼 수 있으나 콩소메는 조리법이 간단한 만큼이나 맛도 정직하게 나타나며, 들어가는 식재료와 주방장의 정성에 따라 맛이 달라진다. 프랑스 요리는 특정한 레스토랑의 주방장 솜씨를 알아보려면 콩소메 맛을 보라는 말이 있을 만큼 중요시되는 수프요리인 것이다. 프랑스에서는 수프를 potage라고 부르며 이는 크게 3가지 분류로 나누어진다. 맑은 수프를 뜻하는 포타지를 클레어(clair), 진한 수프를 포타지 리에(potage lie), 외국의 유명한 수프를 의미하는 에뜨랑제(Potage Etranger)가 있다. 콩소메는 포타지 클레어에 속하며 야채수프나 크림수프는 포타지 리에에 속한다. 포타지 에뜨랑제는 러시아의 보르시치(Borshch), 미국의 Clam Chowder, 스페인의 Gazpacho, 헝가리의 Goulash, 이탈리아의 Minestron 등의 세계적으로 유명한 수프가 있다.

이들 다양한 수프는 나름대로 독특한 맛, 특징, 분위기가 있어 어느 것이 우월하다고 말할 수는 없으나, 프랑스적 분위기를 가장 잘 나타내는 수프가 콩소메인 것이다. 콩소메를 만드는 방법은 비교적 간단하다. 쇠고기, 쇠뼈 쇠 힘줄 등과 닭고기를 3대 1의 비율로 넣고 여기에 양파, 당근, 샐러리, 파슬리, 향신료, 통후추 등을 넣어 끓여 부이용 형태로 만든다. 고기의 진국인 부이용은 수프의 국물이나 소스로도 사용되는 기본적인 액체 국물이다. 이 부이용에 다시 다진 소고기, 양파, 당근, 샐러리, 향신료, 타임, 파슬리, 월계수 잎, 계란흰자, 쉐리 와인, 파레아라 와인 등을 넣고 은근히 끓인다.

이때 계란흰자가 불순물을 흡수하기 때문에 국물이 맑아지며 계란흰자가 응고되어 위로 떠 상층을 덮어주기 때문에 맛과 향이 보존된다. 계란흰자를 걷어낸 후 체에 걸러 맑고 진한 소고기국물 맛이 바로 그 유명한 콩소메 수프의 맛이 된다. 이렇게 만들어진 기본적인 콩소메를 콩소메 심플(Simple), 더욱 진하게 고아서 거른 것을 콩소메 더블(Double), 차게 해서 굳힌 것을 콩소메 글라세(Glacee)라고 부른다. 또한 콩소메에 띄우는 가니튜어에 따라 300여 종류로 콩소메가 나누어진다. 그 대표적인 것으로는 계란에 부이용을 넣고 찐 것을 썰어놓은 콩소메 로얄, 얇고 가늘고 길게 썬 야채를 넣은 콩소메 쥬리엔느, 녹말가루를 빚어 넣은 콩소메 타피오카 등이 있다. 그 밖에도 토마토를 풍부하게 넣은 콩소메 마들린느, 바다제비집을 넣은 콩소메 프로 피테롤르 등이 유명하다. 이처럼 다양한 콩소메들 가운데 특히 콩소메 줄리엔느에는 한 가지 일화가 있다.

18세기에 살았던 요리장 쥬리엔은 모든 유산을 가난한 사람들에게 남겨 줄 만큼 박애정신이 투철한 사람이었다. 그가 1785년 가난한 결핵환자의 영양을 증진시켜 줄 목적으로 콩소메에 가늘게 썬 야채를 집어 넣은 것을 만든 데서 콩소메 쥬리엔느가 유래됐다는 것이다.

콩소메 수프는 귀가 양쪽으로 달린 타세(Tasse 일명 뷔용)에 담겨져 서브된다. 스푼도 보통 스푼과는 달리 둥그런 뷔용 스푼이 따라 나온다. 먹는 방법은 스푼으로 맛을 본 다음 뷔용컵을 손으로 들어 마시는 것이 매너이다. 물론 소리를 내서는 안 되며 컵이 뜨거워 손으로 마실 수 없을 때는 스푼으로 저어 약간 식힌 후 마셔도 좋다. 콩소메는 양이 적고 위에 부담이 적어 풀코스 요리의 수프로 아주 적합하다. 다만 1인분의 콩소메를 만들기 위해 소고기 200g 이상이 필요하기 때문에 값이 약간 비싼 편이다.

5. Huitre Frappe Au Citron(위트르 프라페 오 시트롱)

잘게 부순 얼음 위에서 차갑게 식혀져 껍질째 서브되는 생굴요리인 위트르 프라페 오 시트롱은 보기만 해도 담백하면서 시원한 맛이 연상돼 입안의 침을 돌게 할 뿐만 아니라 저절로 식욕이 돋구게 만든다. 회백색의 별로 크지 않은 생굴의 몸체에 수용성 비타민, 인, 철, 마그네슘, 요드 등 무기질이 다량 함유되어 있어 「바다의 우유」라는 별칭으로 불리면서 영양식으로 각광 받고 있다. 우리나라에서도 날것을 그대로 먹거나 전을 부치기고 하고 전골 등에도 넣어 먹어 친숙한 식품이지만, 생굴을 좋아하기로는 프랑스 사람들을 따라 가기 어렵다. 생굴은 고대 이집트인과 아시아인들이 즐겨 먹었으며, 고대 중국과 5세기에는 로마시대의 나폴리에서 이미 양식되기 시작한 것으로 알려져 있을 만큼 인류와 친숙한 식품이며, 더욱 프랑스인들에게는 각별한 음식이다. 프랑스 요리에서 입맛을 돋우기 위한 오르되브르 중 가장 대표적인 요리인 생굴은 요리를 해서 먹기도 하지만 프랑스인들은 생굴로 먹는 것을 더욱 더 즐긴다. 프랑스인들이 해산물을 날로 먹는 경우는 훈제연어를 제외하고는 별로 흔치 않은데, 미루어 보아 생굴은 프랑스 식탁에서 독특한 위치를 굳히고 있음을 알 수 있다. 생굴은 날 것으로 먹는 것을 즐기기 때문에 생굴을 먹는 절기에 대한 일화도 있다.

생굴은 불어로 Huitre로서 어미가 re로 끝난다. 즉 1월(Janvier), 2월(Fevrier), 10월(October), 11월(Novembre), 12월(December)에 생굴을 먹는 일이 유행하고 있

다. 비록 생굴에 얽힌 속설이기는 하나 3~8월까지는 굴의 번식기이므로 맛과 영양이 떨어지는 편이어서 과학적으로 근거가 없는 것은 아니다. 위트르 프라페 오 시트롱은 생굴요리이므로 먹는 시기를 기억해 두는 것이 좋다. 레스토랑에서 위트로 프라페 오 시트롱을 주문하게 되면 껍질이 반쯤 까진 굴이 잘게 부순 얼음 위에 얹어져 레몬 웨이지, 칵테일 소스, 비네거 소스와 함께 서브되는 것이 일반적이다. 에스카르고요리와 마찬가지로 1인분은 6개이며, 그러나 그의 2배인 12개(dozen) 즉 1다즌을 먹어도 실례가 되지 않는다.

생굴 요리는 포크와 손을 사용해야 하기 때문에 요리가 서브되기 전에 물론 핑거볼이 서브된다. 핑거볼에 왼손가락을 가볍게 닦고 생굴요리를 먹도록 한다. 먹는 방법은 우선 레몬을 짜서 그 즙을 생굴 위에 뿌린다. 레몬즙이 잘 짜지지 않을 때에는 레몬의 살부분을 포크로 찔러 오른손으로는 포크를 잡고 왼손으로는 레몬을 비틀면 즙이 잘 짜진다. 레몬즙을 짠 후에는 기호에 따라 칵테일 소스나 비네거 소스를 얹어 왼손으로 생굴 껍데기를 잡고 오른손에 쥔 포크로 굴을 먹는다. 생굴이 껍데기에 단단하게 붙어서 쉽사리 떨어지지 않을 때에는 포크 옆 모서리로 떼내어 먹는다. 생굴의 살을 먹고 난 후 껍데기 안에 생굴 자체의 소스가 남아 있을 때에는 왼손으로 들고 국물을 마셔도 실례가 되지 않는다. 오히려 이 국물을 마시지 않는 것이 덜 세련된 매너이다. 먹고 나서는 다시 핑거볼에 손을 씻는다. 한편 위트르 프라페 오 시트롱에는 반드시 칵테일 소스와 비네거 소스가 함께 따라 나온다. 마치 우리나라에서 생선회를 주문하면 초고추장과 와사비를 곁들인 간장 이 두 가지 양념장으로 나오는 것과 마찬가지이다. 칵테일 소스는 토마토 케찹, 칠리소스, 잘게 다진 호스래디시, 타바스코, 우스터소스, 허브, 꼬냑, 소금, 후추 등을 섞어 만든 것이다.

칠리소스, 호스래디시, 타바스코, 후추등이 들어가 약간 매운맛을 내는데 해산물에 많이 사용되는 것이다. 비네거 소스는 적포도주를 발효시켜 만든 비네거 식초로 된 것이다. 생굴 맛을 중요하게 생각하는 사람은 향이 강한 칵테일 소스보다는 베니거 소스를 얹어 먹도록 한다. 이 두 가지가 같은 붉은색을 띄고 있으나 맑은 것이 비네거 소스, 농도가 진한 것이 칵테일 소스임을 알아둬야 한다.

이밖에 익힌 굴 요리로는 위트르 록펠러(Rockefeller)가 유명하다. 이 요리는 시금치+샐러리+파슬리+양파를 잘게 다져 소금과 후추를 넣고 버터에 볶아 체에 거른 뒤 빵가루, 허브, 다진 베이컨, 타바스코를 섞어 굴 위에 얹어 오븐에 구워낸 것이다. 이는 미국의 거부 록펠러가 좋아했던 굴 요리로 알려져 있다.

6. Langouste eu Gratin a la Mathurini(랑구스트 엉 그라탱 아 라 마투리 니)

달팽이, 개구리, 생 거위 간 등 다양하고 값진 진기한 식재료를 사용하는 프랑스 요리 중에서도 랑구스트(Langouste) 요리는 최고급 요리 중의 최고급 요리로 손꼽힌다.

특히 잘 세팅된 파티에는 커다란 랑구스트를 통째로 조리한 것이 빠지지 않을 만큼 랑구스트 요리는 볼품도 맛도 훌륭한 음식이며, 재료가 흔치 않고 값이 비싸기 때문에 여러 가지 요리법이 있는데 특히 랑구스트 엉 그라탱 아라 마투리니는 랑구스트에 시금치의 맛이 조화를 이뤄 특진미로 알려진 요리다. 갑각류인 랑구스트는 단백하며 쫄깃쫄깃한 속살이 단단한 껍데기에 싸여 있다. 크기는 작은 것은 20㎝남짓한 것부터 50㎝가 넘는 큼직한 것까지 다양하다. 모양은 역시 바다가재의 일종인 호마드(Homard)와 달리 집게발이 없고 긴 수염과 가늘고 긴 발이 달려 있다. 색깔은 대체적으로 초록빛이 도는 갈색에 꼬리 부분은 노란색으로 종류에 따라 약간의 차이가 있다. 이 랑구스트는 번식력이 강해서 1회에 10만개 이상의 알을 낳으며 알에서 완전히 성숙할 때까지는 대략 5년 정도 걸린다. 보통 성숙할 때까지 20회 이상 껍데기를 벗어야 하고 다 자라면 약 4Kg 정도가 된다. 또 랑구스트는 단백질, 칼슘, 비타민 등이 풍부하고 단백질에는 필수아미노산이 많이 들어 있는 것이 특징이다. 여러 종류의 랑구스트 가운데 프랑스 요리에서는 3가지 정도가 쓰인다. 가장 많이 쓰이는 것은 적색 랑구스트로 대서양 동쪽과 지중해 연안에서 많이 잡힌다. 이 중 브레타뉴 지방에서 잡힌 것을 브레톤느라고 부르며 이 지방에서는 많이 양식하기도 한다.

그 밖에 분홍색 랑구스트, 녹색 랑구스트도 있다. 분홍색 랑구스트는 에이레 남서쪽에서부터 아프리카 세네갈 사이의 바다에서 잡히는 것으로 적색 랑구스트보다는 그 숫자가 적으며 껍데기에 조그만 붉은색 점이 있는 것이 특징이다.

녹색 랑구스트는 다른 종류보다 2배 이상 크며 긴 수염이 있고 모리타니에서 많이 잡힌다. 랑구스트는 재료 구하기가 쉬운 브레타뉴에서 많이 만들어 먹는 데 여러 가지 조리법 중 튀김이나 석쇠에 굽는 방법이 대부분 이용되고 있다.

향신료는 커리 가루, 코냑, 바질릭 버터가 쓰이는데 바질릭 버터는 물풀과에 속하는 박하와 비슷한 풀인 바질락을 넣은 버터와 이 바질락은 생선요리, 거북이 수프 등의 향신료로 쓰이기도 한다. 랑구스트의 전통요리 중 차게 해서 먹는 것에는 「벨레뷰」(Belleveu)와 「아라 파리지엔느」(A La Parisienne)가 있으며, 익혀서 먹는 것에는 「카타고 뉴쵸걸리트를 넣은 랑구스트 요리」, 「생강을 넣은 랑구스트 요리」, 「보로도풍의 랑구스트 요리」 그리고 「르 웰드 랑구스트 엉 그라텡 아리 미투리니」 등이 있다.

이처럼 여러 가지 랑구스트 요리 가운데 르 웰드 랑구스트는 시금치를 넣은 랑구스트라는 뜻이다. 브레타뉴의 향토음식으로는 랑구스트의 꼬리부분으로 만든다. 먼저 랑구스트의 꼬리 부분을 생선 비린내를 제거하기 위해 찬물과 백포도주, 레몬 주스를 넣어 만든 쿠르 부이용에 넣어 삶은 후 껍질을 벗겨 둥글게 썬다.

삶은 랑구스트 살 밑에 시금치를 깔고 위에는 애호박, 당근, 실파, 대파를 가늘게 채 썰어 버터에 살짝 볶은 것을 얹고 송이버섯으로 장식을 한다. 이 위에 소스를 뿌린다.

Sauce는 송이, 표고, 느타리 버섯과 에샬로트(작은 양파)를 잘게 썰어 버터에 볶은 다음 준비해 두고, 백포도주로 만든 소스, 생크림, 소금, 후추, 토마토 퓨레 등을 넣어 끓여 거른 것이다.

그 다음에는 계란노른자와 생크림을 넣은 사바용 소스를 뿌린 후 사라만더나 오븐에 넣어 보기 좋은 색깔이 나면 뜨겁게 서빙한다.

시금치의 향긋한 맛과 랑구스트의 감칠맛이 어우러진 최고급 요리이며, 가격이 비싼 것이 흠이다.

7. Insalata Di Riso Con Frutti Di Mare(인살라타 이 리소 콘 푸루티 디 마레)

이 메뉴는 이태리 요리로 쌀, 조개류를 주재료로 한 샐러드로 날씨가 더울 때 먹기 좋은 여름철용 음식이다. 얼핏 보기에는 우리나라의 비빔밥과 비슷하지만 쌀을 제외하고는 그 사용되는 식재료가 아주 다르다. 비빔밥에는 쌀을 비롯하여 시금치, 콩나물, 고사리 등 주로 나물류가 많이 들어가는 반면 '인살라타 디 리소 콘 프루티 디 마레'에는 홍합, 대합, 새우, 오징어 등 해산물이 주로 사용된다. 그리고 독특한 맛을 살리기 위해 레몬즙과 양파, 올리브 오일, 파슬리 등의 양념과 특히 회향풀을 허브로 사용한다는 것도 비빔밥과 다른 점이다.

회향풀은 특이한 향기를 내는 식물로 우리나라에서는 주로 약재로 쓰이지만 그 향기가 어떠한 종류의 해산물과도 잘 어울리기 때문에 지중해 지방에서는 요리의 허브로 많이 사용된다.

'인살라타 디 리소 콘 프루티 디 마레'가 유래한 곳은 이태리 베니스이다. 이탈리아 북동부 아드리아해 베네치아만 안쪽의 호수 위에 산재하는 1백여 개의 섬들이 약 4백 개의 다리로 이뤄져 있는 유서 깊은 항구도시이다.

이 도시에서는 섬과 섬 사이의 수로가 중요한 교통로로 이용되고 있어 흔히 물의 도시라고 불린다. 지리적 조건 때문에 옛부터 무역의 중심지가 된 베니스는 10세기 말에는 동부 지중해 지역과의 무역으로 얻어진 경제적 번영으로 이탈리아 자유 도시 중에서 가장 부강한 도시로 발달하게 되었다. 또 14세기 말쯤에는 교역상대를 인접국가에서 극동지역으로까지 확장하여 해상무역의 공화국으로서 그 황금시대를 개척하였다. 아카데미아 미술관 등 과거 번영의 모습을 보여주는 건축물이 그대로 남아 있다. 베니스는 로마 피렌체와 더불어 이탈리아에서 가장 중요한 관광도시의 하나로 꼽히고 있다. 이처럼 베니스가 외국과의 교역을 통해 발달해 온 도시인만큼 그 요리도 다채로운 식재료를 사용하는 것이 특징이다. 요리에 사용되는 식재료로는 지중해에서 잡아온 갖가지 종류의 해산물이 주류를 이루고 있으며 인근 지역에서 생산되는 야채와 향신료도 해산물 못지 않게 다양하고 풍성하게 쓰이고 있다. 베니스인들은 한번에 많은 양의 음식을 먹기 때문에 대식가로도 소문이 나 있다. 그들이 전통적으로 즐겨 먹어온 음식은 생선과 조개류를 식재료로 만든 샐러드이다. 그 중에서도 대표적인 것이 바로 인살라타 디 리소 콘 프루티 디 마레이다.

이 요리를 만드는 방법은 먼저 큰 냄비에 소금물을 붓고 끓인 다음 쌀을 넣어 밥을 짓는다. 밥이 다 되면 다른 그릇에 옮겨 담고 올리브 오일, 레몬즙, 식초, 후추, 양파 등으로 양념을 해서 잘 섞은 후 밥이 식을 때까지 기다린다.

밥이 다 식은 다음 회향풀과 파슬리를 넣고 골고루 섞는다. 찬물에 깨끗이 씻은 홍합과 물을 큰 냄비에 넣고 뚜껑을 꼭 닫은 다음 강한 불 위에 올려 놓는다. 냄비를 가끔 흔들어 주면서 약 5분쯤 삶으면 홍합의 아가미가 벌어진다. 홍합의 아가미가 모두 벌어졌을 때 껍데기를 벗겨 내는데 몇 개의 껍데기를 그대로 두어 나중에 장식용으로 사용한다.

대합, 새우도 홍합과 같은 방법으로 껍데기를 벗겨내며 역시 몇 개의 껍데기는 있는 채로 놔둔다. 이렇게 준비가 끝나면 홍합, 대합, 새우를 밥에 넣고 잘 섞은 다음 접시에 담는다.

여기에 회향풀잎으로 만든 향신료를 한번 뿌려준 다음 껍데기가 있는 홍합, 대합, 새우와 삶은 계란을 위에 얹어주면 요리가 완성된다. 조리를 할 때 홍합, 대합, 대신 새조개나 가리비조개 또는 다랑어 같은 생선류를 사용하면 다양한 맛의 변화를 즐길 수 있다.

8. Tartar Steak(타르타르 스테이크)

음식 고유의 순수한 맛을 즐기는 미식가들은 어떤 음식이든 간에 날것으로 먹는 것을 즐긴다. 야채나 고기든 간에 익히지 않은 날것이 훨씬 제 맛이 난다는 것이 식도락가들의 지론인 것이다. 서양의 육류요리 중에는 날 것을 그대로 먹는 경우도 결코 흔치 않다.

그러나 예외적으로 날고기를 스테이크로 만들어 먹는 경우가 있다. 그것이 바로 타르타르 스테이크(tartar Steak)로 육류요리를 즐기는 미식가들의 사랑을 받고 있는 요리인 것이다. 우리나라의 육회와도 흡사한 이 음식은 몽고족의 음식을 본떠 만든 것으로 알려져 있는데 유럽 전역에 널리 퍼져 있다. 특히 프랑스 식당에서는 이 타르타르 스테이크를 낼 때 손님 앞에서 만들어 주는 등의 기교를 발휘하여 더욱 식욕을 돋우기도 한다. 몽고족으로부터 전래된 것으로 알려진 이 타르타르 스테이크의 유래는 다음과 같다.

1240년께 유럽의 북동쪽을 정복 통치한 몽고족은 오랫동안 유목생활을 한 민족으로서 전쟁 중 쇠고기와 야채를 자루에 넣어 말 궁둥이에 매달고 다녔다고 한다. 말이 달릴 때 이 자루 안에 있는 고기와 야채는 잘게 부서져 뒤섞이게 되고 이것을 그대로 먹는 것을 본 유럽사람들이 신기하게 생각하여 흉내내게 되었다는 것이다. 이처럼 쇠고기와 야채를 잘게 다진 것을 그대로 먹는 요리를 몽고족의 한 부족인 타르타르족의 이름을 따 타르타르 스테이크라고 불렀다. 그리고 독일의 함부르크 지방 사람들은 이것을 날로 먹지 못하고 익혀서 먹었는데 이를 함브루크의 이름을 따서 햄버거 스테이크라고 부르는 있다는 것이다.

타르타르 스테이크나 햄버거 스테이크는 가열하느냐 안하느냐는 차이가 있을 뿐만 아니라 날로 먹는 타르타르 스테이크는 순수한 쇠고기로 만들지만 햄버거 스테이크는 쇠고기와 돼지고기의 비율을 7대 3으로 섞는다는 점도 다르지만 결국 그 유래의 뿌리는 하나인 셈이다.

그런데 타르타르 스테이크는 쇠고기 중에서도 신선한 안심부위로만 만든다. 유럽의 콘티넨틀 레스토랑에서 타르타르 스테이크를 주문하면 날고기와 야채 다진 것을 버무려 완제품을 가져다 주지만, 프렌치 레스토랑에서는 주문한 고객이 보는 앞에서 그의 식성에 맞춰 만들어주기 때문에 더욱 식욕을 돋군다. 이 요리를 주문하면 계란 노란자를 위에 얹은 쇠고기 안심 다진 것과 각종 야채 다진 것을 주문한 고객 앞에서 가지고 나와 보는 앞에서 만들어 주는 것이다. 야채로는 피클, 마늘, 양파, 머스타드, 파슬리, 케이퍼, 실파, 레몬 등을 쓴다. 이것을 섞는 순서는 커다란 믹싱 볼에 우선 소금과 후추를 뿌린다. 소금을 맨 처음 뿌리는 것은 그릇 안에서 식재료들이 미끄러지지 않고 잘 비벼질 수 있도록 하기 위해서이다. 그 다음은 케이퍼와 실파, 피클, 양파 다진 것을 넣고 머스타드와 계란 노란자, 쇠고기 다진 것을 넣고 레몬즙을 짜 넣는다.

이 조리과정에서 조리사는 일일이 손님의 기호에 맞춰 만들어 주는데 대체로 유럽인들은 머스타드를 많이 사용하며, 미국인들은 타바스코를, 동양인들은 간장을 많이 넣는다. 모든 식재료를 골고루 저어 간이 배도록 한 후에는 동그랗게 모양을 내어 위에 노란자, 파슬리 다진 것을 뿌려 서브한다.

먹을 때에는 포크로 떠서 먹기도 하고 포크와 나이프를 사용하기도 한다. 포크와 나이프를 사용할 때 포크의 등에 요리를 붙여 먹는 것은 잘못된 매너인 것이다. 포크의 앞부분에 요리를 얹어 먹어야 한다. 타르타르 스테이크는 반드시 얇게 구워낸 멜바토스트와 곁들여 먹는다. 멜바 토스트 위에 발라 먹어도 되고 스테이크를 먹는 사이사이에 멜바 토스트를 먹어도 된다. 멜바 토스트를 곁들이는 이유는 '푸와그라 파테'와 마찬가지로 요리의 강한 맛을 씻어내기 위한 것이다. 날고기 다진 것이 주된 요리이기 때문에 아무래도 이 타르타르 스테이크의 맛은 좀 독특하다.

우리나라의 육회에는 참기름이 들어가 고소한 맛이 있으나 이 타르타르 스테이크에는 고소한 맛은 없고 겨자 맛이 나는 편이다. 특별히 곁들이는 음식은 따로 없으나 반주로 보르도산 적포도주를 곁들이면 제격이다. 그런데 유럽에서는 신선한 소고기로 만들기 때문에 맛이 뛰어나지만, 우리나라의 호텔 레스토랑에는 냉동

고기를 녹여 사용하기 때문에 다소 맛이 떨어지는 편이다. 신선한 소고기를 사용하는 레스토랑도 있다.

9. Filet de Sole Belle Meunier(필레 드 솔 벨르 뮈니에르)

노르스름한 생선살 요리에 토마토의 분홍살과 양송이를 곁드려 더욱 입맛을 돋우는 필레 드 솔 벨르 뮈니에르 요리는 과거에는 서양요리 풀코스인 애피타이저, 수프, 생선요리, 육류 요리, 디저트 순으로 서브 되어 메인 요리로 생선 요리와 육류 요리를 모두 먹는 것을 의미했다. 그러나 점차 식생활이 간소화되어 메인 요리로 육류나 생선 요리 중 하나만 선택해서 먹는 것이 일반화됨에 따라 생선 요리가 중요시 되고 있다.

메인 요리로 각광 받고 있는 프랑스의 생선 요리 중 대표적인 요리가 바로 '필레 드 솔 벨르 뮈니에르' 이다. 이 요리는 혀넙치 살을 벨르 뮈니에르 조리법으로 조리했다는 뜻이다. 이 요리에는 루이 14세 때의 재미있는 에피소드가 얽혀있다. 지금으로 부터 약 3백40여 년 전인 1671년 4월 프랑스 왕카인 부르봉가의 자손 콩데공작(conde 1621~1686)이 프랑스 서북부지방에 있는 샹티유(chantilly)성에서 루이 14세와 그의 왕비인 마리 테레즈를 비롯한 3천여 명의 초대 대연회를 베풀었다. 그런데 이 연회는 콩데공작이 생각했던 것보다 훨씬 많은 인사들이 참석해 음식이 부족하게 되었다. 음식이 부족한데다가 연회의 분위기 마저 별로 좋지 않자 손님들이 불평을 하게 됐다. 콩데 공작은 연회 책임자인 프랑소와 바텔(Fransois Vatel)을 불러 크게 호통을 쳤다.

주인에게 꾸중을 들은 바텔은 다음날 파티를 성공적으로 끝낼 것을 주인 앞에서 맹세한 뒤 특별메뉴를 고안했다. 그것이 바로 필레 드 솔 벨르 뮤니에르 요리였다. 이 요리가 비교적 요리법이 간단하고 맛도 있을 것 같았기 때문이었다는 것이다. 메뉴는 결정됐으나 그 요리의 주재료인 생선을 급하게 구할 수는 없었다. 연회시간이 다되어도 생선이 도착하지 않자 이에 책임감을 느낀 바텔은 자신의 방에서 단도로 자결해 버리고 말았다. 그러나 불과 1시간 후에 생선이 도착하여 예정했던 파티는 성황리에 끝이 났다. 그 뒤 바텔의 이야기를 들은 루이14세는 죽은 그에게 「코르동 블뢰」(Cordon Bleu)라는 훈장을 수여했다. 그로부터 프랑스 궁전에서는 유명한 요리장이나 연회 책임자에게는 이 훈장을 수여했다. 이 관습이 지금까지 남아 있어 프랑스의 유명한 요리사를 코르동 블뢰라고 부르고 있다.

이런 사연을 가지고 있는 필레 드 솔 벨르 뮈니에르 요리는 혀넙치 살로 만든 요리이다.

필레(Fillet)란 일반적으로 소나 양 등의 안심을 말하나 생선에는 가시를 발라낸 살코기를 뜻한다.

솔은 가자미과에 속하는 혀 넙치로 손바닥 크기의 작은 생선이다. 우리나라의 넙치와는 약간 다르며, 프랑스 생선요리의 50%는 이 혀넙치를 이용할 만큼 대중적인 요리다. 가시를 발라낸 혀넙치 살코기에 밀기루와 계린 노른자를 묻혀 뜨거운 프라이팬에 넣고 익힌다. 그리고 그것을 접시에 옮겨 담고 그 위에 얇게 썰어 프라이팬에 익힌 양송이 버섯과 토마토를 얹은 후 버터를 갈색이 나도록 만든 베르 누아제트(Beurre Noisette)소스를 끼얹는다. 우리나라 생선전처럼(煎) 밀가루와 계란노른자를 묻혀 만드는 요리법을 뮤니에르 요리라고 부른다. 뮈니에르란 원래 방앗간 집 여주인이란 뜻으로 방앗간 집 여주인의 아름다운 손에 묻은 밀가루와 비슷한 느낌을 주기 때문에 이런 이름이 붙여졌다고 한다.

벨르 뮈니에르는 주 재료 위에 양송이나 토마토 등 곁들이는 부재료를 얹은 것이다. 보통 필레 드 솔 벨르 뮈니에르를 메인요리로 주면 하면 1인분으로 약 120g~150g 정도가 나온다.

혀넙치가 작은 생선이므로 2마리가 1인분이 보통이다. 풀코스의 생선코스로 나올 때는 이보다는 적게 나온다. 맛은 우리나라의 민어전과 비슷해서 거부감 없이 즐길 수 있으며 먹는 데 따른 특별한 매너도 없다. 다만 생선요리이므로 식사주로 백포도주를 곁들이면 더욱 맛을 즐길 수 있다.

한편 이 요리를 먹을 때 어울리는 애피타이저로 멜롱 오 잠봉(생 햄을 곁들인 멜런)이 어울리며 수프는 프랜치 양파 수프를 권할 만하다. 식후 디저트로는 바닐라 아이스크림에 뜨거운 체리소스를 얹은 체리 주블리가 적당하다.

제 4 부

특급호텔 프랜치 레스토랑 메뉴 레시피 실제

제4부 특급호텔 프렌치 레스토랑 메뉴 레시피 실제

1. Caviar Beluga Sur lit de Glace(Iced Beluga Caviar with Condiments)

ingredient

lemon fresh	1/2ea	celery	0.1kg
Caviar	1bl	carrot	0.1kg
crouton(Melba)	1/20ea	onion	0.01
garniture	1ea	parsley	0.01
egg boiled	1EA	lettuce	0.05

Cooking Method

1. Silver plate에 Ice carving으로 만든 plate 속에 Ice crushed를 담는다.
2. 작은 silver garnish통에 Boiled egg를 분리하여 yolk, white, parsely, chopped를 각각 담는다.
3. lettuce leave를 깔고 Lemon wedge 1/2ea, carrots, Celery stick으로 장식하고 caviar를 Ice crushed 위에 얹어 Serving한다.

2. Foie Gras a la Pomme et Noix(Goose liver with apple and walnut)

ingredient

Goose liver	1/7can	Spinach	0.05k
Apple Fresh	0.1kg	mayonnaise	1/20l
Walnut	0.01kg	parsley	0.005k
Celery	0.1k	Consomme Jelly	20g

Cooking Method

1. Appetizer plate에 Consomme Jelly를 평면으로 깔아서 냉장고에 굳힌다.
2. Apple, Cerery를 Small dice를 썬 다음 Pine nut을 넣고 mayonnaise에 묻혀서 준비한다.
3. fioe gras를 3piece로 slice하여 1의 접시에 담고 Spinach를 깐 다음 2를 위에 올려서 garnish로 walnut과 parsley로 장식하여 serve한다.

3. Saumon Fumé au Créme de Raifort et Caviar Rouge
(Smoked Salmon with Horseradish and Caviar)

ingredient

Smoked salmon	0.12k	lettuce	0.07k
Romanof Caviar	1/50BT	Onion	0.07k
Boiled egg	1/2EA	Parsely	0.005k
Caper	1/150BT	Salt Pepper	to taste
Salmon Caviar	1/300kg	Spinackh	0.05k

Cooking Method

1. Plate에 Spinach을 삼각형으로 놓고 lettuce Julieune을 올리고 Salmon Slice를 놓는다.
2. 1의 가운데에 Onion Slice에 Parsely chopped, salt, olive oil에 묻혀서 놓는다.
3. Egg Slice 3ea에 Romanof Caviar, Salmon Caviar, Caper를 올려서 garnish로 사용하고 parsely bunch를 놓고 Serve한다.
4. Horse radish Sauce는 Separate로 Serve한다.

4. Magret de Canard fumé au Prinieur Sauce Vinaigrette

ingredient

Smoked duckling	0.5k	pinenut Tarragon	1/6 l
Fresh mushroom	0.02k	dressing	200ml
lettuce	0.1k	Dijon Mustard	1/2TBS
Spinach Leaf	0.04k	estaragen vinegar	1TBS
Tomato	0.005k	olive oil	4TSP
radish	0.005k	pinenut puree	4TBS

Cooking Method

1. plate에 spinach를 깔고 lettuce Julienne를 올리고 Smoked duckling을 놓는다.
2. 1의 위에 onion ring 3ea를 놓고 Tomato wedge, fresh mushroom으로 장식하고 radish를 garnish하여 Dressing을 뿌려서 Serving한다.

5. Salade de Crevette au Vinaigrette Rosé

ingredient

Shrimps(시바이)	0.2k	lettuce	0.01
Carrots(Turnip sprout)	0.02k	Water Cresson	0.05
Celery	0.02	Parsley	0.005
Hock berry Mushroom	0.01	Carrotsdressing	1/20l
spinach	0.02		

Cooking Method

1. 접시에 Spinach를 삼각으로 깔고 lettuce Julienne를 가운데에 놓고 Shrimp(시바이)를 Round를 돌려가면서 올린다.
2. 1의 Side에 Carrots, celery Hock berry mushroom, water cress로 장식하고 Parsely, radish를 garnish하여 serve하고, carrot, dressing, separate로 serve한다.

6. Coquilles de Escargots Fason Bordelaise

ingredient

Escargots	6EA(37EA짜리)
Green leuttce	1/7 LB
white wine	1/20BT
Glace de Viand	1/10l
butter	1/20LB

Cooking Method

1. Saute pan에 butter를 넣고 snail을 Saute하다 white wine으로 Deglacer하고 glace viand를 넣는다.
2. Snail shell에 Escargot butter을 묻히고 1에서 건진 snail을 shell에 낀다. shell에 낀 snail을 Escargot mould에 담고, 1의 Sauce를 Reduce하고 Butter monter하여 Snail Shell 위에 뿌린다.
4. Bread Crumb과 parmesan cheese를 Mix한 것을 3의 위에 뿌려서 oven에서 cook하고 Brown color를 내서 serve한다.

7. Poélée de Coquille Saint-Jacques Marichere

ingredient

Scallops	3piece kg	Fresh Cream	1/10Pkg
salt pepper	5g	Tomato Concasse	0.05kg
olive oil	1/10l	Vegatable brunoise	0.05kg
Brandy	1/70BT	Butter	1/20LB
white wine	1/30BT		

Cooking Method

1. Scallop를 1/2 cut하여 salt pepper하여 grill에서 색깔을 내어 Brandy로 flamber 후 white wine으로 Deglacer하여 Scallop를 꺼내고 Juice를 채에 걸른다.
2. 1의 Juice에 cream을 넣고 salt pepper 하고 Butter에 saute 하고 맛을 낸다.
3. shell에 mashed potato로 끝부분을 모양을 내고 salamander에서 색깔을 낸다.
4. Vegetables을 green butter에 saute하고 tomato를 Butter에 살짝 saute한다.
5. 3의 shell에 1의 scallop를 담고 위에 2의 sauce를 뿌리고 Vegetable로 반을 씌우고 가운데에 Tomato로 모양을 내어 serving한다.

8. Bisque de Homard au Cogna

ingredient

Bisque de Homard	1/5l	salt pepper	5g
Butter	1/30LB	Congnac	1/100BT
Cream fresh	1/10pkg	Homard	0.05k

Cooking Method

1. Lobster shell, fish bone, prawn head, carrots, onion, Celery, wine, Rice, bouquet garni, tomato paste로 Lobster Soup을 만들어 고운체로 거르고, Butter monter, Brandy, Seasoning Cream을 조금 넣어 soup bowl에 담는다.
2. Lobster를 Dice하여 Soup meat로 사용하고 whipped Cream 친 것을 위에 올려 Salamander에 색깔을 내어 Serve한다.

9. Petite Marmite 'Henri IV'(Beef Broth with Beef Chicken and Vegetables)

ingredient

Carrots	0.12k	Chicken wing Stuffed	0.1k
Turnip	0.5k	Beef round boiled	0.1k
Celery	0.12k	Beef marrow	0.02k
Shallot roots	0.12k	Crouton	20g
Consomme	1l	Parmesan cheese	1/10CN
Beef Stock	1/2l	Bouquet garni	10g
Onion small	0.12k	Mushroom	8ea

Cooking Method

1. Carrot, Turnip, Celery를 Small chateau로 filling하고 mushroom을 Turn으로 filling한다.
2. Beef round를 실로 묶고 chicken wing에 chicken, quenell을 만들어 stuffing한다.
3. garlic whole을 olive oil에 saute하여 색깔을 낸 다음 건져내고 1을 넣고 saute한 후 consomme soup, Beef stock(Garlic과 Bouquet Garni)를 함께 넣고 cooking한다.
4. 3에서 cooking된 2의 meat을 건져 보관한다. 4의 meat를 1인분씩 썰어 soup bowl에 담고 soup 1인분에 marrow를 넣고 끓여서 soup bowl에 담아 serving한다.

10. Creme d'Escargot au Pernod en Feuilletee

ingredient

Snail CN(33ea)	16	white wine	1/10BT
Shallot finely chopppd	0.035k	snail Juice	20ml
garlic finely chopped	0.02	puff pasrty	1kg
vegetables brunoise		egg yolk	2EA
Curry powder	1/100CN	Seasoning	5g
Butter	0.025LB	Cream fresh	1/2pkg
pernod	1/10BT		

Cooking Method

1. snail을 1인분에 3ea를 1ea을 1/3으로 cut한다.
2. Saute pan에 20g 정도의 Butter로 shallots, garlic 및 야채 brunoise를 넣고 saute한다.
3. 2에 curry powder을 조금 넣고 pernod 및 white wine으로 Deglacer하고 snail Juice 및 fish, stock, chicken, stock을 넣고 야채가 익을 정도로 끓인다.
4. 3에 cream, salt, pepper 1을 넣고 onion soup, bowl에 감는다.

5. puff pastry를 onion soup bowl을 cover할 정도로 잘라서 cover하고 egg yolk으로 칠하고 snail shell(한개를 위에 garnish로 올려서 oven에서 cooking Brown color를 내어 serving한다.

11. Salade en Primers

ingredient

Carrots	0.05	Tomato	0.05k
Beet roots	0.05	Parses	0.01k
hackberry Mushroom	1/10pkg	Spinach	0.05k
Cucumber	0.05	Turnip sprouts	1/10pkg
lettuce leave	0.05	Water cress	0.05pkg
lettuce	0.05	choice of sauce	1/50l
Asparagus	1/50CN		

Cooking Method

1. Salad bowl에 모양 있게 색깔을 맞추어 담고 Dressing을 다양하게 만들서 serving한다.

12. Salad Céasar

ingredient

lettuce	0.5k	vinegar oil	80ml
Bacon	0.05k	parsley	0.005k
parmesan	1/10CN	crouton	1/20EA
onion	0.04k	caper	1/200bt
garlic	0.04k	Lemon	1/6EA
anchovy	1/40CN	olive oil	1/40gal
egg yolk(fresh)	1EA	salt, pepper	5g

Cooking Method

1. Céasar salad 만드는 bowl에 ice crushed를 채운다.
2. Egg yolk을 풀고 anchovy chopped을 넣고 olive oil과 Vinegar을 조금씩 넣으면서 smooth 시킨다.
3. 2에 salt pepper, caper, onion, bacon, parmesan, parsley chopped을 넣으면서 mix한다.
4. 3에 lettuce를 넣고 mix하고 마지막에 crouton을 넣고 mixing하여 serving한다.

13. Filet de Sole Meunier au Chapelure

ingredient

sole fresh	0.5k	champagne	1/10BT
Butter	1/10LB	Glace viand	1/10l
Bread crumbs	1/10EA	Shallot chopped	0.02k
lemon juice	1/2EA	Parsley	0.001k
cream fresh	1/10pkg	Hot vegetables	80g
fish stock	1/10l		

Cooking Method

1. fresh sole을 fry pan에 saute하고 champagne으로 Deglacer하여 Oven에서 cooking한다.
2. 1의 sole을 꺼내서 Bone을 제거하고 Bread crumb을 올리고 Butter를 뿌려서 salamander에서 색깔을 낸다.
3. 1의 Jus에 Fish stock을 넣어 Reduce하고 Cream Glace Viand를 넣어 Butter monter 후 Cream Jus와 Salt, pepper하여 맛을 낸다.
4. Plate에 3의 Sauce를 깔고, 야채 및 fillet Sole을 올리고 sauce에 shallots chopped green과 parsley chopped, crouton을 garnish하여 serving 한다.

14. Escalopes de Saumon Epinard Sac Saffron

ingredient

Salmon	0.3k	salt, pepper	5g
Butter	1/20LB	Lemon Juice	1/6EA
Shallots chopped	0.02K	Spinach Leave	0.08K
white wine	1/10BT	garlic chopped	0.02K
fish stock	1/10l	flouron	1EA
fresh cream	1/3pkg	hot vegetables	80g
saffron	1/100BT		

Cooking Method

1. salmon escalopes 3ea를 Salt, pepper 하여 Grill에서 cooking한다.
2. spinach를 Butter로 마늘과 함께 saute한다.
3. sauce pan에 Butter로 shallot, saffron을 살짝 saute 후 w/wine으로 Deglacer하고 fish stock cream을 넣어 Reduce하고 Butter monter 후 Lemon Jus, Salt pepper하여 맛을 낸다.

4. Plate에 Sauce를 깔고 삼각형 모양으로 Spinach를 담고 위에 1의 salmon을 올리고 야채를 담아 serving한다.

15. Tranche de Mordeur Poche Beurre d'Echalotes au Caviar

ingredient

Sea-bream	0.3k	Lemon Juice	1/6EA
Shallots chopped	0.02l	Caviar	1/50bl
Butter	1/20LB	Salt, pepper	5g
White wine	1/20BT	Vegetables	80g
fish stock	1/10l	fluron	1EA
fresh cream	1/3pkg	Hot vegetables	80g

Cooking Method

1. Saute pan에 oil과 Butter로 Sea bream을 Saute후 wine으로 Deglacer하고 fish stock을 넣고 cooking한다.
2. 1의 cook되 Sea bream을 꺼내고 Jus를 채에 걸러 Cream을 넣고 Reduce한다.
3. Reduce한 Sauce에 Butter monter하고 Lemon Juice Salt, pepper하고 Caviar를 넣고 mix한다.
4. Plate에 3의 Sauce를 깔고 야채 및 Sea bream을 모양 있게 놓고 Sea bream 위에 Lemon Slice에 salmon, egg 및 Caviar로 장식하여 serve한다.

16. Cotelette de Agneau aux Chapelure

ingredient

Cotelette de Agneau	0.5k
olive oil	0.02k
chapelure	1/10EA
fresh mustard	1/100CN
salt pepper	5g
Butter	1/100LB
glace de viand	0.01l
Hot vegetables	80g

Cooking Method

1. Lamb Rack을 소지하여 Salt pepper하여 Saute한다.
2. Bread crumb, Egg yolk, double Cream, french mustard, garlic crushed, salt, pepper, Dill, chive, thyme, parsley, mixing한다.
3. 1에 2의 mix을 싼 다음 위에 Egg yolk을 Brush해서 Oven에서 약7~8분 cooking한다.
4. Butter에 Spice를 살짝 saute하다 red wine으로 Deglacer하고 끓으려고 할 때 glace de viand 넣고 Butter monter 해서 아주 맑게 만든다.
5. pan에서 Congac을 flamber하고 sauce seperete한다.

*Chapelure : Bread crumb(2kg), Egg yolk(37ea), double cream(4pkg) fresh cream(1pkg), french Mustard(8sp, garlic crushed(12ea) Dill Hache(6pkg), Chive Hache(8pkg), thyme Hache(3pkg), parsley(10isp)

17. Supreme de Turbot Rose Sauce Nantua

ingredient

Turbot	0.3k	Fluron	1EA
Shallot chopped	0.02k	Fish stock	1/10l
Butter	1/10LB	fresh cream	1/3pkg
White wine	1/20BT	shrimp(시바이)	1kg(50EA)
Shrimp butter	1/30LB	parsley	0.001k
Lemon Juice	1/6EA	Hot vegetables	

Cooking Method

1. Turbot을 양에 맞추어 3~4 Piece slice하여 장미 모양으로 접는다.
2. Saute pan에 Butter를 바르고 Shallots chopped를 뿌리고 1을 담아 white wine fish stock으로 poaching 한다.
3. 2의 Turbot을 꺼내어 따뜻하게 보관하고 Jus를 걸러 Reduce 한다음 Cream을 넣고 Shrimp butter을 monter하고 Lemon Jus를 넣고 맛을 낸다.
4. Plate에 3의 sauce를 깔고 야채를 담아 turbot을 장미 모양을 위에 올려서 serving한다.

18. Aguilettes de Canard

ingredient

poitrine de canard	1.12k	Red wine	30ml
fresh orange	1EA	Chicken stock	20ml
salt pepper	5g	parsley	10g
pickling sauce	20ml	Hot vegetable	80g

Cooking Method

1. Duckling을 약한 oven에서 Roast하여 Breast 1ea, Leg 1ea를 뼈를 바른다.
2. 1의 Duckling을 Red wine, Duckling sauce, chicken stock으로 Braising하여 오리 5ea를 pie pan에 담아 oven에서 뜨겁게 한다.
3. fresh orange를 filling하여 5ea를 Pie pan에 담아 oven에서 뜨겁게 한다.
4. 2의 sauce를 체에 걸러 Reduce하고 salt pepper하여 Butter monter한다.
5. Plate에 Duckling을 Slice하여 모양 있게 담고 Orange를 올리고 4의 sauce를 위에 뿌리고, Orange zest 및 papillote를 garnish하여 serving한다.

19. Crevettes Géante au Beurre d'Herbs

ingredient

Crevettes	4EA	herbs butter	1/10LB
salt, pepper	5g	vegetables brunoise	0.5kg
Butter	1/20LB	Lemon Juice	1/2EA
Echallots	0.02kg	fleuron	1EA
White wine	1/20BT	Hot vegetables	80g
fish stock	0.1l		

Cooking Method

1. Prawn 4ea를 껍질을 벗겨서 grill에서 color을 내서 oven에서 cooking한다.
2. 1의 Juice에 wine stock을 Reduce하여 Butter monter한다.
3. Vegetables brunoise를 Herbs butter에 Saute하고 Lemon Juice를 넣는다.
4. plate에 prawn을 모양 있게 담고 2의 sauce를 뿌리고 3의 야채를 prawn위에 뿌려서 serve한다. *Green sauce: chervil, Tarragon, Spinach chopped 하여 Mixing한다.

20. Mousline de Saint Jacques Sauce truffe et Beurre Vert

ingredient

Scallopes	0.13k	Cream	1/10pkg
Egg white	1/2EA	Shrimp butter	1/20LB
Brandy	1TSP	truffle slice	2Slice
White wine	2TSP	Green butter sauce	1/10LB
Salt pepper	5g	fond de veau	1/10l
Lemon	1/4EA	Hot vegetables	80g

Cooking Method

1. Scallop를 갈아서 고운 채에 내려 Stainless bowl에 담는다.
2. 1에 Egg white, w/wine, Lemon Juice, Cream을 조금씩 넣으며 Smooth시키고, Salt, pepper한다. 2를 mousse bowl에 담아 sauce pan에 중탕으로 oven에서 cooking한다.
4. plate에 2개의 mousse를 담고 green butter sauce periguex sauce를 각각 덮어서 vegetables을 함께 담아 serving한다.

21. Langouste Thermidor

ingredient

Lobster	0.8K	Fresh Cream	1/2pkg
Butter	1/20LB	Beurre manier	1/50LB
Shallot chopped	0.05K	Shrimp butter	1/20LB
Cognac	1/50BT	Lemon	1/6EA
Fresh mushroom	0.05K	fleuron	1EA
White wine	1/20BT	parsley	0.001K
Salt, pepper	5g		

Cooking Method

1. Lobster를 떨어지지 않도록 1/2cut하여 meat을 꺼내고 shell을 oven에서 cooking한다.
2. Lobster meat을 6~7등분하여 saute pan에 Butter로 shallot chopped과 함께 saute한다.
3. cognac으로 flamber한 후 mushroom cut과 wine으로 deglacer하고 fish, stock을 넣는다.
4. 2의 cook된 Lobster meat을 꺼내고 따뜻하게 보관하고 Juice를 Reduce하고 cream, salt, pepper, shrimp butter monter 후 Lemon Juice를 넣어 2의 Lobster meat을 Mixing한다.
5. Cream에 Beurre manier를 넣어 끓게 하고 Hollandaise sauce를 넣고 mixing하고

Lemon Juice, whipping cream을 Mixing한다.

6. 1의 shell에 mashed potato를 허리부분을 장식하고 3을 담은 shell에 4로 cover하고 cheese를 뿌려서 salamander에서 Glace하여 silver 받침에 담아 serving한다. garnish는 fleuron을 올려 serving한다.

22. Noisette d'Agneau Sautée au Gousses de Ail

ingredient

Lamb Rack	0.3kg(3EA)	Red wine	1/10BT
salt. pepper		Glace de viand	1/10l
butter	1/10LB	foil gras	1/40CN
Garlic cloves	0.05K	parsely	0.001K
Brandy	1/40BT	Hot vegetables	80g

Cooking Method

1. Whole garlic 6ea를 Saute pan에 Oil로 Brown색깔을 내어 꺼낸 다음 Lamb Rack 3ea를 saute하고, 1에 Brandy로 flamber하고 Red wine으로 deglacer하여 cooking한다.
3. 2의 Lamb을 꺼내고 Jus를 체에 거르고 glace de viand를 넣어 Reduce하고 Butter monter 후 맛을 낸다.
4. Plate에 Lamb 3ea를 놓고 3의 sauce에 1의 Garlic을 넣어 위에 뿌린다.
5. shallot root를 Butter saute하고 potato Anna를 garnish하여 serving한다.

23. Coeur de filet de Boeuf Grillégorn

ingredient

fillet de boeuf	0.2k
foie Gras	1/20CN
Glace de Viand	1/10l
Truffre	1/200CN
salt. pepper	5g
Butter	1/20LB
Garnish(vegetables)	80g

Cooking Method

1. Beef steak를 만들고 가운데에 칼집을 넣어 foie gras를 채우고 salt, pepper하여 grill에서 cooking한다.
2. Sauce pan에 Butter로 truffle Julienne를 넣고 saute한다.
glace de viand를 넣고 foie gras와 Butter monter한다.
3. plate에 2의 sauce를 깔고 야채를 담아 steak을 올리고 serving한다.

24. Tournedos de Boeuf 'Henri Ⅳ'

ingredient

fillet beef	0.2k	Salt, pepper	to taste
butter	1/20LB	parsley	0.001k
shallots	0.02k	bearnaise sauce	1/30l
Red wine	1/20BT	Artichoke button	1/8CN
fond de Veau	0.2l	Hot vegetables	80g
Champignon	0.05kg		

Cooking Method

1. Tournedos steak 2ea를 Salt, pepper하여 grill에서 cooking한다.
2. Saute pan에서 Butter로 shallot을 saute 후 Red wine으로 Deglacer하여 fond de veau를 넣고 Butter monter하고, Artichoke button에 Bearnaise sauce를 담는다.
4. Plate에 2의 Sauce를 깔고 야채를 담고, Steak을 올리고 Side에 Artichoke를 깔고 garnish 하여 serving한다.
5. 개암식 스타일의 potato를 Steak 옆에 담아낸다.

25. Boeuf Rib-eye Steak with Legume

ingredient

Beef rib eye	0.3k	Butter	1/10LB
Whole pepper	little	glace de viand	1/5l
Red wine	1/20BT	Hot vegetables	80g

Cooking Method

1. Beef rib eye steak을 grill에서 cooking한다.
2. Butter sauce pan에서 whole pepper 로 sauce하다 Red wine으로 deglacer하고 glace de viand를 넣고 Butter monter 후 맛을 낸다.
3. Plate에 sauce를 깔고 야채를 담아 steak을 올리고 serving한다.

26. Entrecote de Boeuf an Maitre d' Hotel

ingredient

Beef sirloin	0.2k	Fresh cream	1.10PKG
Green pepper corn	1/3BT	Salt	5g
Butter	1/20LB	Hot vegetable	80g
Saint french mustard	1/20BT	maitre d' Hotel butter	150g
Glace de viand	1/10l		

Cooking Method

1. sirloin steak를 salt. pepper하여 grill에서 cooking한다.
2. Butter로 sauce pan에 green pepper corn을 saute하다 wine으로 Deglacer하고 glace de viand와 cream을 넣고 Reduce하여 Butter monter한다.
3. plate에 2의 sauce를 깔고 steak과 야채를 담고 steak에 maitre d' Hotel butter Sauce를 올려서 garnish하여 serve한다.

27. Salmon Marinade

ingredient

Salt Rock	1kg	Majoram	1/2tbs
Sugar	300g	Whole black pepper	1tbs
Thyme	1/2tbs	Bay Leaves	5EA
Tarragon	1/2tbs	parsley	30g
Clove	1/2tbs		

Cooking Method

*신선한 연어를 잘 정리하여 7시간 정도 절어서 실온에서 30분~1시간 동안 염분 제거, 물기 제거하여 온도 30℃에서 2시간씩 2시간 정도 Smoked한다.

28. Extra Large Snail 'Burgundy'

ingredient

LARGE SNAIL	30EA	DEMI-GLACE	50CC
ONION CHOPPED	50G	WHIPPING CREAM	30CC
SPINACH LEAVES	25G	SNAIL BUTTER	100G
GARLIC CHOPPED	30G	HOLLANDAISE SAUCE	150G
BUTTER	30G	PARSLEY CHOPPED	2G
RED WINE	50CC		

Cooking Method

1. 1. Snail에 Onion Chopped, Garlic Chopped를 넣고 볶는다.
2. 1에 Spinach, Red wine, Demi Glace 넣고 졸인다.
3. 2에 Whipping Cream을 넣고 양념을 한다.
4. 3을 Gratain Ball에 넣고 Hollandaise Sauce를 뿌린 후 Salamander에 넣어 색깔을 낸다.
5. 뜨겁게 제공되는 요리이며, 1인분에 6ea를 Serving한다.

29. Sauted Scallops 'Provencale'

ingredient

LARGE SCALLOP(1PT=5EA)	25EA	PROVENCALE SAUCE	250CC
ONION CHOPPED	30G	PARSLEY CHOPPED	2G
GARLIC CHOPPED	20G	CHERRY TOMATO	5EA
BUTTER	30G	LEMON FRESH	5/6EA
WHITE WINE	50CC		

*PROVENCALE SAUCE

ONION CHOPPED	30G	MUSHROOM DICED	30G
GARLIC CHOPPED	20G	WHITE WINE	30CC
DEMI-GLACE 70CC	TOMATO	PASTE	20G
TOMATO CONCASEE	70G	SALT	10G
WHITE PEPPER GROUND	2G	STUFFED OLIVE SLICED	25G

Cooking Method

1. 잘 준비한 Scallop을 양파와 마늘을 넣고 Sauteed한다.
2. 만들어진 SAUCE를 가리비 위에 끼얹고 파슬리를 뿌린다.
3. 여러 가지 가니쉬 야채를 모양 있게 담고 뜨겁게 보관 후 Serving한다.

30. Spaghetti Bolognese

ingredient

SPAGHETTI BOILED	1000G	PARMESAN CHEESE	100G
BUTTER	150G	FRENCH TOAST(1PT=50G)	250G
SALT	10G	GARLIC CHOPPED	20G
WHITE PEPPER GROUND	2G	PARSLEY CHOPPED	2G
MEAT SAUCE	1250G		

*SEAFOOD SAUCE(1250CC)

TOMATO SAUCE	1L	SCALLOP	100G
CUTTLE FISH	100G	MUSSEL	100G
SHRIMOP	100G	ONION CHOPPED	50G
GARLIC CHOPPED	20G	MUSHROOM DICED	50G
BUTTER	20G	WHITE WINE	50CC

Cooking Method

※ Spaghetti Butter에 Sauteed한다.
Serving시 meat sauce를 뿌리고 Garlic bread를 곁들인다.
Spaghetti noodle은 끓는 물에 oil & salt를 넣고 10~12분 삶는다.

31. Baked Lasagne

ingredient

LASAGNE NOODLE GREEN	300G	MOZZARELLA CHEESE	300G
LASAGNE NOODLE EGG	300G	PARMESAN CHEESE	100G
MEAT SAUCE	750G	CHERRY TOMATO	5EA
SUPREME SAUCE	150G	COCKTAIL ONION	5EA

***SUPREME SAUCE(150CC)**

CHICKEN VELOUTE	100G	WHIPING CREAM	50G
LEMON FRESH	1/4EA	SALT	5G
WHITE PEPPER GROUND	2G	CHICKEN FLAVORED BASE	15G
WHITE WINE	20CC		

Cooking Method

1. Meat Sauce를 깔고 Supreme Sauce를 혼합한다. Lasagne Noodle 깔고 Cheese 뿌리고, Meat Saue + Supreme Sauce를 뿌리고 noodle 깔고 이런 순서로 4단 한 후 Parmesan Cheese, Mozzarella Cheese 뿌려 Gratin한다.

32. Gratinated Seafood Fettuccini 'Caruso'

ingredient

CUTTLE FISH	100G	EGG NOODLE BOILED	750G
MUSSEL	100G	EGG YOLK	5EA
SHRIMP	100G	SALT	3G
SCALLOP	100G	WHITE PEPPER GROUND	2G
ONION CHOPPED	50G	MOZZARELLA CHEESE	300G
MUSHROOM DICED	30G	PARMESAN CHEESE	100G
GARLIC CHOPPED	20G	CHERRY TOMATO	5EA
WHITE WINE	50CC	COCKTAIL ONION	5EA
BUTTER	30G	PARSLEY CHOPPED	2G
FISH VELOUTE	150G		

Cooking Method

1. 파스타를 삶고 해산물과 야채 및 소스를 만들어 함께 넣어 마무리 맛을 낸다.

부 록

세계적인 훌륭한 요리명장의 히스토리 일생

특수야채와 향신료 목록

세계적인 훌륭한 요리 명장의 히스토리 일생

1. 마리 앙뜨완 캬렘(Marie-Antoine Carême) (1783~1833)

캬렘은 1783년 프랑스 Paris(파리)에서 출생하여 50세를 일기로 사망했다. 캬렘은 프랑스에서 요리사이자 제과사였다. 가난한 석공의 16번째 아들로 태어나 그의 나이 10살 때(1794년) 아버지로부터 파리 근교의 작은 음식점에서 마지막 저녁 식사를 같이 먹은 뒤 길거리에 버려졌다.

그 후 그는 작은 음식점을 전전하다가 Maine(마이네)라는 성문근처의 한 요리사로부터 요리의 기초를 배워 16세에 Paris(파리)의 유명한 제과업자들 중의 하나인 Vienne(비엔)가에 있는 Bailly(베일리)라는 가게에 훈련생으로 들어가 수 년 동안 일했다. 그곳에서 재능과 배움의 의지를 인정받아 Bailly(베일리) 제과점으로부터 공부를 계속할 수 있는 도움을 받았으며, 특히 왕립도서관 건축 자료실에 들어가 건축모형 사본을 뜰 수 있도록 허락을 받았다. 따라서 그가 만들어 낸 제과모형들 중 어떤 것들은 Bailly(베일리) 가게의 중요한 고객들인 나폴레옹 1세로부터 제과모형들이 찬탄과 경이의 평을 받았다. 그것은 피에스 몬테라 불리는 웨딩 케이크 위의 장식용 과자로서 당시 연회의 인기품목으로서 빠져서는 안 되는 것이었다. 또한 그는 유명한 의사인 Jean Alice(장 알리스)를 만나 그로부터 조언과 격려를 받아 자신감을 갖게 되었다.

그는 재능과 근면함으로 단시간에 파리에서 두각을 나타냈고 그의 탁월한 재능을 듣고 있던 Bailly(베일리) 가게의 단골 손님이었던 당시 프랑스 외무장관인 Talleyrand(탈레랑)로부터 시중을 들어줄 것을 제안 받았다. 그는 Talleyrand(탈레랑;귀족출신 외교관이며 정치가)의 개인 조리장으로 20년간 지도하였는데, Talleyrand(탈레랑)는 캬렘이 제공하는 요리의 맛, 모양과 화려함을 느끼는 감각과 재능으로 외교관들을 위한 음식을 훌륭하게 만들어냈다.

그는 George(조르지) 4세가 된 영국 섭정왕자와 함께 Vienne(비엔)궁전, 영국대사, Begration(베거레이션)공주, Steward(스튜어드)경을 위해서도 훌륭한 요리를 만들어 주었다. 캬렘은 요리사, 제과사 실무뿐만 아니라 이론가이기도 했으며 요리 역사에 대한 일가견도 가지고 있었다. 그는 말년을 Rothschild(로스차일드) 남작가에서 보냈으며 Laurent Tailhate(로렌 타일헤이트)로부터 '숯과 고기 굽는 기구로 요리의 천재성을 발휘하는 불꽃을 발휘하는 요리장' 이라는 평판을 들었다.

캬렘의 저서로는 Le Pâtissier Pittoresque(1915), Le Maitre d' hotel français(1822), Le Pâtissier royal parisien (1825)등을 출판하였으며 그리고 L' art de la cuisine au XIX Siècle (1833)을 마지막으로 출판했다. 이 마지막 저서는 총5권으로 되어 있으며, 마지막으로 준비한 2권은 그의 제자인 Plumerey(프루머리)가 대필하여 마무리했다.

그의 요리작품은 위엄 있고 장중한 문체로 집필되어 있다. 캬렘이 출판한 요리책을 이용하여 황제, 왕실, 공주 및 일반 요리장들에게 화려한 요리가 되도록 하는데 크게 기여했다.

Alexandere(알렉산드) 1세는 Talleyrand(탈레랑) 외교관에게 이렇게 말했다. "캬렘은 우리가 요리를 알지 못하고 그냥 먹던 것에 요리는 화려하고 예술적이라는 것의 무엇인가를 알게 만들었다"고 후에 술회하였으며, 그를 가리켜 "왕실 왕들의 조리사이였으며, 조리사 중의 왕"이라고 하였다 한다.

2. 위르뱅 뒤브와(Dubois, Urbain)(1818~1901)

뒤브와(Dubois)는 화려한 요리의 대가 캬렘(Carème)과 그 후 Escoffier(에스코피에)가 나타나기까지의 중간적 위치에 실존한 훌륭한 요리사였지만, 그의 주요한 명성은 수많은 요리 저술활동을 활발하게 하고 있었으며 요리이론가적인 학자였다는 점에 있다.

뒤브와는 프랑스 사람으로서 러시아 황제에게 20년(1864년~1885년)이나 봉사한 훌륭한 요리사인 그가 요리업계에 남겨진 유산은 그때까지의 프랑스 요리 서비스 방법을 러시아식 서비스 방법으로 바꾸어 놓았다는 것이다. 그때까지 프랑스식 요리 서비스 방식은 한 번에 요리 전부를 식탁 위에 올려놓아, 호화스러움과 예술적인 감상을 하기에는 좋은 방법이었으나, 뜨거울 때 먹어야 할 음식도 손님 입에 들어 갈 때는 싸늘하게 식어버리는 단점이 있었다. 그 때문에 뒤브와(Dubois)는 러시아 같은 추운지방 기후의 상황에서는 프랑스식 요리 서비스 방식이 무리가 있다고 느꼈다.

그리하여 생겨난 러시아식 요리 서비스 방식이란 각 코스마다 요리를 1인분씩 각 접시에 나누어 담아 서빙하는 것이었다. 현재 프랑스에서 행해지고 있는 프랑스식 요리 서비스 방식은 이 두 가지 방식의 장점을 잘 살린 방식으로 지금까지 세계 각국에서 이 서비스 방식이 행해지고 있다.

그의 저서로는 다음과 같은 7권이 소개 되고 있다.

*La cuisine classique(1856), *La cuisine artistique(1870), *L' Ecole des cuisinieres(1876), *La nouvelle cuisine bourgeoise pour la ville et pour la campagne(1878), *Le grand livre des patissiers et des confiseurs(1883), *La cuisine d' aujourd' hu i(1889), *La patisserie d' aujourd' hui(1894).

3. 조르쥬 오귀스트 에스코피에(George Auguste Escoffier)(1846~1935)

1846년 프랑스 Villeneuve-Loubet(빌뇌브 루베)에서 출생하여 1935년 Monte Carlo(몬테 카를로)에서 89세를 일기로 생을 마침. 그는 13세 때 부친이 학교를 그만두게 함으로써 숙부가 개업한 프랑쉐라는 레스토랑에서 조리사를 시작, 그 후 파리의 르·프치·무랑루스 식당에서도 일하였다.

그는 키가 몹시 작았기 때문에 오븐의 불꽃으로부터 머리를 보호하기 위하여 항상 굽 높은 목제 구두를 신고 다닌 것으로 유명하다. 지금도 유럽의 전문 요리인들이 조리장에서 목제 구두를 신고있는 것도 그의 흉내를 내는 전통인 것이다.

그의 위대한 업적은 그의 동료인 요리사 Phileas Gilpert, Emile Fetu와 함께 저술한 Le guide culinaire(1903년)라는 요리책을 출판한 것이다. 이 요리책은 고전적이고 진부한 프랑스 요리를 개혁한 '현대 요리법의 신약성서' 라고까지 일컬어질 정도의 지대한 평가를 1세기동안 받아 왔으며, 현재까지도 전 세계적으로 요리법의 바이블로 계속 인기를 받고 있다.

그의 저술한 Le guide culinaire(1903년) 요리책과 보완적 요리책인 Le livre des Menus(1912년) 요리책은 아직도 애용되는 바로 그 요리책이다.

그는 이 책을 통하여 지금까지의 경험에 의한 요리를 정확한 수량과 수치를 이용하여 요리를 만드는 방법을 소개함으로써 현대 요리서적의 기본적인 기초를 확립하였다.

에스코피에가 주로 근무하였던 호텔은 스위스의 몬테카를로의 그랜드 호텔과 로잔의 National(내쇼날) 호텔, 그리고 런던과 파리에 있는 Ritz(리츠)그룹의 리츠 호텔에서 총주방장으로서 크게 명성을 떨쳤다.

그는 결혼은 하였지만 근무시간 이외의 대부분을 호텔에 있는 아파트에서 혼자 지냈고 부인은 Monaco(모나코)에서 살았으며 슬하에 자녀는 없었다고 한다. 그는 평생 일요일을 제외하고는 오직 요리하는 일에만 전념을 하였으며 술, 담배는 하지 않았고 평소에 화를 내는 일이 전혀 없었다고 하며, 음식도 맛있는 것은 되도록 삼가하였고 과일과 쌀밥만을 즐겨 들었다고 한다.

그의 하루 일과는 조리사들의 음식준비 감독과 주방점검으로 시작해서 오전에는 식당지배인과 서빙 접객원들과의 음식판매에 관한 미팅을 통하여 고객의 기호 파악을 하였고, 오후에는 음식준비 감독과 준비 점검을 실시한 후 매일 동일한 장소로 산책을 다녀온 후 낮잠을 자고 오후 6시부터 9시까지 근무를 규칙적으로 했다고 한다. 그리고 매일 영업 종료 후 남은 음식은 종교단체를 통해서 헐벗고 굶주린 고아원 같은 곳으로 보냈다고 한다.

그는 뛰어난 창조성을 지녔으며 음식을 예술성으로 연결시켜 당시 권력자 및 부자들 그리고 연예계의 유명한 인사들과 친분을 가져 그의 요리재능을 빛나게 하였으며, 특히 오페라 가수들과 친밀한 교분을 가졌다고 한다.

그가 창조한 메뉴 중 오페라 가수들을 위하여 만든 요리에는 호주의 Dame Nellie Melba(도메 넬리에 멜바)인 오페라 가수를 위하여 Peche Melba(피치 멜바)와 Poire coupe Melba(포아레 쿠페 멜바)의 명칭을 붙여 만들었고, 또 Adelina Patti(아델리나 패티) 가수를 위하여 Poularde Adelina Patti(폴라드 아델리나 패티)를 만들었으며, 그리고 유명한 여가수 Sarah Bernhardt(사라 버나츠)를 위해서는 Fraisese Sarah Bernhardt(프레제 사라 버나츠)를 만들었다고 한다. 그리고 Ice Carving(아이스 카빙 조각)에도 일가견을 가지고 있었다고 한다.

특히 그는 사려 깊고, 성실하고, 친절하고, 마음이 따뜻하여 여러 사람들에게 도움을 많이 주었다고 한다. 그리고 요리사들이 출퇴근 할 때는 훌륭한 외출복으로 갈아입도록 하여 요리사라는 긍지와 자부심을 갖도록 하였으며, 이것을 계기로 새로운 요리사 신분을 만들어 내기도 했다. 그러나 주방에서만은 규율을 엄격하게 지키도록 하며, 항상 개인감정을 억제하도록 지시하였고, 아무리 급하고 바쁜 경우라도 서두르라고 재촉하지 않았다고 한다.

오늘날 우리가 접하고 있는 요리주방의 시스템을 만든 창시자이기도 하며, 프랑스 레스토랑 주방의 운영이 부분화되어 있었던 것을 통합 조정 운영을 시도하여 성공한 것도 그의 아이디어였고, Dubois(뒤브와)의 러시아식 음식서비스 방법을 도입하여 현재의 음식 서비스 순서를 창안한 사람도 그였다. 고객으로부터 주문받은 전표를 3장으로 만들어 한 장은 주방, 한 장은 접객원, 또 한 장은 캐셔에게 돌아가도록 하고, 특별히, 전표에 고객의 성명을 적어 그 고객이 재차 방문하였을 때 그가 선호하는 음식이 무엇이라는 것을 미리 알아차리는 고품위 음식 서비스의 기틀을 마련한 것도 그였다.

에스코피에는 프랑스 정부로부터 1920년 레종 돈뇌에흐(legion d'honnesur) 훈장을 수여 받았으며, 후에 프랑스 귀족 단체의 정회원이 되어 모든 요리사의 사회적인 지위와 명예를 높이는데도 크게 공헌을 하였다. 1966년에는 정부가 그가 태어난 집을 요리 예술 박물관으로 개조하였다.

오늘날 저명한 요리전문가 및 미식가, 요리연구가 등 요리책을 쓰는 사람들은 모두 에스코피에의 요리교본을 응용하고 있다. 21세기 현재 프랑스 요리 원리를 이용하여 요리를 직접 만드는 전문요리사까지 그가 만들어낸 세계적인 요리법을 이용하지 않은 사람은 단 한 사람도 없다고 할 수가 있다.

Escoffier(에스코피에)가 죽은 후에는 전문 요리장의 개인 경력을 표기하는 것 중 가장 권위가 있는 것은 상을 수상하고, 표창을 받거나 훈장을 받은 것보다 Escoffier(에스코피에)와 함께 공부하고 실무를 수업했다는 것을 최고로 여겼다고 한다. 그는 세계적인 요리명장이었다.

특수야채와 향신료 목록

〈 Salad용 〉

순 번	품 목	단 위
1	무순이(Kaiware)	PK
2	가텐그레스(Gaten Cress)	PK
3	치커리(Chicory)	PK
4	래드 치커리(Red chicory)	PK
5	황금 호박(Yellow Squash)	PK
6	차빌(Chervil)	PK
7	차이브(Chive)	PK
8	콘 사라다(Corn Salad)	PK
9	그린 비타민(Gree Vitamin)	PK
10	서머 샐러드(Summer Salad)	PK
11	알파파(Alfalfa)	PK
12	크레숑(Water Cress; Cresson)	PK
13	로메인 레터스(Romane Lettuce)	PK
14	청경채(Chung Kyung Chai)	PK
15	교나(Giona)	PK
16	체리 토마토(Cherry Tomato)	PK
17	단 네리온(Danaelion)	PK
18	쏘렐(Sorrel)	PK
19	사라다나(Saladana)	PK
20	미츠바(Michba)	PK
21	보레코레(Borecole)	PK
22	버터 헤드 레터스(Butter Head Lettuce)	PK
23	가부(Gaboo)	KG(단)
24	릭(Leek)	PK
25	메지소(Mejiso)	PK
26	레디쉬(Redish Red)	PK(KG)

〈 해조류 Salad용 〉

순 번	품 목	단 위
1	백도사까노리(Tosakanori White)	KG
2	적도사까노리(Tosakanori Red)	KG
3	청도사까노리(Tosakanori Green)	KG
4	청모도끼(Motoki Green)	KG
5	적모도끼(Motoki Red)	KG
6	오고노리(Ogonori)	KG
7	마후노리(Mafunori)	KG
8	청마쓰노리(Matsnori Green)	KG
9	백마쓰노리(Matsnori White)	KG
10	곤부(Gonbu)	KG
11	컹 와까메(Cut Wakame)	KG

〈 뷔페 나물용 〉

순 번	품 목	단 위
1	미츠바(Michba)	PK
2	서머 샐러드(Summer Salad)	PK
3	콘 샐러드(Corn Salad)	PK

〈 일식용 〉

순 번	품 목	단 위
1	꼬마가지(고낫스; Baby Eggplant)	PK
2	기노메(Kinomea)	PK
3	고나(Giona)	KG
4	낫도(Nattow; Leaf)	PK
5	시소(Siso; Japanese Sesame)	PK
6	채화(Vegetable Flower)	PK
7	메지소(Small Sesame Leaf)	PK
8	오이꽃(Cucumber Flower)	PK
9	가지꽃(Eggplant Flower)	PK
10	가부(Gaboo)	KG(단)
11	릭(Leek)	KG
12	래디쉬(Redish Red)	PK(KG)

〈 Hot vegetable용 〉

순 번	품 목	단 위
1	황금호박(Yellow Squash)	KG
2	청경채(Chung Kyung Chai)	PK
3	꼬마당근(Baby Carrots)	PK
4	브레코레(Borecole)	KG
5	꼬마가지(Baby Eggplant)	PK
6	가부(Gaboo)	KG(단)
7	릭(Leek)	KG
8	이태리 토마토(Italian Tomato)	PK
9	페티 토마토(Petti Tomato)	PK

〈 Decoration & Herbs용 〉

순 번	품 목	단 위
1	레몬밤(Lemon Balm)	PK
2	애플민트(Applemint)	PK
3	페퍼민트(Peppermint)	PK
4	오레가노(Oregano)	P
5	마죠람(Majoram)	PK
6	타라곤(Tarragon)	PK
7	딜(Dill)	PK
8	차이브(Chive)	PK
9	타임(Thyme)	PK
10	세이지(Sage)	PK
11	차빌(Chervil)	PK
12	아까시소(Red Siso Leaf)	PK
13	시소(Siso; Japanese Sesame)	PK
14	희수(Hyssop)	PK
15	이태리 파슬리(Italian Parsley)	PK
16	코리앤더(Coriander)	PK
17	바질(Basil)	PK
18	릭(Leek)	KG

순 번	품 목	단 위
1	사라다나(Saladana)	kg
2	새러타스(Celutuce)	kg
3	고스레터스(Gos Lettuce)	kg
4	사보이 양배추(Savoy Cabbage)	kg
5	래드 볼 치커리(Red Ball Chicory)	100g(PK)
6	그린 비타민(Green Vitamin)	50g(PK)
7	교나(Giona)	kg
8	크레송(Water Cress)	20EA
9	샬롯(Shallot)	kg
10	황금 호박(Yellow Souash)	kg
11	붉은 양파(Red Onion)	3EA(PK)
12	알라딘 호박(Aladin Souash)	kg
13	구슬 양파(Pickling Onion)	15EA(PK)
14	노란 빈스(Yellow Beans)	kg
15	브로콜리(Broccoli)	kg
16	부르셀 스포로스(Brussels Sprouts)	kg
17	콜리플라워(Cauliflower)	kg
	양상추 일종(Batter Head Lettuce, Romame Lettuce)	
18	꼬마당근(Baby Carrots)	10EA(PK)
19	래드 콜리플라워(Red Cauliflower)	PK
20	둥근 당근(Ball Carrots)	10EA(PK)
21	기노메(나무, 순; Kinomea)	10EA(PK)
22	가부(Gaboo)	4EA(PK)
23	오가부(Large Gaboo)	kg
24	붉은 가부(Red Gaboo)	kg
25	노란 체리토마토(Yellow Cherry)	27EA(PK)
26	체리토마토(Cherry Tomato)	27EA(PK)
27	노란 표주박 토마토(Yellow Peac Tomato)	30EA(PK)
28	페티 토마토(Petit Tomato)	9EA(PK)
29	이태리 토마토(Italian Tomato)	9EA(PK)
30	빨간 표주박 토마토(Red Peac Tomato)	30EA(PK)
31	무순이(Kaiware)	60g(PK)
32	시소(Japanese Sesame)	10EA(PK)
33	직시소(Japanese Sesame Red)	10EA(PK)

34	알파파(Alphapa)	50g(PK)
35	메지소(Small Sesame Leaf)	10g(PK)
36	꽃오이(Flower Cucumber)	10EA(PK)
37	꼬마가지(Baby Eggplant)	7EA(PK)
38	둥근가지(Ball Eggplant)	EA
39	가지꽃(Eggplant Flower)	10EA
40	콜라비(Kohlrabi)	kg
41	래드 콜라비(Red Kohlrabi)	kg
42	파스닙(Parsnip)	30EA(PK)
43	벨지움 앤다이브(Chicory Witioof)	kg
44	닷사이(Datsai)	100g(PK)
45	채심(Chai Shim)	100g(PK)
46	꽃부추(Chive Flower)	100g(PK)
47	유나(Hiuna)	100g(PK)
48	엔사이(Ensai)	100g(PK)
49	칠리체(Chilichai)	kg
50	게람(Gairam)	100g(PK)
51	홍채태(Hong Chaitai)	100g(PK)
52	고부고사이(GobuGosai)	kg
53	쏘루무라사끼(Srumuraski)	100g(PK)
54	수프셀러리(Sup Celery)	100g(PK)
55	쎄리폰(Selrifon)	kg
56	적 장대근(Long Radish Red)	9EA(PK)
57	길구고사이(Ball Gosai)	kg
58	홍 환대근(Large Radish Red)	kg
59	스파쿠라(Sphakura)	9EA(PK)
60	롱 스파쿠라(Long Sphakura)	9EA(PK)
61	화이트 래디쉬(White Radish)	9EA(PK)
62	오색 래디쉬(Five Color Radish)	9EA(PK)
63	래디쉬(Radish Red)	9EA(PK)
64	그린 래디쉬(Green Radish)	kg
65	레인보우 래디쉬(Rainbow Radish)	kg
66	세이지(Sage)	10EA(PK)
67	바실리쿰(Italian Basilikum)	10EA(PK)
68	차이브(Chive)	10g(PK)

69	다라곤(Tarragon)	10EA(PK)
70	서머 세이보리(Summer Savory)	10EA(PK)
71	마죠람(Sweet Majoram)	10EA(PK)
72	로즈메리(Rosemary)	10EA(PK)
73	허리하운드(Herehound)	10EA(PK)
74	코리앤더(Coriander)	10EA(PK)
75	루바브(Rhubarb)	100g(PK)
76	머스타드(Mustard)	100g(PK)
77	뿌리 파셀리(Root Parsley)	kg
78	쏘렐(Sorrel)	100g(PK)
79	타임(Thyme)	20EA
80	사랑또랑(Cirantoran)	20EA
81	오레가노(Oregano)	20EA
82	라벤다(Lavender)	20EA
83	차빌(Chervill)	20EA
84	레몬 밤(Lemon Balm)	20EA(PK)
85	페퍼민트(Peppermint)	25EA(PK)
86	켓트민트(Catmint)	25EA(PK)
87	카모마일(Chamomile)	100g(PK)
88	버레이지꽃(Borage Flower)	15EA(PK)
89	아티초크(Artichoke)	
90	레벤진(Levenzan)	100g(PK)
91	미츠바(Michba)	40EA(PK)
92	애플민트(Applemint)	40EA(PK)
93	스윗바질(Sweet Basil)	20EA(PK)
94	래드 치커리(Red Chicory)	100g(PK)
95	체화(Vegetables Flower)	10EA(PK)
96	맛슈(Masiu)	50g(PK)
97	청 오쿠라(Green Okura)	7EA(PK)
98	적 오쿠라(Red Okura)	7EA(PK)
99	꼬마오이(Small Cucumber)	10EA(PK)
100	묘가(MioGa)	
101	아까다데(Red Leaf Bud)	10g(PK)
102	시소꽃(Sesame Flower)	10EA(PK)
103	보후(BoHoo)	

104	파슬리(Parsley)	kg
105	청경채(Chung Kyung Chai)	3EA(PK)
106	오까하지끼(Okahijiki)	100g(PK)
107	소요(Soh Yoh)	100g(PK)
108	오크립(Ork Leaf)	kg
109	레드 고사이(Red Gosai)	kg
110	미니스타(Ministar)	kg
111	마노아(Manoa)	kg
112	샐러리(Selery)	kg
113	양상추(Lettuce Head)	kg
114	펜넬(Fennel)	kg
115	릭(Leek)	kg
116	딜(Dill)	10EA(PK)
117	치커리(Chicory)	20EA(PK)
118	버터 헤드레터스(Butter Head Lettuce)	kg
119	피클 오이(Pickling Cucumber)	7EA(PK)
120	이태리 치커리(Italian Chicory)	kg
121	메가부(Meagaboo)	6EA(PK)
122	블레코레(Borecole)	kg
123	로메인 레터스(Romane Lettuce)	kg
124	여주(yoeju)	kg
125	낫도(Nattow)	100g(PK)

나의 에필로그(My Epilogue)

나는 1976년부터 서울 로얄호텔 근무를 시작으로 1978년 서울 롯데호텔 오픈 멤버로 차여하였고, 1984년 서울 신라호텔 근무를 하였으며, 1988년 라마다 르네상스호텔 서울을 거쳐 1988년부터 1989년까지 호주 시드니 라마다 르네상스 호텔에서 오픈 멤버로 활동을 하면서 많은 경험과 프랜치 레스토랑 주방장 커리어를 쌓았다. 그리고 쉐라톤 호텔, 홀리데인 인 호텔 등에서 근무를 하였으며, 고급 레스토랑 츄러퍼스에서 총주방장 임무를 끝으로 호텔 현장에서 주방장 실무를 마쳤다.

1990년 3월부터 대구산업정보대학(현 수성대학) 대학 호텔조리학과에 임용을 시작해 최초로 조리학과를 개설하여 계속적으로 학과장으로서 근무했으며, 1994년 3월 대구미래대학에서 최초로 국제호텔쿠킹과를 개설하여 10여 년 동안 학과장, 산학협력처장으로 근무를 하였다. 그리고 2004년 3월부터는 광주광역시에 위치한 1999년도 개교한 신설대학인 4년제 종합대학교 남부대학교에서도 최초로 호텔조리학과를 개설하였고, 대학원 석 박사 과정도 최초로 개설하여 모든 열정을 쏟겠다는 신념 하나로 열심히 연구하지만, 지방대학의 한계를 뛰어넘는 데는 분명 역부족을 느끼는 솔직한 심정이다. 그리고 대학행정업무 역할 수행도 성실히, 충실히 이행하면서 학부장, 학과장, 원장 등으로 다양한 보직과 학생들의 학습지도 및 연구를 30년째 하고 있다.

호텔조리 현장 실무를 바탕으로 글로벌 요리의 이론적 체계의 요리연구와 호텔 주방경영관리 분석 연구를 지속적으로 활동하고 있다. 그리고 외국의 요리 실무를 직접 체험하고 분석하는 연구를 게을리하지 않고 대만, 싱가폴, 태국, 미국, 호주 등, 아울러 나는 캐나다 국가의 음식문화, 음식 트렌드, 레스토랑 경영 등의 사례를 연구하기 위해 하계, 동계방학을 이용하여 방문을 꾸준히 하며 부족한 학문과 현장실무 연구를 하고 있다.

한국산업인력공단 주관으로 90년도부터 조리기능사 유치 감독, 심사위원, 출제위원을 해오고 있으며, 지방기능경기대회 분과장 및 심사장을 참여하고 있고, 전국기능경기대회 심사위원도 참여했다. 그 외 다양한 전국 및 지방 단위 요리심사위원, 호텔심사위원 등에 참여하고 있다. 캐나다 국제요리경진대회 심사위원도 참여하고 있다.

호주 시드니, 대만, 중국, 방콕, 싱가폴, 말레시아, 캐나다 등에서 요리연수와 요리투어 및 요리연구, 요리연수를 다양하게 하였다. 그리고 요리책과 논문의 결과물도 많이 쓰곤 했다.

21세기는 자기 적성과 좋아하는 일만을 향한 도전 못지않게 평생교육을 통한 전문성의 외연 확대가 절실해졌다. 따라서 우리는 요리 전문직까지 기계로 대체 가능한 시대가 올지도 모르고, 인간의 수명은 연장되고, 초 연결, 초 지능, 초 실감 시대에 맞는 인재를 준비해야 할 사명에 있다.

불확실성의 미래에 지속가능한 개인이 되기 위해 필요한 요소는 자기 자신을 독보적 존재감으로 아무도 건드릴 수 없는 대체 불가인물로 자기 브랜드를 구축하는 일이다. 4차 혁명시대 인공지능과 로봇의 등장은 인간과 또는 기계와의 맛있는 요리 협업 능력이 더욱 절실히 강조되고 있다는 것이다.

미래에 대한 패러다임의 변화를 통찰하고 셀프리더의 필요성과 중요성을 인지하고 있다. 또한 자신의 재능과 잠재력을 알아가는 것에서 시작하여 미래설계를 위한 보다 분명한 인생 로드맵을 완성하는 자신의 지침서가 될 것이다.

이 시대의 요구는 대학 학령인구 감소로 지방 대학교의 학생수급에 어려움을 겪고 있는 것이 현실이다. 정부에서 대학의 구조조정으로 보다 엄격하게 대학을 바라보고 있으며 이 어려운 위기를 탈출하기 위해 부단한 백방의 노력을 기울이고 있지만 한정된 범위 내에서 기대 이상의 성과를 내기가 여간 어렵지가 않다.

나는 항상 부족함을 깨닫고 더욱 전진하는 마음자세로 내공을 가다듬겠습니다. 아프리카 속담에 "혼자 가면 빨리 갈 수 있지만 함께 가면 더 오래 갈 수도 있고 또 더 멀리 갈 수 있다"는 말을 되새기며 사회의 책임성 있는 지식인이 되도록 하겠습니다. 앞으로도 많은 지도편달 부탁드립니다. 모든 분들께 대단히 진심으로 감사합니다.

2017년 12월 겨울 끝자락에
연구실에서 구담(拘譚) 박 정 준 배상

REFERENCE

Batali Morio(1998), 'Simple Italian Food', Clarkson, N Potter Inc.

Bishop Jack(2002), 'Italian Classics', Boston Common Press .

Bocuse Paul(1991), 'The New Professional chef'.

Brody Lora(2005), 'Desserts'.

Child Julia(1970), 'Mastering the Art of French Cooking'.

Escoffier(1979), 'Le Guide Culinaire'.

Ferrigno Ursula(2003), 'Italian', Quadrille Publishing Ltd.

Great Chefs(1992), 'Great Chefs of Chicago'.

Grigson Jane et al.(1980), 'The Book of Ingredients', Dorling Kindersley Ltd.

Italian Cooking(2001) Anness Publishing Ltd. joanna Lorenz.

Lawson Nigella(2001), 'Gastronomy of Italy', Chrysalis Books Group.

Lorenz Joanna(2004), 'Italian Food and cooking', Annes Publishing Ltd.

Lorenz(2001), 'The Italian Cooking', Anness Publishing Ltd

Lorenz Joanna(2001), 'Italian Cooking', Anness Publishing Ltd.

Lorenz Joanna(2004), 'Italian Food and Cooking', Anness Publishing Ltd.

Lorenz(2001), 'The Italian Cooking', Anness Publishing Ltd.

Parragon Publishing(2000), 'Pasta Italian'.

Pauli Eugue(1979), 'Classical Cooking the Modern Way'.

Renaud Cointreau & Cie(1991), 'Le Cordon Bleu'.

Saito Masao(1986), 'Fruit Watching', Graphic-sha Publishing Ltd.

Starfire Book(2001), 'Italian Easy Cooking'.

Teubner Christian(1983), 'The Great Dessert Book', The Hamlyn Publishing Group.

The Foundry, Ltd.(2002) 'Italian & Pasta'.

UK, 'Pasta Italian'(2000), Parragon Publishing.

UK, 'Italian & Pasta'(2002), The Foundry, Ltd.,

Walsh Richard(1987), 'French Cooking Made Easy'.

Wendt Sue(1987), 'French Cooking Made Easy'.

Williams−Sonoma(2005), 'Desserts', Weldon Owen Inc,.

Zabert Arnold(1988), 'Kochen'.

PARK, JEONGJOON(2010), '레스토랑 메뉴', 훈미사.

PARK, JEONGJOON(2001), '정통프랑스요리', 대왕사.

PARK, JEONGJOON(2006), '기초 서양요리', 기문사.

PARK, JEONGJOON 외(2001), '현대인의 성인병과 식생활', 학문사.

PARK, JEONGJOON 외(2003), '건강을 위한 운동과 식사 다이어트', 학문사.

PARK, JEONGJOON(1989), '특급호텔 프랑스요리 주방운영에 관한 연구', 경희대.

각종 '특급호텔 조리 메뉴 및 매뉴얼 요리노트'(2000~2011)

다니엘 마르뗑(2000), '프랑스 요리의 기초'. 프랑스요리 출판사.

서진영 역(2008), '음식문화의 수수께끼', 한길사.

저자 약력

– 학 력 –

1986년 2월 경원대학교 영어영문학과 영문학사 졸업(영문학사)

1989년 2월 경희대학교 경영대학원 호텔경영학 전공 졸업(호텔경영학 석사)

1998년 2월 대구대학교 일반대학원 관광경영학 전공 졸업(호텔경영학 박사)

– 호텔 실무 경력 –

1976~1978. 서울로얄호텔 조리부 근무(2년)

1978~1984. 서울롯데호텔 조리부 근무(6년)

1984~1988. 서울신라호텔 조리부 근무(4년)

1988~1988. 서울 라마다 르네상스호텔 프렌치 레스토랑 주방장 근무(총2년)

1988~1989. 호주 시드니 라마다 르네상스호텔 주방장 근무

~ 호주 시드니 홀리데이 인 호텔 주방장 근무

~ 호주 시드니 쉐라톤호텔 주방장 근무

~ 호주 시드니 고급레스토랑 츄라퍼스 총주방장 근무

– 교직 경력 –

1990. 3.~1994. 2. 대구산업정보대학(수성대학) 호텔조리학과 최초개설 학과장 (조교수) 역임

1994. 3.~2004. 2. 대구미래대학 호텔조리학과 최초개설 학과장 산학협력처장 (부교수) 역임

2004. 3.~2018. 2. 현, 남부대학교 호텔조리학과 최초개설 학부장, 학과장, 인력개발원장 역임(교수)

– 사회 활동 경력 –

호텔외식경영연구소 수석컨설턴트

한국산업인력공단 조리기능사 출제위원 및 감독위원

광주지방기능경기대회 요리부문 분과장 및 심사장

전남지방기능경기대회 요리부문 분과장 및 심사장

대전지방기능경기대회 요리부문 심사장

전국기능경기대회 요리부문 심사위원

대전 세계요리대회 심사위원

대구 김치축제 요리대회 전시회 및 요리 심사장

광주 김치축제 요리경진 대회 심사위원

캐나다 국제요리경진대회 심사위원

세계음식개발연구소 소장

세계호텔조리학회 학회장

캐나다, 호주, 대만, 싱카폴, 태국, 말레이시아 요리실무 연수 및 요리기행

전국 각종 지역 요리경진대회 심사위원

세계음식 컬럼니스트 및 창업컨설팅 자문위원

대구지역 호텔경영 및 레스토랑 경영 CEO 및 자문위원

전국 레스토랑 유치급식 심사위원 및 전국 호텔건립 타당성 심사위원

각종 세계 각국 요리문화이론 및 음식 연구

호텔주방경영관리

초판 1쇄 인쇄 2018년 2월 24일
초판 1쇄 발행 2018년 2월 28일

지 은 이 | 박정준
펴 낸 이 | 김기섭
편 집 인 | 김경희
펴 낸 곳 | 창지사 www.changjisa.com
08589 서울시 금천구 가산디지털 1로 83 파트너스타워 1차 9층
전화 (02)719-2211~3
팩스 (02)701-9386
등 록 | 1977년 4월 28일·제1-421호

ISBN 978-89-426-1007-5 (93590)

값 34,000원

「이 도서의 국립중앙도서관 출판예정도서목록(CIP)은 서지정보유통지원시스템 홈페이지(http://seoji.nl.go.kr)와 국가자료공동목록시스템(http://www.nl.go.kr/kolisnet)에서 이용하실 수 있습니다.(CIP제어번호: 2018006646)」